河井弥八日記　戦後篇3

昭和二十七年～
昭和二十九年

信山社

参議院議長室にて
（昭和29年〈河井家所蔵〉）

大日本報徳社における参議院議長就任祝賀会で演壇に立つ河井
（昭和28年６月７日〈河井家所蔵〉）

来日したニクソン米国副大統領夫妻と　　中央がニクソン夫妻、
左から３人目が河井（昭和28年11月19日〈河井家所蔵〉）

新潟県砂防視察で昼食のひととき　テーブル右奥から２人目より河井、徳川家正、赤木正雄（昭和29年７月20日〈一般社団法人全国治水砂防協会所蔵〉）

ボーイスカウト静岡連盟長として（昭和27～28年頃〈河井家所蔵〉）

静岡県函南村の十国峠にて催された植樹祭で皇后のお手植えに奉仕する河井（昭和27年４月４日〈三島家所蔵〉）

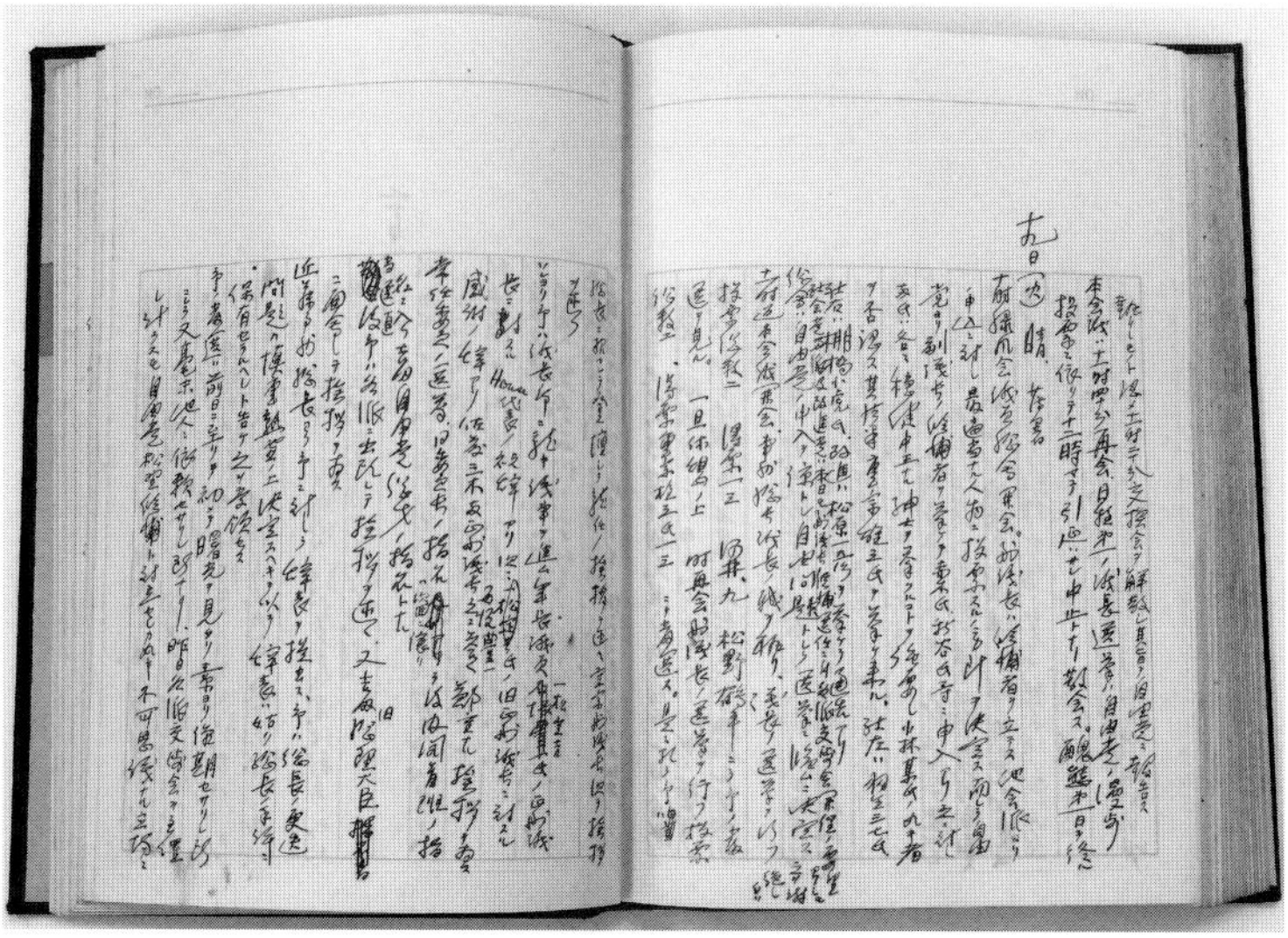

参議院議長に選出されたことを伝える記述
（昭和28年5月19日条〈掛川市教育委員会所蔵〉）

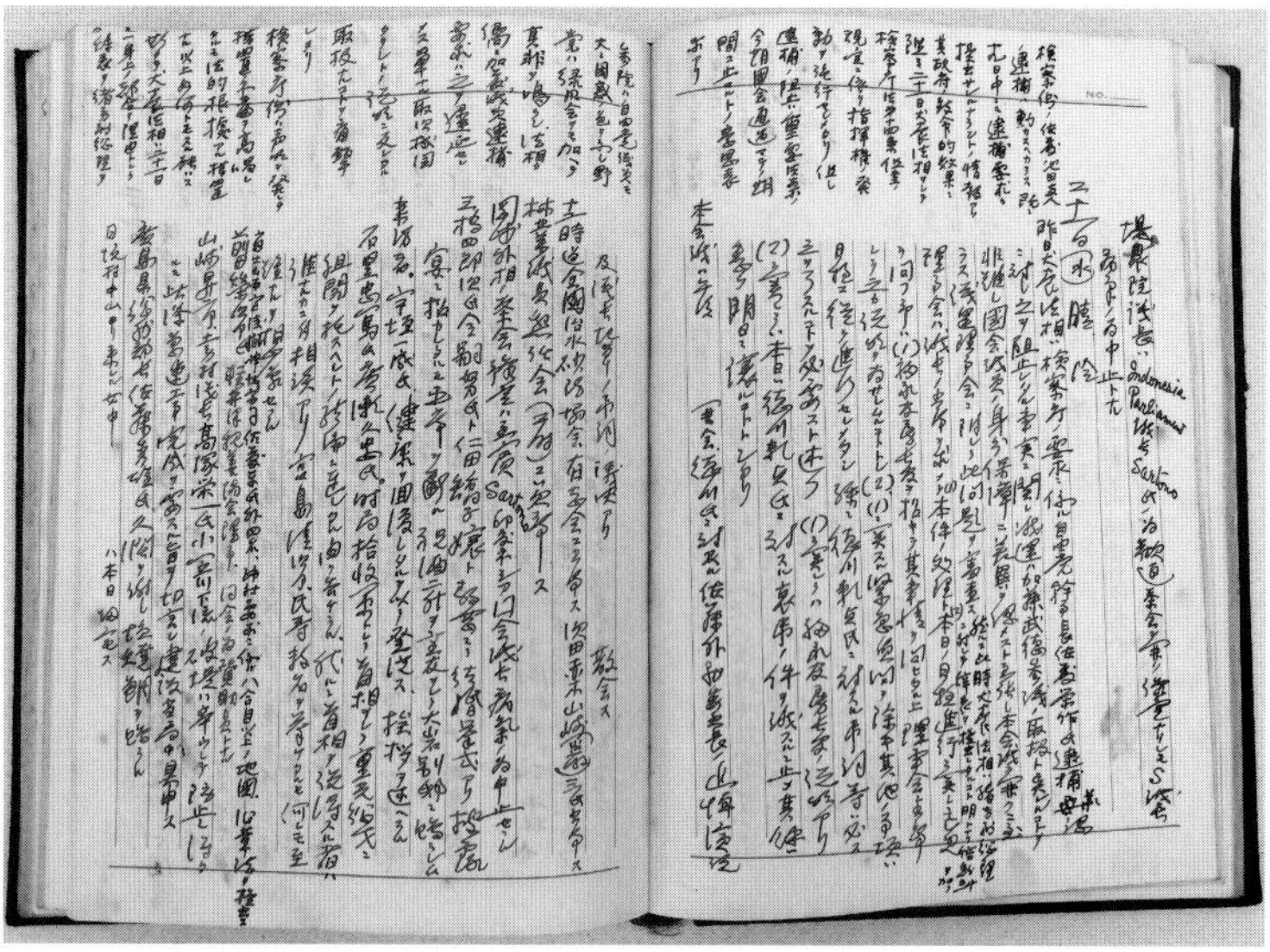

佐藤栄作自由党幹事長の逮捕許諾請求をめぐり、
紛糾する国会の様子を伝える記述
（昭和29年4月21日条〈掛川市教育委員会所蔵〉）

刊行にあたって

このたび、尚友倶楽部は尚友叢書19－3として『河井弥八日記』戦後篇第三巻を刊行する運びとなった。河井弥八（明治十年～昭和三十五年・静岡県出身）は、貴族院書記官、貴族院書記官長、内大臣秘書官長、侍従次長、皇后宮大夫、帝室会計審査局長官、貴族院議員（勅選・同成会所属）、参議院議員、参議院議長のほか、大日本報徳社社長、全国治水砂防協会顧問等を歴任した官僚政治家である。

今回戦後篇として翻刻刊行する史料は、河井が残した明治三十二年から昭和三十五年にわたる日記のうち、昭和二十年から三十五年の十五年余りの期間である。第三巻は昭和二十七年から二十九年の三年間を収録した。貴族院は消滅したが、本書の著者河井をはじめ、多くの議員が参議院議員となり、国政に大きな役割を果した。本書は、改めて帝国議会以来の貴族院と二院制の意義を問う記録である。

本書の刊行にあたり、史料所蔵者である河井修氏、掛川市教育委員会からは刊行のご快諾を賜り、煩雑な史料調査にご助力くださった。編者・中園裕氏（青森県史編さんグループ主幹）、内藤一成氏（宮内庁書陵部主任研究官）、村井良太氏（駒澤大学教授）、奈良岡聰智氏（京都大学教授）、小宮京氏（青山学院大学准教授）には、史料発掘、調査、編集、校訂とご尽力を賜った。河井の地元である掛川市を始め、その他多くの方々のお力を得て、本書は刊行に至ることができた。深謝するとともに、本書が近代日本史研究に寄与することを心から願う次第である。

平成三十年一月

一般社団法人　尚友倶楽部
理事長　山本　衞

河井　弥八日記　戦後篇3〈昭和二十七年～昭和二十九年〉●目次

凡　例

一、本書は掛川市教育委員会所蔵「河井弥八日記」の中から昭和二十七年から二十九年を翻刻したものである。
二、漢字は原則として新字体を用い、旧字体は最小限にとどめた。異体字・俗字は原則として正字を用いた。
三、原文では仮名は片仮名で書かれているが、本書では平仮名に改めた。
四、句読点は適宜補った。
五、明らかな誤字等は訂正し、闕字・逬出は行わなかった。
六、欄外・付記などの記載は該当する日条の末尾に掲げるなどした。
七、原文中の割書は［　］で表した。また〔　〕の記述は編者が付したものである。
八、原文では、人名・肩書・場所名など空白になっている箇所があることから、適当と思われる文字数をもって空欄とした。
九、本文の名辞・表現・評価などには今日の見地からみて不適切な表現があるかもしれないが、歴史資料であることに鑑み、すべて原文どおりとした。

河井弥八日記

戦後篇3

〈昭和二十七年〜昭和二十九年〉

昭和二十七年

一月一日(火)　晴　暖　初蛙鳴く　生来二七〇九七日
一家健全なるを欣ぶ。

九時、家を出で村社挙張神社に参詣し、集会所にて数氏と挨拶を交換す。

観世音参拝。招かれて庵寺に立寄る。

十時三十分、町有志新年会［元幼稚園跡］に出席し、来会者と共に君が代を高唱し、年賀を為す。

神宮寺に暮参〔ママ〕。次で真如寺に参詣。戸塚重一郎氏を訪ひて帰宅す（戸塚氏不在。健氏夫妻に祝賀す）。時に午後一時なり。

夕食の時、祝酒を飲む。酔気急廻。夙く寝ぬ。

一月二日(水)　曇　夕より雨　暖
在宅。中山純一、小野仁輔、岩竹信太郎三氏及袴田銀蔵氏、来賀せらる。粗酒及芋汁を呈す。

一月三日(木)　晴　暖
来賀。戸塚重一郎氏、石川利助氏代山崎健太郎氏。
山崎昇二郎夫妻［粗酒食を呈す］。
夕、神谷文平氏［重友会食す］。
曽我村長松浦久治氏、東山沢川、昨秋決潰報告あり。五日実地視察を約す。
往訪。青山士氏、年賀と兼ねて、五日、曽我村視察を懇嘱す。

一月四日(金)　晴　寒
来訪。掛川営林署長武藤泰輔氏、進退に付、意見を問はる。旧臘、北村竹治郎氏の語る所と少しく相違あり。慎重の態度を求む。
石津浪次郎氏、山香村へ講演の件其他に付、相談を受く。とろゝ飯を呈す。
往訪。小柳直吉氏（年賀）、石野元治郎氏（病気見舞）。

一月五日(土)　晴　寒
視察。東山沢川上流を見る。八時三十三分、掛川駅に青山士氏を迎へ、袋井土木出張所長神谷喜作氏、県議中山吉平氏同行。松浦曽我村長案内せらる。一時帰町。小泉楼にて午餐を饗せらる。工事進捗状況左の如し。
東山沢の出口堰堤工事予定の如く進行、二月中に完成の見込。奥山沢に築設の堰堤三あり。何れも林務部の設計、直営なり。其中、上堰堤は左上崖手当必要。又副堰堤の袖止め必要なり。中堰堤は浮出づ。急速措置を要す。

がりのや既設堰堤は甚有効なり。然れども水叩きを急速に修理するを要す。がりの谷は奥山沢の下の堰堤直下に合するを以て、前項の措置は奥山沢の下の堰堤を保全す。

しおり沢沿道路工事は、治山課の設計と施工とに依り進行中にして、三月末竣工の見込なり。然るに、(1)設計不当にして工法乱暴なり。(2)山腹切取の土砂は、多くは下流に放出せらる。土砂扞止の適切なる工事なし。正法寺境内に築設せる混凝土堰堤は悉く落成し、効果顕著なり。

以上の如き実情なるを以て、東山沢川下流部昨秋の決潰は、治山課施行の道路工事に因るものと認めらる。而して行政上及工事上相当の改善を見ざる限り、鉄道以北の弱所は大雨毎に決潰すべきを疑はず。依て村長に対して村の執るべき態度を告げ、神谷所長及中山県議に対して、県の施設是正を促し、及機構改革の必要を警告したり。

午餐饗応の厚意を謝するも、村の為め失費多きを惜む。改善を要す［予と青山氏は弁当を携行せり］。

往訪。山崎健太郎氏。

来訪。小塩孫八氏、掛川まで来り、電話にて予の不在を知りて帰岡せらる。果物を贈らる。

一月六日(日)　雨　寒冷甚し

報徳社新年常会を行ふ。来会者約千名。中山、河井、神谷、河西、鈴木講演す。又有志坪井貞次氏、鈴木賢一氏の所見発表あり。東京より来れる田中宋太郎氏にも講演を求めたり。碧海郡常磐村より中嶋定吉氏の報徳青年三名を伴ひ来れるあり。頗盛会なり。有志の所見発表は、儀礼に君が代合唱を行ひたると共に大いに生気を与へたり。鈴木氏の意見に依り来会者に自由醵金を求めたるに、千七百六十三円を得たり。

五時より役員有志晩餐会あり、出席す。神谷、中山、小野、角替、太田、岩竹諸氏、出席す。

来賀。朝、藤田久蔵氏来賀、鏡餅を贈らる。

逝去。石野元治郎氏、今暁二時、老衰病、八十五才。

一月七日(月)　晴　寒冷甚し
掛川報徳館所属各社々長会、九、三〇―四、〇〇、出席者五十名。山梨県南湖報徳社代表も出席す。
報徳学園女子部茶話会、三、〇〇―五、〇〇、出席者十五名。記念撮影をなす。

一月八日(火)　晴　寒
県庁出頭。内閣常任委員会専門員藤田友作氏、同調査員吉原和孝氏、来十日来県に付、視察の便宜を求むる為、民生部長数原氏、漁業課及官房公室長を訪ひ、依頼を為す。

小塩孫八氏と会見（一、三〇―二、三〇静岡経営者協会）。主たる題目は、同胞援護会事業移管後の措置報告、一ノ瀬、山形両氏病状、前知事小林氏及副知事藤原氏の近状等なり。

増田市長往訪。久能山東照宮々司に関する件、矢田部神社庁長の斡旋に依り解決せし報告をなす。

静岡駅への帰途、徳川慶久公と邂逅す。公は市内上足洗一二に住居せらると云ふ。

四時半頃掛川着、直に平野土建会社に開催せられたる上張有志の新年会に出席す。会衆約二十名、内婦人三名あり。歓を尽せり。記念の撮影を為す。

八時帰宅。隣人三名送来る。

一月九日(水)　晴　寒
在宅。読書す。年初来読了せしは、日本宋学史及武者小路氏の理想農村なり。
掛川に出て斬髪す。
帰途、黒田吉郎氏を訪ふ。不在なり。夫人に面す。

一月十日(木)　晴　夜雨　暖
藤田専門員、吉原調査員は一時二十分浜松着なるを以て、十一時二十六分掛川発に乗り、浜松駅に出迎へ、終日視察を共にす。乃左の如し。
天龍荘。県衛生部予防課鈴木恒雄氏案内、天龍荘より自動車を供せらる。
聖隷保養農園。長谷川保氏の案内にて弁天島母子寮長山形春人氏の病状を見舞ふ。氏は萎縮腎に罹り、回復の見込なしと云ふ。病牀にて後事を託せらる。夫人も亦同病に罹り、枕を並べて平臥す。

六時掛川着、帰宅す。藤田氏等は焼津へ赴き、焼津ホテルに泊る。

〔欄外〕国立療養所天龍荘荘長中村健治氏、庶務課長髙館義雄氏。

一月十一日(金)　晴　寒冷

八時三十三分発にて焼津に至り、藤田専門員等と漁業状態、漁港を視察し、漁業組合事務所に於て業務状況を調査す。中食を饗せられたる後、製氷会社、缶詰会社を視察す。市長清水兵一郎氏の案内なり。尚漁業協同組合専務理事県議近藤久一郎氏の配慮を煩したること多し。

二時、一行と別れ、市長の好意に依りて自動車に乗り、坂部村へ赴く。途中、中村円一郎氏訪問。氏不在。夫人に面会して挨拶し、二時四十分頃、坂部村杉本荘一郎氏に投宿す。

杉本氏方にて夕食を饗せらる。村有志十五名来会。時局談をなす。

坂部報徳社にて連合報徳集会あり、出席す。八時より九時半まで講演す。

杉本氏方にて東京村上龍太郎氏よりの電報を転聞す。曰く「十二日、本年の植樹行事に関し、知事と県東京事務所にて打合せをなすに付、出頭せよ」との要領なり。予は明日の予定を変更し難きを以て、知事公舎に電話を以て之を断る。

〔欄外〕焼津市長清水兵一郎氏、助役石野治録氏、県焼津漁港修築事務所技師八木忠義氏、土木部港湾課技師藤波善郎氏、経済部水産課技師大内峻氏。

一月十二日(土)　晴　寒

来訪。寺田美佐久氏、早朝より二時半頃まで随伴、世話せらる。

川崎報徳館社長会并常会〔八時四十分坂部にてバスに乗り、九時出社〕。榛葉良之助、杉本、寺田、東萩間社長鈴木弥四郎諸氏等九名出席。会場にて儀礼を行ひ、控室に復りて社長訓話をなし、各社興隆の方法を相談す。榛葉氏、鈴木氏の熱意多とすべし。昼食後、二時散会す。

培本塾長小田原先生来訪あり。塾経営振興策に付、協議す。而して不振の原因は中心人物なきに由る。依て適当なる人を得るに於ては一切を依託するやを問ひ、同意を得たり。乃ち予は全力を尽すべきを約し、金五千円を寄附す。榛葉氏より相良町菅山の人戸塚実氏を推薦せらる。戸塚氏に関しては小田原氏の熱意未十分ならず。静波より軽便鉄道に依り、藤枝を経て帰る（静波二、四八―藤枝三、五〇―掛川）。藤田専門員、吉原調査員は、清水にて海上保安庁事務を視察し、山梨へ赴く予定なり。

一月十三日（日）　晴　暖

上京。掛川八、三三―三島四、一二―六、三〇品川―渋谷―七、二〇宅。三島大社参拝。矢田部宮司と会見す。用件は岩崎宮司に対する神社庁長矢田部氏の処措を詳にするに在り。説明を聴きたる上、静岡市観光協会に対し予の執りし処置を報告す。次に矢田部氏より富士山八合目以上を浅間社有復帰要求に関する依頼を受く。午餐を饗せらる。東京宅一同無事。ます子一昨日無事帰京せりと云ふ。

一月十四日（月）　雨　寒冷

往訪。徳川家正公、岩崎宮司に関する件に付、報告す。公より宮司談の内容を聴く。

赤木氏、会館にて会談す。砂防ヨサン増額の件、行政セイリに関する意見交換、兵庫県梁瀬町へ講演の件等なり。

野田建設大臣。行政整理立案に関し会談を申入る。今夕来訪を約せらる。

静岡県庁東京事務所。育英会移転に付、挨拶をなす。楠緑化会幹事に面し、十二日村上氏と斎藤知事との会談内容を聴取す。

橋本厚生大臣。遺族給与問題にて会議中なるを以て立話しをなし、行政セイリ方針は大整理断行に在るべきを警告す。

来訪。野田建設大臣、夕八時過来訪す。赤木氏の来駕を求め、三人にて隔意なき意見を交換す。大臣は十時十分頃帰る。

歳費受領七三九〇一（内歳費五七〇〇〇、税（引）一六八九九）。松崎運転士へ一月分手当千円を支給す。

図書三冊返還、英書二冊を借入る。降雨のため洋傘を買ふ。七五〇円なり。

不在中の要件に関し、十四、五通の返書を発す。其中には、塩島主事に宛て事務所の移転をなすべき指示を送りたるものあり。

一月十五日(火)　晴　寒

帰国。品川七、四七―小田原三、一八―六、五七掛川。二宮神社に参拝。小田原報徳館社長会及常会に出席す。出席者十五人。佐々井先生は出席の予定なりしも、旧臘来感冒癒えざるを以て来らず。

小倉嘉明氏遺族弔問。令息及未亡人に面会す。

一月十六日(水)　晴　頗寒

家居。静養す。

一月十七日(木)　晴　頗寒

小笠郡町村会総会に出席す〔十一時、地方事務所内〕。出席者は町村長全員三十五名〔代理出席なし〕、来賓全員三十二名にして未曾有の盛事なり。会長蔦ヶ谷町長挨拶。予は来賓代表として挨拶を述べ、顧問(河井、水野、三橋、戸塚)、相談役(丸尾、赤堀、大石、中山、黒田、山崎)の推薦に対して水野、丸尾両氏謝辞を述ぶ。次で一同は富田楼に於ける午餐会に臨む。蔦ヶ谷会長挨拶、三橋顧問謝辞あり。散会に先ちて、予の発声にて町村会万歳を三唱す。

山崎昇二郎と出会ひ、培本塾に推薦すべき石川喜三郎氏へ交渉開始の方法を問ふ。結局、山崎延吉氏を煩はすを以て第一とするに決し、明後十九日、予自ら往訪することとす。

四時頃、静銀平田支店長山下重兵衛氏来訪す。書画帖に揮毫を求めらる。乃ち直に拙筆を揮ふ。又氏の希望に応じ、古風庵回顧録及米国民主議会訪問記を貸読せしむ。

石鹸一打を贈られ、タオル三本を呈す。

重友は三時十九分発にて上京す。戸塚氏に面会の為なり。最近健氏の態度円満ならず、事業を倶にすること難しと云ふ。

一月十八日(金)　晴　頗寒

掛川八、三〇―袋井八、五三―森―浜松―掛川〔森より帰宅まで浜松市長の自動車〕。

報徳、報本社社長会及常会に出席す。田辺元老以下百五、六十名出席し、頗盛会なり。新年所感を述べて社員の奮起を望む。十二時十分退出。

岩崎浜松市長訪問。北遠総合開発促進のため市長主催の関係市町村長会あり。⑴佐久間ダムを第一期工事とすること、⑵佐久間線急設、⑶ダム建造に依る水没鉄道区間は城西、水窪へ敷設替することの三件を要望するに決し、本日の自由党大会の決議を経たりと云ふ。大会にて中村、金原、大野、神田諸氏と会ふ。予は右に対し尽力すべきを約す。而して其方法として請願書の提出を勧めたり。夕、やつこ方にて晩餐会に招かれ、出席す。赤松市長、商工会議所事務局長山内実氏、水窪町長、山香村長、城西村長、其他総員十三、四名なり。自動車にて送られ帰宅す。

安城町山崎延吉氏へ電報を発し、明日十一時往訪を通告す。榎谷氏同行、世話せらる。

重友滞京。

一月十九日㈯　晴　頗寒

八時三十分発にて安城町に山崎延吉氏を訪問す。石川喜三郎氏に関し培本塾の実状を述べて質問し、希望す。山崎氏は天下第一の適任者なりと答し、極力勧誘するを約せらる。又石川氏を農事試験場より喚寄せ、予に紹介せらる。又帰宅に方りては、安城駅まで予に同行せしめらる。山崎氏は駅より石川氏を喚寄せ、勧誘せらると云ふ。駅にて列車待合中、予は右のことを昇二郎及小田原氏へ報告のため葉書を認め、投函す。五時五十一分掛川着、帰宅。

大石廉一氏去十七日逝去の由、小田原先生より通知あり。又、野村嘉六氏十七日逝去せし由、新聞紙にて報導せらる。

橋本厚生大臣は、遺族手当支給問題に関して政府の決定を容るる能はず辞任し、首相は昨日厚生大臣は吉武労働大臣の兼任とし、行政管理庁長官は木村法務総裁の兼任となせる由、新聞紙に発表あり。

昭和二十七年度会計ヨサン概要発表せらる。

一月二十日㈰　晴　厳寒

早朝、榛葉勇次郎氏来訪す。三月静岡銀行退職に付、其後の職務に付、相談を受く。中村円一郎氏往訪依頼するやう勧告す。

見付報徳館新年常会に出席、講演す。来会者百二十名。午後社長会を開く。四十名計り出席し、有益なる発言あり。祝酒を酌み、三時過散会す。

帰途、柴田家を訪ふ。夫人は東京に転住せりと云ふ。又大夫人は大阪在住と聞く。

磯部英一氏を訪ひ、片山家の紛紜を急速解決することを勧告す。

夜、山梨大学教授武藤弘氏来訪す。静大浜松分校へ転任の件に付てなり。

重友、昨夜帰宅。戸塚重一郎氏と会見の結果に付、報告あり。又蔦ヶ谷町長の就職に付、戸塚氏の配慮の旨を告げらる。九一郎氏の立候補に付、苦悩すと云ふ。

敏子は天真会主催の日本楽器会社見学団に加はり、視察を為す。


一月二十一日(月)　晴　寒　少しく感冒の気味あり　入浴

朝より荷物を整へ、上京の用意を為す。敏子に金三万円を渡し、預金せしむ。

山崎延吉氏より書状到着。石川氏培本塾へ来任を肯ぜずと云ふ。已むを得ざることなり。山崎氏へ返書を送り、配慮を謝し、期限に付考慮を求めたり。

小倉嘉明氏夫人幾重子刀自より謝状を受く。依て亡夫君のため追放解除の申請書提出を薦め、軍人恩給法に依る扶助料を受くることを勧告したり。

重友に対し、戸塚重一郎氏より本日上京を促すの電話あり。打合の結果、明日上京すと云ふ。三時十九分発電車にて上京す。一同無事なり。

一月二十二日(火)　晴　寒和ぐ

朝、塩島金一郎氏夫人来訪す。塩島氏、十二月二十九日鼻血出て、一月二日まで止らず、血圧高く、百方療養の結果、昨今起床するを得るに至りしも、育英会の事務に当るを得ず、適当なる後任者の選定を求めらる。驚愕に堪へざるも、十分医療に努めらるるを希望し、後任者の選定を速にすることを告げ、それまでは夫人に於て氏を輔けて処務せられんことを求めたり。見舞金五千円を呈す。

九時半出発、赤木氏同車、発院す。十一時、天皇陛下御親臨の下に開会式を行ひ、勅語を賜へり。

式後、緑風会総会あり。会務委員村上義一氏、鈴木直人氏補欠に付協議し、政府の施政方針演説に対する代表演説等に付、打合せを行ふ。

一時、林業議員懇話会を開会し、林業税制に対する各種意見に付検討し、民間諸団体より要望を聴取す。又林野庁当局より昨年度林野予算案に付、説明を聴取す。更に木材の運賃軽減問題に付、民間の要望を聴きたり。結局右案件に付ては、急速に当局と会見するに決定す。予は本日は他の会合に出席するの要あり、総代席を森幸太郎氏に譲れり。五時、新年懇親会あり、出席す。席上、幸田林政部長の歓迎、奥原四国営林局長に対し祝詞を述ぶ。六時散会す。

幣原平和財団創立総会は、一時半より首相官邸に開かれ、出席す。趣意書、規約書を可決し、役員を選定し、自由、民主、社会(右)、緑風各代表の祝辞あり。二時半散会す。

財団法人興農学園の評議会は、三時より兜町二ノ一八田中鉱業事務所に開かれ、出席す。出席者は田中次郎氏、古里和夫氏なり。明年度ヨサン、本年度決算を確定し、財産の処分及事業計画に付協議し、四時二十分散会したり。

内閣委員長更任の問題に付ては、竹下氏より、旧臘楠見氏と相談の結果なりとして、同氏就任すべしと書信あり。予は、予の去就は緑風会の定むる所に従ふとの意思表示を為したるのみなるに依り、竹下氏の申入は氏の誤解に基きたるものと解して返書を差控へ居たり。本日楠見氏より会見を求められ、旧臘竹下氏より協議を受けたる内容を明にせられ、竹下氏の就任を予に通告することを求められしも、通告せざりし由を告げられたり。之に対し予は委員長の地位に恋々たる者に非ず、何時にても欣然離職すべきも、之が決定は緑風会の内部事情に依りて行はるるを至当と信ずるを以て、其結果を俟つのみと答へたり。此会談の席に会ま竹下氏来合せたるを以て、予は旧臘書信を受取りたるも、去就に付一切を会務委員に任せたりと告げ、誤解なきことを希望したり。竹下氏は別に弁解をなさず、之を了したるものの如し。事態機微に亘る。一に会の決定を待つ。

昨日は静岡銀行東京支店の新築移転の日なりとて、頭取より静岡の産物一箱を贈らる。其中に鏡台一具、塗下駄《サンダル》一足、用箋二帖、浴後用タオル一枚あり。感謝に堪へず。其中鏡台及塗下駄は葉子に与ふ。

徳川家正公軽き肺炎の由なるに付、夜電話にて見舞ふ。

軽快なりと云ふ。

昨日山崎延吉氏より書状を受領したるに付、其内容を小田原勇氏及山崎昇二郎へ報告するため葉書を認む。昇二郎に対しては、別に適当人の推薦を依頼す。

〔欄外〕一、古里理事より、各種種苗の下附を林野庁に要請したしとの希望あり。依て氏を長官に紹介し、更に長官に面会して右の希望を取次ぎ、同意を得たり。
一、横川長官より引佐国有林の下戻に付、各種の運動あり、迷惑すとの苦情を聴く。予は、予て警告せし所なれば、断然たる態度を堅持することを勧告す。

一月二十三日(水) 晴 寒 注射 服薬〔エビオス、感冒薬、頓服共二種〕

午後より少しく頭痛あり、感冒の気味なり。依て医務室にて投薬を受け、夜八時前就褥す。

登院。三時より本会議あり、出席す。首相、安本長官、蔵相の演説を聴く。

図書館にて午前中読書す。

岩塚源也氏来訪す。全森連会長に相川勝六氏を推薦すとて、予の同意を求めらる。考慮を約す。

全国治水砂防協会有志会に出席す。新潟、兵庫両県陳情者来る。出席者は赤木氏と予のみ。

緑風会政務調査会にて高瀬荘太郎氏の欧米視察談を聴く。

杉田専門員と会見し、内閣委員会の運営に付協議す。(1)行政機構改革に付、行政管理庁と打合せの結果を聴取す。(2)恩給関係制度調査の手続に付、準備を依頼す。

野村嘉六氏、去十七日逝去せらる。依て帰途弔問す。

夜、重友来京す。明日戸塚重一郎氏と会見する為なり。

静岡鈴木弘氏の令嬢は婿を迎ふる予定なる由、報告あり。


一月二十四日(木) 晴 寒 注射 服薬〔エビオス及感冒薬〕

往訪。朝、徳川家正公を見舞ふ。単純なる肺炎にして経過良好なりと云ふ。

聖堂に原理事を訪ひ、静岡育英会の為に謝意を表す。

日本橋本町三丁目静岡銀行東京支店に至り、支店長鷲巣憲之助氏に面会して、同店の新築落成を祝賀し、記念品を贈られたるを謝す。

日本銀行に中山均氏を訪問せしに、病気の為未だ出勤せず。空しく帰る。

登院。十一時半より林業議員懇話会を開く。大蔵省主税局調査課長亀得〔徳〕正之氏及桜井事務官の出席を求め、一昨日懇話会にて協議せし税制要綱に基き、政府立案の内容を問ひ、大に民意の採択せられたるを見る。然れども尚一段の要望を提出するの必要あるものと考へ、大蔵大臣に会見するため、楠常務をして両者の意見の取纏めを為さしめ、之を会員に配付せしむることとす。昼食を共にして散会す。出席者は金原、井出、竹下、河井、楠、倉田、永田諸氏の外、林野庁幸田林政部長、丹羽経済課長なり。

御殿場勝又春一氏より、本年東大林学科卒業の江藤素彦氏の就職に付、依頼あり。履歴書を幸田林政部長に呈して、採用を依頼す。

藷米献上の為、藤野議員及梅崎哲一氏同乗、宮内庁侍従職に出頭し、三谷侍従長、稲田侍従次長を訪ひ、実物及説明書を呈出して奉献の手続を了す。

感冒未癒えず。三時帰宅。直ちに就褥す。

〔欄外〕天機并御機嫌奉伺を為す。

一月二十五日(金)　晴　寒　服薬

感冒殆平癒せしも気分晴朗ならず。四時帰宅。夙く寝ぬ。食欲不振なり。

登院。本会議に出席す。羽生三七氏、一松政二氏の質問演説あり。

来訪。伊藤敏氏。氏の需に応じ、中山寿彦氏に乞ひて、氏を東大外科　博士に紹介す。

中野智厳氏、信用組合制を改廃して公益質屋を開業する由、報告あり。


一月二十六日(土)　晴　厳寒　食欲不振　Ebios 服用

本会議に出席す。岡本愛祐氏、吉川末次郎氏演説、質疑を為す。

緑風会政務調査会(一時)にて、厚生省田島事務官より軍人遺家族援護問題に付、説明を聴く。

夕食後、応接室にて興三新購の各種音楽レコードを聴く。甚怡し。

一月二十七日(日)　晴　厳寒

腸感冒と自診、腹痛あり。下痢朝二回、夜連続三回あり。これはしぶるのみ。終日臥床。食餌二回（朝十時パン、卵二、味噌汁。夕七時パン、麦粥、刺身）。服薬チャーコール一回、ダイヤジン二回（六箇3gm、二箇1gm）、エビオス二回。入浴。懐炉施用。

昼夜随時睡眠。気分平静なり。

来訪。鈴木洋子、石間督也（一泊す）。総て面会せず。

舘林、佐賀より来着。飛行機。五時半来宅。

一月二十八日（月）　晴　厳寒

終日病臥。本会議に欠席す。下痢止む。食餌二回（朝十時パン、卵二、味噌汁。夕七時麦粥、パン、煮魚、牛乳）。

服薬エビオス二回。懐炉施用。

本会議ありたるも欠席す。又五時、三葉会開会せられしも欠席す。

大洞院浅野哲禅老師より本日吉祥寺に案内せられたるも、其詳細は同寺より直接に通知あるべしとのことにて、何等の通知に接せず。而して同寺に照会せんとせしも、電話の便なし。加之、病臥中にて他出し難きを以て、同寺浅野師宛電報を以て、不参の旨を告知す。戸塚重一郎氏の好意に依り、大工三人を遣はされ、家屋小破箇所の修理を為す（重友の申入に依るものなり）。

一月二十九日（火）　朝晴　午後少雨　冷　Ebios服用
入浴

昨夜来心身共に順調となる。今朝起床せしに、腰痛ありしのみにて他に格別のことなし。依て登院、本会議に出席す。疲労なし。下痢なし。

食餌は三回。朝粥、卵。昼蕎麦一杯。夕パン、牛乳。晩粥、味噌汁、刺身。

岡正路氏来院、面会す。発電会社に顧問弁護士たらんことを求めらる。食堂にて昼食を共にす。又杉田専門員に紹介す。

木村法務総裁と会見し、行政セイリに関し意見を交換せんことを申入る。明日三時を約す。野田建設大臣と会見し、右件に付所見を求む。

経済調査庁監査部長木村武氏来院、会見す。今後の行政監査方式に付、意見を聴く。


一月三十日（水）　晴　寒和ぐ　Ebios服用

十時登院、内閣常任委員会室にて執務す。

農林省畜産局生産課長神尾正夫技官来訪し、明日の猶原恭爾氏の事業視察同行に付、打合せを為す。長谷川局長支障の為、代理同行すと云ふ。

特別調達庁次長　　　、官房長　　　　氏来訪。講和条約発効後に於ける米派遣軍の為、必要なる調達業務遂行の為、改組後の性格に付説明す。又明年度警察予備隊大拡張に伴ふ建設及備品充実業務執行の為、改組後の所属に付、説明を為す。

正午、治水砂防協会有志会に至り、昼食す。出席者は次田、赤木両氏なり。

一時、林業議員懇話会を開き、去二十四日の懇話会に於て大蔵省主税局調査課長亀徳事務官より聴取したる林業税制の内容に付検討し、各員の意見を集め、尚中央林業懇話会々長小林準一郎氏の要望を聴き、其結論を大蔵大臣に具陳することとせり。又小林氏よりは、木材引取税廃止に関する意見をも発表したり。出席者は岡本、徳川、竹下、赤木、大矢、田村、千賀、金原、髙橋（権六）各議員、横川林野庁長官、幸田林政部長、丹羽経済課長、東辻事務官、坂本事務官、地方自治庁事務官佐々木喜久治氏等なり。永田教授、倉田専門員、楠常務も出席。予は三時法務総裁と会見の為、席を千賀議員に譲り、中途退席す。

三時、東大林学部学生江藤素彦氏来院、面会す。林野庁奉職志願に関し指示を与ふ。

三時、法務府に木村総裁を訪問し、行政機構改正に関する根本問題に付、意見を交換す。四時退出す。

議員会館に赤木氏を訪ひ、右会談の要領を報告したる上、同車帰宅す。

夕、伊林初次郎氏来訪。夕食を共にし、一泊す。

ます子、本日淡島郵便局に至り、二十六年中の恩給受領額の計算を受く。又第四期分都民税七三三〇円を納税す。

一月三十一日(木)　雨　冷　Ebios 服用

八時半出発。伊林氏同車。四谷駅に片柳真吉氏を迎へ、九時、参議院に着。伊林氏と別れ、神尾畜産局生産課長を同乗せしめ、赤木氏を議員会館に誘ひ、入間郡古谷村に向ふ。途中、浦和にて埼玉県庁畜産課技師藤野徳雄氏一行に迎へられ、其先導にて十時半古谷村役場着。指示に依り荒川新堤沿に猶原恭爾氏を訪問す。

猶原氏に就き、乳牛導入新農村経営方法の説明を聴く。十二時、同村の中学校に案内せられ、同村酪農協組合長萩嶋酉三氏外十数氏と会見し、経営者側の要望を聴く。十二時五十五分辞去。二時、参議院会館に還る。

参議院にて明一日本会議なき由を聞き、明日の委員会を延期するに決し、内閣委員室に杉田、藤田両専門員と会見して、行政セイリに関する重要事項の調査を依頼す。

藤田地方自治政務次官より、故大石廉一氏に贈位の件は内定の由を聞き、直に依頼者榛原地方事務所長鈴木章夫氏へ書状を発す。

会計課に至り、二十六年中の所得税届出書の作成を依頼す。

山崎昇二郎に対し、培本塾長後継者内定の旨を報じ、将来の援助を求む。

二月一日(金)　雪　厳寒　服薬　入浴二回

長岡温泉へ赴く。数日来、健康の違和と本日の厳寒に促されたるに由る。十時発急行列車に乗遅れ、十時二十分発熱海行に乗る。終駅にて米原行に乗換へ、三島に下車す。矢田部氏を訪ふ。大社出勤の矢田部氏と電話。(1)来四日追儺式出席を断る、(2)富士山頂所属問題に付、浅間神社側の決意を問ひ、法律的見解を質す。矢田部氏より瀧川博士の法律論を送来る。

次に緒明太郎氏に電話を以て、塩島主事の病状及主事改任の必要を告げ、適任者の推薦を依頼す。尚当分塩島氏執務することを告ぐ。

三時十八分発電車にて長岡に至り、四時前、湯の家に投ず。渡辺寮長不在(伊東へ赴けりと云ふ)。親切なる待遇を受く。特に石倉守太郎氏より電気 Vibrater に依る手当を受く。強風窓を動かし、寒気凛然たり。富士山頂境内地還付に関する意見書を検討す。九時就床。

二月二日(土)　晴　強風　厳寒

胃幽門の辺に異物を感ず。又昨夜の電気療器に依り、左手に麻痺あるを発見す。何れも検診を要す。

八時五十五分バスに乗り、長岡駅を経て三島駅に出づ。十時十一分発熊本行急行に乗り、十一時十　分静岡に着す。車中、武者小路公共氏、加藤辰弥氏の英人三名と興津坐漁荘財団創立会へ赴くに邂逅す。武者小路氏より興津へ誘はれしも之を断る。又松平恒雄氏の伝記編纂に付、相談を受く。

駅にて尾崎忠次氏外五氏の出迎を受け、静鉄本社に同行し、川井健太郎氏にも面談す。用件はBoy Scout静岡県連盟長に就任するに付、事業の性質、内容、経費等に付、説明を聴取する為なり。出席者はCommissioner尾崎忠次、理事長川井氏、理事森田実氏、日下部養一氏［兼事務局長］、井野包次氏、塚本孫衛氏なり。四時会談を了り、四時三十七分発にて掛川に返る。

車中、平野繁太郎氏、水野代議士と同車す。平野氏より育英会資金造成の件及学習院寄宿舎買収問題の経緯に付、報告あり。

十二時、県庁に新任土木部長仁科太郎氏を訪ひ、挨拶す。氏は東京へ出発の際にて、自動車を駐めて談話せり。

二月三日(日)　曇　寒冷　出社　上京（掛川三、一九―七、四五品川）

心身軽快ならず。九時出社。直に二月常会に出席して一時間余に亘りて講演す。中山常務、小野仁輔氏等来らず。鷲山先生も亦来らず。

神谷、中山両氏宛書状を遣し、左の三点を協議す。(1)佐々井理事の退任を乞ひ、小野氏を補任すること、(2)参事改選に付、適任者を予選すること、(3)培本塾援助のため本社より指導講師派遣の案を立て、之が当否に付、意見を求むること。

石川喜三郎氏、安城より来社せらる。山崎昇二郎と共に会見す。予は培本塾振興計画を述べ、山崎延吉氏を通じて石川氏を懇請したる事情を明にし、将来再び来任を乞ふことあるべしと告ぐ。石川氏も相当に理解を深くせられたるが如く、強ひて固辞せず。氏は予に対し、報徳農村指導の根本義を問ふ。洵に適切なる質問なり。予の答は亦氏の満足せしものの如し。更に氏は、帰西の列車時刻まで三時間有余を利して近郊農村を視察したしと申出づ。依て神谷副社長と相談の上、松浦助手を喚び、松浦清三郎氏方に案内することとし、自転車にて出発す。神谷、松浦両氏同行す。

中嶋定吉氏、愛知県常磐村より来訪す。同車、東京へ赴かんと云ふ。依て其目的を問ひしに、小笠原三九郎氏を訪ふと答ふ。予は予告なくして訪問するの無謀なるを告げしに、浜松市海老塚町倉橋留吉氏に至り、予の電報を俟ちて、明夜行にて上京せんと云ふ。予は今夜帰京、直に小笠原氏の都合を電話にて問ひ、明朝電知することを約束したればなり。

中嶋氏の為に乗車時刻迫りしも、三時十九分発にて上京す。

東萩間社長鈴木弥四郎氏外一名来社、同地砂防堰堤新造のことを陳情す（追記）。

二月四日(月)　曇　夜小雪　厳寒　入浴　Ebios 服用

登院。本会議に出席す。緊急質問四件なり。何れも非緊急なり。午後二時より四時まで図書館に於て読書す。

木下辰雄氏夫人逝去。本日告別式に付往弔す。

村上運輸大臣主宰日米行政協定交渉の説明を聴くの会に出席す。これは緑風会首脳者（?）に対する政府側の説明会なり。五時、白金般若苑に集会す。緑風会側出席者は徳川、伊達、赤木、前田、高瀬、楠見、杉山、西郷、梅原、河井にして、政府側は村上、岡崎、池田、木村、保利なり。岡崎、池田、木村各大臣より説明あり。晩餐を饗せらる。

泰治来泊す。

二月五日(火)　晴　厳寒　Ebios 服用

登院の途、内田孝蔵氏の逝去を弔問す。焼香の後、夫人に面し、悼詞を述ぶ。

外務省勤務古田駒次氏来訪、面談す。希望に依り氏を南江治郎氏［日本放送協会理事］に紹介す。

佐藤議長を訪問せしに不在なり。依て近藤事務総長に面会して、武者小路氏と会見の結果を告げ、松平議長の伝記編纂発起のことを依頼す。

一時、林業議員懇話会を開会す。去月三十日の決定に基き、林業税軽減取扱方に付、国税庁長官を訪問せられたる金原代議士（竹下、岡本両議員同行）より報告を聴取す。次で山形、岩手、静岡、三重、愛知、神奈川等代表及日本林業懇話会々長（小林準一郎氏）等より税制に対する希望意見を聴き、議員側より質疑を行ひ、了て将来更に適正なる結果を得るに努むべきを告ぐ。次に二十六年度用材薪炭資源の需給報告あり。又二十七年度の見込量を聴取す。右に関し予は広島、山口両県下視察の感想として、森林の荒廃、斯くまでに酷しきに至れる現状に対処する為には、砂防施設の徹底を計るは勿論、森林の造成は企業的意図を離れて、国土保全的看点よりなすべしとの意見を発表す。本期国会に提案さるべき法案の説明に関しては、之を他日に譲りて散会す。

野田建設大臣の招きに応じ、赤木氏と共に官舎に至り、四時半より会見す。大臣より行政機構改正要綱に付内示あり。予等は之に対し率直なる意見を開陳す。六時過辞去す。

舘林は今朝八時羽田発飛行機にて帰任す。八時頃、無事到着の旨電報あり。

参議院会計課にて二十六年所得最終申告書作成、交付せらる。

泰治は本日講演を為し、帰来りて夕食を共にす。十一時半、東京発にて大阪へ帰る。誠に金千円を贈る。

朝比奈貞一、夜十時過来泊す。就床後なるを以て面会せず。霜の研究を為す為なりと云ふ。

二月六日(水)　晴　厳寒［気温最低］　服薬

本会議に出席す。首相に対する緊急質問四人あり。曽禰、棚橋両氏の演説を聴きしのみ。

全国治水砂防協会有志会に至り昼食す。赤木、次田両氏出席す。青森県有志十数人来訪して陳情を為す。

一時、内閣委員会を開く。先づ新任委員の紹介を行ひ、(1)理事の互選（委員長指名の議決に基き鈴木直人氏、山本米治氏を指名す）、(2)皇室経済法政正案、皇室経済法施行法改正案（予備審査）、(3)恩給制度に関する調査承認要求の件を上程、一時四十五分散会す。

二時、緑風会政務調査会に於て、三橋恩給局長より軍人恩給法の取扱に関する説明を聴取す。松本勝太郎氏来院、会見す。

二月七日(木)　曇　夜雪　厳寒　服薬

六時、ラジオにて英国皇帝 George Ⅵ 陛下、昨日俄に崩御の由を聞く。驚悼に堪へず。

九時二十分、会館に赤木氏を訪ひ同車、建設省砂防課に出頭し、静岡県砂防事業費二十七年度査定会に臨む。県原案には狩野川支流筏場川の砂防を欠くを以て、之が実現を赤木氏と共に強調す。又木村課長及木村技官に対して、一連の工事が完成するまでは中途廃止の不可を進言す。県河川課長は、未曾て筏場川を視察したることなしと云ふ。粗漫怖るべし。県課長に東萩間八十原地内堰堤施工如何を問ひしに、実行を約す［浦上技師立合ふ］。

十時登院。建設委員会を傍聴す。赤木氏より目黒河川局長に対して、筏場川砂防実行の方針を質し、肯定的答を得たり。予は之がヨサン措置として特に考慮あらんことを要求し、同意を得たり。

一時、矢田部盛枝氏来院、富士山本宮浅間神社宮司佐藤東氏外三名を同伴す。佐藤氏より富士山八合目以上を神社へ還付要求の理由に付説明を聴き、大蔵大臣に取次ぐことを約す。それより高瀬荘太郎氏と打合せ、大蔵大臣に会見を求む。大臣は緑風会室に来り、両名にて要請を為す。大臣は事実を調査したる上、処理する旨を答ふ。

一時より政務調査会あり。健康保険当面の諸問題に付、説明を聴く。

二時より吉武厚相の戦死者遺家族及傷害者援護措置に関する説明を聴く。

朝 Parker Pen 販売店に至り、破損取換の要求をなす。部分品なきを以て待つこととなる。

夜、徳川公より電話あり。久能山宮司岩崎氏に関する観光協会の不満記事、静岡新聞に登載ありと告げらる。右は矢田部宮司よりも報告あり。依て速に岩崎宮司を喚びて真相を訊し、直に誤解を消除することを勧め、若し徹底せざるに於ては断然たる処置に出づるも亦已むを得ざるべしと告げたることを公爵に報告したり。公は来週より伊東へ転地せらるるに付、右件処理に関して予の意見を求められたるなり。

本日は左記へ書状を発す。

太田民次郎氏夫人及小笠郡農協連婦人有志。皇居洒掃に関する件。

小田原勇氏。培本塾は榛原高校へ吸収すとの新聞記事取消の件。

山崎昇二郎。右件新聞記事切抜を贈られたるに付、返事。

矢田部盛枝氏。大蔵大臣と会見の報告、岩崎宮司に関する徳川公の電話の件。

佐藤東氏［富士本宮浅間神社宮司］。大蔵大臣と会見の報告。

竹中節雄氏。徳山村桃沢砂防第三期工事続行の返答。

鈴木弥四郎氏。東萩間八十原地内砂防堰堤施工確定の報告。

斎藤静岡知事、(1)浜松市競馬場位置選定の件、(2)筏場川砂防工事二十七年施工要望、(3)腹すり道路工事不当施行に対する警告。

二月八日(金)　半晴　寒　服薬　入浴

登院。内閣常任委員室にて執務す。

来院。宮本栄太郎氏〔池新田町長〕、丸尾県議、比木、朝比奈両村長。朝比奈川を中小河川に編入方、建設省へ陳情の為なり。本件は昨日院内にて目黒河川局長に要請し、宮本町長の書状を局長に呈したるも、尚河川局に出頭す。局長、次長共に不在なり。県河川課長、四氏を誘導して担当官を訪問す。予は同行せず。都田村長斎藤太郎氏、都田川改修工事続行陳情の為なり。目黒局長宛紹介名刺を渡す。

二時、青松寺に於ける故本多静六博士の告別式に至り、礼拝焼香す。赤木氏、岡本氏同行。

二時半、神社庁に理事長鷹司信輔公を訪ふ。岡本愛祐氏同行す。岡本氏の為に参議院立候補に関し依頼をなす。

富岡盛彦氏〔深川富岡八幡宮宮司〕同席す。

四時半、会館No.32にて野田建設大臣の来訪を受く。赤木氏と共に会談す。行政セイリ案に付てなり。会見約四十分。

二月九日(土)　曇　寒和ぐ　Ebios 服用

登院。館哲二氏を訪ひ、同氏緑風会入会に付、打合せを為す。

松本勝太郎氏来院、面会す。会報三二号を提供し、用務に便ならしむ。食堂竹葉方にて鰻を饗せらる。

木村法務総裁を大臣室に訪ひ、行政セイリに関し、来十二日三時会談を約す。

三越に至り、Semi Soft Collar 半打、折 Collar 二本、Pen 入シース、懐炉等を求む。Shoulder bag を求めんとせしに、適当のものなし。

歳費の支払を受く。八七五〇一(内歳費五七〇〇〇、税(引)一六八九九)。秘書給料はます子に渡す。松崎運転手に手当千円を呈す。

内閣委員会室にて執務す。吉原調査員に依頼し、山口県知事より贈られたる Album に県砂防課長の撮影贈与せられたる写真十二葉の貼附を依頼す。

二月十日(日)　曇　小雨あり　寒　Ebios 服用　入浴

八時半出発、鵠沼に木村通氏を訪ふ。氏及夫人健在なり。予を迎へて大に歓ばる。予も亦欣喜に堪へず。京都産の玉露茶一缶及昨日八木夫人より贈られたる苺二箱を呈す。天婦羅丼飯を饗せらる。旧話尽くる所なきも一時退出す。

藤沢、大船を経て逗子に下車し、字披露山《ひろやま》に尾崎老先生を見舞ふ。行輝氏に面会す。親族両三氏在り。隣室に臥床せる老先生は、痰のからみたるが如く、頻りに大声を発せり。元気衰へざるが如く感じたり。要するに病気に罹れるに非ず、老衰せりと云ふべし。故に食餌進み、気候回復せば健康を復すべし。切に全快を祈りて辞去す。

逗子駅より距離二km、坂路泥濘甚し。

京浜電車逗子駅より横浜を経由し品川に還り、省線に依り六時帰宅す。朝比奈を訪はんとしたるも臆劫を感じ、且帰宅の時遅るるを欲せず、其儘帰る。

今夕より新なる Suntory Whisky を飲用す。

二月十一日(月)　晴　寒　Ebios 服用

登院。議員会館にて執務す。徳川宗敬氏を其室に訪ふ。緑風会室にて館哲二氏と会見し、同氏入会に関し打合せを為す。

淡島郵便局より恩給　(税引) を受く (ます子取扱)。又、二六年度所得税五六九六二円を納入するため淡島局へ持参せしめしに、納入用紙なしとて果さず。

東京瓦斯会社に育英会資産たる株式の配当に対する所得税免除申請手続を依頼す。然るに抄本なしとて不備を指摘せらる。抄本は近日提出することを約し、依頼書は株式係に預けて帰る。

日本橋榛原方に至り、封筒大小二種を求む。代、大三〇〇円、小六〇円なり。新橋まで徒歩。好奇の眼を怡ばしめつゝ帰る (新橋より電車)。

夕、徳川家より電話あり。山形春人氏の訃を報ぜらる。新聞を見しに広告あり。依て弔書を長谷川保氏に呈す。又深沢鉱二氏に会葬を頼み、必要あらば弔詞奉呈を託す。

徳川家正公、本日伊東へ転地せらる。昨日の発状到着。静岡観光協会より岩崎宮司の態度改まること少きを愬へ、来十七日の大祭に当り、会見を申込むの書状を同封せらる。依て右書状を矢田部氏へ送附す。

右二件に関し徳川公へ発状す（一は挨拶、一は報告なり）。

一ノ瀬康一氏夫人へ書状を認め、一ノ瀬氏の病気を見舞ふ。

育英会主事塩島氏へ発状、東京瓦斯会社へ書面提出のことを報告す。

二月十二日（火）　曇　寒和ぐ　服薬

登院。内閣委員室にて執務す。行政機構改革に関し取調を為す。

十時、榛葉良之助氏来院す。培本塾の経営に関し、小田原塾長の方針を貫徹するため努力する趣旨を説明す。予は去七日小田原塾長へ発状したる趣旨を告げ、且静岡新聞の切抜を渡し、此際誤解を一掃する方法を執ることを勧告す。次に新方針徹底の為、評議員会理事会の開催を求め、又報徳社に対して講師差遣を要むるため小田原氏、榛葉氏の来社を勧む。

同成会員那覇市長当間重民氏逝去の由、三浦安蔵氏宛電報あり。依て弔電を呈し、且三浦氏に託して会員に対して訃報を発す。

四時、法務府に木村総裁を訪問し、本日の新聞紙の記事を示し、機構改革案（未定稿）との異同を問ふ。総裁より種々説明を聴く。予は砂防局設置の意見書を呈し、国土省建設の中核として実現するやう力説す。

午前中、赤木氏と会見す。氏の起草せる砂防局を国土省内に設置する意見書を受取り、之を政府に提出することとす。而して明日機構改革に関する首相主催の閣僚会に提出するため、赤木氏は古島一雄氏を訪問し、古島氏より之を外相邸なる首相宛急送す。

二月十三日（水）　曇　寒和ぐ　服薬　入浴

登院。本会議に出席し、緊急質疑演説を聴く。十二時過退席す。

一時、内閣委員会を開く。三橋恩給局長の出席を求め、恩給制度調査を開始す。局長より平和条約発効後に於ける軍人恩給取扱に関する政府の意見を聴取す。成瀬、上条、竹下諸氏より質疑あり。三時半、一応終了す。次に内閣委員室にて作成せる機構改革に関する各種意見集を委員に配付し、杉田専門員より説明をなす。

十二時二十分、全国治水砂防協会有志会に出席す。出席者は次田、池田、牧野、赤木、河井なり。

一時より林業議員懇話会開会せられしも、内閣委員会のため出席する能はず。機構改革案中、林野庁を国土省に移管反対の件、今期国会に提出せらるべき林野庁関係法律案の説明、木材運賃低減の件を審議せり。内閣委員会散会後出席せんとせしも、既に散会したり。

楠常務理事より入選Posterを示さる。依て之を議員控室に貼付することとす。

第一倶楽部の解体に伴ひ、三浦辰雄、森八三一両議員、緑風会に入会す。

院内図書館に内田分館長を訪ひ、木村通氏寄贈の掛物を取寄する相談をなす。図書館所属の小型車を発することとなり、予の紹介名刺を渡す。

西園寺公と政局－原田日記第六巻を買入る。代四七七円を支払ふ。

朝、松井三郎氏来訪す。氏の需に依り、氏を宮内庁高尾秘書課長に紹介す（名刺）。


二月十四日(木)　曇　夜晴　寒和ぐ　服薬
登院。内閣委員室にて執務す。一時、議員会館の自室に於て奥村経済調査庁次長及木村監査部長と会見し、行政機構改革に対する希望を聴く。

石間尚来院。弁護士手塚誠氏を紹介す。参議院を参看せしむ。

北浜村長雨宮文吾氏来訪す。二十七年中に同村畑地潅漑実現を農林省に要望の為、取次を求む。依て農林委員会に平川農政局長を訪ひて要望を述べ、後刻政府委員室にて委細を聴取することを申入る。

三時、附属公舎に至り、木村法務府総裁より国内治安の実状に付、隔意なき説明を聴く。又吉河特審局長より共産党の治安紊乱計画に関する詳細なる陳述あり。之に対して会員より各種の質問をなす。五時四十分散会す。

六時、新橋クラブに於ける森林資源総会対策審議会々長笹山忠夫氏の晩餐会に出席す。出席者は森、大村、金原、平野、井出、野原、遠藤各代議士、徳川、岡本、田村、三浦、河井各参議なり。会長の挨拶に次ぎ、予は一同を代表して謝辞を述ぶ。食間、理事長小林準一郎氏より事業報告及希望開陳あり。野原政務次官、之に答ふ。其他歓談を交へ、七時頃退散す。

二月十五日(金)　曇　午後雪　寒　服薬

登院す。本会議は首相差支のため質疑をなすを得ず。午後一時に延期したるも、登院なきを以て三時延会す。

館哲二氏、緑風会に入会す。紹介者河井、赤木、梅原なり。

会計課にて都民税の申告書を作つて貰ふ。

佐藤助九郎氏、上京せりとて来訪す。依て館氏、佐藤氏を招き、食事を共にす。

二時、内閣委員会を開く。木村経済調査庁監査部長より電力統制実施の結果に付、同庁にて調査せし内容の説明を聴く。

三時、議長公舎に至り、Free Mason パストマスター、アップルゲート大尉夫妻帰国送別会に出席す。来会者二十四、五名、盛会なり。

五時半より議員会館にて経済政策懇話会主催の土居明夫氏談、米ソ戦と日本を聴く。八時過散会。同氏を送り、新宿駅にて別る。

二月十六日(土)　雪　冷　服薬

朝、戸塚重一郎氏来訪す。

登院。国会図書館にて執務す。

大野木行政管理庁次長、杉田専門員、図書館へ来訪す。依て議員会館なる予の室に同伴し、政府の行政セイリ案進行の状況に付聴取す。更に治安問題、行政監査制度、林野庁移管問題等に付、意見を交換す。税務署廃止、営林局減少、其他細部の改廃に及ぶ。会談約二時間、一時二十分止む。

二時、附属邸なる大橋国務相の防衛力に関する諸問題の説明聴取会に出席す。三時半退出す（一時開会）。

五時、赤木正雄氏来訪す。本日の会務委員会の結果に付、報告せらる。即ち自由党の申入に係る党政策説明会開催の件を否決せりと云ふ。洵に適切なる措置なり。然るに会務委員諸氏には赤木氏の外、毅然たる態度を執り得る人なし。遺憾なり。予は又本日大野木次長と会見したる顚末を報告し、行政セイリが政府内部に於ける難問となり了らんとするの形勢なるを告ぐ。結局吉田首相に面会して直接進言するの外なしと信ず。

夜、参議院議員手帳の書込を了す。

二月十七日(日)　曇　小雪　寒冷身に泌む　服薬

朝、佐々井信太郎先生を往訪す。(1)報徳社理事の更任を要する事情を説明し、令息典比古氏の理事辞退を乞ふ。先生快諾せらる。(2)一円融合会の組織及運営に付、意見を交換す。(3)最近の世界状勢に対処するため、報徳に依る平和運動の在方に付て、先生の意見を問ふ。午餐（温飩）を饗せらる。京都宇治茶一缶を呈す。

朝比奈宅を訪ふ。貞一不在、アキ子及五児健在なり。三時辞去す。美弥子、素子、桜木町駅まで送り来る。キャラメルを贈る。

夜、菊池捨六氏来訪す。宮内庁又は発電会社へ就職斡旋を求めらる。

ます子、終日不快にして臥床す。頭痛ありと云ふ。

二月十八日(月)　晴　寒冷　服薬　入浴

登院。本会議。財政改正案継続費を認める件を可決す。

一時、内閣委員会を開く。出席者少数の為流会す。

宮内庁高尾文書課長より磐田郡婦人連合会及小笠郡農協婦人会の為、皇居内洒掃日取の決定を示さる。

読書室にて読書す。日本政党史に関してなり。

二月十九日(火)　雪　寒冷　服薬

登院。岡崎国務大臣の行政協定内容説明聴取会は、都合に依り二十一日に延期せらる。

天龍川治水費二十七年度ヨサンは、二十六年度分に比して大巾に削除されたるに付、之が増額のため同川綜合開発会有志十余名、明日来京する由、岩崎浜松市長より通知あり。依て稲浦技監及伊藤課長と会見して減額の正当なるを認め、直に市長に電報を以て「明日静岡へ行く。会ひたし。稲浦技監に会つた」と通信す。

図書館にて読書す。日本政党史を読む。

久能山東照宮宮司岩崎氏に対する批難、十八日の新聞記事として登載あり。今尚解決徹底せざるの感あり。昨日来訪せし清水市長に質せしに亦然るが如し。

今朝徳川公より電話ありしを以て、明日静岡へ赴くを以て、其序に増田市長、高崎助役を訪ひ解決を進むるに決意し、公に答ふ。

五時半、佐藤議長より南甫園に招待せらる。鄭重なる日本料理を饗せらる。前期国会に於て成績顕著なりし常任委員長慰労の為なりと云ふ。出席せしは大隈外務、山田運営及予なり。近藤総長、松村秘書も列席す。又特に議長の旧知法学士浅井一彦氏（財団法人石炭科学研究所長）を招き、同席せしめらる。浅井氏より最近の独逸の実情を聴き、感奮に堪へず。他日再び氏の談を聴くことを相談す。

二月二十日(水)　快晴　頗寒冷　服薬

本会議を欠席す。砂防協会欠席。野村嘉六翁追悼会欠席。緑風会懇親会欠席。

静岡県社会福祉協議会第二回総会［一時、公会堂］に出席す（八時発急行、品川より乗車）。厚生大臣代理　局長、全国社会福祉協議会々長田子一民氏等と同車す。高松宮殿下御親臨、激励の御演説を拝聴す。殿下御退場の後、退出す。大東館にて昼食を饗せらる。公会堂にて小塩会長、長谷川理事、勝田理事、藤田訓二氏、岩竹信太郎氏、天野庵原村長、鈴木榛原地方事務所長、中田駿郎氏等に会ふ。

静岡市役所に市長及高崎助役を訪ひ、岩崎宮司の態度に付説明を聴き、解決推進策を決し、之を実行（ママ）を依頼す。⑴宮司をして説明を徹底せしめ、市有志より奉賛的会組織を結成せしむること、⑵崇敬者総代として市長を推薦すること、是なり。帰途三島に矢田部氏を訪ひ、此事を報告す。

公会堂にて斎藤知事に会ふ。知事より予の書翰に対して謝意を表せらる。予は、⑴植樹日に関する件、⑵筏場川砂防実施のことを述ぶ。

矢田部氏を訪ひ、岩崎宮司の件の外、富士浅間神社神体地返還運動に付報告す。

二月二十一日(木)　快晴　寒冷　服薬　入浴

朝、附属公舎に於て岡崎国務大臣より行政協定進行状況及其内容に付、説明を聴く。

林業議員懇話会あり。木材引取税問題に付協議す。岡本、竹下両氏出席。林野庁丹羽経済課長と懇談す。

内閣委員会を開き、皇室経済法及同施行法の改正案を可決す。次で木村経済調査庁監査部長より、電力問題に付説明を聴く。又工業技術庁監理部長　　氏より、工業試験所及出張所等のセイリ方針の説明を聴く。

田畑宮内庁侍従職事務官より明後二十三日六時、両陛下より御晩餐の御相伴に召さるるの恩命を伝達せらる（電話）。天恩尚枯骨に及ぶ。感激に堪へず。

夜、本日委員会議了の二案に付、明日の本会議報告案を練る。

二月二十二日(金)　晴　寒　服薬

六時覚眠。八時までに皇室経済法の一部改正案及同施行法の一部改正案委員長報告の原稿を作る。

登院。本会議に於て右二案の委員長報告を為す。両案は多数を以て可決せらる。

午後、全国農業指導連事務所に大山謙吉氏を訪ひ、主食自給、甘藷増産兼加工に関する各種の資料の蒐集を依頼す。

佐藤議長を議長室に訪ひ、去十九日の恩遇を拝謝す。議長よりMasonic Community Building購入資金募債に付内話あり。分割払として百弗の引請を承諾す。

沼津市今沢渡辺嘉一氏、稲梓村土屋竹次郎氏と来院。政府は製粉原料小麦の買取制実施の計画ありと聞くも、斯くては中小製粉業を危殆に陥るるものなるを以て、之を停止せしめ、現在の如く依託製粉を継続せられたしと要望す。緑風会の農政議員に報告して善処せんことを約す。

掛川町報徳社へ打電、二十四日十二時半着、出社の旨を報ず。又重友へ葉書を出す。

徳川公より電話あり。其序を以て岩崎宮司に関し、増田市長、高崎助役と会見し、依頼せる二条件のことを報告す。又矢田部氏往訪のことをも報告す。

二月二十三日(土)　晴　寒　服薬　斬髪(院内四〇円)

九時十五分、議員会館自室にて木村経済調査庁監査部長の来訪を受く。将来の行政監査機構并其範囲に関する意見書を提出せられ、其説明を聴く。

十時より全国治水砂防協会第十三回大会(第一会議室)あり、出席す。徳川会長、佐藤議長、次田、赤木、河井各理事、田中、上村監事、田子、西尾、石坂、鈴木各顧問、会員三百六十名出席。野田建設大臣、稲浦技監、目黒河川局長、木村砂防課長等出席す。

会長の挨拶、赤木常務の報告、決算、ヨサンを可決の上、野田建設大臣より告辞あり、砂防の重要性を強調す。次に討議に入り、宮城県代表より砂防局新設要望決議の提出あり。全会一致之を可決す。次に各種の要望の陳述あり。又砂防費増額計上の要望決議を可決し、正午散会す。現在会員五二四二。

五時五十分、参内。直に自動車にて御文庫へ案内せられ、六時過、御食堂にて両陛下の御晩餐御相伴に召さる。砂防、造林、報徳のこと等に付、御話申上ぐ。又来四月上旬、植樹のため静岡県へ行幸啓に関しては甚御興味深く御聴召さる。八時入御、皇后陛下より特に糯（精白）一升、小豆一升及なめこ缶詰三箇を賜はる。

昨臘献上せし長崎県諫早市梅崎哲一氏製造の甘藷、米は本日御昼餐の時、御試用あらせられたる由にて製品の精良なるを御嘉賞あらせられ、加工法に付、天皇陛下より御下問あらせられたり。

二月二十四日(日)　曇　寒　入浴

七時二十分出発、八時十一分品川より急行列車阿蘇に乗り、静岡にて電車に乗換へ、十二時二十九分掛川着。直に徒歩、報徳社に出頭す。

午前十時より理事会開催。二十六年業務報告、決算決定、現量鏡決定等に付審議せしも出席せず。午後一時開会の役員会に出席す。理事会にて決定せし儘を可決す。尚、参事改選人名、理事補欠（佐々井氏辞任に付、小野仁輔氏補任）、名誉講師氏名、名誉社員制度等に付協議し、三時散会す。

昨夕皇后陛下御下賜の糯米及小豆は、本日の役員会に出席したる二十五、六名及び東遠明朗会諸氏へ呈することとし、糯米は各家にて餅柏をなす場合に之を混入すること、又小豆は各家にて栽培することとし、先づ之を神前に奉奠し、次で役員諸氏へ頒ちたり。

原川角太郎氏来社、面会す。掛川を中心とする経済文化等推進の為に倶楽部組織の発起人たることを求められ、之を諾す。

帰途、戸塚重一郎氏を訪問す。中村達一郎氏令嬢のことを話さる。

六時半帰宅。

二月二十五日(月)　曇　冷

丸山方作氏を訪問す。甘藷品種及其性能に付、指導を受く。又化学肥料施用の程度及作物に及ぼす効果等に付、質疑す。氏の厚意に依り昨年産米にて炊ける飯を饗せらる。又氏の需に依りて三枚の揮毫をなす。伊良湖村小久保徳三郎氏外二名の嘱に依る。

三月二日の常会には出席、講演をなすことを約せらる。帰途、東新町駅まで見送らる。電車に乗遅れるの惧ありしを以て、約二百五十米計り駈足をなす。氏の強健を加へたる、驚嘆に堪へたり。［掛川発八、三〇、同着五、五〇］。

平喜百貨店にて肩掛鞄（布製）を求む。代六七〇円なり。

伊藤洋服店に立寄り、Home Spun 外套の裏返し［本日初めて着用、代三〇〇〇円］に対し改良点二つを示し、出来上がり期限を三月二日と定む。

二月二十六日(火)　夜来雨　午後曇　薄寒

二、二六日なり。往事を追想して感慨深し。

出社。十時より総会を開く。来会者三十余名、中山理事、岩竹参事より各件を説明して承認を得、理事補選、参事改選は議長指名となり、名誉社員規程を可決して無事散会（十一時半）。

次に埼玉県比企郡大岡村森田熊吉氏より、同氏の報徳生活に関する談話あり。深き感動を以て之を聴取せり。次に一木輔太郎氏の有益なる講話あり。最後に予は簡単なる講話をなせり。十二時三十分散会す。

森田氏は今回も引続き参事に就任す。土台金二万円を推譲せらる。

榛葉良之助氏出席。元水翁より託せられたる谷田社の資産及取扱書を齎さる。又培本塾改造、運営に付、中山常務を交へて協議す。

磐田郡婦人会の皇居洒掃に付、太田民次郎氏と打合せをなす。又小笠郡農協婦人、婦人会に関しては重友をして促進せしむ。

三時十九分発にて上京す。島田まで榛葉良之助氏同車す。八時半帰宅す。

二月二十七日(水)　晴　寒和ぐ　入浴　服薬

登院。内閣委員室にて執務、打合せを為す。

十一時、侍従職に徳川侍従を訪ひ、去二十三日の恩寵を拝謝し、御礼として栗実約一升を奉呈し、皇居内の適当なる箇所に栽培せられんことを願ふ。又、皇后陛下御下賜に係る糯米及小豆の処置に付説明す。

石崎書店を訪ひ、名刺五〇〇枚を註文す。代金五五〇円を石崎氏に渡す。

近藤事務総長を訪ひ、栗実十二箇を呈し、庭内栽培を頼む。

十時、北浜村、中瀬村の代表十名許り来訪。院内にて会見す。用件は農林省に対し、両村内畑地潅漑実施の要請なり。依て政府委員室に平川農地局長及野原政務次官を訪ひて陳述をなし、更に一同を両氏に紹介、会見せしむ。

十二時半、全国治水砂防協会有志会に出席す。山梨県代表六、七名来談す。

一時、内閣委員会を開催し、請願及陳情を審議す。四時散会す。

三時頃、富士山本宮浅間神社宮司佐藤東氏、矢田部盛枝氏外一名と来院、会見す。富士山八合目以上の土地下戻の件に付、審議会の状況を告げ、目的の達成を依頼せらる。依て高瀬荘太郎氏と協議の上、之を推進することを約す。

夕、高瀬氏を会館に訪ひ、右件に付、手別けして委員を訪問することとす。而して予は明日林野庁に幸田林政部長を訪ふことを約す。

五時半頃帰宅す。塩島金一郎氏来訪し在り。病気軽快に付、深甚なる謝意を表せられ、育英会事務の打合せをなす。又手編毛糸胴服一、肩掛革鞄を贈らる。

二十六年所得税五六九六〇円を世田谷税務署に納入す。ます子取扱なり。

本日乗用自動車の抽籤を行ふ。49年製 chevrolet 四三八三九番に当る。

明日、日米安全保障条約実施のため交渉せる行政協定成立の予定なるを以て、特に本会議を開き、岡崎国務大臣より経過并内容報告を聴取することとなる。

二月二十八日(木)　半曇　寒和ぐ　服薬

昨夜不眠甚しく、終日気分重し。各方面へ葉書十数枚を認む。

朝、林野庁に幸田林政部長を訪問し、富士山頂無償下戻要請に関する審議会の意向を質問す。それより進んで神社側の意見を述べ、山梨県側の意見を反駁し、部長の協力を求む。幸にして了解を得たり。横川長官出張中なり。

登院。内閣委員室にて執務す。

一時、会館の自室にて木村経済調査庁監査部長と会見す。林野庁を国土省に移管するの件関係事項に付、意見を聴き、更に所見を交換す。

緑風会政務調査会にて主計局長より二十七年度ヨサンの説明を聴く。

中村幸八氏来訪、選挙区混乱の事情を愬ふ。北浜、中瀬両村畑地潅漑運動のことを問ひしに、足立代議士に妨げられて知らずと答ふ。

行政協定は本日午前調印式を了り、ラスク特使は今夕出発、帰米す。右に付本会議を開き、岡崎国務大臣の説明を聴くこととなる。然るに議院運営委員会に於て説明者の資格に付疑問を生じたる為、五時過に至りて開会す。先づ法律案二件を可決し、次で行政協定の説明を聴き、六時散会す。

右の為、野田建設大臣より行政整理に関する説明聴取会は三日に延期となる。

四時頃、富士山本宮浅間神社宮司佐藤氏外一名来訪す。高瀬氏と共に会見す。宮司は審議会の結果、不利なる決定を見るべしと告げ、予等に対して配慮を要求す。予は今朝幸田林政部長と会談せし内容を告げ、差当り大蔵大臣を訪ひて右決定延期を求め、別に委員を歴訪して翻意を促すと共に、県知事の熱心なる支持を求むべしと強調す。宮司等帰後、高瀬氏と共に大蔵大臣を訪問、院内大臣室にて面会す。陳情の後、決定の延期を求む。

宮司に対し蔵相と会見の状況を告げ、急速静岡県知事の発動を促すことを要望するの書翰を認め、五時投函す。

故鈴木文史朗氏の文集を求む。代三七〇円を振替にて支払ふ。田代夫人へ給料千円を渡す。帰途は抽籤によりて得たる新なる自動車に乗る。赤木、岡本、奥三氏同乗す。４３８３９号。

二月二十九日(金)　雪　寒冷　服薬

登院の時、杉田専門員の同乗を乞ひ、車中にて打合せをなし、品川区大井林町二四八、五城寮に山梨勝之進氏を訪ひ、軍人恩給復活の件に付意見を問ふ。而して先づ塚本重治氏と打合せを為すべき旨を告げらる。尚、堀悌吉、初見盈五郎二氏のことを紹介せらる。昼食（天ぷら温飩）を饗せらる。十二時退去す。

新橋なる静岡県事務所に至りしに、会ま高見副知事在り、好都合なり。副知事に対して富士山頂返還問題に関し、山梨県知事等の陳述は事実相違なきやを質したるに、然らずとの答を得たり。依て此際直に知事の意見を強力に大蔵省に具申するやう強調す。副知事、之を了し帰任す。

静岡新聞支社に大石社長を訪ひしも面会を得ず。稲宮氏に面会す。報徳常会の記事登載を頼む。富士山の件に付ても依頼す。

朝、井出光三氏に電話せしに出張中なり。夫人に用件の概要を告ぐ。

午後より本会議に出席。昨日の岡崎国務大臣の報告演説に対する各派有志の質問演説を聴く。三時四十分散会す。

内閣委員会は議事散会後、開会の予定と改めたるも、委員の出席なきを以て開会に至らず。

高見副知事と会見のことは佐藤宮司に報告し、宮司より知事へ依頼の便を計る。又右のことは井出光三氏へ電話せし事実と共に高瀬荘太郎氏に告ぐ。

大熊喜邦氏［工博、経博］の告別式［一時、青山］に至り、拝礼す（神式）。

長崎県農業関係有志（特に藷米関係）来院。食堂にて藤野議員と会談せしを以て、藤野氏の需に依り出頭、面会し、藷米御嘉称ありし事実を報告す。

六時より議長公舎に於ける事務局有志の修養会に於て浅井一彦氏の講話を陪聴す。甚有益なり。出席議員は山田佐一氏、大隈信幸氏、赤木正雄氏、岡本愛祐氏、加賀操氏、甲良〔高〕とみ氏、山本勇造氏及予なり。八時散会。甚有益なり。

元男爵前田勇氏［追放解除となりし元陸大佐］令息代議士前田正男氏同伴来院、面会す。

三月一日(土)　曇　冷　服薬　入浴

十時、渋谷松濤に榎本重治氏を往訪し、軍人恩給法復活に関し、昨日山梨元大将を訪問せし顚末を告げ、内閣委員会及緑風会政務調査会に適当なる人選を依頼す。

富国ビル内Parker会社出張所を訪ひ、Pen二本の部分品取替を求む。五月まで猶予を求めらる。依て右二本を預置く。預証番号〇四三一なり。後刻杉田正三郎氏に報告す。

一時二十分、築地本願寺に於ける故木村小左衛門氏の告別式に至り、焼香す。

三時、議長公舎附属館に於ける緑風会政務調査会に出席し、野田、木村両大臣より行政セイリ案の大綱案を聴く。各員より活潑なる質疑あり。五時散会す。前途の多難を想はしむ。

安部定氏来院。近く設置せらるべき中央教育審議会の委員に推薦せられんことを申入れらる。又、三矢宮松氏より書状受領、同一の希望を通ぜらる。

名刺五百枚刷成、石崎氏より届来る。会館にて受取る［二十七日依頼、同日代済］。

赤木樟一氏より広汎なる甘藷文献書抜報告を寄せらる。

興三より、二月二十三日附経済保安課長警視永沢真二宛「United Aonations より自動車購入の件に付て」なる畜産局競馬部長の説明書を受く。之は杉山東一氏［農林事務官］より託せられたるものなり。

三月二日(日)　晴　暖　服薬　入浴

八時十一分、品川より急行列車に乗り、静岡にて電車に乗換へ、十二時二十九分掛川着。掛川報徳社の常会に出席す。岡本愛祐氏同行、出席せらる。聴衆六、七百。午前中、丸山講師の甘藷栽培法研究の結果の発表あり。岡本氏は一時より二時半まで講演せらる。次で戸塚九一郎氏講演し、三時過散会す。岡本氏の講演聴講の為、小笠郡下町村長来集せしも、午後まで居残りし者少し。又、榛原地方事務所長鈴木章夫氏、五和村長山田寛司氏も来聴せらる。岡本氏は三時十九分発にて帰京せらる。

神谷副社長は協同学校職員、学生四十名計りを引連れ、昨日より来社し、午前の常会を傍聴せしめ、午後は大坂村、佐束村を見学し、応声院に宿泊すと云ふ。

帰途、戸塚重一郎氏を訪問す。

重友に毛糸編胴衣を与ふ。之は塩島金一郎氏より贈られたる品なり。

三月三日(月)　晴　暖　服薬

黒田重兵衛氏（八九才）一日逝去。本日葬儀の由、九時弔電を発す。

朝、斎藤知事に電話を以て、富士山頂下戻の件に付、強力なる発動を頼む。知事は今尚就床中なりと云ふを以て、取次に此事を依頼す。

昨午前、熊村長熊村昌一郎氏来訪。国鉄バス運転開示の為、請願書を提出すべきやを問はれたる由なるを以て、今朝返書を発す。熊村氏より椎茸を贈らる。

報徳社に出勤す。九時半、第三回講習会の開講式を行ひ、一同に対して告辞をなす。次で一同記念の撮影を為し、十時過より講義を行ひ、十二時に至りて終了す。

伊東報徳社設立者藤原義久氏来社。同社の為に予の講演会出席を求めらる。依て来二十一日を約す。

報徳社に金四千円を推譲す。内三千円は一円融合会費内払なり。又千円は例月の推譲なり。敏子に金五千円を託す。

十二時四十二分発にて上京す。七時前帰宅す。

三月四日(火)　晴　冷　服薬

登院。十時より内閣委員会開会。出席者一、二名、時を違へて来る。依て一時開会に決せしも開会に至らず、遺憾なり。

十一時より林業議員懇話会を開会す。農地法改正案［平川局長説明］、森林法改正案［平野議員説明］、森林火災国家保険法改正［林政課長説明］、松害虫其他防除法改正［同上］、森林課税標準改正［国税庁　　説明］、木材引取税基準改正［地方自治庁　　　］説明等を聴取す。一時三十分散会す。

湯河元威氏、ヨサン委員会に公述人として来院す。依て面会せしに、牛ヶ渕財団所有たりし建物（旧軍人会館）の処分に関しては旧財団の意向を尊重するやう厚生省へ申入れたる由、内話あり。氏の証書を聴く。

中瀬村長河合多三氏外二名来院。畑地潅漑要請の為、陳情書を持来る。依て其一部を平川局長に提出し、又一部を請願書に改め、紹介提出す。衆議院側に対しては金原代議士に渡したるに一見せしのみなり。依て中村代議士に面会し、氏の紹介を以て請願として提出することを要望す。河合村長へ此事を通知す。

小塩孫八氏来院、面会す。弁天島同胞寮長後任選定の件、山形氏未亡人に弔慰金贈呈の件、育英資金調達の件、報告あり。予は育英会の更正に関して希望を提出す。又、理事更任及塩島主事後任選定の件に付、相談す。更に久能山宮司の態度を更むる為市長を信者惣代とすること、市有力者にて奉賛会を作ることを提案す。

長崎県漁連会長丸亀秀雄氏来院。要請に応じ五島列島に於て二ヶ所に地下水探査を行ふため、農林省政府委員室に至り、農地局係官に紹介す。

朝、通産省政府委員室に至り、杉山競馬部事務官の提出せる書類を取次ぎ、処分の改正と綱紀の粛正とを促す。

上大見村三枝元氏来院、面会す。筏場川上流に砂防工事施工決定の旨を告げ、来二十一、二日頃同村往訪の由を告ぐ。

夜、千葉県白潟　　　氏来泊す。

自動車超過勤務二月分手当金一千三十三円を緑風会を通じて支払ふ。

十時過、北海道襟裳岬沖合に強烈なる地震あり。北海道の被害多大を伝ふ。其時予は予算委員室に在り、シャンデリアの緩く大きく揺れたるを見たり。


三月五日(水)　曇　冷　服薬　入浴　気分重し
朝、塩島金一郎氏来訪。静岡育英会の評議員会を来十七日二時より新事務所に開くことを決定す。徳川総裁に電話にて御承諾を得たり。

朝、公二君来訪。競馬部自動車買入の件に付、質問す。公二君及白潟の　　　氏を同車、出発す。公二君は虎之門にて、　　　氏は新橋にて下車す。

静岡県事務所に至り、十七日評議員会開催に付同意を得、鈴木所長より富士山八合目以上を浅間神社へ還附の件に付、予の採りし処置に付説明を求めらる。

競馬部に杉山事務官を訪ひしに不在なり。

登院。内閣委員室にて執務す。

正午、全国治水砂防協会有志会に出席す。次田、山崎、田中、小林、赤木諸氏出席す。

一時、常任委員長懇談会あり、出席す。北海道震災の見舞として議員派遣の件に付、議長より諮問を受け、Ruth台風被害見舞の例に依ることに決す。

鈴木二平氏より電報を以て、明六日十時着京、椎茸献上の旨、照会し来る。然るに明日は本会議あるを以て、午後二時五十七分着にて来るやう返電す。

明日は本会議を開会するを以て、通産省の試験所見学は延期す。

七時、木村武氏来訪。身上のことに付相談を受く。立派なる人物なり。徹底的に協力すべし。

昨夜中頭部を乱打せられしを夢みる。覚醒の時午前二時なり。

三月六日(木)　雨　冷　服薬
本会議に出席す。最初に吉田首相、広川農相の前回の質問に対する答弁あり。日程に入る。任命の承認、法案二件に次で、予は請願陳情に付委員長報告を行ひ、全会一致採択せらる。次に人事委員長の報告あり、採択。散会。

内閣常任委員会室にて執務す［宮中にて頂戴せし巻煙草を一本づゝ、委員室の諸氏に頒つ］。

鈴木二平氏、二時五十七分東京駅着。椎茸献上の為なり。東京駅に出迎へ、直に参内。稲田侍従次長に面会、献上す。直ちに退出。三時三十分、東京駅に送届く。二平氏より椎茸八百匁及海苔一帖を贈らる。椎茸は二百匁宛、佐藤議長并に徳川家正公へ進呈することとす。

朝比奈美弥子来宿す。明日より東京女子大学入学試験を受くる為なり。夜、朝比奈貞一来訪す。帰宅の時、椎茸若干を頒つ。

国土緑化推進委員会より緑化の歌レコードを贈らる。

竹村啓太郎氏［県議、入野村］逝去に付、嗣子啓三郎氏へ弔電を呈す。

緒明太郎氏へ黒田重兵衛氏逝去に付、悔状を認む。相続税交渉に関して林業議員懇話会の意見を参考にせんことを勧む。

三月七日(金)　小雨　小雪　冷　服薬
登院に先ち、佐藤議長及徳川公を訪ひ、椎茸二百匁づゝ籠入を呈す。佐藤氏出勤後、徳川公感冒退散。出勤の前なり。岩崎宮司昨日来訪（不面）の由を談らる。

本会議に出席す（遅刻）。

内閣委員室にて執務す。一時四十分頃、第二復員局残務処理部復員業務課長森下陸一氏の来訪を求め、旧海軍軍人、軍属の恩給関係事項に付、説明を聴取す。

十一時過、掛塚町婦人会長山下　女史来院。皇居清掃奉仕の件に付、申入あり。依て午後高尾事務官に対し電話を以て問合せ、其結果を電話にて女史に報告し、又磐田郡連合婦人会長太田はる子女史へ書状を認む。

竹村啓太郎氏（県議、入野村）逝去に付、弔電を呈す。

山崎昇二郎へ農地法改正案文を送付す。

四時より会館徳川宗敬氏の室に於て、三島通陽氏のBoy Scout 事業の説明を聴く。野田俊作、梅原真隆（早退）両氏も来る。

帰途三島氏を送る。

飯田精太郎氏脳溢血にて急逝す。依て帰途弔問す。三島氏、赤木氏同車。

上狩野村長城所啓氏、仁科村長堤伝平氏来院。両村を連ぬる林道開設工事進捗の状況を報告し、大に謝意を表せらる。

新潟県代議士渡辺良夫氏、県議会副議長塚野清一氏等、北村一男氏と来室。只見川水力電気開発計画に付、新潟県側の要求を説明せらる。

三月八日(土)　大雪　冷　服薬

静岡県庁へ赴くに付、朝赤木氏と電話にて打合せ、砂防ヨサン割当額其他のことに関し、仁科土木部長に進言するに決す。

十時発急行に乗る。然るに降雪の為列車に故障を生じ、東京駅発十二時十分となる。従て静岡着三時を過ぎ、県庁の役人は総て退出す。

松坂屋六階にＢＳ展覧会を見、幹部諸氏に面会す。それより県庁に至り、秘書課にて林政課長勝又　　一氏と会見、両陛下御樹栽に付打合せをなし、又ＢＳの参加を申入る。知事不在、副知事不在なり。知事の行先不明の為、明朝七時副知事に電話することを申入る。仁科部長は上京、不在なり。

平喜店を訪ふ。竹内氏に今朝、佐藤虎次郎氏より聴きし所を告ぐ。

松坂屋六階に帰り、尾崎忠治、森田実、日下部養一、井野包次諸氏より、来十一日挙行せらるべき連盟会長就任式に関し、心得要項を聴取す。又予は四月四日の植樹行事に参加することを求め、県庁にて交渉せし所を告げ、更に内交渉は森田氏と勝又課長とにて行ひ、正式交渉は会長よりなすことを決定す。

静岡新聞社に重田社長を訪ふ。不在なり。　　氏に面会し、ＢＳ長就任に付挨拶を述べ、且四月四日の植樹式に参加のことを告げ、協力を頼む。尾崎氏同行せらる。

列車遅れ甚しく、八時半帰宅す。修、風邪臥床す。元気良し。

三月九日(日)　晴　暖　服薬

八時三十三分発上京す。途中矢田部氏を訪ひ、富士山のこと、函南村内に植樹のこと等を報告す。又久能山問題は無事解決せし由なり。

早朝、太田はる子夫人に電話し、掛塚町婦人会長山下氏のこと及浦川町婦人会のことを報告す。

七時、副知事高見三郎氏に電話し、富士山のことを問ふ。又四月四日の植樹行事にＢＳ参加申込をなし、同意を得たり。依て此事は車中よりハガキにてＢＳ事務所へ報告す。

三島駅より矢田部氏宅に至る間、右腰に疼痛を発し、歩行に艱む。矢田部氏方にて温灸の治療を受け、軽快となる。帰途、駅まで矢田部氏見送らる。

六時廿分頃帰宅。夜、杉山東一氏、公二氏来訪。競馬部の自動車購入の件に付懇談す。杉山氏よりカステラ一箱を贈らる。


三月十日(月)　雨　小雪　冷　服薬　腰部超短波治療
血圧154
登院。本会議に出席す。

予算委員会は、去六日吉田首相の兵力と憲法との関係に関し不当の答弁ありしより、翌七日以来開会せざりし処、本日開会、難関を脱したるが如し。

午前及午後、読書室に於て Boy Scout の沿革事業等を調査す。

午後二時、青松寺に於ける故飯田精太郎氏の告別式に至り、焼香す。

浜名郡可美村村長高橋栄一郎氏、村有志五名と来院。国道舗装施工決定に付、謝意を表せらる。

興三はます子と共に、夕四時より内田明氏方を訪ふ。

歳費其他八二四〇一円を受領す。

富士山本宮浅間神社宮司佐藤東氏へ発状す。又、熊村長熊村昌一郎氏へ返書す。二俣線輸送力強化促進会代表、明日来京の由に付、「明日は静岡へ往復」するを以て在京せずとの電報を蔦ヶ谷掛川町長へ発す。

朝比奈美弥子、東京女子大入学試験終了、帰宅す。

三月十一日(火)　晴　冷　服薬　入浴
ボーイ・スカウト静岡県連盟長就任式〔一時、松坂屋〕あり、出席す（品川八、一一―一一、一四静岡四、四八―七、五六品川）。十一時三十分頃より会開中の理事会に出席す。二六年度決算、二七年度ヨサン、同行事予定、会の拡大計画并後援会結成計画等の協議あり（中食）。
就任式は国旗拝礼、君が代斉唱に始まり、尾崎 Commissioner より就任に至るまでの経過報告ありて、予の略歴を述べて予を紹介せられ、次に予は就任の挨拶を述べて責務遂行の為全力を傾注せんことを誓ふ。最後に理事長川井健太郎氏、祝辞を述べらる。

次に指導者票贈与式あり。予は三名に対し之を贈与したる上、祝賀と希望の辞を述べ、之に対して代表の謝辞あり。

最後に第三回総会を開き、二六年度事業報告、決算報告、二七年度事業予定計画、同ヨサン案決議を行ひ、尾崎Com.より事業の拡張及充実に関する抱負を述べ、次に川井理事長より後援会結成意見の開陳あり。最後に会則改正及役員の改選に付ては、之を幹事会に一任せらる。此日特に祝辞を寄せられたるは知事、教育長、田中氏（静岡市議）及大先輩某氏なり。出席者三十名。

富士山本宮浅間神社宮司佐藤東氏松坂屋へ来訪、面会す。意見書を渡さる。

矢田部盛枝氏松坂屋へ来訪、面会す。植樹Poster五枚を呈し、植樹の歌のrecordを貸与す。

四月四日の植樹行事にＢＳ参加の件は本日午前、県庁より承認を与へられたる由にて、ＢＳ関係諸氏大に喜ぶ。参加者の数は約七十名にして、両陛下の奉迎を為し、其植栽の場所は御手植の箇所に接近して一団地を指定せらるる由なり。参加者は自然東部ＢＳに多きも、全県より代表者を選定する予定なり。携行せるPoster十枚を渡し、東部方面を主として適当に配分せしむ。

東上の際、駅頭には川井、尾崎其他二氏見送らる。第一助役　　　氏より特別二等車乗車の配慮を受く。

北村勝蔵博士、昨日逝去せし由、県嘱託青山於莵氏より聞く。哀傷寂寞に堪へず。同級の生存者は杉村七太郎博士と予とのみとなる。

三月十二日（水）　晴　冷　服薬　腰痛治療（超短波）

十一時半、寛永寺境内貞恭院殿の御墓に詣づ。明日参拝する能はざるに由る。序に顕徳院殿の御墓参りを為す。御墓域に烏桕の種の生へたる数株あり。

正午、全国治水砂防協会有志会に出席す。徳川会長、次田氏、田中氏、赤木氏出席す。

一時より内閣委員会を開く。予備審査案二件、提案の理由の説明を聴取するに止む。出席者甚少しと雖、理事補欠選挙を行ふ。議決に依り山田佐一君を指名す。山本米治君の補欠なり。

松崎運転手に本月分手当を給す。

昇三郎、夜来泊す。

三月十三日(木)　晴　冷　服薬　腰痛殆全快す
出発の時、昇三郎及公二同車す。
登院。十時より工業技術庁の案内にて都内四ヶ所の試験研究機関を視察す。参加者は河井、山花、横尾、竹下、小串五委員なり。杉田、藤田両専門員以下、委員会附六人、事務局上田主事等同行す。先づ目黒なる工業技術庁に至り、長官井上春成氏より機構、事業、経理の大要を聴き、長官の案内に依り、(1)東京工業試験所目黒分室[青酸カリ製造等]、(2)同本所（長、理博島五郎氏）（中食《すし》）、(3)機械試験所本所（長、佐々木栄一氏）（井荻）、(4)電気試験所田無分室（長、工博駒形作次氏）を視察し、意見を交換す。田無にては夕食《寿司》を饗せられ、懇談をなす。帰途は井上長官の車に同車し、宅に送らる。運転手に手当千円を呈す。

三月十四日(金)　雨　寒冷　服薬す
夜来感冒の気味ありしも自然治癒す。軽き下痢あり。腰痛歇む。

朝、岡山県渡辺弁三翁来訪す。笠岡町に設立せる芋博物館落成せりとて報告せらる。翁に対し芋米製造、芋おこし製造のことを告げ、館内に収むるやう勧告す。又文献蒐集者として赤木樟一氏を紹介す。金千円を呈す。

同車登院。島村軍次氏、藤野繁雄氏、西山亀七氏、カニエ邦彦氏等に紹介す。西山氏は金二千円を贈らる。又翁の希望に依り大臣室に伴ひ、岡野国務大臣に面会せしむ。又其室に居りたる村上運輸、佐藤郵政電通、岡崎国務、吉武厚生各大臣に紹介す。それより自動車を供し、翁の行く所に行かしむ。

本会議に出席す。

全国合併町村長会長等七名来院す。其中に蔦ヶ谷町長もあり。平衡交付金等の問題あり。依て岡本愛祐氏を紹介す。

県議大石俊雄氏来院、面会す。土方村内下小笠川上流用水池築設に関し陳情の為、村長及村議長等と共に上京せりと云ふ。村長等は東京農地局へ陳情中なり。依て大石氏を農林省政府委員室に同伴せしも、農地局長不在のため、局長には後日の会見を求めて去る。

一時、内閣委員会を開会す。恩給法特例臨時措置法案及統計法及び教育委員会法の一部改正案に付、提案の理由を聴きたるのみにて散会す。但し恩給法関係に付ては厚生委員会より連合審査の要求あり。委員会に諮りて之を可決し、提案理由の説明聴取は連合委員会に於て行ふ。三時より会館会議室に開会の政務調査会に出席。田中警視総監より最近の治安状態に関する説明を聴く。四時半、院内大臣室にて木村法相と会見し、行政セイリ案に付、意見の交換を申入る。総裁と予の都合適合せず、本件閣議上程前を期して別る。先是食堂にて自由党政務調査会長岩沢忠恭氏と会見し、党内意見の結論を問ふ。未進捗を見ず。

三月十五日(土) 快晴 暖 服薬す

故北村勝蔵博士の葬儀に列す(品川一〇、一一一一、〇三静岡)。終て未亡人より招かれ同家に至り、初七日法会に列す。宮崎通之助、鈴木与平、(田子)山本淑夫、加藤芳太郎、東小一［医師会副長］、杉山祐作［静大］、司馬鼎甫氏夫人等と同席す。食事を与へられ、自動車にて駅に送らる。七時掛川着、帰宅す(香典五百円)。

松坂屋デパートに至り、BS制服作製を依頼し、寸法を取る。

史郎愛知大学卒業、就職決定に付来村、墓参す。夕食を共にす。

三月十六日(日) 晴 曇 夜雨 暖 服薬 入浴

八時三十三分発にて三島に至り、矢田部氏を訪ふ。大社に在り、電話にて用務を果す。会ま富士山本宮浅間神社宮司佐藤東氏来訪あり、面会す。

二時五十分発準急列車に乗り、品川を経て帰宅す。

一也昨日盲腸炎を発し、直に三楽病院に入り、手術を受け、経過良好なりと云ふ。ます子は病院に附添ひ居り、不在なり。

葉子は数日来感冒にて臥床中なりしも昨日全快、起床せりと云ふ。

二十二日、上大見村筏場川視察に付、県庁河川課片岡紀一氏及青山士氏へ発状す。又城所上狩野村長、荻野上大見村長へも発状す。尚樹栽箇所実地見学のことに付、県林務部勝又林政課長へ発状す。

三月十七日(月)　晴　暖　服薬

登院す。本会議なし。委員会なし。大野木行政管理庁次長と会見す。

十時半、高見副知事、本杉県議長、三上自由党長老、丸尾県議等来院。宮幡代議士来導す。直に大蔵省に西村政務次官を訪問す。内田管財局長等の出席を求め、富士山頂帰属問題に付県側の意見を具陳す。十一時四十分引揚ぐ。

長野県福島町小野秀一氏元代議士来院。木曽営林局移転反対陳情を為す。

二時、静岡育英会評議員会を新事務所にて開く。(1)二十七年度ヨサン案を可決し、(2)事務所移転の定款変更案を可決す。二十七年度貸費生採用計画に付説明し、又塩島主事辞任希望の申出ありたる旨を発表す。又杉山理事去十一日逝去せし由、報告あり。同理事関係事項の善後策に付協議し、緒明副社長に之が調査を依嘱す。尚、貸費基金造成に関しては中山理事と相談す。四時半散会す。帰宅の時、神谷理事渋谷まで同車す。又会館より赤木氏同車す。

広瀬素行氏(報徳社元監事)十五日逝去、十七日告別式の由、嗣直行氏より通知あり。

三月十八日(火)　曇　夕小雨　暖　服薬　超短波電気治療

登院。十時、内閣委員会を開会す。定員法中改正案の予備審査を行ふ。　政務次官より提案理由の説明、大野木次長より改正案の内容の説明あり。三、四の質疑を経て散会す。

一時より内閣、厚生両委員の連合会を開く予定なりしも、保利官房長官出席する能はざる為、懇談会を開き、菅野官房次官を招き、長官欠席の理由を問ひ、次会は長官及大蔵、厚生両大臣の出席確定の日に於て開会するに決して散会す。

野田建設大臣を訪問す。行政整理案に付質問せんとせしも、新聞記者多数集合せるため中止し、他刻を約す。

高瀬荘太郎氏に面会し、遠州方面に於ける同氏の講演会開催に関して相談す。其結果、中村幸八氏の来室を求め、緊急提挈を計る。尚、氏に対して富士山頂交付問題に付、昨日大蔵政務次官及内田管財局長と会見せし内容を報告す。

自由党は昨日党大会を開き、吉田氏を総裁に推すことを全会一致議決す。最高幹部以下総務役員の改選は本日施行するに決し、三役は本日決定す。増田甲子七氏幹事長となる。広川派は全敗を喫す。

故三島実氏のため鳩居堂にて線香「雪月花」一箱を求め、未亡人へ発送することを依託す。香代五〇〇円、荷作送料一五〇円、計六五〇円なり。

五時、矢部和作氏より初収穫の椎茸試食会に招かる（陶々亭）。品種は天白又は苳子と云ひ、頗上品なり。来会者は小林準一郎氏、金原代議士、中山均氏、永田龍之助教授、村上龍太郎氏、主税局税制課長泉美之松氏、国税庁資産税課長庭山慶一郎氏、林野庁特産課長片山佐又氏及中央林業懇話会小林信祐氏なり。林業に関する有益なる意見交換せらる。

新なる寝衣を着る（ます子昨日三越にて調達。代一二〇〇円。タオル織なり）。

一也治療費として五〇〇〇円を与ふ。又一也、葉子、興三に白シヤツ地各一着を与ふ。

三月十九日(水)　西南強風雨　暖　服薬　電気治療

本会議に出席す。

正午過、全国治水砂防協会有志会に出席す。次田、田中、赤木、大石諸氏出席す。

一時、政務調査会に山崎、木村、野田三大臣出席。行政セイリ案に付説明す。政府部内の不統一、弱体を悲しむ。先是野田建設相と会見す。

高平勇氏、十五、六名の同志と来院す。院内を参看して去る。

三時、附属公舎にて浅井一彦氏の最近の独乙事情に付、説明を聴く。

六時、会館四号室にて前陸軍中将稲田正純氏の今後の国防体制に関する意見を聴く。来聴者二十余名、外に和蘭海軍大佐 Muller 氏も来る。参議院議員は赤木、岡本、岡部、田村、高瀬、松平勇雄諸氏なり。九時帰宅す。

三月二十日(木)　曇　冷　服薬［感冒薬とも］　電気治療

常任委員室にて執務す。

三島市長朝日原作氏来訪す。両陛下植樹祭へ行幸啓に付、説明を求めらる。市長を宮内庁秘書課長高尾事務官へ紹介す。

緑風会総会にて、行政協定は国会の承認を得べきものなりや否やに関して、議院運営委員会に於ける緑風会委員の態度を協議す。結極、斯かる決定は同委員会の権限外なりと定む。

故花房崎太郎氏養女すま子来院。長女絢子を伴ふ。絢子の為に就職を依頼せらる。依て近藤事務総長に依頼し、川崎庶務課長、渡辺人事課長にも紹介す。

富士宮市会議員諸氏五、六名来院す。富士山下戻の件なり。高瀬氏と共に会見す。

平岡市三氏、胆石病の為、昨夜日本大学病院にて逝去せりと云ふ。依て帰途弔問す（香料五〇〇円）。高瀬、赤木両氏及吉原調査員同車す。

朝、三島甫母堂へ書状を呈す。線香贈呈に関してなり。

広瀬素行氏令息直行氏へ弔状を、杉山甕男氏令息茂氏へ弔辞を認む。香料各三百円を呈す。

吉原市に小潤川破堤、氾濫せりと云ふ。依て川島悦郎氏へ見舞状を、又由比町今宿平に崩壊発生せりと伝ふ。依て志田収氏へ見舞状を発す。

三月二十一日(金)　晴　暖　入浴　感冒薬dan服用
伊東報徳社結成に付、記念講演会に出席［八時十一分品川にて急行に乗る。田中武雄氏、一松定吉氏と同車。熱海にて乗換、一〇、四四着。駅にて太田市長に迎へられ、社長井野数丸氏も同車し、市役所に到る。秘書役山田義郎氏斡旋す。藤原義久氏も大に世話せらる］。簡単なる中食を饗せられ、二時より四時まで職業安定所にて講話す。来会者二十名、太田市長より紹介せらる。聴衆に鈴木信太郎氏あり。散会後、川畔の喫茶店にて珈琲を饗せらる。市長及鈴木氏と別れ、旅館観水荘方へ案内せらる。古瀬恵三郎氏［長伏社長］、中郷村より来り聴講、各種の打合をなす。当市在住元大宮御所勤務女官某夫人来訪す。

夕食は市長の饗応を受く。秘書山田義郎氏接伴せらる。食後井野社長、藤原義久氏、市村寿章氏（青年）、山川揚一氏（青年、宇佐美村山田）、後れて武見次郎氏も来訪せられ、十時頃まで縦横談論す。

講演開始の頃より軽き感冒の気味あり。藤原氏に託してdanを求め、寝前服用す。

三月二十二日(土) 晴 暖 dan服用二回 入浴（長岡）

体重十四貫

朝、太田市長、武見太郎氏へ電話にて謝意を表す。又電話にて徳川公の在否を旅館はとやに問ふ。昨日帰京せられたりと云ふ。次に高橋信博士に安否を問ふ。感冒に罹り臥床中なりと云ふ。

長岡町湯の家に今夕投宿（三人）のことを申入る。

伊東土木工営所長瀧口定一氏の配慮に依り自動車を供せらる。九時三十分、同氏来館、直に発す。冷川峠にて同氏と別れ、十一時頃、上大見村役場に着す（運転手に百円を礼す）。

朝、井野社長、藤原義久氏来訪す。又小川丈夫氏の従兄弟小川武氏（松原町電気商）も来訪す。宿泊料は市長支払はる。恐縮の至なり。依て金千円を井野社長に進呈す。又観水荘主人は槇田弥太郎氏と云ひ、榛原郡吉田町の出身なりと云ふ。

上大見村役場にて村長荻原文清氏、議長内田林平氏、助役飯田浩氏等と会見し、筏場川砂防工事施行に付、了解を得るため来村せる旨を説明す。村有志大に感謝す。県河川課長片岡紀一氏、三島土木事務所長小川繁雄氏、同所技師山田茂夫氏、県議［上狩野村湯ヶ島］佐田友三郎氏、仁科村長堤伝平氏、上狩野村長城所啓氏及青山士氏、来集す。

山田技師及片岡課長より砂防設計に付説明あり。十二時出発。中食所に赴きて中食し、了て現場を見る。

それより車行、片岡課長と別れ、徒歩国士越を踏破す。峠には上狩野村有志七、八名出迎ふ。徒歩三キロ、再び乗車、湯ヶ島に達す。

天城営林署に浅野所長を訪ひ、国士越林道開設に付助力を乞ひ、辞して村役場に至り、村会議員其他有志及上大見村長以下有志の会合に臨み、挨拶を述べて帰途に就く。

上大見村長より山葵を、有志某氏より山葵漬二函を贈らる。又城所上狩野村長より生椎茸を贈らる。此日三枝元氏は予の為に荷物を持ち同行せらる。村長の配慮に依り地下足袋を借用して山越を為せり。

五時半頃、三島土木事務所の自動車にて上狩野を発し、六時半頃湯の家に達す。青山氏、小山所長同車。一同宿泊す。

［欄外］米上院は昨日平和条約及安全保障条約を可決す。

三月二十三日(日)　晴　曇　雨不定　暖　Ebios 服用

七時五十分湯の家発車、八時長岡駅着。八時四分発の準急にて帰る。十時三分横浜着。東横線にて大倉山駅着。大倉文化科学研究所に着す（青山氏、小山所長は長岡より狩野川架橋工事、分水工事視察に赴く）。

十一時より大倉図書館にて一円融合会発起人開会せられ、定款案を決定し、発起人たるべき人の範囲を相談し、創立総会の日を定む。四時散会。東横線に依り帰宅す。松村光磨、東隆、加藤仁平博士等と途中まで同車す。

一也、盲腸炎の手術全治し、一昨二十一日夕刻退院、帰宅せりと云ふ。

三月二十四日(月)　晴　曇　驟雨　冷　Ebios 服用　電気治療　入浴

登院。午前中に内閣委員会を開き、外務省設置法改正案及経済安定本部設置法等改正案に付、提案の理由の説明を聴く。

十一時半、林業議員懇話会を開く。農地法改正案に付、陳情及意見を聴取し、平川農地局長と所見を交換す。

金原代議士、津村県議、稲勝正太郎氏外三名と来院。北遠地方に於ける林野庁の立木払下価格の決定に対し、当業者の実情を斟酌せられんことを要望す。依て懇話会散会後、其室にて幸田林政部長に陳情せしむ。

神田代議士、静岡市長、市議会議長等と共に来訪し、市営電気事業の政府買上となりたるものの還元払下法に付陳情す。

同代議士に対し、参議院議員補欠選挙に関する県内の動向を問ふ。尚、小林武治氏書翰の内容を告げ、条理に従て候補者を挙げることを要望す。

発信。静岡BS日下部養一氏、大日本報徳社（電報）、伊東、上大見、上狩野、県庁、三島、青山士氏等旅行関係者一同へ挨拶。

三月二十五日(火)　晴　寒　服薬

本会議あり。重なる議案は、行政協定は国会の承認を要すとの決議案なり。反対一名、賛成五名の討論あり。記名投票を以て之を否決す。

四時過より内閣委員会を開き、定員法中改正案を審議し、六時散会す。

小林武治氏来訪す（夜八時—九時三〇分）。平岡市三氏逝去に付、補欠選挙に出馬するの件なり。本件に付ては昨日神田代議士との談話、本日長島議員との談話の内容を告げ、自由党内部にて一致の推薦を得るやう勧告す。予の意見は小林氏の立候補を正当と認むるに在るも、党員に非ざるを以て、推薦に関し発言する能はずと告ぐ。藤原正治氏、熱海市長に就任確実なる由、報告を聴く。

三月二十六日（水）　晴　寒　服薬

朝、電話にて小林氏立候補に対する中村幸八氏の意見を問ふ。好意的に非ず。自由党増田幹事長より右件に関し予の意見を問はる。予の持論を述べ、党の中央部より強力なる推進なくしては不可能なるべしと答ふ。又中村、神田代議士等の支持厚からざる旨を警告す。

朝、日本橋通一丁目千代田銀行支店に至り、旧臘日本林業協会より贈られたる小切手金五千円の交付を受く。三越に至り Dulles 鞄（代九〇〇〇円）、紙幣入（代一八〇〇円）を買ふ。

正午過、全国治水砂防協会有志会に出席す。次田、赤木両氏の外、徳川会長も出席せらる。

鎮玉村有志、国有林払下運動の為来院す。依て村長小出邦太郎氏を横川林野庁長官へ紹介す（本日来訪者は野沢英太郎氏なり）。

静岡市鳥居政幸氏逝去に付、喪主幸子氏へ、大畠徹雄氏逝去に付、令嗣へ弔電を発す。又県統計調査事務所三島出張所の申入に対し、明日十時より予算案上程討議の旨を電報し、以て傍聴に便宜を計る。

一時より内閣委員会を開く。文部省設置法の一部改正案、農林省設置法等の一部改正案及総理府設置法等の一部改正案を議題に供し、順次政府より提案の理由の説明を聴く。

緑風時報に記事材料を供給す。昭和二十一年末貴族院議員老令者氏名表なり。

統計委員会事務局［審査第二課長兼審査室長］後藤正夫氏［後藤文夫氏令息］来訪。同氏立案に係る統計報告調整法案提出に付、協力を求めらる。杉田専門員と共に会見す。

ます子は午後成也同伴、横浜朝比奈方を訪問す。

三月二十七日(木)　雨　冷　服薬　電気治療（左膝）

本会議に出席す。午前中税法其他各種の法律案を可決し、二時まで休憩す。

三時過開会。廿七年度ヨサン案三件の会議に入る。委員長報告に次で各派一名づゝ賛否討論をなし、記名投票に依り之を可決す（総数二一四〔白　、青　〕）。八時半散会。

元東大教授、中央大学総長加藤正治博士の告別式に至り、焼香す（三時半、中央大学講堂）。

鎮玉村長小出邦太郎氏、野沢英太郎氏来訪す。横川林野庁長官訪問に付、注意を与ふ。

国鉄労組書記長小関一郎（坂部村坂部）と云ふ者、報徳社関係なりと称して傍聴券十六枚を僭用す。名称を求めたるに前記のもの一枚を渡せり。

Free Mason 会館買収費金の募集に応じ、百弗証券一枚を買ふ。但し四回分割払込とし、九千円を払入れたり（三、四、五、六各月末日までに九千円宛払込の約なり）。

ます子感冒に罹り発熱、臥床す。dan を服用せしむ。

三月二十八日(金)　晴　暖　服薬　電気治療（左膝）
入浴

登院。十一時開会の本会議に出席。直ちに内閣委員会を開く。経済安定本部設置法の一部改正案、外務省設置法設置法《〔ママ〕》の一部改正案及農林省設置法等の一部改正案を可決すべきものと議決す。

図書館に於て右三案委員長報告の準備を為す。

横川林野庁長官来院す。鎮玉村長等要請に対しては承認不能の旨を伝へらる。又米国産ペカンの種子を与へらる。依て佐藤議長、赤木氏及近藤事務総長へ五箇づゝを頒つ。

パスの引替行はる。即鉄道外二〇〇〇五五七五、地方鉄道五七四、都電〇〇七九三なり。

夜、重友より電話あり。四月某日村有林地に記念植林を為すに付、記念手拭を作るの計画ありとて、予に揮毫を求め来る。依て「培其徳」「樹徳厚大」の二種を署す。

明朝発郵の手筈を整ふ。

三月二十九日（土）　雨　冷　服薬　電気治療（左膝）

入浴

登院。内閣委員室にて執務す。木村経済調査庁監査部長と会見す。

野田建設大臣と会見す。木村法務総裁は行政管理庁長官を離任し、野田建設相、長官を兼任することに内定したるが如し。

二時、日本女子学園にて行はれたる故平岡市三氏の葬儀に列し、焼香す。盛大豪奢を極む。

三時二十一分東京発電車に乗り、三島を経て伊豆長岡町湯の家に至る（七時前着）。財団法人静岡社会福祉事業協会を社会福祉法人に変更する件に付、評議員会を開く。来会者は徳川顧問、三橋監事、木全、沢村、広瀬、太田夫人、渡辺夫人及深沢常務理事なり［委任状を出して欠席せるもの多数］。八時、晩餐を終へ、十時まで会議し、原案を可決す。

十時半頃入浴。疲労を回復す。湯の家に泊る。

本日は故母上の命日なり。明治四十四年の当日を想ふ。

三月三十日（日）　晴　暖　服薬　入浴

早朝、沢村、広瀬、木全、太田夫人等帰る。徳川公、三橋氏と朝食を共にす。三橋氏と参議院議員の補欠選挙に関し意見を交換す。

九時、湯の家を辞し、長岡駅より電車にて三島本町駅に至る。深沢常務同行す。大社に参拝し、矢田部宮司に面会す。宮司に米国胡桃種子ペカン五箇を呈す。

深沢氏と別れ、矢田部家を訪ふ。中食を饗せらる。閑を利して故神谷文平氏を追想するの文を草し、又小林武治氏に対し、三橋氏と会見すべき旨の書翰を認む。

三島駅乗車の前、両書翰を投函す。三時十二分発電車にて帰京す。

三島直子より来書、近状を報告あり。淳三郎氏は去十五日芦屋市打出楠町八一に移転し、母堂も其家に在りと云ふ。

夜、明日本会議に上程せられたる法律案三案の委員長報告并追加上程せらるべき特別調達庁設置法改正案に付、調査を為す。

三月三十一日(月)　曇　午後より雨　冷　服薬　電気治療(左膝)

本会議は四月一日より施行せられるべき法律案審議の為、休憩を為しつゝ、長時間に亘り開会す。予の担当せる経済安定本部設置法等の一部改正案(物価庁を内局とする件)、外務省設置法の一部改正案、農林省設置法等の一部改正案は、何れも可決となる。又特別調達庁法の一部改正案は日程追加の上、可決せらる。

内閣委員会は十時より開会し、特別調達庁法の一部改正案を審議して休憩、四時半再会、之を可決す(和田博雄氏中途退席の為、同氏の出席を求むるに時を費せり。但同氏欠席す)。

一時半、常任委員長懇談会に出席。担任法案審議の状況を説明して自然休会に反対す。議運は四月四日と十四日に議事を開くことを議決す[其間は自然休会なり]。

町村敬貴氏来院す。食堂に請じ、米国の状況を聴く。

佐藤議長より公邸に招かれ、晩餐を饗せらる。同席者は徳川、伊達、木下、岡本、高橋、新谷、高瀬、楠見、赤木諸氏なり。

本日は故母上の命日なり。明治四十四年の当時を追懐す。

泰治来泊す。学会に出席の為なり。

四月一日(火)　雨　寒冷　服薬　電気治療(左膝)

海上保安庁法の一部改正案審議のため、午後一時より内閣、運輸、地方自治三委員の連合会を開く。村上運輸大臣、柳沢保安庁長官より、提案理由及内容に付説明を聴きたる後、運輸委員長及委員より質疑を為し、了て地方自治委員より質疑を為し、四時四十分散会す。而して運輸委員会は質疑を終了して連合会を解除せり。

豊田機械、豊田自動車会社の相談役豊田喜一郎氏の告別式に至り、焼香す。冷雨花束を打つ。

榛原方にて中型封筒及巻紙を求め、丸善にて赤、藍インクを求む。

文部省設置法一部改正案中、著作権審査会を審議会と改正するに反対陳情の為、中島健蔵(日本著作家組合)、森川宗興(毎日新聞社)、青砥道雄(新日本放送)、北村治久(日本著作権協議会幹事長)、東季彦(弁護士、法博)来院、面会す。本法案の審議は十四日頃より行ふ旨を告ぐ。

平野雅子夫人、二子を連れ来室、挨拶を述ぶ。

花房崎太郎氏の孫娘は参議院自〔動〕車課勤務に採用せられたりと聞く。

四月二日(水)　晴　寒冷　服薬　電気治療（左膝）

十時、内閣委員会を開く予定の処、委員の集合少く、十一時三十分開会す。法務府設置法中改正案は政府の説明を聴くに止め、統計法及び教育委員会法の一部改正案〔以下記載なし〕

内閣委員会事務室にて執務。(1)海上保安庁法改正に付、同庁次長より審査促進の要求を受く。之に対し今朝村上運輸大臣の要求ありしを告げ、同一趣旨の答を為す。(2)警察予備隊令中改正案に付、当局の説明を聴取す。

朝、登院の時、泰治同車す。泰治は東大工学部に於ける機械科総会に臨み、研究報告を為す。夕帰宅。八時三十分発急行に乗り、大阪へ帰る。

四月三日(木)　晴　寒冷　服薬　電気治療　入浴

登院。十時より内閣、地方行政両委員連合会を開き、海上保安庁法一部改正案に付、質疑を続行す。十二時半散会す。

十二時半より緑風会政務調査会にて行政機構改正に対する処理に関し協議す。

中村代議士より戸塚九一郎氏に対し、衆議院立候補を止め、参議院補欠に出馬するやう勧告することを依頼せらる。之を断り、意向を問ふことを約す〔緑風会より出馬するならば之を一考すと答へたるに、中村氏の希望挫折す〕。

渡辺弁三翁より来書。芋博物館列品の入手困難となりしこと、芋米の送付なきことを以てす。依て野原政務次官及藤野政務次官を訪ひ、夫々依頼を為す。渡辺翁へ返書す。

三時帰宅。旅装を改めて品川より乗車、六時半頃熱海に下車す。大野屋に泊る。

戸塚九一郎氏と車中にて邂逅す。熱海駅にて、(1)小林氏立候補熱望のことを告げ、(2)戸塚氏は今回の補欠選挙に立候補するの意なきやを問ふ。其意なしと答ふ。

夜、大野屋にて林衆院議長、大村清一氏、野原政務次官、横川林野庁長官、村上事務局長、其他数氏と会食す。大村代議士と同室に寝ぬ。

四月四日(金)　晴　曇　山上寒冷　服薬
九時、大村氏と共に乗車、函南村駒止なる全国緑化大会及び植樹行事場へ赴く。

十時着。十一時より十二時まで緑化大会あり。十二時五十五分、両陛下御臨場あらせられ、檜苗三株宛を御手植あらせらる。林委員長、斎藤知事及副委員長たる予は、御植樹に介添申上ぐ。其時陛下は「此場所は植栽に適するか」との御下問を賜ひしにつき、予は適当と信ずる旨を拝答したり。両陛下は展望潤き御野立所に進ませられ、知事より県下林業、林政状況に関する説明を御聴取あらせられ、了て還幸啓遊ばさる。予は場の入口所定の地位に於て奉迎及奉送したり。

両陛下には十二時二十分三島駅御着、自動車にて御往復。　発三島より還幸啓あらせられたり。着御の頃には半曇、寒風吹き始めたり。御健康万全を禱り奉る。

植樹地に集合せる者二、三万人、両陛下を迎へ奉りて歓呼山岳を動かしたり。予の唱導せるBS代表以下百名計り来会して秩序ある行動をなし、大いに感賞を博したり。只寒気薄衣を冒し、発熱者なきやを惧る。

帰途は大村氏と同車、青森県川内町菊池昌治氏を加へて三島駅に送られ、三時十六分発電車にて帰京す。三浦辰雄氏、菊池氏と同車、菊池氏は湯河原に下車す。此日知事より伊豆長岡に招かれたるも辞退す。

四月五日(土)　晴　夕曇　暖　桜花咲初む　服薬
内閣、地方自治両委員会連合会を開催。海上保安庁令改正に付、大橋、村上両大臣の説明を聴く。又警察予備隊令改正案に付、大橋大臣の説明を聴く。了て連合会を解除す。予は十一時三十分退出、席を山田理事に譲る。
一時、横浜市杉田、西幸太郎氏邸に於ける同氏主催の古島一雄翁の米寿祝賀会に出席す。赤木氏と同車す。西氏の開会辞、古島氏の謝辞あり。一同歓喜を極む。二時二十分辞去す。
横浜駅にて赤木氏と別れ、三時二分発門司行列車に乗り、掛川に帰る。小田原まで席を得ず、疲労す。八時過帰宅す。山羊は二日雄仔二頭を分娩せり。

四月六日(日)　晴　暖　桜花盛開春光麗なり
十時より報徳社にて二宮、佐藤両先生の例祭を行ふ。来会者は社員其他合計六百余名なり。了て各種優良者の表彰を行ふ。

午後一時より講演会を行ふ。聴衆五百余名。高瀬荘太郎博士、二時着。直ちに「欧洲の視察より帰りて」なる講演を為す。最剴切なり。了て三、四十分間各種の質問を受く。

五時半頃、高瀬氏と帰宅。夕食を共にし歓談す。氏一泊。

本日報徳社にて面接せしは、雨宮文吾氏［北浜村長］、河合多三氏［中瀬村長］、高林辰雄氏［北浜村議長］、外十数名、畑地潅漑要求の件、奥野開十郎氏外十名、浜名町姥ヶ谷開拓地区外道路開設の要求。

柴山重一中将。

金原長松氏［笠原村］、天龍川総合開発による用水を笠原村へ供給の件。

小杉良平氏［弁天島］、同胞寮寮長急速選任の件（藤田訓二氏推薦）。

本日培本塾入塾式挙行せられしも、出席せず。

報徳社へ金四千円を寄附す。

四月七日(月)　晴　暖
高瀬荘太郎博士、八時三十分発にて浜松市へ赴かれしを以て、自動車にて見送る。

元海軍中佐鈴木信一郎氏、原川角太郎氏と来訪。軍人恩給復活期成会の会長たることを要望せらる。予は内閣委員長たるの故を以て之を謝絶す。

深沢鉱二氏来訪。静岡社会福祉協会の法人変更の件、同会の経理に関する件に付、協議す。次に藤田訓二氏を弁天島同胞寮々長たるの件に付、同意を求めらる。

午後、野末里平氏来訪。笠井、気賀往還道路開鑿に付、陳情の相談を受く。

二時より板沢山椎広なる旧南郷村共有林植栽会に臨み、松を栽え、記念写真を取り、式場にて祝辞を述ぶ。了て会食を為す。予の揮毫の手拭を頒つ。

重友に金六万円を渡し、預金せしむ。

四月八日(火)　午後雨　冷　服薬　入浴
帰京の途次、県庁に知事を訪ひ、植樹行事に際し、ＢＳの参加を許されたるを深謝す。又静岡育英会の援助を求む。三上県議来室。富士山山頂下附に付、大蔵省に於ける予の発言を多とせらる。知事に対し県民の一致を要望す。耕地課森田実氏を訪ひ、BSの参加を犒ひ、罹病者なきやを見舞ふ。又氏の案内にて林政課長勝又氏を訪謝す。林務部長不在なり。謝意伝言を頼む。仁科土木部長を訪ひ、砂防推進を要望す。又砂防課の設立を勧む。土木部長の厚意に依り自動車を借り、由比の地すべりを視察す。先づ志田収氏方に至りて中食し、役場及治山事務所に電話して濁沢及今宿平視察に付、案内を依頼す。事務所よりは所長富永技官来り、雨を冒して今宿平南東の大崩壊地を視、又濁沢の実状を窮む。それより国道改修の状況を視、更に国鉄の安否を視察す。収氏案内せらる。

視察後、志田氏方にて助役久保田陣太郎氏と会見し、率直なる意見を述ぶ。

三時四十一分発列車にて東上、帰宅す。由比より沼津まで原栄作氏と同車す。

四月九日(水) 大雨 暖 電気治療(左膝) 服薬

議員会館にて執務す。小林武治氏来訪。氏の参議院立候補に付、説明あり。予の援助を求めらる。予は昨年の知事選挙の余波を再挙ぐるを快しとせざるを以て、之を謝絶す。朝、岡野繁蔵氏よりも同様勧求あり、明確に謝絶せり。

全国治水砂防協会有志会に出席す。徳川公、山崎氏、次田氏、赤木氏出席す。

二時半頃、参議院に至り、熱海市会議員沢地敏郎氏に対し、夫人の逝去哀悼の電報を発す。医務室にて医察を受け、内閣委員室に至りて会館に還る。

四時四十分頃、赤木氏と同車、日本倶楽部に次田氏を、交詢社に徳川公を誘ひ、錦水方に至り、砂防協会の晩餐会に出席す。大蔵省主計局長河野〔以下記載なし〕

今朝、九州板付へ向へる飛行機木星号は、大島経由後行衛不明となり、遭難せし模様にて、乗客の安否最も寒心せられしも、浜名湾南方海上十㎞に浮流中を発見せられ、三十三名の乗客及機長以下乗組職員悉く救出せられたりと報ぜらる。

四月十日(木) 晴 暖 桜花満開 電気治療(膝部) 服薬

登院。石黒忠篤氏、静岡県より参議院補欠出馬の報あり。緑風会にて楠見義男氏より意向を聴く。又赤木氏よりも其噂を聞く。予の所信を両氏に告ぐ。

十時半、日本銀行に荷見安氏を訪ふ。昨日氏の需ありしに由る。荷見氏は先客ありしを以て中山均氏に面会し、⑴静岡社会福祉事業会、特にあそび刊行に付意見を問ひ、⑵一昨日斎藤知事に対し育英会の事業援助を求めし件を告げ、⑶弁天島同胞寮長として至急藤田訓二氏を迎ふるに至りし始末を報告し、二十日開催せらるべき理事会に出席を求む。⑷石黒忠篤氏立候補の件に付、所見を交換す。

荷見氏と会見。荷見氏より石黒氏立候補の場合、選挙の情勢如何を問はる。全県に組織網を張囲らせる梟悪無類の強敵の推す自由党員全部の支持する候補者と、他県出身の理想選挙者の競争の無謀なることを警告す。然れども若し強ひて出馬せんとするには、緑風会に入るに非ざれば予は援助する能はずと告げ、緑風会は入会の詮衡に当り、他日予と競争の立場に在ることを重視すべしと告ぐ。

一時過、院内にて竹山祐太郎氏と会見す。氏は石黒氏の出馬を翹望し、予に対して援助を要望す。予は竹山氏の推薦は慎重を要する旨を警告し、直接石黒氏と会見の希望を告ぐ。竹山氏と打合せ、三時、会館の室にて石黒氏を待つこととす。

五時頃、石黒氏来訪す。氏は戦時以来氏の執りし態度を告げ、最近民主党々首を就諾せざりし理由を明にし、今後は参議院に席を占めたしと述べ、今回の補欠選挙に出馬すべきや否やに付、予の所見を問はる。予は石黒氏の考方の正当なるを称揚し、将来参議院に入られんことを勧め、而して現実の問題としては今朝荷見氏に告げたると同一趣旨の言を以て答へ、竹山氏の勧誘は他意なきも、之が採用には慎重を要すと告げたり。会談一時間半、六時半頃退館。赤木氏と共に石黒氏を神楽坂まで送りて別る。

夜、杉山東一氏、石井英之助氏の命に依りて来訪し、石黒氏立候補の件を問ふ。矢張り荷見、竹山、石黒三氏に告げたると同一趣旨の答をなす。杉山氏は電話にて石井氏と打合せをなし、明朝十時半、石井氏、予を会館に来訪することとなる。

二時、委員会室に至り、警察予備隊令改正案の一点、建設局の importance に付、同隊〔以下記載なし〕

木村武氏来訪。政府の立案に対し、憤懣の意を述ぶ。

歳費八七二五五円を受く。秘書給料一四〇一八円（所得税、地方税控除）をます子に渡す。

日航機木星号三原山腹に激突破壊、全員三十七名死亡、発見せらる。

横浜市西幸太郎氏へ発状。去五日の古島翁米寿祝賀園遊会のことを謝す。弁天島同胞寮財団理事長堀江清一氏へハガキを贈り、徳川、中山両顧問に二十日理事会開会の旨を告げたることを報告す。


四月十一日(金)　曇　冷　服薬　電気治療

朝、元海軍中将住山徳太郎氏来訪。就職に付依頼あり［出勤の時迫り、赤坂見付まで同車す］。

朝、小塩孫八氏使者来訪。安倍川餅二箱を贈らる。夕、謝状を認む。

十時半頃、石井英之助氏来訪。議院会館にて面会す。石黒忠篤氏の静岡県より立候補に対する予の意見を求めらる。率直なる見解を述ぶ。

世界食糧局長官 Sir John ボイドオア博士 W.P.Nobel 賞受賞者今秋来訪に付、之が歓迎のことを石井氏と相談し、中山福蔵氏よりの紹介名刺を石井氏に渡す。

南富士開拓農協組長植松義忠氏（事務所、北山村田宮篠坂、住所富士根村北栗倉）、北山村［農業委員、営林委員］藤巻宗吉氏外四名来訪、会館にて面会す。開拓地へ水道及道路開設陳情に付てなり。面会後、院内参看の便を供す。

元陸軍少将石丸志都磨氏（宇奈根町七九一）来訪。軍人恩給復活の件に付、多数同志を代表して熱烈なる要望を陳述す。緑風会控室にて会見す。

駿河鉱業株式会社取締役市岡邦友氏来訪。緑風会にて面談す。氏は会社の新改造を説明し、金融を得るため何人かに紹介を求む。之を謝絶す。

由比町地すべり地帯視察に付、県土木部長仁科太郎氏に書翰を呈し、意見を開陳す。

四月十二日(土)　曇　暖　服薬　入浴

朝、中村幸八氏より電話あり。⑴斎藤美英氏を候補者に推薦することを自由党県支部全会一致の決議に基き、父君知一郎氏に申入れたる処、知一郎氏は之を辞退したること（理由、倅は未熟なること及会社の利益低下せること）

を報告あり。(2)適当なる候補者なきや、特に戸塚九一郎氏を勧誘されたきことを要望せらる。予は、(1)は自然の成行きなり。自由党の横暴が招く所なり。正義の氏の反省を要む。(2)は戸塚氏勧誘は之を為す能はず。又勧誘するも、氏の決意を動かす能はざるは明白にして、此事は去四日、植樹行事の際、予の中村氏に告げたる所なりと答へ、(3)石黒忠篤氏より会見を求められし顛末を告げ、氏にして緑風会に入会するならば、予は氏を応援するを辞せずと告ぐ。中村氏は之に対して今夕、静岡市に於ける支部役員会に於て候補者選定の協議を為す由を語れり。

登院。赤木、楠見両氏と会見して、右の情勢を報告す。荷見安氏の来訪を求め、会館にて会見して右のことを報告し、参考に供し、周密なる取扱を要望す。荷見氏は、(1)今朝広川農相を訪ひ、農相より石黒氏の出馬を断念せしむるやう懇望せられたること［農相は新聞紙にて荷見氏が極力石黒氏の出馬を画策すと知れりと云ふ］、之に対して荷見氏は、出馬の場合は農相の支持を懇望して物別れとなりしこと、(2)本日沼津に森田氏を訪問して石黒氏支持を要望する筈にて、往訪の打合せを遂げたるも、之を延期する旨を通告したること、(3)静岡県の知人某氏より電話にて、若し荷見氏が森田氏に対して石黒氏出馬に付同意を求むるならば、森田氏は断然之を拒否すと知らせ来りしことを告げらる（依之、森田氏往訪は、石黒氏出馬決定の上ならでは無意味となれり）。参議院食堂にて山崎恒氏の談あり。曰く、山崎氏昨日森田氏を往訪せしに、遠藤代議士は東京より森田氏に電報を以て、石黒氏の出馬に反対するやう勧告し来れりと。食後杉田専門員と内閣委員会今後の運営に関して協議す。

本日一時より破壊行〔活〕動防止法案反対のゼネスト全国に行はるる予定なりしも、政府の同案修正発表に依り、大に気勢を殺がれたる観あり。

桜花散り初め、南風強し。身体倦怠。二時帰宅。三時より四時半まで臥床す。

四月十三日(日)　曇　南西強風　暖　服薬

終日家居。読書す。堀先生を訪ひ、健康診断を受く。心臓異常なし。血圧一五四―八〇。尿は無蛋白。糖痕迹あり。

朝、石井英之助氏と電話す。昨朝中村代議士との談話内容、昼荷見氏との談話要領及山崎恒氏の談話を告ぐ。

午後三時、勝間田村長枝村藤次郎氏外有志四名及技師浦上喜平氏来訪。三栗川下流防災工事費増額要求に付、建設省へ助勢を求めらる。

三宅福馬氏［武蔵野市吉祥寺一三三一］より来書。坂野鉄次郎氏、来十九日来京、二十三日まで木挽町小松家旅館に滞在の旨を報ぜらる。依て直に謝状を三宅氏に、又歓迎状を坂野氏に呈し、赤木氏に諮りて二十二日又は二十三日、同成会懇親会を開くこととして、坂野氏に対し其何れを採るやを電照す。

四月十四日(月)　雨　冷　電気治療

本会議出席す。破壊活動防止法案に関し、左派社会党［椿氏］及共産党［兼岩氏］より緊急質問あり。先是、村上運輸大臣より木星号墜落事件に付報告あり。請願陳情を採択して散会す。

緑風会総会あり。予は石黒氏静岡県の立候補に付、交渉を受けたる顚末を報告したる上、予の態度を明にす。議事散会後、選挙対策委員会に於て重ねて報告し、予は緑風会の決定に従て行動する旨を明にす。

一時より内閣委員会を開く。先づ追放解除法案を上程し、全会一致之を可決す。次に海上保安庁法案の審議に入り、四時半散会す。

建設省河川局治水課に技官川村満雄氏を訪問し、三栗川末流防災費に追加増加の要請を為す。枝村村長、浦上技師等同席す。川村技官は考慮を約せられしも、該費願は既に県に割当済にして、県内操作に依るの外なきに拘らず、片岡河川課長が一行の上京を促したるは甚無責任なり。予は一行に対し其旨を課長に伝ふべき旨を要求す。

七時過、後藤文夫氏、橋本清之助氏来訪。石黒氏立候補に決したるを以て、予の援助を求めらる。予は選挙の最困難なる事情を詳述して参考に供す。又予が援助をなすと否とは、石黒氏が緑風会に入会すること、緑風会が公認することの二条件に繋ることを答ふ。

八時過、中村代議士より電話あり。其中に、⑴県自由党支部は斉藤重美氏を推すことを再認したること、⑵小林武治氏は一旦立候補を断念したる処、神田、金原両氏に欺かれたりとて断然出馬を決意したることを告ぐ。自由党の不信甚しと謂ふべし。⑶中村氏の問に対して、予は石黒氏立候補の決意愈々鞏き旨を答へ、予の態度は氏の緑風会に入るに繋ることを明にす。

右二件、即後藤氏等来訪のこと及中村代議士の報告を赤木氏に電話報告し、石黒氏入会の申出ありたる場合は、明日にても緑風会の態度を決すべき用意を希望す。

坂野鉄次郎氏より電報にて、二十三日都合良き旨を報ぜらる。依て同夕、同成会懇親会を開くの手配を為す。

夜十時半、石黒忠篤氏来訪。石井英之助、竹山祐太郎両氏随伴す。石黒氏より立候補を決意したるに由り、予に援助を求めらる。而して緑風会に入会したき旨を述べ、其手続を執ることを希望せらる。予は緑風会が入会を承諾し、予をして自由に同氏援助をなすことを許容するならば、犬馬の労を執るべきを約す。而して予は、過刻中村代議士より電話の要領を伝へ、自由党側の結束破るるの兆あるも、或は却て鞏固ならしむることあるべきを告げ、至難の大事に臨むの覚悟を新にせられたしと要望したり。特に石井氏に対しては官僚臭の脱却を、竹山氏に対しては民主党首推戴の誤解を去るやう勧告したり。十一時四十分、辞去せらる。門外寒雨澌々たり。

〔欄外〕小林氏を欺きたるは宮幡代議士なりとの説あり。神田氏関係の態度不明なり（後記）。

四月十五日（火）　雨　冷

昨夜不眠、三時を過ぐ。本日気分朦朧、睡眠を催すこと屢次なり。

十時開会予定の内閣委員会は、十一時に至りて開会す。行政機関定員法改正案に付、一応政府の説明を聴了る。

十二時より二時まで休憩。四時散会。

一時頃より緑風会の緊急総会あり、出席す。石黒忠篤氏の緑風会入会の申出を取次ぎ、且今回静岡県より参議院補欠選挙に立候補するを以て、援助を乞ひたき旨を紹介す。此二点に対しては全会一致を以て承認するに決定す。緑風会は直に選挙対策委員会を開き、予を選挙事務長に決定す。次で予は右の旨を電話にて石黒氏に報告し、入会申込書の提出を求む。又会員諸氏に諮りて吉田首相を往訪し、石黒氏を援助するやう懇請するに決す。菅野官房副長官を訪ひ、首相に面会を申込みしも竟に回答を得ず。仍て四時過、内閣委員会散会後、更めて答を促したるに、明朝電話すべき旨の答を得たり。

戸塚九一郎氏来訪、石黒氏の起否及予の態度を問ふ。甚好都合なり。事の経過及結果を詳説す。予は更に吉田首相往訪の意なるを告ぐ。又右の経過を令弟重一郎氏へ伝言を頼む。

五時頃、中村幸八氏来訪、高橋通産相の来訪を深謝し、次に石黒氏緑風会より立候補せし顚末を問ふ。予は之に対して詳細なる説明を為し、官僚及民主派の推薦と無関係なる所以を明にす。而して予は吉田首相往訪の意向を明にしたるに、中村氏は昨日静岡に於ける県支部決定の内容を告げ、小林武治氏憤起の事情を明にし、更に本日吉田首相が益谷総務会長に告げたる内容を伝へられ、結局予の吉田首相訪問と同趣旨なるを知れり。依て予は県下自由党の為に醜き内紛を止め、石黒氏推薦に合流するの可なるを強調したり。中村氏は竹山氏の先駈を迷惑とするも、予は竹山氏及多数同志の推薦を得ることを望むと告げたり。尚相談の上、神田代議士と会見することとす。

帰宅の後、神田代議士に電話せしに不在なり。依て速なる会見を申入る。

梅地慎三先生より石黒氏応援の為、本日静岡へ赴く由、電話あり。

七時過、重友より電話あり。石黒氏立候補に付、予との関係など新聞記事を賑したるを以て有志の電話問合多く、且戸塚九一郎氏の選挙に不利を与ふるの虞あるため、明日上京せんと通じ来る。予は事の真相を明にし、決して九一郎氏に不利を与ふるの理由なしと告げ、重一郎氏へも諒解を乞ふため伝言を依頼す。

四月十六日(水)　晴　暖

石黒氏立候補に付、朝、神田代議士に電話を以て挨拶を述べ、緑風会の態勢を報告す。

朝、中村代議士より本日十一時院内にて県出身両院議員の会合あり、静岡より知事及森田議員を喚寄せ、益谷総務会長出席して総裁の真意［石黒氏援助のこと、自党候補引下げのこと］を伝ふる由、電話報告を受く。

本会議に出席す。追放令廃止法案の委員長報告を為し、可決せらる。

十一時、吉田自由党総裁に首相室にて面会す。広川農相と対談中なり。首相に対して、石黒氏静岡県より緑風会候補として出馬するに付、自由党の援助を懇請す。総裁は之を了し、昨日益谷総務会長を招き、県自由党をして氏を援助することを求めたるに、益谷会長は県自由党の意向を参酌して決行せんと答へたる由にして、総裁は是非とも石黒氏を援助するやう強要したりと答ふ。予は、其言の簡勁にして意の率直なるに感じ、厚意を謝せり。初め農相は予に対して、君等は兎角面倒なる事を起して困ると言ひしに対し、予は県自由党こそ昨年知事選挙以来、面倒を起して困ると反駁したり。農相は又石黒氏の為に他の候補者を断念するやう計画中なりと告げたるに対し、其計画を謝し、之が実現を熱望する旨を答へたり。次に総裁と会談し、了て農相に対し、広川農政は畢竟石黒農政なり、故に政府も自由党も石黒を落選せしむる能はずと告げ、更に石黒が万一落選せば、来るべき総選挙に於て自由党候補者の落選数夥多なるべしと揶揄して退出したり。

右会見のことは直ちに緑風会総会に報告し、新谷選挙委員長と打合せをなし、明朝帰県するに決定す。緑風会に対して選挙費金五万円を寄附す。又当分選挙に没頭するを以て、内閣委員長の辞任を赤木氏に申出づ（後刻、在任のまゝ出陣するやう勧めらる）。又三浦安蔵氏に依頼し、不在中本会議欠席の届出をなさしむ。

緑風会は直に徳川、新谷両氏を代表として自由党、改進党、民主クラブ、社会党へ挨拶す。

西村代議士来訪、静岡県出身両院議員会合（益谷会長出席、斎藤知事、森田議員参加）の状況を報告せらる。⑴総裁の意を体して石黒を援助すること、⑵現に立候補せる斎藤、小林両氏の候補取消等に関してなり。

中村代議士来訪。同様の報告を受く。又竹山代議士の抜駈功名を怖るる模様強し。予は石黒氏が緑風会に入りしを以て其心配なしと告ぐ。中村氏容易に了解せず。

全国治水砂防協会有志会あり。徳川会長、次田氏、田中氏、赤木氏、河井出席す。

内閣委員会の懇親会を六時より議長公舎に開会す。出席議員は鈴木、竹下、三好、成瀬諸氏なり。専門員以下及事務局関係諸氏も加はる。

三好委員より改進党は三木幹事長より石黒氏に対し、厚意ある援助をなす方針なりと総会に告げたる由を聞く。

夜、石井英之助氏、坂田英一氏来訪して打合せを為す。

四月十七日(木)　晴　薄暑

静岡へ赴く。石黒候補の為、知事に挨拶を為し、選挙に関し打合せを為す為なり。品川より乗車す（八時十一分）。益谷会長と列坐して打合せを為す。了て神田、中村、遠藤諸氏と打合をなす。畠山氏は熱海より同車す。一行は知事公舎に赴き、二時開会の県支部会に出席す。予は選挙事務所（浜松屋旅館）に入り、小平権一氏に面会し、昨日立候補届出をなしたるを聴き、各種協議を行ふ。

一時、斎藤知事を県庁に訪ひて挨拶を述ぶ。高見副知事同席。各種の注意を与ふ。其中に事務所を県信連に移すべきを勧めらる。之を辞退す。鈴木選挙管理委員長を訪ふ。不在なり。地方課に至り、来訪の意を伝ふることを頼む。帰途、平喜酒店、静岡新聞社を訪ふ。又増田市長を訪ひしに不在なり。稲森氏へ電話す。

徳川公は久能山祭典に列して大東館に泊せらるるを以て、往訪す。

自由党県支部会は一時半より開会（県庁内）。益谷氏より総裁の意を伝ふ。紛糾連続、八時半に至る。依て東部、中部及西部に分れて、本部の要求に対して態度を決することとす。中部先づ総裁を支持し、東、西両部は大体同調に向ふ。斎藤氏は知事の斡旋に依り候補を辞退す。

予は支部に至り挨拶するの機を得んと欲したるも、未其時に非ざるを以て、六時四十二分発にて掛川に帰る。不在中森田豊寿氏、予を浜松屋に訪問す。

四月十八日（金）　朝突風　大雷　大雨　午後晴　静岡へ往復八、三三―七、五一

朝、川上嘉市氏へ電話す。夫人と対話。石黒氏立候補の報告を為し、日本楽器関係を中心として強力なる応援あらんことを依頼す。

静岡事務所に出頭。石黒氏十一時十四分静岡着。渋沢敬三、石井英之助、小浜八弥諸氏同伴す。之を駅頭に迎へ、駅長室にて少憩中、街頭演説の手筈を打合せ、松坂屋前、沢野果実店［立看板を掲ぐ］前にtruckを停め、第一声を揚ぐ。予は先づ紹介をなし、石黒氏、渋沢氏、小浜氏演説す。

それより事務所浜松屋別館に入り、中食す。

石黒氏と共に先づ新聞通信社（六社［支社とも］）を訪問、挨拶を述べ、次で知事を訪ひて挨拶し、知事室にて記者と会見す。了て街頭演説に出づ。

予は石黒氏と別れ、宮崎通之助氏を訪問す。氏は小林候補の為事務長となり、予は石黒候補の事務長たるを以

て、互に立場を異にするも、小林氏に対する感情は同一なり。如何にせば小林氏の傷かざることを考へたるも、其反感昂激を極め、如何なる厚意も之を享けざるを遺憾とす。而して予は又、石黒氏立候補に至れる経過を徹底的に説明す。対談二時間に及ぶ。

自由党県支部会は昨日、東、中、西の三部会を開き、中部は本部の勧告に応ずるの態度を定めたるも、東、西二部は之を肯んぜず、辛うじて、(1)本部に於て小林候補を辞退せしむること、(2)選挙の全権を支部に委任せしむることの二条件要求の下に同調するに決定したり。その(2)は予の事務長を退かしむるものにして、実は改進党の援助を拒否するものなり。予は之に対して緑風会の立場を説明し、石黒氏立脚地を喪失せしむるものとして之を拒否したり。支部は竟に予の意を諒したるものの如く、強き要求を為さず。

自由党諸代議士の地位は最困難に陥り、昨日帰京せしまゝ、在県せず。選挙運動は完全に梗塞す。予は小塩、広瀬、稲森、細井諸氏に電話せしに、或は不在、或は小林派に属し在り、形勢不利、前進の基盤なし。憂愁、掛川へ還る。

夜、戸塚、蔦ヶ谷、中山、小野四氏来訪す。予は四氏の協力を深謝し、重友も加はり、本日の情勢に基きて協議す。其結果、自由党各代議士に対して急遽帰県、夫々の選挙区を中心として運動を促進するやう懇請するに決し、重友を予の代理として上京せしめ、各代議士を訪問せしむ。重友十一時五十一分発に乗る。

四月十九日(土)　晴

朝、県議大石武雄氏及水野政治氏へ電話す。大石氏には少しく未決の態度あり。水野氏は明快なり。自由党県支部の態度未だ定らず。

十時、報徳社に出頭。会ま開催中の小笠郡町村議会議員大会に出席して、地方自治の将来に対する希望を述べて挨拶す［選挙には触れず］。

十一時七分発にて出岡、選挙事務所にて執務す。広瀬修造、小塩孫八両氏に会見を求めたるも果さず。在京自由党両院議員諸氏に挨拶状を認め、急速諸氏の選挙地に還り、運動を促進せられんことを要請す。

遺家族及元軍人生活擁護連盟結成大会は明日静岡市に開会せらるるに付、元海軍中佐鈴木新一郎氏の報徳社来訪を求め、欠席する旨の了解を請ひ、且予の尽力すべき意見を説明す。鈴木氏明日出席、報告をなすと答ふ。石黒候補、一時一分発帰京す。明日来県のヨテイなり。橋本伝左衛門博士来援す。坂野鉄次郎氏上京。逓信功労者として表彰せらると云ふ。廿三日同成会懇親会に出席する予定なり。

四月二十日(日)　晴

朝、静岡事務所に出頭、執務す。自由党県支部の態度変らず。石黒候補、十一時十四分静岡駅通過、浜松へ向ふ。又神田、西村両代議士来岡。駅頭に迎送す。両代議士に対して市内運動中心者の決定を求む。進捗せず。応援者多数来着。坪上、鍋島、古野、三浦、英人ブース諸氏あり。静岡公会堂にて学術演説会を催す。予は第一声を挙げ、石黒氏を推称す。遺家族及元軍人生活擁護連盟委員長細井篤郎氏に電話して、本日の連盟結成式に欠席する旨を告げ、本件に対する予の態度を説明す。一時四十二分静岡発にて浜松に至り(三時二十五分着)、石黒事務所を捜索し、漸くにして栄町九五、藤田久四郎氏方に達す。竹山代議士、横光吉規氏等あり。石黒候補は引佐郡へ赴ける由。依て直に石黒氏を追うて出発、三ヶ日よりの帰途にて出会ふ。車上東京人を満載し、只一人高平勇氏の地方人を認むるのみ。又田中長茂氏の来援は大に県民の注目を惹けり。気賀町吉野屋にて農業有志十五、六人、満洲婆も之に加はるあり。食後紹介の演説を為し、候補と別れ、単独浜松事務所に還る。浜松公会堂には時局講談会あり。東京より有名弁士多数出席せしも聴衆は四、五十名のみ。事務所にて浜松方面の状況を見るに、代議士は県議に押へられて出動せず。県議は本部の措置成るまで傍観するのみ。依て木全大孝氏の来訪を得て市会の援助を求めしも、木全氏は近藤議長に相談すとのみにて動かず。深夜、中村代議士宅に電話して氏と通話せしのみ。形勢混沌甚不利なり。掛川へ帰宅の終列車に乗遅れ、藤田氏方に泊る。石黒氏と同室なり。終夜眠る能はず。黎明を待つのみ。一円融合会創立総会には出席する能はず。本社より小野仁輔氏出席す。予の会費金六百円を同氏に託す。

四月二十一日(月)　晴　昨夜悒悶不眠の為神経痛あり

六時、藤田氏方を辞す。上京の意を決す。

石津浪次郎氏を訪ひ、川上嘉市氏往訪、楽器会社側の支援を請はしむ。

浜松七時二分発、掛川に下車。駅前平喜卸売店にて戸塚重一郎氏及重友の来訪を求め、状勢を報告し、現状打破の為、上京の決意を告ぐ。戸塚氏より選挙の主導権を自由党に委任するの論あり。重友も亦郡下主動者の態度を報告す。

列車故障の為、一時間計り遅発、静岡へ赴く。重友同車す。

森田豊寿氏を農協に往訪す。氏は其組織を挙げて石黒氏を応援する旨を答ふ。石井、小平両氏同行。森田氏と推進方法に付協議す。森田氏の此態度は、西遠農協及賀茂農協は氏の態度決定に先ちて石黒応援の決議をなしたるに関連あり。茲に於て一大好転を見んとす。

森田氏は又自由党県支部役員会に予の出席を求められ、予の態度に付て緊要なる注意を与へらる。

二時頃、自由党県議集会に臨み、挨拶を述ぶ。知事及森田氏も出席し在り。一、二質疑ありたるも、大体に於て予の依頼を了承せしものの如く、是亦一大好転なり。

先是、県漁連に佐野会長を訪ふ。一諾を得たり。千鈞の重きを感ず。

静銀に平野頭取を訪ふ。不在なり。静岡倶楽部にて面会す。又三橋四郎次氏にも面会す。三橋氏は小林氏を援助すと云ふ。

森下夫人同伴、静岡市会に至り、広瀬議長を訪ひ、選挙の静岡に於ける中心とならんことを求めしに謝絶せらる。又河野辺女医に面会し、全面的の賛同を得たり。之にて県婦人連盟の支持を受くる見込確定す。森下夫人及藤原夫人の斡旋を多とす。石黒夫人の来静を乞ふことに決す。

夜上京す。静に思ふ。本日は真に勝敗分岐の日なり。森田氏との会見、佐野氏の支援、自由党県議集会に於ける挨拶及河野辺連盟長の支持は、時速百キロへの初秒、微動なり。猶ほ重畳の暗黒雲を透して数条の光線の漏れ来れるが如し。而して自党支部の要求たる小林候補引下げ処理の一事は、急速解決を要するものなり。県議代表はこれが為め明日上京、本部に要求を提出す。

四月二十二日(火)　晴

内閣委員会に出席す。海上保安庁法案を修正可決す。

九時四十分、院内にて益谷自由党総務会長と会見して急速善処を要請す。県議代表は三時三十分、益谷会長と会見し、強硬なる申入を為す（要件は小林氏処理と運動必要費支出となり）。

十二時、緑風会総会に出席し、県の情勢を報告し、益谷総務会長と会見の内容を述べ、更に会員諸君の来県、応援を懇請す。

一時三十分、会館三二号に小平権一、石井英之助、湯河元威、笹山茂太郎四氏、来訪す。四氏に対して県の実情を報告す。

四時三十分、石黒氏方訪問、令夫人に挨拶す。後藤文夫氏、石井英之助氏と会見す。又改進党代議士内藤友明氏に出会ふ。内藤氏は石黒氏の緑風会入りに付、不平を鳴らせり。

夜、中村代議士より電話を以て、自由党県議代表と益谷会長との会見要領を報告あり。小林氏辞退勧告の為、総裁の代理として特に増田幹事長を派遣するに決し、増田氏は明日静岡へ赴く由を告げらる。而して小林氏が若し辞退せざれば、党は離党の勧告を為すに決定したりと報告せらる。中村氏より夜中電話あり。増田氏は頃日の肺炎癒えたるも旅行を禁ぜられたるに付、堀〔保利〕官房長官外一名（坪川信三氏〔副幹事長〕）、代て静岡へ赴く由を告げらる。自由党の態度一決す。憂雲漸く払はれんとす。

四月二十三日(水)　晴

本会議に出席す。海上保安庁法改正案を報告し、委員会修正案の通り可決せらる。

九時半、益谷総務会長を自由党総務室に訪ひ、吉田首相に会見を申入る。十時前、首相登院。直に其室に入り面会す。県情勢を報告し、自党支部が総裁の意を体しつゝも行動に入らざる事由を説明し、総裁の決断を求む。流石の One Man 顔色を変じ、静岡県は困つたものだと歎声を発す。益谷会長、予の言を補ひ、推進策を進言するに及び、予は辞去す。

午前中に自由党両院議員会合開かるる予定なりしも、其必要消失し、中止となる。

自由党控室に増田幹事長を訪ひ、同党の援助を深謝す。而して援助のため必要なる経費は、総て同党の負担と為すことを承諾せらる。幹事長は又病気再発の虞あるを以て医戒を守り、明日静岡へ赴かず、堀官房長官代理せらるる由を告ぐ。

五時、附属公舎に於て同成会懇親会を開く。坂野鉄次郎氏上京せられしを以てなり。出席者は同氏の外、入江貫一、下条康麿、丸山鶴吉、金森徳次郎、大谷正男、小汀利得、赤木正雄の諸氏なり。三宅福馬氏も坂野氏同伴、来会せしを以て特に出席す。

会後、自動車にて坂野氏を旅館木挽町小松屋に送り、入江氏を玉川奥沢町へ送る。

四月二十四日(木)　雨

東京に於ける中央工作成功し、保利官房長官の派遣となり、緑風会も亦大挙応援と決定したるを以て、八時十一分、品川より急行列車に乗し、静岡へ還り、事務所に入る。

保利長官は坪川副幹事長と共に十時発急行にて静岡に来る。神田、西村、中村三代議士同行す。予は石黒候補と共に県庁に至り、二時、保利長官、坪川副幹事長に挨拶す。石井英之助氏同席す。

先是、予は高見副知事を訪ひ〔十一時三十分〕て打合せを為し、又斎藤知事へ挨拶す〔石井氏同席〕。

保利長官は小林候補に面会を求めしも小林氏出先に在りて帰来せず、面会を断れるを以て、使命を三上県支部幹事長に託し、三時三十四分発急行に乗りて帰京す。

本日、天龍川綜合開発促進同盟諸氏来京せしも不在なり(昨日、不在の旨電報す)。

四月二十五日(金)　晴

朝、三島大社矢田部盛枝氏に電話して支援を申入る。神社庁の援助決定す。

八時三十三分発にて静岡事務所に出動す。井川村議長瀧川一栄氏等来訪す。

四時半掛川着。報徳社に於て執務す。(1)小笠郡農協役員会に臨み、挨拶を述ぶ。(2)加藤正人氏代理阿部孝太郎氏五時来社。運動の状況を報告せらる。大和浜松出張所長野末菊之助氏同伴す。

四月二十六日(土)　晴　暖

九時、地方事務所に小笠郡町村長会あり、出席す。丸尾、大石、赤堀、中山四県議も出席す。予は会長の紹介に依り石黒候補を推薦する理由を陳述し、満場の拍手を得たり。丸尾、大石、赤堀、中山四氏も交も熱烈なる支持を約せらる。

十一時七分発にて静岡へ赴き、事務所にて執務す。戸塚重一郎氏の勧に依り同氏と同車、増田市長、松本金蔵、西村直己、海野数馬、近藤伊平諸氏を歴訪す。近藤氏の勧に依り、県庁内自由党控室に安静地区選挙委員長梅原統一氏、副委員長田中　　　氏を訪ひ、挨拶を述ぶ。村本氏も同席す。

五時五十二分発にて浜松に至り、高砂旅館に小野近義氏を訪ひしも不在なり。而して所在不明なりしを以て、浜松八時三十二分発にて掛川に帰る。

松坂屋にてBoy Scout制服の仮縫を為す。又伊東市BS会pm3開会の由、主催者山田義郎氏より通知ありしも出席する能はず。

四月二十七日(日)　晴　暖

六時二七分掛川発にて磐田に至る。竹山代議士、駅に出迎ふ。依て大塚屋に至りて協議し、本日の行動を定む。先づ自動車にて見付に水野政治氏を訪ひ、十時より中泉町所在大石県議の事務所に郡下自由党町村長会合に出席するをことを〔ママ〕約し、其間を利用して森町城下に県議藤江喜重氏を訪問して、挨拶を述ぶ。藤江氏は来三十日森町に周智郡下町村長及農協会長の連合会を開くを以て、出席を求めらる。還つて十時、大石氏の事務所に出頭す。水野、大石両県議の配慮に依り、町村長二十余名に対して石黒氏推薦の経緯を説明し、支援を請ひたる上、賛同を感謝す。帰途、神谷家を訪ふ。母堂に面会す。文吉氏不在なり。

十二時二十六分発、磐田より静岡に出頭す。事務所にて駿東郡及沼津方面の状況を聴く。形勢未利あらず。遠藤代議士より今夕、沼津市会議員の会合あるを以て出席を求めらる。依て沼津行に決定す。

事務所にて石黒令夫人出動の由を聞き、甚心強く感じたり。又高橋通産大臣に打電し、浜松、静岡へ出動を依頼す。

静岡発三、三四の急行にて沼津へ赴く。常岡一郎氏と同車、高橋大臣、村上大臣へ伝言を依頼す。

沼津にては会場不明なりしを以て名取栄一氏を訪問す。氏は小林氏の為に選挙事務長を承諾せしも、之を辞退したる関係に在り。氏に面会中、県議矢野久太郎氏来訪して、予に会場の商工会議所なるを告ぐ。又、勝又春一氏来訪、予の説明を聴きて態度を明確にし、且次回の改選時に於ける予の立場を心配せらる。更に又、勝亦干城氏より春一氏へ電話あり。予も亦通話せしに、県自由党首脳者の悪弊を一掃せんことを求めて、石黒氏に同調の意を表せらる。

辞して商工会議所に至りしに集会者少し。依て少時を利用して一杉藤平氏を訪ふ。一杉氏は直に大野虎雄氏を喚寄せて、予の説明を聴取したり。

商工会議所に来会せし市議は二十名内外なり。遠藤代議士の紹介にて、予は石黒推薦の経緯を説明す。一同之を諒承す。只一人田中保氏は説明を解せず、盛に質問を繰返したり。

駈足にて八時発沼津の列車に乗り、十時四十七分掛川に還る。

誠の誕生日なり。健康を祈る。

四月二十八日(月)　晴

昨朝、小野県議より電話あり。本日商工会議所に於て、(1)自由党浜名支部役員会、(2)浜名郡町村長会、(3)自由党浜松支部役員会あるを以て、出席を求められしを以て八、三〇掛川発にて浜松に至り、商工会議所に入る。閑を利して藤田久四郎氏を訪ふ。不在なり。夫人に面会して、事務所に付厚き配慮を謝し、新事務所設置に付、了解を求む。次に内藤惣一氏を訪ひしに不在なり。更に市役所に岩崎市長を訪ひ、面談す。

夕刻までに上記三種の会合に出席して挨拶を述べ、石黒氏推薦の理由及政治的立場を説明す。何れも全会一致の支持を得たり。

石津浪次郎氏を訪ひ、五時五十分発にて掛川に還る。平和条約及日米安全保障条約効力を発生す。午後十時三十分。

四月二十九日(火)　午後雨　冷　天長節なるも御喪中なり

八、三三発静岡に至り、事務所にて執務す。県庁自由党総務室に出頭、神田、三上、村本三氏に面会す。

一〇、二二発にて藤枝に至り、山口忠五郎氏を訪ふ。不在なり。夫人に面会して挨拶を述ぶ。片柳真吉氏と同車、氏は掛川に至り、報徳社に出頭、集会に臨席す。藤枝駅にて列車待合中、山田敏夫氏を訪ふ。一家不在なり。

石黒候補は今夕、龍山村泊。明日水窪に至り、引返して磐田、浜名の平原に出づるのヨテイにして、不利なるを認めたるを以て、予は奥地を代行し、龍山より平原に出づるを勧むる為、龍山に向ふ。藤枝三、五二－五、〇五浜松五、三〇－六、二五西鹿島六、三〇－船明(夕食)－横山、止。青山秀一氏方醤油屋旅館に投ず。

電話にて石黒候補の所在を捜索し、下阿多古村松野氏方に投宿(ヨテイ変更)のことを知り、明日の course 変更を決定す。又本部よりの電話、竹山代議士よりの電話にて明日の経路にも両党の駈引深刻なるものあるを知り、竹山代議士の周到なる考慮を求む。大体に於て我意を得たり。依て水窪町鈴木直人氏に電話して明日往訪のことを告ぐ。

石黒候補は明日山香村まで赴くこととなる。已むを得ざることなり。

夜十二時、就褥す。

四月三十日(水)　晴

愁雲霽れて新緑爽快なり。青山氏に謝して発す。バス横山六、四〇－八、四〇水窪(峯の沢まで満員。それより座席を得)。鈴木直人先生を訪ふ。先生は小林氏側にして石黒派守屋利一氏と対立す。両氏共に厚意を以て予を迎へらる。守屋氏は病臥中なり。慰問の上、速に抗争を忘るべしと勧告す。もろくづやにて有志七、八名と会談、説明す。営林署長木村武男氏には面会を得ず。伝言を鈴木氏に頼む。

バスにて城西村に来り、農協事務所に入り、専務理事氏の配慮に依り有志七、八名と会見す。

農協の好意に依り truck の使用を許さる。井通村長伊藤左一氏同車、世話せらる。龍山村長宮沢干丞氏方に至りしに、役場に出勤せし由なり。夫人より中食として寿司を饗せらる。須臾にして干丞氏帰来。同車、山香村へ案内せらる。

山香村役場に出頭。農協長兼村長坂中建市氏に面会す。これにて宮沢氏と別れ、佐久間村地内にてtruckを降り（道路修繕中）、徒歩、佐久間村役場に出頭す。村長北井二三夫氏不在なり。依て農協に会長　　氏を訪ふ。

電車にて浦川町に至り、農協に出頭す。会長矢部和作氏不在。役場に出頭せしに町会開会中なり。町長武田茂六氏の配慮にて、散会後の町会議員諸氏に面会して挨拶を為す。

熊村長熊村昌一郎氏へは横山青山秀一氏より電話を頼む。

電車にて豊橋に出て、伊藤氏と磐田にて別れ、九時七分掛川着、帰宅す（疲労の為、沼津行を中止す）。


五月一日(木)　晴　May day　浜松は凧揚初日にて沸立つ

掛川九、三〇―一〇、〇六浜松一一、五三―一二、〇九静岡六、四二―八、二六浜松一一、一四―一一、五一掛川。

浜松事務所及静岡事務所に出頭す。浜松は中村氏義弟在り。県議の不熱心を愬ふ。市議は熱心なりと云ふ。

May day 及凧揚祭にて市中混雑を極む。

静岡にては七間町にて二回街頭演説を行ふ。漸次透徹の兆現はる。

九時より九時半まで浜松市公会堂の立会演説会にて、石黒候補の為、代理演説をなす。弥次の飛ぶこと烈しく、低劣を極む。適当なる反撃を加へ、最後には平静となる。弥次は小林派鈴木甚一氏［商工会議所副会頭］の所属なりと云ふ。

小野近義氏の好意に依り旅館高砂に休息す。十二時過帰宅す。

五月二日(金)　晴麗

午前中掛川を中心として活動す。
(1)九時半、天理教会に柏木庫治氏を訪ひ、全員の援助を謝す。氏は袋井へ赴く。
(2)小笠郡農協婦人役員会（会長佐束村原川夫人）に出席。石黒立候補に付説明す［出席者三十余名］。

(3)小笠郡部落中心人物養成講習会に出席。同上の説明を為す［出席二百人］。
(4)郡酪農組合協議会に出席。日本農業の将来行くべき道に付講話す。
一二、四六発静岡へ赴き、事務所にて執務す。各地の形勢漸次好転す。九時五分掛川着、帰宅す。
藤井静一氏、岡山市にて逝去す。（嗣）孫照二氏、岡山市浜三三二番地（後記）。

五月三日(土)　晴爽

昨日、静岡事務所に於て北遠周智の形勢甚非なるを聞き、時期既に晩きの憾あるも犬居、気多、熊切へ出動するに決す。斎藤知事の配慮あり。

九時三十分掛川発、磐田へ赴く。飯島連次郎氏（参議、群馬）、静岡より来り、加勢せらる。終日自動車旅行なり。

磐田地方事務所（水野県議と打合の上、十一時出発）─森（藤江県議と打合をなす）─三倉（田辺先生と打合、中食を頂く）─犬居（役場にて助役平塚三四郎氏と会見。町長石黒仁氏不在と云ふ。秋葉神社宮司河村実氏訪問）─気多（村長農協長渡辺文作氏と会見。営林署長奈良英二氏訪問）─熊切（農協長山下陽一郎氏と会見。氏の紹介にて村長杉本恒夫、議長大畑団平、助役酒川達雄、三氏と会見。父君へ伝言を頼む）

車行二十里、頗疲労す。効果は十分に期待し得ざるも、全然無効なりしとは考へず。帰路田辺先生、藤江県議に挨拶す。八時四十七分磐田発にて帰る。飯島氏は静岡へ赴く。

昇三郎来泊す。

五月四日(日)　風雨

八、三三発にて静岡へ赴き、事務所にて執務す。
十一時より静岡県Boy Scoutの仕事に関係す。大東館に入り、川井健太郎氏、尾崎忠次氏外諸氏と今明両日の行事に付協議す。新製の制服異彩を放つ。十一時半、三島総裁、岡本事務局長は山中のCampよりCaptain Wallの操縦するJeepにてLieut Baseと共に来着す。中食の後、公会堂なる演奏、映画、講演会に臨む。
此会合は市内中小学校生徒を対象とし、三交代にて行はる。頗盛会なり。三島総裁、Wall大尉講演す。演奏は東京市〔ママ〕大田区の某中学校のBrassbandに依りて行はれたり。

夕食は栄屋旅館に於て催され、総裁等を招く。食後、公会堂にて三回目の公開あり。風雨強きため出席者減少す。

朝、松坂屋にてＢＳ制服仕立料四七〇〇円を支払ふ。

五月五日(月)　曇　小雨　冷

選挙戦最終日なり。静岡事務所には朝夕三、四十分づヽ出勤せしのみ。他はＢＳに出動す。
七、四〇掛川発に乗車す。先頭の車中にScout Boys+girls多数乗込めり。即ち之に同車す。自ら生気溌剌たるを覚ゆ。静岡駅下車の時、十時までに出頭の通告を託す。
九、四〇、旧城内なるＢＳ県連盟推戴式場に到る。川井、尾崎、戸巻、其他幹部諸氏と打合せ、行事を進む。三島総裁、Wall大尉、Base少尉、岡本事務局長も来集す。県内各地のScoutは隊伍を整へ、所定の位地に就く。来加せし女子スカウト隊、静岡子供の会隊も整列す。推戴式は尾崎Commissionerの紹介に依り、予は壇上より挨拶を為す。次に表彰式あり。十二時休憩、中食を為す。一時、市中行進を開始す。楽隊、国旗、隊旗、連盟長、役員、米国代表、各隊の順序にて総員二千余名、堂々市中を行進す。三ヶ所にて花束を贈らる。三時半、旧城内練兵場に帰還す。
此日天気次第に悪しく、夕刻降雨を予想せられしを以てCamp fireの行事を中止し、五時国旗卸の式を行ひて散会す。異様の大会にして壮気腹に満つるの慨あり。

三島総裁一行は二時頃出発、Jeepにて沼津に向ふ。今夕箱根一泊、明日帰京のヨテイなり。

各隊は夫々帰郷す。四時五十分臨時列車にて帰京するBrass bandを見送り、所贈の花束と予に与へられたるRayを呈す。出発の際「告別の音楽」壮麗なり。

高松宮殿下、昨夕御来着(興津御泊)。本日藤枝にて行はれたるThacker仕合に台臨せられ、五時大東館に御少憩あらせられたるに依り伺候す(ＢＳ制服着用のまヽなり)。種々御言葉あり。知事、副知事、教育長、教育委員等十二、三名同席す。五時五十分、静岡駅御出発を歩廊に奉送す［甘露寺掌典長の伊勢より帰途、車中挨拶をなす］。

高橋通産大臣も同車、帰京す。挨拶を為す。

昨今両日各村駆出部隊の活躍著し。大勢既に優勝を示す。

五月六日(火)　晴　穏

八、三三発静岡に到り、事務所に出頭す。石井、伊藤両氏と打合せを為す。三上幹事長来訪、挨拶を述ぶ。県庁に出頭。知事、副知事及土木部長と会談す。鈴木選挙管理委員長、田口出納長は訪問せしも不在なり。又自由党本部にて三上幹事長、村本氏外一名に面会して挨拶す。
帰途、沢野太郎氏を訪ひ、謝意を表す。中山吉平氏事務所に来訪あり。

静岡一、〇一発急行にて上京、帰宅す。久し振にて我家に帰れり。

相良町長長野宇恵茂氏来訪、地域給引上に付、謝意を述ぶ。夕、赤木氏来訪。夜、昇三郎来訪す。

五月七日(水)　晴

登院の時、昇三郎来宅、同車す。

本会議あり、出席す。

内閣委員会（十時）にも出席す。十一時過、静岡県に於ける開票の結果、石黒氏当選確実との報告を得て安堵す。小林候補の得票意外に多し。県民の批判正しきを認む。

石黒氏当選に付、院内にて吉田首相と会見し、深甚なる謝意を表す。又閣議終了後の閣僚室に至り、感謝す。尚益谷総務会長、西村次官に面会して感謝し、増田幹事長及神田代議士には訪問、感謝す。両氏不在。増田令夫人に面会す。

正午、全国治水砂防協会有志会に出席す。徳川公、勝、次田、田中、赤木諸氏出席す。

夜、中村幸八氏に電話にて挨拶す。

開票の結果。

石黒　三七〇、三四〇　　小林　三一七、〇〇五
橋本　一二八、五五六　　小田　二三、七九八

五月八日(木)　晴　小暑

静岡へ往復。石黒氏と出会ひ、各所歴訪、挨拶をなす。

帰途沼津に下車、名取栄一氏を訪ふ。不在なり。直に三

島に至り、矢田部氏を訪ふ。静霊神社大祭の為静岡に在りて、不在なり。昌子夫人に挨拶す。去月四日、植樹行事の時撮影せる写真二種二葉を恵与せらる。三島より五時二十八分発電車に乗る。石黒御夫妻、石井、伊藤、小浜、其他諸氏と同車し、甚賑かなり。又鈴木寛氏も同乗す。品川にて乗換へ、八時半頃帰宅す。

五月九日(金)　晴

本会議に出席す。

内閣委員会は午後一時、文部委員会と連合して開会す。文部省設置法に付質疑す。

石黒忠篤氏、緑風会に来り、挨拶を述ぶ。

矢富義児氏は、此度石黒氏応援の為静岡に来りし序を以て上京、参議院にて面会す。氏の需に依り、安楽城農林専門員及猪原恭爾氏に紹介す。夜同氏来訪、安田村農業経営に付、意見及援助を求めらる。

夕、伊林初次郎氏来訪す。昨日昌子夫人所贈の植樹奉仕の写真を貸与す。夕食を共にす。氏は今夕神楽坂に泊る。

パーカーペン二本の修理成る。代四二〇円なり。

五月十日(土)　晴

十時、法務委員会との連合委員会に出席す。此委員会は地方行政及労働両委員会とも連合なり。破壊活動防止法案、公安委員会設置法案及公安調査庁設置法案を議題とするものにして、木村法務総裁の提案理由、　政務次官の案の逐条説明を聴取せり。歳費八五五四三円を受く。

二時二十八分東京発の列車に乗り、帰宅す。

五月十一日(日)　晴

朝、戸塚重一郎氏を訪ふ。不在なり。夫人に面会して謝意を述ぶ。原川角太郎氏を訪ひ、謝辞を述ぶ。蔦ヶ谷龍太郎氏を訪ひしに未だ起きず。最後に浦上喜平氏を訪ひしに上京中にて不在なり。

八、三三発にて静岡へ赴く。大東館に居を定む。BSカーネーション造花を街頭にて売る。松坂屋にてBS帽子press料を支払ふ。又時計紐、Pen差しを求む。

十一時十四分、石黒氏を駅頭に出迎へ、大東館へ同伴す。竹山、水野両氏同車なり。

十一時半、浜松屋別館に於ける改進党役員会及畜産組合幹部会連合会に出席し、石黒氏と共に謝意を表す。大東館に還りて中食をなし、休憩す。藤原前副〔知〕事同伴せらる。自由党県支部長三上氏の電話に依り、三時、中島屋に赴き、石黒氏と共に自由党県議有志会にて挨拶す（斎藤知事、大東館に来訪。中島屋へ同車す）。大東館に帰り、三時三十四分発急行列車にて帰京す。二時、国立なる商大講堂にて故学長佐野善作博士の葬儀ありしも欠席す。名刺を高瀬荘太郎氏に依頼す。

五月十二日(月) 晴 頚部電気治療

本会議あり、出席す。

内閣委員会十時開会。行政機構改革に関する一般的説明を野田長官より聴取す。又文部省設置法改正案、法制局設置法案、行政管理庁設置法一部改正案に付、提案の理由を聴取す。

五月十三日(火) 晴

十時より内閣、地方行政両委員連合会あり。警察予備隊令改正案に付、質疑を為す。了て連合委員会を解く。

一時半より内閣委員会を開会し、調達庁、文部省、〔旧〕総理府、厚生省及行政組織法各改正案に付、提案理由を聴取す。

調達庁長官根道氏に対し渡辺忠雄氏のことを告げ、就職の依頼を為す。渡辺氏へ其旨を通知し、来院を求む。

町田徳之助氏逝去の由、新聞紙にて承知す。依て其邸に弔問す。

同盟通信社静岡支局長植松一氏を農林中金湯河理事長に紹介す。

夕、杉山東一氏来訪。尾之道市所在天主教会学校設立資金募集の為、仏国より送付せられたる貸物が神戸税関にて課税せらるることとなりたるに付、之が特免の交渉を大蔵省へ為すやう依頼せらる。同教会には榛葉康子在勤す。

夜、赤木博士の砂防史稿を読了す。十二時半に至る。

昨今両日、戸塚重一郎氏出入の大工を頼み、門内に板塀を作り、物置の戸を修繕し、金網戸を張替ふ。手間賃二三〇〇円（手間四人三分）を鈴木邦三氏に払ふ。

五月十四日(水) 晴 涼

十時、本会議に出席す。

一時半より内閣委員会を開き、建設省、労働省、大蔵省外一件、文部省各設置法改正案に付、政府より提案の理由を聴取す。

林業議員懇話会を開きしも出席せず。林野庁所属問題に付、意見を交換せしを以てなり。森幸太郎氏、司会す。

大野よし子一周忌日なるを以て染井に墓参す。

全国治水砂防協会有志会に出席す。牧野良三氏、赤木正雄氏出席す。

運輸委員会に於て、熊村村長等の提出せる国鉄循環バス運転開始の請願審議せらるるを以て、紹介議員として出席す。然るに他の議案の都合上、本日は審議せらるるや否や未定なりとのことなるを以て、専門員に予の紹介意見を伝へ発表を求む。後刻、右請願採択の報に接す。

軍人恩給法の取扱に関し、三橋恩給局長と二回会見す。其結果、保利官房長官に予の意を伝ふることを依頼す。

五時、南甫園にて石黒氏当選祝賀を兼ね、緑風会の懇親会を開き、出席す。石黒氏より酒及麦酒を寄贈せらる。頗盛会なり。

Freemason club bldg 買受資金債応募額払込九〇〇〇円を託す［之にて第三回払込を終了す］。

重友より来十七日小笠郡有志の集会あるを以て、予の出席を要望し来る。予は事務の都合上、十八日十二時半着、三時発にて上京するならば出席可能と返書す。

五月十五日(木)　晴　暖　下痢

十時、内閣委員会を開会す。機構改革案各府省内容に付、説明を聴取す。午後、警察予備隊令の一部改正案を修正議決し、統計報告調整法案を可決す。了て恩給法制処理に付、協議す。自由党控室に至り、委員出席の少きを警告す。

石黒忠篤氏、来十七日静岡県へ赴くに付、往訪先に関して協議し、来十八日小笠郡有志会に出席を乞ふこととし、其旨重友へ打電す。

四時頃、保利官房長官と会見し、軍人恩給法の特例の処置法案の審議に関して打合せをなす。明日の委員会に大蔵大臣と共に出席することを求む。

朝、朝倉眼鏡店に至り、修理成れる眼鏡を受取る。代金一五〇円なり。又眼鏡 sack を求む。代二百円なり。

予の室に備附けたる Radio の修繕成る（代五〇〇円なり）。早速放送を聴取せしに、衆議院に於ける破壊活動防止案上程の模様を報告し、且同案の不当暴戻にして憲法違反なる旨を宣伝す。其奇怪なり。

本日渇を覚ゆること甚しくLemonadeを飲み、又中食の時牛乳を飲用せり。夜十一時まで研究す。

渡辺忠雄氏来院す。依て氏を根道調達庁長官へ紹介す（手紙）。


五月十六日（金）　晴爽　Diosin及Ebios服用
十時、本会議あり、出席す。警察予備隊令改正案及統計報告調整法案に付、委員長報告を為す。前者は反対討論三名あり。修正可決。後者も可決す。又熊村長の提出せし国営自動車天龍線、遠江横山路線延長に関する請願は全会一致採択し、内閣へ送付することに議決せり。其旨熊村長へ打電す。

内閣委員会は、午前中は開会に至らず。午後一時、厚生委員会と連合委員会を開き、恩給法の特例に関する件の措置に関する法律案を議題とし、質疑を続行す。山下義信、深川タマエ、松原一彦諸氏の質問に対し、保利内閣官房長官、池田大蔵大臣及三橋恩給局長の説明あり。厚生委員との連合会を解消して四時散会す。

元GHQ民政局長リゾー氏任務終了、帰米に付、挨拶の為来院す。佐藤議長の配慮に依り副議長及常任委員長を集め、送別の茶会を二時、議長応接室にて催され、出席す。議長の送別辞、リゾー氏の謝辞あり。二時半散会す。

暁来下痢四回あり。体力消耗甚しかりしを以て、医務室にて投薬を請ひ、服用す。

三時より緑風会政務調査会にて、破壊活動防止法案に関する法務府特審局長の説明を聴く。遅れて出席す。次に五月一日の騒擾事件、共産党の計画書に付、説明あり。又五月三十日の示威運動計画に付、概要を聴く。

鎮玉村沢野栄太郎氏来訪す。国有林地払下に付、林野庁長官と会見せし結果を告ぐ。

米人Finnell氏、今夏来日。B.S.Administrationに付指導す。而して静岡県にては一泊の予定にして、成るべく市内素封家に宿泊したき由、去十三日三島総裁来院、談話ありしを以て、念の為久保田養一氏へ通知す。

弁天島同胞寮理事長堀江清一氏より、二十五日には役員会を開催し難しとの通知あり。之に対し六月中旬頃、国会終了後に開会せらるるを希望する旨の返書を認む。

五月十七日(土)　晴爽　Ebios 服薬　下痢止む

十時三十分より内閣、地方行政両委員会連合会を開き、地方自治庁法外一件を議題とし、政府委員より提案理由并逐条の説明を聴き、質問に入り、十二時過散会す。貞明皇后の御一年祭に当るを以て、侍従職に至り記帳を為し、三谷侍従長に面会、挨拶を述ぶ。岡本愛祐氏と同車す。

石井英之助氏来院、面会す。選挙後の挨拶に関して打合せを為す。

一時過より映画を看覧す。(1)時事ニュース、(2)結核の一生［衛生試験場］、(3)井戸、(4)羅生門なり。

五月十八日(日)　晴　注射　Ebios 及下痢留服用　入浴

掛川行。八、一一品川－一一、一四静岡一一、二〇－一二、二九掛川三、〇五－七、四五品川。

掛川駅にて粂田良太郎氏の出迎を受け、徒歩、報徳社に到る。石黒氏は既に到着し、蔦ヶ谷町長の案内にて町内外数所を歴訪す。

小笠郡選出県議会議員、興農連盟、農業委員、報徳社幹部等二十数名集会、会食す。中山県議の挨拶、石黒議員の謝辞及抱負の開陳あり。予も謝辞を述ぶ。

三時三分発湘南電車にて石黒氏と共に帰京す。車中、太田正孝氏、稲勝正太郎氏、鱸正太郎氏、同母堂、鈴木寛氏及夫人、小児等と同行す。頗賑かなり。静岡にて稲勝氏、鱸氏等下車し、代て内田裁判所長、緒明太郎氏同車す。

往路、大阪市議伊藤勇次郎氏より天龍川発電計画書を贈らる。又車中に於て文部省設置法の一部改正案、恩給法の特例に関する法令の設立に関する法律案を読む。

舘林三喜男、夜九時過上京、来着す。葉子は伊勢京阪神方面へ修学旅行に赴く。

五月十九日(月)　曇　注射　両薬服用

朝、保住きね子夫人へ発信す。

本会議に出席す。十一時より内閣委員会に出席す。午前中は恩給法の特例に関する措置案に付て協議す。

午後二時より委員会を欠席し、静岡育英会理事会及評議員会に出席す。評議員は一名も出席せざるも委任状にて定足数を得たり。理事は緒明副会長、中山、松井三氏なり。一木監事も出席す。二十六年度決算を承認し、事務所の移転を可決す。又視覚教育推進事業の決算を確定するため、故杉山甕男理事の令嗣茂氏の出京を求むることを決定す。

朝、登院に先ち慶応病院No.217に中井光次氏を見舞ふ。狭心症の疑ありしも、殆快癒せりと云ふ。河津黒田家の為に相続税、所得税等に付、援助を約す。

議員会館にて短靴のかゝと革を取換ふ。代200円。又道玄坂にて革嚢の革紐を注文す。

家政婦小林夫人来援す。甚好都合なり。

五月二十日(火)　午後雨　薄暑　注射　両薬服用　入浴

内閣、安本両委員連合会を開き、提案理由并議案内容の説明を聴く。午後二時、通産委員会との連合会を開き、提案理由及内容の説明を聴取したる上、四時まで質疑を為す。

野村儀平氏に院内にて出会ふ。氏は真正の理想選挙を以て諫早市長に当選せり。祝詞を述ぶ。次で氏の用件は地域給の引上に在りと聞き、カニエ人事委員長に面会して好意ある取扱を頼す。委員長の健康回復の為に、湯の家渡辺鋭氏宛紹介名刺を渡す。

五月二十一日(水)　曇　夕晴　薄暑　注射　両薬服用

内閣委員会を開く。文部省設置法の一部改正案は審議進まで、明日まで持越す。又恩給法の特例に関する件の措置法案も容易に進捗せず。

全国治水砂防協会有志会に出席す。赤木、田中両氏出席。

屋根樋の見積を為さしむ。金五二八六〇円なり。

浜名郡自由党支部長県議中村竹次郎氏急逝。弔電を呈す(嗣子正雄氏)。

野村儀平氏、夕刻舘林を来訪す。面会す。昨日カニエ委員長に依頼せしことを告ぐ。

石黒忠篤氏、夫人及令嬢を伴ひ来訪し、補欠選挙に尽力せりとて謝意を表せらる。神津バタ三lbsを贈らる。

五月二十二日(木)　晴　薄暑　注射　Ebios服用　頚部電気治療

内閣委員会を開き、文部省設置法一部改正案を修正議決す。午後、恩給法の特例の措置に関する法律案は大臣の出席なくして審議せず、労働省設置法改正案に付審議す。又野田行政管理庁長官より部廃止監設置に付、説明を聴く。

恩給法の特例措置法案は、衆議院より参議院に送付したる日より六十日に当るも、今尚審議中なるを以て憲法第五九条第四項に依る取扱を為さざるやう衆議院へ交渉することとし、議長を訪ひしに不在なりしを以て事務総長に依頼し、総長より大池事務総長に電話にて了解を求めたり。予は衆議院内閣委員長八木一郎氏を訪問せんとせしに不在なりしを以て、明朝十時に会見することとせり。

五時、南甫園にて大橋国務大臣より内閣委員一同夕食を饗せらる。委員の出席者は自由党山田、鈴木、石原、中川四氏、緑風会竹下氏、改進党三好氏、第一クラブ松平氏なり。

亜鉛板製樋架設前渡金二万円を渡す。

道玄坂の鞄店にて図嚢に提革を作らしめ、金百五十円を渡す。


五月二十三日(金)　朝雨　午後晴　注射　服薬　入浴
本会議に於て文部省設置法の一部改正案に付、修正議決報告をなし、可決せらる。食糧管理法の一部改正案は可決せらる。之にて麦の統制撤廃が実現せられたり。

内閣委員会は一時半に変更、開会す。恩給法の特例に関する件の措置に関する法律案に付、奥野法制局長及三橋恩給局長より説明を聴取して散会す。明日の委員会には保利官房長官及池田蔵相の出席を求める必要を感じ、内閣に官房長官を訪ひて交渉し、十一時出席の旨確答を得たり。

十時、衆議院ヨサン委員室に於て八木内閣委員長と会見し、恩給法の特例に関する件の措置に関する法律案は、参議院が議案を受領したる後、六十日を経過したる事情を述べて、同案に対しては衆議院に於て憲法第五十九条第四項に依る措置を執らざるやう依頼したり。

秋田市栗林千鶴子、母堂に伴はれて来訪す。ます子及興三接待す。

(葉子は今朝関西修学旅行より帰京す。三島甫より書状、はんぺんを託せらる。)

五月二十四日(土)　晴　午後より曇　冷　注射　服薬
九時半、皇居へ参内。三谷侍従長を訪問して厚子内親王様の御納采に付祝辞を述べ、本日は委員会の為出席する能はざる旨を告ぐ。又侍従職に永積、徳川両侍従を訪ひ、同様のことを告ぐ。

帰院後、侍従長に対し電話を以て、来五月三十日ゼネストの場合、皇居の警衛を厳にすべきことを警告す。

十時、内閣委員会を開き、恩給法の特例に関する件の措置に関する法律案の審議を継続す。保利官房長官、三橋恩給局長出席。各員より質疑を為し、了て長官、局長在席のまゝ懇談会を催し、隔意なき意見を交換したる上、結論を得、原案を修正議決したり。重任を解除せられたるが如き感あり。

元陸軍少将原田次郎氏来院せしに付、委員会の結論に付説明を与ふ。

内閣常任委員室に於て委員長報告の作成に付、杉田専門員と協議す。

舘林は夜十一時半の急行列車にて大阪へ赴き、それより帰任するを以て、ます子、一也、葉子、成也は夕外出す。帰任を送りて帰る筈なり。

七時過、昇三郎来訪す。藤波氏長男と中村円一郎氏令嬢との結婚式に列したりと云ふ。八時半、公二方へ赴く[今朝昇三郎、公二来訪せしも、予の出勤後にて気の毒なことを為したり]。

西村大蔵政務次官、緑風会に来訪、大蔵省設置法中改正案に対する修正反対意見を陳述す。又、富士山本宮浅間神社境内地の返還処分に付ては、県庁にては信仰の尊厳を害せざる程度に於て決定すべしとの意見なるに依り、近く其方針に基いて処理せらるべしと告げらる。依て直ちに高瀬荘太郎氏に報告す。

田中長茂氏に参議院にて面会す。石黒氏の選挙応援に付、感謝の意を表す。

徳田政信氏来訪す。吉原市高等学校に於て国語科を担任し、同市昭和通に居住すと云ふ。


五月二十五日(日)　快晴　冷　注射　服薬［ペニシリン服用、ブロバリン服用］　血圧170―80　糖0.5/100　蛋〔白〕なし

昨夜より歯痛あり。睡眠足らず。朝、堀先生の診察を受く。血圧高し。糖尿痕迹、蛋白なし、心臓正常、血圧高きは疲労の為なるべしと云ふ。戸田歯医を訪ひしも不在なりしを以て、ペニシリン錠を求め服用す［ペニシリン四百二十円、ブロバリン六十円］。夜、戸田歯医の診察を

受く。右上臼歯の根の腫れたるなり。簡単なる手当を受く。料金百円。

終日、恩給法の特例に関する件の措置に関する法律案に付、委員長報告の用意を為す。

友田元效氏、稲玉母上、重友、矢田部盛枝氏、中村与資平氏へ発状す。

夕、石和田靖章氏、新夫人を伴ひ来訪す。興三の客なり。予も面会、挨拶す。

五月二十六日(月)　晴　涼　歯治療　注射　服薬　入浴

本会議に出席す。恩給法の特例の措置に関する法律案に付、委員長報告を為し、全会一致修正議決す。

内閣委員会を開き、国家行政組織法の一部改正案を発議することとし、出席各派委員提案者となり、議長に提出す。本件に関しては開会前、衆議院内閣委員長八木一郎氏と打合せをなす。

次に国家行政組織法の一部改正案、法制局設置法案、総理府設置法の一部改正案及行政管理庁設置法の一部改正案の内容に付、政府委員より説明を聴取す。

歯痛に対し昨夜二回、今朝一回ペニシリン錠を服用す。今朝は疼痛咽喉に及び、扁桃腺腫脹せし感あり。朝食を節し、頭痛を押して登院す。委員長報告の後、御茶の水医科歯科大学の歯科治療室に桜井先生を訪ひ、診察を求む。応急処理を受けて帰院す。疼痛漸次軽減す。桜井先生の指示に依り医務室にて沃度丁幾液を受く。就褥前、之を患部に施したるに強烈にして皮膚爛る。

文官恩給不均衡是正陳情有志代表と会見す。

軍人恩給復活期成会代表石丸、田中諸氏来訪、謝意を表す。

松永安左衛門氏来院、会見す。

故田中舘愛橘博士の葬儀［一時、東大講堂］あり。興三を代理として会葬せしむ。儀簡素、清粛と云ふ。

五月二十七日(火)　雨　冷　注射　服薬

昨夜睡眠困難、睡薬を服用して眠る。七時半起床す。

八時、赤木氏より電話あり。古島一雄氏、昨夜湯河原にて逝去。今朝遺骸帰邸すと云ふ。依て九時四十分頃弔問す。増田幹事長、広川農相、橋本龍伍氏、赤木氏等在り。若宮氏未亡人も同席す。約二十分にして辞去。赤木氏と同車、参議院に出席す。

内閣委員会を開く。午前中、厚生省設置法一部改正案、午後は大蔵省設置法改正案外一件を審議未了のまゝ中止す。最後に内閣委員提出の国家行政組織法中一部改正案を可決す。

富士本宮浅間神社宮司佐藤東氏来訪す。西村政務次官、宮幡靖氏に会見せしむ。又県知事の意向を明にすることを勧む。

清水市有志に面会す。同市所在の商船学校移転反対の陳情あり。

佐藤議長の需に依り会見す。議長公邸を朝鮮政府へ売却するため、李垠殿下より明年三月を限り退去を求められたる由に付てなり。丸山鶴吉氏に会見して対策を報告することを約す。丸山氏本日不在なり。

歯痛殆歇みたるも軽き頭痛あり、気分重し。

五月二十八日(水)　曇　夕より晴　薄暑　服薬　注射
歯痛、頭痛止む

本会議に出席。国家行政組織法の一部改正案（第二四条の二項改正）に付、委員長報告を為し、可決せらる。

十一時より法務委員会との連合委員会に出席す。破壊活動防止法案外二件に関してなり。楠見、成瀬、和田三氏質問し、三時過、連合会を解く。依之内閣委員会は開会に至らず。

内閣委員会の審議に当り、各省大臣は必ず出席するやう野田行政管理庁長官、増田幹事長に面会して強き警告を与ふ。又大野木秀次郎〔以下記載なし〕

全国治水砂防協会有志会に出席す。本日の出席は徳川会長一人のみ。

衆議院内閣委員会より、本日参議院を通過せる国家行政組織法の一部改正案に付、提案の理由の説明を求められたるも、外出の為中川委員に此事を託す。

三時半頃、静岡育英会理事会に出席す。故理事杉山甕男氏の専任配慮せられたる映画教育事業の収支計算を検討する為、杉山氏の令息茂氏の出席を求めたるに由る。予の出席前、中山、小塩両理事及緒明副会長出席せられ、杉山氏の説明を聴き、取扱方を協議せられたり。其結果、債務としては静銀借入一一〇〇〇〇円、英洋行未払一三三〇〇円、（film代）杉山氏立替八七九六円、計一三二〇九六円あり。資産としては銀行預金三三七九円、電話〔藤枝一四四番〕三〇〇〇〇～三五〇〇〇円、暗幕三二〇〇〇円の半価、フィルム二本、即山のちかい劇七巻、三六〇〇〇円、漫遊ガリバー旅行記一巻、二〇〇〇〇円あり。

之が処置としては電話、暗幕、フィルムは一応買取りたる上、用済に付売却することとし、不足分は資金の正常価見積に依りて塡補するに決したり。尚、電話売却は主として杉山氏に託し、暗幕及フィルム処分は県教育会及知事の配慮を乞ふことに決したり。

本事業に関しては、既に収入一二六〇〇〇円を得たるを以て全損に非ず、杉山理事の努力を多謝すべきものと認めたり。次に貸借対照表の作成に関し、中山理事より正当なる調製による表の提示あり。理事会は之を採用し、評議員会の議決を経たるものとして役員に送付するに決定したり。

静岡県東京事務所にて富士山本宮浅間神社神体地下戻の件に付、西村政務次官内話の要領を告げ、知事又は副知事に於て前言を飜したることなきやを警告せしむ。

夜七時半、故古島一雄氏邸を訪ひ、九時まで通夜す。香料千円を奠す。

伊林初次郎氏より書留速達郵便を以て、四月四日天皇陛下御植樹の写真を返送せらる。夜十時受領す。仍て其旨通知状を認む。

重友より病気経過を報告あり。口中炎にして快癒に近しと云ふ。

東海自動車会社より贈与せられたるバス第三一号全線優待証を受領す。乃謝状を認め、旧券を返送す。

五月二十九日(木)　晴　薄暑　服薬　注射

歯痛全く止み、心身軽快を覚ゆ。

登院。内閣委員会を開き、理事互選を行ひ、成瀬幡治君を指名す。農〔林〕業省設置法の一部改正案に入り、質疑を開始す。

午後は郵政及電通委員と連合審査会を開く。五時過散会。尚連合委員会を解くに至らず。電波監理委員会の内局移管に集中す。

古島一雄翁の葬儀に列す。一時より二時に至る。谷中天王寺、質素にして高風仰ぐべし。陛下より銀盃三組を賜はる(寄贈の生花、花輪等は赤木氏の計らひにて悉く式場より撤去せられたり。翁の意に適ふものと云ふべし)。

朝、石井英之助氏より電話を以て本日出発、静岡県庁を始めとし、各地に至る由を通知せらる。依て三十一日石井氏出頭の旨を報徳社へ打電す。尚、杉山昌作氏、一日常会に出席のことも同時打電す。

ます子淡島郵便局に至り、四月分恩給三〇六八七円［給与三七八二七円、税七一四〇円］、残三〇六八七円を受く。

敏子より書状到着、重友の口内炎重患の状を報じ来る。気の毒に堪へず。

昨日静岡育英会理事会の決定に基き、斎藤知事、岡野教育長へ依頼書を認む。又杉山喜美子夫人へ挨拶状を、中村与資平氏へ知事へ推薦したる旨の通知状を認む。

加藤仁平氏、静大講師就任の由に付、祝状を認む。

五月三十日(金)　雨　曇　冷　服薬　注射

本会議に出席す。電波管理委員の任命に付ては起立、賛成す。

内閣委員会を開き、山田佐一氏理事を辞任したるを以て其補欠選挙を行ひ、中川幸平氏を指名す。

農林省設置法改正案に付、質疑を続行す。次に建設省設置法の一部改正案を議題とし、建設委員会理事赤木正雄君、同田中一君より建設委員会の意見を聴く。次で両君に対する質疑応答に入りたる上、更に原案に付政府側より詳細なる説明を求め、質疑を為し、五時散会す。

早朝、大阪市議伊藤勇次郎氏来訪、天龍川電力開発意見書を贈らる［渋谷まで同車す］。

本日は共産党の指令に依り全国各都市に騒擾紛起の危険あり。警察側の警戒は議院附近にても厳重なるを認めたり。然るに案外平穏なりしもの、如し。

十二時半、常任委員長懇談会あり、出席す。内閣委員会に於ける議案審査の状況を報告し、会期延長の必要を認むるも其期限は予め明言し難きを述べ、少くとも二週間の延長は絶対に必要なりと陳述したり。

院内にて種々の訪問者に会見す。労働省関係にて佐竹義栄氏紹介の孫田良平、佐々木孝男二氏に、調達庁関係にて全国八調達局代表諸氏に、又建設省関係にて各府県代表谷口三郎氏外六名の意見を聴取す。

五月三十一日(土)　晴　薄暑　注射　服薬　入浴

内閣委員会を開き、調達庁設置法の一部改正案に付、質問を為す（十一時―一時）。

内閣委員室職員及委員部の関係諸氏を招き、食堂にて会食す。

恩給法特例措置法案本会議速記録を柴山重一、鈴木新一郎、細井篤郎、山梨勝之進、石丸志都磨、原田二郎の諸氏へ郵送す。

夕、泰治来宿す。釜石製鉄所出張の帰途なりと云ふ。直子の近状を聴く。

静岡市嘱託原大平氏来院、電気設備等の復元に関する陳情を為す〔原氏は工学士、飯田英作氏令弟なり〕。

朝、亜鉛板製雨樋架設費前渡金一万二千円を渡す（二十一日、二十二日記事参照）。

心身を労し、財力を傾けたる四、五両月を顧み、正義と人和の齎す所偉大なるを痛感し、天地衆生の洪恩を思ふ。

六月一日(日)　曇　冷　服薬　如例
健康殆ど旧に復す。終日家居。委員会に附託せられたる諸案の文書を整理し、各案に付て検討を開始す。

報徳社の常会なるも欠席す。疲労を再びせんことを惧れてなり。

十一時、鈴木千尋氏〔杉並区成宗三ノ五五六〕、令妹と共に来訪す。就職に関してなり。現にＰＸ在勤中。

午後、女子大学栗林千鶴子単独来訪、興三と会談す。自製洋菓を持来る。

夜十一時半まで議案の検討を為す。これが為に外皮頭痛を発す。毛髪に触るるも不快甚し。小柳直吉氏より書状到着。板沢角皆源一氏より短冊に認めたる発句を贈る。依て角皆氏へ謝状を呈す。

泰治滞泊。

〔欄外〕厚大の樹徳偲ひて緑の日　笠東（三月二十八日記事参照）。

六月二日(月)　雨　冷　朝注射　服薬
軽微なる頭痛あり。心身疲労を感ず。

本会議には出席せしも直ちに退席して、委員会に出席す。

午前、内閣、地方行政両委員連合会を開き、保安庁法案及海上公安局法案を議題とし、提案理由及内容に付説明を聴取したる後、質疑に入り、四時半まで継続す（昼食の為休憩一時間）。岡本、若木両委員の質疑あり。

散会後、内閣委員長、理事打合会を開き、来十一日開会

すべき聴聞会に於て来会を求むべき人士七名の選定を為し、其手続を運行するに決す。

五時より緑風会にて開会中の破壊〔活動〕防止法案に関する吉河特審局長等の説明を聴く。七時までかゝる。

富士山本宮浅間神社神体地返還陳情の為、小室富士宮市長、村瀬議長等来院、面会す。高瀬議員に面会を譲る。委員会多忙の為なり。

伊東温泉地域に於て金鉱採掘出願あり。太田市長令息外三氏来院、面会す。問題を赤木氏に移し、目的の貫徹に努力せられんことを乞ふ。

泰治は夜八時半発急行にて大阪へ返る〔今朝渋谷まで同車、それより杉並区の通産省機械試験所へ赴く〕。

井川村長栗山徳太郎氏より、堰堤建設の為水没となる土地、家屋等に対する補償問題に付、五月二十五日附を以て照会ありしに対し、回答を発す。

〔欄外〕天皇陛下伊勢へ行幸。

六月三日(火)　晴　冷　注射　服薬

十時、内閣、法務連合委員会を開く。法務府設置法等の改正案に付、提案理由及び内容に付説明を聴きたる上、質疑に入る。左藤氏の発言に続いて一松、伊藤、栗栖諸氏より関連質問あり。法務職員の偽造印紙使用事件に入り、緊張す。

午後一時半より内閣委員会を開く。文部省設置法案内容の説明を聴き、質疑を為す。了て運輸省設置法改正案に付、同一の取扱をなす。四時半散会す。

原田二郎氏と食堂にて会談す。今村信次郎氏、午後来訪、会見す。孰れも軍人恩給特例の措置に関してなり。十分説明を為す。

浅間神社宮司佐藤氏、富士宮市長小室氏、議長村瀬氏、商工会議所副会頭木村久蔵氏、来訪す。神社神体地返還要求に関し、西村政務次官と会見、了解を得たる旨報告あり。

田原村報徳青年会長鈴木八郎氏より寄稿を求めらるるの書状、報徳社より回送せらる。依て更に報徳社へ返送し、中山、太田両氏の中にて代作されんことを依頼す。

朝、公二君を院内政府委員室に訪ひ、Ebios 一缶の配慮を頼む。代金六〇〇円を渡す。

三島直子よりハガキ到着。過般来川辺郡花屋敷精常園に滞在し、心身の鍛練に努め、大に健康と自信を恢復せりと云ふ。
〔欄外〕天皇陛下、神宮に平和回復を御報告あらせらる。

六月四日(水) 雨 冷 服薬 注射 左膝電波治療

昨夜睡眠不良。本日気分重し。又左膝屈伸不如意に付、治療を受く。

本会議に出席せしも委員会開会の為、直ちに退席す。

十時(十一時半)、内閣、通産連合委員会を開く。中小企業庁を内局とするに反対の質問を中川以良、松本昇諸氏より連発す。十二時五十分散会す。

一時半(二時)、安本と連合委員会を開く。安本廃止及関係法令整理案、経済審議庁設置案、資源調査法案、総理府設置改正、行政管理庁改正、定員法改正案に付、佐々木安本委員長及永井純一郎氏より質問あり。楠見委員の動議に依り散会す。

右委員会開会の間、川村議院委員長より会見を求めらる。用件は会期延長を何日までとすべきかに付てなり。予は、(1)議院決定の日限内にて審議を尽すべきこと、(2)最近の委員会進行の状況より判断すれば、二週間の延長にては審議終了至難なることを告ぐ。尚参考として議案日割表を高橋理事に交付す。

野田国務大臣を訪ひ、議員も政府も審議に熱意を欠き、衆議院は各案に修正を差控ふるに拘らず、参議院を動かして修正を遂げんとし、態度陋劣見るに堪へざるを告げ、政府の猛省を促したり。

佐久間線敷設促進陳情者藤森氏外五名、来院す。依て運輸省政府委員室に伴ひ、関係官の来院を求め、陳情せしむ。又県知事に伝言せしむ。

鈴木寛氏来院す。夕刻宅訪、醸造会社顧問謝金五千円を与へらる。

夕、杉山東一氏来訪す。尾之道修道院学校建築費に充つるため仏国より寄贈品関税免除のことに付、配慮を求めらる。

夜、自由党幹事長増田甲子七氏より電話にて議案審査の促進を求めらる。予の態度を説明し、政府及与党の熱誠なきを批判す。

夜、徳川家正公へ電話し、水難救護会のことを問ふ。本日約に背きて予は砂防協会に出席せざりしを以てなり。

熊村昌一郎氏へ返書を認む。知事を訪問して積極的援助を求むべしと告ぐ。

原田二郎氏及今村信次郎氏へ恩給関係委員長報告速記録を送る。

図書館にて「社寺等に無償で貸付けてある国有財産の処分に関する法律」に付、研究を為す。


六月五日(木)　晴　薄暑　服薬　注射　電波治療　入浴
昨夜不眠甚し。本日身体倦怠。

朝、塩島金一郎氏来訪。育英会事務を処理す。

九時、寛永寺にて顕徳院殿十三回忌御法会を行はるるに付、参会す。家正公の特別の御計ひにて御式前に焼香拝礼を許さる。乃ち松平康昌氏と礼拝して退出し、墓参を為す。康昌氏と別れて登院す〔香料五百円を上る〕。

十時より内閣、地方行政両委員連合会を開き、自治庁設置法案に付、質疑を行ふ。吉川、岡本、若木、中田諸氏の質疑あり。何れも地方財政委員会の廃止に反対す。最後に神戸地財委委員長の発言あり。一時、連合を解きて散会す。

二時より内閣、郵政、電通連合委員会を開く。電波管理委員会廃止反対に付、水橋、波多野、山田〔節〕、成瀬諸氏の質疑あり。四時、連合会を解き、散会す。

五時より緑風会総会に出席す。破壊活動防止法案修正に付、検討に与る。七時半散会す。

夜、仁科村長堤伝平氏、上狩野村長城所啓氏、上大見村長荻原文清氏来訪す。仁科より上大見に至る林道建設に付、林野側と交渉の結果を報告す。明日横川長官を訪問する予定なりと云ふ。

公二君の配慮に依り粉末Ebios一瓩を得、夕食後服用す(代六〇〇円、三日渡)。

尾根とひの架替始まる。

〔欄外〕天皇陛下還幸。


六月六日(金)　晴　夕曇南風強　蒸暑　服薬　注射
朝、木村武氏来訪す。経済調査庁のセイリに付、意見を述ぶ。

登院。本会議は十一時四十分頃より出席す。

内閣委員会は午前中、行政機関職員定員法案の改正に付、附表に付内容を検討す。

午後の委員会にては保安庁法案、海上公安局案に付質疑を為す。三好、松原両委員と大橋長官との発言に終始す。

小笠郡司法保護司有志二十六名、参議院の傍聴に来る。南山村正林寺住職田中霊鑑氏中心なり。一同は衆議院参看の後、参議院を傍聴す。

菅谷村の砂防堰堤完成に付、浦上敏夫氏、元村長榑林良一氏外二名来院、挨拶を述ぶ。依て参議院を傍聴せしむ。

堀之内町長有海寿三郎氏、郵便局長山内四郎次氏、中学校長中島清市氏［朝比奈村上朝比奈］来院す。地域給支給地域指定要望書を提出す。依てカニエ人事委員長を訪ひしも不在なるを以て、書類を提出することを約す。次で大蔵省政府委員室に西村政務次官を訪ひしも不在なり。依て来室するまで待居ることとしたり。

榑林元村長及有海町長より夫々新茶を贈らる。依て其一を藤野繁雄氏に呈す。

倉田専門員より天城山地上権地の残地買受及部分林設定願に付、当局の適当なる了解を得たる由を以て、具体案を示して急速進行を勧めらる。依て直に電話を以て戸塚重一郎氏に面会を求めしに、掛川町に滞在中なりと云ふ。依て夜書面を認め、照会することとす。

返書。緒明太郎氏、仙石久英氏、三橋四郎次氏。

発書。重友。

〔欄外〕天皇陛下、多摩陵御参拝。

六月七日(土)　晴　暑　注射　服薬

内閣委員会を開き、南方連絡事務所設置法案、恩給不均衡是正措置法案に付、提案の理由及案の内容に付説明を聴取し、次で調達庁設置法案の質疑を行ひ、十二時過散会す。

午後二時、内閣及地方行政連合委員会を開き、保安庁法案及海上公安局法案を議題として質疑を続行す。三好、吉川、栗栖、松原諸氏の発言に対し、大橋、岡崎両大臣、柳沢保安庁長官等の答弁あり。五時散会す。而して地方行政委員会との連合会を終了す。

緑風会総会にては破壊活動防止案に対する修正案を決定す。予は委員会に出席中のため欠席す。

昼食の時、藤野議員の案内に依り、長崎県より上京せる農村代表十五、六氏と食堂にて会食す。議員側は羽生農林委員長、楠見、森三氏と予なり。

榎本重治氏より軍人恩給の特例措置に対する意見書を寄せらる。依て電話にて謝意を表す。氏不在なり。夜氏より電話あり。依て予の意見を告げ、更に近く設置せらるべき審議会の委員に推薦せらるべき人物に付て勧告を為す。

鈴木二平より土肥枇杷二箱を贈らる。甚佳味なり。但し運送のため損傷甚しきを遺憾とす。改善を加ふべき要事なり。

破壊活動防止法案反対の大デモ行はる。全国にて之に参加せし者百二十万に達すと云ふ。東京にては国会へ集来りしもの若干あるも、全体に於て平穏なり。


六月八日(日)　午後より雨　冷　注射　服薬
終日家居。各種法律案の研究を為す。

十一時、後藤文夫氏来訪す。(1)政界革新の方法如何、(2)電力開発を如何なる組織に依て正当に実行すべきか等に付、隔意なき意見を交換す。簡単なる中食を共にす。一時半まで談話す。

佐々井信太郎先生より来書。五月十八日の一円融合会の決定を報ぜられ、予は顧問に、先生は理事長に選任せられたること、会長、副会長の選任は他日に譲りたること、及び理事一名又は二名を報徳社より推薦することを以てせらる。依て直に先生へ挨拶状を認め、又中山常務理事へ神谷、小野両氏推薦に付、意見を述べらるるやう照会す。

重友より来書。成瀬の人、平岩よしえと云ふ婦人を推薦し来る。ます子と相談の上、雇入るるに決定し、至急実現するやう重友へ依頼書を認む。舟木先生の令嬢のこと、簡単なる報告あり。

六月九日(月)　雨　冷　注射　服薬
登院の途次、榎本重治氏を訪ひ、意見書を贈られたるを謝し、恩給法特例措置法案の委員長報告を登載したる参議院議事録を呈す。

本会議に出席す。戦犯処刑者の釈放に関する決議案の会議あり、可決せらる。

内閣、厚生連合委員会は十時開会の予定なりしも、厚生大臣の議場出席の為、十二時過開会す。谷口、山下、松原三氏の発言あり。吉武、野田両大臣、大野木次長の説明あり。一時十五分頃散会す。議題は厚生省設置法の一部改正案なり。

野田行政管理庁長官より午餐に招かれ、内閣委員諸氏と共に出席す。鈴木、中川、竹下、和田、松原諸氏の外に杉田、藤田両専門員外諸氏出席す［一時半開会、三時散会］、南甫園。

三時四十分、内閣委員会を開く。行政管理庁組織法改正、総理府設置法の一部改正、法制局設置の各法案を審査し、五時過散会す。

坂野鉄次郎氏の訃報は、三浦安蔵氏を煩はし、同成会員へ通知す。

大蔵政務次官西村直己氏、事務次官舟山正吉氏来室。経済審議会の設置に関し、旧安本の機構を復活する修正計画ありと告げ、之が否決を求めらる。

静岡県芙蓉会委員長細井篤郎氏外四名来院、面会す。恩給法特例措置法案通過に関し、深甚の謝意を表せらる。之に対し財源問題、審議会委員選任問題の重要性を説明す。

六月十日(火)　雨　午後晴　冷　注射　服薬

関屋貞三郎氏命日に当るを以て、登院の途次、御宅を見舞ふ。夫人及正彦氏に面会す。

内閣委員会を開く。大蔵省設置法改正案外一件は大臣の出席なきを以て後廻しと為し、午前中に運輸省及建設省のセイリ案を審議す。午後は農林省設置法改正案を審議し、広川農相の出席を得て、活潑なる質疑応答を為す。

大蔵委員会より連合委員会開催の申入あり、委員長と会見す。文部省に付ては委員長と会見の機を得ず。

日本弁護士連合会より明十一日夕食の招待を受けたるも前約あり、之を断る。

石丸志都磨氏と食堂にて食事す。

榎本重治氏より〔以下記載なし〕

庵原村青年団皇居拝観願に付、高尾文書課長よりの指示を受けたるを以て、其手続を藤田訓二氏へ通報す。

歳費八一〇五円を受く。ます子の給料はます子に渡す。

六月十一日(水)　晴　薄暑　服薬　注射　入浴

朝、松本勝太郎氏来訪す。令息今回英大使として赴任に付、来京せし由なし。銘酒酔心一瓶を贈らる。参議院へ同車す。其後は一切を三浦安蔵氏に頼む。

十時より内閣委員会を開き、保安庁法案、海上公安局法案に付、参考人の意見を聴取す。出席参考人は京大法学部教授大石義雄氏、次田大三郎氏、東大法学部教授田中二郎氏及弁護士村瀬直養氏なり。順次意見を述べらる。之に対し三好、楠見、成瀬各委員より質問あり。中食を共にし三時散会す。

三時半より大蔵省設置法の一部改正案及関係法令の整理に関する法律案を議題とし、池田大蔵大臣及木内外国為替委員会委員長の出席を求め、外為委員会廃止問題に付、質疑を為す。発言者は栗栖、波多野両委員なり。五時過散会す。

村上運輸大臣より鉄道ホテルに招かれ、晩餐を饗せらる。七時過散会す。

松崎運転士に六月分手当金千円を渡す。

六月十二日(木)　晴　涼　服薬　注射　水浴

朝、戸塚重一郎氏来訪。天城山地上権地権利譲受の件に付相談す。其結果、倉田吉雄氏に面会するに決す。三時、農林常任委員室に於てすることに打合はす。

朝、宇都宮登氏来訪す。需に応じ、舘林三喜男へ紹介名刺を渡す。

十時より内談室にて内閣委員打合会を開く。午後は七号室にて続行す。行政セイリ各案及共通点に付議論ある点を挙げ、意見を闘はす。頗困難なる会合なるも終始和暢、効果多し。六時散会す。これが為議案の審査に入る能はず。

委員に対しては明日より問題点を主として審議し、急速進行すべき旨を告ぐ。又連合を申入れたる委員会側の発言処理の方法を告げ、了解を求む。

溝口三郎氏より大倉山国会図書館所在の二宮先生文書に付、農林省より有志を派して研究せしめたきに付、助言を求めらる。依て神谷教授を中心として開始すべき旨を告ぐ。

浜松市議会議長徳田由太郎氏来院、新任の挨拶を述べ、且佐久間線鉄道促進の要求を為す。之に対して最近の実情を説明し、県庁の処置を求む。

飼料需給調整法即時実施要望のため、県酪農協連専務理事仁藤新作氏外一名来訪、面会す。石黒氏に取次ぐことを約す。

夕、二俣町長匂坂佐一氏来訪、国鉄二俣線輸送力強化促進期成会の決算、予算案及事業報告書案を示して承認を求む。之を快諾す。予は佐久間線急設問題の現状及熊村へ国鉄バス循環運転問題の実状を説明す。

六月十三日(金)　晴　暑　服薬　注射　水浴

朝、戸塚重一郎氏より電話あり。昨午後倉田吉雄氏と会談せし由を報ぜらる。

八時四十分頃、藤波収氏来訪す。日本の発電計画に付談話せらる。氏は松永安左衛門氏の命に依り来訪したる由なるも、開発方針に付ては松永氏と意見一致せず。

登院。内閣、安本連合委員会を開きたるも、安本委員長佐々木氏の出席遅れしを以て議席に就き、公務員夏季手当案の記名投票に加はる。

連合委員会は十一時四十分より一時まで開会、佐々木委員長の質疑を以て終了す。

内閣委員会は二時より四時まで開会、通産省設置法案外二件に付、質疑を為す。

秋田県大館市高村禅雄先生来訪す。中食を共にす。

四時、神谷慶治氏を東大より迎へ、食堂にて溝口三郎氏及び三浦善郎氏［農林事務官、農地局経済課］を紹介す。

二宮先生の事蹟調査に付、神谷氏を中心として推進する為なり。

三時、首相官邸にて植樹行事映画会ありしも多忙のため欠席す。

大井川用水組合代表平田村長戸塚民平氏外十名許り来院す。一切を石黒氏に託す。

Masonic Bldg 債九千円を払込む。之にて全額払込を了し、三万六千円の証券を受取る。

昨日雨樋架替修了す。代金残額はます子より昨日支払を了す。

六月十四日(土)　曇　冷　服薬　注射

昨夜就褥後、伊藤敏氏来訪せしも面会せず。一時頃来院、井川村某金山に投資者を求めらる。方法を知らず。之を断る。

内閣委員会を開く。午前中、調達庁設置法案の審査を行ひ、一時に至る。午後、人事委員会との連合会散会後続行、七時過散会す。

二時、人事委員会と連合会を開き、保安庁設置法案を審査す。人事委員会側は千葉信氏の質疑ありしのみにて、木下氏は発言を取消したり。依て連合会を打切り、内閣委員会に於て保安庁法案を審議す。

名古屋市長塚本三氏来訪、都市庁設置のことを要望せらる。又姫路市長石見元秀氏よりも同一の要望あり。

五月分電話料金七百七十円を納付す（国会内郵便局）。

昨夜より蚊帳を用ふ。

六月十五日(日)　曇　薄暑　服薬　注射

早暁三時より下痢三回、少量の粘液を下す。腹痛、発熱なきも不快にして元気なし。原因は不明なるも、連日の疲労と昨夜就床時に飲用したる牛乳の祟りならんか。依て節食を為し、平臥に勉む。夕刻、平常に復せるが如し。

内閣委員会の運営に関し構想を練る。又行政整理の大綱に関し要目を検討す。

夕、佐藤助九郎氏来訪。(1)瑞西に於ける水力発電ダム Zentrale Innert-kirchen 三五万 KW 発力、1940–42成る。最上流一万 ft. の地点に在る Jung-Frau の Glimser dam、写真にて説明、(2)仏国に於ける Rhone 川に実施せる Marshall plan 及び、(3)伊国の sofione、即地熱発電（hot air を turbin に移すもの）に付て説明せられ、現に国会にて検討中の水力発電計画の変更を申出でらる。赤木氏に電話を以て相談の上、一週日の後、緑風会にて意見発表を乞ふこととす。

瑞西に於ける dam 建設の様式は徳利を並列せるが如き型を有し、建造費は従来に比して1／2を以て足ると云ふ。瑞西にて偶然 Zentrale Innert-kirchen に同行せる米国土木技師 Stuart 氏は此徳利型 dam を南亜の Churchil-hill に築き、dam に地名を冠せりと云ふ。

曽我村長松浦久治氏より来信あり。東山沢川上流に施行せる県の道路は土砂の流出量を無限に増大し、災害の虞多きを以て県庁に至り、防災 dam の急設を要求せしに、係員の激怒を買ひたりと云ふ。依て返書を送り、此の如き災害必至なるは去一月五日実地視察の際、予の予言せる所にして、当時予は斎藤知事に書状を送りて善処を促したり。而して其後何等の措置を執らざりしは当局の責任なり。依て知事に面会して実地を視察せしめ、其責任を果すやう要求せられたし。尚差当りの方法としては、土木部長及林務部長の同時視察を求め、青山氏の臨場を乞ひ、中山県議も立会の上にて具体的対策を建て、之が推進を県庁に向て要請せらるべし。防災 dam 建造の如きは未熟なる技術を以てしては最有害なれば、村長より之を要求するは不可なる旨を返書せり。県庁内の Sectionalism と官僚的態度の甚しきは強力排除を要し、村長の自治心の発揮は最も切要なりと感ず。

仁科県土木部長に書面を送り、右件に関し上京の節、面会を求む。

六月十六日(月)　雨　冷　服薬　注射

熊村長熊村昌一郎氏来院、同村へ国鉄循環バス運転に付、名古屋営業所へ交渉せる経過を報告す。依て氏を伴ひ、運輸省政府委員室に自動車局長を訪ひしに、出張中なりと聞く。熊村氏は帰途に就きしも、自動車局営業部長真田登氏の登院を求め、面会依頼す。又村上運輸大臣にも其事を依頼す。尋いで右交渉の大要を熊村村長へ報告す。

国鉄にては県庁へ道路に関する照会を発し、未回答に接せずと云ふ。依て村長は至急知事に面会して督促するやう申添ふ。

内田重成氏来院せられし由にて、心当りを捜したるも、面会を得ず。

本会議ありしも席札を返したるのみで委員会に専念す。

午前十時、内閣、大蔵両委員連合会を開き、大蔵省設置法中改正案外一件を審議す。三時、連合会を解き、六時半まで内閣委員会にて審議す。了て懇談会を開き、外国為替委員会廃止に付、参考人三名の意見を聴くことを定め、次に今後の委員会の運営に付協議す。七時過散会す。

倉田吉雄氏より天城山林業研究所の創設に付、報告を受く。

夏手当金一二九一〇円を受く（内訳歳費割二八五〇〇［税一二一五〇、手当三四四〇］、差引一二九一〇）、ます子分六四八〇（内訳七五〇〇、税一〇二〇、差引六四八〇）。

雨樋架替の不足を修補す。

故島居政幸氏所有の帝国議会史残型の買入を内田明氏を通じて国会図書館へ申入る。

六月十七日(火)　晴　暑　服薬　注射　入浴

内田重成氏、昨日来院せられしも面会を得ざりしを以て、電話挨拶をなす。

内閣委員会を開く。十時過より六時半までに法務府設置法、労働省設置法、安本廃止、経済審議庁、資源調査会法案に付、審査す。

吉田首相の要求に依り十時半、首相室にて会見す。行政セイリ各案審査の状況を報告し、若干の修正は免れざること及修正点の大要を説明す。尚各案に対する各省大臣の態度及自由党員の挙動をも説明す。首相は予の需に応じて十八、十九両日の中に内閣委員会に出席する由を答ふ。十一時二十分退出す。

内閣委員の懇談会を開き、明日午後吉田首相出席に付、質疑者の発言事項及順位を協定す。次に来二十日午前中、参考人一万田日銀総裁、佐藤、向井三氏出席（一万田氏来室）に付、聴聞会の順序を相談し、最後に各案審議日程に付協議し、二十二日までに質問終了の予定を為す。七時散会す。

緑風会の総会に出席し、破防法案修正意見の交換を聴く。九時帰宅す。

三島甫より要霊前供物として昆布一箱を贈らる。


六月十八日(水)　小雨　曇　冷　服薬　注射
昨夜快眠、本日気分佳良。

本会議に出席。直に退席。委員会に出づ。

内閣委員会は農林省設置法改正案、郵政省設置法改正案外一件、調達庁法改正案、保安庁設置法案外一件に付、
質疑を進む。保安庁設置法案の委員会には吉田首相出席し、一時間に亘り、委員の質疑に対して説明を為す（二時半より三時半まで）〔法務、通産及厚生より申入れの連合会は、夫々委員長と交渉して連合をやめるに決定す〕。南方連絡事務局設置法案に付審議し、定員規定を削除して可決す（定員の規定は定員法修正に依るを正当と認めたるに由る）。

保利官房長官より面会を求めらる。依て来訪を謝絶し、大臣閣議室に到りて面会す。委員会審査状況に付報告す。吉田首相の手紙と伝言を聴く。会期延長の日数に付進言す。

全国治水砂防協会有志会に出席す。徳川会長、次田、田中、赤木諸氏出席す。熊本県砂防協会支部長阿蘇郡宮地町長緒形重吉氏来会。九州出張に付、打合はす。

徳川公より水難救済会援助に関する意見書を受取り、之を大橋国務大臣に渡す。

中村幸八氏来訪。近く県議補選のため帰郷するに付、後事を託せらる。

杉山甕男氏の未亡人より来書。同家へ架設せる電話譲渡の為、予の印章を要すと云ふ。依て其書状を速達にて塩

島主事へ送付す。

原田武雄氏より来書。浜名町PTA会にて十月中に坂西志保子女史を招き、講話を聴きたしと云ふ。依て書状を坂西氏に渡したり。又原田氏二十一日国会を傍聴したしと云ふ。依て衆議院傍聴券用意を頼み、其旨電報及ハガキを発す。

破防法は本日、法務委員会に於て採決まで進行の予定なり。緑風会は自由党の要求に依り、昨夜の修正案に少許の修正を施すことを総会に於て決定す。

保安庁法案中、衆議院にて加へたる修正点に付、松原委員より衆議院内閣委員会代表の説明を求む。依て夜、八木委員長に電話を以て其旨を通じたるに、之が処理を託せらる。

要臨終の夜なり。夕食の時粗羞を供す。

六月十九日(木)　曇　薄暑　下痢あり服薬　服薬 Ebios
注射

昨夜内閣委員会の結論とすべき事項に付検討し、二時まで眠らず。要の病気を思ふ。

朝、塩島氏夫人来訪。杉山茂氏へ送附すべき書類に捺印す。

要命日に付、大森しづ子、角替文子来訪す。夫々供物を受く。ます子は夕、寿司を作りて供す。

登院。内閣委員会に専念す。文部省設置法改正案に付ては文部委員矢嶋三義氏の質疑を許す。自治庁設置法案及関係法律の整理法案、保安庁法案及海上公安局法案等を審議す。夜九時過まで委員会を続行す。夕食の時、委員及関係職員を招きしに、野田行政管理庁官の御馳走に預かる。

十二時半、議長の召集に係る常任委員長懇談会に出席し、受託案件審査の状況を報告し、会期の延長は十日間を必要とする旨を陳述す。

秋田大学教授藤岡一男氏［秋田市手形新町下丁二十六］より、栗原鶴代嬢に関する釣書を贈らる。

半井清氏より来書。故柴田善三郎氏の記念事業引継の件を申入れらる。

法務委員会は深更まで会議を続け、破壊活動防止法案外二件を否決したり。

六月二十日(金)　曇　冷　午後薄暑　服薬　下痢止む

登院。内閣委員会に専念す。

朝、外国為替存廃問題に関し参考人日銀総裁一万田尚登氏、経済安定本部顧問向井忠晴氏及帝国銀行社長佐藤喜一郎氏の意見を聴取す。栗栖、三好、楠見、竹下、楠瀬各委員より若干の質問あり。

午後は昭和二十三年六月三十日以前に給与事由の生じた恩給の特別措置に関する法律案（恩給不均衡是正法案）に付審議し、発議者青木正代議士より提案理由の説明を聴き、同代議士及河野大蔵主計局長に対し質疑を行ひたる上、各員賛成意見を述べ、全会一致可決すべきものと議決したり。尚懇談会を開き、明日以後の日程を相談す。

本会議に出席し、南方連絡事務局設置法案に付、委員長報告を為し、可決せられたり。

本会議開会前、中村、竹山両代議士来会。浜松市都市計画に反対の請願が採択せられ、本日の日程に上りたるも、此請願の可決は甚有害にして、此請願は既に参議院にて採択せられし由、社会党は市内に貼紙宣伝をなしたりと告ぐ。依て取敢へず赤木氏に依頼して、之を日程より削除することとしたり。後刻、広瀬建設委員長来訪して、之が措置に付相談す。之が為に浜松市会議員数名来京せしに付、会見す。

夕、建設委員長広瀬与兵衛氏来訪、本件の処理に付意見を問はる。乃ち本会議に上程して否決すべしと答ふ。

議院運営委員会にては、会期延長の可否及延長日数の取扱に関して議論紛糾す。其主要なる原因は、自由党木村尚江氏の発言の不当なるに在り。之が為に本会議を開くを得ず。竟に十一時五十九分開会し、直に散会せらる。衆議院にては十日間の延長を議決したるを以て、六月三十日まで延期のこと確定せり。而して野党側は議長不信任の決議案を提出したりと伝へらる。十二時十分頃発車、同三十分帰宅。一時就褥す。

六月二十一日(土)　曇　薄暑　服薬　注射　斬髪

登院。赤木氏、公二君同車す。

午前中、内閣、安本連合委員会を開く。佐々木安本委員長の意見を聴き、了て連合を解除す。

午後、内閣委員会を開き、通商産業省設置法案外一件、海上保安庁法案外一件に付、質疑を行ふ。三時半、一応終了、乃ち各案に付大体質疑を終了したるものと認め、請願、陳情の審議に入り、之を了す。会期延長の効果に付ては社会党其他野党側に否認論あり。議院運営委員会の決定を求むるの態度強硬にして会議に出席せず。殊に上条、成瀬両委員は委員会の中止を求め来れり。依て予は、会期延長は国会の定むる所なるに依り委員会を開けること及び本日の委員会は、昨日の協議に基いて之を行ふものなるを告げ、野党側は発言の機会を失ふことなからんを警告したり。本日参議院にて委員会を開会したるは独り内閣委員会あるのみ［昨日の委員打合会に基きて作成せる今後の委員会運営表を委員会に諮り、確認を得、之を欠席の各委員及野田大臣に送付す］。

昨日、佐藤工業株式会社より佐藤助九郎氏の好意に依る瑞西及南亜の発電施設写真とRhone川発電設計図を贈らる。依て高瀬政務調査会長に之を渡し、佐藤氏の説明を聴く為、二十四日に来院を求むることとし、其旨を会社へ電話せしめ、富山佐藤氏へ電請したり。

夜、石井英之助氏来訪す。石黒氏の選挙に関し、県内各地へ出張したる由を報告せらる。要するに後味《あとあじ》悪きこと一点もなしと云ふ。寔に理想的模範選挙と謂ふべし。氏は予に対して失費を償ふの意味に於て金若干を贈られしに由り、之を固辞して受けず。氏は困惑を感じたるが如くなりしも我意を貫けり。

昼食の後、寸閑を利して斬髪す。所要十分に足らず。予は近来時々下痢を催し、又屢次睡眠に欠くる所あるを以て体力消耗の感あり。昨日委員会に於て楠見委員より健康を注意せられ、又控室に於て岡本愛祐氏より親切なる注告を受けたるを以て、蓬頭乱髪を修整せんと試みしなり。窃に思ふ。形容枯槁、顔色憔悴免れ難しと雖も、志気愈々軒昂、何物も能く奪ふことなしと。艱亦楽と云ふべし。

六月二十二日(日)　半晴半曇　薄暑　服薬　注射　入浴

午前中家居。恩給不均衡是正法案の委員長報告の用意を為す。

夏服を求むる為、ます子同伴にて三越、白木屋、高島屋にて物色せしも、意に適するものなし。高島屋にてます子と別れ、バス及省電にて帰宅す。疲労す。

白潟町［片岡七蔵氏］娘いつ子、来泊す。四時過着。葉子、市中を案内す。

夜、議案の整理を為す。

六月二十三日(月)　雨　夜大雨強風　服薬

本会議及委員会は、(1)国会法第十三条に依り衆議院の議決のみを以て会期の延長をなすの効力如何、(2)会期延長に関する参議院運営委員会の措置は適当に非ずとの二問を解決すとの理由を以て、社会党二派、改進党、老農〔労〕党、第一クラブ等結束して、運営委員会及議長の招集せる各派代表会は意見一致を見ず。深更一時半まで在院の上、帰宅す。

右の結果、内閣委員会は開会に至らず。閑を得て名刺を注文し、靴下を買ふ。

内閣委員会は畢に開会する能はず、四時頃散会を宣したり。

六月二十四日(火)　晴　夜来強風暴《ダイナ》雨　午前中暑気甚し
夕曇冷　服薬注射

十時、登院す。昨夜来の紛紜未だ解けず、内閣委員会は五時半散会す。

昨夜来の風雨の被害に付、建設省防災課長より各地の報告を聴取す。又由比町所在治山事務所長富永技官及曽我村長松浦久治氏へ見舞状を呈す。

浜松市会有志来院。国道線第一号施工中止の請願取扱に付、希望を述ぶ。

泰治、今朝来京。夕来訪、夜行列車にて帰阪す。

松本堅三郎氏来院、面会す。氏を石黒忠篤氏に紹介す。

長崎県主事酒井勝一氏来院。石黒氏の対馬視察日程を協議す。石黒氏の紹介により其協議に加はり、予も亦対馬視察を行ふこととし、砂防協会旅行は半途にして一行と別るるに決す。此旨を赤木氏に告げ、同時に赤木氏も他日対馬旅行のことを要望す。

六月二十五日(水)　窓外晴雨不関　服薬

本会議は夜十一時五十分開会。国会法改正案を上程し、赤木正雄氏提案の理由を説明したるのみ。議場喧囂を極め、恰も Mob の集会の如し。議長の宣告は不明、議場のセイリ出来ず。法務委員長登壇、破防法に付、委員会の審査の経過報告を始めたるも、十二時に至り散会となる。

終日議院運営委員会に於て議事妨害に熱中す。fair play

心なきこと甚し。緑風会総会に於て予は運営委員会の議を経ず、多数を以て議長を応援し、凡ての妨害的発言を否決して議事を進むべしと発言す。大体議長職権を以て議事推進の方向に決す。

夜十時頃、木村法務総裁来室、朝鮮人の不法集会及行動に付、報告あり。

内閣委員会は十一時五十分開会。各案審議の予定表に付協議し、保安庁法関係及調達庁法等に付、若干の質疑を残して質疑の大体終了を議決す。午後二時より六時まで秘密懇談会とし、各案中論議点に付、各員の賛否、修正等の意見交換を行ふ。六時散会す。

十二時半帰宅す。赤木氏の尽瘁、最も多謝すべし。

六月二十六日(木)　晴曇　暖冷　服薬　注射

本会議、流会となる。各派の態度は共産党、労農党、第一クラブ、社左派、民主党は相提携呼応して悪質執拗を極む。乱暴無恥の徒なり。社右党は之を慨し、緑風会に同調し来れり。

緑風会総会は随時開会せられ、二十七日一時まで明日以後の態度を協議す。

内閣委員会は主要各法案要点に付、懇談的に意見の交換を行ひ、午後四時及夜九時より外務、運輸、法務総裁出席、大体の質疑を了す。

佐藤助九郎氏来院。緑風会政調会に於て瑞西の発電事業、伊太利の地熱利用発電并に仏国 Rhone 上流の発電計画に付説明ありしも、予は委員会に専念せしを以て聴聞せず。

六月二十七日(金)　雷雨　蒸暑　服薬　注射

本会議は議長権権〔ママ〕に依りて遂行するに決したるも、尚容易に進捗せず。四時開会す。先づ議長不信任案を否決し、国会法改正案に付、発議者に対して質疑あり。尋いで之を否決す。休憩のまゝ散会す。夜十二時過帰宅。

内閣委員会は十一時半より開会、各案の審議に入る（懇談会にして外来者、政府委員を入れず）。法制局及文部省設置法を決定す。十二時十五分休憩。午後は各派に集会あり。出席委員少く開会に至らず、散会す。

朝、四国林業社長植村実氏来訪。氏を横川林野長官及倉田専門員に紹介す。

菰田康一氏来訪。甘藷生切干の買入に付、意見を求めらる。依て石川静岡県経済部長に紹介す。

六月二十八日(土)　雷雨　服薬

本会議は十時過開会。先づ小野法務委員長不信任の決議案を上程、討論の上、記名投票に依り之を否決す。議場には塵埃の悪臭鼖ひたる為、休憩したるの椿事あり。夜十時四十分、万難を排して議事進行を阻止する決議を認めず、優先的に破防法案の審議に入るべしとの動議を可決（議長席前に多数殺到し、水橋藤作氏は泥酔して階段上に横臥し、記名投票を終りたる議員の降壇を阻止し、多数殺到議員と相俟て完全なる議事妨害を敢行したり）して其日程に入り、委員長報告を終る。此時議長は議長不信任の決議案を受取りたるを以て席を副議長に譲り、三木副議長は着席し、直ちに延会を諮り、散会を宣告す。

先是衆議院は会期延長を三十日間と議決し、十一時本院に通知す。

議長及副議長を議長室に訪ひて大に其労を謝す。自由党参議院会長大屋晋三氏等も来り、議長を犒ひしに、議長は大屋氏に対して大に其不信を詰る。大屋氏、陳弁是れ力めしも、予は連絡不全の非、自由党側に在るを以て謝宥の意を表せしめ、急ぎ退室せしむ。十二時過、赤木、森両氏及公二君と同車、十二時半帰宅す。

常任委員長懇談会〔十二時半、議長応接室〕に出席し、内閣委員会に於ける議案審査の状況を報告し、去十九日懇談会に於て要求せし十日の延長は、爾来院内の実情に関連して審査の進捗を見る能はず。殆其効果を挙ぐる能はざりしに由り、会期の延長は何日を適当とするか予想し難しと述べ、内閣委員会は延長期間の長短如何に拘らず、懈怠なく審査を強行するの意向なりと表言す。

内閣委員会を開き、⑴会期切迫せるも審査不進の実情に鑑み、明日は日曜日なるも委員会を開くべきことを諮り、⑵行政組織法第二十四条第二項を改正し、三十日までに両院を通過せしむる件を諮り、案文を議題に供す。各員は其必要を認めたるも、期限の定め方に関し意見分れたるを以て、後刻再会を約して休憩す。

衆議院内閣委員長八木一郎氏を訪ひ、右⑵の件に付、参議院案を送付すべきに依り、之が取扱方に付希望を述べて了解を得たり。

野田行政管理庁長官より右案は政府案として提出し、衆議院を先議院とすべきやの交渉あり。之を即諾す。其時長官は又衆議院自由党は会期延長期間を二十日又は三十日とするの二説あり、二十日と決する見込なるも、情勢に依りては三十日とするならんと内話ありたり。予は昨日増田幹事長の電話に対して、会期の無謀なる大幅延長は不可なるも、小刻之延長は有害なりと述べ、解散性なき参議院の横暴を阻止するため、衆議院の特権を行使すべきことを警告せし旨を告げたり。

内閣委員会は午後六時散会（休憩のまゝ）し、八時半「明日は開会せず、月曜日開会す」と決定す。

緑風会総会は常時開会せられ、緊要事項の決定に全力を尽したり。予は屢々委員会に出席し、之に関与する能はざりしも、夕刻の会合には破防法の審議を円滑ならしむるため、政府原案及緑風会修正案を再び法務委員会の審査に委ずべし、而して其審査期間を一日とすとの妥協意見圧倒的なり。依て予は、⑴本会議に上程して審査を進めたる上ならでは之を為すべからず、⑵特定の問題を限り審査の不十分なるを認めざる限り、之を為すべからず、⑶全法務委員改任の決意なくば之を行ふべからずとの意見を述べて、其不可なるを極論したり。

三十日の本会議は破防法案の論議に努むるも、容易に之を議了する能はざるを以て、寧ろ他の諸法案を上程して之を通過せしめたる後、破防法の審議に入るべしとの松原一彦氏の意見は大に聴従すべきものありと認め、之を総会に発表したるに、破防法の措置に関し、他と交渉に努めたる諸氏は其不能なるを認め、極力之を排撃したり。只赤木氏のみは三十日朝の議院運営委員会にてこれを発議せんと答へたり。

中村幸八氏来院。石黒氏を訪ひ、県議戦に於て松島舜治氏の推薦取消に代へて、馬渕、竹村両氏の為、一日間演説会に出席するを求めらる。予も同席して事情を聴取し、石黒氏は参議院を欠席すべからざること、馬渕、竹村両氏の為応援演説を為すときは、松島氏の為にも亦応援演説を為すべきに至ることを了解せしめ、結局右両氏をも推薦することを明にするの外なしと述ぶ。已むを得ざることとなるも他に良法なし。

中村氏に対して、予は氏の為に増田幹事長に再三要求したる旨を告ぐ。

去二十三日夜来の強風豪雨の被害は静岡、岐阜両県に甚し。而して曽我村村長、由比町治山事務所の状況は夫々報告に接したり。何れも大なる被害なし。反之、由比町長、庵原村長、金谷町長は電報を以て善後措置の要請あり。依て野田建設大臣にそれ等の電報を渡し、技官を特派せられんことを求めたり。

六月二十九日（日）　晴曇不常

昨夜睡眠剤を服用す。終日家居、静養す。堀先生に就き健康診断を受けたるに心臓平常。血圧一八〇―八〇、尿無蛋、糖百分の一程度にして静養を要すと診断せらる。然れども国会の現状にては良法なし。

昼食後睡眠一時間半、気分爽なり。

十時半頃、佐藤助九郎氏来訪。対談一時間。予は明年の参議院に立候補を薦む。明日富山へ向ひ帰ると云ふ。

秋田大学教授藤岡一男氏〔秋田市手形新町下丁二六〕へ書状を認む。興三の為、栗原千鶴子嬢を紹介せられしに由る。山形春人氏未亡人さだ子刀自の書翰、重友より回送あり。同情に堪へざるも弁天寮の会計経理に関する事項なるを以て、直ちに返書を呈し難し。依て其書翰を中山均氏へ転送して意見を求む。

重友へ当分帰郷出来ざること、土方村長溝口譲一氏へ災害見舞を発す。

六月三十日（月）　雨

本会議は午後十一時十分開会、同五十分散会す。破防法案は上程に至らず。

会期延長十日を議決し、又衆議院に対し参議院を尊重して独自会期延長を議決するなからんの決議案を可決す（予は反対）。最後に国家行政組織法の一部改正案を上程、委員長報告の後、之を可決す。

内閣委員会。衆議院より送付したる政府提出の国家行政組織法中改正案を可決す。予は之を緊急上程することを事務局、議院運営委員長及赤木委員に依頼して、竟に目的を達したり。欣快なり。

会期は衆議院の議決を以て三十日間延期せらる。

緑風会は終日総会を開けり。社党左派、右派の向背、変転常なし。何れも是れ悪質なる駈引のみ。党派心の偏狭、竟に是に至る。国家を憶ふ者、宜しく決意すべし。

自由党、改進党亦巨人なし。

佐藤議長を訪ひ、断然議長職権を以て議事を進行せられんことを乞ふ。緑風会、自由党、民主クラブは一致して後援する旨を告げ、河野部長の言を採られんことを求む。議長の位地孤立となり、連絡取れず。憂ふべし。依て予は進て面会せしなり。

石間尚、来泊す。一同無事なりと云ふ。

七月一日(火)　雨　服薬　注射　眼治療　昨夜不眠甚し

本会議は十一時開会せらる。劈頭佐藤議長不信任の動議に入る。記名投票を以て之を否決す。午後、破防法案の審議に入り、説明の後、質疑をなす。十一時散会。議事は漸くにして軌道に復す。今後一致進行が大切なり。

十一時、佐藤議長を訪問す。重大なる決意を内話せらる。予は其衷情を諒とするも、大義は之を許さずと述べ、互に心情を披瀝して別る。

内閣委員会は開会に至らず。

松本堅三郎氏来訪、明日大阪府へ帰ると云ふ。丸山方作氏を往訪することを勧む。

庵原村青年七十名来訪す。一部は傍聴を取計ひ、他は国会図書館及衆議院参観を勧む。

植村実氏来訪す。倉田博士と十分連絡を取らんことを勧む。

県東京事務所を訪ひ、風水害被害のことを問ふ。又石崎書店を訪ひ、名刺代を払ひ、一部の取替を問ふ。

七月二日(水)　雨　服薬　注射　眼治療

本会議は十時より開会せらる。破防法案の緑風会修正案に対して各派代表の質疑あり。了て議案を法務委員会に再附託すべしとの動議あり。之を否決し、七時散会す。

対馬に関する文献を耽読す。

内閣委員会は開会せず。

七時、佐藤議長を訪問す。議長より再び辞任の意を漏さる。之に対して政局安定の絶対必要なる今日、衆議院の動揺及解散を目睫の間に控へつゝ、参議院の中枢者の異動は最不可なる所以を力説して、断念を求む。議長も竟に之を諾す。

赤木氏と全国治水砂防協会有志会に至り、中食す。他に来会者なし。

島田市会議長八木芳男氏、前議長森昌也氏来訪す。千頭営林署を島田市へ移転の件に付、協力を求めらる。此事は我国林政の為、最憂ふべきことなるを告ぐ。両氏に傍聴券を呈す。

掛川町長蔦ヶ谷龍太郎氏外二名来訪す。掛川、御前崎間鉄道布設の件に付報告あり。当局へ要請のことを求めらる。依て運輸省政府委員室に諸氏を伴ひ、国鉄調査官佐藤照雄氏に電話にて面会を申入る。

松屋売店にてSuntory Whiskeyを求む。代一六〇〇円なり。

泰治、夕来訪。夕食を共にす。夜九時半発にて大阪へ帰る。


七月三日(木) 雨 晴 薄暑 注射 洗眼 服薬 入浴
本会議は破防法外二件の討議に入る。六時終了。記名投票にて各案を修正議決す。

二時、内閣委員会を開き、明日以後の内閣委員会の審査計画を諮る。

曽我村長松浦久治氏外三名来院、面会す。東山沢川尻附替の件に付、要請あり。之に対して上流の土砂止めの重要なるを力説し、赤木氏の説を聴かしむ。

浜松市会議長浜田由太郎氏外二氏来訪す。国道線一号工事中止請願に付、説明す。予は本会議にて此請願に反対すべき旨を告ぐ。

夕、小塩孫八氏上京せし由にて、使を以て枇杷一籠を贈らる。


七月四日(金) 曇 晴 雨 不常 注射 洗眼 服薬
本会議は議院運営委員会にて手間取りしため、午後一時半より開会せらる。先づ大屋晋三氏に対する懲罰動議を否決し、溝渕春次氏提出の共産、社左、社右十七氏に対する懲罰動議に入り、各員より質疑の後、十三氏より一身上の弁明あり。之を懲罰委員に附託することを議決し、七時頃散会す。

内閣委員会は十一時四十五分開会。懇談会に入り一時より二時まで休憩。更に六時三十分まで各省設置法改正案に付、意見を交換す。

米国独立記念日なるを以て米大使、同夫人より招かれ、七時receptionに出席す。来客千数百名。大使館への通路狭く、八時二十分頃、参議院に帰る。本会議は既に散会後なり。直ちに帰宅す。

朝、小塩孫八氏に電話を以て昨夕の厚意を謝し、且同氏よりの用件を問ひ、又弁天島同胞寮関係山形未亡人よりの手紙に付、中山氏と協議せられんことを乞ふ。

いも通信月刊誌編輯石井義勝氏、坂田英一氏の紹介にて来訪。同誌第二号に予の巻頭語を掲げんことを求めらる。之を諾す。

七月五日(土)　晴　涼　服薬　注射　眼治療
本会議に出席す。日華平和条約、日印平和条約及漁業［北太平洋公海］国際条約に付、承認を与ふるの決議を為す。又アジア諸国との友好促進に関する決議案を可決し、五時三十分散会す。

内閣委員会は開会せしも、本会議の為審議に入らず、三時散会す。

高瀬緑風会政務調査会長及野田行政管理庁長官に面会して、行政機構改革に付、強き態度を執ることを強調す。

土方村助役及議長来院。同村の災害に付報告す。傍聴を取計ふ。

八木島田市議会議長来院し、千頭営林署の移転は事実に非ずと報告し、同時に木材置場を島田市に設置することを強調す。

祖父の命日なり。夕、いなりずしを供す。


七月六日(日)　曇　雨　冷　服薬　眼冷奄包硼酸水
家居。朝五時半より行政機構改革各省設置案に付、調査を始む。中食及朝食の後、少時睡眠す。夜十一時に至りて止む。

朝、宮崎県知事田中長茂氏来訪す。県議会解散の場合を拡大せよと要望せらる。蓋し苦き経験に因る意見なり。明日発途、帰任すと云ふ。

午後、相良町長長野宇恵茂氏来訪す。地域給引上に付、要望せらる。又同町鬼女新田なる戦死者某氏の為、記念碑に題字揮毫を求めらる。

夕、鈴木俊一氏来訪す。丸山 dam の視察を勧めらる。

川崎町公務員有志より茶を贈らる。謝状を呈す。重友へ発状す。

七月七日(月)　雨　午後曇　服薬　注射　眼手当　入浴
朝、富山市佐藤助九郎氏より電話にて、県営電力復元に付、要求あり。館議員と打合せの旨返事す。館氏、今朝富山市より帰京す。明日再び富山へ赴くに付、佐藤氏へ報告すと云ふ。佐藤氏は又電力開発促進法案の否決を求む。同感の旨を答ふ。
本会議に出席す。昭和二十三年六月三十日以前に給与事由の生じたる恩給の特別措置に関する法律案に付、委員長報告を為し、可決せらる。本会議は終日断続開会せらる。電源開発促進法案に対して、予は適当なる案を得るまで延期するを必要と認めたるを以て、奥修正案、杉山修正案、委員会修正案及原案に対して反対す。然るに原案は杉山修正を容れて可決す。

内閣委員会は本会議の影響を受けて進捗せず。午後開会、保安庁法案及海上公安局法案に付、大橋国務大臣に質疑を為し、散会す。

静岡県議会の諸氏大挙来訪、傾斜地利用率増加に付運動す。

水野代議士は小笠郡南部町村代表七、八名を率ゐて来訪、ダイナ台風被害対策に付、政府に陳情を行ふ。予は県庁より政府に提出したる要求の貫徹に付、協力すべき旨を答ふ。

八時頃帰宅す。疲労甚しきを以て、夕食後臥床す。

舘林三喜男、六時頃帰京、直ちに千葉へ赴き、十一時頃帰着す。

興三は昨午後東大工学部へ赴き、同所に宿泊す。

七月八日(火) 曇 半晴 薄暑 服薬 注射 眼手当

胃幽門の附近に小塊あるが如く、数日来食欲不振なり。医務局に至り此事を述べ、尿の検査を行ひしに、肝臓及胆嚢には異常なしと云ふ。中食、晩食を節す。

内閣委員会は十一時過より開会。大橋国務大臣に対し質疑を行ふ。それより二時まで保安庁の警備配置及装備に付秘密会を開き、大橋国務大臣の説明を聴く。詳細なる説明に対し、各種有益なる質疑を為す。

三時半より大蔵省関係に付、森永官房長に対して質疑を為す。終了。

自治庁設置法案、法務府設置法案及運輸省設置法案に付、懇談会を開く。六時散会す。

内閣委員会の審査は大体今週を以て終了することとし、其旨を河野議事部長に通告し、本会議上程の用意を依頼す。十四、十五両日に亘ることを予定す。

野田行政管理庁長官の需に依りて会見、委員会進行計画を報告す。

朝、徳川家正公より中元手当金千円を贈らる。

原田武雄氏より綿靴下半打を贈らる。

鈴木二平夫妻来訪［洋子を女子大寄宿舎退寮、大森方へ転出の為なり］。なまり節を贈らる。

ます子、夜重友へ電話、急速女中の来京を求め、打合を為す。

七月九日(水)　雨　冷　服薬　注射　胆嚢炎手当　眼洗滌

本会議に出席す。自治法改正案に付、岡本氏と共に修正案に賛成せしも、否決せらる。依て本案にも反対せしに可決せらる。国道第一号線浜松市内道幅計画縮少の請願上程せらるるに依り、反対演説の通告を為す。然るに賛成者田中一氏は賛成演説を為すの通告をなしたるため、日程より削除せられたり。依て浜松市長に対し電報を以て之と反対の請願を至急提出することを要望し、且葉書を以て其事由を説明したり。

内閣委員会は午前中は審議進行せざりしも、午後は進行を始む。午後九時まで懇談会を続行す。

緑風会政務調査会に出席し、四時より五時半まで行政セイリ案の処理に付、報告を為す。又午前の総会に於て懇親会開催のことを発議す。

先是三時頃、議院運営委員会に招かれ、委員会の審査進行状況に付、説明を為す。即ち十二日までに審査終了すべきに依り、十四日本会議を開き、各案を上程せられんことを要望す。委員よりの質問に依れば、議員の多数は自然休会を希望し、既に帰郷したる者多しとのことなりしを以て、予は議長は電報を以て是等議員の即時上京を促されたしと要望したり。

全国治水砂防協会例会には赤木氏の外出席者なし。

腹部の小患は胆嚢炎なるが如く、医務室にて　博士の診療を受け、クルクロンを与へらる。食餌減少し、疲労を覚ゆ。帰途中、自動車の振動が患部に刺撃を与へ、鈍痛を発す。依て腹皮を摘して其部位の腹圧を減却するに努む。

帰宅の後、速に就褥す。

七月十日(木)　雨　冷　服薬　注射　尿検査　眼洗滌

終日内閣委員会を強行、五時過散会す。各案に対する修正点等に関し、懇談会を終了す。野田行政管理局長官を訪問し、大野木、中川両政府委員を懇談会事務に参加せしむることを要望し、委員会の同意を経て両氏出席す。

議院運営委員会にては、十二日より二十日まで自然休会に入ることを決定したる旨にて事務局より通知あり。内閣委員会は予定の如く十二日委員会終了の予定には変化なし。

胆嚢部の故障前日の如し。尿の検査を求めしに、糖分は増加せり。

緑風会政務調査会にて行政セイリ各案に対する報告を為す。竹下、楠見両委員も出席、説明せられ、明日態度決定の段階に進む。

高平勇氏来訪す（院内）。

興三は大多喜へ赴く。山崎昇二郎来泊す。

白波瀬米吉氏よりメロン二箇を贈らる。

松崎運転士へ六月分超過勤務手当一一五八円を渡す。


七月十一日(金)　雨　晴　薄暑　注射　服薬［エビオス、クルクロン］　洗眼　入浴

本会議に出席す。労働法の改正案は修正可決せらる。

内閣委員会（十一時―七時）。一時半まで保安庁法案に付、質疑をなす。政府の説明、明瞭を欠き、且前回と矛盾あり。午後、大蔵省設置法案に付、栗栖委員より森永官房長に説明を聴く。

四時半より懇談会に入り、政府案の各に付表出せられたる論点を検討し、夫々賛否を決す。賛否を決し難きものは次回の表決に譲る。一応の検討を終り、七時散会す。

緑風会は十二時半より政務調査会を開き、行政機構セイリ案に付、昨夕の所定を再認す。

緑風会の懇親会に出席す。青山北町六丁目の中心社にて催さる。これは常岡一郎氏の厚意に依るものなり。

歳費八四四二五円を受取る。松崎運転士へ七月分手当千円を渡す。

山崎昇二郎は朝同車、渋谷にて別る。本日国会及農林当局へ陳情の上、帰途に就くと云ふ。

昇三郎、夜来泊す。公二も来訪。十時頃帰宅す。


七月十二日(土)　雨　夕晴　薄暑　注射　服薬［エビオス、クルクロン］　洗眼

内閣委員会は午後二時に至りて開会す。十時より開会の予定なり。此間、修正点に関し各派の態度決定の為なり。自由党は党議原案固守に在るも、内閣委員は夫々私■〔滲み〕を挟み他党の修正に便乗し、又多数議員の帰国のため重要議案の審査を他日に延期するの態度に出で、甚不当なり。

二時より六時まで保安庁法案、海上公安局法案に付、大橋国務大臣、奥野法制局長、大野木管理庁次長と質疑論戦を闘はす。

七時より再び懇談会に入り、昨日の懇談会の結果を再認し、且留保となりたる諸点に付、決定を為す。予の主張たる砂防局設置の問題は、他日政府をして提案せしむることに決し、修正案提出に至らず。斯くて留保せられたるは保安庁法案、海上公安局法案、経済審議会法案、行政組織法、定員法案となれり。八時半散会す。

朝、公二来訪、燻製鮭を贈らる。昇三郎、公二と同車。内幸町にて昇三郎下車、今夕は辻堂に泊ると云ふ。西山口成瀧平岩美江と云ふ婦人、十時三十分品川着にて来る。家事手伝をなす為なり。

胆嚢故障、依然治らず。悪化の兆なきは幸なり。

七月十三日(日)　曇　小雨　十一時頃より晴　薄暑　服薬両種　注射　入浴　体温夜十時三六・八

胆嚢部腟脹感ありて不快なり。家居。起臥を自由にす。十一時半、堀先生を訪ひ、診察を求む。胆嚢炎は軽微なるも、食餌を謹み、成るべく臥床することなどを指示せらる。心臓異常なし。血圧一五〇－八〇と云ふ。

小林次郎氏来訪せらる。水蜜桃一箱及手漉用箋を贈らる。

新谷寅三郎氏、岩渕辰雄氏より電話あり。機構改革に関するものなり。新谷氏に対しては来訪を断る。

赤木氏に電話を以て砂防局設置の為、修正案の提出を見合せたる旨を報告す。

白波瀬米吉氏に電話を以て、明日の内閣委員会に於ける議案取扱の方針を告ぐ。

農林省設置法等の一部改正案を検討す。

七月十四日(月)　雨　陰晴不定　服薬二種　注射　眼治療

胆嚢炎少しづゝ治癒に向ふが如きも、局部に腟脹感去らず。

内閣委員会は一時開会のヨテイなりしも、二時半開会す。其間各派に於て各案に対する態度を協議せしためなり。法制局設置法案、調達庁設置法一部改正案、文部省設置法一部改正案、厚生省設置法同上、労働省同上、建設省同上、資源調査会設置法案、法務府設置法等の一部改正案及行政管理庁設置法の一部改正案は、何れも修正議決せらる。四時、休憩に入る。七時再開の予定なり。

右九件は何れも法制局に於て修正案の完成したるものなり。

七時半再開、八時半に至るも修正案は自治庁設置法案外一件に付てのみなり。而して行政管理庁設置法中改正案に重大なる脱落ありしを以て、正誤として之を訂正することを議決し、八時三十分散会す。

四時半より七時まで映画を看る。題名は「長崎の唄は忘れじ」なり。


七月十五日(火)　陰晴不定　小暑　服薬二種　洗眼　入浴

参議院内閣委員室にて執務す。修正各案は十六日中には完成する予定なり。

帰国。一時発静岡にて乗換へ、五時五十六分掛川着。自動車にて帰宅。重友出迎ふ。

盆祭の最終日なり。

ふき子耳下腺炎にて臥床す。其他健全。


七月十六日(水)　晴陰不定　東京晴　服薬二種　注射入浴

上京。掛川八、三三―一〇、一四由比三、四三―一九、二六品川―渋谷―池ノ上。

由比駅にて県河港課長片岡紀一氏、由比治山事務所長清水敏治氏、議長川島恒氏、町長平野敏氏及志田収氏等出迎ふ。

徒歩、中ノ沢上方崩壊地新生三ヶ所(林内80m×16、同小崩壊、工事頂端より上40×40)、寺尾沢上部［中ノ沢工事頂端より決裂著増］。

今宿平、新生崩落及どぶ〳〵移動。

西山寺部落、北条崩壊1.5h、和瀬川へなだれ落を見、駅前某店にて中食。

食後にごり沢上流の新生崩壊地3.5hを視察す。更に国鉄実施工事及国道開設に基く危険箇所、崩落一、山沢二［暗渠設計、極小］を視察したり。

結論として県が主働力を持ち、関係官庁代表会議を開き、応急対策及恒久施策を作り、中央官庁の発動を促すべきことを片岡技師に強く要求し、又町当局にも明確に了解せしめたり。

東上の車中にて由比治山事業概要を読了す。学者の検討が実地施策を見るまでに巨離あり、望洋の歎に堪へず。車中又陶山鈍翁の事績を読む。

七月十七日(木)　晴　暑　服薬二種　洗眼　血圧一六〇―九二

健康漸に回復す。心身爽快なり。山野跋渉の効なり。各部疲痛なし。

朝六時頃、山崎三二氏来訪す。長男恒夫氏の税務署勤務中不正取得事件に付、高橋国税庁長官に了解を求めらる。同人は昨年六月辞職し、本年四月静岡警察学校に在り。六月一日事犯発覚、戸塚重一郎氏の好意に依り元利立換弁償せらると云ふ。

登院。内閣委員室より高橋長官に面会を求めしに不在なり。三二氏、十二時頃来院せしに、明日会見の由を告げ、帰国せしむ。

朝日麦酒にてエビオス一缶¥645を、鳩居堂にて線香五箱¥500を求む。

内閣委員室にて各案修正案進行状況を質し、又二十一日以後委員会の計画を立つ。慰労の為、一万円を杉田氏に呈し、長岡行を勧む。

野田行政管理庁長官の需に応じ、建設省に訪ひしに、閣議の内容を告げ、之が実現を希望せらる。〔原案修正ヶ所、外局五を内局に戻す件〕なり。予は殆其不可能なる所以を説明す。又栗栖委員考案の経済審議庁案修正を示し、速に適当なる措置を執るやう注告す。

議員会館に赤木氏を訪ひ、同車。古島家を訪ひ、焼香す。それより東久世家を訪ひ、夫人に面して焼香す。近く此家を処分して駒場なる令息の家に移ると云ふ。

夕食の時、舘林と同卓、麦酒を飲み、睡気を催し、夙く寝ぬ。

七月十八日(金)　雨　冷　服薬 Ebios　洗眼　注射

四時半起床。由比町長平野敏氏、議長川島恒氏、志田収氏、治山事業所長清水敏治氏、県土木部長仁科太郎氏へ挨拶を兼ね、意見書（ハガキ）を認め、投函す。

九時半、国税庁に高橋長官を訪問し、山崎恒夫氏のことを懇談す。長官は取調の上、処理する旨を答ふ。参議院に帰りて書状を認め、山崎三二氏へ送る。又同氏に電報を発す。

米商Shriro方（富国ビル方）にてSuper Chrome inkを買ふ。代金百八十円なり。

参議院にて赤木氏を訪問したる岩崎浜松市長外四名と会見す。国道第一号幅員縮小請願に関してなり。

宅より電話あり。ます子出発の際、金員を遺忘せりと云ふ。依り松崎運転士をして取来らしめ、三越に至り、ます子と合し、シャツ二、ニッカー用麻、靴下等を求む。其中開衿シャツ一枚は、緑化推進委員会贈与の分なり。

参議院図書館に帰り、調査を為し、四時半発車、帰宅す。赤木、内田両氏同乗す。

三浦安蔵氏より二二年再版、生理応用、甘藷の多収穫栽培法三部を買ふ。¥100。


七月十九日(土)　雨　冷　Ebios服用　洗眼　注射　入浴

朝、石黒忠篤氏より電話を以て、昨日野田行政管理庁長官と会見したる内容を詳しく説明せられ、長官の要望と石黒氏の態度とを明にせらる。右の結果、予は本日長官と会見することを必要と認め、又長官の希望あらば、進んで吉田首相と会談することを決意す。

登院す。野田長官より会見を申込まれ、議長応接室にて会談す。長官は予の問に対し、(1)外局を内局となすの件に付、緑風会高瀬、徳川両氏と電話せしこと、(2)自由党内部の結束、未十分ならざること、(3)民主クラブは二十一日朝、態度を決すること、(4)二十一日の委員会は暫く待居られたきこと等を述ぶ。又吉田首相と会見のことは首相と打合の上、返事することを答ふ。予は委員会の重要問題は外局を内局とするの件に止らず、安本廃止の跡始末も亦重要なるを述べ、之が対策は如何に進展せるやを問ひ、更に緑風会工作は慎重且急速勇敢を要する旨を告げ、若し議場に於て阻止せらるるならば、断念すべき旨を勧告す。

五時帰宅の時、電話あり。野田氏、明日九時首相を訪問したる上、其意向を問ひ、予の首相往訪を求むべしと告ぐ。

栗栖赳夫氏に面会す。氏は二十三日郷里に会社総会あり、出席を要するを以て、二十一日にて委員会を終了するやを問はる。予は其不可能なる所以を告げ、二十五日までに本会議々了の予定を明にす。栗栖氏は総会を二十六日に延期すべしと答ふ。

内閣常任委員室にて執務す。二十一日本会議上程の各案に付、委員長報告の原案を受け、之を検討す。

対馬支庁農地開拓課長古川雅久氏へ甘藷栽培法及麦多収穫栽培法を郵送す。

夜、二十一日の委員長報告の原稿を整理す。頗大事なり。

七月二十日(日)　晴　涼　Ebios 服用　点眼　注射

胆嚢故障、漸次退散して異状なし。食欲回復、良く眠る。

舘林は七時三十分羽田発にて帰任す。

野田長官より早朝電話あり。首相下痢を起したる為、三時往訪に変更したる由。而して首相の依頼あらば直ちに電話すべきを以て往訪せられたし、而して其場合、自動車は建設省に於て用意すとのことなり。

午後三時まで家居。明日の委員長報告の準備を為す。

朝、洋服屋石橋　　氏を喚び、Nicker 調製を依頼し、又絹紬製夏服二着（既製）の縮縫を依頼す。Nicker 用麻は一昨日三越にて購入のものなり。

十一時頃、富山県議会副議長柴田弥一氏、富山市商工会議所副会頭金山喜八郎氏、高岡市議会副議長吉田喜八郎氏及東化工会社常務星野芳郎氏来訪。北陸通産局を金沢市に設置反対の陳情を為す。

三時半、藤村建設大臣秘書官より電話を以て、野田長官より首相は予の来訪を求むる旨の伝言あり。四時十五分、同秘書官来車、箱根小涌谷なる首相邸へ案内せらる。六時四十分頃着、直ちに面会す。首相は下痢を起し治療中なるを以て、会談十五分にて止む。食事を饗せられ、首相、麻生太賀吉氏、同夫人と同卓す。八時辞去。十時二十分帰宅す。

十二時頃、野田長官に首相と会談の内容と首相の意向を伝ふ。

七月二十一日(月)　晴　涼　Ebios 服用　点眼　注射　入浴

八時二十分、佐藤助九郎氏来訪す。伊東市に於て地熱発電実行の計画を告げらる。又丸山鶴吉氏参議院立候補勧告のことを熱心に話さる。

本会議に出席す。行政管理庁設置法中一部改正、労働省設置法一部改正、文部省同上、厚生省同上、建設省同

上、法制局設置法案、調達庁設置法一部改正、法務府同上に付、委員長報告を行ひ、夫々可決せられたり。此報告は総括と各案とに別ち、要点は詳細、明確を期し、国会初期以来、最優の報告たりしことを信ず。而して尚一時間を要したり。

内閣委員会は午後三時より開会せらる。此間、野田建設、村上運輸両大臣の緑風会に対する説明と了解運動あり。自由党も亦党議を以て前決定を再認す。委員会は今後開会及運営の計画を決定したる上、(1)郵政省に電波監理委員会(又は審議会)を入るるの件、(2)安本廃止に伴ひ、経済審議庁の性格を如何にするかに付、懇談会を開く。(1)は大体の結論を得たるも、(2)は岐路に迷入せし観あり。却て審議庁案否決の結論に達せんとし、九時を過ぎて散会す。

柴田以代子夫人、昨日見付に於て逝去せられし由にて、二十二日葬儀を行ふとの電報を重友より受領す。依て同人に会葬を命じ、又弔電を遺族に呈す。

七月二十二日(火)　晴　暑　Ebios服用　注射　洗眼

午後一時から内閣委員会を開かれたるも、進行遅々にして、自治庁設置法案外一件、郵政省設置法外一件、農林省設置法等一部改正案及通商産業省設置法案外二件を修正議決し、八時三十分散会す。

一也、成也は、午後一時発にて佐賀へ赴く。

七月二十三日(水)　晴　暑　Ebios服用　注射　洗眼

本会議に出席す。自治庁設置法案外一件、郵政省設置法改正案外一件に付、委員長報告を為し、何れも修正議決せらる。

委員会は一時開会の予定なりし処、経済審議庁設置法案を改正する点に付、栗栖氏、波多野氏、楠見氏等の意見纏らず。長時間交渉の結果、栗栖氏の態度屢々変化したる末、遂に修正案が提出せられ、八時開会。経済審議庁設置案、安本廃止及之に伴ふ関係法令整理法案、大蔵省設置法案改正外一件を修正議決し、九時十五分散会す。

正午過、全国治水砂防協会有志会に出席す。徳川公、次田氏、山崎氏、赤木氏、河井出席す。

七月二十四日(木)　晴　暑　Ebios服用　注射　洗眼
入浴
内閣委員会は十一時より開会し、保安庁法案、海上公安局法案及運輸省設置法一部改正案に付、三好、成瀬、上条、波多野四氏より大橋、村上両大臣に質疑を行ひ、三時に至る（其間休憩一時間半）。

それより右三案に付討論、採決を行ひ、休憩を重ねつゝ修正案の用意成りし総理府設置法中改正案、行政組織法改正案に付討論、採決し、最後に定員法の数字を検討して採決を為し、各案何れも修正を加へられたり。散会に先ちて予は委員長報告の結論として議場に報告すべき要項六を挙げて、委員の意見を聴取したり。八時四十分散会す。

夕、参議院の廊下にて柴田達夫氏に出会ひ、母堂逝去後の取扱を聞く。近く遺骨を東京に取寄せ、告別式を行ひたる上、郷里へ埋葬すべしと云ふ。

昇三郎、夜来泊す。

七月二十五日(金)　晴　暑　服薬　注射　洗眼
登院。十時より一時まで内閣委員室にて執務、委員長報告の用意を為す。

三時、本会議に出席。通産省設置法案、同上関係法令整理案、工業技術庁設置法の一部改正案、農林省設置法等改正案、経済審議庁設置法案、安本廃止及関係法令の整理案、資源調査会法案、大蔵省設置法案、同関係法令の整理等、保安庁設置法案、海上公安局法律、運輸省設置法一部改正案、総理府設置法改正、行政組織法改正及定員法改正案に付、順次委員長報告を為し、次に内閣委員会にて審査せし総括的報告を為し、最後に委員会に於ける結論六則を述べて報告を終了す。所要時間約二時間なり。

保安庁法案、海上公安局法案及運輸省設置法中改正案に付、少数意見及反対討論あり。記名投票に依り修正議決せらる。其他の各案も修正議決せられたり。

朝、登院の際、昇三郎と同車。新橋住友鉱山ビルにて別る。同人、夜帰阪す。

夕、興三、千葉より帰来す。

七月二十六日(土)　晴　暑　服薬　注射
朝八時、赤木氏と同車、東京駅に向ふ。八時三十六分発電車にて横浜に到り、神奈川県庁のバスに乗り、函嶺の砂防視察を為す。一行は中川幸平氏（自）、一松定吉氏（民主クラブ）、松原一彦氏（改進）、竹下豊次氏、楠見義男氏、赤木氏及予（緑）なり。其外、鬼頭孃、上田主事、吉原調査員、平野調査員補及読売記者一名も之に加はる。県砂防課長小田島利八氏、斡旋せらる。小田原にて県議（砂防支部副長）中井一郎氏外一名、之に加はる。視察箇所は風祭にて早川を、二子山旧東海道上にて砂防の効果を見、引返して環翠楼にて中食したる上、大涌谷を視察し、芦湖畔に出でて下り、宮城野早川上流の砂防堰堤を視察す。それより小田原駅前に小憩、一松、中川両氏と別れてバスに乗る。大磯を経て course を海岸線に取り、腰越より藤沢に出て、横浜駅にて解散す。七時六分発列車に乗り、品川を経て帰宅す。少しく疲労せしも心気転換、生々潑剌の好刺撃を得たり。

七月二十七日(日)　晴　暑　夜小雨　服薬　注射　入浴

品川八、一一―一一、一四静岡三、三四―六、四一品川。

静岡へ赴く。車中にて雑誌投稿原稿を認む。経営者協会に至り、直に自動車にて千代田母子寮を見る。次に従来実行せし保育所を見たり。

静岡経営者協会にて社会福祉法人静岡福祉事業協会理事会を開く。深沢、小塩、広瀬各理事及三橋監事来訪せらる。理事会は極めて順調に進み、三時頃散会す。

北村勝蔵氏宅を弔問す。老婦人一人のみありしのみ。携ふる所の線香を捧ぐ。

協会よりBS尾崎由郎氏へ電話す。BS今夏の行動を明にせんが為なり。

帰途は静岡駅より大船まで尾崎行輝氏と同車す。

予の帰宅すると同時に柴田達夫氏の来訪を迎ふ。母堂の告別式は止めたる由を話さる。又墓碑建立を急ぐ由にて碑銘の揮毫を求めらる。之を快諾す。

七月二十八日(月)　晴　暑　服薬　洗眼　注射

登院。本会議に出席す。

一時より内閣委員会を開き、請願及陳情を審査、結了す。

建設委員会に出席し、国道第一号線中浜松市内の幅員拡張に関する請願に付、紹介議員として説明を為す。之に対して田中一氏は反対の主張を為す。予の説明は委員の深き了承を得たるものの如く察せらる。曩に幅員縮少の請願を採択したるは委員会の誤なり。

七月二十九日(火)　晴　暑　服薬　洗眼　注射

衆議院にては通商産業省設置法案、同関係法令整理案、農林省設置法等改正案、大蔵省設置法改正案、同改正に伴ひ法令セイリ案、保安庁法案、海上公安局法案、運輸省設置法改正案、国家行政キカン組織法改正及行政キカン職員定員法改正案に付、両院協議会を求め来る。参議院にては前半五案及後半五案に付、委員を選定す。前半委員は緑風会及野党側とし、後半委員は緑風会及与党側とす。

両院協議委員、参議院側は集会の上、正副議長の選定を為し、協議会に於て発言する内容と説明者を楠見氏及郡氏となすに決定す。而して議長は予が選任せられ、副議長には前半の松原一彦氏、後半中川幸平氏選任せらる。六時五十分、協議会開会。通産省設置法外四件に付協議す。当番議長は抽籤に依りて倉石忠雄氏と決し、質疑応答を重ねて少時休憩し、再会の上、各案は参議院議決の通りとすとの成案を全会一致可決し、又行政機構改革に関する申合を全会一致可決す。

次に保安庁設置法案外四件の協議会を開き、倉石議長、議長となり、質疑応答を省略し、全会一致を以て各案は何れも参議院議決案の通りとするの成案を可決して散会したり。時に八時なり。

野田行政管理庁長官より治作方に招かれ、晩餐を饗せらる。両院協議会の為手間取り、八時半頃出席す。内閣委員会関係の職員諸氏は、予等の出席するまで待居たり。十分に頂戴、歓を尽して帰る。

所得額の届出を為し、税金一六〇二〇円を納入す。

七月三十日(水)　晴　暑　服薬　注射　洗眼

公二君は男児を挙げ、体量九百五十匁なりし由。二十八日出生なり。慶祝の至りなり。

衆議院は本日自由党に於て幹事長選任問題を繞りて紛糾を極め、収拾すべからざるに至れると、野党側の政府不信任案上程に関して混乱を極めしとにより、殆んど議事の成果を得る能はず。竟に会期延長一日を決するの已むなきに至れり。参議院も亦之に呼応して議事引延しに出て、本会議に於て若干の議決を見たるのみ。而して会期延長の件に付討論に入り、十二時に至りて自然散会したり。

十二時過、砂防協会有志会に出席す。徳川会長、次田氏出席、熊本県支部長も出席す。

登院の途次、佐藤議長邸に立寄り、「酔心」一本を呈す。これは松本勝太郎氏所贈なり。

緑風会総会及会務委員会は随時開会せらる。常任委員の改選及び役員の改選を行ふ。前者に付ては議院運営委員会理事会作成案に基き委員志望者を募り、且各派への委員割当を行ひしも、国会法の改正を要するを以て容易に実現を見ず。依て其場合を考慮し、第二として現状のまゝとするときの委員長更迭を行ふに決したり。予は依て内閣委員長を辞し、竹下豊次君を推薦して、之が実現を要望したり。

会務委員の改選は無名投票を以て詮衡委員七名を挙げしに、予も亦其一名となれり。即ち之を決定し、総会に報告して承認を得たり。次に予は総会議長に推薦せられ、之を承諾す。又政務調査会長には館哲二氏当選し、総会副議長、政務調査会副会長、宣伝部長、会計担任、庶務担任等、夫々決定せらる。

選挙管理委員緑風会推薦者は長世吉氏なるを以て、改選を如何にすべきやに付協議せらる。予は長氏を推したるに、多数は松村真一郎氏を推すこととなり、決定を見たり。補欠委員に付ては、曽て緑風会員たりし者より推すの原則を定め、夫々交渉するに決定したり。

富士本宮浅間神社要求に係る御神体山還付の件に付、早朝電話を以て審議会委員井手成三氏に斡旋を乞ひ、又西村政務次官に面会して、適当なる時期まで決定延期を求め、高瀬氏と相談して、文化財保護事務局長森田孝氏の来院を乞ひ、高瀬氏と共に面会して希望を述べ、其結果、佐藤宮司の決意を問ふこととし、高瀬氏、来八月一日帰郷、面会することとす。

六時、常任委員長懇談会に出席して、内閣委員会に関係ある事項は両院協議会の成案のみとなりし旨を述ぶ。

七月三十一日(木)　晴　頗暑　服薬　洗眼　注射

朝、佐藤助九郎氏より伊国ラルデルロ地熱利用発電施設の写真九枚を贈らる。佐藤氏を伊東市長太田氏に紹介し、又紹介名刺を佐藤氏に呈す。

本会議は屢々休憩を為し、夜十二時に至り会議中止となり、散会す。其間、予は請願及陳情の報告を為し、又両院協議会の成案十件を二回登壇、報告す。何れも可決せらる。

公務員法改正案は人事院を廃止し、国家人事委員会を内閣に置くの規定を含み、重要なる議案なるに拘らず、人事委員会は之を審議せず、議案送付後六十日を経るも何等の結論を得ざるを以て、衆議院は両院協議会開会の要求を通知し来れり。参議院側協議委員は野党側四名を含み、是等野党は一旦協議会に出席せしも、その後は出席せず。依て衆議院側は出席するやう適当なる措置を求め、且理由なくして欠席し、協議会の開会を不能ならしめたる議員の責任を問ふことを議長に要求したり。議長は独断にて是等四名を懲罰に附したり。

地方行政委員会にてはストライキ禁止法案の審議中、野党側の不法、下劣なる引延しに遇ひ、時間切れとなりて、法案の審査を打切れり。

右の次第にて本会議、委員会共に野卑、低劣を極め、fair play の態度を欠き、参議院の信用を失墜したり。真に憂ふべく、悲しむべきことなり。

高瀬氏の紹介にて J.B.Tibbetto 氏来訪す（中谷芳邦氏同伴）。岡村、森、竹下三氏に紹介す。

八月一日(金)　晴　大暑　服薬　洗眼　入浴

十時登院。図書館にて対馬に関する調査を為す。五時半終了［五万分一地図を求む］。

正午、会務委員会あり、出席す。万国議院会議へ出席すべき代表者一名を緑風会にて選定の件［希望者を募り、会務委員会にて決定］、次期国会召集までの間の処務に関する相談、緑風会附職員の関西見学旅行費補助の件等なり。

図書館読書室に安芸皎一博士及大野数雄氏、来訪す。資源調査会より対馬調査団に加はると云ふ。

二時、首相邸に於て吉田総理より招かれ、出席す。首相謝辞、三木参議院副議長挨拶、岩本副議長挨拶、林元議長挨拶あり。

中山博氏逝去。嗣一蔵氏へ弔電を呈す。錦水女主人逝去に付、弔問、焼香す。

六時、木村法務大臣より初波奈方に招かれ、晩餐を饗せらる。出席議員は徳川、西郷、岡部、館、新谷、小林

〔政夫〕諸氏及予なり。九時過まで気焔を挙ぐ。新谷氏の好意に依り自動車に同乗、帰宅す。

昨日ます子は犬の仔を貰ふ。Shephard 族なり。

八月二日(土) 晴 大暑 服薬一回 入浴

六時起床。柴田令夫人の墓誌を揮毫す。ます子をして達夫氏方に持参せしむ。

竹下豊次氏に電話を以て、委員長用自動車の使用を勧む。又、松崎運転士にも、竹下氏は委員長に非ざるも、委員長として車を運行すべきことを命ず。

東京発九時四十五分にて帰村す。車中、平野繁太郎氏に出遇ふ。軍人会館使用に関し、湯河、中山、三氏と会見の内容を告げらる。

昨一日、七月分歳費未払額及八月分歳費を受く(秘書給料共)。

八月三日(日) 掛川朝濃霧 冷 日中の暑を懐はしむ

報徳社に出頭、常会に臨む。中山常務に対し、川崎館の建物を相良町某婦人の経営せんとする託児所に貸与の件取纏めのこと及培本塾の復活に関し積極的に援助すること(然らざれば該地方有志は小田原塾長の死去を待つの観あり)を促進するやう依頼す。

柴山重一中将来社せられ、予に揮毫を求めらる。小文字を認む。

十二時四十六分発にて東上、六時十一分品川着。渋谷を経て帰宅す。

それより旅行の仕度を為し、十時東京発の急行列車に乗る。赤木博士先着、世話せらる。葉子は平岩婦人と共に東京駅まで荷物を運び来る。

八月四日(月) 晴 午後山陰地方曇にして冷 淀江不老園泊

昨夜は特別二等車に乗りたる為、睡眠困難なり。京都より伊達源一郎氏同車す。又大阪よりは田部長右衛門氏同車す〔予の識る田部氏の令嗣なり〕。又鳥取より松原一彦氏同車す。四時五十分、米子駅下車。砂防協会支部長深田武雄氏外有志出迎へられ、車を駆つて淀江町不老園方に投ず。

夕、不老園にて深田支部長主催の晩餐会あり。建設省木村技官を加へ、赤木氏と共に出席す。主人側は副支部長山家一太郎氏、砂防課長杉橋渉氏、砂防係長武信順三氏、三和建設社長谷口順一氏等なり。谷口氏より開襟シャツ一、下シャツ上下及パンツを贈らる。厚志忘るべからず。

八月五日(火)　曇又は雨（雷を伴ふ）　冷　玉造鶴の湯方泊

八時、旅館不老園を出て、砂防視察を為す。木村技官同行、杉橋砂防課長案内す。大山より発する荒廃河川阿弥佗川の中流護岸築造箇所、其支流の堰堤及坊領川を見て大山に登り、西北山腹の大崩壊を見る。雨霧深く鎖し、展望を得ず。砂防事務所たる倉吉治山事業所出張所を訪ひ、其事業計画に付説明を聴取す。

それより大神山神社に参詣す。帰途は佐佗川支川精進川砂防成功地を車中より見る。此箇所は開拓適地となり、相当広面積なるに拘らず、開拓者は其上流及坊領川上流の荒蕪地に在り。徒らに勤苦を累ぬるのみにして効果少きを憐れむ。当局の着眼浅きを遺憾とす。

一時、皆生温泉東光園に着、昼食す。此時衆議院立候補の為、建設次官を辞任せる中田　　氏、鳥取より来る。

三時、菊水旅館に開会せる砂防協会支部総会に出席す。中田前次官は一同に推されて支部顧問に就任し、熱誠以て謝辞を述ぶ。予は理事長として挨拶し、砂防事業の不振なる実情を告げ、有力なる代議士の選出を期待すと演説す。赤木氏も次で演説す。

四時、東光園に還る。島根県より泉谷技師等出迎ふ。出発に当り菊水館に立寄り、懇親会に臨み、歓を偕にする能はざるを謝し、盃を挙げて県支部の万歳を三唱す。昨日来、深田支部長に負ふ所大なり。

五時過、皆生出発、泉谷技師の案内にて、七時玉造鶴の湯方に投ず。

島根県支部長中田龍一氏主催にて歓迎会を催さる。

八月六日(水)　曇　冷　夜雨　鶴の湯泊

八時三十分発車、伊藤広島建設局長の案内にて直轄工事たる日登堰堤及三成堰堤（［ヨテイ箇所］工事着手）を見、更に加食堰堤及三成県発電堰堤予定地を見る。三成町曽田旅館にて中食、此際同町長より仁多郡斐伊川水系の砂防に関する陳情を聴く。

往路のまゝを引返して松江市に入り、二時半、湖畔亭なる県砂防支部総会に出席す。予と赤木氏は夫々挨拶及意見を述ぶ。

夕、支部長中田龍一氏主催の晩餐会、鶴の湯方に開かれ、赤木、木村技官の外、伊達参議院議員及草光義質氏も出席す。副支部長竹内懋《すゝむ》氏、土木部長有馬博雄氏もあり。泉谷課長、最斡旋す。

草光氏は十数年前よりの知己なり。伊達議員の誘引に応じて欣然来会せられたり。

八月七日(木)　雨　冷　午後より晴　暑気を覚ゆ　博多長浜荘方泊

八時二十分玉造を出で、山陰線玉造駅八時四十分発に乗る。駅には元会計審査官野々村浩氏、来りて見送らる。氏は此附近に居住し、松江市保険部長として勤務すと云ふ。奇遇を喜ぶ。泉谷氏は係員一名を同乗せしめ、予等の為世話せしめらる。厚意謝するに辞なし。強ひて益田駅より帰還を乞ふ。益田駅にて矢富義児氏出迎ふ。鮎すしを贈らる。

萩を経て、七時五分下関着。同十分発の急行列車に乗る。福岡県土木部長飯田技師及砂防課長補佐堀氏、下関まで出迎へられ、博多にては旅館長浜荘方へ案内せらる。

長浜荘にては副知事副知事（ママ）土屋香鹿氏、砂防協会支部長三嶋藤太氏、県議［土木建築常任委員長］山路虎夫氏、同牛尾淳太郎氏、長崎県副知事佐藤勝也氏、同企画室次長倉成正氏、同主査高田信一氏等出迎へられ、旅行の便を計らる。又倉成氏よりは明日海上保安庁の好意に依り、警備船いすゞに乗船することとなれる旨を告げらる。

九大名誉教授小田二三男博士は、佐藤助九郎氏より連絡あり。予の電報に依り、特に長浜荘に来訪、予の来るを待居らる。依て面会して来訪の厚意を謝し、地熱発電に関して下旬上京の節、説明を為す旨を約せらる。博士は宗像郡福間町に住す。依て駅まで自動車を供す。

八月八日(金)　晴　涼　東北風強く浪高し　同乗者悉く船暈　厳原佐伯旅館泊

九時半、旅館発、波止場に至る。石黒氏は昨夜小倉に泊り、定刻来着す。いすゞに乗船、十時出帆す（二六四屯）。湾口を出づるや風強く波甲板に躍り、一同船暈す。

予は嘔吐数回なりしも気分悪しからず。窃に赤木氏の苦悩を想ふ。福岡海上保安部長兼博多港長池田諸人氏より警備船の配備及警戒の状況、密貿易、不法入国取締等に付て説明を聴く。四時、厳原港に着。直に上陸、自動車にて佐伯旅館に入る。

視察者氏名（十二人）

参議院議員　石黒忠篤、河井弥八、赤木正雄、藤野繁雄

藤永元作　農博、水産庁調査研究部長

大野数雄　資源調査会事務局長兼国土調査室長

藤井米三　国民経済研究協会理事

猶原恭爾　理博、資源科学研究所研究員

長谷川浩　技官、農林省九州農業試験場作物第二部長

大久保恭　林野庁技官

早川孝太郎　石黒議員秘書

藤野保　東京文理大、文学士、郷土史研究者［藤野議員令息、秘書］

長崎県庁特派随行者氏名（十三人）

倉成正　企画室次長、高田信一　同主査

山口清一郎　企画室技師、福永瑛　同技師

米田正　同主事、定松辰見　同主事

高津戸益美　林務課長

吉村敬輔　耕地課長

梅井清　農政課技師

松尾英俊　農業試験場技師

白石嘉蔵　水産課技師

立石新吉　理博、水産試験場長

石川芳　河港課技師

対馬支庁関係随行者氏名（十一人）

山田才太　対馬支庁長、田平一郎　支庁経済課長

古川秀夫　農地開拓課長、松本良香　水産課長

村里静男　土木課長、田口元重　総務課主事

森秀夫　経済課技師、吉田七郎　土木課技師

乙成健一　総務課雇

緒方守　対馬保健所長、飯盛文夫　対馬営林所長

視察日程

月日	曜	出発	到着	行事	泊地
八、七	木	玉造 八、三〇 下関	下関 一九、〇五 博多		博多 長浜荘

		一九、一〇	二一、〇〇		
八	金	博多港 一〇、〇〇	厳原 一六、〇〇	海王丸、いすゞに乗更	厳原 佐伯旅館
九	土	厳原 九、〇〇	厳原 一六、〇〇	支庁打合会、小茂田（水田、鉱山、港）日掛（発電、ダム）瀬、豆酘（水田、畑、漁港）、浅藻（港、ブリ）	厳原
十	日	厳原 八、〇〇	三根村佐賀 一六、〇〇	高浜港、仁位、如加岳（畑、椎茸、松喰虫）、三根（畑）	三根村佐賀 小沢幹造方
十一	月	三根 九、〇〇 比田勝に変更	佐須奈 一七、〇〇	佐賀（畑、ダム）、一重（港）、網代（畑）	佐須奈 比田勝（豊崎町）
十二	火	佐須奈 一〇、〇〇	厳原 一七、〇〇	西海岸、漁港、海王丸	厳原
十三	水	厳原 九、〇〇	勝本 一一、〇〇	勝本（漁港、畑）、鯨伏（牛）、那賀（試験場、田、畑）、田河石田（土地改良）	武生水 平田旅館
十四	木	武生水 八、〇〇 平戸 一四、〇〇	平戸 一〇、〇〇 佐世保 一六、〇〇	平戸（視察者打合会）（有志と会見）（視察）、観光（夕張岳）、川谷ダム	石黒、平戸 田口楼泊
十五	金	平戸 佐世保	長崎	県庁出頭	

議員加藤武徳氏、佐伯旅館に来訪。氏は人事委員として委員長カニエ邦彦氏と共に本日来航せし由を告げらる。

而して航海中波浪高くして船暈に悩み、委員長は病後の故を以て特に其健康憂慮せらると報告せらる。依て赤木氏と共にいろは旅館にカニエ委員長を見舞ひ、大に自愛せんことを勧告す。帰途、パンビタン錠剤を買ふ。

我等一行は十二名の多数なり。随行者県庁側十三名、案内者支庁側 list にても十一名なり。厳重に饗宴を謝絶して冗費を去り、昼夜兼行、視察調査の為、専念せんことを期し、石黒、赤木両氏に謀り、之が実現に邁進す。

東京出発の時、旅費として七千円を石黒氏より渡さる。素より受領すべきに非ずと考へたるも、他との均衡もあり、之を受く。而して今後は如何なる名義たるに拘らず、旅費、謝礼等は之を受けざることを約束したり。至誠報国の微衷より出づ。

八月九日(土)　晴　暑

調査団一行無事、それ〳〵独自の見解を以て対馬島の実情を審にせんことを期す。

八時、一同佐伯旅館を出て、自動車にて対馬支庁に到り、県庁特派及支庁関係の随行各員と町村側代表、県議員等と会合す。其数五、六十名なり。先づ石黒代表より来島調査の目的を述べ、一行各員を紹介し、官民の熾烈なる協力を深謝し、併せて無用の費を省き、調査の徹底に力めしめらんことを要望す。次に県庁特派代表企画室次長倉成正氏より挨拶を述べられ、且随員一行を紹介し、更に県勢の概要及対馬島の総括的説明をなす。了て各団員に専門に応じて夫々案内者を附属せしめらる［予の案内者は古川農地開拓課長なり］。それより山田支庁長以下案内員の紹介あり。各係官より農業、農地、水産、森林、交通、土木等に付て説明を為す。

十時、自動車及トラックにて出発。経る所、左の如し。

対州鉱山（鉛、亜鉛）、東邦亜鉛株式会社対州鉱業所副所長阿部猛男氏、説明及案内せらる。島内唯一の鉱山にして、他県人の経営に係り、盛に稼行せらる。鉱石は粗煉の上、厳原にtruck輸送を為し、遠く室港に送り、日光製煉所まで送らると云ふ。トラック二往復、特殊運搬船四隻（帰路、所要物資搬来）、運賃嵩大。小茂田港の修築を望むもの切なり。

佐須村役場、中食をなす［弁当を食ふ］。麦酒、バナナ等を饗せらるも、之は辞退す。道路、港湾等に付、村長井田秀夫氏、議長一宮《みや》源太郎氏より陳情を受く。

八月十日(日)　厳原―佐賀　石黒　河井　早川
藤井　小沢（幹造氏）家泊

高浜港。
鶏知町役場。
樽ノ浜。
仁位港、仁位村役場。
仁位港。
三根港。
ウゲツダム（穿ダム）。
佐賀港視察。

八月十一日(月)　佐賀―比田勝―佐須奈―比田勝　平山
旅館

一重港、港視察。
浜玖須、水田。
比田勝（港、缶詰工場、造船工場、製氷会社）、梅屋中食。
佐須奈。
佐護、砂防工事。
佐須奈、水田。

八月十二日(火)　27320　厳原　佐伯旅館

比田勝発（船）、佐須奈港。

佐護、

厳原見物。

旧城址 CIC、暢孫《なかつぐ》誠実氏邸、万松院及宗家墓、宗家の宴席あり。

修善寺陶山先生墓、万関瀬戸橋附近、原田三郎右衛門碑及墓、

伊奈。

仁田。

鹿見。

小綱

水先港。

大船越北村真珠養殖場。

鴨居浜。

久田公会堂懇談会、7：30。

八月十三日(水)〈朱筆〉伊沢氏命日

厳原7：5—10勝本—鯨伏村—那賀村—芦辺—石田村—武生水町4：30（平田旅館泊）

畜牛（鯨伏村）、古墳、農業試験場分場（那賀村）。

（中食）芦辺港。農業水利事業、土地改良（石田村）。

熊本利平氏邸（小憩）、家畜保健所（種牛）、武生水町。

船ちくご船長有村富男保安官、機関長横山禅一保安官。

内海右金吾壱岐支庁長するめを贈らる。

藤田忠員氏、試験場壱岐分場長（那賀村）。

八月十四日(木)〈朱筆〉終戦詔書

ちくご搭乗　佐世保市万徳町まつら荘

郷の浦8：30—10平戸港。田口楼、視察団意見打合会及町村長并農事指導員会。

中食（石黒氏等及藤野氏と別る）。

平戸港 d.2：00ちくご（赤木氏、河井）、土木部長塩塚重蔵氏案内。

柚木村。

川谷 dam 視察。

弓張岳展望台、助役山中辰四郎氏斡旋。
市長中田正輔氏招宴7―、まつら荘（所労の為中座す）。

八月十五日(金)　佐世保8―有田―上波佐見―諫早―長崎本田屋

小佐世保川23年災害復旧工事視察（佐世保小学校上）。
舘林英夫氏方訪問。
上波佐見町中尾郷広川原崩壊地及ダム工事視察。
諫早市役所に野村市長訪問（梅崎哲一氏来訪）。
長崎県庁出頭、知事へ挨拶。
知事招宴四海楼6:50、精霊流見物8―10。

八月十六日(土)　曽我祐邦氏逝（84）アタミ市小嵐十五日pm1.

藤野氏父子来訪、企画室主査高田信一氏来訪。
長崎県庁出頭9:15。
相良千里技師と会見、甘藷飼料意見書を渡す。
教育長田中円三郎氏と会見。次長黒田義晴氏、県議松浦規氏、藤野議員、同令息同席。
県澱粉協会常務島田昇氏、同主事前田清氏と会見。
長崎発12:30、西岡知事見送。佐賀下車舘林方泊。
下出民義氏逝（91）、名古屋市中区南鍛冶屋町二　下出義雄氏父。

（予備欄）

平戸町松本久三郎氏（観光協会）。
長崎市澱粉協会常務理事島田昇氏、前田清氏（主事）。
教育長田中円三郎氏、相良千里技師。
国吉　　氏、防府（三田尻）県営経営者伝習農場長。
山田啓一氏、長崎県農業改良課長（七月一日徳島場長より転）。
曽我準和氏、熱海市小嵐町一五四九。

八月十七日(日)

弔電2。曽我祐邦氏遺族、下出民義氏嗣。
渡辺弁三翁。
鍋島知事午餐会（公舎）。
視察2。駅ヶ里部落（生活改善）、県農業試験場。
会合。興農青年連盟、篤農有志、川上、春日山道場。

八月十八日(月)　板谷秘書課長

佐賀10:46―11:29島栖11:46―15:15門司港、下関20:14―。

関門国道建設事務所長中尾光信氏、下関市壇之浦52。

八月十九日(火)

4:40岡山5:03―6:08笠岡17:00―18:07岡山18:22―。

いも博物館見学、威徳寺墓参。

いも増産推進会結成会出席（市役所）。

渡辺弁三翁、岡山駅まで同車。

笠岡市長小野博氏、議長坂本輝太郎氏。

八月二十日(水)　〈朱筆〉長谷川鉄雄氏命日（昭20年）

5:08静岡5:30―6:34掛川12:46―1:49静岡、

静岡1:54―2:55富士―富士宮―富士6:55―9:05掛川。

青山士氏来訪、戸塚重一郎氏往訪。

深沢鉱二氏往訪。

佐藤東氏（宮司）往訪。

文部省宗務課長藤原義雄氏。

八月二十一日(木)　Mr. Ginnel　BS

掛川8:30―9:01浜松

川上嘉市氏見舞。

岩崎浜松市長訪問。

小山正氏訪問、鈴木寛氏不在。

可美村村長訪問。

和地村賀茂政晴氏方座談会、宇津山舞蔵氏。

山崎昇二郎来泊。

八月二十二日(金)

熊村昌一郎氏来訪12:50。一本杉隧道開通式、国鉄バス営業開始の件。

光明村長平野廉作氏来訪。

松浦英一氏来訪、九月二日議院看覧の件。

石間たみ子来泊。

八月二十三日(土)　掛　川12:46―1:10金　谷6:05―6:30掛川

報徳社9―、報徳学園五期第六期生70人。

戸塚九一郎氏、同重一郎氏訪問。

小田原勇先生訪問。

（予備欄）

原田音吉氏、蒲田区蓮沼44　六条方　Aug.21転居。

八月二十四日(日)　掛川7：09―8：54豊橋13：44―18：41

品川

振興報徳会、豊川稲荷10―3。

八月二十五日(月)　〈朱筆〉柴田氏命日（昭18年）

登院　育英会に15000立替

興三見舞。

議員徽章再交付。

杉田専門員と会見、赤木氏と相談。

海上保安庁往訪（長官不在、次長に面会）。

高尾宮内庁秘書課長来訪1：30。

佐藤議長に挨拶。

八月二十六日(火)　登院

第十四回国会召集日（八月五日詔書）、議席決定。

緑風会総会10―、総会議長就任挨拶。

土岐章氏来院。

故津久井利行氏弔問（内田明氏同行）。

興三見舞。副院長佐奈田幸夫氏（医博）に挨拶、石川光子贈。

八月二十七日(水)　〈朱筆〉重友誕生

登院　(Fes ol calodin)

大蔵省主計局長に補正ヨサン恩給是正計上要求。

会務委員会12―。

西岡長崎県知事来訪3：00。文部省監理局長近藤直人、助成課長、赤石。

榛村桜木村長来訪10。

林業試験場、大崎（49）―0935―6。

全国治水砂防協会有志会。徳川、次田、赤木、正木定氏

兵庫議長。

大森健一郎来訪、興三を訪ふ。

八月二十八日（木）〈朱筆〉米軍厚木飛来
　登院
緑風会会務委員会12―、衆議院解散12:20。
議員総会1―。
国鉄副総裁訪問 pm4。
河合良成氏訪問3―。
興三見舞。

八月二十九日（金）　帰村　東京9:45―15:00掛川
報徳社3―5、黒田、大橋、中山、小野外。
戸塚重一郎氏訪問5―8。赤堀、大石、中山県議報告、蔦ヶ谷（丸尾帰去）。
町有志会に国会報告4―4:30、竹の丸（町会、商工会）。
舘林上京（面会せず）。
大河内正敏氏逝。

八月三十日（土）　斬髪　上京　掛川11:07―12:15静岡―3:25―6:47品川
小柳氏来訪。

戸塚重一郎氏訪問、事務長承諾通告を依頼。

斎藤知事訪問（公舎）。副知事吉岡恵一氏、仁科土木部長訪問（県庁）。

森田豊寿氏訪問。

次野氏、沢野氏、舘林へ贈。


（予備欄）

柴田氏一家、薫、杉並大宮町1605。学生。

　達夫、大田区田園調布1の1104（02―5266）。

　光三郎、中野区桃園町2（38―2435）。

見付。家には見付小学校長鳥井先生仮寓す。

大平駒槌氏、京都市左京区田中春菜町26。

桜井新一、金谷町、尾崎氏親戚。

小田二三男博士宿所、杉並区和泉町143　田中正次邸。

　連絡所、東京電線KK　57―4709　0266。

八月三十一日（日）　夜　雷雨　登院
緊急集会10―。
総会。1、教育委員会法改正に付、緊急集会要求の件。
　2、中央選挙管理会委員長選任に付、態度決定の件。

第七十回天真会10－3、天理教会堂（欠席）。
興三見舞。

九月一日(月)　27340　二百十日　大震災記念日　朝雷
雨　登院
榛葉康子来訪（12－）、2：30杉山夫人と来院。
大河内正敏氏告別式2－3、本願寺。

九月二日(火)〈朱筆〉降伏条約
名古屋行10：30－
一行。徳川、高瀬、赤木、杉山、河井。
館、杉山氏は此夜志な忠方に泊る。
第四回青年報徳講習会。
古島一雄氏百日忌。

九月三日(水)〈朱筆〉依願免官（昭11年）
帰京、名古屋3：21－4：50浜松。
名古屋着5：18。森副社長出迎、休憩朝食かもめ方。
丸山ダムへ出発8：30、視察、昼食。
丸山発1－名古屋着3－名古屋3：21－4：45浜松。

九月四日(木)
小笠郡町村長会11－。
地方事務所、検察庁及ケイサツ挨拶。
選挙関係幹部集会2－。
経済調査庁静岡局長外三課長来訪。
池新田町野川清松氏来訪、二男俊郎氏の件依頼。

九月五日(金)　掛川7：12－西鹿島8：30－9：30熊
浜松4：16－4：54掛川
一本杉隧道落成式11：30（青山士氏同行）。
熊横山間道路并横山橋視察（岩崎市長の車に乗る）。
戸塚候補の為第一声 pm6：30。
街頭演説（堀之内）。

九月六日(土)　掛川9：30－10：08静岡7：56－9：05
静岡地方監察局出頭11。
千代田寮開寮式1：30－4：00。
温譲経講話4：30－5：00。
片平氏、平岡夫人、小笠原氏訪問。藤田氏案内。
服部氏訪問（不在）。

興三退院す。永かりし病の床を打払ひ　家に還りし知らせ喜ふ

（予備欄）
榛葉　、福山市東深津　暁の星学園。
舘林　、佐賀市松原町69　平川旅館（佐賀673）。

九月七日（日）　出社
報徳社常会。神谷、丸山、加藤、河井。
柴田伊代子夫人墓石を建つ（不参）。
選挙運動、桜木村へ出動。
選挙演説会1—、報徳社。丸尾、黒沢、戸塚、河井、小田原、服部、黒田、上村。

九月八日（月）〈朱筆〉平和条約調印式　　朝雨　曇
第四回報徳青年講習会講演并終了式。
選挙事務所出頭。堀越氏、高瀬氏へ依頼。
小栗一雄氏来訪5—6。
高瀬氏へ打電。一三四五六の四日お出乞ふ（返）。

九月九日（火）　驟雨　　金谷行　掛川8:33—8:55金谷　　弁天7:05—8:10掛川
中村候補応援、金谷12:10—12:58浜松。
浜松—可美—舞阪—弁天—新居—白須賀—新所原—新所—入出—鷲津—新居—弁天。
金谷町、五和—菊川—松島—神谷。
水野彦治郎氏（静岡行）同車、同氏立候補辞退。
郡農協組長会議10—10:15（欠）、戸塚候〔補〕有。

九月十日（水）　掛川8:33—9:05島田
宮城先生と同行、島田着12:04。
島田—向谷—大長—神坐、鵜網、相賀、伊太—大津（野田、落合）—島田（戸塚同車）。
島田—六合—初倉—吉田—川崎（戸塚、宮城、黒沢）。
湯日小学校演説会、河井、宮城、戸塚、黒沢。
島田第四小演説会7—、甲賀、河井、黒沢、宮城、戸塚。
萩間有志婦人会—、宮城。
全国治水砂防協会有志会。

九月十一日(木)　驟雨　三島行8：33―10：14由比11：18
―12：18三島
三島4：08―7：00掛川
由比地辷視察。
三島大社参拝。
報徳社浜松館常会（欠）。
報徳社三島出張所講習会第三日。1―。50人、終了式、
2―社長会。大社。
矢田部氏訪問。斎藤一（持越）、勝又徳蔵翁（小沢）西瓜。

九月十二日(金)　掛川7：09―7：49　浜松7：31―8：07掛
川
浜松9―積志―北浜・浜名―赤佐―中
瀬―二俣―赤佐―中瀬―龍池―笠井―
長上―和田―中ノ町―飯田―芳川―河
輪―芳川―7：00浜松
中村候補応援。
平野繁太郎氏母堂弔問。
腕時計成る。石津氏届来る。
昇三郎来泊。

渡辺史郎氏来訪、大石光之助氏紹介。

九月十三日(土)　掛川8：33―9：12藤枝―焼津4：51―5：
57掛川
四之谷政男氏常会へ来問、多々羅勝雄氏見送。
山口忠五郎氏訪問（不在、夫人に面会）。
片山いさ子訪問。事務所出頭、山菅正誠氏来援。
昇三郎静岡行、川崎、相良を経て帰る。一泊。
報徳社志太常会10―。出席者四〇、講師村田忠吉氏。

（予備欄）
小栗一雄氏、世田谷区代田二ノ一〇五一。
四之谷政男氏、藤枝町木町　山口氏関係。
藤江喜重氏、高洲村　多々良酒造　相川村。
中村事務所、鍛冶町　4605　4705。

九月十四日(日)　掛川9：00、10御前崎―白羽―相良―
川崎9：30―11掛川
御前港視察。
御前崎個人演説会2―。蔦ヶ谷氏、荒木氏、山菅氏、河

井。
白羽個人演説会3—。
鈴木八郎左衛門氏、竹内　　、矢部太郎氏。
高木三郎氏。
身をけつり骨をくたきて西東　けふもまた乗る火の車かな
九月十五日(月)〈朱筆〉転居(昭10年)
驟雨　掛川8:33—10:00清水
高部村柏尾川工事視察。
神戸保氏訪問(揮毫)。
静岡事務所訪問。鈴木貞次氏、中村達一郎氏、戸塚昌宏氏。
川井健太郎氏訪問。
芙蓉会役員会訪問(出)、馬渕。
入出村消防大会11—12(欠)。
駿河東報徳社常会10—、二十名。
南山出張所常会(休会)。
報徳のいはりのむらは世の楽土　山にこかねのみかんすゝなる
世の楽土築きし人のいさをしを　仰けひろめよ村のもろ人
九月十六日(火)　小雨　出動8:10—6
掛川—佐倉(役場、農協水野氏)—比木(役、農)—池新田(役、農、丸尾氏)—朝比奈(役、農)—新野(役、農)—南山(役、農)—小笠(役、農　三柏氏)—掛川、
掛川—堀之内(役、農)—河城(役、農)—六合、
横地(役、農)—掛川(同行、蔦ヶ谷、萩原、石野驄)。
静岡県大菩薩会2—3。
掛川営林署。
九月十七日(水)　出動8:20—6
掛川—(堀之内)—加茂(役、農)—内田(〃)—佐束(〃)—土方(〃)鷲山先生見舞—大坂(〃)—中村(〃)—平田(〃)(昼食)—千浜(〃)—睦浜(〃)—大渕(〃)—横須賀(〃)(婦人会、高等学校関係、町村長会議長)—笠原(〃)(街頭演説二回)。
同行。蔦ヶ谷、萩原。

九月十八日(木)　掛川8:30―8:40袋井8:53―9:40森
原田（役場、農協）―原谷（〃）―和田岡（〃）
―曽我（〃）。
同行、蔦ヶ谷。
報徳森館常会10―。天方村鍛冶島森下平四郎氏、日月神
社の幟揮毫依頼。
11:30―2:30、鍛冶島自得院深見元堂師。

九月十九日(金)　雨　掛川⇅浜松
石黒氏使井上勝英氏来訪（小金井農牧取締）。
森下平四郎氏来訪（揮毫謝礼の為）。
事務所出頭、選挙費用寄附。
中村候補応援1―3（市中行進）。
赤松照彦氏訪問（則良男33回忌に付）。
柴田夫人の墓参り、青山士氏訪問（不在）。
闇のよを明るく照らす炬火も　かなわれもさゝけむ貧の
一燈
貧といへと一燈はありやみの夜を　明るくてらす炬火と
なすへく

九月二十日(土)　掛川8:30―8:51磐田12:26―13:01金
谷―家山―久野脇―上長尾
同行者　小栗一雄氏　案内者　小沢
大井川鉄道伊藤利司氏。
家山3―5、小学校10人。山下志香氏、原小三郎氏。
久野脇7―9、小学校200。小平林作氏方夕食。
村長鈴木宗一郎氏、小沢佑氏（医）、上長尾。
報徳社見付館10―11:20、100人。23時、梅野屋泊。

九月二十一日(日)　上長尾8:00―下泉―千頭―小長井―
千頭―徳山―金谷6:37―9:00掛川
来訪者。村長鈴木宗一郎氏、医小沢佑氏（上長尾）、殿
岡幸治郎氏、伊藤馨氏。
東川根村役場演説会10―12、小沢、小栗、河井、10人。
徳山村小学校演説会1―3、小沢、河井、8人。
砂防地視察。
小栗氏帰京（千頭より）。
高見派のセンキョ違反横行。

九月二十二日(月)　掛川2:10—土方—佐東—小笠—池新田
高瀬氏来援10:20着駅—11:30宅。
掛川町遺家族会主催、戦病没者慰霊祭1—報徳。
個人演説会、聴衆150人づゝ、但小笠約百人。
土方村。山本亮、山菅正誠、高瀬荘太郎、松森貞雄、河井。
佐東村。同上。
小笠村。赤堀猪太郎及同上。
池新田町。丸尾謙二及山本、山菅、松森、高瀬、河井。

九月二十三日(火)　掛川5:51—　焼津
■■〔滲み〕詣、観世音、神宮寺。
加茂村婦人会2。
原田村3—5、個人演説会。
焼津市7—。
藤枝町。
赤松元中将33回忌3—5:17。

九月二十四日(水)　上京　掛川8:33—1:48新橋
登院。多久次氏へ電話。
　赤木氏に面会。
　当間氏遺贈帽子到着。
文部省相良総務課長訪問。
会計検査院検査第四局長大沢実氏訪問。
涙してかふるパナマのNewHat　同成会の昔を■〔滲み〕はる

九月二十五日(木)　佐賀行
東京10—13:08静岡—14:20浜松—20:20大阪20:40—。

九月二十六日(金)
8:48門司9:00—10:41博多10:55—11:27鳥栖、
鳥栖11:43—12:26佐賀。平川旅館着、泊14:30。
鹿島町小学校演説会7—10、300人。

九月二十七日(土)　佐賀1:54—3:02有田　3:19—3:42

伊万里

2:28—4:02有田4:35—5:03　〃

3:59—5:44有田6:23—6:51　〃

個人演説会。

伊万里町中部小学校7:30—9、興銀支店前吉永下駄店方。

二里村公民館8:30—12。

大阪銀行佐賀支店長倉田清兵衛氏、玉屋 dept 隣訪問。

(予備欄)　金谷町神谷城、菊川右岸崩壊工事費。

九月二十八日(日)　有田2:30—3:40佐賀

個人演説会。

市内日新小学校6:30—9、河井受持　7:30—8:10。

〃神野小学校7:00—9、　〃　8:30—9:00。

早津江明蓮寺8:30—11、　〃　9:50—10:20。

楊柳亭泊。

酒井田柿右衛門、曲川村(有田243)。

九月二十九日(月)　帰村　15:40 ……………………16:48

佐賀16:15—16:57鳥栖17:03—17:35博多17:50—。

九月三十日(火)

8:31大阪8:40—14:21浜松14:35—15:03掛川。

町内 on parade。

戸塚候補演説会7:30、掛川報徳社。

事務長挨拶。

十月一日(水)　27370　上京　登院

掛川8:33—13:48新橋。

緑風会に出頭。

衆議院議員総選挙。

十月二日(木)　登院

図書館にて読書。故当間重民氏贈パナマ帽受領。

赤木氏と打合せ。

村上運輸大臣訪問1—2:30、高橋通産相訪問3:30。

戸塚氏(第二位)、中村氏(第四位)、舘林(第五位)当選。

町村氏、山崎氏、牧野氏、大村氏当選、富田氏〃。

神田氏、金原氏、落選。

掛川遺族会150名、皇居拝看後、議院参看（午前）。

十月三日(金)　登院
健康診断、血圧174（又は150）—76。
塩島育英会主事来訪、立替金返済（Aug　25th）。
伊東弥恵治博士見舞、御茶水2:35—千葉—6:30宅。

十月四日(土)　登院
宮城夫人、西村代議士、神田前代議士訪問。

佐藤議長と会見。

石黒忠篤氏と会見12:30—2:00。

社団法人静岡県人会役員会5—、参議院会館食事。

高瀬荘太郎氏と会見3—3:30、富士山神体の件。

（予備欄）五日順宮様御茶会
冷食、日本酒、フライドフィッシュ一、ハム二片、ポテト添、パン二、菓子二、梨一、珈琲。

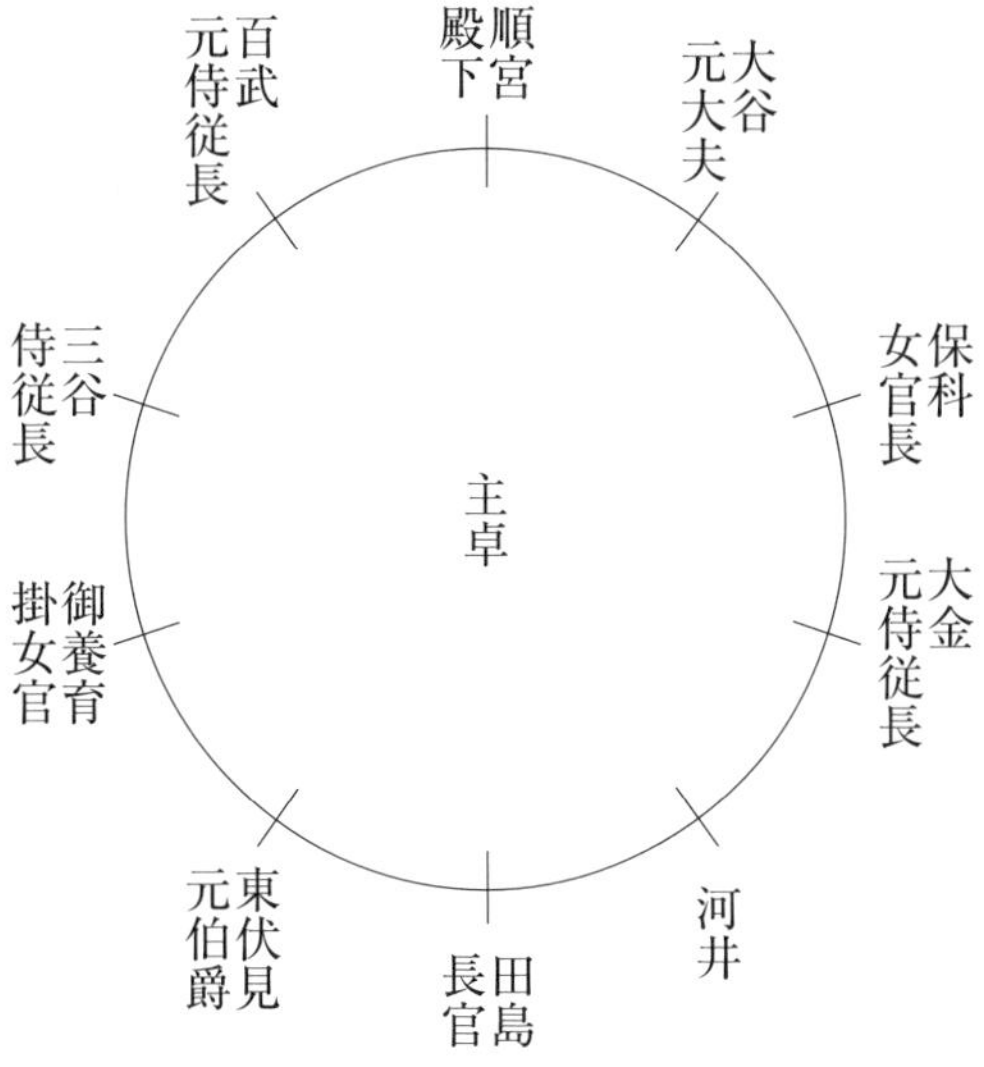

十月五日(日)
報徳社常会（欠席）、公二君往訪（不在）。
教育委員選挙。
厚子内親王殿下御茶会3、侍従職西口玄関より参内。

十月六日(月)　雨　　静岡往復　品川8:11―11:14静岡
1:08―2:15
浜松3:41―7:56品川
甲賀安蔵氏令娘と出会（静岡市電）。
三橋四郎次氏見舞、静岡市日赤病院。
岡野繁蔵氏見舞（やめ）す。
金原舜二氏見舞、浜松市日赤病院。
平喜店（昌宏氏）、知事（不在）、警察隊長。
森田氏（BS）、川井氏（不在）、大石県議と出会。

十月七日(火)　登院　　昇三郎帰阪
緑風会議員集会12。
山本有三氏と懇談、Unesco 会議　Nov 10 Paris。
石黒忠篤氏と懇談。
伊東市長太田賢治郎氏来訪、法制局三部一課長村田育二氏へ用件。

十月八日(水)　雨　登院
対馬開発打合会2―、会館No.149、石黒氏室。
北海道開発事業調査。
中村氏夫人来訪、重友来訪。
全国治水砂防協会12。徳川公、大河内子、次田氏、山崎氏、小林氏、赤木氏、河井。
血圧164―76。

十月九日(木)　登院
議長、事務総長と会見、山本氏ユネスコ総会出席の件。
丸亀秀雄氏来訪10:30―、木下水産委員長継続の件。

十月十日(金)　登院
順宮厚子内親王殿下御帰嫁に付奉賀。
甘藷献上の件、永積侍従に伺。
内山真龍翁御贈位の件、高尾秘書課長に懇談。
対馬対談、日時打合（侍従長、次長）。
坂田管財局長往訪2―、高瀬氏同行、富士山の件。
村上運輸大臣と電話、歳費、俸給費。

十月十一日(土)　雨　帰村　東京10―1:06静岡14―2:56
掛川
石黒氏へ電話、宮中御都合報告、三葉会入会勧誘。

中山国務相へ電話。堀主治医より病歴書を受領。
赤木氏訪問（会館）。平野氏より甘藷増産意見草稿受取。

（予備欄）
浦上敏夫氏、島田土木事務所藤枝工営所（308）。
戸塚九一郎氏、熱海市西山（熱海2166番）。
藤原正治氏、世田谷区上馬町二ノ二五（42—0218）。
鈴木貞次氏、静岡市北安東七ー（元陸軍中将）。
藤田忠貞氏、長崎県壱岐郡那賀村農試壱岐分場。
高橋宗一郎氏、浜名郡可美村長。
西田悦夫氏、財団法人諧善会館　中椿町一丁目七ノ二
56—6773—5。

十月十二日(日)〈朱筆〉昆陽祭　大阪行　芦屋泊
掛川11:26—11:59浜松12:25—18:10大阪。
高子夫人出迎、芦屋泊。
布施先生往訪、神戸市東灘区深江神楽田（御影局区内）。

十月十三日(月)　布施博士の車に同乗　国立大阪病院にて検診9:30—4:30
布施博士。肺、心、胃、腸、肝、胆、腎、脚、神経、尿、血圧。
中村医長。薬、眩暈、Pseudo Menieres check。
藤原博士。眼、視力（眼鏡）、白内障（ナシ）、飛紋症、老人性血膜炎、眼薬を与へらる。
X光線による心臓脚も撮影。
芦屋泊。

十月十四日(火)　休　芦屋泊
吉田首相へ宛書状を認む。発送。真龍翁へ贈位の件。
内山正氏、重友、興三へ発状。
三島甫往訪3—7、直子健康回復、ナホ尿検査。

十月十五日(水)　雨　布施博士の車に同乗
国立大学にて検診10—2
XRay 照射器（写真撮影一回）、三回 sy■■■《〔滲み〕》。
採血第一回10:15、採尿第一回及葡萄糖100g 飲用10:45。

採尿第二回及採血第二回11：15、採尿及採血第三回11：55、尿足らず。
採尿及採血第四回12：50、大便排出。
中食1：30、それまでは朝来飲食を断つ。
全国治水砂防協会（欠）。
角替利策訪問2：30―3：30、往訪。
頭痛止■〔滲み〕下剤を与へらる。

十月十六日(木)　芦屋滞在
布施博士訪問8―、神楽新田一帯の排水状視察。
原口神戸市長訪問11、排水施設急施を要望。
市長不在に付、秘書課長角張繁市氏に面会。
泰治宅訪問1：30―4：00、泰治不在、中食を饗せらる。
住吉川、芦屋川、視察。

十月十七日(金)　芦屋滞在
田渕丑太郎氏往訪、豊能郡西能勢村栗栖。
全国治水砂防協会岩手県支部総会（欠）。
東照宮秋季大祭9：30―（欠）。
特長ある日本栗産地。
林野庁特産企画官小野陽太郎氏。
山梨、東山梨松里村武士原、甲州栗。
北巨摩日野春村、日野春栗。
長野上高井小布施村、小布施栗。

十月十八日(土)　掛川行　大阪8：40―2：21浜松
浜松2：35―3：03掛川
朝、布施先生へ挨拶状を認む。
大阪駅頭見送、昇三郎、泰治、三島甫。
浜松乗換の時、小山正氏と会見、真龍翁御贈位の件。
首相宛手紙、首相返書を写す。

（予備欄）
布施信良博士、神戸市東灘区本庄郡神楽町117。
国立大阪病院、東区法円坂町一・二番地（東94　336―7）。
大阪建物会社、北区宗是《そうぜ》町一　土佐堀44―1931　4951。
藤原謙造博士、国立大阪病院眼科医長、京都上京区。
中村　博士、〃　耳鼻科医長、新烏丸頭町151。

寺田二朗氏、X ray 科。
田渕由喜夫君（培本塾卒業生）、大阪府豊能郡西能勢村。
十月十九日(日)　帰京　掛川12：46—6：4　品川—
便通停止の為出発遅る。
岡田啓介氏（元海軍大将、首相）葬儀。
興三健在、舘林佐賀行、東京1—。

十月二十日(月)　登院
後藤文夫氏、申入（伝言電話）。
伊豆明朗会甘藷共進会1—、丸山氏講話6—（欠席）。
高瀬氏と打合、下村氏訪問の件（電話に止む）、廿七日見学の件。
文部省監理局長往訪、桜木村組合中学補助の件。
総務課長に面談——、高尾宮内庁課長へ書状。
砂防協会広島県支部長以下十数名来訪（中津井真氏）。
全国治水砂防協会の当選議員歓迎会5—。
出席者50名。植原、森、中井、牧野、薄田、町村諸氏と懇談。

十月二十一日(火)　登院
安倍源基氏来訪9：00。
緑風会総会12—、中山吉平氏来院12—。
Parker Pen 買入、price6900円。
石黒忠篤氏と打合2—、大久保技官の報告聴取。
橋本清之助氏来訪9—。

十月二十二日(水)　会館執務
三越にて買物、冬服、帽（鳥打）、ます子同伴。
津村卓郎氏（大田区南千束町64）と出会ふ。
静岡県人会5—、参議院会館（欠）。
内田重成氏晩餐会5—、目黒雅叙園、内田重成来訪。
全国治水砂防協会12—、会長、池田氏、赤木氏、河井。
後藤文夫氏来館4—、木村武氏来訪3：30。

十月二十三日(木)　内閣総辞職　自由党両首会見1：30
登院（舘林と同車）
塩島金一郎氏来訪、常任委員割当方法、委員長割当議席決定等。
緑風会会務委員会12—。

藤川正達氏（熊本県）来訪2ー、林広人氏より紹介、庵
原村長片平氏及中山常務へ■〔滲み〕。
桜木村助役外一名来訪、組合中学校国庫補金額の件。
高橋道男氏晩餐5:30ー、銀座いわしや、佐藤議長■■〔滲み〕、
赤木、河井、■〔滲み〕。

十月二十四日(金)　27393　登院
第十五国会召集（八日詔書）。
内閣委員長を免ぜらる。
議席決定、委員長更任、会期決定。
内閣総理大臣指名10ー20:45。
緑風会議員集会9:45ー、随時。
対馬に付て対談2ー4:30、皇居内花蔭亭（御思召により
延期）。

十月二十五日(土)　登院　帰村　東京1ー4:07静岡
静岡4:39ー5:57掛川
赤木氏と打合、図書館にて調査。
内閣官房総務課長訪問。
小野彦治郎氏より遠江射場復活反対運動の■〔滲み〕聞く。

（予備欄）
後藤文夫氏、世田谷区上野毛　玉川203。
文部省総務課長福田繁氏、監理局長近藤直人氏、施設部
助成課長赤石清悦氏。
安倍源基氏、杉並区和田本町1019、中野38ー6130。

十月二十六日(日)　出社10:30ー3:30
榛葉康子へ返書及返電、熊村村長へ返書。
報徳農学塾生（男女）へ講演。
揮毫、上張部落自治会結成記念手拭のため。
小野仁輔氏、其他へ応嘱。
睦浜村長電話、沿岸試射場設置反対の件。
鈴木志直氏、山崎昌平氏来訪7ー、那須局長相続に付推
薦依頼。
天真会（第71回）、政局見通し談を為す。

十月二十七日(月)　富士宮行　掛川8:33ー10:36富士
大橋恒友氏（中瀬村静岡県蚕糸会社中瀬工場長）と同車、
富士駅にて別る。
Blue Lodge Fellowship dinner 6。

富士山実地検分。
駿河銀行 cocktail party 4—6、東京会館。
直哉惟清婿、舜帝祭神之[redacted]〔カスレ〕、中州三島博士、伊江男
女。

十月二十八日(火) 雨 登院
睦浜、千浜、池新田、佐倉町村長来訪10:30。
谷垣専一農地局管理部長、水産庁長官（次長、漁政課長
面会）、平川農地局長訪問2:30。
緑風会議員集会11—。
全国運送代体中央協議会委員長、（電）39—4130。
新倉文郎氏（銀座一ノ五（銀一ビル）大和自動車交通会社
長）来訪。
56—7165 7191。

十月二十九日(水) 登院
徳川宗敬氏と会談、柏木庫治氏訪問。
恩給問題の解決に付て、三橋局長報告11:30。
地域給引上又は設定に付て、静岡市小川町代表来訪。
土岐章氏来訪2:30—。

遠江射場反対町村集会10—、欠席（電）。
全国治水砂防協会12—。

十月三十日(木) 登院 徳川氏 赤木氏と要談
水産委員会10—。
土肥町代表来訪、三ヶ日町長来訪。
東海道完全舗装期成同盟会陳情 pm1、県東京事務所。
佐藤議長古稀祝賀会4:30、工業クラブ、¥1500。
吉田内閣認証式。
[redacted]〔カスレ〕のよりは [redacted]や初[redacted]〔カスレ〕

十月三十一日(金) 夜雨 登院
御前崎、三ヶ日町村長来院、地域給の件。
中央気象台長。
対馬開発に付対談2—4:30（陛下御前）、石黒、赤木、河
井。

十一月一日(土) 27401 登院
映画看覧。
五三会第五回例会5—、日本工業クラブ。

（予備欄）

松本堅三郎氏、港区飯倉片町32　竹内勝吉方。

塩見友之助氏水産庁長官、伊東正義氏漁政部長。

十一月二日(日)　〈朱筆〉米子誕生　品川8:11－12:29
掛川
報徳社常会、土岐章氏来講、作物品評会。
池新田明朗会代表、小笠婦人会幹部と会見。
睦浜村長、山崎昇二郎電話。
睦浜村中学校へ出動、有志と会見5－7。
戸塚重一郎氏来社、会見3:30－4。蔦ヶ谷町長来訪8:30－9:30。
田辺顧問病気（Oct.30脳溢血発病）、神谷、中山見舞。

十一月三日(月)　家居
静霊神社献灯揮毫。
沼津市富士製作所田中清一氏祝賀。

十一月四日(火)　雨　上京　掛川8:33－9:39静岡3:34－6:41、4:05－7:45
遠江射場問題対策協議会10、県庁。

池新田町長宮本栄太郎。

佐倉村長鴨川源作。

千浜村長藤原治郎兵衛。

睦浜村長宇田作平。

白羽村長松井仁平次。

御前崎村長小野田喜平。

地頭方村長増田英太郎。

相良町長長野宇恵茂。

吉田町長武田千春。

仁科土木部長と会談。

三橋四郎次氏見舞（小塩氏同行）。

竹山代議士と同車、上京。

山崎昇二郎来京。

米大統領選挙、Eisenhauer 当選。

十一月五日(水)　風雨　登院
後藤正氏来訪。

議院運営委員会10―6。
緑風会議員集会12―。
首相主催観菊会10―3、新宿御苑（欠）。
全国治水砂防協会12（欠）。

十一月六日(木)　登院
掛川町蔦ヶ谷町長、志村議長来訪（緑風会へ）。
会務委員会12、立太子式参列者決定、饗宴参列者決定。
選挙対策委員会12。
林業議員懇話会12、午餐会1、協議会。
大蔵省主計局長往訪1―、山崎、赤木、河井（局長不在）。

十一月七日(金)　登院
藁品祐一氏等地域給関係、来院。
永持源次氏来訪、軍人恩給関係、旧軍人関係恩給復活。
　杉田専門員へ紹介、全国遺族会々長。
遠江射場反対陳情10：30―、東京事務所集合。農、水、運、外連絡。
高瀬郵政大臣訪問3：15、戸塚労働大臣と会見4：30、院内政府委員室。
中[redacted]〔滲み〕北田町、[redacted]〔滲み〕神社。

十一月八日(土)　登院
第十五回国会開会式11―。
本会議2―。賀詞二、委員任命の承認。質疑三、千葉氏、中村氏、岩本氏。
林業議員懇話会11：15、参第14号。
農林、大蔵両大臣へ要望、主計局長、主計官、農林官房長。出席。
人事院総裁往訪2―。
緑風会総会。
皇室会議、予備議員当選（議長指名）。

（予備欄）
古味伸夫君、大田区馬込西四ノ一八。
　二宮先生銅像再建事業、三生貴《みついき》山作、銅像福岡県篠原町駅前。
相良惟一氏、京都大学事務局長（京都市左京区吉田町）。
林野庁長官柴田、林政部長幸田、業務部長石谷、指導部長藤村。

十一月九日(日)
シャツ上下を求む。¥15,000。
重友上京来着。
秋田藤原一男教授へ発状。

十一月十日(月)　　（No.240）第四休所
皇太子成年式加冠の儀、9:20参内、正門より。
立太子の礼宣制の儀式参列、11:30儀了、正門より退出。
血圧146—80、尿中糖微量、蛋白無。

十一月十一日(火)　登院　映画　大仏開眼3—
塩島主事来訪8—。
両陛下へ拝賀、皇太子殿下御同席、11:30参内、内廷西口より参内。
御祝酒頂戴。御酒、豚清汁、煮物、牛蒡、芋、赤飯。
内閣委員会10—、睦浜有志来京、10:30。
大塚政次郎氏来院2—。

後藤隆之助氏来訪、松本勝太郎氏来訪■■■〔滲み〕。
下村氏86—0910、井手成三氏42—10■〔滲み〕。

十一月十二日(水)　登院
（立太子式御饗宴）
楠見、赤木両氏遠州射場視察。東京8—堀之内—静岡—東京。
柴田達夫氏往訪9:30、国警総務部長室半井氏同行。
全国治水砂防協会12—。

十一月十三日(木)
井手光三氏へ電話（不在）。
当間重剛氏（故重民氏令兄）来訪。
古味信夫氏の尊徳先生尊像頒布会に賛成署名す。
静岡県町村会二七回総会10、浜松市公会堂（欠）。
志太出張所常会（欠）。

十一月十四日(金)　朝昇三郎来訪　午後帰阪
　参内11:30まで　散会12:40頃　正
　門入退
立太子式御饗宴、被召、皇太子成年式、立太子の礼、宮
中饗宴の儀。
参内券、3G　No.2072。
遠江射場反対有志会11ー、衆第二会館二号。
緑風会選挙対策委員会1ー、高橋氏と要談。
藤原一男先生来訪。
夕、公二君来訪。昇二郎来訪、一泊。

十一月十五日(土)　福井行　東京20:30ー　赤木　次田
　木村　■■〔滲み〕
殿下御催。
　皇太子成年式立太子の礼御内宴No.126、11:40、参内、
　東宮大夫野村行一氏。
全国治水砂防協会、13ー赤木博士講演、15ー支部総会
(福井)。
駿河東常会10ー、10ー協会長室田有、追手町二、静岡
■■■〔滲み〕。

静岡県私学協会創立五周年式典。

(予備欄)
野口明、お茶水女子大学々長、文、大塚五六、86ー
3710。
大塚政次郎氏、松江市東本町庁四丁目角。
当間重剛氏(故重民氏令兄)、琉球上訴裁判所首席判事。
■■■■〔滲み〕関東建設局長、肱川dam。
■■〔滲み〕元■■次官、中金、松山中、出。
村松武美氏未亡人もと夫人、9th逝。下目黒四ノ九一一
(男)守男。

十一月十六日(日)　7:15米原7:20ー11:09福井
福井9ー11ー西谷村中島13:30ー14上庄村佐開16ー。
16:30大野俵屋泊。av16h一日、8000KW。
視察。西谷村雲川、笹生川。(中食)真名川総合開発調
査事務所。
　上庄村鬼谷川、¥140,000,000。

十一月十七日(月)
大野9—9:30上庄村10—11　阪谷村11:20—12:20北郷村—14—14:30永平寺16:30—15:20芦原、開花亭泊。
視察。阪谷村清瀧川、赤根川。（中食）小舟渡。
　北郷村唐谷川、岩谷川、遊園地。

十一月十八日(火)〈朱筆〉平和条約　安保条約　批准
富山越路泊。

芦 原10—10:30東 尋 坊11—11:40金 津11:54—15:26富山。

視察。東尋坊、庄川中流太田橋（柳瀬村）。

緑風会集会12。

森報徳館常会。

十一月十九日(水)　延楽泊
立山、白岩堰堤、上市川。

富山8—10藤橋—12■■〔滲み〕—12:10事務所—事務所1:00、4:30—■■〔滲み〕。

富山県土木部長小林庄平氏。

全国治水砂防協会。

十一月二十日(木)　帰京　富山21:30—　上野
黒部21—7—1、愛本橋（桜井町）、農林、　との干係。
片貝川上流三ヶ、丫丫橋本技官。
井田川の先、12:30へ室牧川、大長谷砂防堰堤10m。
　宮の越堰堤工事中、クブス川、20,000,000、380kw 発電、桐詰北。
高瀬、戸塚両大臣就任祝賀3—、上野静養軒、会費300円、県人会。
見付報徳会常会。

十一月二十一日(金)〈朱筆〉鈴木幸作氏命日（八回）
　　水野梅暁師命日
　着京（上野）7:22　登院
登院1—。公二君来訪、赤木氏へ紹介。肱川発、末松栄氏佐■〔潰れ〕。
赤木氏と会見。
静岡県議会議決陳情。
　労働、郵政両大臣の配慮に依り。農林、通産、大蔵、
　官房長官保利長官。
富士山関係土地審議会、佐藤宮司来京せしも面会指定の

時来らず。

十一月二十二日(土)　登院　高瀬　戸塚両大臣へ電
建設省出頭10─。
　富樫道路局長、高野国道課長、企画課長、技監訪談。
次官（不在）。
赤堀県議来訪10：30、会館、中山。
佐藤富士山浅間神社宮司来訪11─、会館。
富士山関係書類セイリ。
諸方面へ発状。

（予備欄）
伊林初次郎氏、富山市堀川小泉町三ノ二　県庁公舎。
Tower excavator cost　70,000,000円、year capacity50。

十一月二十三日(日)　〈朱筆〉小倉嘉明氏命日
新穀感謝行事11：30、明治神宮新嘗祭10─、参着9：30。
野村儀平氏来訪（不在）。

十一月二十四日(月)　雨　塩島氏来訪　登院
本会議3─、首相、外相、蔵相演説。
会務委員会10、会務委員二名補欠、常任委員担当決定。
議員総会10：30。
選挙対策委員会12。
遠江射場反対陳情12─、衆食堂。
富士山問題、愛知政務次官に報告と依頼、高瀬大臣同
断。
松本勝太郎氏来訪、赤堀篤氏外三名傍聴。
日坂村長、東山村長。
Mar13─Ap5─May5 Oct7 20[redacted]〔潰れ〕。
東海電通局多[redacted]〔潰れ〕郎部長、田部課長。

十一月二十五日(火)　雨　登院　左膝へ電気　VB1-2注
射　洗眼
選挙対策懇談会1─。
会員懇親会5─、羽根沢garden（羽沢77番地）。
丸山鶴吉氏往訪11、日本club。
緒明太郎氏母堂葬儀2─、三島市同邸。
田沢義鋪氏記念会1─、日比谷市政会館四階。

十一月二十六日(水)　登院
本会議10—、質問下条、高田、羽生。
決算委員会1—。
緑風会総会9：30。
遠信鉄道及国道線指定陳情、浜松市長外十七、八名来訪。
全国治水砂防協会12。

十一月二十七日(木)　〈朱筆〉小野塚博士命日　登院
本会議10—、質問。
中山均氏往訪1：30。
内閣委員会2：30。
内閣委員懇談会（竹下委員長主催）4：30、分室。
天龍川発電に関し水利関係者来訪3—、石黒氏会見、竹山。

十一月二十八日(金)　雨　登院
本会議、質疑終了。岩間、柏木、島。
決算委員会1—。
緑風会総会9：45、会務委員会散会後センキョ会其後。
佐藤宮司来訪、高瀬氏と共に会見。大竹十郎氏来訪、水野成夫氏噂。
県庁藁品祐一氏来訪。
国立近代美術館開館10—4、立食11—1、京橋三ノ十一（都電、地下鉄）。
志村小市氏来訪、町長就任に付、鈴木理一郎氏へ電話。

十一月二十九日(土)　〈朱筆〉秀子誕生　登院
天理教東京出張所訪問、教会本部表統領諸井慶五郎氏、出張所長大須賀貞夫氏。
緑風会用件10、池田錫氏来訪。
三橋芳夫氏来訪、同氏を中山均氏に紹介、静岡ビル建設資金に付て。
林業議員懇話会11—、鉄道貨物運賃及税制に付て。
安倍源基氏来訪、帰県（Dec1—21）と云ふ。

（予備欄）
決算委員会定日時、毎週水、金の一時。
霍田一郎（医）、草津栗生楽泉園。
鈴木理一郎氏、掛川二一五。

広瀬久忠、[redacted]〔カスレ〕。
蔦ヶ谷龍太郎氏、労相官邸　渋谷（46）二七一八、一五
五九。

十一月三十日(日)　浜松行　品川8:11―12:20浜松　浜
松2:25―3:03掛川
川上嘉市氏訪問。改選に付候補者選定の件、賃金の件。
高瀬郵政大臣と同車（浜松―掛川）、会談。上記二件、富
士の件。

十二月一日(月)　27433　掛川9:35―　静岡3:08―
4:56
斎藤知事と会見、育英会県費補助の件。
大竹十郎氏と会見。
森田実氏と会見、ＢＳの件。
静岡 Rotary　club へＢＳの謝品贈呈。
　尾崎、川野辺、日下部、川井諸氏列席。
　政局批判講演。

十二月二日(火)　緒明氏弔問　矢田部氏訪問　登院
内閣委員会10。
西田悦夫氏来訪、内田明氏、伊東卓治氏へ紹介。
堤、城所、萩原三村長来訪。
土岐章氏来訪。
富士山審査会懇談会、結論を得。

十二月三日(水)　登院
本会議10、在外公館名称等、参議院ヨビ金、一般職員給
与支給特例。
総会9:45、緊急質問三。
決算委員会1―（林業懇話会の為欠席）。
林業議員懇話会11、十三号室。伊豆林道続行、金井氏継
続了承。
　木材運賃値上是正に付、国鉄営業局長津田弘孝、同貨
物課長遠藤鉄二氏と折衝す。
全国治水砂防協会定例会12―。

十二月四日(木)　登院
Times を読む。

Bryce American Commonwels.
Lawell Government of England.
Stalin Lenin を読す。
高橋道雄氏より宿舎割当解決方法成るを聞く。
杉山昌作氏より地方自治審議会割当のことを聴く。
丹羽　氏と会見、西田氏立候補の件。
日記帳を友野氏に内見を乞ふ。

十二月五日(金)　登院　東京10:42―11:52田浦3:18―
4:38東京
佐藤宮司外二名来院、境内地問題経過報告10、田浦。
内閣委員会、横須賀港 frigate 視察。竹下、横尾、上条、
成瀬、河井。
決算委員会1―(欠)。

十二月六日(土)　登院　帰村　東京1―4:13静岡4:30
[redacted]〔滲み〕
遠江射場設置反対連盟代表と会見10:30、衆第四控室。
日本鋼管清水工場視察(川田重氏社長)、断[redacted]〔滲み〕。
映画2―。

近藤儀一氏来訪、全国区立候補に付て新谷[redacted]〔滲み〕。
吉野信次氏、宮城県より立候補。

(予備欄)
辻畑順一東海電気通信局長。

十二月七日(日)　出社
報徳社常会10―、土岐章氏来講。理事会1―、河合適氏
来宅。
掛川町会議員有志、倉真村長等と会見11―。
大竹氏立候補勧誘に付、水野県議と会談。
報徳誌新年号へ執筆。

十二月八日(月)　〈朱筆〉米英と開戦
上京　掛川8:33―1:50新橋　登院
梶井剛氏(日本電信電話公社総裁)来訪8:30。
建設大臣を招待する会5―、錦水、砂防協会主催、建設
大臣出席。
決算委員懇親会4:30、議長公邸(不参の電報を呈す)。
富士山境内地還付申請に対する決定通告。

十二月九日(火)　雨　雪　登院
日本電信電話公社の件に付、佐藤、高瀬両大臣へ電話。
蔦ヶ谷労相秘書官と会見。
全国道路利用者会議10—、虎の門共済会館（電通省隣）。
記者倶楽部と夕食5、南圃園。
山本純民作（東京）。
鋳銅花瓶。

十二月十日(水)　登院
本会議10—。
内閣委員会10—。
決算委員会1—。
浜松地域給追加の件、藁品　氏等来訪。
政務調査会3—、船舶貸与協定説明、下田条約局長。
東海振興会4—、帝国ホテル。
全国治水砂防協会定例会12—。

十二月十一日(木)　登院
緑風会総会10—、St.解決方法に付て、緒方副総理、戸塚労相説明。
　政府へ申入を為すこと。
知事会諸氏来訪、平衡交付金、起債拡張に付陳情3:30。
Masonic Brothers dinner5—6:40。
浜松館常会、掛川町会有志来訪。高瀬郵政大臣、梶井社長と会見。

十二月十二日(金)　登院
本会議10—、平田村農委牧野音一郎氏等来訪。
緑風会総会Strike解決の件、政府へ申入れ、自由党へ報告。
決算委員会1—。
内閣委員の統計局事業視察1:30。
緑風会政務調査会1—。
　新大統領の対日政策如何。
　愛知大蔵政務次官と面談。

十二月十三日(土)　登院
緑風会総会10—。
政務調査会12:30。
　アイク政権により対日政策の変化如何、時事通信研究所長入江啓四郎氏。

志太出張所常会。

十二月十四日(日)
藤原正治氏来訪9—。
静岡市長晩餐4—、長岡、三養荘（断）。
報徳民生信用組合事務所落成式十六年感謝式1—、梅島町1961。
愛知大蔵政務次官講話。

十二月十五日(月)〈朱筆〉桑木博士命日
登院　炭労スト　緊急調整発動
石橋、河野自党復帰　林、益谷執行部辞任

本会議10—。

緑風会総会。

内閣委員会本会議散会後、憲法第八条議決の件。

戸塚労相見舞。

駿河東館常会。

榊原亭、岡山、[redacted]《〔カスレ〕》229。

十二月十六日(火)〈朱筆〉近衛公命日八回忌　登院
緑風会政務調査会10—、補正ヨサン案説明、愛知政務次官。
補正ヨサン衆院可決。
炭労スト解決（Oct12以来65日目）。

十二月十七日(水)〈朱筆〉梁舟院殿九回忌　雨　登院
本会議10—。

政調会、米価問題に付き片柳君報告、清掃法制定に付て藤森君。

林業議員懇話会11—、参議院食堂。

林業税制改正問題、運賃、減税、木材運賃折衡。松浦氏、三浦氏。

全国治水砂防協会定例会12（欠）。

Blue Lodge Masonic fellowship dinner 5—6:40。

十二月十八日(木)　登院
鉄道運賃改正案、津田営業局長。
緑風会政務調査会10、租税及印紙収入補正ヨサン説明、愛知政務次官、平田主税局長。

国会図書館建築設計に付て2—、金森館長。

運輸委員会10—、木材運賃問題。衆運輸委員会10—、同上。

浜松市庁舎落成式（欠）。

森館常会（欠）、萩間村永田武等七名衆院、鈴木弥四郎氏照会。

十二月十九日(金)　登院
本会議10—、重要議員総会10—。

内閣委員会1—、請願、陳情。

対馬開発関係打合会12—。

田中武雄氏来訪、奥村重正氏の件。高瀬、佐藤、本多各大臣に要請。

大蔵大臣招宴5、ヨサン、大蔵、緑風会委員、河井、館、杉山、三田綱町官邸、旧渋沢邸。

片平氏ミカン一函、青森支部林檎一箱。

十二月二十日(土)　〈朱筆〉白沢博士命日　登院　27452
日
石原民次郎氏議員会館来訪9—、来院12—。

浦川町長武田氏代理、来院12—。

緑風会創立事情座談会2—、附属公舎。

宮中御接伴6—8:00。田中、佐藤、下条、山本、赤木、河井。

両陛下、村山侍医、入江、徳川両伴従、保科女官長、河井、井女官。

　濁汁、アジフライ、若鱸洋茸煮、アスパラガス、ポテト、米、水、バナナ、珈琲。

見付館常会。

戸塚■■■■■■〔カスレ〕。

対馬有志、スルメ、椎茸。


（予備欄）

小林次郎氏、国分寺182番。

戸塚重一郎氏、品川四ノ七三三　大崎（49）8411。

村山　后宮　徳川

保科

井〔ママ〕

入江　聖上　河井

十二月二十一日(日)　登院
会館にて執務2—4。
緑風会出頭4—6、ヨサン委員の打合会に出席。
十二月二十二日(月)　登院
本会議10—。
内閣委員会10—、憲法8条議決、外務省設置法改正、可決。
緑風会総会10—、ヨサンに対する態度決定、会期延長の件。
徳川会（宗敬氏）発起人会12—、日本 club 三階（事務所。渋、桜ヶ丘17、本多事務所）。
重友来京。
第十五国会々期終了（Oct24より60days）。

十二月二十三日(火)〈主筆〉皇太子御誕生　登院
本会議10—、24年決算審査報告、不承認、カニエ氏。
内閣委員会10—、竹岡〔西〕長崎県知事来訪。河井、石黒面会。
皇太子殿下御誕辰に付奉賀、拝謁。
報徳社理事会及役員会10、pm1（欠席）。
沢田廉三君来訪3—（不在欠礼）、後藤文夫君来訪。
十二月二十四日(水)〈朱筆〉湯浅氏命日
本会議10—。
内閣委員会10—。
富士山宮司佐藤東氏外3名来訪1、副宮司来訪10 : 30。
沢田廉三氏来訪2—。
総会、給与改訂。
木村保安庁長官の晩餐会5 : 30、三州、赤坂新町二ノ九。
全国治水砂防協会定例会12—。徳川、次田、田中、赤木、河井。
十二月二十五日(木)　登院
本会議10—。

緑風会総会11―。
宮城県へ。全国治水砂防協会支部行、上野pm7。
中央日韓協会田中武雄氏。

十二月二十六日(金)　夜雪
1:42仙台、仙台ホテル泊、県庁出頭am11、brother軒、
中食12―。
駐留軍首脳、保安隊、佐沢旅館。
仙台2―3:30中新田町4:30―岩出山―川渡―6鳴子。
門伝勝太郎氏（支部長）、木村幸四郎氏（副支部長）。
井上東次郎氏（前代議士）、関係町村長十余名■■〔滲み〕。
古川市長三浦篤氏来宿。
鳴子ホテル泊。

十二月二十七日(土)　雪　車行60里
鳴子8:30―10古川市役所10:30―石ノ巻―12:30飯野
川、房田旅館（懇談）、
飯野川2―石巻―松島―塩竈―仙台―岩沼―大河原―6:
00遠刈田（宮村）ホテル着。
懇談会。

遠刈田ホテル泊。おりみき茸。

（予備欄）
宮城音五郎博士、宮城県知事。
照井隆二郎氏土木部長、大須賀利清氏土木部次長。
　砂防課長。
井上東次郎氏（元代議士）、柴田郡村田町。
門伝勝太郎氏（支部長）、栗原郡岩崎村。
木村幸四郎氏（副支部長）、加美郡中新田町長。
二瓶泰次郎氏、元貴族院多額納税議員、伊具郡丸森町。
小池啓吉氏（大木建設常務）、仙台市北一番町一六。

十二月二十八日(日)〈朱筆〉要退院　晴　仙台11:40―
遠刈田ホテル8:30―松川工事事務所―白石町倉本堰堤―
11白石町役場（懇談）12―1丸森、竹の家懇談―内川堰
堤―丸森4:30―5:20仙台桂月方夕食懇談。
仁瓶泰次郎氏来訪。
丸森町竹の家中食。
仙台桂月晩餐、永田年氏発電会社理事。

十二月二十九日（月） 帰京7:20着　在宅
帰宅8:30、熟眠10—15。
書類セイリ。

十二月三十日（火） 在宅
書類セイリ、畳換二階八畳、六畳。
来訪。黒河内透氏1—、後藤隆之助氏2:0—。
年賀状を認む。

十二月三十一日（水） 27463　在宅
年賀状を認む。重友より着状、裁判所出頭の件。
公二君来訪。
書類セイリ。

昭和二十八年

一月一日（木）　晴　寒　北風強

除夜の鐘声を聴きつゝ眠る。七時起床。一同健康なり。十二時、赤木正雄氏来訪。自動車に同車、正門より皇居に入る。一時、天皇皇后両陛下、北一の間に出御、参議院議員の祝賀を受けさせらる。佐藤議長、一同を代表して新年の祝詞を申上げ、之に対して天皇陛下より御答辞（御答と共に、諸君と共によき年たらんことを望むの御旨）を給はる。式後、別室にて祝酒を頂き、退出す（二時）。帰途、東宮仮御所に参賀す。御食堂にて祝酒を頂き、帰宅す。

閣議に於て昭和二十八年度ヨサン案の大綱を決定せりと発表せらる。其内砂防ヨサンは四三億なりとあり。依て宮中控室にて愛知大蔵政務次官に希望を述べ、又帰宅の途、佐藤建設大臣を訪ふ。不在なりしに由り、三時過、赤木氏と大臣を訪ひ、ヨサン増額のことを強求す。

本日来訪者。内田明氏、大久保利謙氏（同時参賀）、公二君及夫人、一子。

晩餐の時宮中にて頂戴せし新年料理（口取［かまぼこ二片、黒豆、牛蒡、きんとん］）を頒ち、多難にして希望深き新年を祝す。

一月二日（金）　晴　強風　頗寒　入浴

六時起床、七時十分出発、帰村の途に就く。品川駅にて浜松行湘南電車に乗る。それまで荷物は野口氏持来り、世話せらる。車中に内田明氏、同夫人の浜松へ帰省せらるるあり。同乗し得て甚好都合なり（横浜より沼津まで石橋商工会議所会頭、大船より国府津まで広瀬与兵衛氏、同夫人同車）。掛川にて内田氏と別る。浦上敏夫氏、我家に来訪せらるる由にて、荷物の世話に与かる。自動車を雇ひ、同氏乗車、帰宅す。

浦上氏来訪、県内砂防の状況を話さる。

石津浪次郎氏来訪。氏の為に湯の家渡辺鋭氏へ紹介名刺を渡す。

報徳社中山純一氏、小野仁輔氏及岩竹信太郎氏、来賀せられしも不在なり。

夕、小柳直吉氏、篤農青年九名と共に来賀せらる。各自得意の蔬菜を齎して投与せられ、一同に祝酒を呈す。氏名左の如し。

杉　谷　小柳直吉氏、同息純次氏、灰ビク一対、大根。原田政美氏、牛蒡。石野安男氏、牛蒡。原田貞文氏、牛蒡。石野秀雄氏、牛蒡。向川弘治氏、牛蒡とニンジン。
結　縁　寺　高山雄亨氏、ニンジン。
下　　俣　大庭秀夫氏、里芋。
中村西ノ谷　伊藤喜一氏、大ニンジン。
読書。一日早暁より本日車中までにHoward Handleman著〔読売新聞社訳、発行〕日本に吹く三の風を読了す。新聞記者の日本観察、甚有益なり。
寝時、電気布団を用ふ。

一月三日(土)　快晴　平穏　頗寒　入浴
来訪者。県会議員中山吉平氏、同令息、金井技官。

中嶋定吉氏〔愛知県碧海郡常盤村田口、農〕、報徳信奉者、中食の後、山本福蔵氏を訪ふ。

村松武雄氏〔原谷小学校長、河城村富田〕(藤野憲夫氏末弟)、令兄遺骨到着記念写真を贈らる。

松浦久治氏〔曽我村長〕、東山沢川改修実現に付要望。

中食を呈す。

新年参拝〔一時出発、三時帰宅〕。挙張神社、ぬれ仏観音〔同、堂寺〕、神宮寺内墓、真如寺。

一月四日(日)　快晴　頗寒　平穏
秩父宮雍仁親王〔殿〕下、午前四時三十分、鵠沼御別邸にて薨去遊ばさる。真に哀悼の至に堪へず。両陛下へ天機并御機嫌奉伺、妃殿下へ御機嫌奉伺の電報を奉る。一は侍従長宛、他は宮附事務官宛なり。

報徳社新年常会に出席し、一時間余に亘りて講話を為す。有志三、四名。鈴木隆平講師、神谷副社長の講話あり。最後に秩父宮殿下薨去に付、一同起立して謹て敬悼の黙禱を捧ぐ〔来会者七百名〕。

自宅へ来訪者。山崎昇二郎、河合適氏、石原民次郎氏、戸倉儀作氏、萩間村鈴木弥四郎氏、鈴木治雄氏。

報徳社へ来訪者。掛川町長鈴木理一郎氏、小関七蔵翁、金谷町仲田万吉氏。

往訪。岡田家、且墓参す。分平氏、同夫人。佐太郎氏病臥中なり。

三時半頃より報徳有志及役員の連合懇親会あり。招かれて出席す。

一月五日(月)　曇　雨　冷　入浴
十時、報徳社掛川館社長会に出席す。出席者五十余社。

中食を共にし、二時まで協議を行ひ、散会す。河井、神谷、中山演説す。和気生祥、一円融合の気溢る。

十一時過、小笠郡農協各会代表の新年会に出席し、一場の挨拶を為す。出席者百五十名。

鳥井三一氏、今朝急逝（脳溢血）せるに由り、帰途弔問す。享年五十三。同情に堪へず。

森平店に立寄り、新輪出品ベニランを看る。此附近の野生花なり。主人の着眼卓抜なり。掛川町に県立植物園設立の計画あり、最同感なり。氏は掛川駅待合室に貴重なる盆栽を出陳して吝まず。奇特と云ふべし。而して多衆の中、未だ之を損摘せし者なし。真に報徳郷なり。

一月六日(火)　晴　西風強　寒
十時、掛川電信電話局長及課長来訪す。業績振興及淡ヶ岳上無線中継所の連絡道路開設に付、助言を為す。

十二時半、山崎元吉氏来訪、旧天守台所在の泰平観世音の為、梵鐘及鐘楼建設事業に付説明し、顧問たることを求めらる。予は其事業には賛成なるも、顧問の受諾は事業執行組織を先要とする旨を答ふ。

三時半頃、戸塚重一郎氏宅を訪ふ。氏の公職選挙法違反事件に付、証人として来八日十時三十分静岡地方裁判所刑事部に出頭すべきに付、打合会に出席す。同席者は弁護士鈴木信雄氏、大竹武七郎氏、戸塚重一郎氏、酒井婦人、中山吉平氏、小野仁輔氏、戸塚健氏、粂田良一郎氏等なり。重友も後れて来会す。

熊村村長熊村昌一郎氏、来訪す。国鉄循環バス開通に付、深甚なる謝意を表せらる。真に同慶の至なり。

赤木正雄氏に対し、電報を以て「八日上京、十二日発、砂防旅行に加はる」旨を通告し、ます子及公二へ葉書を以て其事を通知す。然るに夕刻、同氏の書状到着、九日朝特急にて予と共に西下する為、一切の手続を了したる旨通告あり、且旅行日程を送られたるを以て、熟慮の結果、御葬儀参列を止め、予定の如く旅行を為すに決意し、其旨電話を以て赤木氏に通知す。

夜、Otis Cary 氏［米国アーモスト大学派遣教授、同志社大学米国史講師］著日本開眼を読了す。

隣家櫛田家に婚礼あり。嗣　氏新婦を迎ふ。重友、敏子媒酌す。

一月七日(水)　曇　午後雨　冷　入浴　昨夜長時不眠
九時三十分発にて浜松に至り、石津浪次郎氏を訪ひ、腕時計の修理清掃を依頼す。氏は湯の家へ赴くことを得たりとて大に歓ぶ。

小野近義氏を訪ふ。

十時五分発にて豊橋に至り、乗換へ、一時十九分東新町下車、丸山方作先生を訪ふ。聴力甚しく故障ありしも、頗元気なり。甘藷増産に関する各地の実績に付て報告を聴く。又先生の需に応じ横額一面を揮毫す。一人有慶萬民頼之の文字なり。徳川宗敬氏のことを紹介す。帰る時、電車の時刻迫り駈足を為す。秀夫氏見送らる。先生の画ける農林一号一株図［函南村馬坂宗藤彦次郎氏栽培］一枚及蜜柑を贈らる。

不在中石津浪次郎氏来訪、Yeast を贈らる。

井上なつゑ女史より電話にて富士川稲垣千代子婦人へ紹介を頼まる。

難波田春夫氏著建設の哲学を読始む。難解なり。

一月八日(木)　晴　寒
朝、徳川宗敬氏、井上なつゑ女史及稲垣千代子夫人へ発状す。

掛川八、三三発にて静岡へ赴き、戸塚重一郎氏と共に鈴木信雄弁護士を訪ふ。既に裁判所へ赴けりとて不在なり。依て直に裁判所弁護士会室に至り、面会す。

十時三十分より静岡裁判所に於ける戸塚重一郎氏外数名［島田市酒井婦人、初倉村堀本氏等］に繋る公職選挙法違反事件の証人として出廷す。所要の手続の後、鈴木弁護士、検事、裁判長、陪席判事両名より尋問あり。其要は、予が戸塚候補の総括選挙事務長たりしことの事実の証言なり。戸塚被告は予の総括責任者たるの名義下に於て、実質上は一切の選挙事務を総括せしに非ずやとの疑問を解決する為なり。予の証言は約二時間に亘り、明確なる印象を与へたるものと信ず。

県庁に出頭す。斎藤知事に面会して、静岡育英会に対する県費補助を明年度より交付せられんことを頼む。又県BSに対しても補助を依頼す。知事は、前件に付ては全面的に同意し、後件に付ては部分的に応諾す。

仁科土木部長に面会し、浜松より飯田に至る国道線認定に関し、所見を述べて其取扱を質す。旧朧砂防協会、河川協会より贈られたる金員［七千円?］を其儘不受の意を述べて返却す。これは青山氏へ贈与されんことを要望す。

警察隊長にも面会す。別段用事なし。

県庁に小塩孫八氏の来訪を乞ひ、旧同胞援護会事務等に付協議す。深沢鉱二氏も小塩氏の需に応じて来訪、事務打合せを為す。

小塩氏の配慮に依り、鈴木与平氏と会見す。高瀬荘太郎氏の参議院議員選挙に関し、強力活動せらるるやう要望す。

小塩氏と共に川井健太郎氏を静鉄社長室に訪ふ。川井氏より小林氏立候補に付、談話あり。小塩氏は強く不関の意を表明す。尾崎忠次氏の来社を求め、県BS補助に付斎藤知事へ要請せし件を告げ、更に活動に付、打合を為す。

小塩氏と共に宮崎通之助氏を訪ひ、昨秋令嗣夫人の逝去を哀悼す。

小塩氏の勧に依り、常光寺鈴木氏の為に居室新築祝賀小宴に出席す。小塩、増田、大村、佐野春主人等数名出席す。鈴木氏、同夫人、二令嬢より心入れの歓待を受く。

小塩氏の車にて七、五六発車に間に合ひ、帰宅す。

一月九日(金)　朝小雨　晴　寒
四国及滋賀の五県砂防旅行の途に上る（掛川一一、二六―一一、五九浜松一二、三四―一七、〇〇大阪　大阪一八、二〇―二二、四〇岡山）。浜松にて赤木博士、木村技官と合す。徳川会長は昨夜感冒に罹り、旅行を中止せられ、次田大三郎氏は昨日先発、岡山にて待たるる由なり。
大阪駅には昇三郎、泰治及甫が待居り、出発の時見送る。初め特急にて大阪に着し、十七時十二分発準急に乗る予定なりしに、ストに由る運転取消未回復の為阿蘇に乗り、一時間許り遅れて岡山に着す。駅には砂防課長、課員等出迎へられ、直に旅館新松の江方に投ず。次田氏と出会ふ。
新松の江方にて副知事主催の晩餐会あり。夕食を饗せらる。

一月十日(土)　晴　暖
岡山七、四一―八、四二宇野九、二五―一〇、二〇高松港。
宇野港にて八浜町伊佐勇松氏の来訪を期待したるに、竟に来らず。

高松港には香川県協会支部長、土木部長、砂防課長等出迎へらる。直に　ビルなる県支部総会に出席す。予は協会を代表して挨拶を述べ、且次田大三郎氏を紹介す。又特に埠頭に出迎へられたる三好始氏の国会議員としての態度を称揚す。赤木常務、三好議員も発言す。了て同所食堂に於て支部主催の午餐会あり。盛会なり。二時散会す。

二時出発、自動車にて実地視察を行ふ。先づ三好農事研究所を視察して、三好氏と別る。次に綾部郡美合村なる土器川渓流砂防工事予定箇所を見、更に三豊郡七箇村、財田川砂防ダムの築設工事中なるを見る。これは下流流路工保護施設なり。時既に暮に及び漸くにして全工を看ることを得たり。

六時三十分、琴平町琴平花壇に投宿す。夜支部主催の晩餐会に臨む。三好議員も来席す。予は丸山講師の描く所の甘藷画を示し、大に之が増産方法を説き、且報徳仕法の要を述ぶ。

伊佐勇松氏へ発状、面会を得ざりしを遺憾とし、日程を通告し、今回は会合の機なかるべしと通告す。

三好氏より野田産業（農機具）会社重役瀧川氏、明朝予を来訪すべき旨を告げらる。

一月十一日(日)　朝霧　昼晴　夜雨　冷

八時半、琴平旅館を発す。昨夕三好氏の紹介せる瀧川氏は、竟に来らず。

先づ琴平神社に詣す。入口磴道の端に立ちて遙拝し、又記念撮影を為す。車行、愛媛県境にて同乗せる香川県支部長等と別る。

愛媛県庁の自動車に乗換へ、川之江町役場に至り、町村長三十名許りより陳情を聴く［十一時三十分より十二時二十分まで］。それより小松町に至り、松竹楼方にて中食を饗せられ、地方町村長より陳情を受く［二時より三時五十分まで］。更に降雨冷風を冒して徳田村関屋川を視察す。　部落の民衆、工事現場に集りて切実なる陳情を為す。川之江、小松及徳田村にては、予は一行を代表して挨拶を述べたり。

赤木氏出発前より感冒の気味あり。車中嘔吐を催したるも、強ひて車行を継続す。松山にては道後温泉鮒屋別館に投ず。直に温泉営業場に赴きて入浴し、出でて市内浜作方の歓迎会に出席す。県庁、市、町村長等有志六十余名出席、盛会なり。予は一行を代表して挨拶を述ぶ。本日琴平より蔵相、建設相、愛知政務次官、砂田代議士へ打電して、砂防ヨサンの増額を求む。又三好氏へ発状、野田産業瀧川氏の来訪なかりしことを告ぐ。四国林業会社長植村実氏と会見せんことを希望せしも、時刻切迫の為中止す。

一月十二日(月)　雨　強風　寒　午後晴　強風酷寒

九時、鮒屋別館を発す。重信川砂防工事事務所に至り、建設省当局より改修工事説明を聴き、本流除《よけ》堰堤及び岡堰堤を視察す。両堰堤の間は概ね河川敷を車行、里余なり。荒廃状況は、恰かも安倍川大河内村地内の如し。両堰堤の効果顕著なり〔赤木氏より両堤築設の由来を聴き、次田氏より重信川工事の不可能なりし意見を聴く〕。

十一時、松山市に還り、石手川畔相向寺〔真宗、住職毘奈英典上人〕に至り、故雍仁親王殿下会向を依頼し、料金千円を奠し、又拓川先生の展墓を為し、料金五百円を呈す。此日偶ま親鸞上人遠忌修行中にして、伴僧六人毘奈師と共に先生の墓前に読経す。赤木、次田、木村三氏及砂防課長も参拝す。

十二時、市内県の寮に着、中食を為す。附近重信川を初めとし、関係町村長等八、九名来席、陳情す。高橋龍太郎氏も公二君と共に来会、今後同行することとなる。予は挨拶を述べ、次田、高橋両氏を紹介す。

久松知事は東京に在り、予等の為総ゆる便宜を計るべきを県当局に通話し来れる由なり。予等も亦知事に面談し得ざるを遺憾とし、公舎を訪ひて刺を通し、敬意を表せり。

二時過出発、四時半大洲町に入り、大西旅館に投ず。肱川に沿ひ Concrete 護岸に護られ、強風戸障の隙より侵入し、室内寒気凛烈なり。夕食の時、関係町村長懇談会あり。五十人許出席す。予等一行之に出席、予は挨拶をなす。高橋氏は公二君と郷里内子町に帰泊、予等は成るべく小室を択みて臥す。

今朝故雍仁親王殿下の御葬儀、豊島ヶ岡にて行はる。重信川視察の車中にてこれが放送を聴く。参列せざるを恐懼す。朝葬儀委員長に宛て弔電を呈す。

建設省土木局長より赤木氏に宛て「予算難航に付、至急帰京を望む」旨電報あり。之に対して建設大臣及次官に宛て大洲より「ヨサン難航の由、極力努力を乞ふ」旨を返電す。

一月十三日(火)　晴　強風　極寒　昨日昨夜極寒強風の為感冒に罹る［アナヒスト服用］

小西旅館の一夜は寒風に暴されて寝ねたり。諸氏感冒に犯されざるものなし。赤木氏は東京より持来れるもの未癒えず、予は新に罹病せり。服薬、強ひて発す。八時三十分なり。高橋氏、公二君も来り、同行す。

肱川改修工事事務所に至りて工事の説明を聴く。其目的明瞭を欠く嫌あり。

次に同川、嵩富川の堰堤二ヶ所［下流のものは昨年成る。上流のものは工事中］を視察す。赤木氏より中流に堰堤を作るの不可を指摘せらる。

肱川 dam site、鹿の川地点に至りて視察す。県議、町村長等有志多数待居り、説明、要望を為す。了て坂口、瀧ノ口、魚成、野村町を経て、十二時宇和町富士廼家に着し、午餐を喫す。町村長等有志二十余名と懇談す。予の挨拶、例の如し。

二時出発、三時半頃宇和島市に入らんとする時、市長中平常太郎氏の出迎あり。其案内にて須賀川利水堰堤予定地及水道堰堤を視察す。此両者に付ても砂防費支出の関係明瞭を欠くの嫌あり。制度上にも改良の要あらんか検討を要す。

四時半頃、宇和島市に入り、天赦園に投宿す。天赦園は旧伊達侯の別業にして、閑雅優剛なり「馬上少年過　時平白髪多　残軀天赦処　不楽亦如何」伊達政宗詩。

夜、中平市長より晩餐に招かる。予の挨拶例の如く、次田、高橋両氏を称揚す。予は又市長の需に応じて甘藷図を示し、増産の要締を説明す。

一月十四日(水)　降雪　強風　頗寒

起床時降雪三、四寸、感冒未癒えず。アナヒスを服用す。

九時、天赦園を発す。降雪歇まず。十時半岩松町に達し、旅館松風荘に少憩す。此所には南宇和郡御荘町長(町村農会長)等出迎あり。文士獅子文六氏著作てんやわんやの事蹟を聴く。又主人より酒徳利を恵与せらる。高橋龍太郎氏、公二君と別れて出発す。行路は山径羊腸、海上の眺望佳、鹿、猿島を遠望す。

十二時、御荘町老松方にて中食す。町村長四、五名の陳情を聴く。此家は荒廃河川僧都《そうづ》川に臨む。二時出発、雪尚歇まず、車中にて地方名家興亡の談を聴く。

四時、高知県界に達して愛媛県官民有志と別れ、高知県砂防課長等の車に乗る。中村町を経て、幡多郡小筑紫町に入り、福良川の荒廃を視る。町長、議長、其他多数より現場説明を聴取す。又既成工事の為、全然災害を免れたる　川の現場に於て熱誠なる謝辞を受く。これは赤木博士の偉功なり。

中村町に引返し、料亭こまどり方にて約七十名の有志と懇談会食し、了て松竹亭方に泊る。此旅館は天皇陛下御宿泊に宛てられ、優雅なり。然れども南海地震の影響あり、戸障隙間多く、又大室にして予に適せず、強ひて小室に寝ぬ。

予は十二日鮒屋にて便通ありしのみにて、腹中欝滞し、不快甚し。

愛媛県内には特に森林の見るべきものなし［四国林業会社の山林は伊庭貞剛翁の卓見によりて生成せるもの、除之］。又地勢急峻にして瀬戸内海に臨みたる地方、地盤沈下あり、河川の荒廃最甚しきを見たり。砂防と造林の併行最肝要と認む。然るに肱川開発計画の如きは、此実情を無視するものの如く、一貫不動の確実性なし。懇談会にては戦時の森林濫伐を強調して荒廃の因となすも、戦後の強伐は之を挙げず、事実を歪曲するの誹を免れず。植林の熱意未昂揚せず、多くは政府の施設を強要するが如し。懇談会には、中食と雖も必ず酒宴を設く。甚濫費と云ふべく、不真面目なり。旅行中飲酒を強ひらるるの時間、濫費と不衛生とは予の最嫌悪する所なり。又各種土産品の恵与は甚迷惑なり。前者と共に廃止を必要とす。

昨今両日の間にや洋傘を遺失す。愛媛県当局に心配を掛けて恐縮なり。

一月十五日(木)　降雪漸次歇み快晴となる　寒強し

八時中村町を発し、十一時窪川町美馬旅館着。九箇町村長と懇談し、中食す。一時三十分発、久礼町を経て須崎町に入る。町の入口にて、新荘川畔にて、数名の町村長より陳情を聴く。五時二十分、高知市城西館に投宿す。六時半、高知県知事川村和嘉次氏より得月花壇方に招かる。議長も同席す。知事は近時糖尿病を患ひ、入院加養せりと聞く。依て予の食養法を説明す。知事は曾て食糧報国連盟にて石黒忠篤氏の下に活躍せし人なり。県政多難、同情に値す。毅然勇往を望むや切なり。

感冒は漸次平癒に向ふも便通なし、気分宜しからず。本日窪川町にてSlockなる感冒薬を求め、之を服用す。

一月十六日(金)　晴　寒　物部川開発地視察　高知滞泊
八時半出発、物部川上流視察を為す。吉野堰堤築設箇所、間組の砕石工場（永瀬所在）、同dam site（工事中）を見、大栃なる門明旅館にて中食懇談会に出席す。それより上韮生村安丸部落なるdam siteを見、四時過高知市に還り、直に得月なる懇談晩餐会に出席す。鯛、鰕の皿盛りあり、酒杯荐りに廻り、気焔大に挙がる。知らず誰人の為の設宴ぞや。予の挨拶例の如し。出席有志七十名。得月の天井板は大幅杉の通しなり。鋸ひきのまゝにして色沢優雅なり。最珍重すべし。床飾りの梅鉢植亦珍なり。
帰途、薬店にて緩下剤及生薬を求め、旅館に還て服用す。終日不快なり。大栃部落にて寺尾豊氏に邂逅す。
徳島県参議院議員赤沢与仁氏へ打電し、十九日支部大会に出席を求む。

一月十七日(土)　晴　寒　夕便通あり　元気回復す　感冒も殆平癒せり
朝、後藤文夫氏へ電報を以て、柏木庫治氏の中津市に於ける連絡所を通知す。又報徳青壮年連盟講習会終了に付、出席に対し祝電を送る。「報徳ノ同志ヨ固ク結ヒ合ヒ清ク正シク強クコソユケ」

出発前高知営林局経営部長　　氏及人事課長　　氏来訪、局長及総務部長河井十吉氏不在に付、挨拶を述べらる。経営部長より四国林業会社重役某氏と交渉中の銅山川上流地上権地問題解決の件に付、内話あり。予は民営の可なるを主張したり。

九時出発、馬ノ上村、安芸町、安田町、田野町、羽根、吉良川等に於て、町村長、其他有志より陳情を聴く。経る所の各地悉く促成栽培に従事し、収益の多大なること称歎すべきものあり。吉良川にては野中兼山の開鑿せる漁港あり、先賢の偉業、今尚民生を益するを見たり。十二時半、室戸崎町保勝館に着す。関係町村長三十人許りと会食し、陳情を聴く。

二時五分発、一路東海岸を疾走し、徳島県へ向ふ。四時、佐喜浜町に入り、町長　　氏等の案内にて佐喜浜川上流の荒廃地及堰堤工事を視察し、帰て旅館森岡旅館に投ず。町長等と会食し、陳情を聴く。

徳島県土木部砂防課長　　　　氏等来迎し、他の旅館に投宿す。

安芸郡赤野村有志より tomato 一箱を贈られ、夕食の後大に之を賞味す。

一月十八日(日)　曇　雪　寒

七時二十分、佐喜浜を辞す。野根川を経て八時二十分甲の浦町に達し、高知県砂防課長等と別れ、徳島県砂防課長等の配慮を受く。それより牟岐町、日和佐町を経て、路を転じて峠越を為し、那賀川絡谷なる川口に至りて遡上、那賀川総合開発事業を視察す。

宮浜村桜谷なる那賀川開発工事事務所に於て、所長　　氏より計画及ヨサン関係に付、詳細なる説明を聴く。附属食堂にて中食を為したる後、更に遡上し、長安なる dam site を見［此所にては工事は囚人120人によりて進めらる］、更に遡上して坂州《さかしゅう》なる堰堤（砂防并河水調整用）を視察し、三時帰路に就く。往路を引返し日和佐町の一部より徳島街道に出て、富岡、羽ノ浦両町を経て、六時半小松島市万野旅館に投宿す。

砂防協会支部長　　　氏は、昨夕砂防課長等と共に佐喜浜に来り、本日より一行を案内せられたり。

万野旅館主万野ハツヱ子は、商工会議所会頭にして県未亡人会長なり。

一月十九日(月)　晴　暖

九時四十分小松島を発し、十時徳島市に入り、県庁に達す。直に知事を訪ふ。上京中なり。原菊太郎氏の来庁を乞ひ、知事室にて面会す。林業上の意見を問ふ。

報徳社顧問田辺三郎平翁、十八日逝去せられ、二十五日葬儀を行ふ旨電報あり。哀惜に堪へず。直に弔電を呈し、又自宅及報徳社へ二十四日帰宅を報ず。

伊佐勇松氏より土木部に宛て、予の日程を問合せられしを以て、二十一日、二十二日の行動を返書し、二十一日夕までに小松島市万野旅館に来訪せば好都合ならんと通知せし由を告げらる。予は直に電報を発し、「特別の用事なき限り、態々来訪せざることを望む」ことを以てす。

十時半より県議会議事堂に於て砂防協会支部総会を開

く。関係町村長約百二十名出席す。予は本部を代表して挨拶をなす。赤木、次田両氏、各演説す。赤沢与仁氏来席せしも、直に退出。今夕再会を約す。

支部役員との懇談会は、一時より二時半まで福本楼にて開かる。盛会なり。出席者四十人［土木部長は手術後なりしも特に出席す］。

了て鳴戸市に至り、平和楼に投宿す。夕刻までの時間を利用して、汽舟にて鳴門公園を視察す。頗壮観なり。六時半、旅宿に入る。

夜、旅館にて知事の招宴あり。浄瑠璃「阿波鳴門」は涙をしぼらしむ。平和楼は新築中にして、甚不便なり。鈴木　氏在宿、挨拶あり。

一月二十日(火)　晴　暖　午後曇

八時出発、吉野川左岸各所荒廃の実地を視察す。是れ赤木氏が就官当時、心血を濺いで砂防工事に専念せられし地方なり。脇町に於ける旧居訪問の如き、蘭人の初めて築造せる堰堤の如き、大に懐旧の情を促すものあり。各町村有志の熱願熾烈なり。

午後一時過、池田町清月楼に着す。有志町村長七、八名陳情す。中食の後、二時出発す。吉野川右岸（船戸の狭搾地点をも視る）の諸地を視察し、更に鮎喰川下流を経て小松島に入り、六時三十分、万野方に入る。伊佐氏来訪、待居たり。

知事より、万野方にて晩餐を饗せらる。伊佐氏も出席す。夜十時おとは丸に乗船。砂防課長、支部長等と別る。伊佐氏同船、神戸まで同行す。十一時発船す。

米国にては大統領アイゼンハウアー元帥、大統領に新任し、式を挙ぐ。

一月二十一日(水)　曇　小雪　寒

三時半、おとは丸神戸入港、四時前上陸、hired car にて三宮駅に至る。早暁にして門扉閉づ。五時開扉、五時半発上り急行列車に乗り、大津へ向ふ。

伊佐氏は三島直子を訪問して帰国すと云ふを以て、三宮にて別る。

七時二十二分大津着、下車す。滋賀県砂防課長　氏等出迎ふ。直に湖畔旅館紅葉館に着し、入浴朝食をなす。

九時過、県庁に知事服部岩吉氏を訪ふ。知事は一行に対して謝意を表せられ、且砂防事業、植林事業及琵琶湖開発計画に付て抱負を説明せらる。十時半知事同乗、田上山荒廃地の砂防事業を案内せらる。それより信楽町まで同車、陶器試験所に案内せられ、又商工会に伴ひ列品を看覧せしめらる。知事より抹茶碗を贈らる。了て帰途に就き、石山公園三ヶ月楼にて中食を饗せらる。又知事より信楽焼抹茶茶碗を恵与せらる。

食後、知事と同車、瀬田川総合開発の中軸事業たる発電計画予定箇所を視察す。　　にて知事と別れ、宇治川を渡りて左岸に出て　　発電所に至り、宇治川を経、山科逢坂山を通過して大津に帰り、旅館紅葉館に投ず。紅葉館に於て知事より晩餐を饗せらる。副知事　　氏列席す。

一月二十二日(木)　曇　雪　寒

午前中、湖西地方を視る。比良山系諸川の荒廃を視察せり。九時発車、大津市（柳川）―和邇村（和邇川）―木戸村（八屋戸川、野離子川、木戸川、大谷川）―小松村（比良川、瀧川）―安曇町、新儀村（安曇川）―饗庭村（饗庭野）―今津町（土木事務所に立寄る。所長は予等と会合の為不在）―百瀬村（百瀬川）の順序にて、各所を視察す。県庁の編製せる予定表には小松村までに止めありしも、時間に余裕あり、積雪案外に少きことの為に百瀬川を視るに決して、此の如く変更せり。今津町に入るや、積雪未だ融けず、道脇約三尺に達す。百瀬川は雪を履みて堤上に登り、視察することを得たり。

帰途十二時半、小松村近江舞子ホテルに於ける関係町村長等との懇談会に出席す。鴨鍋を饗せらる。切実なる陳情を聴き、予は之に対して答辞を為す。

二時発車、草津町（草津川流路工）―野洲町（中の池川砂防完成）―篠原村（光善寺川上流工事）を視察し、雪を衝いて駛走、六時彦根市八景亭に投ず。

夕食の際、八景亭に開かれたる市町村関係者（四十名）の懇談会に出席す。強烈なる要求に対して適切なる答辞を為す。県土木部長　　氏は、東京より帰来れる由にて出席す。多数の町村長、此家に泊る。　　寺村長より銘茶政所茶を贈らる。

一月二十三日(金)　雪　寒

八景亭の一夜は強風、降雪の為、睡眠円かならず。自動車修理の為出発を延し、十時発車す。次田氏は七時出発、女婿奥原高知営林局長と行を同じうする為、彦根駅へ赴く。依て本日の視察者は赤木、河井、木村技官なり。

降雪甚しき為、現場視察不能となる。鏡山村善光寺川の流路工事場を見たるも、予定を変更して鏡山村公会堂に至り、関係町村長との懇談会に出席す。鶏肉のすきやきを食ふ。例に依り陳情を聴き、予と赤木氏と演説をなす。予は有志の需に応じて揮毫を為せり。

食後降雪少しく衰へたるに乗じて出発。三上村大山川を視察せしも十分ならず。依て現場視察を断念し、石部町を経て大津市石山柳屋に着す。時に二時廿分なり。

柳屋にて休憩及晩食を為す。県支部長にして県議会議長　　氏、東京より帰還して来会せられ、食後関係諸氏と共に大津駅頭に見送らる。十時九分発銀河号にて帰京の途に就く［服部知事に一同の名刺を託し、好遇を深謝す］。

次田氏は京都より此列車に乗り在り、奥原局長と会談の模様を話さる。

一月二十四日(土)　晴　寒

七時四十七分新橋に下車、次田氏、木村技官と別れ、赤木氏と同車して帰宅す。

帰宅前、赤木氏と共に佐藤建設大臣を訪ひ、明年度ヨサン案中砂防費の増加に付、配慮を謝す。大臣は感冒に罹り臥床中なる由にて、面会せず。

四国林業会社専務　　氏、来訪す。銅山川奥地上権地関係に付、高知営林局経営部長と交話せし内容を報告す。

一時東京発急行にて帰村す。成瀬幡治氏同車、座席なきを以て清水に下車、次の列車に乗り五時五十一分掛川着、帰宅す。重友駅に出迎へ、好都合なり。

本日は叔父上の命日なり。香を焚き、追懐深し。

一月二十五日(日)　晴　寒

十一時半出発、報徳社に立寄り、神谷、中山、小野、鷲山、岩竹五氏同車、三倉村なる本社顧問故田辺三郎平先生の葬儀に会葬す。一時出棺、栄泉寺にて葬儀あり。予は報徳社を代表して弔詞を朗読す。頗盛儀なり。三時式畢る。前記諸氏同乗、報徳社に帰り、次で帰宅す。

故翁の法名は正報三徳居士、享年八十六、余生を報徳に捧げたる真人なり。

夕、中山常務来訪す。田辺翁の為に本社にて祭典を行ふや否やに付、先例なしとの報告を齎さる。夕食を共にす。

一月二十六日(月)　曇　寒

昨日、報徳社にて長崎県対馬支庁長山田才太氏より、同島に於ける食糧の自給達成の為、甘藷増産指導講師の派遣を要請し、二月四日より十六日まで各町村毎に講習を為すの計画を提示せらる。

新城町に丸山方作氏を訪問す。不在なり。二時頃、令嗣秀夫氏の電話に依りて帰宅せらる。乃ち派遣すべき講師の選任に付協議し、服部源太郎氏を煩はすに決定す。尚種藷携行、図表調製等に付、丸山翁の配慮を得たり。斯くて急遽豊橋に出て東上、六時五十五分静岡に下車す。丸山氏と徳川宗敬博士の講演会を中部、東部三河にて開催の相談を為す。

直ちに服部氏を訪ひ、任務の重大なるを述べて出動を乞ふ。氏は直に之を快諾せられしを以て、増産の目標、指導の方針、其他旅行上の注意などを詳述し、救国の大事成らんとするを感謝して辞去す。令息、予を長沼停留場に見送らる。静岡九時四十分発にて掛川に帰る。歓極り、心身静止せず。

富士山本宮浅間神社宮司佐藤東氏より二十五日附速達郵書を受く。同社の申請に係る富士山八合目以上の官有地下附の件に付、愛知政務次官の意見新聞紙に発表せられ、神社の希望に反するものありとて、次官を訪問せんことを予に求めらる。然れども予は直に上京し難きを以て、返報を以て高瀬大臣に依頼せんことを求む。豊橋駅より発電す。

一月二十七日(火)　冷雨　出社

九時覚眠、起床す。十一時過、報徳社に出勤す。

服部講師を対馬に派遣するに付、其旨を山田支庁長及丸山講師に打電す。又服部氏の経歴、講習の目的、方法及指導の忠実なる実行要望等詳細に記述せる書状を支庁長に発送す。而して電報及書簡の写を服部氏に送付す。

揮毫。村松武雄氏(故藤野宣夫氏の令弟)、仲田万吉氏、各二枚。

発状。稲垣千代子、朝日新聞東京本社経理課、東海自動車会社、徳川宗敬氏、矢田部盛枝氏、藤田久蔵氏、愛媛県砂防課長五百木政一氏。

一月二十八日(水)　晴　寒

掛川八時三三分発にて上京す。品川、渋谷を経て帰宅す。舘林は一昨日佐賀より帰京せりと聞く。一同無事なり。

静岡より神田博氏と同車す。品川にて別る。畳換成り、心地宜し。

一月二十九日(木)　晴　寒

九時半発車、豊島岡に故秩父宮雍仁親王殿下の御墓に参拝す。十時二十分頃、妃殿下の御日参あり、拝謁す。妃殿下より殿下御在世中に付、御鄭重なる御謝辞を拝聴し、御痛はしさに堪へず、落涙す。

十一時頃皇居に参内、謹て天機并御機嫌奉伺の記帳をなす。又侍従室に至り、入江、山田、徳川諸侍従に対し、恐懼の意を表す。

高尾秘書課長を訪ひ、秩父宮妃殿下の御生活費不足を補充するの急要を告げて、皇室経済法施行法改正案の提出を促す。課長は、長官の意向は即時提出を憚るが如くなりと伝へしに由り、政府をして提案せしむるの決意を告げて退出す。

十一時過登院、緑風会々務委員会に出席す。次で選挙対策委員会あり、出席す。

戸塚労相の来室を求め、労働法規改正の有無を問ふ。又愛知次官説得のことを頼む。

歳費一月分及秘書俸給を受く。医務室にて左膝に超短波電気治療を受く。

一月三十日(金)　晴　寒

本日より新制の議員徽章を佩用して登院す。

十時より緑風会総会あり。

本会議は三時半開会せらる。首相、外相、蔵相及各経済審議庁長官の演説あり。

自由党幹事長選任に関して内紛擾々、本日漸くにして佐藤栄作氏の決定を見たり。総務会長は三木武吉氏と云ふ。広川農林大臣の反覆常なきは唾棄すべきなり。党の自壊作用か、空中分裂か。

鳥居清一氏、児玉九十氏来訪す。鳥居氏を国際電信会社重役に推薦するやう高瀬郵政大臣へ依頼する件なり。田中武雄氏の来院を求め、立候補の決意を問ふ。小林武治氏、佐藤議長を訪ひ、静岡県にて立候補するに付、了解を求む。議長は予に面会せよと勧められし由なり。長崎県経済部長の来院を求め、服部氏派遣に付其目的を明にし、且待遇、出迎等を依頼す。経済部長差支あり、代て来る。県東京事務局第三部長高柳義友氏来訪。愛知政務次官に面会して富士山神体地下戻のことを問ふ。言辞甚曖昧なり。依て急速決定に出でんことを求む。若し遅延するに於ては、静岡県側より大々的運動を強行すべしと告ぐ。夜、高瀬大臣に右のことを電話す。

一月三十一日(土)　晴　寒

本会議を欠席、八時十一分品川より急行列車に乗り、帰県す。本日の予定は、静岡のBS役員会に出席したる上、三時二十六分発上急行にて沼津に至り、長岡湯の家なる四社会事業団体役員の打合会に出席するに在り。沼津にて深沢、池田両氏車中に来訪、BS役員会は既に昨三十日開会したりと聞き、長岡へ赴く。詢に意外なり。午後、宇垣大将を訪ふ。大将は参議院へ立候補の意向にて、予に其可否を問ふ。予は其不可なるを切言して、断念されんことを注告す。小笠原中将も訪ひしに不在なり。依て名刺を玄関に遺して去る。五時より湯の家に旧同胞援護会より分立せる四団体役員打合会を開く。出席者三十余名。頗盛会にして甚有益なり。徳川公、同令夫人、中山、小塩氏等も出席す。小塩氏と同室に寝ぬ。富士山頂下戻の件に付、愛知次官と会見の結果、大々的反撃を要すとの意見を電話にて斎藤知事に申入る。又神社佐藤宮司にも此事を通ず。矢田部三島大社宮司に電話にて来三日追儺式に予の奉仕を許すやを問ひ、同意を得たり。夜、湯の家に田中清一氏、田口出納長来集し、宇垣大将に対して参議院出馬を断念するやう注告すべしとの会議を開く。徳川公、中山氏、小塩氏も出席す。予も出席して本日大将に進言せし内容を告ぐ。田中、田口両氏は予に同行を求めしも、断乎之を謝絶す。夜、両氏往訪す。

二月一日(日)　晴　頗寒

七時、湯の家を出発、自動車にて七時半沼津駅着。七時四十九分発に乗り、十時二十分掛川着。直ちに報徳社に到り、常会に出席す。

高瀬郵政大臣は名古屋より来掛［一二、四六］、名古屋郵政局長其他五名同行にて来社す。一時過より三時まで講演せらる。其他本日の講演者は神谷、鈴木、佐藤（泰一郎氏）三氏及御前崎村の沢村老人なり。出席者約七百人。盛会なり。

一時より役員会を開きしに神谷、大村両理事の出席ありしのみ。鈴木掛川町長を加へて懇談会とし、他日の役員会の為、各種問題を検討す。

海老名報徳社の為に扁額を揮毫す。其他二、三枚。

去二十五日三倉へ往復、自動車賃三千円を支払ふ。

服部講師、本日対馬へ向ふ。一路平安を祈ること切なり（静岡発四時九分）。

二月二日(月)　晴　頗寒

掛川八時三十分にて安城へ赴き、山崎延吉翁を訪問す。徳川宗敬氏の為に参議院議員選挙応援のことを依頼し、快諾を得たり。弁当を食ひ、三河に於ける運動方針に付て説明を為し、辞去す。

十二時四十四分安城発帰東、岡崎駅にて駅長　　氏と会見す（停車十四分）。駅長より西掛川駅設置の交渉を継続することを注告せらる。

浜松に下車、石津浪次郎氏を訪ひ、腕時計の修理成れるやを問ひしに、未成なり。四時十二分浜松発にて帰る。

二月三日(火)　晴　穏　寒

七時四十分掛川発にて東上、十時十二分三島に下車。矢田部宮司方を訪ひ、直に三島大社に出頭す。追儺式奉仕の為なり。重友同行。予の為に和服を運び、予の世話を為す。

式の開始に先ちて明治天皇御使用の茶室移転成れりとて案内し、供茶せらる。

二時過開式。年男［二十三人］及附添人并神社役員、拝殿に参進、祭式に列し、了て舞殿に上りて豆撒の式を行ふ。群衆二、三万人、頗盛会なり。四時終了。年男及附添人は神社役員と共に控の間にて直会の饗応を受く。各種記念品、寿杖、料理、草履まで供与せらる。金千円を奉納す。

年男の中には元中将小笠原長生氏、元大将宇垣一成氏、山本忠助氏、石橋湛山氏等あり、予は中位以下なり。

帰途、矢田部氏方に立寄り、昌子夫人に挨拶を述べ、三島発五時五十四分の急行列車にて帰京す。重友は六時八分発にて掛川へ帰る。

朝比奈美弥子在泊。

二月四日(水) 曇 冷

登院。本会議に出席す。瑞典、瑞西、葡、西四国へ感謝の決議案を可決したる上、施政方針に対する質問を終了す。尚法案一件を可決す。

正午、全国治水砂防協会有志会に出席す。徳川会長、赤木、河井、木村技官出席す。

鳥居清一氏来訪。高瀬郵政相に依る国際電電会社就職斡旋に付、催促あり。大臣に面会して之を取次ぐ。明日渋沢社長に通告する由答へらる。

秩父宮妃殿下に対する皇族歳費[七〇万円]の増額に関し、杉田専門員を煩はし、皇室経済法施行法改正案の作成を宮内庁当局と協議せしむ。而して内閣官房長官を訪ひしに面会を得ざりしを以て、菅野副長官に対して政府提案を求む。又緑風会政務調査会に出席せし愛知大蔵政務次官に対し、ヨサン措置に付協議し、提案賛成を求む。

小笠郡農協連会長萩原甚太郎氏、事務局長大橋　　氏と院内に会見す。⑴本日労働大臣官邸にて大臣と会談の席に出席を求めらる。都合付かず、之を断る。⑵明日十時、衆議院第二会館に集会あるを以て、県選出両院議員と会見せんことを申出でらる。依て予は石黒、赤木、楠見三氏と共に出席するを約し、三氏の同意を得たり。

山崎昇二郎来訪、石黒、楠見両氏を来十三、十四両日小笠郡下へ講演の為、出張の同意を得たりと報告あり。予にも同行を求めらる。両日共に差支ふるを以て之を断り、山崎をして万事世話せしむることとす。一泊す。

黒河内透氏、昇二郎を来訪、要談す。

土岐章氏来院、予に対し同氏後援会々長たらんことを強求せらる。之を諾す。

徳川宗敬氏の為に三河国内に応援者を得る為、山崎延吉氏の快諾を得たるに付、同地方へ旅行の日程を作成することを求めしに、家正公と相談の上、大久保寛一氏を派遣することとなり、同氏と打合せを為す。而して丸山方作、山崎延吉、浅岡源悦、天野兼松四氏宛の紹介名刺を同氏に渡す。又石黒氏よりも山崎延吉、久野庄太郎、高橋　三氏へ大久保氏を紹介するの名刺を与へらる。

富士山頂私有反対国民大会、明五日新橋駅西口広場にて挙行せらるる由、主催者天野久氏（山梨県知事）よりのハガキ通知（二月一日甲府消印）文書函に投入しあり。之に対して、⑴静岡県庁出張所へ電話して知事に報告せしめ、同時に知事の対策如何（三十一日の電話に依る措置）を問ふ。後刻返事あり、何等措置を執らざりしこと明瞭となる。⑵愛知大蔵政務次官に対して急速の処分を要求せんとせしに、政務調査会にてヨサン案説明の終了せし時、次官より「至急申請の通り措置するに決定せり。但し神社にて頂上登山者に料金を課する等の風説あるを以て、右決定を躊躇す」との内報あり。予は、(a)適当なる措置を深謝し、(b)料金徴収等の不当なる措置は断じて執らしめず、尚当局に於て懸念あるならば、処分の上に条件を附すべしと勧告す。⑶県出張所に電話を以て、此事を知事に報告することを申入れ、而かも山梨側の運動熾烈なるを以て、出動待機を要する旨を附言す。⑷神社に対しては「急速申請通り措置せらる」との意味を打電したり。神社よりは夜返電あり。尚褥中にて執筆、右急進の顚末を報告す（明朝投函のヨテイなり）。

緑風会選挙対策委員新谷氏の報告あり、着々進行を見る。

西郷吉之助氏、自由党に入れりとて佐藤幹事長緑風会に来り、館政務調査会長に之を通告す。然るに西郷氏よりは未何等の通告なし。不当の措置なり。

五時、緑風会懇親会椿山荘にて開催せらる。出席者三十人許り。松村真一郎、宿谷栄一両氏を招待す。庭園雄大、料理佳味なり。会席上佐藤議長より小林武治議長を来訪せし由にて、其要領を告げらる。

二月五日(木)　晴　頗寒

朝、国家地方警察本部柴田総務部長へ電話を以て、本日の山梨県知事主催の富士山頂私有反対国民大会に関し取調を依頼し、十一時半頃往訪、其内容を悉にするを得たり。

右に付、早朝戸塚大臣を煩はして、愛知政務次官に電話を以て急速処置発表を求む。可能ならば本日措置を要望せしに、労相より返事あり、本日は措置し難きも早急取運ぶべしと云ふ。午後ヨサン委員会にて次官と会見し、警視庁の調書を示し善処を求め、又石井蔵相にも面会、要望す。高瀬大臣には午後面会（早朝電話す）、警視庁調書を示し蔵相へ要望を頼む。若し遅延せば静岡県側よりもデモを敢行するの惧あるを以てなり。

昨夜認めたる書状を佐藤宮司へ発送す（速達）。

九時半、山崎と同車、赤木氏を誘ひ、衆議院第二会館なる小笠郡農協会長会に出席す。楠見氏既に在り、農政に関して適切なる意見を発表せらる。次で石黒氏も来会せらる。楠見氏に次ぎて赤木氏の発言あり、石黒氏、最後に発言す。予は此機会の得難き所以を説明して、諸氏の注意を促したり。十一時半散会す。昇二郎は帰村す。

午後三時、赤木氏と緒方官房長官を首相官邸に訪問し、緑風会員の立候補に関し、正当なる了解と適切なる援助とを求む。更に予は皇室経済法施行法改正案の政府提出を強要したり。

夜七時、小林武治氏来訪す。無所属として静岡県より立候補する旨を告げらる。予は之に反対せず、又援助はなさざるも、十分努力し、必ず当選されんことを望む旨を告ぐ。

襖の張替成る。

二月六日(金)　晴　寒

登院す。本会議及内閣委員会ありしも、緑風会用務の為欠席す。

緑風会総会にては西郷吉之助氏退会せしを以て、関連事項として石黒、新谷、楠見、柏木、其他諸氏の議論沸騰す。而して会員の選挙対策に付、熱心なる討議をなす。議院運営委員会にては、来週中は本会議を開かざるに決定す。

高瀬郵政大臣より、本日閣議に於て山県厚生大臣より富士山頂下付問題を閣議にて決定せんとの提議あり。国有に存置すべしとの意見提出せられ、之に対し高瀬郵相は反対意見を述べ、結論に至らざりし由報告あり。依て緒方副総理に会見を申入れしに、取次者の粗漏にて面会出来ざりしこと遺憾なり。又斎藤知事を喚寄せ、県側よりも一大運動を展開するのみならず、知事自ら大蔵大臣を訪問することを求む。

政務調査会にては、公職選挙法改正案に付政府の説明を聴取し、各員より各種の質問提出せられたり。

戸塚重一郎氏等に対する公職選挙法違反被告事件の判決あり。戸塚氏は総括主宰者と認められ、懲役六ヶ月、執行猶予二年の宣告を受けたり。蔦ヶ谷秘書官来訪、対策に付相談を受く。(1)大臣は軽々しく進退すべからざること、(2)判決文を取寄せ、至急調査をなすべきことを勧む。

夜、沢野太郎氏、同夫人来訪す。令娘邦子の慶応入学試験受理番号〔経済科二八五五、文科一二七四〕なることを報告せらる。

石間督也小松製作所へ就職に付、身元引受人となり、証書に捺印す。

菅野内閣官房副長官より、皇室経済法施行法の改正案を至急国会に提出することを言明せらる。

小林武治氏昨夜来訪、対談の内容を石黒、佐藤議長両氏に報告す。

愛知県久野庄太郎、高橋広治両氏に対する紹介名刺を徳川宗敬氏へ渡す。

襖貼替成る。

二月七日(土)　晴　寒和ぐ

登院。富士山関係に付て、(1)緒方官房長官に面会依頼す。(2)高瀬郵政相は市川へ赴き、面会するを得ざるに由り、置手紙を為し、閣議上程の場合のことを頼む。(3)戸塚労相に面談す。労相は病気の為閣議に欠席するを以て、労相よりも高瀬大臣に依頼することとし、又愛知次官へも労相より申入を為さしむ。予は佐藤宮司の手紙を託して、次官に提出す。(4)宮司へ閣議内容を電報す。(5)県事務所へ電話す。

沢野邦子、慶大入学に関しては高瀬大臣に依頼す〔番号を渡す〕。

国会図書館にて、新聞紙に関し調査を為す。三時半帰宅。

七時、公職選挙法違反事件対策協議の為、労相官邸へ赴く。戸塚重一郎氏、蔦ヶ谷龍太郎氏、大竹武七郎氏の外、重友及染葉　　氏、掛川より来り会す。戸塚氏に関しては上告を為すこと、弁護士は大竹、鈴木、山下〔宇吉」三氏に依頼すること、判決書及一件書類を取寄せ、十分に研究することを決定す。

十時過、重友と同車、帰宅す。

朝比奈美弥子、横浜へ還る。

二月八日(日)　晴　寒和ぐ
我家に来援せし旧親の為、懇親会を開く。十一時、原田音吉氏夫妻、阿部はつ、柴沼惣吉氏夫妻、佐々木とき諸氏来会す。簡素なる手料理の午餐を呈す。ます子、アキ子［両児同伴］、重友、興三、之に加はる。記念の撮影を為す。土産として二宮翁夜話、予の揮毫、重友の齎せる餅、小城羊羹等を呈す。良酒を用ひ、歓を尽したり。
青木勝氏夜来訪、重友主として接待す。
Boy Scout の制服を着用して撮影す。

二月九日(月)　晴　寒　昨夜不眠甚し
登院。同車せし重友は渋谷駅にて、舘林は青山一丁目にて下車す。

田辺三郎平翁追賞に関し、履歴書昨日到着。依て吉岡調査員を煩し、賞勲部長に就き内容を問はれたる結果、急速手続取運の必要を認め、県庁東京事務所に出頭し、速に万事の申請書提出を求む。出張所にては明日県庁へ特使を派し、書類調製の上、十一日午前中に所管省へ提出することとなる。所長岩沢　氏の配慮大なり。

政務調査会にて義務教育費国庫負担法案に付、岡野文相の説明を聴く。

蔦ヶ谷労働大臣秘書官の来室を求め、重一郎氏上訴の件に付、証言の足らざる点は資金関係に在るを以て、之が検討に付注意を促す。又富士山下附問題に付ては佐藤宮司の書状を愛知次官に交付し、次官の決意を問ひたる由の報告を受く。高瀬郵政大臣病気に付、間に合はず。

運輸委員会に出頭し、予の紹介せる請願、遠信鉄道急設の件、下田避難港工事速成に付、説明をなす。委員未出席せず、専門員に説明す。

二時、土岐章氏後援会に出席［参院第四号室］し、選挙運動の熾烈なる状況を説明し、各員必勝の決意を以て奮闘せられんことを乞ひ、運動委員長、委員を指名す。友野緑風会事務長も来会し、説明を為す。

遠信鉄道急設并飯田浜松国道指定に関し、熊村昌一郎氏外一名来院、面会す。後者に関し有利なる情報を聞く。

図書館にて読書す。

六畳の食堂に大炬燵成る。居心地宜し。美弥子来泊。

二月十日(火)　晴　寒和ぐ　昨夜大不眠

登院。高瀬大臣欠席。秘書を煩し、伊豆方面旅行の能否を問ふ。

文部、厚生両政府委員室にて報徳社所管官庁を問ふ。文部省なり。

十時、国土緑化推進委員会各県支部長連合会に出席す。大野委員長中間退席せしに付、代て議事を進め、昼食後退席す。

懇談の際、(1)山梨、群馬、静岡三県植樹に関し、天皇陛下御下問の件を報告し、(2)Boy Scout の植樹参加の適切なること及 Scout boys 用 knife を示し、之が利用方、研究方を慫慂す。

徳川宗敬氏を訪ふ。不在なり。家正公及大久保寛一氏在り。大久保氏より三河方面講演旅行打合せの結果を聴取す。

図書館にて読書す。

五時、東京会館にて開催せられたる毎日新聞発行紙数二二万余部発表祝賀会に出席す。来会者六、七百名、豪華を極む［余興、会長、祝品（卓子掛）］。

歳費及秘書手当を受く。

夜、重友より電話を以て、石黒、楠見両氏の十三、十四両日の講演会箇所を報告し来る。

二月十一日(水)　晴　寒和ぐ

田辺三郎平翁追賞の上申書、県人事課吉田正一氏持参せらる。依て同氏と共に文部省社会教育局教育課に三浦氏を訪ひ、氏の案内にて人事課吉武氏を訪ひて、急速手続を進むることを依頼す。吉田氏等は賞勲部に至り打合せたる処、更に地方自治庁よりも上申を要すとのことにて、総務課富江氏に依頼せし由報告あり。

楠見義男氏を議員会館に訪ひ、石黒氏と同行の小笠郡旅行日程を提出す［十三日八時発、十二時二十分堀ノ内着、平田、池新田にて講演。十四日池新田発、大坂村にて講演、掛川に出て、帰京楠見氏、赴西石黒氏］。予は同行出来ざる理由を述べて、了解を求む。

高瀬郵政大臣と打合せ、十四、十五の両日伊豆一巡旅行を為すに決す。

正午、全国治水砂防協会有志会に出席す。徳川会長、赤木、次田、牧野、田中、砂田諸氏出席す。来二十一日総会にて選任すべき理事、監事の詮考を為し、又砂防会館建築及運営計画に付、打合せをなす。

富士山頂下附問題に付ては、昨日も閣議にて議題となりたるも、高瀬郵相の反対にて未決に了れる由報告あり。依て此事を斎藤知事に報告し、対策を実行するの急要を告げしむ。

登院の際、県東京事務所に立寄り、鳩居堂にて線香を求め、毎日新聞社に出頭し、昨夜の好遇を謝す。

夜、白潟町片岡七蔵氏、来謝す。小児一名を伴ふ。鮮鰯及蛤を贈らる。

〔欄外〕旧紀元節なり、感慨深し。

二月十二日(木)　晴　暖　少しく感冒の気味あり　注射を受く

政務調査会あり、出席す。(1)義務教育費全額国庫負担法案に付て、十時日教組より、二時知事会代表友末茨城県知事より説明を聴く。(2)労働法規改正案に付、一時戸塚労相、福田政務次官、斎藤局長より説明を聴く。

三島通陽氏来訪、青年訓練法案(仮称)に付、修正希望を述べらる。予は一昨日、大日本山林会長三浦伊八郎博士より勧誘ありたるＢＳの神宮林植栽奉仕の件を取次ぐ。氏は又本年Los Angelesに開会すべきＢＳ大会に日本代表17名を派するに付、静岡よりも候補者の選出を依頼せらる。依て神宮林植栽奉仕とLos Angeles派遣の件を静岡本部日下部氏へ報告す。又三浦博士をＢＳ総務部長　　氏へ紹介す(手紙)。

高瀬大臣と同行すべき伊豆旅行に付、内田氏を煩はし地図を求む。又日程の打合せを了し、各市町村長、又は有志へ計画を通告す。退出に先ち、賞勲部及総理府人事課へ電話を以て、田辺氏のことを頼む。

二月十三日(金)　曇　夕雨　冷

朝、小塩孫八氏来訪す。育英会のfilm及暗幕売却の件に付、相談あり。適当なる価格にて処分せられんことを求む。昼来院、中食を呈す。

石黒、楠見両氏、朝八時発急行にて小笠郡へ赴く。ヨテイ既記の如し。

十時半、閣議終了後、高瀬氏を訪ふ。本日も亦閣議に於て富士山払下問題論議せられたる由を聞く。依て本田国務大臣に向ひ、予の持説を強調す。木村長官は予と同意見なり。

十一時前、県庁静岡出張所に出頭し、富士山頂払下に関し上京せし三上、大石其他県議等と協議し、猛運動を起すことを勧告す。

午後、官房長官室にて斎藤知事に面会して、右件の報告及今後の運動を頼む。尚知事より育英会補助の件は中山、小塩両氏に託しある旨を告げらる。予は又東京に寄宿舎の必要を力説し、県有林伐採の所得を以て、之が資に充つべしと勧告す。

政務調査会にては、公共事業のストライクと公共の福祉に関し、吾妻岩俊氏の説明を聴取す。

田辺三郎平翁、本日の閣議にて従六位勲六等（瑞）を追贈せらるるに決定す。

此日、川島まさ（八六才）［悦郎翁夫人］、関源八郎氏、長谷川直敏元中将逝去す。

二月十四日(土)　曇　冷

高瀬郵政大臣を誘ひ、伊豆一周旅行を為す。今明両日の行程なり。

八時、秘書市原増吉氏来訪、同車高瀬邸へ赴き、郵政省に立寄り発程す。同行者は右三人の外、伊東より大臣の令弟［元軍人］高瀬啓次氏なり。

十二時伊東着。市長、議長、東海自動車社長、伊豆運送社長、ＢＳ各部長等と懇談、中食［弁当］を饗せらる。

一時過出発、二時城東村役場着、村長、前村長、議長等と懇談。温泉利用発電視察。三時稲取町役場着、助役、議長、其他有志と懇談。下河津村黒田家弔問。下河津村役場にて村長、議長、其他有志と懇談。薄暮、上河津村役場にて村長、議長、其他有志と会見す。

六時半、白浜村役場着、村長、議長等と会談す。てん草採収業者の有志二名来り、盛に不平を鳴らす。七時半、下田町役場に着したるも、町長以下不在なり。依て加田万蔵氏に電話の後、八時、下田温泉ホテルに投ず。下田、中川、上河津、稲生沢等の郵便局長等出迎へらる。

石黒、楠見両氏は、本日大坂村にて講演を行ひ、掛川に出づ（赴西石黒、帰京楠見）のヨテイなり。

葵会再興会、五時日本工業倶楽部にて開かる（発起人植村甲午郎氏、中村元智氏）。欠席す。

二月十五日(日)　晴　稍暖

八時、下田温泉ホテルを発す。加田万蔵氏、菊池未亡人を訪ひ、稲生沢村に沢村久右衛門氏を訪ふ。九時前、松崎町役場着、町長及依田四郎氏と会談。紆曲路を経て、十時仁科村役場にて村長、議長、議員と会見す。次に田子役場にて村長、議長山本忠助氏、其他有志（漁業組長、PTA会長、土木委員長等）と会見、十一時過辞去す。宇久須村役場にては村長及前村長と会見す。到着時刻に付、村長側に誤算あり、出席者少し［硅石採取に因る崩壊地砂防のこと要望せらる］。十二時半、西豆村役場着、村長、議長等より村状況を聴取す。田、畑、山林少く、漁業を営み得ざる同村は乳牛導入、過剰人口出稼に由るの外なきことを説明せらる。

一時、土肥町鈴木二平氏方着。町長、議長、学校長、鉱山重役其他有志三十余名の出迎あり、中食（すし）を饗せられたる後、懇談す。二時過出発、三時過、上狩野村役場着。村長、議長、議員、郵便局長等及上大見村長、議長外二名［仁科村長に依頼して上狩野村役場に出動を求む］と会見す。貫通道路急設、電話拡張及整理、営林署移転反対に付、陳情あり。四時退去、長駆東洋醸造会社に臼井社長を訪ひしに、幹部数氏と共に会見せらる。六時、大場大村直氏の案内にて　皮革会社に着、社長、重役及村長、議長、其他有力者と会見、七時過辞去す。高瀬氏は熱海へ向ひ（古屋泊）、予は大村氏の好意に依り三島市矢田部氏并市側の歓迎会用意に対して謝意を表する為、高瀬氏と別れて三島に到り、矢田部氏方に投宿す。矢田部氏より今夕三島にて行はるる予定なりし歓迎会［大村氏配慮］は中止となりし由を聴取し、之は一行の予期せざりし所にして、高瀬氏は職務状已むを得ず熱海へ赴きし事情を告げ、深甚の謝意を表す。

下田菊池氏へ線香一箱を呈す。土肥関源八郎を弔問す。二平氏の案内に依る。百円を香料として供す。

徳川家正公、同宗敬伯、大久保寛一子の三氏は、夜十一時発にて三河へ出動す。

二月十六日(月)　晴　寒

朝、三島市役所に出頭、助役に面会し、高瀬氏一行に対する昨夕の好意を謝す（市長不在）。

三島大社へ参拝す。

十時十四分、三島にて急行列車に乗り、一時四十八分岡崎駅下車。徳川、徳川、大久保三氏と合す。高月院住職（三氏を見送る）に挨拶す［徳川氏一行は朝四時着、郊月院及大樹寺の先塋に参拝す］。

自動車にて安城市に山崎延吉氏を訪ひ、挨拶す。山崎氏は大に徳川氏を援助することを約せらる。山崎氏方には平坂町浅岡源悦氏待居り、平坂町役場階上に開会せられたる幡豆郡報徳会発会式へ案内せらる。

三時到着、直に発会式に臨み、報徳社々長として所見を述べて、挨拶を為す。これにて会を解散し、両徳川氏等を迎ふる講演会に移り、家正公の挨拶、宗敬伯の講演（講和会議所見）あり。四時半散会す（聴衆二百人）。

浅岡氏の案内にて五時、一色町杉浦廉平氏方に着、町長、議長、中学校長、天野兼松氏等と会見。杉浦氏より鄭重なる晩餐を饗せらる。同町の貴祭大提灯の説明を聴く。

七時半より十時まで一色町小学校講堂にて講演会を開く。大久保、河井、宗敬伯、家正公の順序にて演説す。聴衆四百五十。旧正月三日に当る。主催者は同町社会教育会なり。

十時半、平坂町浅岡氏方に到着、一泊す。抹茶を饗せられ、又記念として素焼の茶碗に勝手な文句を書く。一行に対する浅岡氏の好意は、言辞を以て尽す能はざるものあり（室壁に鼠出入の穴隙あり、公の鼠を怖るること甚し。乃ち之を塞ぐ。上便所なし、小便桶を縁側庭上に置き、用便に供す）。

川島悦郎翁夫人及関源八郎氏の葬儀あり。

二月十七日(火) 晴 頗寒

八時、浅岡氏方を辞す。自動車にて九時頃豊橋駅に到る。丸山方作氏と出会ふ予定なりしも、氏は後れて来る。石川彦作氏及市議矢野宗治氏、同行す。矢野氏より大口喜六氏其他と連絡の状況を詳報せらる。

一行は丸山氏を加へ、十時三十五分発伊良湖行の遊覧バスに乗る。丸山氏は杉山《すぎやま》村に下車、講演を為し、一行の来着を待つこととす。十二時伊良湖岬着、引返して役場［字堀切に在り］に至る。助役及小久保徳三郎氏迎へらる。小学校に村有志を集め、講演会の用意あり［丸山氏の計画にては講演会なく、有力者との会談のみのヨテイなり］。杉山村へ出演の時刻に支障を生ずるも、小久保氏の好意を空しくすべからざるを以て、会場小学校にて講演、三時終了す。聴衆百名。

三時十分発のバスに乗り、杉山村に下車す。徳川公、大久保子は豊橋へ直行、帰京す。宗敬氏と予は杉山村小学校に至り、講演す。丸山氏の指導終り、百二十人計り来着を待たる。夕食を饗せられ、七時二十六分発電車にて、丸山氏を加へ豊橋に還る。

駅にて石川、矢野両氏の出迎を受け、自動車にて牛川町米久旅館に立寄り、講演場牛川小学校に着、十時まで（四十人）講演す（徳川、河井）。了て米久に帰る。

昨今両日共に寒気凛烈なり。渥美半島は其先端に於て促成栽培大に発達し、温室面積二万坪に及び、露地栽培亦盛なり。目下キャベツの収穫荷作中に属す。花卉凋害の感あり。

二月十八日（水）　晴　寒
八時半、石川彦作氏来訪、揮毫を需めらる。徳川氏数葉を、予一枚を書す。

矢野氏来訪、大口喜六翁に予等の往訪を打合せたる由報告あり。又牛久保の小学校より講演会開始の報告に接す。乃ち急遽自動車にて出発す。先づ大口翁を牛川なる其邸に訪ひて健康を祈り、次で豊川市なる会場に赴く。

丸山氏の講演終了の後にて、徳川氏は米国の事情と講和会議の状況を述べ、予は食糧自給に関する私見を演説し、十二時終了、散会す。聴衆二百人［徳川公不参に付、挨拶を伝言す］。

丸山方作氏より甘藷一株作り実写図及植方優劣比較図を贈らる。

牛久保町何時屋に招かれ［主催農会、市農務課］、中食す。撮影をなす。一時、市自動車にて有志と別れ、豊橋駅に着（石川彦作氏同乗）、一時四十四分発、帰京す（品川六、四一着）。

徳川氏に対し、予の為に費したる宿泊料、車賃等として五〇〇〇円を呈す。

森報徳館にて故田辺三郎平翁追悼会あり、電報を発す。

田中寿雄氏（母華子）、石河玲子嬢（石河正徳氏の娘）の結婚式あり。憲法記念館なる両家へ祝電を発す。

二月十九日（木）　晴　寒
不規則なる生活続きしを以て医務室に至り、馬島医師の健康診断を受く。血圧一四〇－九八。心臓異常なし。

尿、無蛋、糖微量。脚指間水虫に患む。

藤野繁雄氏の自由党入に関し、本田市郎、北村一男、馬場元治［長崎県代議士］来訪、要求す。諾否は総会の議決を経たる上、回答すと答ふ（河井、新谷、片柳面接）。

高瀬郵政大臣と会見す。主として富士山問題に付、打合せを為す。

佐藤自由党幹事長と正午赤坂喜世長方にて会談す。当方は新谷、山川、片柳、河井なり。参議院選挙に付交渉す［首相に面会を求め、佐藤氏之を諾す］。

夕、朝日新聞編輯局次長及参議院勤務記者を政務調査会長の招待にて晩餐会を開く（場所瓢亭）。記者両名、館、片柳、杉山、河井出席、八時過散会す。

小林次郎氏より電話あり。長野県自由党支部は小林氏の公認を遅延して其劣勢を吹聴するを以て、急遽公認手続進行を頼むとのことなり。依て植原、緒方両氏に申入ることを約したり。而して本日午餐の機会を利用して佐藤幹事長に申入れしに、即時応諾を得ず。

二月二十日（金）　晴　寒
登院に先ち宮崎県知事田中長茂氏を往訪。昨日佐藤幹事長より聴取せし宮崎県竹下氏に反対候補擁立の件に付、実情を質問し、自由党の計画たる平島敏夫氏立候補の場合、有力者の向背及対策を問ふ。

引揚援護庁復員局第二復員局残務処理部長初見盈五郎氏来訪、軍人恩給復活の程度に関し、腹蔵なき意見を述べらる。

十二時より約二十分間、吉田首相と総理室にて会見す。緑風会と政府との関係を説き、参議院議員の選挙に於て自由党の洪寛なる態度を要望し、地方区、全国区の候補者名簿を呈し、各個に付説明をなす。首相は之を諒とし、佐藤幹事長と協議すべしと答へらる。

一時より会務委員会あり、遺家族引揚者委員会設置の件に付、協議す。二時より政務調査会あり、警察制度の改正に付、検討を為す。

本日議院に来訪せしもの左の如し。

沢野太郎氏、同夫人。子息慶大入学の件、高瀬郵政大臣の配慮を求む。

仁科、上狩野、上大見三村長。貫通林道開設の件、天城営林署移転反対の件。

島田市長、初倉村長。矢口橋改築速成の件。

小林次郎氏。植原悦二郎氏に面会。

赤堀猪太郎、戸塚民平外一氏、菊川改修完成の件。

泰治及山崎昇二郎、来泊す。

二月二十一日(土)　大雪　寒

朝、塩島金一郎氏来訪、会務相談。評議員会を三月五日とする件。

十時、参議院会館に第十四回全国治水砂防協会総会あり、出席す。来会者四百名。会長挨拶、役員改選、来賓祝辞［建設大臣、参議院議長］、事業報告、決算、予算の議定、会館建設の件、各に付県代表発言あり。協会より参議院立候補者推薦の件を議決し、候補者詮衡委員会にて次田大三郎氏と決定、全会之を承認す。

会館控室より電話にて、緑風会及林業懇話会に事務打合せを為す。

二時二十五分発にて帰国す。八時掛川着、自動車にて帰宅す。敏子に清縮緬一反を与ふ。

舘林夫妻は、夕湯の家へ赴き、休養す。

二月二十二日(日)　夜来微雪　晴　寒

降雪一cm、白皚々たり。孫等大に欣ぶ。

小柳直吉氏来訪。重友と板沢山区有林整備に付、協議す。小柳氏を袋井土木事務所長に紹介す。区有林の一部砂防施行の件なり。

報徳社に出頭、十時過より理事会を開き、決算、ヨサン、其他重要社務に付協議す。又理事の選任に付協議す。凡て前任の通りと決定す。午後一時より参事を加へ役員会を開き、前記の事を協議す。議未だ了らざるも、出京の時到りしを以て辞去す。金一万円を善種金又は第二加入金として寄託す。総会は来二十六日とし、事務上の打合せを為す。又田辺顧問は従六位勲六等に叙せられたることを報告す。

対馬支所庁太田才太氏より電報を以て「服部講師無事講習を了り、二十日帰途に就かれし由にて、謝意を表せらる」。依て答電を発す。

三時三分発湘南電車に乗り、上京す。神戸保氏と清水まで同車す。又西村代議士及夫人と静岡より同車す［車中読書す］。

二月二十三日(月)　晴　頗寒〔残雪未消〕

登院、本会議に出席す。岡野文部大臣より義務教育費国庫負担及小学校教員を国家公務員とする法律案の趣旨を説明し、之に対し各派より質疑演説を為す。一時過、質疑者を残して散会す。

一時より内閣委員会あり、栄典法案に付、取扱上の打合をなす。

一時、宇佐美宮内庁次長来訪す。皇室経済法施行法改正案を提出し能はざる理由に付、説明あり。秩父宮妃殿下御生活費の補足を怠るの結果を生じ、宮内庁長官の責任重大なるを警告す〔二八年ヨサンに計上の機を逸す〕。依て大蔵当局及吉田首相に警告することとす。公然長官を責むるは皇室に累を及すこととならんを怖れ、敢て行はず。

故田辺翁の追賞〔従六位勲六等〕に関し、村田賞勲部々長に感謝し、辞令書、勲章伝達の方法を問ひしに、去二十一日、文部省へ交付せりと云ふ。依て其旨を県出張所に電話せしに、既に受領せりと云ふ。

本日参議院に来訪者左の如し。

芹沢多米男氏。長男佑治氏〔明大、中大〕入学の件、高瀬大臣に依頼す。

神戸定氏。柏尾川改修完成の件、防災課。

中山吉平氏、牧野音一郎氏。文官恩給スライドアップの件。

福山富雄氏。鈴木清一氏〔静岡高校長〕。教員俸給三階別主張。

中村与資平氏外　傍聴。

丸山鶴吉氏。田中武雄氏立候補に付、宇垣大将に依頼の件。

神山政良氏〔田口弼一氏紹介〕。沖縄内地復帰大会に出席、演説の件。

舘林夫妻、長岡より帰来る。温泉の汚濁、不潔甚しきを聞く。

二月二十四日(火)　晴　暖　BS制服着用

静岡へ往復す。静岡県Boy Scout総会に出席する為なり。八時十一分品川発、十一時十四分静岡着。川井理事長に迎へられ、直ちに県庁に斎藤知事を訪問す。不在なり。吉岡副知事亦不在なり。BS助成に付、謝意を表する為なり。

旧城内なる静岡倶楽部に到り、ＢＳ役員会に出席す。午後一時より開会せらるべき総会の準備を為す。中食を為す。

一時総会を開会。出席者約四十人なり。二七年事業報告、決算報告を承認、二八年度ヨサン案及事業計画を可決す。それより役員の選定を為し、岡野県教育長及市社会教育課長の祝辞ありて散会。一同記念の撮影をなす。

山崎昇二郎より本年ＢＳ植栽用として、烏桕種子三種を贈来る。依て之が植栽普及の方法を協議す。

本日、本会議ありしも欠席す。

宮崎へ帰任する田中知事と同車す。岡山の医学会へ出席する長尾優博士と同車、又沼津より浜松へ赴くと云ふ岡野喜太郎氏に面会す。これは浅羽孝一氏の紹介に依る。浜松及二俣に支店設置の為なりと云ふ。

二月二十五日(水)　東京曇　冷　掛川雨　冷

本会議に出席せしも、内閣委員会に於て栄典法案審議の為、参考人の陳述を聴取することとなりたるを以て、直に退席す。

内閣委員会にては栄典法案に付、七人の参考人の意見を聴く〔十時開会、四時散会〕。

全国治水砂防協会有志会に出席す。徳川、次田、井上、赤木諸氏出席。徳川公より群馬県地区より立候補する浦野匡彦氏に付、紹介せらる。

朝、松脂採取経験者林省三氏来訪す。最適切なる意見を聴く。依て氏を参院へ同車し、森八三一、徳川宗敬、山崎恒、広瀬与兵衛諸氏へ面会の便を計る。又広川農相へ宛てたる紹介名刺を与ふ。

中村与資平氏来訪、院内にて面会す。教育委員会の性格に付て要望あり。

中山均氏と電話す。静岡育英会の育英資金に関してなり。

午後五時東京発にて帰村す。十時四十二分掛川着、重友出迎ふ。自動車にて帰る。

二月二十六日(木)　曇　冷　上京　掛川三、〇三一七、四六品川　森田熊吉氏も上京

本会議あり、欠席す。

九時、報徳社に出勤す。中山、小野両理事と理事選定に関し協議す。

十時より大日本報徳社の定時総会を開く。出席者二十八人、署名人を定め、二七年事業報告、決算報告、現量鏡の報告を為し、之が承認を受く。次に理事の選挙に入り、社長を選定の後、理事は社長の指名に一任せられ、社長之を指名す〔前回役員会にて決定せし所と相違あり〕。次に顧問二名、参事一名〔田辺定氏〕を指名す。

散会の後、埼玉県参事森田熊吉翁の演説を聴く。tape record を取る。次で予も亦 record を取る。

第五回青壮年報徳講習会発会式〔九時三十分〕に臨み、開会の辞を述ぶ。全国各地より来会あり、頗盛会なり。

浅岡源悦氏の需に応じ、揮毫五枚をなす。墨尽きて止む。

二月二十七日(金)　晴　寒和ぐ

本会議に出席す。酒税法案外一件を可決す。緊急質問二件、警察法改正案に対する質疑五人、五時散会す。之が為二時議長公邸に開会を予定せし警察法改正案研究会は流会となる。

内閣委員会あり、遅れて出席す。保安庁法一部改正案、統計法一部改正案、厚生省設置法の一部改正案。

緑風会選挙対策委員会に出席す。新谷氏より藤野繁雄君退会の申出ありしまでの自由党北村氏との交渉の報告あり。又緑自調整交渉の経過報告あり。更に緑風会公認候補決定に付、市来、大山、小杉、高良諸氏に関して意見を交換す。

予は静岡県の状勢を報告し、急速森田豊寿氏に会見の要あるを述ぶ。

楠見氏と会見。山崎延吉氏の徳川宗敬氏援助を三重県に及ぼすべきやに付、謝絶せし旨を告ぐ。楠見氏は「それに及ばず」と答ふ。更に考慮を要する事項を生じたり。

京都府遺族会長中川源一郎氏来訪、全国区立候補に付、相談を受く。

下村海南氏来訪、新谷氏主として面接す。

本日来訪者左の如し。

熊村昌一郎氏。第二国道編入の件、戸塚建設相に電話依頼す。

足立報徳社長中野智厳氏。電話にて十三日講演会の申入あり。

富士山頂処分問題に付、本日静岡、甲府及新宿にて放電討論会開会せらる。新宿の討論会を傍聴せし後藤忠男氏来訪、其状況を報告す。

湿田地開発委員会を設置するに内定、緑風会より委員一名を選定することとなり、徳川宗敬氏を挙ぐるに決せしも氏不在、水戸に在ることを知り、電報を以て承認を求む。徳川氏担当の国土総合開発委員は赤木氏へ譲ることとして、承諾を照電せり。

朝比奈美弥子の誕生日なり。ます子は寿司を以て祝ふ。予は珊瑚の手ボタン（土佐土産）を贈る。

二月二十八日(土)　晴　夜雨　暖

朝、中村代議士に電話を以て、県下、全国参議院立候補者に付、情勢を問ふ。地区自由党は森田、田畑両氏出馬し、三上、足立両氏は全国に出馬せずと答ふ。予は高瀬氏の後援を求む。又森田氏に会見する為、同氏東京宅に電話して其意を通ず。

朝、徳川氏と電話し、宗敬氏を湿田単作地改良特別委員会委員に推したる事由を告ぐ。又楠見氏より、三重県に於ける同氏の形勢を聴取し得たる結果を報告し、山崎延吉氏の三重県に於ける後援を得べきやを考慮中なる旨を告ぐ。


浦野匡彦氏、群馬県より立候補する由にて来訪す。徳川公の紹介に係る。依て新谷氏と詳細の打合をなすことを求む。緑風会入会の希望あり。浦野氏に関しては、飯島連次郎氏の推薦あり。

柴田林野庁長官に電話し、⑴松脂採収推進の要望、⑵払下代延納制度提案に付、協力要求、⑶国士越林道二八年度開設要望、⑷天城出張所移転反対に付、所見を問ふ。悉く同意なり［車中より林道及営林署不転の件を城所村長へ通知す］。

建設省砂防課に木村課長を訪ひ、本日査定に係る静岡県砂防工事に付、協力を求む。城東村濁川は同意を得、井原前村長等は既に退出しありたり。帰途、井原氏へ此事を通知す。

十二時二十一分発電車に乗る。高瀬郵政大臣と同車、選挙に関する打合せをなす。又富士山頂払下問題に付、⑴請願書提出の件、⑵放送局南江常務理事往訪の件を相談す。沼津にて別る。岡部長景氏に紹介す。

四時七分静岡下車、電車にて県庁に知事を訪ひしに、既に公舎に在り、公舎に知事を訪問す。先づ参議院立候補者に付、県地区の諸氏を問ひ、次に全国区よりする県人の氏名を問ふ。予は緑風会側として地区立候補なきも、全国区出馬者には高瀬郵政大臣あり、これが当選は絶対に必要なりとして、知事の意見を問ふ。知事も亦予と同意見なり。予は吉田首相、佐藤幹事長に対して、高瀬氏の為に要望したる内容を告げ、三上、足立両氏の立候補を認めざるやう希望せんことを以てす。予は右の趣旨実現の為、近く森田、田畑両氏と会見することを告げしに、知事も頗好感を以て迎へたるが如し。最後に、現に県内に侵入せる他地方候補者の実勢を問ひ、高瀬氏の現勢如何を問ひ、組織網の未整、顔見世の不足、大衆徹底の皆無なるを認識したり。尚予は小林武治氏との関係をも明にしたり。

静岡発五、五二分に乗り、七時掛川着、帰宅す［車中にて浜松機関区員遠藤善之助氏と知る。予の読める Stalin 伝に注意を惹きしが如し］。

三月一日(日)　雨　冷

九時半開会の報徳社常会に出席す。聴衆約九百、頗盛会なり。講演者は河井、神谷、丸山講師、土岐章氏［十二時二十九分着、三時三分発帰京］、服部源太郎氏なり。丸山講師の来講は、特に感謝すべきものなり。服部氏、対馬の講習を終りて帰社す。健康にして大任を果したるを欣ぶ。

午後一時より二時半まで第五回青年報徳講習会にて講義す。

宮沢嵓氏、渥美喜一氏より内山真龍翁贈位の件に付、要望を受く。

浜松市議林ひで子女史来訪す。皇居清掃出願に関してなり。

三時三分発電車にて上京す。土岐章氏と同車なり。

加藤虎之亮博士来宅（予不在）、紀恩帳を贈らる。

夜、増田完吾氏来訪、父君建碑に付、予に撰文を求む。加藤博士の校訂を得るを条件として之を諾す。

〔欄外〕吉田首相衆議院ヨサン委員会に於て妄言あり、問題激発す。

三月二日(月)　雨　暖

本会議に出席す。恩給法一部改正案に付、質問あり。内閣、法務連合委員会あり、出席す。

緑風会総会に於て藤野繁雄氏緑風会退会［自党入党の上、

立候補の為」を承認す。又候補者公認の件に付、高良女史を公認するに決し、其旨北原へ打電す。選挙対策委員会用の事務室并事務員採用に付、協議す。

中村幸八氏来訪、県地区候補者田畑政治氏を同伴す。田畑氏の為に予の積極的援助を求め、遠州に於ける事務長たらんことを求めらる。立候補には同意し、適当の援助は吝まざるも、事務長たることは謝絶す。予は高瀬大臣と組合せを求め、同意を得たり。

吉田首相は衆議院にて懲罰委員に附せらる［賛成一九一、反対一六二］。之は衆議院が儀礼を重ずるに由るに非ず、自由党内より起りたる首相弾劾なり。政策の争に非ずして劣悪なる醜闘なり。衆議院が其本質を遺却したる馬鹿野郎的行動なり。遺憾極りなし。

広川農相、松浦農林（東介）、越智厚生（茂）両政務次官は、憲法第六八条第二項に依りて首相より罷免せらる。自由党の自壊作用なり。

昭和二八年度ヨサン案は衆議院を通過す［賛成二四一、反対一九六］。

三月三日(火)　曇　暖

内閣委員会に出席す。保安庁法改正案に関し、対馬島の警備問題に付、他日の説明を求む。

大蔵委員会に出席し、参議院各派代表より提出したる国有立木売却代金の延納期を二年まで延長する法案に付、説明を為す［三浦議員も出席、説明す］。質疑を了し可決せらる（全会一致）。

森田豊寿氏と会見。同氏及田畑政治氏と高瀬荘太郎との組合せを依頼し、予の田畑氏援助の程度を明にす。又予の小林武治氏に対する態度をも明示す。会見終らんとする時、高瀬荘太郎氏も来会、懇談す。

山崎延吉氏に対し、三重県に於ける楠見氏運動の範囲を報告し、徳川宗敬氏の為に山崎氏の配慮を乞ひ、更に岐阜県にても援助を乞ふため、大久保寛一氏の往訪を告ぐ。大久保氏は明後五日往訪の筈なり。

大代川治水の為、金谷町長酒井実平氏、五和村長山田寛司氏、議長渡辺路平氏、議長伊藤利司氏、仲田万吉氏等十四、五人来訪す。先づ県土木部及青山士を煩すべき旨を勧む。

四時帰宅。祝品［青磁花瓶（箱入）、久松愛媛県知事贈］

を携へ、加藤虎之亮博士を訪ひ、夫人に面会し紀恩帳を贈られしを謝し、博士の光栄を祝して花瓶を呈す。又増田翁記念碑撰文を託し、之が校正を乞ふ。博士不在なり。

田子一民氏農林大臣に、水田三喜男氏国務大臣兼経審庁長官に任ぜらる。

三月四日(水)　曇　暖
本会議あり、十一時半まで開会に至らず。それは小笠原二三男氏が首相の懲罰委員会に附せられたるに付、政府并に首相に緊急質問を為さんとする件に付、賛否意見の対立せしに由る。緑風会は全会一致之を否決するの態度に出て、遂に議運にて首相、副首相の出席を求めて質問するに決したり。

十二時に近きて本会議を開く。質問ありし後、法案を簡単に議決す。予等の発議せし立木売却代金の延納期を延長する法律案は、全会一致可決せらる。

朝、大久保寛一氏来訪す。令弟　　氏就職に関してなり。高瀬氏へ紹介す。

東京都水越玄郷氏［都議、医博］来訪、東京地区にて参議院に出馬すと云ふ。石黒氏の紹介に係る。片柳氏と共に面会す。他日回答を約す。

全国治水砂防協会例会に出席す。徳川、赤木、次田、大河内、田中、小林諸氏出席す。

緑風会政務調査会に於て恩給法の説明を聴く。

スターリン蘇連首相は、去二日脳溢血を発し重患なりとの News を聴く。

三月五日(木)　晴　冷
内閣委員会に出席す。恩給法の一部改正案に付、当局の説明を聴く。
石黒忠篤氏の紹介に依り、京大名誉教授羽部義孝博士と会談す。和牛の大家なり。又石黒氏及田村文吉氏に紹介する為、林省三氏に十一日来京を求む。
二時、静岡県事務所にて静岡育英会評議員会を開き、出席す。徳川総裁、緒明、加藤、西、中山各理事及一木監事出席す。中山理事より本会の存立の根本義に関する発言あり、本会の将来を決定すべき事態となる。依て来十八日理事会を開くことに決定す。次で明年度ヨサン、財産目録を承認し、又役員の改選を行ふ。前役員の継続を決定す。

緒明副会長より、母堂記念として金二万円を寄附せらる。

予の実印遺失に依り、育英会所有の株式配当の受領、新規株式応募の困難を生じたるを以て、認印を以て之に代ふるに決し、塩島主事及中山理事に之を託す。

株式応募の為、六万五千円を要するを以て、映画用品［フィルム、黒幕］売却代二五〇〇〇円、緒明氏寄附金二〇〇〇〇円を以て之に代へ、不足額は予自ら二〇〇〇〇円を立替へて支弁することとし、之を塩島氏に交付したり。

四時より工業クラブにて、緑風会と経済団体連合会との意見交換会あり。遅れて出席す。連合会側よりスト規制、独占禁止法改正、税制、兵器製造法等に付、各種の要望提出せられ、五時過散会す。

六時、瓢亭方にて毎日新聞社記者四氏と会談す。緑風会側は河井、田村、館、片柳、野島なり。

八時半頃帰宅せしに、ます子より実印発見を聞く。欣幸の至なり。

去三日増田完五［吾］氏より依頼せられたる故父君の碑文の撰文は、本日育英会にて加藤博士より校訂せられて、交付せらる。

井出一太郎氏［長野県代議士、改進党、林業議員懇話会員］より、予に対して長野県某林業功労家［柳沢彦太郎翁］の為、頌徳碑の題字揮毫を求めらる。之を諾す。

三月六日(金)　快晴　寒

本会議ありしも議長参内の為、十一時過開会、十二時十分散会。予は宮中に在りて欠席す。皇后陛下御誕辰に付、奉賀の為十一時参内。拝謁を賜はり、おやさしい御言葉を頂く。又紋菓及煙草を給はる。別室にて御祝酒［赤飯、豚汁、野菜、さつま揚の甘煮］を給はる。

故田辺三郎平翁の為、従六位勲六等に叙せられたるを以て、遺族に代り記帳御礼を申上ぐ。

内閣委員会にては、政府より恩給法中改正案に付、逐条説明を聴取す。又厚生省設置法の一部改正案に付、提案理由を聴く。恩給受領者側各方面代表十名と会見し、切要なる要望の陳述を聴く。

林業議員懇話会にては町村合併案に付、林野当局より説明を聴く（予は欠席す）。

会書記長ヨシフ・ヴィサリオノヴィッチ・スターリンが重病の後、三月五日午後九時五十分（日本時間六日午前三時五十分）死去したことを告げる。
六日午前六時（日本時間正午）モスクワ放送

三月七日(土)　朝曇　午後晴南風強　暖

朝、鳥居清一氏来訪、就職に付目的を達せざりしも、配慮を謝せらる。

登院の途次、増田完吾氏を訪ひ、故次郎先生の記念碑文を渡す。

参議院読書室にて取調を為す。又スターリン伝下巻を借用す。

鳩居堂にて線香を買ふ。帰宅の後、長谷川直敏将軍を弔問して焼香す。

戸田こゆき（玄遊）と云ふ婦人、参議院に来訪せしも、予不在なりとて宅訪す。新宿中村屋の菓子を贈らる。

ソ連の政治組織はマレンコフを首相とし、十名の巨頭に依りて運営せらるるものにして、其中枢は首相の外四名の合議体として発表せらる。迅速なる組閣、強靭なる顔揃、天下を威圧するの概あり。

緑風会総会に於ては本日上程の諸案に付委員会の審査報告を聴取せし外、ガソリン税収入を以て、道路の修理費に充つる法案の可否に付、検討す。賛否両論対立す。

石黒氏と衆議院の現状に関し時局打開方法に付、意見を交換す（自由党は総務会を開き、広川弘禅氏の除名提案に関し、賛否両論激突したり）。而して会期不延長及重要議案の取扱方針に付ても懇談す。

中村達一郎氏、稲勝正太郎氏外一名来院、面会す。予に対して田畑政治氏の為に選挙事務長たることを求めらる。田畑氏が高瀬氏と共同行動を取るを条件として演説会には出席すべきも、事務長たることは固く謝絶す。

朝、野口氏を煩はして塩島氏を訪問せしめ、実印の発見を告げ、之を押捺したる証書二通を届け、昨日渡したる認印の返還を乞はしむ。然るに認印は中山氏の許に在りと聞き、中山氏に電話して実印の発見と、之が使用とを報告す。又認印は姑く中山氏にて保管せられんことを求めたり。

〔欄外〕ソヴエト同盟共産党中央委員会、ソヴエト閣僚会議及び最高ソヴエト幹部会は、党并にソヴエト同盟の全労働者に対し、ソヴエト閣僚会議々長共産党中央委員

〔欄外〕ソ連機構（六日モスクワ放送）

閣僚会議々長マレンコフ

閣僚会議々長第一代理（副首相）ベリア、モロトフ、ブルガーニン、カガノウィッチ

最高会議幹部会議長（元首）ウォロシーロフ

同会書記ペーゴフ、代理ゴールキン

内務省（保安省統合）ベリア

外務省モロトフ　第一代理ウイレンスキー、マリク外相代理クズネツオフ、国連常駐代表ヴィシンスキー

軍事省ブルガーニン　第一代理ワシレフスキー、シューコフ

内外貿易省ミヤコン　第一代理カバノフ、クムイキン、ジャヴァロンコフ

機械生産省サブロフ

運輸重機械生産省マルイシェフ

発電電気機械省ペルヴーヒン

（外に）

国家計画委員会議長クシチェンコ

全ソ労組評議会議長シュヴェルニク

ソ連共産党中央委員会幹部会

（正員）マレンコフ、ベリア、モロトフ、ウォロシーロフ、フルシチョフ、ブルガーニン、カガノウィッチ、ミコヤン、サブロフ、ペルヴーヒン

（候補）シュヴェルニク、ポノマレンコ、メリニコフ、バギロフ

同中央委員書記イグナーチェフ、コステロフ、シャタリン

ソ連最高会議第四回会議を一九五三、三、一四モスクワに召集。

ソ連共産党中央委員会、ソ連閣僚会議、最高会議幹部会の共同会議の上記の決定を上程審議する。

ソ連邦最高会議幹部会

ソ連邦共産党中央委員会

ソ連邦閣僚会議

署名

三月八日(日)　暁雨　三時頃まで晴　南風暖　四時より曇　西北風　寒

十一時、豊島ヶ岡に久宮様及秩父宮様の御墓参りをなす。

千葉に伊東博士の病状を見舞ふ。漸次軽快に向ふを見る。夫人及卓治氏、同夫人、三児にも会ふ。夫人に宮沢千丞氏令嬢の写真、履歴書を渡す。帰途、千葉駅まで自動車を供せらる。二時三十分千葉駅発、御茶水駅にて乗換へ、吉祥寺を経て井頭線電車にて帰る。四時四十五分池ノ上駅着、帰宅す。伊東先生に中村屋の菓子〔昨日戸田氏所贈〕を呈す。

三月九日(月)　晴　寒

朝、塩島金一郎氏来訪す。静岡育英会事務に付、打合せを為す。来十八日開会の理事会のため、ヨサン案、財産目録、貸借対照表を送付することを頼む。

登院、本会議に出席す。

緑風会会務委員会を開く。⑴議員立法調査手当を政務調査費として緑風会に醵出すること、⑵重要法案に付、政務調査を促進して会の態度を決すること、⑶会期不延長、⑷一定の期間を限り会員の出席を促すこと等申合せをなす。

選挙対策委員会にて立松嘱託に手当三万円、小宮手伝に手当一万五千円を呈すること。新候補者水越玄郷氏（東京）、藤田　氏（全国）等に付、報告あり。

内閣委員会に出席す。出席数少き為、派遣議員上条愛一氏及松原一彦氏より報告を聴く。

読書室にて調査を為す。

河城村長高木俊一氏、小笠郡代表として来院、陳情書（義務教育小学校教員法案反対）を出す。本会議を傍聴す。

〔欄外〕スターリン首相の葬儀の放送を聴く。マレンコフ、ベリア、モロトフ哀悼の演説を為す。

三月十日(火)　晴　暖

登院の時、ます子同乗、愛宕下に至り　先生の診察を受く。又日本銀行に中山均氏を訪ひ、去五日預置きたる認印を受く。

午前、午後予算委員会に於ける公聴会を傍聴す。

水野彦治郎氏、佐倉村農協長鴨川源作氏等二十余名と来院し、院内を参看す。

足立報徳社々長中野智厳氏の夫人来訪、十三日の講演会に付、打合をなす。

三時半より参議院支室に於て土居明夫氏（元陸軍中将）のスターリン亡き後のソ連の見透しに付、説明を聴く。有益なり。

帰途、木下辰雄氏を訪ひ、氏が一昨日後妻を迎へられたるを祝し、緑風会を代表して祝品［花瓶、代五五〇〇］を呈す。氏は夫人と共に不在なり。

歳費三月分を受く。ます子分月給を受け、之を同人に渡す。

社団法人全国和牛登録協会々長羽部義孝氏［京大名誉教授、農学博士］より最新の和牛なる冊子を贈らる。夜謝状を認む。

夜十二時、バートラム・D・ウルフの論文変転するソ連史を読了す［甚有益す］。

三月十一日(水)　曇　雨　冷
本会議に出席す。
内閣委員会に出席す。政府より提案理由の説明及恩給法内容の説明あり。

全国治水砂防協会有志会に出席す。次田、赤木、田中清一氏出席。

田中清一氏を院内に伴ひ、平塚運輸、戸塚建設両大臣に紹介す。平塚氏は不在。

林省三氏来院す。田村文吉氏及石黒忠篤氏に紹介す。

産業経済新聞社創立二十年記念会に出席す。社長前田久吉氏に面会して祝辞を述ぶ。竹下内閣委員長の車に乗る。

三時より西大久保［一ノ二四］、木村屋新宿工場に赴きしに、土岐章氏後援会は明日なりしと聞き、参議院へ還る。三宅坂より降雨に遭ふ。

五時半、文部大臣より瓢亭方に招かれ、饗応を受く。岡野大臣、両次官等より義務教育費小学校教員法案に付、懇談あり。緑風会側は堀越、山本、梅原、館、河井出席す。夜強風、豪雨。

三月十二日(木)　晴　冷　夜強風
十時過開会の内閣委員会に出席、政府の説明を聴取す。
衆議院大蔵委員会に出席し、参議院提出案国の財産の売払代金の支払に関する法律の修正案に付、提案の理由を説明す。

院内食堂に於て松村義一氏に面会す。

一時過、志太郡PTA代表六、七名と会見す。義務教育費小学校教員法案反対の陳情を受く。緑風会の態度を述べ、此運動の背後勢力に付、猛省を促す［昨夜日教組は、本日の教員ストを一票の差を以て否決し、其旨を全国に打電したり。PTAが此実情を識るの先要なるを痛告す］。

一時半より内閣委員の一員として中央気象台を視察す。台長より全体に亘る説明を聴き、各施設に付、説明を聴取す。同行者は竹下委員長、中川、上原、松原、村尾、河井なり。三時十五分早退す。

大久保百人町なる木村屋工場の土岐章氏後援会に出席す（三時三十分－五時）。新宿→吉祥寺→池ノ上、帰宅す。

夜、赤木氏より電話にてガソリン税を充当する道路修理に関する法案の建設委員会の経過及結果を聴く。依て之が取扱に関して、戸塚建設大臣及館哲二氏と電話にて打合をなす。又其内容を赤木氏へ電話す。

戸塚大臣と浜松、飯田間国道建設、伊豆循環［主として西海岸］道路速成に付、談話す。大臣より静岡浜松間海岸国道、掛川御前崎間鉄道布設ヨテイ線編入方法に付、内話あり。予は又小笠川下流改修完成の要望を提出す。

三月十三日(金)　晴　暖
貞恭院殿御命日に付、寛永寺墓地へ墓参すべきの処、国会用務逼迫の為中止、九時二十分登院す。

開会前総会を開き、各法案に付関係委員長の説明を聴取す。而して「ガソリン税を道路補修費に充てる法案」は月曜日に延期上程することに決す。

本会議に出席す。

十一時過、小塩孫八氏来訪。(1)千代田寮々長大高達三氏死去に付、其葬儀は寮葬とすること及予の弔辞を作り、小塩氏之を代読すること、(2)静岡育英会の処理を如何にするかに付協議し、(3)県内参議院議員選挙に付、打合せを為す。

十二時過、東京会館なる故幣原喜重郎氏三周忌追悼式に出席す。来会者百二、三十名、吉田茂、重光葵、片山哲、小坂順造四氏の追憶談あり、二時散会す。

二時半、内閣委員会に出席す。厚生省設置法の一部改正案外一件、大蔵省設置法の一部改正案を可決す。三時半、中途退席す。

四時半、梅田小学校に到る。高瀬郵政大臣は五時到着、直に講演を為す。次で予も報徳と郵便貯金に付て講演す。了て足立報徳社に於ける郵便局長更迭披露宴に臨む。来会者約三十名、簡単なる挨拶を述べ、辞去す。七時、瓢亭なる読売幹部を招待する晩餐会に出席す。来賓四名。緑風会側は館、片柳、杉山、河井、野島なり。八時半散会す。

帰京後の高良女史に面会す。

野党三派は不信任案を提出し、明十四日の会議に上程するに決す。吉田内閣は決戦態勢を整へ、解散を辞せずとの決意を固む。本日予期せられし三木幹事長と吉田首相との会談は、首相側にて緒方、佐藤両氏の立会を主張したるに対し、三木氏の不満を招き、竟に中止せらる。

三月十四日(土)　晴　曇　冷

昨日、野党三派より提出せられたる内閣不信任案は、本日衆議院の会議に付せらるることとなりしを以て、朝戸塚、高瀬両大臣及中村政務次官に、電話にて可否何れかの見透しを問ふ。何れも確たる答を得ず。両大臣に対しては、今朝九時より開かるべき閣議の結果を報告せらるるやう依頼す。

朝、加藤虎之亮博士及平野繁太郎氏より電話あり。何れも来十八日の静岡育英会理事会に欠席するに付、当日発表すべき意見を通ぜらる。

登院前、松井三郎氏来訪す。⑴育英会理事辞任の件［本件は来十八日理事会の後に於て取計ふ旨を答ふ］、⑵田畑政治氏の為に推薦人たること［承諾すべきも、本人の直接申入を希望す］、又神戸定氏、望月　氏来訪す。田畑氏の為に推薦人たることを求めらる。松井氏に答へたると同一のことを答ふ。

緑風会にて高瀬郵相の来訪を受く。閣議の結果、不信任案可決の場合には、政府は直に衆議院を解散す。其結果四月十九日総選挙を行ふ。而して参議院議員の改選は四月二十六日に行ふ。参議院の緊急集会を求め、一切の政策を含まざる最小限の予算二ヶ月分案を提出すとの報告を受く。依て直に此事を在院したる会員の集会を求め、報告す。

竹山代議士来訪す。三好始氏の為に推薦人たることを石黒忠篤氏に依頼し、承諾を得たり［依て此事を三好氏に通告す（氏不在なり）］。予は又参議院の選挙に関し実相を竹山氏に報告す。

千代田寮長大高達三氏死去に付、嗣子富美夫氏宛弔電を発す。

一時発急行に乗り、浜松に下車し、十字堂に至り、予て修繕を依頼したる腕時計を求む。未成らず。依て明朝浜松駅通過の時刻を告げ、車中にて受取ることを依頼す。

浜松五、五〇発にて帰宅す。

夜、衆議院の議事を放送にて聴く。八時三十五分、衆議院は解散せらる。不信任案の表決は総数四四七［白票二二九、青票二一八］、即ち十一票の差にて可決せらる。提案理由説明者北村徳太郎氏、反対周東英雄氏、賛成浅沼稲次郎氏、原彪氏。

重友は東京蔦ヶ谷龍太郎氏より三び電話を受け、其度毎に必要なる処理を為す。又明早朝染葉増夫氏、明早朝発にて上京の予定なるを以て、之を中止せしむる為、倉真村へ往復す（自動車）。

三月十五日(日)　晴　冷
六時二十七分発にて豊橋に至り、九時三十五分発バスにて野田村法華寺なる参遠農学社東参支社総会に出席す。社長山崎延吉氏と出会ふ。簡単なる昼食の後、約四十五分に亘り国会の状態を説明し、急速改革を行ふため来月十九日の総選挙に於ける国民の態度を要望す。一時十分講演を終りて辞去。仁崎口にて豊橋行バス［一時二七発］に乗る。二時二十三分着駅、三時一分発急行にて上京す。七時五十六分品川着、帰宅す。
豊橋より横浜まで木村武氏と同車す。車中、佐久間ダム建設の為、水浸被害地の賠償問題等に関し説明を聴く。
朝比奈美弥子来り、一泊す。

三月十六日(月)　雨　冷　朝指先麻痺す　診察を受けしに異状なし　血圧一三九―七〇
朝、田畑政治氏来訪す。氏の為に推薦人たらんことを求めらる。之を諾す。又予の氏名を初頭に記すやう希望せられしも、之を断る。
植村実氏、蔦ヶ谷龍太郎氏、加藤年雄氏［松田喜一氏の革新農法者］、富士宮市議会議長村瀬茂氏来訪。何れも緑風会内にて面会す。
会務委員会及選挙対策委員会を開く。了て総会を開き、(1)藤野繁雄氏退会の挨拶、(2)高良女史帰西の挨拶、(3)公認候補七名［全国区四名、地区三名］の承認、(4)緊急集会の議案の取扱協議を行ふ。

愛知大蔵政務次官来室、緊急集会に附議すべきヨサン案の内容と編成方針を説明す。其中に義務教育費計上に関し、緑風会と根本的に意見を異にする廉あり。予は次官に対し此状態を閣議に報告して再考することを求め、改訂不能ならば国務大臣の説明あるべきを求む。愛知次官之を承認して去る。

緑風会にては夕刻議院運営委員会よりの報告を聴き、其結果、予は緒方長官を大臣室に訪ひ、緑風会の意向を伝ふ。其後議運にては、政府は予定の態度を改むることなきも、修正を認むることを暗示したりとの報告を受く。

総会を開くには在院会員少きを以て帰宅す。

政務調査会にては明朝此問題を審議するに決す。

緑風会の結成と其性格を説明すべき冊子の原稿を校訂す。

鳩山氏、新党の組織を発表す。自由党は広川、植原、田中彰治の三氏を除名す。広川氏の一味は新党に加入する意向なり。

三月十七日(火)　小雪　午後晴　寒
昨夜一時覚眠、六時前まで睡眠せず。終日心気悪し。

朝、昇三郎来訪す。九時半、自動車に同乗を約せしも、運転士病者多きため車繰悪しく、遅れて到りし為出発す。

十一時より緑風会の会務委員会及総会を開く。参議院の緊急集会に提出せらるべき法案及ヨサン案中、義務教育費国庫負担法の取扱は、吉田内閣の政策の一部を実施するものとして疑義あり。結局、緒方官房長官を招きて懇談を遂ぐ。政府は高瀬郵政大臣を派遣したるも、会員の満足を得難かりしに由る。緒方長官は、結局緑風会の意見を尊重するの外なからん。次に公職選挙法百一条五の規定は、緑風会より立候補する者の政治活動を妨ぐるの結果を招くとの見地より研究を為す。其間、奥野法務局長、松村公職選挙審査委員長松村真一郎氏の意見を聴く。又自治庁選挙部長金丸三郎氏の報告ありしも、確然たる結論を示さず、未定の儘となる。

緑風会員及公認候補者の届出用紙を用意す。会印及予の認印を用ふ。

来院面会者は、土岐章氏及神田博氏なり。

三月十八日(水)　晴　寒

静岡育英会理事会には出席し難きを以て、早朝電話を以て江川、中山、増田三氏に電話す。又緒明、児玉両氏へは通話出来ず、平山氏は転地療病中なりと云ふ。昇三郎及公二君来訪す。同車、赤坂見付にて別る。昇三郎は今夜帰阪すと云ふ。

参議院の緊急集会は十時過開会、議席を指定して直に休憩す。再会の後「期限等の定のある法律につき当該期限等を変更するための法律案」特別委員会の設置を議決し、委員二十五名を指名して散会す〔十二時四十分〕。

午後一時半、右特別委員会は委員長互選を行ひ、予は委員長に当選す。次で理事五名（指名）を選定し、政府側〔江口総理府官房副長官、林法制局次長〕より提案理由及法案内容に付説明を聴きたる上、総括的質問に入り、三時半散会す。

緑風会総会までは各種重要案件を協議す。総選挙に際し参議院の候補者の運動制限に関する法律解釈は、好転しつゝあり。

後藤文夫氏、菅沢重雄氏、大竹房吉氏〔横須賀町議会長〕、岡本恒夫、小川利作〔佐倉村中学教諭〕、清水操一、熊切悳寿郎〔佐倉村小学校長、同教官〕来院す。

竹下内閣委員長より中食の饗応を受く。

静岡育英会の理事会に出席す。緒明、西、神谷、松井、一木諸氏残留す。諸氏の意見を聴き、今後の措置を協議す。其結果近く知事を訪ひ、親和会との関係調節を質すこととなる。

帰途塩島氏来訪、所要の書類に調印を与ふ。

田畑政治氏、衆議院に鞍替すとの報告あり、森田氏之を確言す。奇怪なり。中村幸八氏に電話し、氏より詳細を聴く。戸塚九一郎氏へも此事を電話す。

夜、中山吉平氏より電話にて明朝の来訪を聞く。用件は戸塚氏の為に予が選挙総括管理人たること要望の件なり。之を断る。

夕、伊佐勇松氏来訪す。深夜、片岡七蔵氏来泊す。

ます子をして一月分恩給三八　　を受取らしむ。又舘林に運動資金を贈る。

三月十九日(木)　晴　暖

朝、中山吉平氏と電話す。昨夜電話の結果に基き、中山氏等は予に対して戸塚氏の為に協力を依頼し、且事務長は予を煩はさず、中山氏等に於て担任する為に上京せりと発表することを勧告す〔四氏来院、戸塚氏後援会長たらんことを求む。之を諾す〕。

本会議に出席す。午前及午後の二回あり、法案三件を可決す。中山氏等の為に本会議并予の委員長たる特別委員会の傍聴を取計ふ。午時、食堂にて小餐を呈す。

期限等の定めのある法律につき当該期限等を変更するための法律案特別委員会は、十一時より六時十五分まで開会し、質疑終了す。

正午、緑風会に於て会員の留別会を開く。予は任期終了会員に対し会を代表して謝辞を述べ、特に立候補する諸氏の当選を熱望す。佐藤議長、小宮山、岡、楠見、尾崎、島村、伊達、山本、高田諸氏の演説あり。食物簡なるも和気靄々たり。

新谷寅三郎氏母堂、昨日逝去す。依て弔電を呈す。

委員会席上にて緒方官房長官と隣座す。田畑氏衆議院に立候補するの事由如何を問ふ。田畑氏は本日上京する由を答ふ。

夜、木俣大孝氏来宅す。田畑氏の衆議院立候補の由を告ぐ。木俣氏の立場を問ひ、且何人を代表して予を来訪せしやを問ふ。言辞甚だ晦昧なり。予は中村代議士、田畑氏、中村達一郎氏、又は稲勝正太郎氏より此報告を期待する旨を告げ、浜松市有志が中村代議士を捨てたる事由を解せずと批評し、予に与ふるに市内にて批評演説会を開かしめよと要求す。木俣氏、困惑して去る。

中村代議士に右のことを電話す。

舘林は夜十時発列車にて大阪へ向ふ。明日大阪より乗車、佐賀へ帰る予定なり。

三月二十日(金)　曇　夕雨　南風強　暖

朝、塩島氏令息夫人来訪、育英会用件に付、予の押印を求む。登院の時、渋谷まで同車、用務を処理す。夕再来、去五日の役員会に於て予の立替金二万円を返却す。

緑風会総会を開く。舘政調会長より緑風会の政策要綱報告あり、之を決定す。会計報告も確定、明日以後の会務及選挙事務は残留会員にて処理するを得ることを申合す。又小宮山氏(一〇万)、外三氏より五万円宛を寄附せられ、選挙資金の調達に関しては山川良一氏の力多きことを発表す。

十時、予の担当せる特別委員会を開く(十一時開会)。討論に入り、共産党反対、自、社右、社左、改進の賛成あり。共産党を除き全会一致可決す。依て予算委員会に至り、委員長に之を報告し、又事務総長を訪ひ、委員長報告の為、本会議の開会を一時と決定す。

高瀬、徳川、田村諸氏と選挙運動の打合せをなす。特に高瀬氏の為に日程を作る。

山川、石黒両氏と運動方法を協議し、石黒氏と共に首相に会見を求む。首相は大磯へ去り二十三日帰京するに付、緒方長官に面会して緑風会立候補者［地方区四名、全国区三名］の為、首相の推薦、党友取扱を要望し、其回答を求む。緒方長官は田畑氏の件に付、困惑の内話をなす。

戸塚労相の来室を求め、明日以後の行動に付、打合せを為す。

森田豊寿氏と出会ふ。同氏より自由党公認候補者を聴く。其中に足立氏あり、田畑氏の公認は未定なりと云へり。

五時過、本会議を再開。岩沢ヨサン委員長より緊急ヨサン審議の報告あり。共産党の反対演説の後、多数を以て可決す。

佐藤議長より懇切なる挨拶あり。伊達源一郎氏より任期満了議員を代表して謝辞を述べ、六時散会す。

食堂にて留別茶会を開く。佐藤議長の挨拶、小串清一氏の謝辞あり。麦酒を乾杯して別る。和気満堂にして一抹の寂寥を感ず。

愛知大蔵政務次官に対し、富士山頂の処分の急速発令を促す。了承せらる。

中山純一氏の依頼に係る宮本博士へ中山　氏の治療依頼は、中山寿彦氏に依頼したり。

平野主事の求に依り、富岡村小学校職員の為、国会図書館の見学（二十二日）の便を与ふ。又国鉄勤務平野栄五［上内田出身］の為に早稲田大学夜学部入学の便を与ふ（早川慎一氏の紹介を得たり）。

帰宅後、舘林の為に松田喜一氏［八代郡昭和村］に応援依頼の書状を認む。野口　氏は本日午後発、佐賀へ向ふ。

歳費残額二二〇〇〇円及旅費二五〇〇円を受く。

夜、中村幸八氏より電話を以て、自由党本部に於ける公認候補決定会の状況を報告せらる。併せて田畑氏と会見せし要領を報告せらる。

退出に先ち佐藤議長を訪ふ。既に退出せられしを以て、帰途私宅を訪問す。夫人に面会して永年指導の恩を謝し、切に健康にして再選せられんことを祈る。又院内副議長室にて三木副議長と会見し、深甚なる感謝の意を述ぶ。副議長の参議院の性格論は、予の意見と全然一致す。

千田正氏に面会し、機を見て入会せられんことを求む。

三月二十一日(土)　晴　西風強　冷

七時出発、品川発七時四十七分浜松行湘南電車に乗る。満員にして国府津まで座席を得ず。Stalin 伝を読む。沼津にて勝又春一氏と同車、高瀬氏推薦を為す。又田畑氏衆議院立候補に対し厳しき批評を為す。勝又氏と静岡にて別る。氏は自由党候補者の公認決定会に出席すと云ふ。

藤枝に下車。電車にて西益津村稲川満蔵寺に於ける増田次郎翁記念碑除幕式に出席す。後藤一蔵氏等、東京よりの来賓もあり。午後一時開式、事業報告、読経の後、村長山口氏の式辞あり。次に来賓として予は挨拶を述ぶ。日本興銀監査役永松利熊氏外一名の祝辞あり。記念の撮影を為す。酒、料理、投餅一俵〔五十箇入〕及記念品〔アルミ皿〕を贈られ、又藤枝駅まで自動車にて送らる。藤枝二、二三―三、〇〇掛川。直に帰宅す。藤枝より掛川までの車中、内田明氏、内山竹蔵氏と同乗、下車の時世話せらる。

戸塚大臣は管下事業視察の為、昨夕静岡に来り、本日は藤枝、島田、金谷等にて陳情を聴き、四時掛川に着す。それより町内を車行し、中村を経て大坂村小学校に至り、小笠川改修工事等に付、関係村長〔山崎昇二郎大坂村長〕代表より陳情を聴き、簡単なる答辞を述べ、更に横須賀町役場に於て代表町村長石原町長より陳情を聴き、挨拶を述ぶ。視察箇所は菊川下流、橋梁、小笠川下流、西大谷川工事〔県道上〕、東大谷川〔車上〕なり。七時前、帰着す。予も掛川より同行、県道にて別れ、帰宅す。

三月二十二日(日)　晴　暖

八時半、戸塚氏事務所に出頭す。十一時まで報徳社に掛川地区自由党総会ありしを以て、其間斬髪をなし買物を為す。

十一時出発、戸塚氏と同車す。掛川−堀之内〔農高校〕−牛渕川−千浜村〔菊川下流〕−池新田〔農高校、地区自由党総会、竹内氏、高木氏、小田原先生〕−新野川−筬川−相良〔萩間川〕−川崎〔勝間田川〕−吉田町〔役場、湯日川〕−焼津〔瀬戸谷川〕−用宗。戸塚氏は静岡へ赴き一泊の上、明日帰京のヨテイなり。予は用宗より六時五十一分発にて帰る。車中空席なし、掛川まで佇立す。頗疲る。

金二万円を重友に渡す。

三月二十三日(月)　晴　驟雨　暖

昨夜、高瀬啓治氏へ電話にて、今朝来訪せられるやう申入れ〔高瀬氏方不通の為、浅間神社に連絡依頼〕しにより、朝九時三十分着にて来訪す。戸塚氏方にて面会す。先づ小野仁輔氏に紹介して、予の意図を告げ、協力を依頼す。それより高瀬郵政大臣の為に、去二十日編成したる事務視察日程に付協議を遂げ、各所に於て手配すべき有力者を検討し、又宿泊地に於ける講演会開催の手配を為す。啓次〔治〕氏には帰途斎藤知事訪問のこと及鈴与氏に此事の報告を頼む。郵政事務の視察は、名古屋郵政局長の配慮に俟つこととし、各地有力者へは予の名を以て、当日の手配を為すやう依頼書を発することとす。

高瀬氏と同車、掛川駅に至り、一時二十四分発軽動車にて二俣へ赴く。山梨駅長及自動車営業所長加茂敏夫氏の世話になる。加茂氏は、北遠開発連合藤森常次郎氏の来着を求め、明日の祝賀式の有無を問ひしに、之なしと答ふ。加茂氏は又熊村昌一郎氏に予の来着を報告し、特に迎車を出す。予は熊村村長の来着まで約二時間を利用して、藤森氏と共に横山橋架設の現場を視察す。

熊村氏と二俣駅々長室にて会見し、予の宅に来投せしむ。夜、熊村氏と閑談に耽る。

三月二十四日(火)　晴　暖

十一時、熊村氏と同車、掛川駅に到る。氏は十時二十二分発にて二俣町へ赴き、予は同時刻発にて袋井町へ赴き、小学校なる太田川原谷川改修工事起工式に列す。式は神式に依て行はる。参列者は関係町村長以下百名許あり。式終て工事報告あり、知事、建設大臣及予の祝辞ありて閉会す。

二時七分掛川に帰り、直に駅前の戸塚事務所に立寄り、程なく三時三分発湘南電車に乗りて上京、八時半着す。ます子は一昨二十二日、急行雲仙号にて佐賀へ帰れりと云ふ。

三月二十五日(水)　雨　冷

参議院に登院し、不在中の用務を弁ず。(1)稲玉むめ子計画、沼津赤十字奉仕団の議院及図書館参看の件、杉田専門員に託し、軍人恩給関係法案不成立に付、善後措置等なり。

新橋三鉱会館なる緑風会選挙対策本部に出頭し、山川、新谷、片柳、杉山四氏と面会し、選挙に関する各種の報告を聴く。赤木氏は兵庫県地区立候補者　　　氏を緑風会にて公認したるを憤り、予に対して善後措置を求めらる。

事務所来訪、選挙関係者左の如し。

鈴木要二氏、市原増吉氏。高瀬氏の為に静岡県内巡回の打合せを為す。

古谷敬二氏。恩給連盟野本品吉氏立候補に付、予に対して推薦者たらんことを求めらる。緑風会に入会を要望して同意す。

大久保寛一氏。山崎延吉氏〔二十日頃、岐阜方面の指示ある筈〕より指示なきを以て、如何すべきやを問はる。依て直ちに山崎氏に宛て照会状を発す。

朝、黒河内透氏代理　　　氏来訪、氏の事業に付、予の協力を求めらる。

朝、塩島金一郎氏の若夫人来訪、育英会の事務を処理す。

夜、緑風会の為に放送原稿を起草す。

石原民次郎氏に対して電報を以て、来二十八日引佐郡婦人会連合会の開否を問ふ。之と行違ひに延期の通知を受く。

〔欄外〕英国太皇太后 Mary 陛下崩御、三十一日ウインザー宮内斎場にて御葬儀。

三月二十六日(木)　晴　暖

朝、塩島金一郎氏の代若夫人来訪す。育英会所有株式受領証に捺印す。黒河内透氏の代某氏来訪、雑誌農村計画に付、予の協力を求む。他日を期す。

朝、小林次郎氏に電話す。不在なり。夫人と交話す。飯田市高安康祐博士のことを伝ふ。

高瀬郵政大臣より電話あり、来七、八、九三日間旅行に付、打合せを為す〔磐田市にて講演の件等〕。

新橋三鉱会館なる選挙対策本部に出頭、執務す。

夜在宅、明日の放送原稿を草す。

葉子、聖心学院英語専門部に入学す。

〔欄外〕宇垣一成氏、全国区より参議院立候補せし由、新聞紙に報導せらる。

三月二十七日(金) 晴 冷
朝、選挙対策本部に出頭す。十一時、毎日新聞社なるラジオ東京にて緑風会の本質に関して十五分間放送す。録音を取る。それより本部に還り、一時より電通ビルにて録音放送を為す。時刻十五分、十分の二種なり。
土岐章氏より電話あり、午後事務所に出頭して立候補取止の決意を告ぐ。資金なきに由る。新谷寅三郎氏応対す。
夜、時事新報の為に緑風会の本質に関する原稿を認む。

三月二十八日(土) 曇 夕雨 冷
参議院医務室にて左膝治療を為す。体量一三〆五九〇匁なり。

十時過、参議院に出頭、原稿の整理を為す。食堂に内閣委員附杉田氏其他全員を招き、茶菓を呈す。時事新報社員　　氏に原稿を渡す。

一時、選挙対策本部に出頭、二時退出す。四月十日までのScheduleを作り、本部及緑風会に示す。

事務局会計課に依頼し、二十七年分所得額届出書を作成す。

米国海軍司令官より、来月三日横須賀にて附属画家の作品展覧会に招待せらる。秘書課松村氏に託し、断状を発す。

近藤事務総長より烏柏苗を贈られしを以て、二本を雑司ヶ谷伊沢氏の墓前に植う。速に成木して翠緑紅葉が雑司ヶ谷の偉観たらんことを期す。昇三郎へ通告す。

帰宅の上二本を庭前に植え、二本を赤木正雄氏に呈す。

夜、朝比奈美弥子来泊す。

〔欄外〕朝、穂積真六郎氏来訪す。田中武雄氏の書状を持来る。予不在なり。帰宅の後披見せしに、田中氏は改進党に入党せし由の通知なり。

三月二十九日(日)　雨　冷　桜花咲初む

十時半頃、選挙対策本部に出席す。午後二時より都内に選挙事務所を有する各候補者を歴訪す。早川、小野、木下、楠見、岡本、奥、高瀬、次田、徳川、林、大須賀諸氏を訪ひ、本部との連絡を緊密にすること、事務所の所在を明瞭に標示すること等に付、注意を為す。野島貞一郎氏同車、世話せらる。

十一時過、官舎に緒方竹虎氏を訪問し、⑴緑風会の為に強力なる支援の要望、⑵田畑氏に対する態度［緒方氏及予］、⑶静岡県自由党の醜状、⑷政界積極的再編成の勧告等に付、意見を交換す。緒方氏は予の希望に応へて、衆議院議員選挙終了後に緑風会を支援する旨を答ふ。十二時過辞去。

母上の命日なり。明治四十四年の往時を懐ふ。

三月三十日(月)　快晴　冷

十時出発、登院す。庶務課にて私鉄及都営電車のパスを受く。

地方自治庁に金丸選挙部長を訪ひ、高瀬大臣の駿遠郵政事務視察旅行に予の関与する件に付、公職選挙法との関係を問ふ。部長は事務官松浦功氏を喚び、詳細検討を尽さしめらる［松浦氏は掛川町の出身なり。令兄鈴木氏は磐田農高校長なり］。

自治庁より退出の時、松野勝太郎氏、其他北遠の町村長に出会ふ。好都合なり。

選挙対策本部にて執務す。兵庫県地区候補芦田　氏、病気の故を以て辞退を申来る。楠見氏の得票に影響あり、善後措置を必要とす。

来馬琢道氏より立候補断念の申出あり。曹洞宗乱立の為なり。

早朝、小林次郎氏より電話にて、自由党が公認を遷延するを以て無所属より立候補すること、予に選挙事務長たることの要望を通じ来る。自由党の専恣は憤懣に堪へず。又事務長の要望を受諾することは迷惑なるも、承諾に決す。依て、⑴赤木氏に此事を告げ、砂防協会に於て小林氏を助けることを求め、七日早朝、次田、赤木両氏長野県に赴く由決定す。此事を小林氏へ電報す。⑵報徳、姻戚、知人等を小林氏に通告す。⑶緑風会の発行文書を小林氏に送付す。

午後二時より市内緑風会事務所を歴訪す。高橋（龍）外

七、八氏なり。其中、水越玄郷氏は葛飾区に、宮城タマヨ女史は経堂に在り。七時半帰宅す。
明早朝出発、帰村に決し、其旨を重友及高瀬啓治氏へ通知す。

昨夜十二時頃までに書了したる書物を長野県小県郡長村長、長村外一市八ヶ村共有財産組合長倉島蔵二氏（頌徳柳沢彦太郎翁之碑）、懸物（庵原村小長井　翁）軸物二を小笠原長治氏へ、報徳訓に落款代りに花押を浅岡源悦氏へ郵送す。

〔欄外〕皇太子殿下、四時出帆のウィルソン号にて御渡英の途に就かせらる。御安泰を祈ること切なり。

一時三十分、宮中に召されて参内す。百武、山梨、大谷、広幡、白根、八田、佐藤、木下、甘露寺、其他十八名にて殿下に祝盃《シャンパン》を挙げて奉送す。来席の国務大臣は水田、大野木両名なり。予は殿下の右第二席を賜はる。了て直に仮宮殿玄関（向て右側）にて奉送す。

玄関には両陛下も御見送りあらせらる。

皇居内は奉仕者、関係者奉送し、門外は一般の民衆歓呼して奉送す。

三月三十一日(火)　晴　夕曇　冷
帰郷す。五時起床、多量の荷物を携へて品川より浜松行湘南電車に乗り［葉子、品川駅まで見送る］、十二時半掛川着。直に戸塚選挙事務所に出頭、選挙運動の進行を聴く。

掛川二時七分発にて金谷へ赴き、町役場集会場にて戸塚九一郎氏の為に応援演説を為す。戸塚昌宏、愛知揆一、山菅正誠、　　諸氏出講す。予は演説後、大代川破堤の箇所を視察す。中山吉平氏同行、金谷町長案内す。

金谷四時十三分発にて浜松に到り、直に中村幸八氏の事務所に出頭し、同氏の状勢を問ひ、同志を激励す。又中村氏より田畑政治氏との其後の関係を聴取し、予が一昨日緒方氏と会談の内容を告ぐ。それより単身田畑氏の事務所を往訪し、同氏に面会を求む。同氏及選挙事務長不在、責任者在らず。依て予は在席の加藤忠七郎氏等に来意を告げ［道義無視の不可を警む］、加藤氏より直接本人が返答する旨を聴いて退出す。

中村氏の為に二ヶ所（事務所前、勧銀前）にて街頭演説を為し、小野近義氏を訪ひ（不在）、浜松七時三五分発掛川に帰り、戸塚事務所にて明日のことを打合せ、帰宅す。

来五日の先哲祭礼は、午後一時執行するやう時刻を更む[これは四日植樹記念行事に参加する為なり]。本日は身体倦怠、頭痛あり、甚しく精鋭を欠けり。但右鼻腔口に近く腫物を発し、疼痛あり。演説三回、声枯る[車中読書捗らず]。

四月一日(水)　晴　冷

八時出動、掛川町中心街十字路にて催されたる戸塚候補者の街頭演説に参加す。愛知氏の演説に次ぎ十余分演説す。それより事務所に入り、打合せを為す。

九時半掛川発列車にて浜松へ赴く。車中、森田豊寿氏の浜松へ赴くと同車す。同氏より田畑氏公認せらるるまでの経緯を聴く。

中村幸八氏の選挙事務所に入る。氏は十一時過来着の予定なりと聞き、其間バターを求め、又石津氏方に至りて腕時計の点検を求め、且其case直し代百円を支払ふ。

中村事務所にて弁当を食ひたる時、中村氏来着す。又小野近義氏も出頭したるに依り、氏と別室に於て田畑氏と関係の経過を告げ、又氏より実情を聴く。

十二時過、中村氏とSedanに乗り気賀町へ赴き、井口官一郎氏方にて有志と会見す。了て気賀町にてtruckより街頭演説二回を行ふ。井口氏方にて少憩の後truckの後を逐うて北庄内村某神社の祭典に入り、参詣者を対照〔象〕として車上演説を為す。相当の効果ありしものの如し。

中村氏と別れ、Sedanにて事務所に帰り、少憩の後、再び事務所前及勧銀前にて演説し、事務所に還り、六、三○発にて掛川に帰る。浜松よりは静岡教授鱸正太郎氏と同車す。

戸塚事務所に立寄り、運動進行状況を聴取したる後、車にて帰られ〔ママ〕、帰宅す。

八時半頃、浜松中村事務所へ電話を以て、出発前予の吹込みたるtape Recordは之を使用せざること及万一の使用を防止する為、recordを処理するやう中村氏に依頼し、同意を得たり。


四月二日(木)　晴　暖　桜花盛開　蛙声喧

朝、中村氏及同志に対して一書を認む。田畑攻撃は昨日までの程度にて中止すべきこと、予の攻撃中止は戦ひの節度にして、武士の心得より出づるものなること、田畑氏側より何等かの回答の有無に拘らず、予の攻撃中止は中村側より田畑側へ通知することを趣旨とす。尚郵便の遅着を惧れ、七時頃事務所へ電話を為す。

八時三十分、戸塚事務所に立寄り、八時三十三分発にて静岡に至る。宮崎通之助氏を訪ひ、第一区の選挙情勢を問ひ、政界革新の急務を語り、高瀬郵政大臣援助を頼む。

十一時過、千代田寮なる静岡福祉事業協会第二回理事会及評議員会に出席して会議を行ふ。三時、事業計画及ヨサンを議了す。

広瀬修造氏の自動車に同乗し、県庁に至りて斎藤知事を訪ふ。(1)田畑氏が衆議院へ転換したるは、森田、知事両人の計略なりとの説あり如何、(2)知事は高見、足立両氏を応援する為、積極的行動を執るとの説あり如何、を問ふ。知事は之を否認す。予は、各種の噂は畢竟県政に有害なるを以て、知事の自重を要望す。

秘書課青山於菟氏より、紺綬褒章下賜申請に対し催促を依頼せらる。

警察隊長　　　を其室に訪問し、(1)田畑氏変節の件、(2)足立氏豹変の件、(3)知事と森田氏との関係等を問ひ、(4)高瀬氏の七、八、九、三日の行動を述べて、違法有無を問ふ。

平喜商店を訪ふ。戸塚昌宏氏、松本東作氏在り。在岡掛中同窓会へ赴く。予はSuntory Whiskyを買ふ。代一二五〇円なり。店員に駅頭まで送らる。

戸塚事務所に立寄り、情報を聴取、徒歩帰宅す。

雛祭りあり、寿司を相伴す。佳味なり。

四月三日(金)　曇　午後より雨　冷

朝、戸塚事務所に立寄り、選挙の相談を受けたる後、上京の途に就く［八、三三は乗遅れ、九、三五に乗る］。

鈴川にて乗換へ、吉原市に川島悦郎翁を訪ひ、老夫人の逝去を弔問す。翁は案外元気なり。昼食を饗せらる［弁当、サンドウイッチを食ふ］。辞去、門口まで翁の見送を受け、駅まで省吾氏見送らる。鈴川に出て、一時　　分上列車に乗る。花見客などにて満員なり。二等車なし。

沼津着、直に上り急行に乗換へ、四時十八分新橋に下車す。

選挙対策本部にて最新の選挙状勢を問ひ、来十日上京、直に自動車にて群馬県に赴き二泊、十二日長野に至り、十四日夕帰京、十五日飛行機にて佐賀へ向ひ、大分、宮崎を廻り、二十二、三日頃帰京の予定を立つ。群馬県は飯島連次郎氏の配慮に依りて行動する予定にして、飯島氏不在の場合には、木村寅太郎氏配慮すと云ふ。

夜武藤弘氏来訪す。氏の需に応じ、氏を斎藤知事に紹介す。

夜公二君来訪、高橋龍太郎氏の選挙に付、報告あり。

原口神戸市長の命に依り、神戸市東灘区本庄町、神楽町一帯の低地に対し、排水計画を建てたる市灘土木事務所長より、布施氏邸附近排水計画に付、報告あり。

夜、赤木氏に電話にて明日千葉県下植樹行事参加に付、打合せを為す。

四月四日(土)　快晴　夕驟雨　暖

五時起床、原口神戸市長、灘土木事務所長及布施博士へ発状す。又神戸保氏来書、予の高瀬氏を煩して明治大学受験生入学のことを世話したる〔以下記載なし〕

六時三十分発車、赤木氏同乗、両国駅に至り、千葉県富津町海岸なる植樹記念行事に望む。駅にて日本林業協会事務員の世話になり、徳川宗敬、木内キヤウ、小宮山常吉、三浦伊八郎、藤岡光長、松野勝太郎、中山均、同夫人、諸氏と出会ひ、同行す。九時四十六分青堀駅着、特に与へられたる自動車にて富津町所在県公園内の海岸植栽地へ到着す。大野元議長、同夫人、農林次官、文部次官（?）、山崎恒、瀧井治三郎、平沼弥太郎諸氏と式場にて出会ふ。千葉県知事　　　　、楠孝平氏等は現場に在り、行事は緑化推進委員会及千葉県主催の植樹大会を行ひ、昼食の後、両陛下を奉迎して植樹を行ふ。両陛下の植栽の松苗には大野委員長、千葉県知事及予が御手伝申上ぐ。予の奉仕は今回にて三回なり。感激に堪へず。両陛下を奉送の後、特別手配の乗用車にて青堀駅に送られ、四時発、六時三十四分両国着、砂防協会の車に赤木、倉田両氏と同乗す。

緑風会選挙対策本部に立寄り、群馬（十日、十一日）、長野（十二―十四日）、九州（十五日―二十二日）行動を決定し、又高瀬氏の秘書井上氏と打合せを遂げたる上、帰宅す。

四月五日(日)　晴　冷

七時四十七分品川発湘南電車にて掛川に還る。直に戸塚事務所に寄り、報徳社に出勤す。一時より二宮、佐藤両先生の祭典を行ひ、次に表彰式を挙げ、二時半終了す［下阿多古村代表］。報徳学園、明朗会員、服部講師、樽井氏、下川根村小長井消防分団等の為に揮毫を為す。報徳社にて太田、上村、磯部三氏と会見し、第三区田畑氏の不信を告げ、予の態度を明にす。平喜百貨店にて駱駝シャツ上下（代五八〇〇）を求む。用紙、葉書、インク等を買ふ。選挙事務所に立寄り、明後日以後高瀬氏の行動に関し、清水市鈴与氏方の申出に齟齬あり。之を是正確定する為、明朝清水へ赴くに決す。

四月六日(月)　雨　冷

朝、中村選挙事務所へ電話し、田畑攻撃中止の行はるるやを問ひ、録音の破毀を求む。八時二十分、戸塚事務所に立寄り、打合せを為し、八時三十三分発にて清水へ赴く。鈴与会社常務青木秀太郎氏、駅に出迎ふ。会社に至り、鈴与社長に会見し、高瀬郵政大臣視察日程を検討し、清水郵便局長と共に静岡郵便局に局長渡部一夫氏を訪ひ、日程を示し、各所郵便局長に命じて手配を求む。局長より昼食天丼を饗せらる。食後、青木氏と八日に開始さるべきトラック宣伝車の巡行すべき道筋に付、協議決定す［此間鈴与氏は静岡ロータリー倶楽部へ出席す］。鈴木氏、青木氏と同車、七間町の平喜商店に至る。小栗一雄氏等在り。小憩の後、四時三十七分発にて島田へ赴き、甲賀安蔵氏方に至り、個人演説会前の休憩を為す。戸塚候補も亦来る。夕食を饗せられ、会場に至り演説を為す。弁士は小栗一雄氏、河井、松森英雄氏、物部薫郎氏、西広忠雄氏及戸塚候補なり。Jeep に小栗氏と同乗、東海道を西下、九時半帰宅す。

四月七日(火)　晴　冷　終日高瀬郵政大臣の管内視察に同行案内す

朝、掛川七、〇四－七、四六焼津。八時半、焼津市役所－山口忠五郎氏（不在）－藤枝町役場－青島郵便局－島田市役所－郵便局－金谷町役場－吉田町役場（弁当）－川崎町役場－相良町役場－池新田郵便局－町役場－佐倉屋夕食（投宿）、町公会堂講話会［七十名］。一行高瀬啓治氏、鈴木要二氏、市原増吉氏。

丸尾池新田郵便局長主催の晩餐会に招かる。

四月八日(水)　晴　冷　高瀬氏と同行案内

朝、小林次郎氏、浦野　氏、後藤文夫氏連絡所、横山正一氏及松野勝太郎氏へ発電す。

八時前佐倉屋発、平田へ向ふ。南山村役場前松下平八翁碑訪見―平田村役場―堀之内町役場―掛川町(戸塚事務所、郵便局、東遠明朗会、小笠郡部落農業指導者大会、郡町村長会)―袋井町役場―横須賀町(郵便局、神社参拝、役場)―福田町(観音寺遺族会大西友一郎氏方)―掛塚町役場―磐田市役所―山梨町役場―森町役場―二俣町(郵便局、役場、夕食)―下阿多古中学校[八時より講話]、松野勝太郎氏方泊[文明堂のカステラを呈す]。高瀬大臣十二時まで揮毫す。

宮本栄太郎氏、戸塚民平氏、掛川まで同乗。

清水隆氏、横須賀にて中食饗応。

大石文一郎氏、横須賀より磐田市まで同乗。

松野勝太郎氏等、二俣役場まで出迎。

下阿多古中学校講話は、河井、高瀬。出席二百。報徳関係者の会合なり。

四月九日(木)　晴　暖　全日車行

八時半松野邸を辞す。―引佐町役場―気賀町役場―三ヶ日町役場―東浜名村役場―浜名町(役場、郵便局[中食])―北浜村中学校―笠井町(役場、中学校)―浜松市商工会館―舞阪町郵便局―新居町郵便局―鷲津町役場―磐田市[竹山事務所、上林事務所]、開莚亭夕食、商工会議所講演(河井、高瀬)―戸塚事務所―宅。

松野氏は金指まで同車す。金指にて鈴木しげへ老婦人訪問、乾椎茸を贈らる。

大石文一郎氏、浜名町役場より終まで同乗。

浜松にて川上嘉市氏を見舞ふ。夫人も感冒に罹り、病後なり。

鷲津役場にて小林儀一郎氏に面会し、田畑表裡談を為す。中泉竹山事務所運動員は、中村氏の回復顕著なりと報告す。

磐田にて神谷方の安否を問ふ。無事なり。文吉君、開莚亭に来訪し、演説会場に来る。明石正雄君と浜松にて会ふ[会議所へ来訪]。

戸塚夫人より、舘林へ九一郎氏の贈物を託せらる。昇三郎、昨夜一泊、今朝出発す。

四月十日(金)　晴　暖

朝五時十九分発にて上京。十時三十八分新橋着、直に選挙本部に出頭す。

本部にては、(1)自宅と電話にて用務を了し、(2)群馬地区浦野候補応援打合せの結果を聴取す。(3)徳川宗敬氏事務所より大久保寛一氏の来訪を求め、愛知、三重、岐阜等出動のことを聴取す。(4)後藤文夫氏の東京事務主任横山正一氏の来訪を求め、予の大分行に付、大分と連絡を依頼し、又柏木庫次氏の大分県に於ける行動予定を確かめ、後藤氏より連絡する便を啓く。昇三郎は横山氏と懇知の間に在り、同伴来訪す。(5)赤木氏と電話を為し、予の群馬行を告げ、大石技官訪問に付、了解を求む。(6)其他、野田、竹下両氏の状勢を聴き、鳥取県　候補応援の方法に付研究せしも、日時許さず。他の会員を煩はすこととす。

十二時半自動車［運転士中沢　氏］にて前橋に向ふ。

四時同市田中町甲六一九なる浦野匡彦氏の選挙事務所に着す。直に事務氏、梅沢新造氏に面し、各種の報告を受け、今明両日に亘る予の行動を明にす。又二十一日徳川公来援に付、到着時刻、場所を明にせよとの伝言を伝ふ。

五時半、自動車にて高崎市成田山出張所に至り、個人演説会に於て推薦説明を為す。此中、浦野候補者来着し、挨拶を為す。了て演説す。前橋市元市会議員池畠義雄氏同車し、世話せらる。同所にて夕食を喫したる上、前橋市小柳町万屋方に於ける個人演説会に出席す。

それより暗黒を衝いて伊香保なる浦野氏経営の愛全荘に至り、投宿す。窓外細雨降り、濃霧屋を鎖し、静寂閑静なり。緩々と入浴し、池畠、中沢両氏と間話し、三人同室に寝ぬ。旅館の変更、尤我意を得たり。

四月十一日(土)　小雨　午後歇　上顎大臼歯痛む　依て服薬塗薬を用ふ

八時出発、渋川町なる利根川水系砂防事務所に大石所長を訪ひしに不在なり。刺を残し、来意伝言を頼む。

次に梅沢新造氏方を訪ふ。町長加藤功氏、町議総務委員長石坂《いしざか》文太郎氏、土木社長岡本仁三郎氏、県議［砂防協会副会長］木暮佐市氏と面会す。

次に同町に北部土建社長須田寿三郎氏を訪問したり。

前橋市に入り、営林局長浜野眺氏を訪ひしに不在なり。

総務部長神谷保彦氏に面会す。

浦野事務所にて少憩、執務し、石井清一氏、草津山田氏へ電話す。昼食後一時、伊勢崎市内某寺にて演説す。来聴者十三、四名のみ。次に桐生市本町六浄雲寺にて演説す。来聴者四十名［浦野氏夫人も挨拶を述ぶ］。此寺には椪大木あり、樹齢二五〇年、目通り四米、往年落雷あり、半枯る。

五時発、池畠氏及浦野夫人同車、大間々及大胡を経［元町長岡田義正氏訪問］て、事務所に帰る。

六時、事務所に着、事務打合せの後、本町油屋方に送られ入浴、夕食を為す。

八時、市内横山町小石神社社務所にて個人演説会に出席、演説す。九時過帰館、中沢運転士と同室に寝ぬ。

本部友野氏より電話あり、来十四日沼津市にて県議其他会合し、高瀬候補推薦会を開くに付、広島県出張中の高瀬氏代理として出席を求めらる。予は到底其日時なきを以て、別人に付考慮を求む。同時に浦野氏の形勢を報ず。

大胡町原田勘三郎氏、明朝七時来報の由、本部より通知あり。氏は県土木部大胡出張所に勤務せし技術官にして、報徳熱心家なり。

〔欄外〕愛全荘に烏柏種子五粒を贈る。女中に三〇〇円を与ふ。


四月十二日(日)　曇　軽井沢粉雪　強風寒気全身冷徹す
夜来強風、屋宇を震はす。五時起床、石井清、原田啓太郎、大石　其他へ推薦状を認む。又千葉石井信氏宛書状を認め、久留島村有志へ推薦状を発することを依頼す［これは事務所へ提出し取扱はしむ］。

友野氏に対し、高瀬氏推薦会出席者は、(1)山川良一氏、(2)高瀬令夫人［石黒夫人の同行を希望］、(3)高瀬啓治氏同行のことを申送る。書状は中沢運転士に託す。

朝七時、原田勘三郎氏、大胡より来訪す。報徳人なり［浜名町小松出身］。氏を浦野氏の事務所に連行し、援助を依頼す。富士見村石井篤農木暮松次郎氏所贈の蕎麦粉を贈らる。

旅館油屋は宿料を受取らず［事務所より支払ふと云ふ］。依て女中に金三〇〇円を贈る。高崎駅まで車行、中沢運転士を帰京せしむ。金千円を与ふ。又事務所より贈られたる二品及原田氏所贈の蕎麦粉は東京宅へ送らしむ。

十一時九分小諸駅に下車［小林氏よりの電報に依る］、柏原信《しん》、小林令夫人の出迎を受け、駅前の通運会社に少憩、打合せをなし、中食を取りたる上、宣伝車にて出発す。小諸、県村、上田［二回］、坂城、戸倉にて車上演説をなす。五時過屋代町着、宮坂采松氏方にて小林候補と出会ひ、宮坂氏より豚カツ丼を饗せられ、立会演説を了りて帰来れる小林氏と同車、令夫人も同車にて長野市に入り、五明館に投ず。

五明館には事務長吉田説勇氏、高野イシ女史［以上県議］外一名来訪、小林氏を中心として運動方法及選挙の見透に付、協議す。

四月十三日(月)　晴　昨夜降雪あり一cm　寒気強　少し頭痛あり

小林令夫人、自動車を以て迎へらる。八時発、選挙事務所に立寄り［候補其他出発、不在］、長野駅に至り、八時四十分発に乗る。小林夫人同行す。十一時十六分塩尻駅下車、小林氏の選挙車を待つ。二時に垂んとして未到らず、電話にて松本市に遅着せし由を知る。依て予は塩尻より辰野まで街頭演説を為すの予定を変更し、二時六分塩尻を発し、単独辰野に向ふ。三時十分辰野発、五時五十三分天龍峡駅下車、天龍峡ホテルに投宿す。

夕食後、牧嶋忠夫氏に電話を以て、明朝来訪せられんことを請ふ。又飯田市高安病院長高安氏に電話を以て、明朝往訪を約す。

四月十四日(火)　晴　桜花盛開　冷

朝、牧嶋忠夫氏、令夫人同伴、来訪す。又報徳社南信出張所主事松島薫氏［千代村、下伊那蚕種協組連合会天龍社組合長（鼎村）］は、牧嶋氏の電話によりて来訪。関谷守穂氏［川路村、報徳社講師］も来訪、小林次郎氏の説明を為す。

電話にて飯田市高安博士［康祐氏］へ打合せ、天龍峡一〇、三四発にて飯田へ向ふ。博士の需に応じて牧嶋氏同行す［関谷氏は時又下車、松島氏は鼎村下車］。高安博士は飯田病院長原農夫博士の来訪を求めあり、報徳の話を聴く準備を為し、鰻飯会食の用意を為せしも、原博士往診の為来らず。依て小林氏の人柄と自由党の専恣なる、氏を公認せざる経緯を説明す。高安博士は原博士と謀り、大に小林氏を応援することを諾せらる。

一時十四分飯田発に乗る。駅にて小林夫人の乗るtruckに出会ひ、夫人に前述の経過を略報し、且予と同車すべき者を求む。車中、本日の成果を詳記したる上、有力なる代表を南信に送り、牧嶋氏、高安博士の許に活動すべき旨を勧告す〔某学生と辰野駅にて別る〕。

八時半新宿着、九時過帰宅。不在中の用務を処理し、十一時過就褥す。

〔欄外〕烏柏種子を牧嶋氏及天龍峡ホテル支配人へ分与す。

ホテル宿料一五〇〇、女中二〇〇、バタ其他三〇〇。

泰阜dam埋没の為、出水時上流氾濫の実状を聴取す。

烏柏種子を高安博士に頒つ。

小県郡長村真田山家神社内、故柳沢彦太郎翁頌徳碑除幕式に招かる（不参）。

四月十五日(水)　晴　大阪以西雨　冷

早起、長野県応援の状況を認め、小林候補の実勢見込并将来の所属及小林武治氏誘致の方法に付、報告を為す。

自動車運転士に託し、之を本部へ届けしむ。

六時四十分発車、七時十五分羽田飛行場着。八時出発、大阪、岩国に着陸、一時十五分板付飛行場着。一也の出迎を受け、自動車にて四時半佐賀市松原町平川旅館に入る。

夕食の後県議会議長安永沢太氏〔改進党人、舘林事務所〕の車に同乗、藤津郡浜町知恩寺なる個人演説会に臨み、演説を為す。聴衆四十名。十一時舘林の自動車《トラック》に同乗、十二時平川旅館に帰る。

十二日長野県にて感冒に罹り、未快癒に至らず、アナヒストを服用す。声枯れたるも発熱なし。睡眠少しく不足す。

四月十六日(木)　晴　冷

朝、医師藤川氏より感冒薬の注射を受く。又指示に従ひアナヒスト薬を服用す。声枯れ、咽喉腫れ、少しく治癒す。漸次快調なり。

朝発電。戸塚、中村両候補に対し、衷心より当選を禱る。

発状。(1)後藤文夫氏、竹下豊次氏の両事務所に対し、予の予定を告げ、返事を求む。(2)鈴木寛一氏の来書に対し川島老人の憤恨を宥めることを依頼す。⑶緑風会選挙対策本部に対し、杉原荒太氏を緑風会に入会せしむるやう勧誘方を検討して、至急交渉を進められんことを求む。

朝、公舎に鍋島知事、横尾副知事及板谷秘書課長を訪ひ、挨拶をなす。副知事のみ在宅、少時面会す。

午後四時過、県庁に知事を往訪す。⑴徳川宗敬氏の伝言を告げ、一段の配慮を求む。中央官庁関係立候補者の不当推進実例、全国区選挙制廃止論強調を以て知事の苦境を述べ、尚一層の努力を致すべきを答へらる。⑵後藤文夫氏の後援に付ては、佐賀県より農業青年の応援〔夫々関係あり、不可能と云ふ〕、又松田喜一氏の応援が最有力なりと述べらる。⑶舘林の現勢は当落の間に在り、而して四日に亘る松田喜一氏の応援は、相当の効果ありしものと認むと語れり。⑷杉原荒太氏自由党脱退の事由及其影響を説明して、緑風会入会の可能性を述べらる。

発電。⑴後藤文夫氏に対し、松田喜一氏の応援を受くることを勧告す。⑵松田喜一氏に対しては、後藤氏の応援を申入る。

夜八時、市外巨勢村小学校に於て開会せる舘林個人演説会に出席、演説す〔県議川原誠氏（東川副村）同車〕。出演者は川原県議、河井、安永議長、舘林なり〔聴衆八〇名〕。

舘林は十二時頃出発、有田へ赴く。ます子も夕有田へ向ふ。

〔欄外〕鍋島知事に烏柏の種子を呈す。山崎の説明書を添ふ。

薄青色のワイシャツを求む。代一一〇〇円なり。

四月十七日(金)　晴　冷　感冒概ね治癒せしも咽喉腔脹未去

朝、県庁に土木部長近藤勇氏を訪問す。帰途、書店にて子規歌集病牀六尺を求む。

夕刻まで在宿、演説原稿を修正す。

来訪。最所亀之助氏〔三養基郡北茂安村〕（予の佐賀県庁勤務中、予を知る人）、田中林太郎氏〔同村の人、最所氏同伴〕、藤吉庸司氏〔傷痍軍人、南茂安村〕（報徳渇仰者）、古川義高氏〔神埼郡城田村、九大農学部卒業〕（報徳渇仰者）、諸隈元氏〔故宗雄氏嗣、赤松町二四九〕（元食糧配給公団佐賀支局総務課長）。

舘林は五時頃有田より帰来る。ます子同伴なり。直に

truckに乗り市内へ出動す。今夕七時二十分より市内公会堂にて立会演説会に出席す。

予は中川副村早津江妙楽寺の演説会にて応援演説を為し、又犬井道町真照寺にて演説す。聴衆、前所三十人、後所七十人なり。十一時半帰宿。舘林は前記演説会より帰り、十二時頃出発、有田へ赴く。

四月十八日(土)　曇　冷　咽喉全治に至らず咳繁し　朝藤川輔一先生を訪ひ検尿を依頼す

十時二十四分発にて武雄に至り、簡易裁判所に旧知判事馬場源太郎氏を訪ふ［山口にて乗換を誤り鹿島に下車、バスにて武雄へ赴く］。淡々たる会見をなす。中食を了へ、バスにて佐賀に還る。少しく疲労す。依て一時間許り昼寝す。

後藤氏、竹下氏より電報にて、予の来援を求めらる。依て両氏に対して予の到着日時を電報す。

舘林は六時頃帰来、新道幼稚園及永瀬町西念寺の演説会に於て、最終の演説を為す。予も両所にて演説す［近藤土木部長、官房辻吉太郎氏来聴す］。

夜、安永、久原両参謀、称念寺住職西村常純氏等来集し、西部日本記者梶原氏を中心として各候補者の得票予想を為す。

舘林は当選確実なるが如し。

四月十九日(日)　曇　小雨　後晴

朝、安永沢太氏［事務長、県議長］、久原明氏［前事務長、土建］及鍋島知事を訪問す。本日出発に付、挨拶の為なり。安永氏に面会、久原氏は駅頭に来り、見送らる。

久原氏より帰途佐賀県食糧事務所に立寄り、所長に予の名刺を渡されんことを求む［日曜日、全員不在］。駅前通りに楠見義男氏の事務所を索めしも、遂に得ず。依て見送りの野口氏に伝言を頼む［楠見氏応援の為なり］。

佐賀発一一、〇三［準急］に乗り、小倉にて乗換［準急］へ一七、〇四大分に着。駅にて廿四日上り霧島号寝台入手の手続を了し、後藤文夫氏の事務所に到る。

後藤氏御夫妻不在［出動中］、事務所にて後藤有氏［大分市白木］、三ヶ尻喜六氏［東京中目黒四ノ一四五六］、牧田喜義《ながよし》氏［吉祥寺六〇〇］諸氏に遇ふ。それより旅館長芳方に案内せられ、出動の要求を待つ。丸山鶴吉氏は十七日当地に到着、未だ出動せず。予の来着を聞き、大分駅に出迎へられしも、遂に遇はず。是れ予が寝台券入手の手続中なりしに由る。

丸山氏より後藤氏の選挙形勢を聴き、安堵す。丸山氏は又松本勝太郎氏が別府市内の別荘に在り、丸山氏に予を連行一泊せよとの強要ありし旨を告げらる。依て後藤氏の優勢に信頼して、松本氏を訪ふことに決定す。

旅館にて坂本迪蔵氏［赤坂溜池一ノ四、日本新生相互会々長］出会ふ。氏は会顧問丸山氏を訪問せるなり。夕食を共にし、大蒜製生命素を紹介せらる。

四月二十日(月)　快晴　暖

朝、細田大分県知事を公舎に往訪す。丸山氏同行せらる。後藤氏の優勢を聴取す。又徳川宗敬氏の伝言を告げ、一臂の助力を依頼す。烏柏種子を頒ち、試験場に託して普及されんことを求む［橋本清之助氏も来訪す］。

後藤氏御夫妻に出会ひ、大分市及近郊鶴崎町、大在、丹生、佐賀市、別保、明治等の諸町村を連呼し、又要所に於て車上演説を為す。弁士は後藤氏、同夫人、同令嬢、丸山氏及予なり。二時市内に還り、事務長首藤定氏［大分市中島五条］の宅に入り、中食（寿司）を饗せらる。食後車上の人となり、大分市の一部を連呼して別府市に入り、隈なく各街を連呼し、又要所に於て演説を為す。

昨日の衆議院議員選挙の結果漸次判明し、舘林の当選を聞き歓喜限りなし。又安井大吉氏の当選、広川弘禅氏の落選、北村、楢橋等の落選を聞く。中村幸八氏当落如何、最関心事なり。

六時過、別府市松本別邸前にて下車、丸山氏と共に松本氏の客となる。夜、亀の井に請せられ、洋食を饗せられ、別棟に一宿す。丸山氏と同室なり。松本氏側接待客は三浦久作氏［旅館富士吉主人］、伊集院久氏［松本建設常務、福岡駐在、関門隧道開鑿者］、佐藤忠夫氏［朝日産業社長、工場坂ノ市町、宅大分郡判田村］、寺田辰次郎氏［鶴見丘温泉土地建物常務、別府市流川通八丁目等諸氏］にして、何れも松本氏関係事業者なり。

連日悪戦苦闘を続くるの際、斯の如き清閑を得たるは松本氏の賜なり。

四月二十一日(火)　快晴　暖

朝、亀の井ホテルにて衆議院議員選挙の結果を知る。戸塚、中村の当選、太田、田畑の落選を知る。又高見も落選す。「民の声は神の声なり」、真に民主主義の価値を見る。歓喜に禁へず。午後、宮崎ホテルに入り、舘林、戸塚、中村へ祝電を呈し、又安永、久原両氏へ謝電を発す。

寺田辰次郎氏は、予の為に昨日手配し置きたる寝台券を別府所在交通公社より受取り、交付せらる。代金は松本氏負担せらる。宿料其他一切同氏支払はる。厚意余りて恐縮の至なり。十時発車、十時十六分別府にて都城行急行列車に投じ、三時十一分宮崎に着す〔竹下氏令息延岡まで出迎へらる〕。

駅より直ちに宮崎ホテルに送られ、竹下氏選挙事務所より本日の行動予定を聴取す。即八時より生目村及酒谷村の演説に出席し、竹下候補と共に福島町竹下家まで車行する計画なり。予は田中知事往訪、相川代議士面会の希望を告ぐ。ホテルに休憩、晩食を喫す。

県庁に田中知事を訪ふ。不在なり。副知事高橋道夫氏に面会す。総務部長不在。知事を公舎に訪ふ。⑴竹下氏の形勢を聴取す。⑵徳川宗敬氏の為に配慮を依頼す。⑶鳥柏種子若干及説明書を呈し、合理的普及を依頼す。

相川代議士を其邸に訪ふ。人事課知事秘書北郷申吾氏を煩せり。⑴当選を祝し、旧来の党観を打破して解党し、各党有志の大同結成を勧告す。⑵竹下氏の為に支援を求む。

宮崎ホテルにて夕食の後、宮崎郡生目村〔役場、四十人〕及大淀町〔公会堂、一〇〇名?〕の個人演説会に出席す。案内者は川野雄三氏〔竹下氏事務長、市内鶴島町〕、黒木芳郎氏〔県議、日東機工社長、岩切章太郎氏令弟〕なり。此演説会にて竹下候補と出会ひ、十時出発、竹下氏同車にて一時頃、福島町今町なる竹下邸に着、一泊す。東京より徳川氏危し、手当せよとの電話を受く。

朝、別府駅頭まで松本氏、寺田氏及丸山氏の見送りを受く。丸山氏は午後箇人演説会に出席の筈にして、今朝は高崎山万寿院〔別院〕に至り、野猿の群を見物する筈なり。予は時間なきを以て割愛す。

〔欄外〕竹下邸にて東京大久保氏より竹下事務所取次の電話を聞く。即ち「徳川氏危し、万全の手配願ひたし、大久保」とあり。又佐賀の息子さんに手配頼むとの言もあり。

四月二十二日(水)　晴　半曇　暖　無風

昨夜東京よりの電話に関し、(1)竹下氏の配慮に依り、宮崎県にては県森連及田中知事に依頼することとし、(2)早朝田中知事に電話を以て右のことを依頼し、同時に知事を煩はして大分県細田知事及佐賀県鍋島知事に電話を以て右のことを告げ、極力配慮するやう要望せられんことを申入る、(3)大久保寛一氏に打電、「宮崎、大分、佐賀各県知事に依頼した、丸山、山崎、浅岡、瓜生等に依頼せよ」と返事す。

八時半、宣伝車に竹下氏と同乗出発、福島町を初めとし県南四町村を連呼し、又各要所にて街頭演説を為し、飫肥、油津を経て海岸道を北上、内海町、青島等を経て六時宮崎市に入り、三ヶ所にて街頭演説を行ひ、竹下事務所にて夕食を喫し、八時市内盲学校なる個人演説会に出席、九時過ホテルに帰る。

四月二十三日(木)　快晴　薄暑　無風　昨夜快眠　本日心気豁然

朝、電報にて明日の松影会に欠席のことを通告し、又小林、浦野両候補の当選を禱る。其他中村代議士及重友に霧島乗車の旨を電報す。

竹下候補は、午前中は市内を縦横に連呼し、午後三時より個人演説会を開く予定にして、三時まではホテルに在りて休養し、且日記其他の整理を為す。

三時より竹下候補の宣伝車に乗り、市内各所に街頭演説を為す。一旦帰宿、入浴、晩餐の上、七時五十分出動、個人演説会に出席す。即浄土院［八、一五—八、三五、聴衆二〇〇人］、千崎氏宅［八、五〇—九、一〇、六〇人］、花の島公会堂［九、二五—九、四五、四五人］にして十時過帰館。竹下氏の令息［長男］同伴せらる。

松田喜一氏に対して謝状を呈す。又青山士氏の病気を見舞ふ。

烏柏種子を岩切章太郎氏に呈す。氏は感冒の為、使者後藤広志氏に渡す。又五粒をHotel Managerに呈し、Hotelの美観を加ふることを慫慂す。

竹下氏の当選は確実なるが如し。街頭演説、個人演説会及随所住人、行人の態度に就いて明なり。只徳川氏の安否を憂ふ。此地にては県森連常務岩下資英氏の配慮に依るのみ。

四月二十四日(金)　快晴　冷

朝、田中知事へ帰京に付電話にて挨拶を為す。竹下氏の事務所に立寄り、宮崎駅に至る。田中知事、竹下候補、令息、令嬢、黒木芳郎氏等見送らる［宿料其他五千八百余円は、竹下氏支出せらる］。九時十分宮崎発、十九時二十二分小倉着、二十時二十九分発霧島号［一等寝台］に乗り、帰京す。宮崎より小倉に至るの間、車中次第に混雑を加へ、暑気強く、塵埃に悩めり。又往路には弁当の適当なるものなきを以て、ホテルにてSandwichを作らしめ、甚好都合を得たり。竹下令嬢より乾椎茸を贈らる。

四月二十五日(土)　快晴　冷

昨夜快眠、六時起床す。山崎巖氏、夫人と共に車中に在り、選挙に関して意見を交換す。大阪より大橋武夫氏、夫人と共に同乗す。又名古屋より朝香鳩彦殿下乗来り、熱海にて下車せらる［中村幸八氏、夫人、義弟、秘書、浜松駅頭にて送迎す］。

参議院議員選挙の結果、次第に発表あり、緑風会所属議員の減少著しきを憂ふ。新橋駅にて下車、直に選挙対策本部に出頭し、無所属当選議員の誘引に付相談す。山川、赤木、片柳諸氏あり。小林次郎氏、浦野匡輔氏、水越玄郷氏落選、小林武治氏優位当選、森田豊寿氏下位当選す。後藤、竹下両氏に祝電を呈す。全国区開票の結果は不明なり。只宇垣大将の飛躍的得票に驚く。従て又次田大三郎氏、田中武雄氏の運命甚危きを憂ふ。高瀬氏は当選圏に入りしが如く、高橋龍太郎、徳川宗敬、木下辰雄、岡本愛祐、楠見義男諸氏危し。

七時頃帰宅す。泰治滞在一週間に及ぶと云ふ。「おたふく風」に罹りあり。一也は昨日帰京せりと云ふ。一同元気良し。入浴、臥床す。

四月二十六日(日)　晴　冷

朝、高瀬荘太郎氏、戸塚九一郎氏等に電話し、小林武治氏誘引の方法に付、相談す。

朝、曽我村平野橋本季広氏来訪す。村社熊野神社の幟に揮毫を頼まる。東京にては不能なるを告げ、他日を約す。且繁忙無比なり。

九時、赤木氏と同車し、選挙対策本部に出頭す。山川、赤木、杉山、片柳諸氏と謀り、無所属当選者の入会勧誘に着手す。又千田、杉原両議員にも勧誘す。諸氏は各手別けして其事を行ふ。楠見、柏木両氏の当落不明にして、夜に入り両氏は何れも三年議員となりしを知る。横山ふく、野本品吉両氏を往訪す。又緒方副総理を訪ふ。何れも不在なり。

夜、三木与吉郎氏より返電あり、「当選した、宜しく頼む」とあり。

夜、福岡野田俊作氏より電話を以て、当落、特に楠見、柏木両氏に付き、問合せあり。予は松野鶴平氏に伝言を依頼す。

夜、塩島氏令息来訪、書類に調印を求めらる。又評議員会に関し相談あり。五月二十日前後に於てせんことを答ふ。

大分市坂本迪蔵氏より生命素二ヶ月分を送り来る。

泰治、おたふく風未だ治せず、堀先生の手当を受く。

博士論文起草費補助として金壱万円を与ふ。

四月二十七日(月)　晴　薄暑

朝、赤木正雄氏と同車登院。九時半、緒方副総理を官邸に訪問す。⑴緑風会入会の勧誘に協力を要望、⑵田畑氏に対する心境説明、⑶舘林に関する謝意、⑷政党有志の大合同等に付、意見交換をなす。赤木氏は砂防会館の使用に付、申入を為す。

十時過より総会を開く。出席者十五、六名、新入会林了氏、加賀山一之氏来る。予は緒方氏往訪の内容を告げ、緑風会入会勧誘は、会員の担任により急速の実現を求む。其結果、分担成る。尾崎行輝君来会、告別せらる。

又松村真一郎氏、中央選挙管理委員会に於ける全国区選挙の結果を報告せらる。

午後二時過、議員会館予の室にて後藤文夫氏の来訪を受く。緑風会入会に付、暫く留保せらる。予は成るべく速に入会せられんことを求む。

四月分歳費及秘書の俸給を受く。

泰治は夜八時三十分東京駅発にて大阪へ帰る。

夜、長野県長村村長倉島蔵二氏に対し、贈金の謝状を認む。松本勝太郎、山崎延吉、丸山方作、浅岡源悦、山崎昇二郎諸氏等へ書状を、川上嘉市氏夫人、青山士等へハガキを認む。

四月二十八日（火） 晴 小暑

九時半登院。緒方副総理を首相官邸に訪ひ、首相に面会の取次を求む。閣議中、首相の室にて面会を得たり。(1)参議院選挙に付謝意を表し、(2)緑風会の為、無所属議員の入会争奪を止めるやう懇求す、(3)保守合同の敢行を熱望す、之が為には自由党なる党名を捨つる覚悟を要すとまで述ぶ、(4)首相は参議院議長候補者に付所見を述べ、予の意見を問はる。懇談十五分、了て既に開会の閣議に出席す。

朝、高瀬大臣に電話を以て、昨日小林武治氏と会見の内容を問ふ。小林氏は自、改両党には入党せず、結局緑風会に入るならんも、予に対する感情の含みあるが如し。

立松義章氏、宇垣大将を伊豆長岡に訪問す。未其内容に接せず。

十一時半より議員総会を開く。豊田ハル、市川房枝両女史誘引は不成功なりし由、高良、宮城両氏より報告あり。豊田雅孝氏は来会す。木村篤太郎氏の誘引に付ては、新谷氏より報告あり。之に次で予は総理大臣と会見せし内容を発表し、本日中に往訪を約す。田村、新谷、高瀬、小林、赤木、高良、宮城、森、杉山、林諸氏出席、岡部、岡本、小宮山諸氏も来席、佐藤議長より杉原氏、三木氏よりの電報を聴く。

一時、林業団体連合会に出席す。

二時過再登院。新聞記者会見を記者室にて行ひ、緑風会々員増加の切要を痛論す。後、野島氏に所見要領を口授し、Statementとして発表せしむ。

帰途、赤木氏と同車、木村篤太郎氏を保安庁に訪問せしに他出中なり。依て四谷の私邸に訪ふ。亦不在なり。

夜、電話にて三十日九時を約す。広瀬久忠氏を訪ひしに不在なり。三十日帰京すと云ふ。

東横にて巻紙を求めて帰宅し、高安博士、松島薫氏、松野勝太郎氏に挨拶状を認む。

坂本迪蔵氏所贈の大蒜製薬生命素の服用を開始す。

〔欄外〕例、木村篤太郎氏、宇垣一成氏、小林武治氏。首相は大体を了し、佐藤幹事長に通告すと述ぶ。

〔欄外〕三月期電話料。

四月二十九日（水） 晴 南強風 薄暑 生命素服用開始

朝、堀先生に至り、健康診断を受く。心臓異常なし、血圧一五八―九五、糖平常の倍量、インシュリンの注射を受く。

朝、電話にて木村篤太郎氏及松野鶴平氏に面会を申込み、夫々明日午前九時及十時往訪のことに決定す。

十一時過、中村幸八氏来訪、代議士当選に付、深甚の謝意を表す。

天長節奉賀の為、一時発車、参内す。二時賜茶、親臨あらせらる。先是予が永積侍従を経て奉献せる烏桕種子に付、御嘉納の御言葉を給はり、感激す。陛下次室に入御の後、永積侍従に謝意を表したるに、陛下は全数四十五粒を三分し、其一を親播せられ、其二を内匠庭園係をして播種せしめらるるに御決定あらせられたる由を承る。感激特に深し。切に此種の発芽完く生育佳良ならんを祈るのみ。

四時退下、佐藤侍医頭、宇佐美武官長を東京駅に、奈良武官長を淀橋の其邸に送りて帰宅す。

夕、朝日新聞記者深町　　氏来訪、緑風会の無所属議員誘引及参議院議長候補見透しに付、質問せらる。

烏桕種子は、野口御茶水大学長及平安神宮宮司徳大寺実厚氏に若干粒を呈す。夕、説明書を永積侍従、野口氏、徳大寺氏に発送の用意を為し、又本日の経過を山崎昇二郎に報告す。


四月三十日(木)　曇　午後より急雨　南風強　薄暑
朝、烏桕種子七箇を植木鉢に播付く。

九時、木村保安庁長官を訪問し、緑風会入会を強請す。長官は未だ何へも入会の意思を表したることなし、熟考の上返事すべしと答ふ。

十時前、松野鶴平氏を往訪、緑風会入会者を増加する為、十分なる理解を与へられんことを求む。

十一時半過、緑風会総会あり。首相訪問、新聞記者会見、松野鶴平氏訪問のことを報告し、木村保安庁長官と会見の内容を報告す。

村上義一氏より森田、木島、三浦三氏誘引の方法、石黒氏より今朝鮎川氏訪問の内容、木村長官訪問の決定、常岡氏より西田隆男氏誘引の報告あり。広瀬久忠氏の選挙責任者池谷源一氏来る。赤木氏と共に面会す。

宇垣氏の心境に付、立松義章氏の報告を聴取し、近日往訪に決す。石黒氏は穂積真六郎氏を煩すの有利なるを慫慂せらる。

北勝太郎氏、北海道より上京す。加賀操氏、上野駅に出迎へ、参議院へ同伴して緑風会に紹介し、入会の手続を了したり〔紹介者石黒、片柳、加賀三氏〕。野本品吉氏の誘引に関しては、教育会館古谷敬二氏に依頼し、且五月一日同館へ往訪することとす。三時半頃、石黒氏と共に鮎川義介氏を往訪し、極力入会を勧誘す。後藤文夫氏に関しては橋本清之助氏を招き、石黒氏と共に勧誘を為す。深沢鉱二氏の使者桑原宏充氏〔和田本町六六七、武蔵野母子寮〕来り、明日面会を打合はす。国会図書館に至り、英国議院制の運用に付研究を始む。〔欄外〕女中へ四月分俸給三千円を給与す。

五月一日(金)　晴爽　冷

平穏なるMay dayなり。Labour festivalには至らずと雖、著しく平和温健となる。今後政治家の積極的指導を要す。

朝、高瀬（小林武治のこと、浅間神社のこと）、松原（野本氏のこと）、杉原（入会のこと、帰京日を問ふ）、丸山（後藤氏入会のこと、穂積真六郎氏、宇垣氏誘引の為のこと）を電話す。広瀬氏にも電話す。

十時登院す。十二時総会を開く。北勝太郎氏の入会を全会一致を以て承認す。小野哲氏より謝辞あり。予は緑風会を代表して挨拶を述ぶ。新谷、村上、赤木、高橋諸氏より発言あり。菊田七平氏、西田隆男氏の誘引に付ても協議す。

予は高瀬氏と協議し、明日小林武治氏を往訪するに決し、其旨小林氏へ打電す。又宇垣一成氏は来六日上京〔朝鮮関係者会に出席するため〕する由に付、五日往訪すするに決し、明早朝出発することとす。而して野本品吉氏は、教育会館にて会見する能はざるを以て中止す。次田氏へ書状を呈す〔伊佐勇松氏、書状を封送し、挨拶をなされんことを求む〕。

図書館にて英国々会の運用に付、研究す。

深沢鉱二氏来訪、本日五時、全社協に於て保育研究雑誌の編輯印刷発行及代金後納に付、同協と契約をなす旨を語り、其内容を示さる。

五時半、日本工業会館に至り、五三会に出席す。山路士佐太郎氏斡旋、深謝すべし。出席者二十名計り。岐阜市松尾　　氏より岐阜提灯及絵葉書を贈らる。

竹下豊次氏の好意に依り、宮崎県観光協会より宮崎県大観を贈らる。山崎延吉、丸山方作、瓜生智三氏より徳川宗敬氏に関する挨拶状を受く。

興三は今夜出発、新潟県〔越後及佐渡〕へ出張す。八、九日頃帰京のヨテイなり。

〔欄外〕生命素二ヶ月分代金千二百円を坂本迪蔵氏へ送付す（振替下関一二七六五へ払込む）。

五月二日(土) 朝晴漸次曇 冷

三時過覚眠、六時起床、六時五十分出発、帰村の途に就く。品川七時四十七分湘南電車に乗り、十一時七分静岡駅着。深沢鉱二氏出迎へ、自動車を用意せらる。深沢氏より保育研究雑誌刊行引請に関する契約成立の経過を聴取す。

十一時半頃、小林武治氏を訪ひ、参議院議員の当選を祝し、緑風会へ入会を勧説す。小林氏は自由党に入らずと断言し、緑風会に入るの外なしとの意向をほのめかせるも、熟慮の上、推薦者に謀り、且佐藤幹事長と会見の上、返事すと答ふ。予は会の性質及会員につきて説明し、解説書一部を呈す。又有力なる推薦者川井健太郎氏、宮崎通之助氏等に面談するの了解を求めて辞去す〔五日上京、佐藤栄作氏に入党を断り、山川良一氏を往訪すと云ふ〕。

川井健太郎氏を事務所に訪ひしに不在なり。依て宮崎氏に電話にて会見を申入れ、バスにて往訪す。氏は小林氏が結局緑風会に入ることを確言し、自由党に対しては県政の革新を強要し〔森田氏、知事等を革正す〕、予及石黒氏に対しては未釈然たるに至らずとの難点を明にす。而して今夕六時、小林氏の選挙関係者の集会あるを以て、来会者に対して予の態度を説明し、進で小林氏の入会を可とし、勧告されんことを求む。

松坂屋にてButter & Cheeseを求め、沢野太郎氏に立寄り、小林氏に関する予の所見を緑風会選挙事務所へ報告す。

沼津駅通過の際、宇垣一成氏へ「五日往訪」の旨を電報す。

四時四十三分静岡発、五時五十三分掛川着、夜十時就褥す。

〔欄外〕十二、八、五、一、契約締結要旨
保育研究雑誌発行者は、全国社会福祉協議会連合会

（全社協と云ふ）。

雑誌編輯印刷発送代金の収納は、静岡福祉事業協会に依託す。

本協会は編輯事務及経理事務を担当する職員二、三名を全社協事務所に駐在せしむ。

雑誌代金は一部五十円とす。

五月三日（日）　晴　冷

朝、志田勝次郎氏及山下重兵衛氏へ問合状を発す。山下光夫氏の近状を報告せし帰還者の住所氏名の報告を求むる為なり。

報徳社常会に出席す。総選挙の意義及政党の反省に付て説明し、参議院存在の理由は、緑風会の健全強力なる存在に繋る所以を強調す。

一時より理事会を開く。本社屋根葺替に関して協議す。遠州瓦工事請負、有限会社社長山本陸平氏〔森町森四三二〕外二氏も出席し、実地に就て説明す。

曽我村自治功労者伊藤誠太郎氏（八三）謝恩祝賀の会に臨み、祝詞を述ぶ〔往復四十五分〕。

柴山重一先生御来社、宇垣大将をして政界再編成を遂げしむる為、吉田自党総裁に無条件にて其地位を大将に譲ることを総裁に進言することを求めらる。政局の安定を熱望せらるるの誠意を多とするも、総裁側にも大将側にも不可能の難点あるを答へ、政局の現状を説明す。

下川根村久野脇小平林一氏、来訪す。大井川七曲開拓計画に付、今後の措置を相談す。

戸塚大臣報徳社に来り、郡婦人会首脳者と会見す。予は大臣に面会せず、大臣は茶畑霜害の実状を視察すと云ふ。山崎昇二郎同行の筈なり。

山崎昇二郎来社、烏柏種子頒布報告に対し謝意を表す。而して更にNo.14の種子少量を頒たる。

三時掛川発に乗り、磐田市に赴き、青山士の病気を見舞ふ。殆ど全快、一昨一日始めて県庁に出頭せしに、少しく疲労ありしのみと答へらる。又仁科土木部長より、予が旧臘青山氏へ譲りたる手当7,500を受けたりとて謝意を表せらる。四時五十一分着にて帰宅す。往時戸塚大臣の車を借用す。

掛川町松本孝（十八）氏、参議院速記練習生に採用せられたるに付、予に身許保証人たるを求めらる。之を承諾し、誓約書に署名捺印す。

桜木村木村八衛門氏来訪、長女戸塚れい（二十八）の為、煙草販売業許可を得たしとの相談あり。杉山参議に斡旋を乞ふこととす。

山下光夫氏［笠井町重兵衛氏弟］、満洲に在り、消息不明二年に亘るを以て、安否を明にし、且急速帰還を望む旨、由比町志田勝次郎氏より来翰あり。依て引揚援護庁へ交渉すべしと返書す。又最近氏の消息を伝へたる帰還者の住所氏名を報告するやう、志田、山下（重兵衛）。両氏へ照会す。

夕、小柳直吉氏来訪、板沢雨降沢出口砂防施工交渉の経過を報告せらる。

夜、山崎昇二郎来訪、一泊す。予は夙く寝ね、面会せず。疲労甚し。

五月四日(月)　快晴　冷　水霜ありと云ふ

六時三十七分発にて安城市に山崎延吉氏を訪ひ、徳川宗敬氏援助に付、深甚なる謝意と落選の詫を述ぶ。氏不在、夫人に面会す。烏桕No.14種子を呈す。

新城町丸山方作氏往訪面会、謝礼と詫言を述ぶ。藷苗代を見学す。

浜松に石津時計店を訪ひ、Benson Wrist Watch の破損修理を依頼す。四時五十一分掛川着、帰宅す。終日強行奔走、頗疲る。

朝、沼津田中清一氏へ打電、五日長岡へ行く十一時七分沼津を通過すとの内容なり。これは柴山中将来訪に関連す。

夜、(1)大石文一郎氏へ電話（不在）及書状を認め、砂防会館の使用を府県議会議長会の為に斡旋されんことを乞ふ。(2)宮崎通之助氏に電話にて一昨夜小林氏及同志の会合の状況を問ふ。十七、八名［中山均氏も出席］出席、小林会を作ること、緑風会入会了承を決定すと聞く。

中泉神谷母上より予の喜寿を祝せられ、特製の Velveteen 座蒲団を贈らる。感謝に堪へず。夜、電話にて深甚の謝意を表す。

五月五日(火)　曇　冷

朝、大石文一郎氏より電話あり、砂防会館に付説明し、都道府県議長会の使用を勧説す。大石氏は都庁内の事務局へ紹介すと云ふ［大石氏に説明書を郵送す］。

八時三十三分発にて三島経由、長岡へ赴き、湯の家に休憩、弁当を食ひ、二時、宇垣大将を往訪す。緑風会入会を承諾せらる。国会報告書を呈す。入会手続の実行は、召集日に先ち、近く取運ぶこととす。三島に立寄り、七時五十一分着、帰宅す。興津まで座席を得ず［宇垣氏入会承諾の旨、長岡より緑風会へ電報す］。

長岡への往路にては車中、⑴舞阪町長堀江清一氏と出会ふ。弁天島同胞寮用家屋買収費の国庫補助要請に付、厚生省へ交渉を頼まる。⑵静岡より内田護文氏と同車、三島にて別る。其間宇垣大将立候補に至る経過を明にするを得たり。又鮎川義介氏の為に、父君重成先生が山口県に於て強力なる援助を与へられし由を語らる。依て鮎川氏を緑風会に誘引するため、先生に依頼することとす。⑶田中清一氏不在に付、重役某氏沼津駅頭に来り、田中氏の意を伝へらる。予は柴山中将来談の如く、大将にも首相にも進言せざる旨、田中氏に伝へられんことを頼む。

三嶋大社に参拝す。⑴社務所に於て矢田部宮司に面会す。本日端午祭を施行し、次で児童祭執行、社務所にて児童二百数十名の為に、医師三名にて健康診断を行へる由を聞き、感歎に堪へず。⑵山崎昇二郎より頒布せる烏柏精選種子の取扱に付、聴取す。⑶昌子夫人を訪ふ。健在を欣ぶ。川島老人数日前来訪、大社参拝、明年歳男たるを快諾せし由を聞く。又大森健一郎は教務に忠実にして信望《ぼう》厚き由なり。

五月六日(水)　曇　薄暑

朝、小野仁輔氏来訪す。戸塚氏選挙事務長として謝意を表せらる。又報徳社本館の屋根葺替に付、馬場幸吉氏に調査を依頼せる由を報告せらる。

次で戸塚健、村松真次両氏来訪、戸塚氏後援会結成に付、報告あり。又交友倶楽部活用の方法に付、意見を述べらる。

熊村村長熊村昌一郎氏来訪、浜松飯田線の二号国道編入如何を問はる。請願書の提出を勧告す。中食を呈す。

下関市内田重成氏に書状を呈す。緑風会の危機は国家の危機なるを述べ、鮎川義介氏の入会を急速実現するやう勧告せられんことを乞ふ。宇垣大将は入会を諾したることを報告す。緑風会説明書を贈る。

赤木正雄氏へ発状、砂防会館貸付に関し、大石議長と交渉の結果を報告す。

三時出発。長久院山畑開墾の麦作を視察す。小柳直吉氏、案内せらる。

真如寺参詣、神宮寺墓参并参詣、戦捷観世音参詣、平喜百店買物、斬髪を為し、郵便局に至り発郵す。

戸塚重一郎氏往訪、小柳氏の菜種作を見て帰宅す。

毎日新聞静岡支局員柴田氏より、電話にて宇垣大将の緑風会入を質問せらる。宇垣氏は病気の為、三島より往訪せし毎日記者に面会せず、記者の問に対して当分の間、何れへも入会せずと答へたりと云ひ、予に昨日会見の内容を質問したるなり。予は会見の内容は答へざるも、結論として宇垣氏は入会するものと認むと答へたり。

五月七日(木)　雨　冷
上京の途次、静岡市公会堂に於ける静岡県神社関係者大会に出席す。北白川神宮斎主元殿下を静岡駅に奉迎し、町村長会館に於て御中食の御相伴を為す。御一行には鷹司神社本庁統理、佐藤神宮御造営奉賛会長も加はり居り、食後会場に臨む〔出席者六、七百人〕。事業報告の後、宮司及神社総代〔四十二名〕の表彰式あり、次で御斎主の御言葉あり、鷹司統理、神宮大宮司代理、佐藤奉賛会長、河井、県知事代読の祝詞あり、大会決議文を可決して散会す。

予は御一行と別れ、湘南電車にて上京、八時半頃帰宅す。本日十一時七分上列車に乗りしに、修学旅行の学校生徒満載のため坐席を得ず、困難したり。

舘林夫妻は四日帰京せりとて頗元気佳し。又白潟片岡七蔵氏は老母及娘、幼童を伴ひ来泊、舘林当選を祝賀せらる〔餅、魚、ながらみ等を持来る〕。

〔欄外〕山羊、今朝仔山羊二頭を産む。牝牡明ならず。何れも牡ならんかと云ふ。

五月八日(金)　雨　後晴　南風強　薄暑
昇三郎来京せりと聞き、早朝使を以て来訪を求め、会見す。登院の時、内幸町まで同車す〔泰治は去二日昇三郎の宅に移り、当分厄介になると云ふ〕。
登院す。石黒忠篤氏と新議員誘導（後藤文夫氏、鮎川義介氏等）等に付、打合せを為す。緑風会議員総会は、佐藤元議長の招宴にて打合会をなすこととなる。
佐藤前議長の厚意により新公邸に招かる。初め此会食は晩餐会と為す予定にして、昨日静岡に於て予の出席を問はれしに対し、午後再帰村の旨を答へし為特に午餐会に繰替へられたるなり。出席者は竹下、石黒、河井、高瀬、森、館、野田、山川、村上、赤木諸氏なり。席上にて総会に代へて種々懇談す。一時半辞去す。

緑風会に戸塚建設大臣の来訪を求め、静岡県下二級国道に指定せられたる路線の報告を受く。大臣より霜害対策報告あり。又県下自由党の在方并に予の態度に対する希望あり。

矢富義児氏来訪す。農村の富産推進に付、相談あり。石黒氏に紹介して指導を受けしむ。

七時五十一分掛川駅下車、駅長室に依頼し、二俣駅長を経て予の来着及明日の祝賀会出席の時刻を二俣町長に報告す。

五月九日(土)　晴　薄暑

二俣線輸送強化期成会に於て Diesel 車運転祝賀会を挙行するため、八時四十分掛川発にて二俣へ赴く。竹内静岡管理局長（桜木より乗車）以下国鉄関係者、沿線町村長、其他関係者多数と同車す。

二俣町、県立高等学校にて挙式、来会者二百余名、頗盛会なり。式次第に従て予は式辞を朗読す［訂正して朗読］。国鉄総裁代理竹内局長、知事代理（田口）、県議会議長代読の祝辞ありて閉宴す。

二時より尾張屋にて少数者の祝賀会あり。予は会長として挨拶をなす。

三時六分発 diesel 車に乗り、掛川に帰る。

宇垣氏に対し電報を以て、明日午後往訪の希望を通ず。即時返電あり、両三日面会不能の由を通ぜらる。依て書状を認め、最新の新聞記事の誤を正し、且至急入会手続を進められんことを請ひ、入会申込書を同封す。

五月十日(日)　曇　薄暑

朝八時三十三分発列車にて上京す。二時半頃帰宅す。静岡より岩渕まで八木雅夫氏と同車す。鈴木寛一氏及三児の消息を聴く。

夕刻、毎日新聞社城田記者より電話あり。参議院議長候補選定に関し大屋、重宗両氏、本日松野氏を訪ひ、松野氏を推薦するに決したりと報告あり、緑風会の態度如何を問はる。予は未何等の報告に接せず、加之会の意見は未定なるを以て、返事不能なるを答ふ。

次で毎日記者深町健太郎氏来訪、同様のことを問ふ。同様の返事を為す。

五月十一日(月)　晴　南風強　薄暑

早朝、鮎川義介氏より電話を以て、緑風会入会を断り来る。

登院の際、佐藤前議長を訪ひ、去八日の午餐に付深謝す。

十一時、宮内庁総務課に出頭し、林ひで子女史計画の皇居清掃団の当番日に付質問し、便宜給与を求む。又侍従職に永積侍従を訪ひ、山崎昇二郎所贈の烏柏No.14種子を献上す。右のことを林女史、山崎へ通知す。

緑風会総会を開く。各会員より入会勧誘の経過を報告し、更に強力推進を計画す。又議長問題に付、意見を交換す。

千田正氏を訪問し、緑風会入会を求む。之は前約履行を求めたるなり。千田氏の態度明朗ならず。純無所属団の結成は不可なり。

二時半、椿山荘なる仏人、元山林局長FOBマルセル、ルルー氏の歓迎会に出席す。森林資源科学研究会の主催なり。小林準一郎氏の歓迎辞、ルルー氏の挨拶及意見陳述あり。Cocktail party 及芸者の舞踊あり。記念撮影を為す。

連日の緑風会入会誘引運動、労多くして効挙らず、疲労甚し。

五月十二日(火)　曇　夕雨　南風強　薄暑

朝、丸山鶴吉氏に電話を以て、(1)宇垣氏誘引の為、三好康之氏に紹介を依頼す。其結果、丸山、三好両氏緑風会に来訪、宇垣氏の為、三好氏自動車にて宇垣氏を訪問し、即時入会を勧誘せらるることとなり出発す。(2)後藤文夫氏の誘引に付、配慮を求む。明後日の会合にて極力勧誘することを諾せらる。

高瀬郵政大臣に電話し、今夕熱海古屋なる県市長よりの招待会に臨席することを勧誘す。先約ありとて断らる。依て予は出席を決意す。

緑風会総会を開き、入会者勧誘に付、報告を徴す。小林武治氏誘引に付、山川良一氏に会見の結果を聴き、本夕熱海にて面会を得る為、市長会に出席す（東京四、〇六－六、一四熱海）。豊田雅孝氏入会す。

後藤文夫氏及橋本清之助氏より面会を求められ、会館No.32にて面会す。後藤氏の入会は急速に運び難しとの通告あり。急速実現を切勧す。

木下辰雄氏を日本漁連に往訪す。千田氏の豹変に対する配慮を依頼す。千田氏の変節は、⑴他より煽動者あること、⑵次期選挙に危きことに在るが如し。

沢田廉三氏より著書凱旋門広場を、下村海南氏より「日本はどうなる」を贈らる。熱海への車中、前者を耽読す。

静岡県市長会の招待会に出席す。議員側は河井、竹山、西村、山田、佐藤、塩原六名なり。熱海市長の挨拶に次ぎ、予は謝辞を述ぶ。古屋に一泊す。

五月十三日(水)　曇　薄暑

朝七時十五分、熱海より上急行に乗車、九時二十四分東京駅着［熱海市役所開所式には欠席す］。

学制八十年記念式典に出席す。文部大臣式辞、総理大臣祝詞、外交代表仏大使祝辞あり。教育功労者表彰、天皇陛下の御言葉ありて散会す。両陛下御臨場の為、共立講堂に来会者超満員となる。

石坂豊一氏の車に同乗して登院す。

沢田大使を外務省に訪ひ、「凱旋門広場」なる書冊を贈られしを深謝し、来十五日の赴任の安全を祈る。

緑風会総会を開き、河野鎌〔謙〕三、土田国太郎、前田久吉三氏の入会を決定す。これにて会員四十四名となり、第二会派の地位を占めたり。

石黒忠篤氏と共に後藤文夫、橋本清之助両氏に会見す。緑風会入会に関し、昨日両氏より予に表明せしと同一趣旨のことを述ぶ。石黒氏と共に速に入会するは、畢竟選挙人の真意に適ふことを力説す［緑風会々員数第二位に昇りしため、薄志者の入会不要となりしを感ず］。

石黒氏、木村篤太郎氏と会見す。木村氏も当分無所属に留ることを言明す。

三好康之氏、いでゆ号にて長岡より帰京せりとて、宇垣氏の意向を伝へらる。宇垣氏は緑風会に入ることを言明せしも、其時期は自ら上京して他人と会見したる上にて徐ろに決定すと云ふに在り。

四時過、中央日韓協会に穂積真六郎氏を訪ひ、宇垣氏の入会に関して勧告を請ふ。宇垣氏の議員活動に関する限度論は予と同一なり。

〔欄外〕油井賢太郎氏より、父君徳蔵氏三月以来病気重しと聴く。脳溢血に罹り人事不省、四月上旬危篤、近来少しく快きも尚重患にして、脳軟化症を発せりと云ふ。

五月十四日(木) 曇 薄暑

朝、小林武治氏来訪、緑風会入会の希望を述ぶ。依て入会申込書に署名捺印を求め、紹介議員は氏の意向に依り河井、山川両人と決す。小林氏と同車、登院す。庶務課に案内したる上、緑風会に案内し、諸氏に紹介す。

新会員河野鎌三氏、前田久吉氏来る。依て在室の諸氏に紹介す。

石黒忠篤氏より岸良一氏、鮎川義介氏、橋本清之助氏〔不在に付、後藤夫人と電話〕訪問のことを報告あり。午後、緑風会にて同氏と会見し、松野鶴平氏往訪に付談判の内容、限界及び方法に付相談す。

松野鶴平氏を会館に訪問し、自由党は第二緑風会の結成を策動し居り、少くとも当分は緑風会に入らざるやう無所属議員に勧告しつゝ、あるは甚不徳義なるを以て、之を中止することを強要したるに、松野氏は之を諾す。但し木村、後藤両氏は当分中立に留るべしと述ぶ。千田正氏の行動には無関係なること明となる。

会館にて井野碩哉氏に出会ふ。氏は明日千田氏と会見すと云ふ。依て予と千田氏との交渉経過を告ぐ。

群馬県立候補者浦野匡彦氏、来訪す。

七時半頃、矢富義児氏来訪す。猶原恭爾博士を往訪せりと云ふ。

一也は午後白潟へ赴く。

夕、芹沢貞八郎氏来訪、需に依り三菱ふそう自動車会社に対する保証人となる。

〔欄外〕血圧。一四四―九五。尿。無蛋、強糖あり。本日より左膝に超短波電気治療を受く。

五月十五日(金) 晴 涼 左膝電療

昨日、松野鶴平氏を往訪の結果を確実にする為、早朝石黒氏と電話し、⑴松野氏に電話して、本日の総会に報告方法に付、重大なる結果を生ずるの惧あることを告げ、警告し、兼ねて首相より木村、後藤両氏引入希望電話に付、秘密を守ることを通告す。松野氏は大に予の care を謝したる上、昨夕執行部に注意して引張を中止せしめたるを答へたり。但木村、後藤両氏に関しては、昨日の答と同じ。

右は石黒氏と打合せたる結果なり。石黒氏より、岸良一氏の入会確定の報告を受く。

三好博之氏に電話し、宇垣氏に対する自由党の働き掛けの有無を問ふ。知らずと答ふ。三好氏より、宇垣氏本日上京すと報告あり［予との面会は三好氏の取計に任ず。宇垣氏の秘書は　　　］。

片柳真吉氏に電話して、岸氏入会確定の旨を告げ、本日の総会に諮るの用意を頼む。

坪上貞二氏に電話して、杉原荒太氏の入会勧誘を頼む。

九時五十分頃、後藤文夫氏来訪す。緑風会入会は自［御手洗氏］、改［綾部氏］両党側に於て強く拒否するを以て、一会期間は純無に居るの外なしと告ぐ。予の問に対して自改両党には入らず、純無は議員として居る能はずと答ふ。而して政界再編成の場合の進止に付ては言明せず。又緑風会に付ては、一般に知られて居ないこと、又性質に誤解を受けて居ることを告げらる［研究会の如しと云ふ］。

登院。緑風会総会に於て小林武治、岸良一両氏の入会を決す。又上林忠次氏の入会を決す。何れも全会一致、歓呼す。緑風会員四十七名に達す。

参院正副議長の候補者決定に関し、自由党側の処置甚不穏なり［自党の平林、加藤両氏発表に係る］。特に読売紙の記事に於て甚し。本日非公式の議院運営委員会に於て、赤木委員より之を痛撃す。

矢富義児氏、緑風会へ来訪す。需に依り片柳氏に頼み、林業試検場へ紹介す。

夕、芹沢貞八郎氏来訪す。昨日の厚意を謝す。緩々と長話しを為す。

夜、坪上貞二氏より杉原氏と会談の内容を詳細に報告せらる。杉原氏の態度少しく逆戻りの観あり。右に付、佐藤議長へ電話せしに不在なり、明朝を期す。又石黒氏より電話あり、明日予は杉原氏と会見の決意を告ぐ。石黒氏より心付の点を報告せらる。

葉子は神津牧場へ遠足す。夜十時四十分帰宅す。

五月十六日(土)　半曇　半暑
早朝、松原一彦氏より電話にて参院正副議長候補者に付、自由党と緑風会との了解如何を問はる。全然無実なる旨を答ふ。

朝、石黒忠篤氏と右件に付電話す。又本日佐藤議長と共に、杉原荒太氏と会見方法に付協議す。

小林次郎氏来訪、同氏の選挙戦の経過に付て報告あり。

登院。十時半より開始せる会務委員会に出席す［常任委員会の各派割当に付、協議す］。

十一時過、佐藤議長と共に杉原荒太氏と会見す。緑風会入会を懇請す。杉原氏は、⑴自由党支部は脱会したるも、本部には党籍を存すること、⑵緑風会に対しては大なる憧憬を有するも遽に入会し難し。選挙区有志の了解を得るを先要とすること、⑶従て当分の間、純無に止るの外なきことを述べらる。予等は之に対して、他日必ず入会せらるるを望む旨を告ぐ。

昼夜の後、緑風会総会を開き、西田敏男氏（新谷、常岡両氏紹介）の入会を承認す。予は簡単に今朝松原氏との交話を発表す。

宇垣一成氏昨日上京に付、穂積真六郎氏の往訪を計るため、丸山鶴吉氏に交渉して、三好康之氏の配慮を求むるやう穂積氏に電話す。

河野議事部長に出会ひしに、千田正氏、菊田七平氏は無所属クラブ結成の為、会館に無所属議員を集会し、結成の上は如何なる取扱を受くべきや河野部長の説明を求めたりと告げらる。而して出席議員は七名なりと云ふ。

夕、赤木正雄氏来訪。菊田七平氏との会談の内容を報告す。⑴宇垣氏は無所属倶楽部に入るや否や、⑵木島、三浦両氏は他日緑風会に入るならば、此際倶楽部に入らざるやう勧告するを要すとの意見なり［村上義一氏に相談することとす］。

当間重民氏未亡人より贈られたるPanama帽子の仕上げ成る。代金千円なり。

夜、村上義一氏に電話し、木島、三浦両氏将来の為、無所属倶楽部に入会警告を依頼す。

五月十七日(日)　晴　暑

休日なるも重要諸事項処理の為登院す［赤木氏同車］。

十時半頃、自由党より大野木、大屋、草葉、寺尾四氏緑風会に来り、「第一党たる自由党より議長を出す。第二位の緑風会より副議長を出す場合には、全力を以て協力す」との申入あり。予は之に対し、申入は総会に報告し、総会の決定を得て返答すと答へ、又一個の意見として正副議長候補者の決定は、参議院各派にて打合すべきものなり、自緑両者の間にてのみ打合せ決定するは不当なりと告げ、自党の挙ぐる候補者を問ひしに、松野鶴平氏なりと答へらる。後刻総会の議を経て回答することを約す（赤木氏、同席す）。

十一時半、議員総会を開く。事務報告、会計報告及選挙事務報告あり、所要事項に付決定を為す。出席会員、新旧併せて三十三、四名なり。予は今朝自由党より受けたる申入事項を報告し、秘密会と為して議事を進む。全員殆ど発言、緑風会の真骨頂を発揮したり。正副議長候補者の選定に関しては方針として、⑴正は第一党、副は第二党とするの原則を確立し、之に依るべし、⑵正副共に緑風会より出すべし、⑶正は緑、副は他［自由党にてもよし］、⑷正副共に緑風会より出さずとの四種類の発言あり。⑶が最多数なるが如し。而して先決問題として、自由党に対して「正副議長候補者の選定は、各派にて打合を遂ぐべき重要事項なるを以て、自緑両者にてのみ打合をなすは不当なり。依て自由党は緑風会に対すると同様、他派へも交渉せらるべし」と申入を為すことを議決す。――此決定に基いて、予は赤木氏と共に自由党に大野、大屋、寺尾諸氏を訪ひ、申入を為す。諸氏甚難色あり。

自由党に対する先決事項の申入は、本朝の各紙に於て昨日自党平林太郎、加藤武徳両氏が首相を訪ひて、内定せし事項を昂然として発表せし満心不遜の態度に強撃を加へたる結果となり。緑風会諸氏の正論爆発の因を為せり。予は院内新聞記者室に至り、自由党の申入と緑風会の申入とを発表す。

夜、朝日新聞深町善太郎氏来訪、衆議院に於ける正副議長選定の実情を説明し、参議院自由党の紛状を報告す。

五月十八日㈪　晴　暑

第十六回国会召集せられ、舘林と同車登院す。正副議長の選挙、内閣首班の指名等、最重要なる議事ある予定なれども、各派間の交渉未開かれず。依て事務総長、議長席に就き開会して、直に休憩す。

昨夕、緑風会よりの申入に対し、自由党より回答あり。「同党は正副議長候補者の選定に関しては、緑風会以外の諸党とは交渉するの意なし。」

緑風会は総会を開きて右のことを報告し、協議の結果「緑風会が各派交渉会を開き、交渉権を有する各派代表二名づゝ集会の案内を発す。」

自由党草葉、寺尾、緑風会河井、田村、社左羽生、小笠原、社右上条、相馬、改進堀木、苫米地、無所属倶楽部千田、平林諸氏、議長応接室に一時半集会す。予は主催者として交渉会開催の趣旨を明にし、正副議長候補者が各派の紳士的、協調的態度に依りて円満に決定せられんことを熱望す。之に対して自由党を除く各派より、賛成意見が表明せらる。次に議長は何れの会派より出すべきかに付、意見を交換す。自由党［草葉］は第一党より議長を、第二党より副議長を出すことを基準とすと主張し、他会派は全院一致して推すやうな人物を挙げたし、之が為には緑風会より出すが適当ならんとの意見に略ぼ一致す。予は、緑風会は之に対して第一党第二党主義と、緑風会主義と両論ありし旨を表明す。会談は自由党と他派との主張互に相容れず、緑風会も亦其態度を決定して再会することとなり、休憩す。

緑風会は直に総会を開き、議長候補者選定の態度を決定す。即議長は緑風会より出し、副議長は他派にても適当なる人物ならば、之を推すことに決定す。次に議長候補の人選に付、議長指名の十名の詮衡委員会にて協議することとなり、予も加はりて十一名にて詮衡す。楠見氏の発議にて予を候補に挙げ、石黒、赤木、山川、林諸氏より熱烈なる賛成あり、直に決定す。

交渉会は自由党の態度決定せざる為、開会に至らず。依て事務総長に依頼して、六時より七時半まで本会議を開かざるの了承を得、会員一同郵政大臣官舎に催されたる現議員、新議員、退任議員の連合懇親会に出席す。野田幹事の挨拶あり。一同歓を尽したり。

予は七時半帰院し、交渉会を再会し、議長選任の方針及何人を選任するやに付、緑風会の決定を披露す。自由党を除き、他派は欣然同意を表す。次に副議長の選任に付協議せしも、議纏らず、特に自由党小林英三氏来りて党の主張（？）を縦横に我鳴り、寺尾氏の態度強く、正副議長問題は妥結を見ること困難となれり。而して自由党の要求に基き、各派にて協議を遂ぐる為、八時半まで休憩することとす。

十一時を過ぐるも自由党代表は来会せず［催促毎に来会を答ふ］。依て本会議の議事妨害手段を執りしものと認め、十一時二十分交換会を解散し、其旨を自由党に報告す。

本会議は十一時四十分再会、日程第一の議長選挙は自由党の漫歩投票に依りて十二時まで引延ばされ、中止となり散会す。醜態第一日を終る。

五月十九日(火)　晴　薄暑

十時、緑風会議員総会開会。副議長は候補者を立てず、他会派よりの申込に対し最適当なる人物に投票するの方針を決定す。而して自由党より副議長の候補者を挙げて赤木氏、新谷氏等に申入あり。之に対し両氏は各々穏健中正なる紳士を挙ぐることを強要し、小林某氏の如き者を否認す。其結果、重宗雄三氏を挙げ来る。社左は羽生三七氏、社右は棚橋小虎氏、改進は松原一彦を挙げて通告あり。

社会党両派及改進党は、本日も副議長候補選任に付、各派交渉会開催の要望ありしも、之を謝絶したり。

総会は自由党の申入れを諒とし、自由問題として選挙に臨むに決定す。

十一時過、本会議開会、事務総長、議長の職を執り、議長の選挙を行ふ。投票総数二〔二二九〕、得票一三〔一三三〕河井、九〔九五〕松野鶴平にて予の当選を見る。一旦休憩の上、　時再会、副議長の選挙を行ふ。投票総数二〔二三六〕、得票重宗雄三氏一三〔一三六〕にて当選す。是に於て予は総長に招かれて登壇して就任の挨拶を述べ、重宗副議長次で挨拶を述ぶ。それより予は議長席に就き、議事を進む。年長議員一松定吉氏の正副議長に対するHouse代表の祝辞あり。次に石坂豊一氏の旧正副議長に対する感謝の辞あり。佐藤、三木両正副議長之に答へ、鄭重なる挨拶を為す。常任委員の選挙、同委員長の指名は次回に譲りて後、内閣首班の指名に入り、吉田自由党総裁の指名となる。当選直後、予は各派に出頭して挨拶を述べ、又吉田旧総理大臣に面会して、挨拶を為す。

近藤事務総長より、予に対して辞表を提出す。予は総長の更迭問題は、慎重熟慮の上決定すべきを以て、辞表は姑く総長の手許に保有せらるべしと告げ、之を受領せず。

予の当選は、前日に至りて初めて曙光を見たり。素より予期せざりし所にして、又毫末他人に依頼せざりし所なり。昨日各派交渉会を主催し、計らずも自由党松野候補と対立せしが如き不可思議なる立場に臨みたるも、何等疚しき行動なく、微塵だも運動せず、自然の儘にて当選したるは、神明祖先に対して面目を保持し得たりと信ずるものなり。

新聞社、放送関係者、其他の rush 怖るべきものあり。又知人、未知人の来祝、電話、電報多く唖然たり。各種の祝品到来して山積す。謝辞を知らず。

夜、重友より電話あり、遠州宅への祝者来集、電話頻重の状況を伝ふ。又夜、公二君来訪、予の為に撮影す。

五月二十日(水)　晴　薄暑

朝、藤波収氏、同夫人、戸塚重一郎氏、黒田新平氏及同夫人、松井三郎氏、小塩孫八氏、塩島金一郎氏等来賀、祝品を贈らる。

朝、神田博、中山正、増田甲子七、其他諸氏より電話を受く。

朝、重友来着、家事の将来につき協議す。又議長秘書選任のため配慮す。公二君にも来訪を求め、秘書選定に付、協力を求む。

本会議は開会のヨテイなりしも、用意未完の為延会す。

十二時半、全国治水砂防協会例会に出席す。徳川会長、赤木、次田、大石、河井なり。

一時半、皇居に於て天皇陛下に拝謁す。「重任に就かれてご苦労である」との御言葉を拝す。重宗副議長、次で拝謁す。

重宗副議長と共に秩父宮［恰も妃殿下御来京中にて、旧邸入口御建物に御立寄りあり。拝謁す］、高松宮、三笠宮三邸へ奉伺す。

朝来予は徳川家、家達公御墓を訪ふ。午後一木輶太郎氏、伊沢多喜男翁墓、関屋家［夫人以下惣家（除正彦氏）と会ふ］、牧野伸顕伯、珍田捨己伯の御墓に詣づ。

角替文子来援、夜泰治も来着、一泊す。不在中千客万来、又電報電話頻至。

五月二十一日(木)　晴

登院の途次、佐藤前議長を訪ひ、就任の挨拶を述ぶ。又事務総長更迭（近藤氏の辞任を認めて、河野氏を総長、芥川氏据置）の意を告げ、所見を求む。登院の上、重宗副議長と会見し、右の意図を告げ、意見を求む。而して本件は、最も秘密事項として取扱はれんことを請ふ。

近藤事務総長に対し、去十九日提出したる辞表の提出を求め、此際総長更迭の已むを得ざる旨を告ぐ。総長は之に対し、一昨日予の辞表を総長に預け置きたるを辞任に及ばずと解したるものの如く、辞表は既に破却して焼毀したりと答ふ。依て予は、十九日告げたる所と同一趣旨を繰回し、改めて速に提出せんことを求めたり。然るに総長は急速提出に応ぜず、先づ或人々と相談したる上にて措置すべしと答へたり。此会見に於て後任選定の方針を告げ、又総長退任後の職業に付ても、全力を尽して斡旋すべきを確言したり。

河野議事部長を招き、総長更迭の決意を告げ、且部長を総長に挙げ、次長は其儘留置したしとの意向を内話す。部長に難色強し。

想ふに本件は既に或方面に漏洩して、強く事務総長を刺戟せしものの如く、予が神速決行して事務局の動揺を防ぎ、世人の誤解を免れんとするの意図は全然遺算を生じ、失敗せりと思はる。

三時、宮中に於て内閣総理大臣の認証式行はるるを以て、侍立する為、二時四十五分、内廷口より参内す。次に吉田茂氏、最後に堤衆議院議長、来着す。三時、奥謁見室にて衆議院議長より首班指名に関する議事経過を奏上し、次に予は参議院の議事を奏上したり。それより予は堤議長と共に表宮殿西一の間に案内せられ、此所にて本日国務大臣の認証式を受くべき大臣候補者と会し、侍立を待つ。此間吉田氏は拝謁して長時に亘りて奏上す。

四時過、予は堤議長と共に式場に案内せられ、予行を為す。一旦休所に入りたる上、再び呼ばれて式場に出づ。陛下出御、吉田首班に対して親しく「内閣総理大臣に任ずる」との御言葉を賜ひ、吉田首相は緒方国務大臣より辞令を受く。陛下入御。予等も退場、西一の間に入る。次に吉田首相侍立の下に、各大臣は陛下より国務大臣に任ずるとの御言葉を賜ひ、辞令書を受けて認証式を終了す。それより一同は御思召に依り祝酒を頂戴し、五時半退出す。戸塚九一郎氏は国務大臣に任ぜられ、建設大臣に就任す。

本会議は一時より開会せられ、二時三十分休憩し、直に宮中へ赴く。其後は副議長によりて継続せらる。

緑風会に於て、新旧議長祝賀会を議事散会後行はるるの予定なるの処、予が宮中よりの退出遅れたるを以て、明日に延期せられたり。

三時、両議長就任挨拶会を開き、全議員を招きありしも、予の宮中退出甚だ遅れたるを以て、副議長之を主催し、予の不在を弁明せられたり。予は帰院と同時に直に各党廻りを為し、陳謝したり。副議長同伴す。

五月二十二日(金)　晴　薄暑

登院。朝、小笠、榛原地方霜害対策委員宗喬氏外十数名来院、面会す。鈴木掛川町長、志村町議会議長、中山、小野報徳社理事、其他諸氏来院し、議長就任に付、祝意を表せらる。新茶を贈らる。

議院運営委員会及小委員会あり（二時）、出席す。本会議あり、両院法規委員の辞任を上程し、之が補充（議長指名）を為す。又外地帰還促進特別委員会の設置を議決し、委員指名を行ふ。

近藤事務総長退任の問題は、自由党内の問題となりたるが如く。従て近藤氏の態度に影響あり。新聞記者の質問を受くるに至り、竹下豊次氏は予に警告を発し、赤木正雄氏は各種の情報を告げらる。両氏に謝する所多大なり。然れども予の素志は、毫も変ずる所なし。

五時三十分、議長公邸に於て、議院運営委員諸氏を招待して晩餐を呈す。委員諸氏殆ど全員出席、事務局側も全員出席す。

散会後、議運委員諸氏は重宗副議長と共に副議長公舎に集会し、事務総長更迭問題に付、協議せりと云ふ［本日の日本経済新聞に事実相違の記事あり、自辺より出づと云ふ］。

五月二十三日(土)　曇　午後雨　夜強雨

早朝、重宗副議長、河野議事部長及芥川次長に電話を以て、近藤事務総長の退任を求むるに付ては変更なきこと、総長後任には芥川次長を、次長には河野部長を以てすることに決定する旨を通告す。

八時自宅発、自動車にて明日の下田町黒船祭へ赴く。徳川家正公を訪ひ、同車を願ひ、八時三十分出発す。中山甚氏随行す。経路は東京—小田原［報徳二宮神社参拝］—箱根（温泉道経由）—三島［大社参拝、市長招宴ときわ］—大場［大村氏訪問（不在）］—大仁［東洋醸造訪問、臼井氏不在］—中狩野［鈴木一氏訪問、不在］、—土肥［鈴木二平立寄］—仁科［堤村長と会見］—松崎梶寅方宿泊［五時着］。

五月二十四日（日）　雨　午頃雨歇　漸次晴　小暑

早朝、中川の水、激濁満水なり。蓋し上流地方に山崩甚しからん。依て直ちに東海自動車松崎支店及県土木工営所長に電話を以て問合せ、下田への交通の安全なるを知れり。出発前、依田四郎氏来訪す。

八時発車、九時十分下田公園着、十時開会の開港百年式（記念碑除幕）及黒船祭に参列す。百年式には花輪を呈す。式了て中食を饗せらる。会場は新設の平地に設けられ、夜来の豪雨の為、泥濘靴を没するの概あり。然れども会衆は甚多く、又米国側の熱意熾烈なり。

一時辞去、伊東に立寄り休憩、七時過、徳川公邸に寄り、帰宅す［時に七時三十分なり］。

五月二十五日（月）　晴　薄暑

朝、近藤事務総長と会見す。総長は辞表の提出は誰人かに相談の上にて為したきを以て、若干日の延期を求む。之を諾す。

二時、上野博物館にて日本芸術院授賞式行はれ、出席す。天皇陛下、御臨幸あらせらる。

五月二十六日（火）　晴

近藤事務総長更迭に関し、非公式に各派代表と会見するに決し、石黒、千田、上条、苫米地、羽生諸氏と会見す。自由党草葉氏とは会見に至らず。同氏帰郷、明日上京の為なり。

十一時過、林業議員懇話会に出席す。林業税制に関して協議し、特別委員を挙げて調査の上、之が決定を政府に要望するに決す。又副総代徳川宗敬氏失格に付、代て竹下豊次氏を指名す。

十二時過、上野精養軒に開会せる故古島一雄先生一周忌追悼会に出席す。吉田、長谷川如是閑、植原、町野、馬場諸氏の演説あり。

三時過、ＮＨＫ来院、議長室にて録音を取る。来二十九日（金）朝の訪問の際、全国に放送する由なり。

五月二十七日（水）　晴

朝、小林次郎氏、予の需に応じ来訪せらる。近藤事務総長更迭に付、説明を為す。氏は予の意見を諒とし、目的達成の為に尽力せらるる筈なり。

朝、佐藤議長に電話し、事務総長の更迭に付、芥川氏を総長に、河野氏を次長に任用することに変更したる旨を告げ、了解を乞ふ。

登院す。朝、賀茂郡各町村長議長其他七十余名来賀す。高瀬氏に来臨を乞ふ。

草葉隆円氏と会見、事務総長更迭に付、非公式に了解を求む。

正午、静岡県選出両議議員諸氏より午餐に招かる。戸塚建設相も招かる。主催者は森田豊寿、遠藤三郎両氏なり（会場は参議院分室）。殆全員出席。

一時三十分、議運に出席す。本日は議事延会のことを議す。従て本会議を開会せしも（二時）、直に延会す。

散会後、議運理事会に出席し、非公式に事務総長更迭に付懇談し、了解を得たり。⑴総長辞任は予の専断取扱となさず、議運に諮り進行すること。⑵辞任に伴ひ就職の斡旋に努むること。⑶但し之が為に辞表提出は永く遅滞せしめざること。⑷更迭時期は六月中旬、自然休会明け頃とすること。⑸就職斡旋は草葉、杉山両氏が極力努むること等なり。

五時、分室に於て内閣委員長の委員諸氏招待晩餐に招かれ、鄭重なる饗応を受く。

夜、公二君来訪す。

五月二十八日（木）　雨

朝、徳川圀順公を往訪す。議長就任祝詞に対し、謝意を述ぶ。夫人にも面会す。

少閑を得て三越に至り、買物を為す。中山甚氏及ます子手伝ふ。夏背広服［三六二〇〇円］、エナメル靴［九一二〇円］、礼服用白シャツ［一五〇〇円］、ネクタイ四種、電気stand等なり。

五時半、議院運営委員長主催の議運招待会に招かれ、出席す。会場瓢亭、草葉委員長の予に対する態度、慇懃を極む。

五月二十九日（金）　雨

NHK朝の訪問放送を聴く。これは去二十六日、録音せしものなり。

本会議あり。前回延会せし日程其他を議す。又緊急質問数件あり。予は途中退席、副議長代て議事を進行す。

身体障害者福祉法施行三周年記念式［一時より日比谷公会堂］に臨み、議長としての祝辞を朗読す。三笠宮殿下、台臨あらせらる。
Mrs. Loosevelt 歓迎の為、首相官邸に於て外務大臣の茶会あり、出席す。頗盛会なり。4：30―6：30の処、六時退出す。
五時、労働委員長の晩餐会あり、労働委員を招かる。予も亦招待を受く。頗盛儀なり。議長公舎の使用、有効なるを欣ぶ。
近藤事務総長の更迭に関する予の態度は、不日之が実現の確実なるを信じ、敢て急速を争はざることとせり。而して退職後の就職先に付ては、十分努力を期するものなり［緒方副総理に会見し、総長退官後運輸審議会委員に就任を頼む］。

五月三十日(土)　晴
六月分補正ヨサン案は、昨日衆議院を通過す。参議院は予算委員会に於て、既に予備審査を進め居り、本日午後九時可決すべきものと議決せり。依て本会議を三時開会と予定せしを夜十一時十分開会し、ヨサン委員長報告の後、討論を省略し、記名投票を以て之を可決したり。十一時三十分散会す［先是、議運を開き、各種要務を処理し〔以下記載なし〕］。
参議院は当分上程すべき議案なきに至りしを以て、二十八年度予算案の提出さるるまで自然休会となれり。

五月三十一日(日)　雨
来訪者。内田明氏、同令夫人、議長就任を祝せられ、遠湖先生の文集を贈らる。五和村長山田寛司氏外四名。同村地域給引上問題に付、陳情を受く。山崎赳、祝賀、工場経理改善に付、白国人 Stoops 氏のことを聴く。
七時四五分、米国大使 Allison 氏夫妻の晩餐会に招かれ、大使館に出頭す。米国上院議員 Mr. Magnason 及 Mr. 　　を両院議長に紹介せんが為なり。岡崎外相夫妻、一万田日銀総裁、小松日米協会々長も出席す。Mr. 　　と国会運営及組織に付談話す。

六月一日(月)　雨
院内にて左記諸氏の来訪を受く。用件左の如し。
愛知県議会議長池田駒平氏［一色町の人］、小笠原蔵相の紹介なり。
静岡県学生協会学生寮建設委員池永あい子女史［斎藤知

事へ紹介名刺を渡す〕。

浅間山麓財場設置反対陳情者〔全県各方面代表者〕。

浜松市婦人会連盟長林ひで子女史外婦人三、四十名〔皇居清掃奉仕の為上京〕。

松野勝太郎氏外四名、林業諸税軽減の陳情〔二十六日の林業議員懇話会の取扱に付、楠氏を招き、説明す〕。

三時、戸塚建設大臣の来室を求め、赤木博士と共に会見し、建設省の治水政策に対する要望を開陳し、又人事の歪曲を挙げて、一顧を促す。

六月二日(火)　曇　小雨　冷
榛原郡各町村長来賀、院内にて面会す〔初倉村長水野玄雄氏より谷口橋に付、御前崎村長小野田喜平氏より地域給に付、要望を受く〕。

正午参内、両院新旧正副議長に対する御陪食を賜はる。御食後、国会の情勢に関し雑談的に種々申上ぐ。退出の際、参議院議長として皇后陛下の御機嫌を奉伺す。午餐には高松宮殿下、御臨席あらせらる。

英国女王エリザベス陛下戴冠式御挙行に付、英大使 Sir Esler Dening 氏より Reception に招かれ、4 : 30―6 : 30出席す。頗盛儀なり。来会者千余名と目算す。服装〔黒背広、縞ヅボン〕。先是、十一時半大使館訪問、名刺を呈す。参議院より祝電を呈する等のことを為さず。国際儀礼に従へるなり。

伊太利大使 Marquis Lanza D'Ajeta 夫妻より、国祭日に付、大使館《藤山ハウス》に於ける Reception に招かる。6―8。六時半頃出席す。来会者五、六百名。是亦頗盛儀なり。

山崎昇二郎来泊、(1)小笠川改修工事 Stop と最近出水危険の実状を聴く。(2)浜名湖干拓進捗に関する石川農地部長の要望を聴く。

朝、石黒忠篤氏来訪、令夫人特製の薄布団及鰹節を贈らる。感謝に堪へず。

〔欄外〕秩父宮妃殿下、高松宮両殿下、三笠宮両殿下御臨席。

六月三日(水)　曇　梅雨の如し
明治神宮に参拝(九時)。多摩両御陵に参拝(十時半)。靖国神社に参拝(十二時半)。次で全国治水砂防協会例会に出席す。
浜松市長、熊村村長等、北遠開発代表者来院、会見す。

祝賀と国道二号線指定感謝を受く。

英連邦女王陛下戴冠式御挙行に付、連邦駐日大使主催の祝賀晩餐会［七時三十分、帝国ホテル］に出席す［服装、white tie］。厳粛にして歓喜溢れ、頗盛儀なり。卓上予の右は濠大使夫人、左は印度大使夫人なり。十一時過、帰宅す。秩父宮妃殿下、高松宮両殿下、三笠宮両殿下御臨席あらせらる。

六月四日（木）　晴　薄暑

十一時、皇居に於て皇室経済会議あり、出席す。⑴奈良正倉院新倉庫を皇室財産に帰属せしむる件、⑵内廷費、皇族費定額増加の件を議了し、内閣へ意見を通告するに決定す。十二時散会す［吉田首相議長となり、両院正副議長、大蔵大臣、会計検査院長、宮内庁長官出席す］。

一時半発車、三越に至り、洋服の仮縫を為す。ます子同行す。

三時、富士宮市会議長来訪。来る九日市長、議長、宮司等大挙上京、小笠原蔵相を訪ひ、富士山頂下附の件を陳情すべきを以て、予にも同行を求む。当日は不在の故を以て之を断り、小笠原蔵相宛に依頼書を認め、特使を以て之を送る。又高瀬議員には、六日此事を告ぐることを約す。

朝土岐章氏、午後中川望氏来訪す。祝詞を述べらる。又土岐氏は就職に付、相談あり（専売事業審議会員）。村上義一氏と相談す。

五時半、議長公邸に参議院記者倶楽部諸氏を招き、晩餐会を催す。殆ど全員の出席あり、歓談尽ることなし。和気靄々、散会す。

石間たみ、角替文は本日掛川宅に赴く。明日予が帰村するを以てなり。

〔欄外〕井出一太郎氏依頼に係る荻原豊次先生頌徳碑の文字を揮毫す。

〔欄外〕長崎県南高来郡上波佐見町長一瀬　一氏の依頼に係る、中尾郷月之谷災害記念碑なる揮毫を為す。

六月五日（金）　雨　冷

十時半、寛永寺に至り、顕徳院殿の御霊位を拝す［読経中なり］。それより家正公及令夫人に随ひ御墓を拝す。令夫人の御帰邸と別れ、家正公を交詢社に送りて登院す。

一時東京発急行列車雲仙号に乗り、帰村す。偶然戸塚建設大臣の静岡に赴くと同車す。又舘林は此列車にて佐賀へ帰る。予は静岡駅にて下車、駅長室にて少憩、米原行普通列車に乗る。駅長室にては多数新聞記者の来問を受く。

五時五十七分掛川着。有志十数氏の出迎あり。駅長室にて少憩し、自動車を得て帰宅す。秘書野口　氏の世話になる。

ます子は先着しあり。石間たみ、角替文、山崎昇二郎と共に迎へらる。

祖先の霊位を拝し、次に大村を弔問す。重友と六、七両日の行動に付相談す。

NHK浜松支局員来訪、予の帰郷せる感想を録音す［明日放送すと云ふ］。

六月六日(土)　晴　薄暑

昨夜十一時就床前、廊下の電灯を消して廊下に出でたる際、脚を失して庭上に顚倒し、右腰背部及後頭部を強打せしも負傷せず、身体の自由を失はず。徐ろに起上り、泥を払ひ、寝衣を更へて就褥す。今朝起床、何等支障なし。神仏の加護渥きに感謝す。

七時四分掛川発、七時四十六分焼津に下車す。打合せに依り高瀬荘太郎氏と鈴木要二氏と出会ふ。鈴木氏の自動車に乗り、左記を順歴し、六時静岡市役所にて行動を了る。

焼津市―山口忠五郎氏―藤枝町―青島郵便局―島田市―東海パルプ―金谷町―吉田町―川崎町―相良町―池新田町―平田村―堀之内町―掛川町［報徳社（中食）、小笠未亡人会］―袋井町―横須賀町―福田町―掛塚町―磐田市。

高瀬氏等は浜松市へ赴く。依て同車、神谷文吉氏を訪ひ、高瀬氏と別る。それより青山士氏を訪ひしも不在、七時四十九分磐田発にて帰る。

六月七日(日)　大雨　冷

神谷亮氏、朝来訪す。九時、家族等一同記念撮影を為す。重友、敏子、ふき子、米子、修、たみ、ふみ、ます、なみ、野口氏、神谷氏なり。

九時二十分報徳社に出頭。九時三十分常会を開く。予は政局の現状と、予の参議院議長として執るべき態度とを説明す。神谷副社長、土岐章氏の講話あり。

十時五十分頃、戸塚建設大臣、静岡より来社し、簡単なる挨拶を述ぶ。それより同車、掛川西高等学校に於ける小笠郡各団体連合会の催に係る祝賀会に出席す。掛川町長、小笠県議代表、町村会長、町村議会長、農協代表、婦人連盟代表等の祝詞演説あり、予と戸塚氏と謝辞を述ぶ。祝宴に入り、乾杯、万歳あり。一時退出す。此会は朝七時煙火三発を挙げ、開会時亦煙火を揚ぐ。出席者四百五十名計り。無比の盛会、感激に堪へず。

戸塚氏の車に同乗し、同氏宅に入り少憩し、報徳社に出社す。

理事会に出席し、新なる運営に関する件、屋根葺替の件、手当増額の件等を議決す。近く役員会に附議する筈なり。

二時より本社講堂に於て報徳社有志の祝賀会あり、戸塚氏と共に臨席す。予は喜寿を祝はれ、記念品を贈らる。神谷副社長、藤田講師惣代、角替九郎平氏の祝詞あり。予と戸塚大臣は之に答ふ。次で祝宴に移り、歓を尽して四時頃散会す。来会者約三百五十名、至誠を尽して祝賀せらる。群馬、三重、長野、愛知、山梨等諸県よりも来会者あり。元水翁の般若心経物語、鷲山顧問の和亭松図掛軸を初めとし、菓子、新茶等数々の品物を贈らる。

夕食の時、宅にて一同杯を挙ぐ。

六月八日(月)　雨　夕五時頃より晴　西風強　午後斬髪

家居、日記を認む。榛葉元水翁、河合良成氏に対して謝状を認む。又原田　氏の為に心字を色紙に、白松氏、赤堀氏、落合氏の為に白扇に揮毫を為す。

十一時頃、掛川町有志十四名来賀す。下賜の煙草一本づゝを呈す。

一時半発車、土方村に鷲山恭平先生を訪ひ、謝意を述べ、且病状を見舞ふ。恩賜の菓子一箇及東京の上菓子一箱を呈す。

七時より上張、杉谷両大字有志百十名計り来集〔臨時欠席十二、三名〕、予の為に祝賀の意を表せらる。杉谷代表原田喜之助氏、上張代表小沢友保氏なり。婦人会落合秀子夫人外三名大に援助せらる。来会者に祝酒一盃づゝ、及手拭一本づゝを呈す。重友、敏子、山崎昇二郎、石間たみ、角替ふみ、野口氏等も斡旋す。九時散会の後、原田、小沢外一氏及四夫人を招き、特に謝意を表す。

河野議事部長より電報を以て、運輸審議会任命交渉は不成立と報ぜらる。

沼津市長候補者勝又干城氏より電報を以て、応援演説に出動を求めらる。夕刻、電話を以て謝絶す。

重友、夜十一時五十一分発に乗り、宇都宮市に於ける全国酒造業者大会へ赴く。

六月九日(火) 快晴 風あり 涼
朝、落合善四郎、笹藪忠吉両氏来賀す。恩賜煙草を頒つ。

八時半出発、真如寺、神宮寺詣でを為す。敏子、米子、修、昇二郎、たみ、ふみ、野口氏同行す。神宮寺にて一同と別れ、野口氏と共に報徳社に立寄り、旧天守台上の観世音に参詣す。女僧より戦争未亡人某の窮状を聴く。

十一時前帰宅す。昇二郎は十一時半発、帰村す。

小柳直吉氏より甘藷苗四種を贈らる。東京の有志に頒つ為なり。農一、農二、岐阜一、沖縄百にして十本あり。

石田耕作氏に贈る。又植方を説明す。

十一時過、山崎はま子来賀す。中食を共にす。

三時頃、掛川町葛川山本米吉氏、来訪す。

ます子は、石間たみと共に女中の候補を接見する為、二時七分発にて島田へ赴く。予上京の時、島田駅にて乗組む予定なり。島田にて乗車の際、伊沢夫人来り見送る。枇杷を贈らる。

上京。三時三分掛川発、七時五十六分東京着。駅長の出迎を受け、直に乗車帰宅す。

ふみ子は午後家代山田家を訪ふ。予の代理なり。今夜一泊、明日京都へ向ふ。

石黒忠篤氏より電話あり。予の不在中議院運営委員会にて決定せる諸事項、近藤事務総長辞職後の就職に付、議運各派諸氏の配慮(其結果)、辞任時期等に付報告あり。

片岡七蔵氏来訪、赤飯、鮮魚、カニ、酢鯵等を贈らる。好意忘るべからず。一泊す。

重友、宇都宮なる酒造業者大会よりの帰途一泊す。

六月十日(水) 曇 冷
朝、関屋貞三郎氏夫人を訪ふ。故関屋氏の命日に当るを以てなり。友彦氏の事業を告げらる。
登院。議長室に於て赤木氏の報告を聴く。又芥川、河野両氏と協議す。

昨日、木村保安庁長官の福岡に於ける国防五ヶ年計画談は、大なる物議の種子となる。

加賀山議員より、運輸審議会委員への交渉不成立の報告を受く。

一時より議院運営委員会あり。開会式を十六日挙行、同日二時本会議開会、委員辞任の件、総長更任の件、首相等演説等の件を定め、開会式に付ては衆議院と交渉して確定したる由を聴く。

正午、全国治水砂防協会有志会に出席す。

三時、山梨勝之進氏来訪、軍人恩給法に付陳情せらる。竹下、高瀬、井野三委員及杉田専門員を紹介す。武井大助氏と手別け、訪問することとす。

重友滞在す。

六月十一日(木)　曇　夜雨

登院の時、ます子、重友と共に佐々木旅館を訪ふ。

正午、松本楼に静岡県人会役員会より招かれ、午餐を饗せらる。鳥居龍蔵博士令嬢の中共実情談話あり。沢田晴広氏は美術院賞を授けられたるに付、招待せらる。氏の謝辞には甚啓発せらるる所あり。高瀬会長、徳川顧問、吉岡顧問も出席せらる。

英女王陛下御誕辰に付、大使館を訪ひ、記帳、祝意を表す。

五時半、Free Mason 会食に出席す。

夜、泉屋観世音の為に揮毫す。又其序を以て大川村、曲川村両村へ額面を、関屋令夫人の求に依り色紙数葉を汚す。

軽井沢町長佐藤恒雄氏より三組小卓子、大山村、曲川村両村長より柿右衛門作小花瓶を、山地土佐太郎氏より茂木枇杷を贈らる。

六月十二日(金)　曇　蒸暑

登院。十時、関屋友彦氏来訪す。氏の経営に係る児童教育紙芝居事業に付てなり。深沢鉱二氏のことを告げ、氏の意見を参考されんことを勧む。

武井大助〔昭和産業社長、海軍主計中将〕、永持源次〔陸軍中将〕両氏、相踵で来訪す。何れも軍人恩給成立に関してなり。必要なる注意を呈す。

新井善太郎氏来訪、児童保護事業に付、援助を求む。之を諾す。

十二時、東京会館に於ける日米協会主催の米大使Allison氏歓迎午餐会に出席す。来会者四百五十名。小松会長の歓迎辞、大使の謝辞及MSA取扱に関する米国政府の見解発表あり。極めて有意義なる会合なりき。井上匡四郎氏に出会ひ、Pan-Pacific Club再興の話を進む。

二時過、静岡育英会評議員会に出席す。徳川総裁御出席、緒明、加藤、中山三理事、評議員村上幸多氏出席。二七年決算を承認し、八月分経費調達の為、製紙三社端株処分の件を可決す。村上幸多氏より伊豆郷友会、伊豆学友会残余財産総額金一五二一円を寄付せらる。理事会は此金員を別口取扱とし、永く両会の名義を附し、保管増殖して他日有用の資に充つべしと決したり。村上氏の需に応じ、近藤亥一郎氏［赤堤町二ノ五九九］へ謝状を呈することとせり。此謝状は十三日発送したり。四時半散会。

帰途、参議院に立寄る。五時頃帰宅す。

六月十三日(土)　曇　午後晴　薄暑

登院す。杉山昌作氏来訪、近藤事務総長退官後就職関係に付、報告あり。運輸審議会は目的を達せざりしも、他に方途（電波審議会の如きもの）を講ずるやう予の希望を告ぐ。

赤木正雄氏来訪。全国治水砂防協会の両院議長、建設、文部両大臣招待晩餐会開会日時に関し、打合せを為す。

神宮参拝の為、二十日出発、二十一日帰京、芥川新総長同伴、中山秘書随行のことを決定す。

一時より映画を看る。⑴英女王陛下戴冠式光景、⑵韓国戦線実況、⑶教育映画「津浪」、⑷軍艦大和の最後なり。大和の撃沈は日本敗北の最終幕なり。落涙滂沱、看るに任へず。

四時、丹羽警務部長より、十六日開院式当日に於ける学生デモ来院に対す件、措置に付、報告を受く。

帰途、議長公邸に立寄り［ます子、興三等、三時頃来邸せし為、既に退出］、直に帰宅す。

五時頃、毎日新聞社員深町善太郎氏外一名来訪す。

舘林、雲仙号にて帰京す。五時半頃来着。

去月二十九日朝の訪問談話料として、NHKより三四〇〇円（四〇〇〇円、内税六〇〇引）を受く。又滋賀県東浅井郡下草野村南郷二二六堤正雄氏より、予の食生活に付問合を受けたるに対し、返書を認め、又其内容を謄写するに決定し、写しを取る。

Scene 社より予の写真二種十二葉宛を贈らる。

午後三越より夏服を送り来る。夕刻の本間先生記念会に着用す。

六月十四日(日)　曇

久々にて小閑を得たり。今夕、本間俊平先生昇天第五周年記念会に出品すべき先生の軸物二本を書斎より捜出す。又仏人メナールの画夕映(恩賜品)、石川寅次氏画奈良公園等を得たり。メナールの画は参議院へ持行くこととし、石川氏の画は予の室に掲げたり。

五時過、ます子同車、本間俊平先生記念会に出席す。携ふる所の軸物二本を掲ぐ。鈴木貫太郎大将未亡人、小倉正恒氏、同夫人、斉藤惣一氏、室井長平氏、関屋正彦氏、岡野新宮館主人夫妻等と出会ふ。斉藤氏より「海の外に使して」を贈らる。

帰途、鈴木夫人を浜町 Scott 方に送りて帰宅す。

六月十五日(月)　曇

登院。Mrs. Roosevelt 一行、十時三十分来院す。議長室にて面会す。市川房枝議員同伴、坂西志保女史、通訳せらる。好都合なり。議長室より両院協議会室に案内し、其処にて衆議院議長及衆議院側議員と参議院副議長并参議院議員と会見す。佐藤、星島、中山、北、羽生諸氏より質問又は希望の開陳あり。夫人は一々之に答弁す。識見高く、論旨公正なり。茶菓を呈し、十二時頃退出。便殿、議場へ案内し、十二時十分頃退出す。

十時過より議院運営委員会ありしも出席する能はず。重宗副議長代て出席す。

四時三十分、開会式予行演習を為す。

五時半、錦水方に開かれたる砂防協会の招待会に招かれ、出席す。堤議長は欠席、戸塚、大達両大臣及設計家出席す。主人側は徳川会長、次田、赤木、田中諸氏なり。帰途徳川公を御宅へ送る。

議長室に仏人メナールの画を掲ぐ。

六月十六日(火)　晴

早朝、塩島金一郎氏来訪。株売却に付、手続を了す。

新聞記者槇　　氏来訪す。

九時登院。九時半、近藤事務総長来室、辞表を提出す。

之を受理し、議院運営委員会に諮りて決定すべき旨を告ぐ。又住居払底に付当分の間公舎に住居するも差支なきこと、就職に関する意向如何に関し、隔意なき意見を交換す。

直に草葉議運委員長の来室を求め、本日の議運にて辞表の取扱を依頼し、後任任命に付、予の希望を告ぐ。

第十六回国会開会式に付、天皇陛下、参議院へ臨幸あらせらる。参議院議長として儀式の要務を勤めたり。還幸後、衆議院議長と皇居に参内し、行幸御礼記帳を為す。

一時半、議院運営委員会に臨み、近藤事務総長辞表提出の旨を報告し、之が処理を求む。一同は辞意を許可するに決す。近藤氏より挨拶あり、予は深厚なる謝意を表す。次で後任者の選挙問題に入り、芥川次長を昇格せしむるに決し、議場にては議長指名に一任することを決定す。其他常任委員の辞任、補欠の件を議決す。

二時、本会議開会。近藤事務総長辞任を可決し、後任の任命は議長指名に決し、議長は芥川治氏を事務総長に指名す。次に請暇の件等を決定して休憩す。

三時再会、首相、外相、蔵相、経済審議庁長官の演説あり、散会す。

午後、東大学生デモ、官公労組デモ行はれ、丹羽警務部長より報告を受く。

河野議事部長を次長に昇任し、議事部長事務取扱を命ず。

福永官房長官より田中屋に招かれ、六時半出席す。議運委員諸氏既に在り、開宴す。八時過辞去、赤木氏と同車帰宅す〔田中家女将より著書「女将」を贈らる〕。

夜、朝比奈美弥子、来泊す。

〔欄外〕昨日、お茶の水女子大学校学長選挙に付、野口現学長は予選に漏れたる由を聞く。依て電話にて真相を明にし、昨夕大達文相に善処を依頼す。其結果を小野寺記録部長を通じて野口氏に告ぐ。

六月十七日(水)　晴

早朝、芥川総長并夫人来訪、挨拶す。

登院。議運小委員会に出席す。議事日程に付て協議す。

十時、本会議を開く。十時十分、首相の出席を挨て、松本治一郎、加藤正人、曽禰益、豊田雅孝四氏の質疑を終り、十二時四十分散会す。

散会後、議運委員会を開き、各種委員任命に付同意を求

む る件を協議し、次に今期国会に政府より提出すべき案件に付、福永官房長官より説明を聴く。

岡村憲三氏（山口県）、岡村宏策氏（群馬県）、来訪す。兄弟なり。兄は下関なる水産講習所を単科大学とする件、弟は三国峠道路付換の件を要望す。後者は赤木博士に紹介し、前者は森崎水産委員長に紹介す。

浜名湖干拓に関し、中村代議士の案内に依り、石川農地部長等来院す。予は議運に出席する為、石黒忠篤氏に面接を依頼す。

印度ネシア前内相イスカク氏并同夫人来訪す。床次徳二氏の紹介に依る。国会其他の問題に付、種々質問を受く。

岩沢静岡県東京事務所長来訪、自宅へ電話架設の催促を求めらる。依て郵政委員長池田宇右衛門氏に此事を依頼す。

工藤鉄男氏昨日逝去す。十九日告別式挙行の予定なり。

五時半、議長公邸に於て副議長及常任委員長を招き、晩餐会を催す。芥川事務総長、河野次長其他をも同席す。

六月十八日(木)　曇　雨　冷

登院の際、元事務総長近藤英明氏を訪問す。不在なり。夫人に面会して、謝意を表す。

議院運営小委員会及委員会に出席す［九、四五―一〇、〇〇］。緑風会の大体の質疑者の性格に付、赤木氏より弁明あり。

本会議にては佐多忠隆、八木幸吉、平林太一、小林亦治、野本品吉諸氏の質疑演説を行ひ、十二時三十四分散会す［これにて一般質疑は全部終了したり］。

十二時より日本倶楽部に於て、予が議長に就任したるに対し旧知諸氏の祝賀会あり、出席す。欣栄窮りなし。来会者百五、六十名。徳川家正公、開会の挨拶を述べ、公の指名に依りて田中耕太郎君より鄭重なるいたわりの祝詞あり。之に対して予は深甚の謝意を表し、予に対して叡知と力を与へられんことを請へり。簡素なる食事を給せらる。最も我意を得たり。食時甘露寺受長氏、乾杯をpropose せられ、食後松本堅次郎氏［八十二才］の発声にて万歳を三唱せらる。感激の極みなり。小坂順造氏より金十万円を恵与せらる。

佐久間村長北井三千夫氏来院す。佐久間ダム建設に関し補償問題に付、氏を岡野通産大臣及中川通産委員長へ紹介（名刺）す。

熊村長熊村昌一郎氏、上阿多古村長大富部　　氏、来訪す。国鉄バス運行開始の件なり。両氏を長崎国鉄総裁及前田運輸委員長へ紹介（名刺）す。

新東宝諸氏来訪。軍艦大和の最後に関する所見を問はる。率直なる意見を述ぶ。又希望としては自主的国防精神を喪失を〔ママ〕防止する方法を採ること及近き将来に於て本映画に加へ、良き結論を与ふるものを製作することを告ぐ。

工藤鉄男氏を弔問す。焼香す。勝亦千城氏死去に付、弔電を発す。

松本勝太郎氏病気引籠中に付、見舞ふ。

五時半より議運委員長、理事及新旧総長を錦水方に招待す。重宗副議長、草葉、小笠原、松浦、相馬、寺尾諸氏及近藤、芥川、河野諸氏出席す。

六月十九日(金)　曇　涼

早朝、岐阜県知事武藤嘉門氏より鮎二十五尾を贈らる。依て十尾を松本勝太郎氏へ、五尾を内田明氏へ呈す。

九時四十五分、議運小委員会、引続き議運委員会あり。本日の議事に付協議す。

十時、本会議を開く。工藤鉄男氏に弔辞を呈し、吊文を議長に一任す。人事委員長村尾重雄氏弔辞を演説す。次で法律案二件［払下物代延納、小額貨幣打切］を可決す。

十二時半、常任委員長会議を開く。格別の議事なし。直に散会す。

掛川町議会議長志村小市氏等十名許り来訪。二俣線急設の件、御前崎線急設の為ヨテイ線に編入の件に付、運輸審議会委員及政府に交渉す。予は審議会委員長益谷秀次氏へ書簡を贈り、之を依頼す。

熊村及下阿多古村長来訪、循環バス省営の運動を為す。依て運輸委員長前田穣氏及長崎国鉄総裁に紹介す。両氏面会を遂ぐ。

横浜市役所より運動員来訪、罹災小学校校舎改築費国庫支弁請願を為す。東京都電労組諸氏来訪、スト規正反対の意見を述ぶ。

瀬古保次氏を見舞ふ。夫人に面会す。金一万円を見舞ふ。

明日宇治山田市へ赴くに由り、地図を求む。

ＮＨＫより予の放送recordを送届けらる。代金一六〇〇円を支払ふ。

フィリピン大使館にて米国大将クラーク氏へ贈勲の行事あり、列席の案内状を受く。依て出席し、了てCocktail Partyに出席す。庭上にて照宮様に御目に掛り、感喜窮りなし。

六時、公邸なる事務局及法制局幹部招待会に出席す。重宗副議長及幹部、出席す。八時前散会す。

六月二十日(土)　曇　蒸暑　夜雨　（宇治山田）

皇大神宮参拝のため、九時発特急にて宇治山田市へ赴く。名古屋にて日本近畿鉄道の特急へ乗換へ（途中、中川乗換）、四時四十二分宇治山田駅着。市助役田島政吉氏及神宮司庁よりの出迎を受け、戸田家に泊す［中山某氏同行す］。

読売細田弘君、毎日深町健太郎君、中部日本中島康晴君、共同通信中村泰次君、東京新聞森崎国雄氏同行し、戸田家に泊す。

夜、宇治山田市長中西幸重氏、神宮司庁　　　氏、宇治山田地方事務所　　　氏（三重県知事代理）、来訪す。

六月二十一日(日)　晴　名古屋以東曇　箱根以東雨　薄暑　冷

昨夜降雨強く、朝霽る。八時旅館を発し、神宮司庁の自動車にて外宮に正式参拝を為す［八時半了］。それより内宮に至り、正式参拝を為す。外宮にては食糧の急速自給を祈願し、内宮にては国運伸展の為に国会に於ける醜悪なる闘争が速に終熄すること、参議院をして其独特の任務を遂行せしめ、国民の尊厳と信頼を博せしむること、又議長たる職務を遂行するためには、予に対して最上の良識と力とを与へらるることを切願す。了て建造将に成らんとせる内宮御神殿を拝見す。其清浄壮麗なる建築に対して、最高の敬意を表したり。

次に神楽殿に於て佐佐木大宮司、秋保副宮司、造宮局長角南隆氏及岩田林務課長と会見す。此間神楽を奉納す。退出の際は、大宮司以下神橋の外まで見送らる。其間神苑の景観、五十鈴川等に付、説明を聴く。橋を渡りて撮影の後、辞去す。

次に岩田課長の案内にて神路山に於ける檜の植栽実状を

視察す。一本松なる地点に到る。又 Boy Scout の植栽に付、説明を聴取す。

最後に新築成れる集会場を見て、十一時四十分戸田家に帰る。中食の後、宇治山田駅一二、四八発特急にて名古屋へ向ふ。市助役、司庁　　　、地方事務所長等見送らる。又近畿日本鉄道にては特別車を連結し、特別の便宜を与へらる。二時三十五分名古屋駅着。

駅長室にて休憩の上、三時二十一分発特急はとに乗り、帰京す。八時三十分東京着。助役の出迎を受け、帰宅す。此行中山氏の世話になること大なり。

昨日、石間たみ子上京、伊沢いく子と云ふ娘を連れ来る。今後家庭にて手伝を為すためなり。

六月二十二日(月)　曇　冷

登院。不在中の事務を処理す。

十一時頃、報徳社中山、小野両常務、太田、岩竹両参事及三嬢来訪す。喜寿祝品として、International Watch Company 製造 Schaffrausen Swiss の Automatic Wrist Watch を贈らる。諸氏に午餐を呈し、又歌舞伎座へ案内す。一同佐々木旅館に泊る。

財団法人牛ヶ渕報恩会旧理事岡本保之助氏外数氏来訪。旧軍人会館は今回遺族会へ無償貸付さるるに決したるも、旧来の縁故を尊重して報恩会へ払下ぐべきものなりとの意見を述べらる。予は其正当なるを認め、湯河元威、田村文吉両氏と相談することを勧め、電話にて其旨を湯河氏に通ず。氏は明日午前是等諸氏と会見することを約せらる。

後藤文夫氏来室、石黒忠篤氏近日海外へ赴かるるに付、晩餐会を催したしとて、予の都合を問はる。予は之を予の主催とせんことを欲し、後藤氏の同意を得たり。而して招待すべき人名の指示を後藤氏に求め、後藤、後藤隆之助、丸山、石黒、橋本、松本諸氏を得たり。

同成会懇親会を五時より公邸に開く。来会者は赤木、次田、下条、丸山、平沼、渡辺、河西、大谷、佐藤、安倍、町村、田島、原、田中、河井なり。歓を尽して散会す。平沼氏より麒麟麦酒二打を寄付せらる。予は月桂冠三升、Suntory Whisky 一瓶を持行く。

〔欄外〕農林大臣内田信也氏辞任し、保利茂氏後任を襲り。

六月二十三日（火）　曇　小雨　冷

朝、久原明氏来訪、舘林と会見す。

朝、金谷町仲田万吉氏来訪、息耕治氏をラジオ静岡なる大石光之助氏へ紹介す。

菰田康一氏来訪、軍人恩給法に関する依頼あり。又蘇連に於ける軍人恩給制の飜訳印刷物を与へらる。洋食店娯廊を紹介せらる。

三浦篤、仁瓶泰次郎氏、来訪す。仁瓶氏の為に揮毫を約す。

尾崎忠次氏来訪、去二十日日本BS連盟にて予を全会一致同連盟の理事に推薦したりと告げ、承諾を求む。之を諾す［後刻、三島連盟長よりも電話にて通告あり］。予は夏季行事に付て質し、又神宮林の植林、手入に付て注意せり。

和光美術品店に至り、昨日受領せし喜寿祝品の使用方法に付、説明を受く。又其代価を問ひしに金四万九千円なりと云ふ［鳩居堂にて線香五把を求む。代千円なり］。

伊万里町長、山代町長及議長来訪す。伊万里湾に警備隊根拠地設置の件に付てなり。

保利茂氏来訪、農相就任の挨拶を為す。

斉藤惣一氏の案内にて、朝鮮ＹＭＣＡ主事として赴任の途に在る　　氏来訪す。

庵原村長来訪、同村中学校の焼失せるを復興する為、助力を求めらる。高瀬氏に紹介す。

朝、佐藤尚武氏と会見、伊勢神宮参拝に付、便宜を与へられしを深謝す。又青森県下参議院議員補欠選挙に付、意見を交換す。

六月二十四日（水）　雨　蒸暑

朝、印度ＢＳ代表 Mathur 氏及六名［外一名通訳］、三島ＢＳ連盟長同伴にて来訪す。又明後日出帆、米国の世界 Jambory に出席する日本ＢＳ十一名は、松平代表と共に来訪す。依て両者を応接室に招き、茶菓を呈し、隔意なき交驩を行ふ。予は両者に対して夫々挨拶を為す。印度側の態度敬虔にして、日本への帰向心熱烈なり。記念の撮影を為す。

蔦ヶ谷建設大臣秘書官来室、去七日掛川高校及報徳社に於て行はれたる祝賀会出席者に対する謝状に付、打合せを為す。

正午、砂防協会有志会に出席す。徳川会長、次田、牧

野、砂田、田中、赤木各理事出席す。会館建設地に対する両院の要求に対する態度に付、協議す。

対馬島綜合開発委員会代表一色堅弘〔厳原議長、総町村議長〕、市丸貞五郎〔副委員長、浅藻港〕、佐護光兄〔佐須奈村長〕、島井清太郎〔峰村長〕、小島毅夫〔支庁出納責任者〕諸氏来宅す。鯣、椎茸（委員会より）、雲丹（佐護氏より）を贈らる（予不在）。

三時半、Dr. William Axling 来訪、三十分許り懇談す。懐旧の情甚深し。茶菓を饗す。院内看覧の上、退出す。

泰国独立記念日に付、大使館にて挙行せる reception に出席す。降雨の為、庭園に出づる能はず。盛会を極む。長井真琴博士、同夫人、有田八郎氏、同夫人、坪上貞二氏等と出会ふ。帰途坪上氏と同車、山川端夫氏を訪問す。

〔欄外〕夜蚊帳を用ふ。


六月二十五日（木）　晴　夕曇　蒸暑　血圧一三六―八六
尿中糖あり
昨日来宅の対馬有志と院内にて会談する為、石黒、赤木両氏の都合繰合せを請ひたる処、有志は終に来らず。

掛川町有志来訪、佐久間線、御前崎線敷設に付、運動を開始す。運輸審議会委員及緑風会員の関係者に紹介す。

金原舜二、松野勝太郎、矢部和作、月花俊隆、片平七太郎、其他十数氏来訪す。森林課税軽減に関し陳情の為なり。依て本日開会せらるべき林業懇話会に出席を勧め、竹下豊次氏に其旨を通じ依頼す。

三時過、菲公使 Jose F. Imperial 氏来訪す。頗丁寧なり。着任以来四ヶ月と云ふ。

三時より林業議員懇話会開会せられしも出席せず。

事務総長及次長より議長交際費の使途に付、説明を聴く。

丹羽警務部長より朝鮮事件三周年日に付、南鮮人団及北鮮人団の集団行動に付、報告を聴く。又大衆群至の時建物内にて警察官を使用する為、現制の改正案に同意す。

午後、長井真先氏来訪す。又宮城敏郎氏も来訪す。

朝、佐藤尚武氏を訪ひ、対馬産の雲丹を呈す。

〔欄外〕大島寛一氏の夫人及二児は、明午後羽田より米国へ赴くに付、朝舘林と共に往訪す。会ま両親大島堅造氏及夫人にも面会す。

両院議員の滞在日当、政務調査費等の増加案に対して世

好評既刊

未見の一級資料を集成・解説した定本資料集
日本立法資料全集 本巻
皇室典範
芦部信喜・高見勝利 編著
36893円

菊変・上製 600頁

現行皇室法成立過程の定本資料と考証
日本立法資料全集 本巻
皇室経済法
芦部信喜・高見勝利 編著
48544円

菊変・上製 740頁

第一線の研究者、実務家が集った待望の書。
新時代の刑事法学 上巻 下巻
井田良・川出敏裕・高橋則夫・只木誠・山口厚 編
(上)14000円 (下)16000円

A5変・上製 670頁
A5変・上製 830頁

福田徳三著作集 全21巻

社会政策と階級闘争
福田徳三研究会 編 西沢保・森宜人
◎日本経済学・福祉経済論の開拓者 福田徳三著作集 第10巻
6800円

復興経済の原理及若干問題
福田徳三研究会 編 清野幾久子
◎関東大震災のリアルな現実と「人間の復興」 福田徳三著作集 第17巻
5800円

黎明録
福田徳三研究会 編 武藤秀太郎
◎吉野作造らと黎明運動を展開・激論 福田徳三著作集 第15巻
8800円

暗雲録
福田徳三研究会 編 武藤秀太郎
◎第一次大戦後・混迷期の思想状況を描 福田徳三著作集 第16巻
5400円

阿部泰隆 著 ◎最新問題提起の行政法再考入門
行政法再入門〔第2版〕上 下
上 6000円 下 5200円

田村和之 編 ◎最高裁「全面勝訴」判決がもたらしたもの
在外被爆者裁判
2800円

畠山武道 著 ◎最新アメリカ環境法リスク論の基礎知識
環境リスクと予防原則 I
リスク評価〔アメリカ環境法入門〕
2900円

笠原宏 著 ◎益々重要性を増すEU競争法の全体像
法律学講座
EU競争法
5000円

二宮周平・渡辺惺之 編 ◎離婚と子どもの問題の比較法研究
子どもと離婚
合意解決と履行の支援
6200円

田村和之・古畑淳・倉田賀世・小泉広子 著 ◎判例からわかる保育の現状
保育判例ハンドブック
2200円

好評発売中

コンパクト学習条約集（第2版）
芹田健太郎 編集代表
本体1,000円(税別) 四六判・並製 584頁
薄くて持ちやすく携帯用条約集の決定版

医事法六法
甲斐克則 編集
本体2,200円(税別) 四六判・並製 560頁
学習・実務に必備の最新薄型医療関連法令集

保育六法（第3版）
田村和之 編集代表
本体2,600円(税別) 四六判・並製 800頁
関連法令等を凝縮した子育て六法第3版

スポーツ六法2014
小笠原正・塩野宏・松尾浩也 編集代表
本体2,500円(税別) 四六判・並製 848頁
学習・行政に必携のスポーツ法令百科

ジェンダー六法（第2版）
山下泰子・辻村みよ子・浅倉むつ子・二宮周平・戒能民江 編集代表
本体3,600円(税別) 四六判・並製 864頁
学習・実務に必携のジェンダー法令集

信山社 〒113-0033 東京都文京区本郷6-2-9-102

論の反撃強烈なり。読売紙細田記者、予の意見を問ふ。本日は少しく下痢を催す。身体倦怠を覚ゆ。依て四時電車帰宅、一時間計り午睡す。心気回復す。

議長交際費前半期分一六　　円を受く。

鈴木寛一氏胃癌の疑あり、重病なりと聞く。

六月二十六日(金)　曇　蒸暑
菲島上院外交委員長 Francisco A. Delgado 氏、公使 Imperial 氏に伴はれて来院、面会す。佐藤外務委員長に紹介す。午前中議事を傍聴して辞去す。用件は賠償、貿易等に関し首相、外相と会見の為なり。煙草を贈らる。

議院運営委員会に出席す。本日上程する電気石炭スト規制案に対する質問に対して、首相の出席を要求するの件に付、意見岐る。又本日の会議にMRA報告を上程することとし、之に対する質疑も首相の出席を要求することとなり、結局、本会議は月曜に行ふに決す。

本会議は請暇に次ぎ、郵便約定に承認を与へ、MSA〔Mutual Security Act〕に付、緒方国務大臣よりの報告、次にスト規正外二件に付、小坂労相、衆議院議員
の提案説明ありて休憩。一時半、衆議院提案に対し井上清一氏の質疑の後、残余は後日に譲り散会す。

愛知県一色町倉地友次郎氏製造の人造米を紹介せらる。依て藤野繁雄、森八三一両議員を議長室に招き、原料、製法、品質、用法、売価等に付検討す。

五時過帰宅の上、八時濠洲大使館に於ける大使夫妻の晩餐会に出席す。出席者は印度、支那、アルゼンチン各大使夫妻、田中耕太郎氏夫妻、松平康昌氏等出席す。十時半退出す。

〔欄外〕小原新三氏、午後四時西宮市鳴尾町浜甲子園高砂一ノ二八石川清深氏方にて死去す。嗣子（孫）小原慶次氏より七月二日通知を受く。

六月二十七日(土)　雨　冷
昨日九州北部に於ける豪雨は未曾有の災害を生ぜるが如く伝へらる。就中福岡、熊本、佐賀、大分、長崎各県の被害激甚なるが如し。登院の上、是等諸県の知事に対して見舞の電報を発す。又藤井種太郎、内田重成、伯野広次三氏へ見舞の電報を発す。
石間たみ、望月〔猪三男夫人〕、石間督也夫人、参議院を見学す。隈なく案内せしめ、昼食を呈す。衆院を傍聴し

て帰る。

産業経済新聞特派記者阿部真之助氏来院、会談す（十時三十分）。

食堂にて対馬島より上京せし有志と会談す。離島開発法の制定を挨つまでもなく、急速独自に着手すべき重要問題の進捗に付進言す。

二時、共産党岩間正男氏、国内基地設置反対陳情団数名を連来り、面会す。岩国二名、新潟一名、其他両名なり。十分に陳情を聴取す。

五時半より築地雪村方にて堤衆議院議長主催の円満会あり、出席す。佐藤、三木両前正副議長、近藤前事務総長、大野前議長も遅れて出席す。堤議長はヨサン本会議の為遅れて出席す。然るに直ちに食事を促し、食後所用ありとて急遽帰去す。予等も快からず。佐藤議長と共に早退す。

〔欄外〕砂防協会用地を官庁建設用地に収用するの法律案提出さるるの噂あり。依て早朝戸塚建設大臣に電話して、之が阻止の為尽力せられんことを求む。大臣は之に同意し、本日三時福岡へ急行するに付、万事を政務、事務両次官に託して去る。

舘林は、午後一時発急行列車にて佐賀へ向ふ。

六月二十八日(日)　雨　蒸暑

九州に於ける災害は日を逐うて甚し。

朝、松本勝太郎氏来訪、清酒二升を贈られ、予の議長就任を賀せらる［同氏の健康を憂慮す］。

小林次郎氏来訪、砂防協会の土地収用立法に付、各種の蜚語を伝へらる。

河野義克氏来訪、議院運営に関し意見を述べらる。又衆議院は、昨夕委員会省略にて土地収用に関する不当立法を通過せしめたる由、報告あり。

十二時、議員会館に於ける砂防協会臨時理事会に出席す。出席者は徳川公、佐藤、砂田、植原、次田、牧野、田中、小林、赤木の諸氏及河井なり。稲浦次官も出席す。予は河野部長の齎したる衆院提出法案を報告し、本案の参議院通過を阻止する方法、阻止不能の場合には代地及損害補償の方法及委員会に於て協会に対する誤解を一掃する方法［会計の公表、妨害の暴露］等を協議す。稲浦次官より協力して換地提供を約せらる。

二時、青山斎場に立寄り、元歌所寄人千葉胤明氏の告別式に出頭す。

六月二十九日(月)　雨

朝、中山均氏来院、育英会の為、製紙会社三社の端株売却を了したりとて、予に譲渡証の捺印を求めらる。

九州北部に於ける水害激甚の為、衆議院は善後策委員三十名を選定す。参議院も亦二十五名を以て特別委員を置くことを決定し、委員は議長指名とす。参議院の委員は今朝羽田発にて出発、福岡へ赴く。

本会議はスト規制案外二件を掲げ、小坂労相及衆議院議員発案者二名の説明あり。之に対して質疑を行ふ。先づ井上清一氏、衆議院案に付て質疑ありて、其余を次回に廻し、次に緒方国務大臣よりMSAに付て米国より回答の内容を発表す。本件の質疑は亦次回に譲り、爾余の議案を議了す。本会議の進行甚だ遅々たる所以は、首相の出席不能なりし故なり。

予算委員会は、七月分暫定ヨサンの審議を進む。明日中には本会議に於て議了するを要するを以てなり。本日の議運に於ては本会議開会中に委員会を開会する場合は、議長の同意を得るべしと決定す。是れ議場の定足数を保持せんが為なり。之に対し議長は、本会議中委員会を開くを要する場合は、予め委員長より議長に申出であることを要望したり。

五時半、自由党幹部諸氏を公邸に招き、晩餐会を開く〔料理は二葉に命ず〕。

土地収用に関する衆議院案は、議運に諮問して所管委員会を決せしむ。議運は建設委員会を避けて議運に附託す。不合理なれども已むを得ず。

〔欄外〕鈴木寛一氏重患なるに付、ます子見舞の為土肥へ赴く。

夜、二瓶泰次郎（宮城丸森町）、望月善作（庵原村金谷）両氏の為揮毫す。

六月三十日(火)　雨

本会議にては十時半よりMSA問題に関し、堀木、木村、須藤三氏質疑す。次で緒方国務大臣より私的独占禁止及公正取引確保法の一部改正案に付、説明あり。之が質疑は他日に譲り、本日を以て期限とする諸法案（郵便法一部改正、皇室経済法外一件、国際復興開発銀行等からの外資受入特別措置法）及七月分暫定ヨサン三件を議決し、九時半散会せり。此間二回休憩して委員会審議の進行を計りたり。又議院運営委員会及小委員会をも開会し、本会議に於ける重要なる打合を行ひたり。其中、特に異例と〔す〕べきは、(1)中央機関施設整備促進法案を建設委員会に附託せずして議運に委託せし理由に付ての楠見委員の質問、(2)夏季手当増加に関し、大蔵大臣を喚出して根本方針に付質疑を為し、大臣が「善処す」との一言を述べたるに関連し、野党三派より夫々本会議に於けるヨサン審議の際、反対討論を取消す旨の発言ありしこと、是なり。

国際経済振興会午餐会に招かる。堤衆議院議長と共に出席す。来会者百二、三十名。議長就任を祝賀せらる。平野英一郎氏司会、星島二郎、岡田忠彦、三木武吉三氏の祝詞あり。堤議長と共に謝辞を述ぶ。余興として新橋某妓の歌謡あり、美声堂を漂はす。一時半退出、国会に還る。

高橋龍太郎氏より六時晩餐を饗せられ、参邸す。佐藤尚武、高瀬荘太郎、田村文吉、村上義一、竹下豊次、野田俊作、田中耕太郎、徳川宗敬、高田寛、山本有造の諸氏来会せらる。正式なる dinner なり。室内装飾整ひ、器物高雅にして料理良く、洋酒之に叶ふ。高橋氏の談話卓上を賑はし、和気靄々たり。予は本会議開会打合せの為、他の来賓諸氏とは先に辞去す。八時三十分出発。高橋氏に Manila 煙草一箱〔去二十六日、菲国上院外交委員長フランシスコ A. デルガト氏所贈〕を呈す。

幣原坦博士昨日急逝、大阪府北河内郡門真町自邸にて五時葬儀を行ふ由、新聞紙にて承知す。依て弔電を呈す。

〔欄外〕ます子土肥より帰京。寛一氏の病状を伝ふ。

七月一日(水) 曇 午後晴 暑

朝、日本銀行に中山均氏を訪ひ、一昨日の厚意を深謝し、株式譲渡証に捺印交付す。

正午、砂防協会有志会に出席す。赤木氏より中央機関施設促進法案の審議状況及建築願書撤回の経緯報告あり。予は砂防協会に対する誤解を解去る為、会計の公開其他の手段を採るべきこと等を述ぶ。本件は議運委員会にて取扱方法に迷ふの窮地に陥り、同時に協会も適当なる換地を得るに非ざれば建築不能となるの災厄に遭遇したり。徳川会長、次田、小林、赤木、河井出席す。滋賀県砂防課長出頭、製茶一缶を贈らる。

妙義山軍用地使用反対陳情者十余名来訪、面会す。伊能、最上両議員連れ来る。代表者坂本町議会議員三上正雄氏等より説明を聴取す。

二時、村上幸多氏来訪。社会科教育助成会平岡乙彦氏を同伴す。上京学生宿舎を得るため、前田穰、安井謙、団伊能三氏に紹介す（名刺を与ふ）。

加奈陀国祝日に付、大使メーヒュウ氏及同夫人より reception に招かる。五時半辞去す。

五時半、議長公邸に社会党左派幹部諸氏を招き、晩餐を饗す。来会者九名。歓談湧く。相互の了解上、甚有益なり。料理洋食「娯廊」。

佐々木謙一郎氏の告別式あり、代理を派す。

七月二日（水）　半晴　暑

羽生三七氏来談、要件を相談す。

竹山祐太郎氏来訪、天龍川沿山地砂防の件に付、龍山村長等を紹介す。

東京医科歯科大学に至り、上右大臼歯の手当を受く。長尾学長不在なりしも、大なる配慮に依り鈴木先生の治療を受く［桜井先生病気欠勤中の由なり］。

午後一時半出発、宅に立寄り、埼玉県立茶業試験場を視察す。又繁田武平氏を訪問す。繁田氏は試験場に在り、面会す。場長太田義十氏より品種改良［狭山、緑］、成分試験等説明を受く。同行中山氏なり。道路各所修繕中にして、往き二時間半を要す。復は一時間なり。

鈴木寛一兄に病気見舞状を呈し、医療費三千円を贈る。

七月三日（木）　雨　半冷

十時、登院す。浅間山軍用地反対陳情者（五名）、全国自治体公安委員会連絡会代表（五名）及綱島代議士（離島法案に付説明）に面会す。

全国治水砂防協会の用地を striker の不法占拠に遇ふ。依て帰途砂防課に至り、撤去交渉を為すことを依頼す（木村課長と面会す）。

Perker Pen軸決裂す。依て内幸の米店［Shriro］に至り、破損部を取換ふ。￥300。又 Ink（名 Quink 2 Ounces 入）を求む。代￥80なり。

六時、公邸にて緑風会幹部諸氏を招き、晩餐会を呈す（仕出し、Scott）。石黒、竹下、豊田、館、小林、梶原、田村、杉山、新谷諸氏出席［山川氏欠席］。主人側、副議長、事務総長、次長及法制局長出席す。

七月四日(土)　雨

本会議にては予定の日程に先ちて、戦犯者釈放に対し仏、菲に対する感謝決議を上程し、佐藤尚武、徳川頼貞両氏の説明あり。直に全会一致を以て可決す。次に九州の水害に関し団長松岡平市氏及戸塚建設大臣の報告あり。それより順次日程記載の法律案を議了す。十二時十分散会す。

米国独立記念日に付、米大使夫妻の催に係るReceptionに出席す。十二時半退出す。

二時二十五分発列車にて帰村す。秘書野口君、護衛石田君同行す。重友、駅に出迎ふ。予の帰村に付、女中平岩美江を夜十一時半発にて先発せしむ。同人は今朝着、十時頃来宅、終日手伝を為せり。

〔欄外〕菲島独立記念日Reception、午後六時―八時には欠席す。

七月五日(日)　雨　早朝大雨　午後止　曇

九時より報徳社に於て講演を為す。出席者数六百名位。

神谷、藤田両氏講演す。山崎昇二郎と要談す〔山崎知二氏令娘調査、楠見氏来講所望〕。又県教育委員会志太榛原教育事務所長河井惣四郎氏来訪、県主催婦人生活指導会に報徳の講義を採用したきに付、指導講師の選任を依頼せらる。

報徳社に対し金壱万円を推譲す。これは曩に喜寿祝品として贈られたる腕時計（代¥49,000）の対価を分割推譲せんとの素志に由る。

三時三分発湘南電車にて上京す。七時五十六分東京着。中山甚氏出迎へらる。

夜十一時過、舘林佐賀より帰宅す（飛行機に由る）。

鈴木寛一兄本日逝去の旨、嗣正夫氏より夜電報到達す〔七日二時葬儀〕。

〔欄外〕重友に金七千五百円を渡し、製茶を小坂順造、山川良一、池田勇人三氏へ贈呈せしむ。

七月六日(月)　曇　小暑

ます子、明日寛一兄の葬儀へ赴くに付、掛川へ電話を以て重友と打合せを為す。重友も会葬する由なり。女中平岩美江に対し、急速上京を促さしむ。

本会議あり正午開会、二十分にして散会す。開会の遅れたるは、議院運営委員会が議員の手当増額に関する三案の取纏めに付、緑風会総会に於て議論沸騰し、委員の出席遅れたるに由る。

議院運営理事会に出頭し、今夏紐育に開かるべき各国議会同盟に出席すべき代表議員の選定に付、要望を提出す［議運理事会は種々異論を生じたる由を聞く］。

改進党八木幸吉氏来訪し、議員手当増額予算に関し、或種の行動を執るべきやに付、相談を受く。各種の場合を挙げて其影響を説明す。

毎日新聞社深町健太郎氏来室、予の日常生活に付記事を作る。

図書館に至り、山岳崇拝宗教の本質に付、取調を為す。

来馬琢道師より雑誌宗教公論［万隆寺入仏記念号］を贈らる。

夕、公二君来訪、Ebios 持来る。代金一二八〇円、二缶分を支払ふ。

昨日、太洋漁業株式会社より中元として革鞄及粉石鹸を贈らる。

七月七日(火)　細雨　午後南強風　蒸暑
ます子、八時頃土肥へ向ふ。野口氏渋谷まで見送る。女中平岩　　掛川より帰来る。好都合なり。

登院。本日の面会者は気賀町長杉浦庸雄氏、地域給引上の件。

一杉藤平氏、　　　　氏。両氏を食堂へ案内し、衆議院の傍聴をなさしむ。

菊川孝夫氏。癩患者の取扱に関する件。

小松静岡県技師。県砂防支部大会開催の件［一応二五―二六とす］。

十一時過、医科歯科大学に至り、鈴木先生の治療を受く。

団伊能氏、九州地方水害視察より帰京して狭心症を発したりと聞き、其邸に見舞ふ。昨日より平静に復したりと云ふ。

麦酒一打を芥川総長に、同一打を河野次長に呈す。

金千二百円を（生命素二ヶ月分代）大分県八幡村坂本迪蔵氏へ包送す。

繁田武平氏来訪、予の往訪の答礼を為す。中村屋の菓子を贈らる。

共産主義者スターリンを読む。

七月八日(水)　雨

本会議は十時半より一時半過まで無休進行す。

スト反対各種団体及癩患者の集団的院外すわりこみ熾烈なり。之を利用する議員側も内心困惑の状あり。後者に関しては、特に厚生大臣に強硬なる要求を為し、急速帰還せしむ。東京都と厚生省との権限譲合あり、役人の意気地なきこと甚し。参議厚生委員等の説得によりてしぶ〳〵退去す。

一時、食堂にて林業議員懇話会あり、町村合併、税制、運賃等諸問題に付、審議す。

五時半、公邸にて右派社会党幹部を招き、晩餐を呈す。三木、上条、松浦、加藤夫人、相馬、森下、松沢、山下、山田、八木諸氏出席す。

全国治水砂防協会ありしも欠席す。赤木氏に対し、⑴土地買入の経緯、⑵協会会計の二者を公表し、⑶予定の如く建築を実行すべきことの意見を提出す。

秘書室の諸嬢に日本茶の飲方を教ふ。

帝国ホテルより中元［バク団扇］を贈らる。

ます子、土肥に泊る。

七月九日(木)　雨

加藤虎之亮博士及　　氏来院す。無窮会図書を国会図書館に譲渡（保管？）する件なり。内田明氏を喚び配慮を求め、両院の図書館運営委員長及金森図書館長に面会せしむ。朝、富士宮市会議長村瀬茂氏、来訪す。自治体財政に関してなり。予は下村海南氏の登山の願認者に付、質問す。

午後、水害地状況映画（福岡、熊本両県の分）を看覧す。

戸塚建設大臣に電話し、⑴廿五、六両日に亘り静岡県砂防協会支部大会に出席を求め、⑵掛川に急行列車一往復停車の件、⑶佐久間二俣線の実施を二十九年度よりするやう運輸大臣に申入の件を依頼す。

三時、伊国大使 Marquis Lanza D'Ajeta 来訪、敬意を表せらる。日本茶を以て迎へ、外国煙草を薦め、活花を更め、特に水彩画ヴェニス風景［栗原英二画］を飾る。又八月中 Roma の農業会議に出席すべき石黒忠篤氏を招き、紹介す。石黒氏の為にも甚だ好都合なりしを欣ぶ。

六時、石黒、後藤文夫氏を主とし、公邸に晩餐会を催す。両氏の外、丸山鶴吉、松本勝太郎、後藤隆之助、橋本清之助出席す。日本食を和室にて喫し、松本氏より贈られたる酔心を用ふ。強烈なる時事批判行はる。九時過散会。

夜、白潟片岡七蔵氏、令娘及小児を伴ひ来り一泊す。米を贈らる。

〔欄外〕ます子帰来、寛一氏の病気は癌なりしことを告ぐ。葬儀の状況を聴取す。重友も会葬せりと云ふ。

徳川公より品物料金一千円を賜はる。

七月十日(金) 雨

本会議あり。外交関係承認、法案数件を議決す。

来訪者は浜松市長岩崎氏。佐久間線敷設の運動。

山香村商工会長寺田貢平氏〔小西薬局〕。辰野線を山香村経由とする運動。

軽井沢町長　　　氏及萩原豊次氏。建碑感謝。

加藤　　氏。熊本県松田喜一氏来京に付、講演日程編成の件。

福山富雄氏〔静岡高校長〕外二氏。教員給を三階級とすること、創立七十五周年式及同窓会開催のこと。

小田垣健一郎〔栃木県議長〕外数名。東北線急速電化の陳情。

山梨県硯島村長富永要信氏より雨畑硯一面を贈らる〔平林太一氏取次〕。

四時、日比谷日活会館に催されたる大阪、京都、名古屋、横浜四大市長の旧内務省関係者招待 Cocktail party に出席す。中井、平沼両市長にも面会す。河原田、増田、大橋、大村、加藤、青柳、竹下、広瀬、館、其他諸氏と出会ふ。

重友上京、一泊す。関屋氏へ勤める女中　　　来京、一泊す。

片岡七蔵氏等、朝帰去す。

〔欄外〕朝、松本芳太郎氏を訪ひ、安否を尋ぬ。健在なり。

徳川公を訪ひ、品物料を感謝し、銘酒酔心一升を呈す。

葉子病気。狭心症の如き病状なり。堀先生の診察を受く。

七月十一日(土)　半晴　冷

重友は七時四十七分品川より乗車、帰村す。徳川公所賜金員を三孫に頒ち、重友に託す。

朝、電話工事あり、予の居室に4408番の取次機を据附く。

来院。面会者は藤枝町助役青山米蔵氏等十余名なり。用件、無集配郵便局を集配局と為す件。高瀬氏及小林武治を招き、請願書を提出せしむ［郵政省訪問及衆院請願提出の世話を為す］。

小田俊雄氏、世界　　発刊に付、序文を求めらる。断る。詩集「覚えはない」を贈らる。

瀬川弥右衛門氏、来賀す。旧議員のBudgeを配慮す。

鍋島直紹氏［佐賀県知事］、災害説明の為登院せりとて挨拶せらる。

東隆氏、委員会運営及速記使用に付、相談を受く。

藤原道子氏、東京電通職員数名を紹介す。夏季手当増額、スト規制反対、陳情。

スト規正法案は衆議院にて二五六対一三三にて可決せらる。

奥野法制局長に最上黒松白鷹一瓶を呈す。藤枝町有志より椎茸を贈らる。

伊沢いく子。叔父　　　氏の宅へ赴く。昨日墓参、明後日帰来の筈なり。

〔欄外〕原田氏及桑原運転士に酒一升（力正宗）づゝを贈る。

七月十二日(日)　晴　冷

家居す。来訪者は石橋洋服店主、麻服二着半を頼む。寸法を取る。

山本亮博士、去二日埼玉県茶業試験場視察に付、謝意を表せらる。茶業の将来に付、意見を交換す。

石間督也夫妻来訪す。昼食を共にす。

佐々木とき来訪す。余の揮毫を与へたるに付、謝意を表す。

芥川事務総長夫人来訪す。水蜜桃を贈らる。

関屋氏方へ雇入れたる婦人　　　は、八時発同氏方へ行く。本日軽井沢へ赴くと云ふ。

成也は野口氏と共に山口貯水池へ行く。野口氏運動の為なり。

大工二人来り、犬小屋を作る。金網張なり。

〔欄外〕左記辞令を受領したり。

委嘱状

第五十九回伊勢神宮式年遷宮奉賛会顧問に委嘱します

昭和二十八年六月三十日

伊勢神宮式年遷宮奉賛会

総裁神宮祭主　北白川房子　印

会　　長　佐藤　尚武　印

河井弥八殿

七月十三日(月)　晴　冷

昨夜二時過まで不眠、岩村兼一氏著英国議会誌を読了す。

本会議あり。請暇二件、災害報告、協約承認、法案四件可決。十二時散会す。

北白川神宮祭主宮を拝問、遷宮奉賛会顧問拝命を拝謝す。

伊大使を三田三丁目の大使館事務室に訪ひ、過日の来訪を謝す［石黒氏の為に去九日伊政府へ発状せりと云ふ。配慮を謝す］。

角倉立法調査局長来訪、調査事業に関し要望あり。予も意見を提出す。

神奈川県内郷村長谷川一郎氏の学校林造成に対し、頌状（手紙）を呈す。

来廿五日、六日、静岡県砂防支部大会の日程内容に付、赤木氏と協議して変更案を作り、之を建設省を通じて小松技師に電話す。

改進党役員諸氏を五時半より議長公邸に招待す。出席者は副議長の外、松原、堀木、武藤常介、寺本広作、石川、最上英子諸氏なり。

〔欄外〕両眼血膜炎を発したるを以て、医務室にて治療す。

一万田尚登氏よりメロン二箇を贈らる。

〔欄外〕竹下豊次氏より県産赤渓石硯を贈らる。過日所贈なり。羊羹と誤想し謝意を表したるに、昨日来客の為開函、硯なりしを発見し、本日同氏に出会ひ、粗忽を謝す。

七月十四日(火)　晴　冷

院内にて面会の諸氏、左の如し。

富士宮市長小室鶴松氏。下村博士富士山頂視察に付、報

告あり。市長は境内地に関し希望を告げざりし由なり。⑴往訪を勧む。⑵管財局長に会見せしむ。

二瓶泰次郎氏来り、予の揮毫を感謝せらる。仙台漆塗煙草箱を贈らる。

画伯野末貞次氏［谷中三崎町］、作品三点を持来り、買入を求む［十二日にも来訪］。一ヶ月間預置くことを諾す。

全国中学校代表四名来訪、実務科経費国庫負担等陳情す［見当違多し］。

十一時、歯科治療を受く。了て学長室に長尾優博士を訪ひ、謝意を表す。博士より大学研究費の削減に関し、痛切なる要望を受く。予の治療担任医は鈴木賢策氏と云ひ、電気利用無痛神経抜取発明者と云ふ。

林業議員懇話会あり、税制并運賃のことを協議す。竹下氏税制に付て処理せられ、衆院大蔵委員長を訪問のことに決す。運賃に付ては植竹氏の配慮を多とす。

五時頃、仏大使の独立記念日 reception に佐藤外務委員長と同車、出席す。委員長より多数の大使、公使等に紹介せらる。退出の時、渡部信氏を同車、渋谷駅にて別る。

〔欄外〕白木屋より観音守札、供物（打物二）。及手拭一、団扇二を贈らる。

豊田雅孝氏より Birelys 二打を贈らる。

七月十五日（水） 晴 冷

本会議は十時四十分開会、一時四十分散会す。災害関係質疑、竹島問題緊急質問、法律案 件なり。中小企業金融組合法改正を追加上程す。

七月十六日（木）

鵠沼行、1 : 10—5 : 00。

歯舞島還戻大会に出席を要請せらる。

内灘問題解決方法に付、緒方副総理訪問。

秩父宮妃殿下拝問。

木村通氏訪問。

政務調査会、5 : 30。蝋山、矢部、大西諸博士招待。

Blue lodge fellowship dinner、5 : 30 Mesonic bldg.

七月十七日（金） 雨 登院

本会議、10 : 34—12 : 12。請暇、議員派遣決議案、法案12件。

議院運営委員会、1―。中央機関施設促進法案。

常任委員長懇談会、12:30。議案審査状況、速記手配。

溝口三郎博士に内灘問題解決相談。

七月十八日(土) 雨　登院
議院運営委員会、10―2。

田中北海道知事来訪。

松野勝太郎、矢部和作、北村勝三郎、橋本太次兵衛諸氏来訪。

和歌山県大洪水。

西班牙 National day Reception、6―8、Mr. & Mrs. José A. Balenchand 代理大使、市兵衛町一ノ二。

予備欄
鈴木賢策（歯医）、足立区千住三ノ八六。

七月十九日(日) 雨　家居
千島及歯舞諸島返還懇請国民大会、12:30、日比谷公園。
Perry 提督上陸100年記念式、2―、久里浜記念公園。

七月二十日(月) 雨　登院　〈朱筆〉柴田伊代子命日（昭27年）

本会議、10―。委員（該議員共）任命、承認三件。法案十一件。水害状況調査議員派遣。chlorella。

林業議員懇話会、12、参食堂。林業税制に付て。

政治経済研究会、12:30、日本工業クラブ。当面の内外経済情勢。興銀総裁川北禎一氏。

加藤虎之亮博士来訪、3:00。

安岡正篤氏会合、6―、錦水。神戸浅田平蔵氏主催。

石黒氏出発に付往訪（電話）。

七月二十一日(火)　登院
瑞西公使 Mr. Reinhard Hohl 来訪、10。

報徳記念館建設期成会発会式、10―12、小田原市役所（小田原市幸町一ノ八七二、市教育委員会内）。

歯治療、11―。

静岡県有力婦人代表来訪、1。

北海道知事外来訪、3、歯舞千島返還懇請大会陳情。

舘林帰県。

七月二十二日(水)　登院　小塩氏電話
本会議、10—。両院協議会委員選挙。法案、決算関係九件。
角替文子等婦人　名傍聴。
外務委員会、1—。
瑞西公使答訪、3—、麻布区広尾町18。
全国治水砂防協会。徳川、次田、小林、河井、赤木。

七月二十三日(木)　雨　登院
天機并御機嫌奉伺、奥へも奉伺。
製茶出来栄検査。
堂森議員来訪。
対馬、豆酘［本石惣作］、峯［島井清太郎］両村長来訪
(中食)。
緑風会議院制度改革研究会、11—2、分室。
労働大臣来談、2:30—2:45。
外務委員懇談会、6—、議長公邸。
新興報徳会総会、札幌市。会長小林篤一氏。

七月二十四日(金)

本会議、11—1:35。

比島帰還者代表四名来謝。

内山真龍翁贈位の件。

内灘問題解決の協議。館、溝口両氏来訪。

高橋龍太郎氏招待会、6—、錦水。竹下、佐藤、高瀬、村上、田村、野田、河井、徳川、山本、高田。

七月二十五日(土)
静岡行、東京9:30—12:37静岡。
アッツ島戦没者慰霊祭。
全国治水砂防協会静岡県支部総会、1—。
資源調査局へ静岡県当局より要望。

予備欄
BS赤沢山集会、July21—27指導者研修、July27—Aug 8 Boys camping。
近藤英明氏、文京区小石川林町三三、(大塚94) 6745。
浅田平蔵氏、神戸市垂水区塩屋天神平三七三、(垂水) 2225。

安岡正篤氏、師友会20—0871文京区白山御殿町一一七。

馬淵逸雄氏、静岡県芙蓉会長。

小田重義氏、静岡県養老事業協会長、静岡市小鹿一。


七月二十六日(日)〈朱筆〉岡沢多六氏命日(一周忌)

〔記述なし〕

七月二十七日(月) 登院

本会議、10—12:05。

角替利策氏来訪。

柴野石川県知事来訪(溝口三郎氏紹介)。

アッツ島戦没者合同慰霊祭、2—、本願寺(浅草)。

明治神宮復興奉賛会、2—、日本工業クラブ。鷹司信輔氏。

鉄道会館披露party、4—6、東京Station Hotel。会長渋沢、社長加賀山。

七月二十八日(火)

首相と会見、9—。

戸塚建設相と会見。

瑞典公使Baron Lagerfelt《ラガーフェルト》来訪、11—。

中山寿彦氏と会見(堂森芳夫氏の件)。

松田喜一氏来訪、10—。

堤議長reception、4—7、公邸。

緑風会懇談会、5:30、公邸。会費¥1,000。


七月二十九日(水)〈朱筆〉津久井利行氏命日(昭27)

本会議、10—2:15。

濠洲大使来訪。Senator Armstrong紹介、3—。

瑞典公使答訪、4:30、麻布西町二一。

泰国大使Reception(海軍長官紹介の為)、5—7。

全国治水砂防協会。徳川公、次田、牧野、赤木、小林、河井、正木定氏。

戸塚大臣へ電話。

七月三十日(木)

Pakistan代理大使ナリム・カン、9:40。

本会議。

林業議員懇話会、12、参食堂。

七月三十一日(金)
本会議、10―5：30。青木ヨサン委員長解任の決議案。
休憩、7：40―8：00。
ヨサン三案。

八月一日(土)　27676
本会議、10―。
全国保育事業大会（三日まで）、金沢市。

予備欄
林業資源総会対策審議会、有楽町一ノ八、国策ビル。会長笹山忠夫氏、理事小林準一郎氏。
ユーカリ樹研究。研究家月本朗氏、千駄ヶ谷三ノ五三八、48―2814。日本ユーカリ研究所、日本橋通二ノ二加藤ビル404、27―7555-6。
倉島蔵二氏、長野小県郡長村長。
市丸貞五郎、長崎県対馬浅藻港。
池田駒平、愛知県議会議長。丹羽兵助、同副議長。

八月二日(日)　家居　静養　体温37・7
報徳社常会（欠）。

八月三日(月)　登院
昨夜より発熱下痢。体温37・7。堀先生来診。
本会議、10―12：50（休）。9：30–11：58、議長職権行使。
電産、炭労スト規制法案の中間報告を求むる動議。
林業議員懇話会、12、食堂。
体温37°

八月四日(火)　登院
本会議、10―。栗山委員長報告。
睦浜村一行。古瀬恵三郎氏一行。山路土佐太郎、田中清一。
小坂労相、大野木国務相来訪。

八月五日(水)　〈朱筆〉敏子生
本会議、10。電気事業及炭礦労働スト規制に関する法律案。
外務大臣懇談会、4―、首相官邸。San Paulo 400年祭参加の件。山本喜誉司博士の為。
全国治水砂防協会。

八月六日(木)〈朱筆〉広島空襲
本会議、10―。公職選挙法両院協議会成案。遺族エンゴ法、ライ予防法律案。
租税三案。私的独占禁止法案改正。家畜共済臨時特例法セイカン。
国際放送強化記念Cocktail party 4―、放送会館三階。
草葉議運委員長晩餐、6〃池ノ端田家。

八月七日(金)
第十六回国会（延長）会期終了。

八月八日(土)〈朱筆〉ソ連開戦
〈朱筆〉対馬行
毎日新聞社講演会、1―、静岡市公会堂。

予備欄
大村武雄氏、世田谷区松原町二ノ六一八。

八月九日(日)〈朱筆〉長崎空襲
〔記述なし〕

八月十日(月)
〔記述なし〕

八月十一日(火)
〔記述なし〕

八月十二日(水)
藍沢弥八晩餐。林敬三、宮田、名取、諸橋久太郎（平尾町）。
馬瀬通［号青山］令娘。ＢＳ。栃木県。久我山住。横山、次田両氏。
全国治水砂防協会。

八月十三日(木) 東京12:35 九州災害視察旅行
〈朱筆〉伊沢氏命日（昭和二四年）
来訪。石津浪次郎氏（浜松）、岐阜県砂防課有志（岐阜）、泰治（大阪）。

両陛下那須行幸啓。原宿9：25―12：25黒磯―12：55御用邸。

日西文化協会、日本ギター連盟関係者招待 Reception、6―8。西代理大使 Mr. et Mrs. José A. Balenchana。

道源権沼氏来訪、徳山。

八月十四日(金)　9：05門司―八幡市17―18：30福岡市

〈朱筆〉終戦

9：30門司市役所、10：30緑川、清瀧川新規荒廃ヶ所。

門司市役所、13―。小倉市西鳥越の新規荒廃ヶ所、板櫃川災害ヶ所。

八幡市平野川、籏生川新規荒廃ヶ所。植木町遠賀川災害ヶ所。

10：45博多―長浜荘着、休養。中尾英夫医博来診（下東町34）（夜とも二回）。

菊池勇夫九州大学学長（法博）、福岡市古小島町一・五。

Pakistan 代理大使 Salim Khan、国祭日祝賀、6―7：30、光輪閣。

知事杉本勝次氏、西原氏に紹介。土木委員長西村恒氏、砂防支部長三嶋善太氏来訪。

九大事務局長入江巖氏来訪。北九州水害調査テーマを贈らる。

小林進代議士富士山頂視察。

八月十五日(土)　福岡10：30―6：30二日市町　天拝荘（泊）

福岡8：30―12北崎村13―18二日市町。

糸島郡。北崎村、桜野村、桜井川災害ヶ所。

朝倉郡。朝倉地方事務所、甘木町、大福村［被害最大］、杷木町（弁当）、昭和橋→筑後川災害ヶ所三、川中島、桂川、逆流止閘門。

浮羽郡。吉井町、筑陽村（被害最大）、浮羽地方事務所、災害ヶ所。

天拝荘会食。三島総務部長、土木部長飯田一実、砂防課長小林茂。

予備欄

小田二三男（工博）、地熱開発技術審議会委員、福岡県福間町向山二四四七。

八月十六日(日)
二日市町10:10—10:20神崎町。城原川決潰ヶ所。
鍋島村岸川11—11:20。嘉瀬川決潰ヶ所。
11:30川上村、楊柳亭別荘（中食）、13—。
小城町岩蔵13:30—14:30。祇園川、石体川堰堤。
巌木町浪瀬15—16。浪瀬川、荒廃河川。
17唐津市、幸楽荘（泊）。
佐賀県知事鍋島直紹、土木部長近藤勇。

八月十七日(月)
唐津8:30—10山代町10:50—佐代川地辷及荒廃。
浦之崎乗船。
長崎県副知事佐藤勝也、土木部長鬼丸忠男、河港課長矢内保夫、支部長直塚虎市。

八月十八日(火)
印旛沼干拓視察（高松宮殿下御覧、溝口博士案内）、断。

八月十九日(水)

雲仙宮崎旅館発8:40（知事、同夫人見送）—9:50島原10
［藤野議員同席］—11:20三角11:30—12:40熊本。菊本中食。宮崎夫妻来訪。

熊本市中見学。県議（土木副委員長）蓮田龍助氏案内。

熊本—八代—日奈久—佐舞—7:00人吉、芳野旅館泊。

球磨地方官民及有志大槻サン（次席筒井技師）。

林広人氏、斎藤洋氏、同夫人来訪。砂防課長倉上靖氏案内、東大農学士。

全国治水砂防協会、1（土木部長佐分利三雄氏）。


八月二十日(木)〈朱筆〉長谷川鉄雄氏命日
球磨川支流山田川（有堰堤）、万江川（無堰）、比較視察。

球磨川視察舟上（人吉10—2:18—勝地）—勝地—八代—熊本（鉄道）—木山町—県庁5—6:20栃ノ木温泉小川旅館泊。白水村高木勉氏［災害対策委員会副委員長］説明。

阿蘇郡長陽村。

裾野町小学校報徳社講演会。古瀬恵三郎氏へ返事。

八月二十一日(金)　雲盛
小川旅館8:30—高森町［丸山、猫岳—御手水川、クリカラ川］—高木川上流視察（新荒）—水口川（新荒）。

阿蘇神社［山頂、弁当］—古江川—4:00内ノ牧温泉阿蘇ホテル泊。支部総会出席。
60kw、2泉野、内50m、2kw、80%
支部長緒形重吉氏（阿蘇郡宮地町長）、連日同行。「カキモチ」を贈らる。

八月二十二日(土)　内牧9:25—12:35大分1:45—3:45中津。
中津4:20—5:45守実(三郷村)6:10—7:20日田

中津市鶴居新堤。山国川左岸諸川には若干づゝ、堰堤あり、右岸には殆なし。上志川最甚、神谷川荒廃甚し。山国川両岸林業盛なり。本流治まる。支川に堰堤築設必要。花月川。

日田市長岩尾精一氏説明。応旧対策略成る。砂防切望。

地方事務所長　〃　〃

村長、砂防必要強望。

山陽館泊。

八月二十三日(日)　夜明dam往復8—9
山陽館9—日田附近—日田駅10:49—11:29北山田駅。
細田知事招宴。副知事佐藤勝蔵氏、土木部長下島正夫氏、砂防課長椙本吉郎氏出席。
松平親義氏来訪。松本勝太郎氏来訪。榛葉朗氏代理来訪。小田二三男博士来訪。

八月二十四日(月)　別府3:30—るり丸乗船
小倉市長浜田良祐氏来訪、9—。九州電力森恒忠氏来訪、案内。

白龍地獄地熱発電研究所視察、10:30—11。九州電力森恒忠氏、小田博士（熊大）案内。

境川視察。

高崎山野猿群見物。

清香園方午餐。脇別府市長主催。

八月二十五日(火)　東京雨　冷　11神戸—12:25大阪12:30—8:30東京
〈朱筆〉柴田善三郎氏命日
兵庫県知事岸田幸雄氏出迎、午餐、Oriental Hotel。議長有沢与七氏、土木部長三池鎮浪氏、砂防課長岩崎義雄氏出席。
大阪駅にて昇三郎出迎。中井市長より鯛すしを贈らる。
大阪より原口神戸市長、京都より井上清一氏と同車。
段畑甘藷栽培試験、密柑新品種苗交換、久松知事。

八月二十六日(水)　雨　〈朱筆〉十四国会召集
佐藤宮司、井手成三氏来訪。
薬袋東海財務局静岡支部沼津出張所。
一松政二氏来訪。
苫米地義三氏来訪。
緒方副総理訪問、2—。
全国治水砂防協会（休）。

八月二十七日(木)　雨　登院　〈朱筆〉重友生
〔記述なし〕

八月二十八日(金)　雨　登院
〈朱筆〉米軍厚木飛来
〈朱筆〉衆議院解散(十四国会)
日本テレビ放送局KK開局式、11—、二番町（社長正力氏）。
サウジアラビア国経済顧問アブデル・アジス・アザム博士歓迎国民大会、6：00、上野精養軒¥500（延期）。

八月二十九日(土)　雨　登院
〈朱筆〉大河内正敏氏一周忌
藍沢弥八氏晩餐会、5—、木挽町花蝶。

予備欄
改正恩給法便覧送附先。

八月三十日(日)　雨
喜寿賀会、2—。

八月三十一日(月)　晴　登院
重友、ふき子来院、帰郷。

長井真先氏、二児と来院。
石間たみ等来訪。
山地土佐太郎氏来訪、10。
山梨勝之進氏来訪、11。
野口明氏、倉田吉雄氏来訪。
佐賀県大町町長三根寛作氏来訪。
読売新聞社教育部記者春田勝良氏と会見、2。
和歌山県災害状況説明聴取、3。
藤井種太郎博士往訪、5。
罹災諸県知事座談会、7—8:30、読売新聞社。

九月一日(火)　雨　登院

参議院議員就任以来日誌を記すの暇乏し。一日之を欠くときは、次日之を欠き、月に弥り、数月に至る。甚遺憾とす。依て詳記を避け、少閑を以て書き継ぐこととせり。遡旧の記事、遺漏多からん(九、二三記)。

午前中、土肥町長渡辺平三氏来訪。小学校々舎新改に付、文部省へ補助申請の件なり。依て高瀬前文相に依頼して紹介を求め、又予は監理局助成課長赤石清雄宛紹介名刺を渡す。

関東大震災三十周年慰霊祭は、十時より東京都慰霊協会の主催を以て、両国慰霊堂にて行はれ、出席す。会長は徳川家正公にして、当時を追憶するもの深し。早朝、大震災善後会誌を出して、救護及復旧の事に従ひし事蹟を卒読す。式場には高松宮殿下御臨席の予定なりしも、欠席せらる。堤議長と同列、席に出づ。開式前堤議長より政局安定に関し、予の意見を求めらる。予は須く政策に依る保守三派連携に出づべく、単なる復党運動の無意義、有害なるを述ぶ。堤議長は大に之に賛同せられ、両議長の主催を以て三党首会同を催し、重要政策協定を図らんことを提言せらる。予は之に賛成し、急速遂行の機を捉へんことを提議す。堤議長は官房長官を通じて首相の意向を問はしめ、又別に重光、鳩山両首に連絡することを計画し、機の熟するを俟て、速に決行せんことを諮る。予は之に賛成し、堤議長の配慮を乞ふ。

祭典は午前中は神式のみに止まり、二時より仏式にて行はると云ふ。十一時四十分頃退出す。参詣者は往年に比して著しく減少せしやの感あり。三十年後の祭典なればなり。式の時間意外に永く、陰湿の気堂に溢り、左膝疼痛、激しきを覚ゆ。中山秘書、同車す。

緑風会定例総会には欠席す。

九月二日(水)　晴曇不定　少暑

朝、柴野石川県知事来院、面会す。知事は内灘問題の解決に関し、予に対し最深の謝意を表したり。予は、行政的解決は一応成功せりと雖、事態の険悪にして長期に亘れるに鑑み、人心の一新を要する旨を告げ、報徳運動の採用を力説す。予を以てすれば内灘問題解決の方法は、其性質報徳方式の一のみと信ずればなり。仮令行政措置の成功あるも、精神の救はれざる限り村民の幸福は期するを得ずとの理由を以て、知事を動かし、急速有力なる講師の派遣を約したり。六日の常会に出席の上、幹部に諮ることを期す。

堤衆議院議長十一時来室、昨日の談話の趣旨実行の方法に付、協議せらる。議長は重光氏と会見せしこと、鳩山氏と会見の計画あることを告げ、吉田氏の同意を得て速に三者会合を催す手順を詳説せらる。

夜、電話を以て議長の活動の効果を問ひ、岐阜へ旅行の暇あるを知る。而して六日には必ず在京を約す。報徳社へは常会欠席の旨を電報す。

内山真龍翁御贈位の件に付、江口副長官来室す。文部当局の意見を伝へ、対策を懇示せらる。感謝に堪へず。依て宮沢喦、小山正両氏に電報を発し、来五日浜松駅通過帰宅の際、駅頭に来訪されんことを求む。

岐阜県に於ける全国治水砂防協会支部総会に出席の為、夜十時東京発彗星号に乗る。徳川会長、赤木常務同行す。野口秘書、予に同行す。建設省砂防課佐藤技官同行。細田読売記者も同行。

正午、砂防協会有志会に出席す。徳川会長、赤木常務、次田理事出席。

九月三日(木)　晴　冷

五時二六分岐阜駅着、駅長室にて高山行列車を待つ。駅長の世話になる。駅長室にてＮＨＫ記者の質問に遇ひ、sense なきに驚き、且当惑す。

六時五十三分発、参議院古池信三氏、武藤知事同行せらる。牧野良三氏は太田より同車、九時三八分下呂駅着、直に水明館に入り休憩す。平野三郎代議士、岡村利右衛門前代議士来会す。然るに県支部長今井覚次郎氏は病気重体の為来らず、一同深く之を憂ふ。

十一時支部総会（町立小学校講堂）に出席す。徳川会長、河井、武藤知事演説す。平野代議士は予の演説を誤解して駁論を為す。予は徐ろに之を是正す。最後に県議長松野幸泰氏の演説あり。講演には赤木常務、之に当る。食間芸妓の舞踊あり、来会者二百名の満足を買へるが如し。小学校は繰替休校を為し、講堂にて piano を片付け、壇上にて舞踊す。時勢の変転歎ずべし。

夜、水明館にて懇親会あり、頗盛会なり。出席者六十名。

水明館にて絵葉書を求め、去三十日予の寿会に際し、記念 Album を贈したる芥川、河野、　　十三氏に対し、謝状を送る。同時に青山士氏へも発状す。

九月四日（金）　晴　高曇　薄暑　夜雨（八幡町）

七時、下呂を発す。出発に先ち武藤知事を訪ふ。知事は政局不定を患ふること切なり。又各種委員会制度の不可なるを愬ふ。優良山村恵那郡東野村（村有林千二百町）の事蹟を話さる。八、四〇高山市役所（市長及附近町村長陳情）、九、一〇－一一、三〇遠山　　方、一一、四五－一二、二〇字鶴ヶ谷白川村役場（中食、陳情聴取）、一三、四〇発、庄川水系発電事業視察、椿原 dam（建造中、年内竣成予定）に至り、引返して白川村より別れ、一七時八幡町に着、桜陽館に投ず。

八幡町にては郡上郡町村長会館にて陳情を聴く。又町村長会より招かれて　　方の晩餐会に出席す。婦人有志の盆踊りを見物す。

九月五日（土）　雨歇　晴　薄暑

八時、桜陽館を発す。直ちに好古家《げでものや》、沢潟屋赤木氏方に請せられ、各種の古器物を観る。約四十分にして辞去、岐阜へ向ふ。天然記念物鰻生息の川は、濁流の為、看るを得ず。十一時、岐阜市長良川ホテル着、市長より午餐を饗せらる。天気晴明、頗快適を覚ゆ。

岐阜駅一三、〇九－一五、三五浜松駅（宮沢、小山両氏に面会し、江口副長官の厚き配慮を伝へ、対策として佐々木信綱博士を訪ひて、協議すべきを告ぐ）。一五、四〇－一七　沼津（矢田部氏来迎、近藤軫氏同伴。同市宮町長田源蔵氏、徳倉吉倉角太郎氏栽培の甘藷三〆匁を渡さる［これは七日那須御用邸にて奉献のため依頼せしものなり］）－二〇、〇八東京。中山秘書其他に出迎へられ帰宅す。

九月六日(日)　曇　雨　冷

終日家居す。堤議長の希望に従ひ三党首会合を催さんが為なり。朝電話を以て議長の見込を問ふに、本日は無しとのことなり。九月常会を欠席したるは已むを得ざりしとは云へ、遺憾なり。

伊達源一郎氏、十時半来訪す。頗元気なり。政界の情勢、緑風会の現状等を談話す。赤木正雄氏も来訪せられ、興趣深きを加ふ。一時間許りにて帰去す。

九月七日(月)　曇　那須は雨　冷

七時発車、那須御用邸へ天機并御機嫌奉伺の為、車行す。十二時半着、直に供奉高等官宿舎に案内せられ休息、中食を喫す。倉田博士、中山秘書同車、石田護衛同行。

二時より栗、胡桃、朝鮮松、山葵及欅の成績を調査の為、附属地内を逍遥す。常務員鈴木　　氏案内せらる。経る所は御用邸裏栗林－千条園－嚶鳴亭－旧 Golf 五番－白河道－胡桃林にして、引返す。嚶鳴亭－新車道－旧 Golf 一番横断－橋－朝鮮松林。自動車にて山葵田にて引返せり。五時帰着。

栗、胡桃、朝鮮松は成績不良。何れも間伐乃至撫育を怠りしに由る。山葵亦不良なり。管理方法を誤れり。欅は殆ど自滅せり。

天然力に従ひ優勝劣敗の著しきを見る。植栽林は撫育を欠きて生育著しく劣りしに、雑木特に楢櫟及樅の発育甚旺盛なり。

宿舎の一室は、予が嘗て奉仕せし時に用ひたる室なり。浴場は旧の如く、脱衣室に架したる洗濯物掛けは、当時奉仕者の氏名札其儘残れり。

天皇陛下には七時半拝謁を仰付けらる。八時拝謁、九時過まで奏上、御下問に奉答す。十五国会成績［重要なる案件の経過及批評］、政局安定策、災害対策［応旧策、根本策］、植林、砂防、食糧増産等に亘れり。感激特に深し。皇后陛下には拝謁なし。三島産の甘藷静岡白を献上す。

秩父宮妃殿下、十二時過御参邸、御食事、御緩談等あらせらる。

御用邸に奉仕議員は三十八名なりと云ふ。稲田侍従次長、　　、穂積両侍従、村山侍医供奉中なり。

九月八日(火)　晴　薄暑

九時三十分、皇后陛下に拝謁、御機嫌を奉伺す。倉田、中山両氏は尋いで両陛下に拝謁す。皇后陛下より真綿、干瓢、鱒、山葵及御菓子［三箇］を賜はる。倉田、中山両氏の外、石田護衛、萩原運転士まで御菓子を頂戴す。両陛下は秩父宮妃殿下と共に嚶鳴亭へ成らせられ、午餐を聞召さると云ふ。

十一時十分出発。殺生石、八幡温泉前展望所を経て黒磯に下り、駅前にて弁当を喫し、矢板より今市に出て、二宮神社に参詣し、六時五十分帰宅す。

岡崎外相の茶会（五時―六時、官邸）あり。「コスタリカ」特派大使カストロ氏紹介の為なり。予は欠席す。

九月九日(水)　雨　冷

菲律賓友の会、日比協会外二会主催に係る比律賓感謝午餐会［工業クラブ］に出席す。高松宮殿下も御出席あらせらる。主賓は Imperial 代理大使にして、バルガス氏夫妻も臨席す。村田省蔵氏の挨拶、イムペリアル氏の謝辞ありて盛会なり。

二時、日比谷公会堂にて対菲感謝国民大会開催せられ、出席す。来会者多数にして公会堂に満つ。村田氏の挨拶、吉田首相、堤議長、河井、其他の祝辞あり。イ大使の謝辞あり。盛会を極め、最有意義なり。三時参議院へ帰る。

九月十日(木)　雨　冷

朝八時半、池田勇人氏を訪ふ。林業議員懇話会を代表して、林業課税の軽減を自由党政務調査会に提出し、且池田氏より大蔵当局へ伝達を乞ふ為なり。大村清一氏も同行す。

南村清二氏来訪。氏を角倉国会図書官調査立法考査局長に紹介す。

ジュリスト編集室山本阿母里氏、来訪す。砂防に付、所見を発表す。

南代議士（好雄氏、石川県、建設政務次官）来訪、内灘事件に付、柴野知事の不当を愬ふ。

故阿部信行大将の葬儀［二時、長谷寺］に至り、焼香す［生花を供ふ、慣例に依る］。

六時、吉田首相より白金官邸に招かれ、晩餐を饗せらる。堤議長と同席なり。政局安定に付、斡旋すべく首相に懇説す。未だ機の熟するに至らず。予は又食糧自給及砂防優先及徹底論を強調し、財源は公債に依るべく行政機構改革の先要を進言す。堤議長の配慮に依り、議長所有の　花の絵を首相に呈す。

九月十一日(金)　曇　冷

正午、椿山荘にて五三会有志［主唱者山地土佐太郎氏］八名より午餐を饗せらる。出席者は山地氏の外、高柳賢三氏、小林次郎氏、畠山一清氏、白根竹介氏、石川一郎氏、太田半六氏及松本学氏なり。石川氏と政局安定方法に付、所見を交換す。

東京都議会交通委員長外二名来院、面会す。都営バス認可要求に付てなり。行政事務に付、議長の協力を求むるの誤解なるを指摘して、之を謝絶す。

九月十二日(土)　晴　暑

八時半、Costarica 代理大使 Mr. Jorge Zeladon 来訪す。種々説明を為し、質問に答へ、又議院内を案内す。大使大に欣び、予に写真を求む。Sign の上、一葉を呈す。伊藤述史氏著近代日本（英文）を贈る。

両陛下、那須より還幸啓あらせらる。依て三時五十分原宿駅御着奉迎。

九月十三日(日)　雨　冷

報徳社東静会に出席する為、九時三十分東京駅発にて三島へ赴く。高瀬荘太郎博士同行せらる。十一時三十七分三島着。直に大社事務所へ赴く［野口氏同行］。大社に参拝の後、社務所にて中食を為す。高瀬氏は二時より三時まで、予は三時より四時まで講演す（神谷副社長は午前中講演）。聴衆六十名計り。次に講習終了式を行ふ。古瀬恵三郎氏の挨拶の後、予は終了証書を授与す。終了者の謝辞、矢田部宮司の祝詞あり。

大社事務所にて、⑴甘藷生産者及矢田部氏に対し、去八日那須御用邸にて拝受せし御菓子一箇づヽを呈す、⑵城所啓氏来訪。仁科林道開設状況の報告及び最近の豪雨に依る被害報告あり、⑶福井精太郎氏より父君精平氏の訃を聞く。依て熊本県林広人氏へ発状を約し、林氏の返書を俟て、山葵栽培指導の件を処理することとす。

高瀬氏と矢田部氏方へ泊る。昌子夫人、春慶塗組重筥を呈す。

神谷副社長は、裾野町服部清司氏方に泊る。座談会ある予定なり。

九月十四日(月)　晴

八時四十五分、高瀬氏と共に矢田部氏を辞す。三島駅にて帰京する高瀬氏と別る。予は車行を続け、裾野町服部清司氏方に神谷副社長を迎へ、五龍館に入る（旧佐野瀑園、五条の大瀑壮大なり）［三島より渡辺軫氏同車］。

午前中、服部氏其他数名の有志に面接す。又需に応じて色紙十五葉に拙筆を揮ふ。

裾野中学校に十ヶ町村中小学校長、ＰＴＡ会長、報徳有志会あり。神谷氏と共に講演を為す。又同中学校の為に額面一葉に揮毫す。

夜、五龍館に校長、ＰＴＡ、報徳有志と会談す。十時終了、就床す。

九月十五日(火)　晴　薄暑

帰京。五龍館七、〇〇―七、五〇三島七、五八―一〇、四三東京。登院。

龍沢寺を訪ふ。山本玄峯老師、不在なり。香料五〇〇円奉納。

赤木正雄氏より京都府、奈良県の災害視察報告を聞く［和歌山視察を相談す］。

河野事務次長より、衆議院災害対策委員長村上勇氏が読売新聞紙上掲載記事に付、予を攻撃せりとて、其内容を告げらる。

靖国神社宮司山階〔筑波〕藤麿氏、館哲二氏と来訪。二百万戦没者合祀の為、奉賛会を組織するに付、賛成を求めらる。即ち之を諾す。

内灘村々長、議長、有力者七、八名、柴野石川県知事と共に来訪して謝意を表す。予は村民が速に旧怨を捨て、、光明ある内灘村を作らんことを切望し、更に精神的復興の重要なるを説き、諸氏の覚醒を促したり。溝口議員も来訪せらる。

参議院制度に関する研究会［五時、副議長公舎］に出席す。大西教授の説明ありしも早退す。

ＩＬＯ亜細亜地域代表者の為に外務大臣主催の茶会［六時―七、三〇、首相官邸］あり、出席す。

泰治、来泊す。

九月十六日(水)　曇　夜雨

早朝、元吉田首相秘書官　　　　氏、林譲治氏の紹介を以て来訪。「吉田内閣」なる厳正なる政治史を編纂するに付、顧問たることを求めらる。之を諾す。

元議員岩本月洲氏、広島県総務部長佐藤秀雄氏、来訪す。

四国林業会社々長植村実氏、来訪す。林野庁と林地交換の件、報告あり。

全国治水砂防協会有志会に出席す。徳川、次田、赤木諸氏出席せらる。

戸塚建設大臣の来室を求め、一時半より二時半まで懇談す。其中、去十日吉田首相に進言したる砂防工事優先徹底意見を報告す。大臣よりも種々内話あり。

東大理学部学生杉村秀久氏［志田収氏紹介、葉梨村出身］来訪す。就職の件に付てなり。

Mexico 大使、同夫人より接見会に招かる。大使の需に依り夫妻と共に撮影す。

七時半、Pakistan 大使の晩餐会に招かれ、光輪閣に出頭す。頗盛会なり。亜細亜労働会議出席者を招かれしなり。大雨に拘らず大 tent を庭園に張り、涼冷豪壮なり。高松宮、同妃殿下と種々御話を申上ぐ。又両殿下、十月八日静岡県福祉事業協会へ台臨を賜はるに付、御礼を申上ぐ。

九月十七日(木)　晴　薄暑

全国治水砂防協会神奈川県支部総会に出席の為、神奈川県強羅へ赴く（東京八、三〇－一〇、〇六強羅三、三五－六、一五宅）。赤木博士、中山秘書同行す。早雲山崩壊地を視察の上、強羅ホテルに於ける支部総会に臨席す。二時過総会を了り、ホテルにて中食を饗せらる。砂防課長小田島利八氏、副知事矢柴信雄氏、県議館豊次氏、加藤高次郎氏、小伝与作氏、小田原市長鈴木十郎氏等出席、斡旋せらる。又参議院議員石村幸作は終始同行世話せらる。

舘林は佐賀へ赴く。

九月十八日(金)　雨　冷

参議院にて熊村々長外六村長の来訪（国道促進、バス国営開設要望）、北井佐久間村長、二俣町長、龍山宮沢村長の来訪（天龍奥地砂防、国鉄佐久間線急設要望）及河合

中瀬村長、飯田掛塚町村長の来訪（天龍川河水整備要望）を受く。

十二時、第一回Asia問題研究会［東京会館］に出席す。芳沢大使より談話を聴く。

篤農竹中一郎氏、角倉志朗氏同道、来訪す。小金井東宮御所跡農園施設に付、意見を求めらる。

五時、山川良一氏に招かれ、三井本館七階食堂にて晩食を為し、天川勇氏のＭＳＡ関係問題に関する意見を聴く。甚有益なり。高瀬、館、赤木、広瀬出席す。

御殿場町仁杉愛郷社落成式に招かれしも之を断る。中山常務、代て出席す。

九月十九日（土）　曇　夜雨　冷

朝、塩島育英会主事来訪、評議員会開会の日決定を求む。徳川総裁の御都合を伺ひ、十月九日と決定す。用件は加藤、児玉両理事任期満了の件なり。

十時、堤議長を議長室に訪問す。政局安定斡旋の件に付、其後の進行状況を問ふ。

渡辺土肥町長来訪し、学校新営費国庫補助申請に付報告あり、謝意を表せらる。

江口内閣官房副長官に電話し、内山真龍翁御贈位取扱に付、発起人側活動の状況を報告し、且配慮を依頼す。

六時、両陛下より晩餐御相伴を仰付けらる。甚光栄の至なり。奥謁見室にて御相伴。時局に関し数多の事項を申上ぐ。御献立はPotage、幼鶏煮付野菜生菜付、Asperge sauce Mayonaiseにして、生果Banana、珈琲なり。冷水、パン、例の如し。

八時過、義宮殿下御来室あり、両陛下御退席遊ばさる。皇后陛下より真綿、製茶鳳苑、二十世紀梨を賜はる。

九月二十日（日）　晴　暑

故鈴木梅太郎博士第十一回忌を地頭方村弓見寺にて行はれしに由り、参列焼香す。又主催者の需に応じ追悼辞を述ぶ。香料五百円を奠す（東京七、三六―一一、三八藤枝一一、五六―一三、一三堀野新田三、〇三―藤枝五、一三―五、五七掛川）。

帰途、相良まで長野宇恵茂氏、川崎まで小田原勇先生、藤枝まで中村与資平氏と同車す。随行石田耕作氏。掛川宅泊。

九月二十一日(月)　晴　暑

光明村長宮沢邑氏、小山正氏来訪。内山真龍翁贈位に付、江口副長官と内話の結果に付、相談す（八時―九時半）。

中山、小野両常務、報徳社より来訪。石川県下報徳運動開始に付相談す。本社より講習者名簿を取寄せ、昭和八年以来の受講者中石川県人名を筆写す。

広幡村　　氏及夫人来訪［夫人、鈴木鼎氏長女と云ふ］、営林署、掛川署長及千頭、金井技官に紹介名刺を与ふ。

上京。掛川三時三分発、湘南電車にて帰京す。新子安附近にて空トラクターを衝破し、列車の運転不能となる。乃ち大宮行電車に乗換へ、約四十分遅着、無事なり（但線路徒歩中、闇に電線にかゝり左すねを傷く）。

九月二十二日(火)　雨　冷

正午、緑風会例会に出席す。

一時、日本工業クラブに於ける政治経済研究会［会長佐藤尚武氏］に出席、一万田日銀頭取の当面の金融問題に関する講演を聴く。

二時より五時まで副議長公邸に於ける緑風会政務調査会に出席し、　　早大教授より各国参議院制度比較説明を聴く。

五時半より議長公邸に山梨勝之進、武井大助、山本善三氏を招き、緑風会佐藤尚武、高瀬荘太郎、村上義一、館哲二、赤木正雄、楠見義男、広瀬久忠、豊田雅孝、梶原茂嘉諸氏を紹介して晩餐を呈し、了て三氏より国防計画案に付説明を聴受し、意見を交換す。九時四十分散会す。

午前中、議長室にて伊藤保平氏の来訪。佐賀県農民代表十数氏との会見。

井戸神社奉賛会勧誘員との会見あり、井戸神社に金千円を呈す。

今暁、隣家旧岩井家の生垣塀の石積、約十間崩壊す。

九月二十三日(水)　雨　甚冷

秋季皇霊祭に付、皇霊殿及神殿御祭儀に列す。天皇陛下御拝、御告文あり。皇后陛下、義宮殿下、御拝礼あらせらる。了て旧皇族久邇朝融、東久邇盛厚、同夫人、北白川房子、外一旧皇族殿下拝礼せられ、堤議長、河井、田

中裁判長官、木村、大達両国務大臣、宮内長官、次官等参拝す。

東大理学部生杉村秀久氏来訪。就職に関してなり。

朝、柴野石川県知事来京の報あり。打合せの結果、報徳社に打電して小野仁輔氏の上京を求む。夜返電あり、二十四日朝発、上京すと云ふ。


九月二十四日(木)　雨　冷　台風九州南海に在り
沼津市長高木恵太郎氏、議長清水清二氏、副議長加藤清之輔氏、市議金子一六氏来訪す。沼津港修築の件なり。

鮫島茂博士へ紹介す。

富士浅間神社宮司佐藤東氏より野路武敏、光安国男両調査官、調査の為来社せし旨詳細報告を受く。仍ち其書状を高瀬荘太郎氏へ送付す。

十二時、松本楼方にて静岡県人会幹事午餐会あり、出席す。勧銀総裁川北禎二氏の金融より見たる日本経済の実情に関する講演を聴く。

二時、議長公邸に於て国防に関する計画に関し、前会に続き山梨、武井、山本三氏の説明を聴く。本日は統帥権問題に関し、特に榎本重吉氏来加、説明せらる。議員側は佐藤尚武、高瀬荘太郎、村上義一、館哲二、赤木正雄、楠見義男、広瀬久忠、梶原茂嘉、豊田雅孝諸氏なり。五時半散会、茶菓、サンドウイッチを呈す。

一時頃、報徳社より中山、小野両常務、来京す。本日は柴野知事と会見するの機なきを以て、予が宅に投宿を乞ふ。

夕、山崎昇二郎来宅。中山、小野両氏と共に晩食を為し、一泊す。興三、天然色写真幻灯を試写す。

読売細田氏より内話ありたる事務局内の Scandal 事件に付、昨日事務総長に内話せしに対し、本日調査の結果に付報告あり。

島根県大森町井戸神社復興協賛会に堤議長の賛同を乞ひしに、本日議長は之を快諾せられ、自ら五万円を寄附せられ、同時に予の名義にて五万円を寄附せられし由、大達文部大臣より電話報告あり、甚困惑す。併し既に現金を交付されたる由なれば、好意を受くることに決意せり。

九月二十五日(金)　雨　台風和歌山県に上陸し大阪府を衝く　湿度高く薄暑
朝、中山、小野両氏、同車登院。十時、柴野石川県知事と会談す。報徳運動推進に付、十月十日頃、知事より本社小野氏宛計画の報告を受くることとす。両氏は十二時発列車に乗り、帰社す。金五千円を実費として交付す。山崎昇二郎は早朝出発、農林省へ行く。本日帰村の途に就くと云ふ。

芥川事務総長を招き、土岐章氏を食生活改善会に推薦するため、梶原茂嘉氏と会見せし顚末を報告す。総長をして土岐氏に伝達せしむ。

小林次郎氏来訪す。同氏好意を以て、興三の為氏令嬢と会見せしことを深謝す。同氏よりは、(1)同氏就職の件催促、(2)憲法改正会の構想報告あり。後者に関しては、議長公邸の提供等便宜を与ふべき旨を告ぐ。

内閣官房副長官江口美登留氏に電話を以て、真龍翁御贈位に関し佐々木信綱氏、坂本太郎氏は申請人たることをやめ、調査員たるやう配慮せられんことを求む。其旨内山嵓氏へ報告す。

横尾龍氏夫人逝去せられ、本日告別式あり。弔訪焼香す［二時半、三組町邸］。

四時半、小坂労働大臣主催に係る Cocktail party に出席す。亜細亜労働会議の終了に方り各国代表者、関係者を招かれしなり。大臣及前田委員長に対し成功の偉大なるを祝し労苦を謝す。会場は衆議院議長公邸なり。堤議長に謝意を表す（名刺）。

夕、山田惇元来訪す。同人の卒業まで毎月金四千円を与ふることを約す。聊以て亡母の家に謝意を致さんとするなり。渡し日は毎月第三火曜日とす。

台風十三号は午後紀州に上陸したり。大阪、滋賀を経て石川、富山を掠めんとすとの警報あり。夜、風雨強烈なり。美弥子、来泊す。

九月二十六日(土)　晴　暑
昨夜台風猛威を振へり。屋根瓦二枚破損す。新聞に依れば台風は岡崎、豊橋の間に上陸し北上、諏訪に於て二分して夫々北上せり。之が為東海道鉄道は諸所に不通箇所を生じ、列車の通転大に混乱せりと云ふ。
七、三六—一二、二九にて帰掛す。鈴木町長に迎へられ、山口楼にて午餐を饗せらる。二時、報徳社に至り、掛川町議員、商工会代表、各町代表者等四、五十名の集会に臨み、日本の政治経済、国防等に付、説明を為す。

昨日台風通過の結果、庵原以西の稲作被害著大なり。池新田町長松本佐平氏等は予を堀之内駅にて車中に要し、稲、藷、落花生等の実物を示して急速対策を求む。又桜木村農業会長等よりも同様要望あり。依て知事公官に電話を以て、斎藤知事に被害実数を問ひ、中央に対して急速対策の要請を求め、且農林省より有力なる調査官を派遣するやう要望せんことを求む。知事は明日正午までにdataを整備し、之を予に示すことを約す。依て鳥井三二氏を代理として、明日之を受領することとす。

報徳社にて揮毫十数葉を認む。

中山、小野両氏は、昨日山崎昇二郎と出会ひ、十二時東京を発したるに、列車島田駅にて進まず、今朝八時掛川に帰着せりと云ふ。山崎は石間方に泊り、一時頃掛川着、帰村せりと聞く。重友は昨日静岡市に酒造業者会あり、帰途安倍川橋より列車引返したるを以て、静岡市内に一泊せり。

戸塚建設大臣は、川根入の目的を以て家山に至りしも前進する能はず、且職務上速に上京するの要あるを以て、自動車にて危険を冒して地蔵峠を踰え、金谷より自動車にて静岡に還り、本日は鉄道にて帰京せりと云ふ。

石間たみ子来り、一泊す。予の随行は江上氏なり。

九月二十七日(日)　晴　薄暑

朝、松浦英一氏来訪す。掛川町遺族会員二百名計り、十月二日国会及国会図書館見学に付、便宜供与を申入る。依て警務課長及内田明氏に発状〔紹介名刺を与ふ〕。

一時、青島町宗乗寺に於て故青地雄太郎代議の事業顕彰会行はれ、出席す。需に応じ追憶演説を為す。(往)十二時発自動車、賃二千六百円、暴利と云ふべし、掛川町の繁栄を害す。(復)列車。

朝、久松愛媛県知事より電話あり、来二十九日開会の県会には、自由党の発案に係る副知事廃止条例案上程せらるべく、甚不都合なるに依り、本部より之が提出を見合はするやう急速指示を求めらる〔秘書課長塩見博氏を急派する由を告げらる〕。赤木正雄氏に電話にて右のことを通じ、予は明日成るべく早く帰京すべきも、其前に塩見氏来京せば事情を緒方、大野又は益谷三氏に詳報して配慮を求められたしと依頼す。

三時、藤枝より帰着。直に小笠郡災害地代表二百余名と元地方事務所にて会見す。需に応じて、予の執りし措置、被害町村の実情と要望は急速、且正確に知事に申入るること、今後予の執るべき措置に付、説明す。

四時退出。丸尾、大石、赤堀、中山四氏と同車、災害地を視察す。経る所は佐束、土方、大坂、睦浜、千浜、池新田、佐倉なり。池新田、新野、南山、平田、内田諸町村なり。帰途は暮色逼り、実情を知るを得ず。下車の箇所は大坂村、睦浜村海岸、佐倉村、新野川末流なり。

九月二十八日(月)　晴　薄暑

上京。掛川五、〇二―九、五八東京。朝三時半頃起床、四時四十分出発〔重友駅まで見送る〕。車中、山田順策氏と同車す。氏は横浜にて下車す。

愛媛県秘書課長塩見博氏、赤木氏と共に来訪し、副知事不設置を目的とする県条令を自由党より提案する実情を説明せらる。依て県議会内の情勢を問ひ、提案の動機及賛否の員数を明にす。赤木氏と議して、益谷総務会長に電話して適当の措置を求む。益谷氏は今夕電話を以て事情を問ひ、善処すべき旨を答へらる。

本件に関しても西郷吉之助氏よりも益谷氏へ通知し、措置を求めたる由なり。

蔦ヶ谷建設大臣秘書官来訪す。宮城タマヨ女史の講演に対する謝礼額に付、相談せらる。予は静岡県災害対策政府請付係として配慮を求む。

台風第十三号被害善後措置を特別委員会へ附託す。

旧上張の土着人斉藤源次郎氏、来訪す。

中橋武一氏来訪、昇三郎の努力を激称せらる。Whisky二本を贈らる。

堤議長を訪ふ。去二十四日井戸神社へ予の名義を以て金五万円を寄進せられしを深謝す。次に政局安定に関し議長の努力を問ふ。昨日の吉田重光会談は其効果見るべきものあるが如し如何を問ふ。議長は之に対して、吉田首相は永野護氏に堤議長宛の書状を託し、重光との会見せずと答へしも〔十一時三十分〕、四時前、福永官房長が議長に対し電話せし時は、既に重光氏に明朝の会見を申入れたりと告ぐ。議長は、結果に於て此会見は望ましきこととなるを以て、強ひて吉田首相の態度を非難せざるも、永野氏は頗不灑なりと告げらる。而して首相の態度急変の事由は明ならずと告ぐ。予は大局より見れば、首相の重光氏往訪は勿論望ましきことなるも、何故に変改のことを会見に先ちて議長に通ぜざりしや、其意を解するに苦むものなり。首相が三木、河野両氏を嫌忌するは実に甚しきものあり、永野氏は数回往訪して之が緩解に努め、其結果近時著しく融和せりと云ふ。

四時頃、記者倶楽部有志来談、堤議長と会見の内容を問ふ。解答を与へず、他事に託す。

斉藤源次郎氏来訪す。氏は在満支三十八年、引揚者にして上張に居住す。今回職を求めて上京中なる。食堂に招き、中食を共にす。

京都府土木部長、砂防課長、外府議二名来訪、台風第十三号に因る被害対策急施に付、陳情す。

東谷農林次官に電話を以て、静岡県災害地へ係官の急派を求む。

夜、重友来京す。

九月二十九日(火)　雨　冷

早朝、益谷自党総務会長より電話を以て、愛媛県自由党支部長越智代議士よりの報告を内告せらる。昨夜徹宵紛議を続け、今朝未確定なるも、多分提案に至らざるべしとの見込なり。好意を深謝し、一層の配慮を乞ふ。五時、塩見秘書課長、自動車会館に予を訪問し、自由党は午後に亘り諸否協議中なるを以て、益谷会長より重ねて中止電報を発せられんことを求めらる。予は其時機に非ざる旨を答ふ。

十一時、岡部長景氏来訪、伊豆半島観光事業として江の浦湾利用の切要なるを説明し、嶄新なる腹案を示され、之が勧告を政府に提出することを求めらる。依て蔦ヶ谷秘書官を招き会談を進め、戸塚建設大臣に通告を求む。又予は斎藤知事に進言を約す。岡部氏は吉田首相を氏の別邸に案内する由を語らる。予は戸塚氏及斎藤氏をも招くやう勧告す。

正午、緑風会総会に出頭す。益谷、佐藤両氏来り、一昨日の吉田、重光会談の内容を報告す。之に対して数氏より質疑あり。

京都府経済部長、其他より京都府下台風十三号災害の報告を受け、綾部地方の惨況を聞く。依て緑風会より波多野氏に対し、見舞の電報を発せしむ。

北海道冷害の状況の陳情を受く。陳情書は農林委員長へ送る。

旧公正会の会合の為、向山均氏より議長公邸を十日使用の申込を受け、之を諾す。

新谷寅三郎氏に対し、橿原神宮奉賛会々長たることを承諾す。

フリーメーソン資金として醵出したる金三六〇〇〇〇円の償還を受け、fund は transfer す。

四時、清話会に至り、時局の切要問題に関して講話を為す。聴衆六十名、五時半辞去す。

五時半、参議院会館に於ける政治経済研究会に出席す。中共帰還者　　氏の中共の実情に関する説明を聴く。九時半散会す。田村、高瀬、徳川諸氏も来聴す。

興三及ます子より高瀬、青山氏及令娘のことを聞く。横山助成氏及小林次郎氏の配慮に依りて、興三に対する縁談進行中なるも、興三には乗気なし。

重友は今朝戸塚重一郎氏と共に倉田吉雄氏を訪ふ。用件すみなるを以て、午後帰村す。

九月三十日(水)

六時の放送にて、愛媛県会は昨日副知事廃止条例を通過したる由を聞く。依て八時、益谷総務に電話にて此事を報告し、更に善処を乞ふ。西郷吉之助氏にも同様電話す。

九時半、小笠〔原〕二三男氏来訪、臨時国会開会に付、二日議院運営小委員会を開き、審議すべきを告ぐ。又開会に先ち、特別委員会及常任委員会を一斉に連続開会する提案を告ぐ。

二時、衆議院にて印度婦人議員三名（アムー・スワミナダン夫人〔下院〕、ラスール夫人〔上院〕、マティー・シャー王妃〔下院〕）歓迎会あり、堤議長と共に臨席す。三名は先づ議長室に到着、挨拶の後、応接室に入り、両院の婦人議員と会談す。堤議長の挨拶、スワミナダン夫人、ラスール夫人、マティー・シャ王妃の謝辞あり。茶菓を饗したる間に日本側議員より多く発言あり。加藤夫人の外は概ね堅苦しき政治討論、又は質問となれり。最後に予は司会者を代表して緩和的挨拶をなし、四時前散会す。一行は院内を見学して辞去す。予は宝石入小箱を贈らる［堤議長は自画富士図を贈呈す］。

三時、参議院議長応接室に於て静岡県知事主催に係る災害報告会を開く。県出身両院議員全員（石倉、杉山欠席）出席す。知事側より報告を聞き、対策実現の為、全員を数班に別ち、夫々班長を定め、急速会合し、協議を進め、政府及国会に要望することを決定し、四時五十分散会す。予は其物代表に選まる。

戸塚、斎藤両氏と会見し、岡部氏の意見を伝へ、伊豆開発の為、実視せんことを求む。尚其実現方法を協議せし結果、知事は県観光局長をして近く岡部氏を訪はしむるに決定す。

十時、会館にて全国治水砂防協会臨時総会を開く。来会者六十余名。徳川会長病気に付、予は代て議長席に就き、(1)会館建設に関する件〔敷地関係報告、将来の取扱方〕、(2)災害対策と砂防事業の優先、(3)会費納入の催促を議題とし、(1)は理事に一任、(2)(3)了承と決定す。又(1)砂防促進の決議を全会一致にて採択し、(2)徳川会長病気見舞の件を議決す。中食弁当を食ひ、正午散会す。

次田大三郎氏に高瀬博士のことを尋ぬ。

十月一日(木)　雨　冷

朝、斎藤知事及岡部長景氏に電話し、昨日戸塚、斎藤会談の結果の良好なる進展を図る。知事は本日中にも岡部氏を訪問し、又近く局長を派すべしと答ふ。


山田行。東京一〇、三〇―静岡―浜松―四、四〇名古屋五、〇〇―中川―七、一〇宇治山田〔戸田家泊、中山氏同行〕。静岡にては小塩、深沢両氏と会談す。高松宮殿下御来静中止に関してなり。

浜松にては石津浪次郎氏来談、四日の会見を約す。小山正氏、宮沢咢氏へ発状。

名古屋にては、近畿日鉄昨午後二時十五分より開通せしを以て、同線に乗る。新造車にして設備壮麗なり。名古屋営業局長吉田龍作氏、中川駅まで同車、案内せらる。

宇治山田駅には佐藤協賛会長、中村元督氏、田中有道氏〔三重交通専務〕出迎へらる。特に佐藤会長は戸田家まで来訪せらる。夫人在泊、訪問す。

堤衆議院議長は、今朝特急はとにて出発せられしも、未到着せられず。

十月二日(金)　雨　十一時頃より晴　暖

今朝雨尚歇まず。雨垂の音甚だうとまれ、十時過止み、好晴の兆あり。歓抃予のみに非ず。朝、朝日新聞社員来訪、御遷宮に付感想を問はる。

十一時過、久須美氏の配慮にて神宮司庁より迎への自動車を得、乃ち乗りて発し、参宿所に到る。佐藤奉賛会長、徳川副会長、鷹司宮司、其他多数の供奉員控居り、又高橋龍太郎氏、松平康昌氏、木村篤太郎氏も来着す。別室にて矢田部盛枝、鈴木二平、大村直、山本忠助等諸氏に出会ふ。

昼食には特に餅を与へらる。三時半、自動車にて神宮へ向ふ。宇治橋にて下車し、休所にて休憩し、式次第に関し心得を聴く。簡単なる弁当を喫し、六時より参進す。先づ休所出口にて手水を受け、五十鈴川畔手洗場附近にて列次を整ふ［両院議長は三位、四位に在り、不当の取扱なり］。塩にて清祓を受け、旧皇族代理（北白川祥子姫）に次ぎ参進、板垣御門内所定の席に就けり。

之より供奉諸員参進、中重の版に就き、次に勅使以下及び祭主以下参進。諸般の儀礼を了へて八時出御。御列は前陣、後陣に別れて進み、新宮に入御す。勅使御祭文を奏し、儀了りて拝礼、退出す。

次に勅使以下、祭主以下并に供奉諸員、荒祭宮（多賀宮）遙拝所にて奉拝八度、拍手両端（此際参列諸員拝礼し、斯くて全員序列に従て退下し、式畢れり。

十時、休所に帰り、夜食の弁当を供せらる。乃ち自動車にて旅館に還る。

此夜、一般参拝者は桟敷を与へられ鹵簿を拝するを得たるも、予等参列者は暗夜の中、弁識を欠き、只管恭礼の誠を捧げしのみなり（儀次第書添附）。

此日、静中校七十五周年記念式典、静岡市にて行はれしも欠席す（祝電を発したるのみ）。

参議院より特使来着。来四日、五日議院運営委員会の開会に付、報告あり。開会は草葉委員長より之を指示し、当日の委員会には重宗副議長の出席を乞ふことに決定したり。

十月三日(土)　晴

九時、内宮休所に至り奉幣の儀（十時開始）に参列す。

十時参進、十二時式畢る。勅使以下及び祭主以下荒祭宮（多賀宮）遙拝所にて奉拝八度、拍手両端、参列諸員拝礼（堤議長欠席）。

十二時半休所に入り、一時、直会の儀に列す。先づ祭主御挨拶あり、次に大宮司挨拶、最後に佐藤奉賛会長の祝辞并挨拶あり。高松宮殿下、御出席あらせらる。一時半儀了り、直に旅館に帰る（堤議長は出席せず）。

三時五十六分宇治山田（近畿日本鉄道）発、名古屋にて乗換へ、九時七分掛川着、帰宅す。

静高同窓会大会は一時より五時まで、記念講演会は五時より九時まで静岡市に於て挙行せられしも欠席す。初め両会に出席の予定なりしも、三日奉幣の儀行はれしため出席する能はず。重友をして金五千円を寄附せしむ。

十月四日(日)　晴　暖

九時半、報徳社に出頭し、常会に出席。最近の経済情勢に付、概括的説明を与ふ。神谷副社長の講話、河西講師の麦作に関する講話あり。河西氏の講話は、時節柄最適切なり。災害対策随一義なるを以てなり。

柴山重一氏、宮沢嵒氏、小山正氏、榛葉虎之助氏、石津浪次郎氏、熊村昌一郎氏、鈴木賢一氏、其他多数諸士の来訪あり。又需に応じて揮毫十枚余。

十月五日(月)　晴　暖

掛川七、〇九―豊橋―名古屋［以上三等］、名古屋一二―一、五〇宇治山田［以上近畿日本］。

戸田家に入り、衣を更め入浴の後、五時半、外宮御遷宮に列す。六時参進。九時式畢る。

別紙次第書の如し。九時半帰館。朝重友に命じて七日浜名湖視察の用意をなさしめ、青山士氏に同行を乞はしむ。

十月六日(火)　晴　夜曇　暖

九時、豊受太神宮奉幣の儀に参列の為、参集所へ赴く。十時開儀、大体に於て三日皇大神宮奉幣の儀に同じ。十一時三十分了る。

それより直会式場たる神宮工営所に導かれ、一時まで休憩す。其間神宮式年遷宮に関する講話を聴く。一時、祭主御臨場、直に開式。祭主御挨拶、大宮司挨拶ありて、佐藤奉賛会長の祝詞、挨拶辞あり。一時半終了す。高松宮殿下には御参列なし。午後、名古屋にてはと号に乗り、御帰京の由なり。

斯くして去二日以来皇大神宮、豊受大神宮の御遷宮は滞なく終了し、欣快禁ずる能はざるものあり。然かも二日午前十一時より晴天となり、爾来連日好晴、神人同和の感深し。予は国民を代表して参列せり。欣栄之に過ぐるものなし。

両宮の御遷宮には、北白川祭主の御苦労は拝察するに余あり。従て無事御終了の御欣びは如何計りなりしかと拝察して、祝福に禁へず。佐藤奉賛会長の長時に亘る尽瘁も筆紙に尽し難きものあり。欣然たる顔色、疲労を忘れたるが如し。

両宮の御儀には全国より多数有力者の来集あり。予の旧知亦従て多し。一々列記せず。

三時五十六分宇治山田発、名古屋を経て十時七分掛川着、帰宅す。

一日以来伊勢へ往復二回、車窓より各地台風第13号被害の激甚なるを目撃す。浜名湖今切口の拡大［約四倍か］、鷲津の塩入田、日本近畿鉄道の被害等の外、水稲枯死の状況目を蔽はしむるものあり。

十月七日(水)　朝曇　晴　夕曇

掛川発七時九分に乗り、夕八時七分掛川帰着。浜名湖を中心とする台風十三号被害状況を視察す。中山秘書同行、浜松より青山士氏同行せらる。

浜松駅にて市長、市議会議長、災害対策委員等の出迎を受け、駅長室に入り、天龍川口の築堤、馬込川口の改造等に付、要望を聴く。岩崎市長の好意に依り自動車を借用す。市長終日同車し、中村代議士令弟も同車、斡旋せらる。視察箇所は、雄踏町（沿岸）－舞阪町（今切口）－弁天島－新居町［以上自動車］。新居町－三ヶ日町－気賀町［破堤］－村櫛村［埋立地］－伊左見村（汐入田）［以上汽艇］。伊左見村－浜松市天龍川河口なり。天龍河口は暮色濃密にして十分なる視察を為さざりしも、事は天龍全川に関係あり、応急策と根本策とに別ちて処理すべきものなり。

視察の結果は、町村当局及有志に対して自力更生を強調し、他力依頼の限界を明にし、且国家財政の危機迫れるを説明したり。而して地方麦作の徹底に依りて明年六月以降の食糧を獲得するを懇示せり。

深沢鉱二氏（静岡社会事業協会常務）来訪しあり。高松宮両殿下、明日千代田寮、緑寮、千代田職業補導所、託児所等御視察あらせらるべき旨報告あり。右は去四日同氏来訪、去月三十日千代田寮内に赤痢発生せるに由り、御視察を拝辞したるに、寮内居住者は殿下の御視察を熱望して已まざるを以て如何すべきやの協議ありしに対して、其不可なるを懇示し、寮内の希望を却下すべきを申渡したるに対し、宮家より積極的に御視察の通告を拝したるものなり。依て謹て命を奉じ、明日の上京を明後日に延期し、終日殿下に奉仕することを決意したり。

十月八日(木) 雨 冷

八時三十三分発静岡に到り、浮月方に居を定め、深沢常務と殿下御案内の用意を為す。十一時、県庁に斎藤知事を訪問し、災害対策を検討し、麦作の急施を勧告す。両殿下十二時三十七分御着、駅頭に奉迎す。妃殿下は直に日赤県大会へ御臨場、宮殿下は浮月へ成らせらる。乃ち浮月にて中食の御接伴を為し、二時両殿下を千代田寮に奉迎し、事業に付説明を為す。それより千代田寮、託児所、職業補導所、緑寮を御案内申上ぐ。

次に市乳児院、公共職業補導所及駿河寮、静岡療護園を御巡覧あらせられ、五時三十五分、浮月楼に入らせらる。

浮月にて両殿下御晩餐に御相伴仰付けらる［斎藤知事主催］。妃殿下は御一泊、宮殿下は十一時三十五分発急行にて広島へ赴かせらるるに付、駅頭に奉送す。此列車には石黒忠篤氏及同夫人乗車しあり、広島へ赴くと云ふ。

浮月に一泊す。

八時、斎藤知事と同車、佐野春方に参議院農林委員長片柳真吉氏を訪問し、視察の労を謝す。河野謙三氏、宮本邦彦氏も同席。森田豊寿氏は次いで来る。四氏に対し県内被害善後措置を懇請す。

十月九日(金) 雨

静岡八時五十八分発にて上京、十一時十一分東京着、直に登院す。

堤議長を訪ふ。遷宮中途不参列の事由を告げらる。予は政局安定に関する意見を述べ、議長の賛意を得たり。近く吉田首相に会見せんことを期す。

高辻富山県知事、天野山梨県知事来訪す。冷害対策に付、要望せらる。

去六日議院運営委員会にて決定したる意向に基き、建設、水産、地方行政、災害対策各委員長を招き、十九日頃より一斉に委員会開会の希望を伝ふ。

三時、静岡育英会評議員会に出席し、理事二名の補欠選挙を行ふ。加藤、児玉両理事の就任を請ひ、同意を得たり。次で会の将来に付意見を交換し、又所有株式の増資に対する措置、年内経常費支弁方法の決定を為す。
泰治在京、夜帰阪す。依て和歌山、京都、大阪に於ける日程を昇三郎に託す。又松本堅三郎氏紹介の名刺を渡す。

十月十日(土)　晴　冷
新宿八時十分発に乗り、山梨県下砂防見学に赴く。大野木克彦氏、杉田正三郎氏、藤田友作氏を案内して実地説明を為さんが為なり。赤木氏、木村技官同行す（野口氏随行）。十時二十四分塩山着。広瀬久忠氏、副知事金丸徳重氏、土木部長和田恒広氏、砂防課長　　　氏等の出迎を受く。視察の箇所左の如し。
勝沼町（ダム）（流路工）―祝村松本氏方宮光園―見晴台中食［勝沼町長配慮］―右左口村（瀧戸川）―甲府市経由―若神子村（稲作冷害）―源村（御勅使川ダム、流路工）―鰍沢町（戸川、雨宮氏、大柳川）―身延町玉屋着（五時）泊。夜知事招宴（玉屋）。

十月十一日(日)　快晴　冷
七時、久遠寺参詣。九時、玉屋発。睦合村一〇―一〇、三〇（船山川、戸栗川）―一二時甲府（平林太一氏）―一二、四〇黒駒村（金川）―川口村（西川）―一、三〇川口ホテル（中食）二、四〇―三、三〇大月駅四、〇七―六、〇七新宿。帰宅。
甲府より川口を経て大月まで平林氏同行。河口ホテルにて広瀬久忠氏及夫人と出会ふ。知事より葡萄を、平林氏より蕪菓子を贈らる。又松本三良氏よりも葡萄を贈らる。

十月十二日(月)　雨　冷
早朝、塩島金一郎氏来訪。育英会会計事務に付、調印す。
両院の災害対策特別委員会合同会あり。政府側より緒方副総理及小笠原大蔵大臣を招き、国費支出額検討、政令にて指定の範囲を論議す。八時過散会。竟に結論を得ず。
皇太子殿下御帰還奉迎の為、羽田飛行場へ赴く。十一時二十分着。殿下には十一時三十分御無事 Pan American 機にて御着陸あらせらる。所定の位置に於て奉迎す。首相、両院議長には親しく御会釈あり。列立者に御会釈の後、新聞通信側に対しStatementを朗読遊ばされ、了てOpen carに皇太子旗を樹てて皇居へ向はる。此時より降雨なるも、日焼けしたる御顔容にて、御元気横溢せらる。歓天喜地の情、一同の眉宇に充つ。万歳声裡に出発せれる。

予は奉迎者第三番車にて発車。参議院に立寄り、直に皇居へ赴き、両陛下へ奉賀の為、記帳を為す。予は又旧側近奉仕者として皇居正玄関にて奉迎し、東二の間にて殿下より接見を給はることとなりしも、羽田へ奉迎の為不参す。

二時、文部大臣を訪ひ、内山翁追賞申請書写及内山真龍の研究を提出し、配慮を乞ふ。大臣より三矢宮松氏身上に関する件に付、報告あり。

首相公邸に緒方副総理を訪ひ、臨時国会を十月中に招集し、災害対策費のみを補正ヨサン案として提出し、会期を最短くすべきことを強く進言す。尚吉田首相にも面会希望の旨を要求す。次に小林次郎氏身上に付、三たび要望す。緑風会代表田村、梶原、館、外一氏、緒方副総理と要談す。

故加藤泰通氏夫人の告別式に至り、焼香す。

梶原茂嘉氏来り、緒方副総理と会見の内容を報告す。

湯山勇氏来訪、愛媛県議会に於ける副知事制廃止条令制定の経緯に付、説明す。

武藤岐阜県知事来訪、名もなき小渓流の砂防に重点を置くことを求めらる。同感の意を表し、赤木博士の来室を乞ひ、会談す。博士は明朝大野伴睦氏を訪ふ筈なり。

愛知県議会議長池田駒平氏［一色町］来訪、同県災害に付、陳情す。

佐藤長崎県副知事来訪、対馬島に保安隊警備隊設置の件を要望す。同感なり。予は同島特別開発の構想を告げ、要項を説明す。

小笠郡町村会長鈴木純氏、同議長会長志村小市氏等来訪、災害対策の急施を要望す。

宮城県白石長佐藤忠太郎氏来訪、報徳功労者　　　氏の拓本を示し、事蹟を説明し、且感恩展示会を行ふ由を告げらる。需に依り氏を宮城県知事に紹介し、又金一千円を呈す。

　　　氏、斉藤惣一氏の紹介を以て来訪し、Dr. Axling叙勲申請に付、協力を求めらる。依て村田賞勲部長に電話にて問合せ、其停頓状況を告ぐ。

小野仁輔氏令息、建設大臣の秘書官に就任せりとて挨拶の為来訪す。野口氏より、浜松市連尺町有志の寄せたる都市計画に関する陳情書を託し、大臣に取次を依頼す。

十月十三日(火)　晴　冷

Mrs. Fleisher 及令娘来訪す。未亡人は初めて来日せりと云ふ。徳川頼貞氏、案内せらる。

熊村村長、上、下阿多古村長、渋川村長、三河大野町長、七郷村長等八名来訪。国鉄バス熊村浜松線、熊村新城線、渋川宮口線の開業促進に付、依頼あり。依て運輸省自動車局真田業務部長に対し、電話を以て紹介依頼す。一同部長を紹介す。

正午より緑風会の定例会に出席す。

高瀬荘太郎氏の来訪を求め、伊豆国一周に付相談す。二十六、七、八の三日と定む。

二時発車、三越に至り、運動服上衣一、縞ヅボン一を注文す。ます子同行、世話す。

夕、東大工学部応用物理科学生杉村秀久氏、来訪す。就職に関してなり。依て朝比奈貞一に電話の上、紹介名刺を与ふ。又需に依り久保田敬一氏に紹介す。

小林次郎氏の斡旋に依り、旧貴族院勅選及学士会院議員の法学者会を催し、憲法改正研究会を結成す。依て議長公邸を提供し、昼食を呈す。

十月十四日(月)　曇　冷

朝、戸塚建設大臣に電話を以て、臨時国会を月内に開催するやう催促し、緒方副総理補佐を依嘱す。次に浜松市連尺町有志の要望を取次ぎ、善処を求む。

朝、田村文吉氏に電話す。不在なり。梶原茂嘉氏に電話し、緑風会の臨時国会早期開会に対する意向を問ふ。又館哲二氏に電話して、同一の事を問ふ。何れも急速開会(災害費ヨサンのみの議題、最短会期の二件)に賛成の見込を答へる。

緒方副総理に電話にて緑風会の意向を告げ、改進党の同意を得て災害費ヨサン案を作り、短期開会を決し、十月中に召集するやう要望す。副総理は同感の意を表し、本日帰京の松村改進党幹事長と交渉すと述ぶ。

東畑次官を農林省に往訪し、(1)政府は人造米の供給を国策とするやを質問す、(2)人造米の製造に関しては、不正事件発生の虞ある旨を告げ、注意を求む、(3)大阪にて人造米試食を行ふも、梅崎氏の製品なきを以て、代品の斡旋を請ふ。日清製粉を指定し、依頼せらる。依て大ビルに送付方を依頼す。

藤野繁雄氏の来室を求め、右の報告を為し、梅崎氏の製品を求めしに、二十六年製品を保有しあり、品質異変なしと云ふ。依て三升を依頼し、説明書三十部を得たり。依て直に堺市松本堅三郎氏へ打電、「十六日燕にて持参す」る旨を報告す。

正午、全国治水砂防協会例会に出席す。赤木氏、田中好氏出席す。田中氏より京都府下には建設省新築の堰堤崩壊せりとの実例報告あり。予は赤木氏に対し、二十九日名古屋へ同行し、中部日本新聞社治山治水協議会に出席せられんことを求め、翌三十日瀬戸地方砂防視察計画の作成を乞ひ、同意を得たり。

熊村村長来訪、昨日運輸省紹介の状況を報告す。依て需に応じ、氏に紹介名刺を交付す。

静岡県観光局次長西山　　氏来訪、災害対策に付要望す。依て係課長を喚び、委員会の審議の内容を説明し、竹山、森田、足立、遠藤諸氏の配慮を乞ふべきことを告ぐ。

井上匡四郎氏来訪、日本の資源開発方策に付、氏の関係せる事業に付説明し、切実なる苦衷を述べらる。米国の厚意に対し日本側の狐疑、度を超ゆと云ふべし。

泰治よりの報告に依れば、布施信良博士は　眼白内障の手術を受け、一時失明の惧ありしも、再手術の結果、昨今軽快に向へりと云ふ。依て見舞状を呈す。

大野兼松氏に発状、同氏及一色町の災害の見舞を為す。

十月十五日(木)　快晴　冷

朝、戸塚建設大臣に電話を以て臨時国会開会を促し、閣議の状況を質す。又静岡県の災害対策に付、県出身両院議員を促して、強行せんことを要望す。

竹山代議士に電話を以て臨時国会開会を促し、且改進党の意向を問ふ。又県の災害対策に付、主導的活動を要望す。

十時半、青森県冷害陳情の為、県議会長外十数氏来訪す。

楠孝平氏来訪、明年施行せらるべき植樹行事の候補県に付、相談す。兵庫県を挙ぐ。

皇太子殿下御帰朝に付、正午天皇陛下より御陪食を仰付けらる。陛下、殿下、三笠宮殿下、首相、両院議長、最高裁判所長官及閣僚御陪食の席に列す。殿下甚だ御健康にして、言語明晰、挙止悠々、最自然なり。食後別室にて陛下及殿下と緩談申上ぐ。二時退出す。煙草を賜はる。

緒方副総理より臨時国会開催の為、改進党と協議中なる旨を告げらる。予は、召集日は十月二十八日天皇陛下四国より還幸あらせらるるに付、二十九日を適当とすと提言す。予は又行政整理に関しては砂防局を設け、建設、林野の両系を統合するの切要なるを勧告す。

大達文相に対しては、内山真龍翁贈位のことを頼む。文相より当局には尊皇主義復活の非難を怖るる者、贈位の真価未足らずとする者とある旨を告げらる。之に対して予は、前者は日本書紀の誤を訂したる学者の価値を強調す。

三時、日比谷公園に於て東京都主催皇太子殿下奉迎会あり、出席す。都長官の賀詞に次ぎ、殿下の令旨あり。都議会議長の発声に依り、殿下の万歳を三唱す。

銀座玉や方に至り、玉や製双眼鏡を買ふ。代金七千円なり。

三時五十分頃、堤議長の公邸にて催されたる同議長のreception に出席す。柔道、独唱(三浦環)其他の余興もあり、内外人多数、歓を尽す。吉田首相、重光党首も来会、各国大公使、実業家にて賑なり。四時半辞去す。

一時、日本工業club にて靖国神社奉賛会結成準備委員会ありしも、欠席す。

夜、高瀬荘太郎氏に電話を以て、伊豆旅行は臨時国会開会近きに当るならんと見て、之を延期するの相談を為す。高瀬氏之を諾す。

二十九日、名古屋にて行はるる治山治水協議会に出席のことも、国会の開会如何によりては出席不能の旨を同社に通ぜしむ。

十月十六日(金)　晴　暖　高野山冷　野口寛氏随行
八時二十分、赤木氏と同車、和歌山、京都の災害視察旅行に上る。九時燕号に乗る。夕五時大阪着。車中より各地の災害状況を視察す。又偶然同車せる大阪瓦斯会社々長井口竹次郎氏より滋賀、大阪等の災害を聴取す。大阪にては昇三郎、松本堅三郎氏、泰治、三島甫、角替利策、赤間知事代理、中井市長代理助役中馬馨氏、和歌山県より来れる県議長平越孝一氏、県議土木委員会長浦神賢一氏、河港課長飯島十郎氏、伊都地方事務所長福岡正嗣氏、紀見村長田宮常三郎氏、大谷村長島広佐一郎氏等の出迎を受け、又記者会見を行ふ。着駅より出発まで駅長田中精一氏の世話になる［大阪駅にて藷米三升及説明書を松本堅三郎氏に渡す］。駅長室にて旅装を更め、浜松駅通過の際、石津浪次郎氏外数氏より贈られたる果物一籠を泰治に与へ、昇三郎と視察行程に付打合せたる上、知事供与の自動車にて難波駅に到る。南海電車にては専務壺田修氏世話せられ、特に運転部長　　　氏を派して同車世話せしめらる。五時五十分発車、橋本を経て高野下駅より高野山電車に乗換へ、極楽橋より Cable car にて高野山駅867m 着。金剛峰寺執行柏木観玄氏、伊都地方事務所長岩田富夫氏、高野町長森谷勲氏、町警察署長上芝藤樹氏、橋本土木出張所長木村繁近氏、花園村斎藤福松氏、同村議会議長郷地茂氏等の出迎を受け、電車会社所属のバスにて金剛峰寺に入る。時に八時一分なり。金剛峰寺にては高野山真言宗管長総本山金剛峰寺座主金山穆韶師に面会、其挨拶を受けたる後、記者会見を為し、旅行の目的を明にす。一同と共に鄭重なる精進料理の晩餐を喫し、了て貴賓館なる客殿に寝ぬ。真言の法灯千百年の末世を照し、浄境に眠るの安意喩へ難し。

十月十七日(木)　晴　冷

五時覚眠、六時起床。庭樹秋霜を帯びて紅に、寒気冷澄、心神清浄なり。暁闇に時鐘を聴き、限りなきの法喜を覚ゆ。

朝食前、本堂に本尊大日如来像を拝し、国土安穏、五穀豊饒を祈願す［護摩料三千円納入］。金山座主の染筆及座主著仏を求めて及高野山千百年史を与へらる。

八時出発、Auto 三輪二台に分乗、花園村天然 dam に向ふ。約二里辻の茶屋にて下車し、徒歩二里、花園村字北の谷天然ダムを視る。同所に近き民家に少憩し、村有志より切実なる陳情を聴く。敢て激励せんと欲するも言辞なし。現場より引返すこと数町、路辺にて休憩し、携来れる弁当を喫す。此所にて dam まで一行を尋ね来れる隣村安諦村村長久保伊右衛門氏と別る。安諦村の被害は、花園村のそれと相匹敵するが如く、今尚交通路開けず、全村孤立の状況に在り。米は一斗の運賃六百円を要し、醤油一升百六十円、塩鯖百匁九十円にして、村民窮乏し、購買力なしと云ふ（海南市民衆新聞社外山勝重氏談)。十二時半、帰路に就く。

帰路は予の為に特に駕籠を用意せられ、辻の茶屋まで之に乗る。辻の茶屋にて厚く村長、議長及特に駕籠かき四氏に謝して別れ、三輪車にて高野へ向ふ。

大門にて下車少憩、大門の由来を聴く。それより特別仕立のバスに乗り、一の門に至りて下車、古昔英傑の菩提塔に付、説明を聴く。少時にしてバスに乗り、女人堂を経、極楽寺坂よりCable car、高野山電車特急車に乗り、薄暮橋本下車。伊都事務所にて伊都郡町村長、議長等の集会に臨み、郡町村会長橋本町長小林正雄氏より郡内被害状況及要望事項の説明を聴く。

旅館堺屋方に着、夕食の後別館に至り、就床す。昇三郎、来泊す。
(1)高野山の寺有林は二百町歩、国有林との部分林は六百町歩、計八百町歩なり。寺は林務部を置き、植伐及経営に任ずと云ふ。
(2)大門より茶屋の辻へ向ふ山地は元国有林にして、十数年来の無謀なる皆伐跡地なり。新植は之なきに非ざるも、概ね荒廃の極に達せり。本年の大雨に因る崩壊は、大小無算にして、貴志川沿岸地方大災害の原因を為せり。
(3)高野山電鉄に沿ふ丹生川支流の荒廃も言語に絶するものあり。森林伐採者の不注意に因る行為は、九度山町及上流諸村に甚大なる災害を生じたり。
(4)花園村の災害は言語に絶するものあり。崩壊の宏大なる直高五、六百米、幅七、八百米のもの二、三ヶ所。之に次ぐもの数ヶ所、以下大小数千百を算す。数十年を経たる杉、檜の植栽美林も到処崩壊し、人家耕地は山腹に残存するものを見るのみ。谿谷は悉く崩落し、無限最大の土量は有田川水源地の本支全川を埋没し、数十米乃至数米の深さに達せり。地表の変貌、之に過ぎたるはなしと云ふべし。之が原因は、(1)長雨に続く短時間の強雨、(2)地質の脆弱[風化せる古生層、堆土深く、岩盤遠し]、(3)一部森林の強伐等に帰すべきも、更に他に別因の強大なりしものあらんかを思はしむ。強ひて思へば南海地震の潜在効果如何。
(5)被害民の救済如何。役場は全潰、収入役以下七名殉職し、未だ跡方もなし。又一切の帳簿記録もなし。食糧、衣服、住居等原始的需要を始めとし、経済的需要に応ぜざるべからず。従来村民は森林関係、山葵植栽、棕梠栽培等を行へりと云ふも、之が復興は容易に非ず。交通は予等の通過せる高野山に出づるの外なく、有田川下流よりの捷路たる県道の開通は当分困難なり。県道の開設は、通常交通の利便ある下流地方より始めて、漸次上流山村へ及ぼすの例なるも、有田川の最上流に在りては、先づ高野山との道路を利用して、花園村より着工すべきに非ざるか、而して交通隔絶せる困窮せる一般村民の愁眉を開き、併せて土工賃金を与ふべきものと信ず。

(6)花園村の惨状斯の如きに対しても、予は尚村民の自力更生が絶対に必要なるを説き、徒らに国又は県の援助を空頼みすることなきやう強調したり。第十七臨時国会の開会は近きに在り、国としての施策は補正ヨサン案に依りて実施せらるるも、到底村民の所期に副ひ能はざるを恐れたるを以てなり。而して挙村一致、諧和協調、自己の災害は自らの手に依りて復旧するを精神とせよと勧告し、造林、砂防、道路改築、学校修理等より麦播、甘藷作、山葵田復旧など、苟くも遺漏なきを期せんことを切望したり。

(7)隣村安諦村の惨状は、久保村長の説明に依りて之を推想するに、必しも花園村に劣らざるものの如し。而して同村は、花園 dam 第二次の決潰に因りて受けたる損害も亦甚大にして、現に有田川下流地方との交通路復旧せず。交通関係を以て比すれば、花園村の高野を通ずる林道を有するに劣ること千万なりと云ふ。安諦村への道路復旧は、最困難なるが如し。

(8)八幡村の惨状も亦安諦村に比して大差なきが如し。両村共に山岳崩壊に依り dam を現出して、現に濁水を湛ふと云ふ。道路の啓開先要なり。

〔欄外〕山はさけ川は怒りて村は埋つみ　住む人もなく荒れ果てにけり

慰めむ言の葉もなし田を畑を　親を失せたる村の人々

十月十八日(日)　晴　薄暑　参議永井純一郎氏橋本町より同行す

八時、橋本町堺屋を発す。先づ紀ノ川を渡りて九度山町に至り、県議長平越孝一氏の案内にて丹生川下流の荒廃を見る。転じて上名手村経由四郷村に入り、村長山本虎義氏等の案内にて穴伏川の破壊を見る。経る所の上名手村にも渓流氾濫し、到処惨害を極む。次に紀ノ川を渡り麻生津村役場を訪ひ、右岸に返りて粉河町を経て川原村に入り、名手川の荒廃を見る。是亦穴伏川のそれと大同小異なり。それより左岸に渡り、安楽川村にて貴志川下流を見、十二時半、和歌山市に入り、城内あたりや方にて洋食を喫す。食後、海南市、下津町を経て、二時有田郡箕島町に着す。有田川橋頭にて有田地方町村長等に会す。

箕島町国警署に入り、県議、町村長、議長等三、四十名と会見し、具さに被害状況を聴き、要望書を受く。それより有田川橋を渡り、左岸川口（小豆島の汐入地）を視察し、左岸を遡り、保田村の大砂原を見る［中学校、工場等流失］。一望烏有の地なり。右岸宮原村、左岸糸我村、右岸田殿村、左岸藤並村を過ぎ、御霊村徳田市街地の激甚状況を見る。時既に五時に近く、引返して藤並村より有田川流域に別れて湯浅町に入り、旅館駒野方に泊す。湯浅町旅館にて有田郡奥地安諦村、八幡村、五村、城山村、石垣村等奥地村長より陳情を聴く。何れも必死の要望にして、涙なくして黙過する能はず。

此日、恰も湯浅町守護神社の祭典あり。同町の被害を免れたるは、神護の賜なりとて大に賑へり。旅館附近の料亭にては管弦嬌声甚喧し。

旅館にて夕食す。赤木、永井、昇三郎、矢野事務官其他一行のみ。

十月十九日(月)　晴　薄暑

八時、湯浅町旅館駒野を発し、御坊町に向ふ。南広村広川氾濫の迹を見る。又郡堺津木村鹿ヶ瀬の隧道内に落石の横るあり、先行の truck 進む能はず。依て truck の後退を求め、乗用車のみ行進す。九時半、御坊町なる地方事務所に入る。地方事務所長迫間唯彦氏、御坊土木出張所長西村登代二氏は、隧道口まで出迎へらる。地方事務所にて日高川流域町村長より陳情を聴き、上流川上村へ向ふ。道路荒廃の為 Jeep 二台に分乗す。十一時前船着村を過ぎ、十一時四十分頃川上村に達し、日高川を渡りて役場に入る。村長西川源四郎氏より災害の状況、復興計画及国に対する要望を聴く。同村弥谷部落にては死者行衛不明者合計八十五名を出し、惨状言語に絶すと云ふ。役場にて弁当を喫し、記念の撮影を為して帰途に就く。船着村にては中学校の流失跡地を視察す。村議長赤松浅次郎氏（村長上京中）より強硬なる要望を聴く。斯くて日高川中流以下の視察を終る。

御坊町より湯浅町を経て有田川下流に到りしに、土工用のBulldozerに故障ありて進行を妨げらる。此辺の被害最壮大なり。箕島町、海南市を経て五時和歌山県庁に着す。知事小野真次氏に面会して慰問を為し、今後の措置に付、意見を交換す。昇三郎は旅館に入らず、芦屋へ還る。

六時過、和歌浦望海楼に投ず。偶ま上内田五百住出身医博前田貞一氏の来訪あり。氏は予と同じく掛川高等小学校に通学せし人、甚懐し。再会を怡ぶ。

知事より鄭重なる夕食を饗せらる。土木部長、県議会長平越氏同席す。

(1)有田川下流の被害の激甚なる、真に怖るべきものあり。之を日高川下流のそれに比するに更に甚し。日高川の出水も明治二十二年の出水に比すれば遙かに多く、川上村にて神社の石段二段なりしを六段に達せりと伝へらる。

(2)洪水氾濫は短時間に急激を加へ、避難の余裕なかりし箇所少からず。之が為に出水は昼間なりしに拘らず、死者行衛不明者多しと云ふ。

(3)日高川上流地の荒廃状況は、之を見る能はざりしも、奥地山岳崩壊の甚しかりしは各村長の証言する所なり。然れども下流被害状況より推測すれば、有田川上流に比して崩壊少かりしが如しと思はる。

(4)有田川下流の荒廃甚しく、上流諸村への道路未復旧せざるの事実は、上流各地に於ける砂防手当の急要なるを証するものなり。之を花園村一村に徴するに、今後降雨ある毎に流出する土砂量の無限量なるを想察し得べく、下流地方の被害は、其都度更新せらるるものと信ずべきなり。

(5)各地稲作の被害は意外に深刻なり。依て知事に対して麦作の奨励、甘藷作の普及を進言したり。

十月二十日(火) 晴 薄暑

予定を変更し、自動車にて大阪へ向ふ。望海楼六、二〇―八、〇〇大阪湊町駅［駅長天野重孝氏］天野駅長の世話になる。又天王寺鉄道管理局長西阪文雄氏、特に輸送長八木基氏を派して大河原駅まで車中の世話をせらる［総務部長石井登氏、天王寺駅まで同車せらる］。木津駅より府土木部長長沢忠郎氏、砂防課長浅居周二氏、協会支部副会長［棚倉村長］森村米吉氏、相楽地方事務所長平田耕作氏、郡町村会長［加茂町長］松田信三郎氏、地方事務所土木課長木津土木工営所長小出弘之氏、笠置町長窪田要助氏、府会議員玉置一徳氏等木津駅に出迎ふ。又国警相楽地区署長警視山田利雄氏も来り、同車す。斯くて大河原駅に下車し、駅長田増安太郎氏に迎へられ直に乗車、大河原村に向ふ。各小川悉く漲溢し、惨状見るに堪へず。押原部落に至りて最甚し。大小の崩落挙示するに遑あらず。村長阪井国太郎氏より詳細に説明あり。此地三重、滋賀両県と境を接し、施設進行の上に妨げあり。笠置町への帰途三、四の無名渓流の荒廃を見たり。浅子川最悪、渋久川、山城谷川次悪［鉄道架橋と関係あり］。

大河原町に帰り来り、駅長の案内にて被害及其復旧状況を見つゝ駅構内を出でて乗車し、不動谷川、横川の惨害を見て、笠置町役場に達す。

笠置町役場にて中食し、了て窪田町長より木津川河床浚渫の要望を聴取す［同町横川（右支）流道変更し、多量の巨石を木津川に放出せしため］。次に府議会災害対策委員府議中内広、小峰菊次郎、吉村孫三郎、吹田陸之助四氏、京都府砂防支部長城陽町長西村義一氏、其他有力者より被害状況及対策要望等を聴く。又参議院議員井上清一氏より宇治市長山崎平次氏、同市会議長小山元次郎氏を紹介せられ（名刺）、同市水害の視察を求めらる。

それより木津川右岸に沿うて西走し、和束川荒廃状況を視察す。此方面の被害は大河原に譲らず、府道は寸断せられて進む能はず。依て瓶原村に出て、和束川右岸の村道を蛇行し、西和束村を過ぎ、中和束村役場、農協（共に流失）所在地に達し（二時三十分）、村長和田宇一郎及議長吉田鉄雄氏より説明を聴く。此地点は和束川の右岸に位し、小市街を成せる所なるも、今や悉く流亡して被害者を収容する仮長屋四棟を存するのみ。平地の被害に加ふるに、丘陵の茶園は各所に崩壊し、山林の防止力なきを嘆ぜしめたり。此処より上流東和束村の被害も亦同様なりとの説明を聴く。更に上流湯船村に至りては、今尚道路の応急修理すら成らず、村民の困憊、言語に絶すと云ふ。湯船村代表村議対策委員長前田政雄氏、村議消防団副団長小西勝正氏より陳情を聴けり。真に同情に堪へず。自力更生の為、挙村一致を要望し、麦適期播及甘藷作の切要を懇説し、和田村長の案内にて仮長屋の罹災者を見舞ひて去る。

西和束、瓶原、上狛町を経て北転し、高麗村鳴子川の氾濫［天井川の破堤は国鉄と交叉点］、棚倉村にて不動川、天神川、渋川の破壊を見たり。就中不動川は［助役森本市太郎氏案内］、此附近に於ける最大の天井川にして、明治年間、和蘭技師の築設せし堰堤も其効果を失ひ、荒廃の極に達したるものなり。国鉄奈良線は隧道を以て河底を横ぎり、堆砂の為に其口を塞がれ、十数日の間不通となれり。尚其新河道を見るに、両側の天場より二十米深く、側面は悉く堆砂なり。以て知る、如何に永年砂防を拋棄したるか。此辺の被害は永く砂防を怠りたるに由ると断ずべし。村長の厚意に依り役場にて茶を饗せられしも、前途を急ぐを以て、辞して車上の人となる。

車中にて井手町玉川の荒廃を見、木津川右岸堤より別れて北走し、宇治茶畑の間を経て、伏見町に出て西南走、高瀬川に沿ひて下り、宇治川右岸堤上より遙に巨椋池破堤口を望み、淀町に出て京阪国道を北上、賀茂川上流柊野ダムを視察し、六時、旅館柊家に着、一泊す。

柊家にては府会副議長金田弥栄蔵氏来訪、菓子を贈られ、又今夕知事蜷川虎三氏の招宴（鶴屋方）に出席を求めらる。

鶴屋にて蜷川知事より晩餐を饗せらる。金田副議長及土木部長長沢忠郎氏、砂防課長浅居周二氏同席、接待せらる。宴終て赤木氏と共に柊家に帰る。

柊家には村山喜一郎氏、夫人と共に来訪しあり、菓子を贈らる。

十月二十一日（水）　曇　夕雨　帰京（大阪九―（銀河））

朝、赤木氏と別る。氏は兵庫県へ赴きて砂防視察を為し、夕同車帰京の筈なり。

朝、羽田亨博士に電話して久濶を叙し、文化勲章拝受の栄誉を祝す。

八時三十分発車す。前議員カニエ邦彦氏来訪、巨椋池災害視察の行を共にす。府技師片山啓二氏［農地部耕地課在勤］、同車案内せらる（府砂防課勤務主事松本彦三郎氏、柊家に来訪）。宇治市巨椋池耕地整理組合事務所に到り、市長山崎平次氏、議長小山元次郎氏、淀町長井村金三郎氏、御牧村長深野平右衛門氏、宇治地方事務所長三輪光之丞氏、元代議士池本甚四郎氏、府議会対策委員府議寺川福三郎氏等と会見す。地方事務所長、市長より一般災害に付、陳情あり、又市長、淀町長、御牧村長より巨椋池災害に付、説明及要望あり。池本元代議士は、辛辣なる口調を以て要望を述ぶ。予の答ふる所の趣旨例の如し。会見を了りて干拓地被害状況を視察す。即ち干拓地を横断（御牧村を経由す）して淀町に出て、排水施設を視察す。了て淀町より京阪国道を南下し、淀川、桂川、木津川合流点の上方にて木津川堤防を切断せし箇所（八幡村地内）を視察し、了て片山技師、カニエ議員、其他市長等有志と別れ大阪に向ひ、十一時三十分大阪ビルに着す。是にて朝来同行せられたる京都府砂防課長浅居周二氏と別る。

大ビルにては昇三郎、松本堅三郎氏に迎へられ、又中橋武一氏に面会す。こゝにて旅装を解き平服に更め、十二時より清交社にて開会せられたる静岡県人会幹部有志の午餐会に出席す。出席者約三十余名、懇切なる歓迎辞を受け、感謝の辞を述ぶ。

出席者の芳名は名刺を与へられし人々に止む。溝口富貴雄氏、森下胤晴氏、小野雄作氏、仁藤棟吉氏、千艸円之助氏、坂口恭逸氏、伴勇氏、鈴木半平氏、杉田勇氏、鈴木龍馬氏、工博尾崎久助氏、小川半三郎氏、熊谷実氏、西尾種熊氏、岡田雄作氏、田渕丑太郎氏、角替利策、昇三郎等なり。

昇三郎の配慮に依り、阪大病院病室に布施博士を見舞ふ。右眼手術の経過宜しからざりしも、再手術を受け爾来良好なりと云ふ。切に速なる回復を祈りて去る。泰治を経て強壮薬ＴＰＤ（アリナミンと命名）三瓶を贈らる。

大阪府農地部長三宅友平氏の案内にて、淀川枚方市附近、高槻市檜尾川府営住宅及芥川、女瀬川合流点等の被害状況を視察す。府土木部総務課長高辻恒雄氏、同行せらる。芥川、女瀬川合流地点にては高槻市助役吉田得三氏、同河原吉蔵氏、市議会議長中井与次郎氏、同副議長田中弥之助氏、親しく案内せらる。四時大阪ビルに帰る。

四時、大阪ビル食堂にて開会せられたる食糧問題懇談会に出席す。此会合は松本堅三郎氏が日本の食糧問題解決のため知事、市長、京大、大阪実業家を動かして開かれたるものにして、去十六日予が東京より齎せる藷米の試食を為さんとするものなり。出席者は学界、官界、実業界の代表五十名計りにして、異常なる関心を寄せられたり。席上、中橋武一氏開会の趣旨を述べ、各自有志の意見発表に入り、河井、高田保馬博士、大槻正男博士、松本熊市博士、近藤金助博士の発言ありて食堂に入り、藷米混炊〔米七、藷三〕の弁当を喫す。食間、松本堅三郎氏、北沢敬二郎氏、猿谷嘉吉氏、中川淳氏、落合豊一氏、高田、大槻、近藤三博士の発言あり。又予は最近の政治情勢観を応需発言す。斯くて一同は藷米の長所を味識し、多大の礼賛を寄せられたり。八時散会す。

出席者氏名左の如し（舘林は十八日、佐賀県へ帰りたりと云ふ）。

中橋武一氏、昇三郎、松本堅三郎氏、同令息淳氏、高田、大槻、松本、近藤四博士の外、大塚兼紀、鳥井信次郎、木島利夫、板谷桝吉、野崎金衛、中司清、落合豊一、中川淳、木戸要吉、三宅友平、福島強二、江崎栄、竹下清吉、清水雅、藤野信雄、北沢敬二郎、阿部孝次郎、井口竹次郎、工藤友恵、熊谷栄次、加賀豊蔵、土井正治、飯田武夫、堀文平、溝口庄太郎、三浦誠一、永井繁、田中良雄、角替利策、河井泰治、村山喜一郎、猿谷嘉吉、宮田康治、高垣金三郎、熊谷三郎、武田長兵衛、猪崎久太郎、村田義夫、岸山慶吉郎、日比文雄、山添程次、吉岡利起、中村鼎諸氏なり。

八時半発車、大阪駅に至り、九時発急行銀河に乗り東京へ向ふ。赤木氏は大阪駅より同車す。昇三郎、角替利策、泰治、松本堅三郎氏、村山喜一郎氏等見送らる。車中にて議員前田久吉氏と同車す。

京都駅にて京都府砂防課技師係長技師村田清一氏来り、挨拶せらる。又皇宮警察京都護衛署桃山陵衛地区所勤務皇后巡査部長福田武三氏は車内 boy に子鮎あめ煮を託して贈らる。

十月二十二日(木)　晴

着京七、五三。直に帰宅、入浴、朝食の上、登院す。緒方副総理来訪、臨時国会は二十九日に召集せらるべく、本日四国なる御旅行先にて天皇陛下の御裁可を得る筈なりと告げらる。

十一時、議院運営委員会に出席す。臨時国会召集に関し政府の発表を求めたるも、未だ的確なる答を得ざりしも、本日は確定の言明あり、且議案は災害復旧に関するもののみに止むるの説明あり。之に対し各種の質問あり、正午を過ぎて散会す。

田口弼一氏、一昨二十日肝臓癌にて逝去、本日正午より伝通院にて葬儀あり。出席焼香す。

院内にて石黒忠篤氏、藤野繁雄氏に面会す。又大屋晋三氏来室、列国議院同盟会議に出席せし報告せらる。

静岡県漁業代表大石県議其他来訪。(1)朝鮮近海出漁漁船の解放、(2)伊豆南端海上使用の廃止に付要望あり。水産委員会へ取次げり。

戸塚建設大臣へ電話し、災害対策ヨサン計上額に付不満を抱くも、大臣の地位を去るべからずとの進言を為す。政局安定を破る惧あること、貪悪なる党員の就任を排除する必要あることが予の警告の理由なり。

五時、三越に至り、洋服の仮縫を為す。

十月二十三日(金) 晴 曇
登院の際、野田俊作氏を訪ひ、病気見舞をなす。肝臓疾患なりと云ふ〔面会せず〕。

加藤四郎氏来訪す。堤衆院議長経営の農事園芸方面へ就職を希望して、予に紹介を求めらる。氏は最近没落せる横浜西幸太郎氏の為に事業に加りし由なり。

大磯町に故樺山愛輔氏を弔問す。十時発、二時帰京の自動車に依る。

後楽園にて Orions 対全米 All Stars の野球試合を見物す。5:4にて日本側優勝す。

五時、議長公邸にて旧貴族院議員（現任参議院議員）諸氏の晩餐会に招かれ、出席す。出席者三十名計り、歓を尽したり。毎年一回開会の議決せらる。

〔欄外〕本日詔書を以て臨時国会を二十九日東京に召集することを公布せらる。

十月二十四日(土) 雨 冷
朝、塩島金一郎氏夫人来訪、育英会用務を為す。
十時三十分、錫蘭国公使 Fon Seka 氏来訪す。頗慇懃なり。
西岡長崎県知事は腎臓を患ひ、東大医科病院に入院加養中にして、予が昨日藤野議員に告げたる諸米宣伝の効果に付、深謝の意を表する為、東京事務所次長鳴神長次氏を来訪せしむ。予は知事が政府の援助を求むることなく、進んで梅崎哲一氏を援助して、速に諸米を製造して、之を大阪実業界に供給せば、品質の試験は既に去二十一日完了せしを以て、販路の拡張も資金の獲得も容易なるべしと告げ、知事の配慮を促したり。

故樺山愛輔氏の告別式〔神宮表参道ユニオン教会〕に至り、拝礼す。霊柩の発車を見送り、帰宅す。

夕、植竹春彦氏夫人及令娘、来訪す。ます子及興三、接待す。予も少時出席、挨拶を述ぶ。

十月二十五日(日)　雨

終日家居。旅行に付、謝状数通を認む。又不在中の用務を処理す。

十月二十六日(月)

登院。午前中会見者、

埼玉県婦人代表、戦犯者釈放の陳情。岩科村長、長友県議等、岩科村、松崎間道路開設の為、国費補助の陳情。鳴神長崎県出張所次長、昇三郎より送付せる食糧問題懇談会記事、毎日、朝日両紙及び当日出席者名薄写を呈し、藷米の製造供給を急速強力推進せられんことを求む。

一時半、銀座三笠会館にて橿原神宮奉賛会準備会あり、出席す。出席者は新谷寅三郎氏、木村篤太郎氏、吉田茂氏、湯沢三千男氏、神宮高階研一氏、権宮司高階成章氏外一名にして、予を奉賛会長に推薦す。予は之を諾し、会の事業、役員及規約等に付協議す。而して予は所用の為一時間にして退出し、大綱の決定を託し、理事長の選任に付ては、吉田茂氏及高階研一氏と明日参議院にて協議せんことを約して退出す。

今朝外務省より電話あり。Indonesia 議員団七名、列国議員会議よりの帰途来京せるを以て、茶話会を開かれたしとの要求なり。外務省は之を先づ衆議院に協議せしに、議長は伊豆長岡にて静養中なりと云ふ。依て同地に関係ある両院議員及列国議員会議に出席せし両院議員の参集を求め、三時より議長応接室にて茶話会を開き、歓迎の意を表す。一行七名は日本駐在総領事、領事同道来訪す。衆議院からは緒方副総理、岡崎外務大臣、本多一郎、中井一夫、戸叶武子諸氏外二、三名、参議院側も各派合計七、八名来集、互に胸襟を披きて率直なる意見交換を行ひ、和気靄々、親善の効果を挙げて五時散会したり。一行は院内を参看して辞去す。尚一行に対しては伊藤述史氏著日本案内記を贈れり。

五時より田中最高裁判所長官公邸に於ける茶会あり、出席す(六時)。懇切なる待遇を受く。最高裁判所判事本村善太郎氏と懇談す［佐賀県人、舘林のfanなり］。七時、日本テレビに出頭す。八時四十五分より九時まで「第十七臨時国会を前にして」との題下に、毎日新聞論説副委員長池松　氏と対談の為なり。臨時国会は災害対策急施を目的とし、六月以来の風水害と冷気其他に因る米作被害とに対する応急立法并ヨサン措置を執るものなりとし、風水害の原因及防止、食糧問題の根本意見を述べたり。予の放送NHKにてはBoxingの放送ありしため、看者意外に少かりしを患ふ。

十月二十七日(火)　晴

登院す。院内にて来訪者に面会せしは、(1)佐賀県巨勢村長執行増夫氏外十数名、(2)小野仁輔氏外六名、(3)内灘村前村長中山又次郎氏外二名、(4)愛知県議員友松信夫氏、日高啓夫氏、杉浦喜市氏、(5)矢富義児氏外一名なり。小野仁輔氏からは石川県に於ける報徳運動開始の状況に付て聴取し、折柄来訪せる元内灘村長中山又次郎氏に紹介、会見せしむ。又愛知県議の来訪は、沿海地帯災害復旧を愬ふるものにして、提出の要望書は農林委員会及災害対策委員会へ供覧したり。矢富氏は、氏等の経営する農産会社の新製品製造の為、融資を求めらる。依て岸良一氏の来室を乞ひ、山添総裁、長谷川理事へ紹介を依頼す。予も山添氏へ依頼の名刺を渡す。十一時、錫蘭公使を公使館「帝都ホテル」に答訪す。公使の儀礼正しきに敬服す。十二時前、高階研一氏、吉田茂氏来訪せらる。奉賛会結成に付、昨日協議せし内容に関して高階氏より報告を聴取す。次に理事長候補者の選任に関し、吉田茂氏の発議に依り湯沢三千男氏を煩はすことに決定し、同氏への交渉は明朝予自ら之を為し、吉田氏の同行を乞ふことに決す。

緑風会の定例集会あり、少時出席す。石黒氏より去二十五日、静岡県内災害地を視察せられし由の報告あり、感謝に堪へず。

十時、参議院会館にて全国緑化運動委員会主催の学校植林Concour表彰式挙行せられしも、出席する能はず。

夜、山田惇元君来訪す。朝日新聞への入社は不合格となりし由にて、学校卒業後は帰郷して母堂に仕へ、高等学校に奉職するの決意なるを告ぐ。約に依り金四千円を与ふ。

夜、昇三郎来訪す。「別子銅山と伊沢多喜男」なる小冊子を贈らる。

〔欄外〕参議院食堂にては、議員と其他の人との食卓配置を区劃し、議員以外の者の利用を大幅に制限す。米食の供給を廃止す。

十月二十八日(水)　雨

朝、湯沢三千男氏を訪問するため電話にて都合を問ひたるに、面会出来ずとのことなり。依て用件を申入れ、他日の往訪を約す。又其旨を吉田茂氏に電話し、吉田氏よりも単独に依頼せられんことを依頼す。

登院す。十時より議院運営委員会あり、出席す。開院式に関する件、衆議院議長の朗読する式辞案文検討の件、会期期日の件、国務大臣の演説の件等を協議す。

院内にて面会せし来訪者は、(1)和歌山県知事小野真次氏〔赤木氏の来臨を求め、会談す〕、(2)浜松市連尺町有志石津浪次郎氏令息外三氏〔連尺町街路幅縮少の件〕、戸塚建設大臣に取次ぐことを約す。

全国治水砂防協会例会に出席す。赤木氏と予と二人のみ。

天皇、皇后両陛下、四時四十分御着、還幸啓あらせらる。駅頭に奉迎す。

国土緑化推進委員会は大野委員長退任し、堤衆議院議長を推戴するに決す。昨日予は堤議長を議長室に訪問し、右に付内諾を得て、之を楠常務理事に報告したり。

興三は、夜ます子と共に植竹家を往訪す。

十月二十九日(木)　雨　冷　舘林は今朝佐賀より帰京す

登院す。第十七回臨時国会召集の日なり〔二十三日詔書、憲法七条、国会法一条〕。

昨日衆議院議長より会期を七日とするに付、交渉あり。依て常任委員長懇談会を招集し〔九時三十分〕、会期に関し意見を求む。野党を除き賛成なり。

九時四十分より議院運営委員会開会せらる。会期決定の件を議題とす。委員側の要求に依り、内閣官房長官より本国会に提出さるべき政府案の数并其内容に付、説明を聴く。然るに十時に至りたるを以て休憩の上、議席指定の会議を開くこととなる。

十時、本会議を開く。議席の指定を為し、直ちに休憩す。

開会式は、二時より天皇陛下御親臨の下に行はる。陛下一時四十五分着御、両院議長は拝謁を賜はりたる後、参議院議場に出御、衆議院議長の式辞朗読、天皇の御言葉あり、入御。二時十分御発、皇居へ還幸あらせらる。衆議院議長と予は二時三十分発参内、行幸御礼の記帳を為す。

田中最高裁判所長官は、式場に於て脳貧血を起し、人事不省に陥り、陛下入御に引続き参議院事務総長室に担入れ、馬島嘱託医の手当を受け、約一時間にして全快し、帰宅せり。軽症にして、回復速なりしを欣ぶ。

式後議院運営委員会を開き、会期に付協議す。七日説多数にて可決せらる。次で風水害被害対策特別委員会を設置することを議決す。依て小委員会を開き、議場に於ける特別委員会設置の発議者及賛成者を決定す。

衆議院は会期の決定に関し参議院の回答を俟たず、午前の本会議に於て七日間と議決して、之を通告し来れり。依て予は一方議運の決議に基いて協議を申入れ、同時に衆議院が単独にて会期を議決せしは議事法規に違反し、且将来両院の関係に好ましからざる影響を及ぼすの患なしとせざることを開院式に陛下奉迎の場所にて談話したり。議長は法規を知らざるが如く、遺憾の意を表し、且将来を注意すべき旨を告げられたり。

五時、本会議を開く。先づ会期を七日間とすることを議決し、次に小笠原大蔵大臣及岡崎外務大臣の演説あり。質疑は次回の会議に譲ることを議決す。最後に明日午前十時本会議を開くことを議決して散会す。

明日午前十時、衆議院にて本会議を開く旨通告あり。加ふるに依て参議院は午後一時開会せらるべしとの通告ありしも、議運理事会は、参議院は議事規則に依り、明金曜日午前十時に開会することを決し、開会時の決定に関しては衆議院の指図を受けずと決定し、明日午前十時本会議開会のことを衆議院に通告したり。

本会議に於て岡崎外務大臣の演説中、予は各会派の幹部に対し議場連絡を行ひ、明日は定刻に本会議を開くに依り、定足数を欠かざるやう必ず登院せらるべき旨を要望し、且政府側に対しても各大臣の定刻出席を要望したり。

五時半より議長公邸に緑風会議員懇親会あり、出席す。頗盛会なり。

去十八、九日頃、内閣官房長官福永健司氏より五葉松盆

栽一鉢を贈らる。依て之を午後議長公邸に搬入し、保管を依託す。斯くして福永長官の好意を活かすことを得て、漸く安堵したり。

十月三十日(金)　夜雨　冷

登院の時、緒方副総理、参議院玄関に予を待居り、予算案に付、三派の協定、昨夜深更成立せし旨報告せらる。九時四十分、議院運営委員会開会せられ、本日の議事に付、所要の事項を決定す。予は政府に対し、重ねて十時開会の旨を告げ、首相以下各大臣の出席を求む。十時振鈴、十時十分開会す。通告に依り質疑を行ふ。其順位及割当時間は、(1)江田三郎氏40分、(2)北勝太郎氏20分、(3)永井純一郎氏30分、(4)寺本広作氏10分、(5)羽仁五郎氏15分にして、首相以下関係大臣の答弁あり。了て一時十分散会す。

衆議院は十時開会に決定ありしも、本院の為先んぜられ、午後〇時三十分開会に決し、更に午後一時三十分開会に変更し、何れも本院へ通告ありたり。

本日の来訪者は、(1)対馬島鶏知町長森亀寿氏外七、八名、(2)加藤四郎氏〔堤議長に紹介す。議長は面会を他日に延す〕、(3)静岡県農業委員大井新一氏、湯山芳太郎氏、米不作対策要望の件〔陳情書の正式取扱を為す〕。

内山真龍翁贈位の件に付、昨日江口副長官に問合せたる処、未だ文部省より書類の送達なしとのことなり。依て本日文部大臣に一書を呈し、其旨を告げ、速に進達せられんことを求む。

五時三十分、公邸に於て東南 Asia 諸国視察団招待会を開く。第一班池田団長、中川幸平、三浦辰雄、佐多忠隆、田中一、紅露みつ諸氏及渡辺人事課長、第二班大谷団長、瀧井治三郎、小林政夫、重盛寿治、棚橋小虎、千田正諸氏及海保議事課長を主賓とし、芥川、河野其他諸氏出席す。予の歓迎辞に対し、池田団長の謝辞あり。各自胸襟を披いて歓談尽きず、八時半散会す。

山崎昇二郎来泊す。大坂村産米の被害物を実見す。凄惨の極なり。山崎は人心の作興必要を強調す。

十月三十一日(土)　曇

朝、山崎昇二郎と同車、登院す。山崎は石黒忠篤氏、楠見義男氏と会見し、十一時発にて帰国す。

十時、議院運営委員会を開く。十一月二日上程せらるべき各種委員任命承認の件に付、江口官房副長官の説明を聴く。之が決定は次回に譲ることとす。

内山真龍翁御贈位の件に関しては、文部大臣秘書官今村氏より議長秘書室に電話あり、(1)終戦後死者に対する贈位の取扱なきを以て、本件は今尚研究中なり、(2)御贈位の資格ありと認むとの要旨なり。依て江口副長官に面会し、其旨を告げ、祭典の期日は十一月三日に迫れるを以て、書類を文部省より引取り、直ちに審査に着手せられたく、且審査員としては佐々木博士、坂本太郎氏を脱せざることを依頼す。而して如何に審査を急ぐと雖も、十一月三日の祭典には間に合はざるを以て、副長官と打合せの上、宮沢光明村長に対して「祭典に間に合はぬ、報告祭は他日に延期せられたし」との旨を発電し、且速達郵便を以て、右の事情を詳報す。

十一時半頃、和歌山県議会議長平越孝一氏来訪。去十七日花園村視察の時撮影せられたる予に関する写真数葉を贈らる。其中に山駕籠に乗りたるものあり、二は花園村休所のもの、一は辻の茶屋にて撮影せるものなり。何れも傑作なり。平越氏より報徳家として紀見村吉田六右衛門氏及大谷村池田憲一郎氏と協議せし結果に付、報告あり。小野知事も報徳運動の普及徹底に努力したき決意なるに付、援助を求むとの申入あり。欣快に堪へず。依て内灘村救済の意図を告げ、且石川県へ布教着手せしことを告ぐ。又九度山町を中心として丹生川の本支流に急速砂防工事の完成を図り、以て模範的砂防地域を完成し、其位置の便利なると高野山参拝者の多数なるとを利用して、砂防の効果を大衆に周知せしめたき旨を告げ、協会支部の奮起を促したり。

読売新聞社より去七月三十一日夜ヨサン本会議終了の時、吉田首相が予の室に来り謝意を表したる写真一葉を贈らる。

二時過、湯沢三千男氏を往訪し、橿原神宮奉賛会理事長に就任せられんことを懇談す。湯沢氏より最近の実状を詳述せられ、考慮の為、姑く時を仮さんことを求めらる。

午後三時頃より官公労組のデモ隊、両院へ来襲すとの報告あり、警戒を厳重ならしむ。デモ隊は平河町より参議院に沿ひて霞ヶ関に下り、日比谷公園にて平穏裡に解散したりと報ぜらる。只参議院に沿うて行進するとき*Zig Zag*行進を為し、警察の制止を聴かず。社会党左派の議員は、野溝氏を先頭として truck に乗りて煽動的態度を執り、気勢を添へたりと聴くは遺憾なり。

芥川事務総長に命じ、勅選議員たりし者に対する国鉄 Pass 発給の件に付、国鉄に対し督促を為さしむ。文書課長は恰も参議院に在り、一年六十日を期し、十回に亘り Pass を発行するに決定せり。而して其実施は急速に取運ぶ旨を答へたりとの報告に接す。

五時、日本工業倶楽部にて五三会の開会あり出席す。山地土佐太郎、阿部美樹志、赤木正雄、藍沢弥八、有馬忠三郎、入江俊郎、大木操、大村清一、太田半六、黒田英雄、小林次郎、坂田幹太、白根竹介、竹中藤右衛門、名取和作、古垣鉄郎、松村真一郎、松本学、前田伊左衛門諸氏出席す。席上山地氏より Pass 発給に関し、交渉の顚末を報告せらる。一同大に歓ぶ。料理は例に依りて薩摩汁、焙焼鶏肉〔附野菜〕、屋台寿司にして柿を添ふ。

帰途、白根、小林両氏と渋谷駅にて別れ、松村、赤木二氏を其宅に送れり。

列国議員会議より帰来せる小野寺記録部長より Parker Pen 51号を贈らる。

委員部第二課長参事小沢俊郎氏の夫人逝去す。気の毒の至り。吊電及香料を呈す。

深夜、町村金五氏、舘林に伴はれて来る。予は床中に在りて面会せず。

十一月一日(日)　曇　風あり冷

終日家居、静養す。又停滞せる日記を追記す。三越より運動服の上衣成りて届来る。又敷地村長より柿を贈らる。

報徳社の常会には出席する能はず。遺憾なり。

文部大臣の主催に係る昭和二十八年度芸術祭祝典、歌舞伎座に於て行はれ、招待せられしも出席せず。ます子を代理として出席せしむ。九時前帰宅す。

興三は夕刻まで地質調査に赴き、舘林は菓子、成也を連れて映画見物に行く。

十一月二日(月)　曇　寒

登院す。九時四十分、議院運営委員会を開く。補正ヨサン案の修正に関して、本会議に於て政府より説明を聴取することを決し、一昨日来考査の為留保したる政府任命の各種委員承認の件は、次回に譲ることとせり。

十二時三十分本会議を開く。吉田首相は出席する能はざりしも、緒方、小笠原、木村、保利、戸塚、塚田六大臣の出席あり。小笠原蔵相より修正の内容に付演説を為し、之に対して矢嶋三義、松沢兼人両氏の質疑あり。各大臣より答弁ありて延会を議決し、二時十分散会す。本日の本会議には吉田首相出席せず、強ひて其出席を要求するに於ては、衆議院に於ける予算の審議遅滞の虞ありしも、野党側の誠意の通ずる所、神速円満に議事を終了するを得たり。

再び議院運営委員会を開き、理事会にて打合せたる明三日は本会及委員会を開かざることを確認し〔衆議院に於けるヨサンの審議進捗せず、従て本会議に議題なく、委員会も予備審査の程度に止まるを以てなり〕、予算委員会も一旦明日午前中、予備審査開会の申合せを翻したり。次に来四日常任委員長会議を召集して会期延長に付協議し、議運、本会議開会のことを決定したり。

本日も若干のデモ隊院外に迫り来り、警戒を行ひしも、何等事なきを得たり。

列国議院同盟会議に出席したる議員団一行を招き、公邸にて晩餐を呈す。大屋団長、石原幹一郎氏、高橋道夫氏、菊川孝夫氏出席〔相馬助治氏欠席〕。主人側は重宗副議長、芥川総長、河野次長、小野寺部長、丹羽部長出席。食間、食前を通じて有益なる談話あり。次通常国会に議場報告を為し、報告書を頒布することを申合せたり。

米国上院議長 Mr. Nixon 歓迎会の決定に付、衆議院と急速交渉することを芥川事務総長に命ず。

参議院婦人議員より要望あり。適当の時を見計ひ、招待することを約す。

三越より縞ズボンを送り来る。運動服上衣は一昨日受領せり〔これは内側ポケット拡大を要す〕。

〔欄外〕老子を読む。

十一月三日(火)　快晴　寒
昨夜来老子〔岩波文庫、武内義雄氏訳註〕を読み、暁二時を過ぎて止む。
九時三十分発車、明治神宮例大祭に参列す。舘林、一也、成也も同車、参拝す。祭儀は十時開始、十一時二十分終了す。天皇陛下の奉幣、北白川、東久邇両内親王、竹田元皇族も参拝せらる。予は参拝者惣代に選まれて、玉串を上り拝礼す。一般参拝者、頗多数に上り、就中児童、青少年甚多し。十一時四十分頃、帰宅す。羽田亨博士等七名、文化勲章を授けらる。特に博士の為に之を欣ぶ。

夜八時過、植竹夫人来訪す。ます子応対す［大切なことを忘れた為に之を告ぐるため来たと云ふ］。

興三は、終日丸子玉川方面にて地質調査を為す。野口寛氏同行、手伝ふ。

衆議院は夜十時過、災害ヨサン（補正五一〇億円）を可決したり。

〔欄外〕老子読了。

十一月四日(水)　晴　寒

九時三十分常任委員長懇談会を開く。各委員長より会期延長に関して意見を聴取す。其結果、延長を必要とせざるものなく、日数は七日まで三日間とする者多数なり。社会党は、災害関係諸案は三日にて議了すべしとするも、給与裁定の審議のため本月中会期延長を要望したり。

九時四十分より議院運営委員会を開き、会期延長に関し多数者の意見を報告す。社会党は給与裁定を審議する為として前記の主張を強調したるため、官房長官の出席を求む。長官は臨時国会には提案せず、但し通常国会を成るべく早く召集して［十二月上旬（？）］提案すとの意向を明にす。両派は之に満足せざりしも、多数を以て会期延長三日と決定す（依て議長は直に河野次長を遣はし、衆議院と正式交渉を行はしめたり）。

次で政府より承認を求められたる五種の委員の任命の件を議題とし、川西実三氏承認の件を除きて承認するに決定す。最後に政府より給与裁定に関し、議場にて国務大臣より説明する為発言の要求あり。之に対し左右両派及労農の質問時間を決定せり。

本会議は一時二十分開会。(1)会期延長の件を可決、(2)政府の要求に係る委員承認の件四件を承認し、(3)給与裁定に関して緒方国務大臣の発言あり。之に対し大和与一氏、上条愛一氏及堀真琴氏の質問あり。緒方、小笠原、小坂諸大臣の説明あり。二時四十分散会す。

砂防協会有志会に出席す。出席者は次田、萩原俊一氏、赤木、小林両氏、河井なり。

予算委員会を傍聴す。質問順調なり。

五時半より公邸に於て欧米視察議員団諸氏を招き、晩餐を呈す。松本昇氏（団長）、岡田信次氏、杉山昌作氏、羽生三七氏出席。堀木鎌三氏欠席。重宗副議長、宮坂委員部長、芥川、河野諸氏出席す。甚有益なる談話あり。

米国上院議長 Nixon 氏夫妻来京に付、歓迎茶話会の用意を事務総長に命ず。

山梨県富士吉田市長以下約十名、広瀬議員同伴にて稲作不良対策に付、陳情す。又千葉信氏より官公労陳情隊五千人を参議院構内に入るるやう許可の要請ありしも、之を断る。仮令少数と雖も、デモ及類似行為者は絶対に許可せずと答ふ。

笠岡市渡辺弁三翁より甘藷（護国？）一箱を贈らる。

〔欄外〕歎異抄を読む。

十一月五日(木)　快晴　暖

登院す。議院運営理事会あり。明日の日程の作成に付、協議す。委員会は開会に付、出席す。

予算委員会を傍聴す。

羽田亨博士来訪す。先生の為に十二月十二日同成会懇親会を開くことを計画す。剣木亨弘氏、赤木正雄氏、三浦安蔵氏来室、羽田博士と会見す。

大宮御所に於ける両陛下御主催の園遊会に出席す。舞楽看覧の後 Imperial tent にて両陛下及皇太子殿下を奉迎す。皇族、旧皇族御出席あり。予は衆議院議長に次ぎ第二席なり。両陛下に種々御話を申上ぐ。四時帰院。参内御礼記帳を為す。

市川房枝子来室、婦人議員の為に招待を求めらる。之を諾す。八日夕を約し、日本食を饗することとす。衆議院婦人議員も来会する由なり。

五時、緑風会政務調査会［副議長公邸］に出席す。矢部貞治博士より「議院内閣制度の利害と日本の現制」に関して有益なる説明及批評あり。之に対して各員より意見を述ぶ。出席者は参院側高瀬、館、村上、広瀬、河井、学者側矢部、大西、新聞側　　　　両氏なり。八時過散会。矢部博士及池松毎日論説副委員長を同車、帰宅す。

十一月六日(金)

兵庫知事。

皇太子殿下奉送。御発車9：10（不参、間に合はず）。

議院運営委員会、9：40。

本会議、10:50。大水害特別措置法等の一部改正四案、建設省設置法一部改正案（以上可決）。自由討議－石原、杉山。（休憩0:16－1:40再会）。羽生、相馬、笹森、池田、小林（政）、高田なほ、田畑、千田諸氏発言。請願、陳情採択、送付議決。11:56散会。

凩の　吹きすさひつる　あしたにて
北より晴る丶　武蔵野の原

十一月七日(土)

議院運営委員会、9:40。

本会議、11:50－。委員任命承認、日韓問題解決促進決議、国連軍裁判権条約承認、法律、請願、陳情、1:50休憩。

本会議、7:43－。災害特置措置法三案、ヨサン補正案（137:62可決）、継続審査調査。10:28散会。

ヨサン委員会、10:27－1:49、2:47－6:07、可決。

松影会、11－、浅川町多摩陵監区事務所。会費200円、弁当携帯。

吉田首相、岡崎外相、小笠原蔵相、緒方副総理来訪、挨拶。


久松知事来訪。

熊村村長来訪。

竹下、野本、松原三氏来訪－大蔵大臣へ取次。

後藤文夫氏来訪。

十一月八日(日)〈朱筆〉皇室会議ヨビ議員当選
両院婦人議員招待、4－、公邸。

十一月九日(月)　関屋光彦氏弔問
佐藤栄作氏往訪。政局安定、砂防完遂、佐久間線敷設。石黒氏と懇談。
緑風会選挙対策委員会、10－、新橋分室。
湯沢三千男氏来訪、10－、院内。
新谷、岡田二氏と会見。斎藤知事、竹内局長へ送翰、佐久間線施工の件。
皇太子殿下還啓、pm8:40。

十一月十日(火)〈朱筆〉皇太子成年式加冠の儀　立太子の礼宣制の儀
吉田首相 Reception、3:30－5、目黒官邸。

広瀬久忠氏来談、10。

石黒忠篤氏と要談、2:30。

赤木氏兵庫県へ、二十日朝帰京。

十一月十一日(水)

中野智厳師来訪、10―。

抑留同胞完全救出、巣鴨戦犯全面釈放貫徹国民大会実施大会、2―、両国々技館。

瑞典皇帝陛下御誕生祝賀Reception、5:30―7:30、光輪閣。公使男爵Lagerfelt、同夫人主催。

米国下院外交委員長W. H. Judd氏外五名来日。

全国治水砂防協会。

十一月十二日(木)
社会福祉法人全国社会福祉協議会連合会事業大会、10、日比谷公会堂。
財団法人保安協会発足に付、懇談会、4―、永田町首相官邸。木村篤太郎、小林中案内。
緒方副総理と会見。

十一月十三日(金)
吉田茂氏来訪、湯沢三千男氏のこと依頼。
小林次郎氏来訪。
堤衆院議長往訪、1:15―2。
山口県戦犯釈放要望代表来訪。
藤波敬久氏来訪。新谷寅三郎氏に依頼、電源開発へ希望。

十一月十四日(土)
内郷村視察、8―5:15。
外米試食会、衆第三会館、12:30(断)。
長谷川一郎氏、津久井郡内郷村増原。
桑原正利氏、相模湖電気科学館長(与瀬町)。
杉本助治氏、内郷村立内郷中学校長。
今福実氏、津久井地方事務所長(中野町)。

予備欄
宮内庁京都事務所長石川忠氏、所員荒木氏。

十一月十五日(日)

米特使Mr. & Mrs. Nixon 出迎、宅発12—。岩崎氏案内。

緒方副総理へ要望（小林氏の為）。

植竹夫人、令娘来訪。

米大使晩餐会［black tie］、7:45、米国大使館。Mr. & Mrs. Nixon 招待。

米国下院外交委員長一行離日。

十一月十六日(月) 雨

図書館にて調査。Hansard。阿波大龍寺。

佐藤尚武氏、竹下豊次氏来談（外客待遇）（林業税制）。

宇垣一成氏緑風会入会の件、秘書小原玄之氏来訪。

三重県神原村長、議長、徳田浜松市長等来訪。

靖国神社奉賛会創立総会、1—、日本工業クラブ。

堤議長と電話（余興及社員歓迎の取止め）。

十一月十七日(火)

緑風会定例会、12—。

土岐章氏来訪。

鳥居清一氏来訪、田園調布一ノ三五ノ二。

内閣官房長官来室。臨時国会召集日、三十日とす（内山翁審査委員任命報告）。

全国国民健康保険団体中央会、11—、日比谷公会堂。厚生省主催。

十一月十八日(水)〈朱筆〉平和安保両条約批准

戦犯刑死者慰霊祭、10—、築地本願寺。

町村議会議長会、1—、芝公会堂（芝公園）。

印度ネシア総領事、Cocktail、5:30—7、池田山。

全国治水砂防協会。

十一月十九日(木)

全国市議会議長会、10—、虎の門共済会館 hall。

日米協会、米国商業会議所共催 Richard M. Nixon 夫妻午餐会、12—、東京会館。

Nixon 夫妻招待 Reception、4—6、高輪 Prince hotel。

十一月二十日(金)

Mr. & Mrs. Nixon 見送、羽田発7:50。宅6:00—6:45羽

田。

堤議長訪謝。

河野、小林、内田三氏、長世吉氏往訪。whiskyを贈呈。

静岡県人会午餐会、12—、日比谷松本楼¥300。有田八郎氏来講。

中山達明氏（均氏三男）、中島康伃子（門吉氏二女）結婚披露、5—、帝国ホテル。

新村出博士へ依頼状を呈す（真龍翁御贈位の件）。

参議院文化祭、1—。

十一月二十一日(土)　〈朱筆〉鈴木幸作氏九回忌
〈朱筆〉水野梅暁師命日
財団法人Boy Scout日本連盟理事会、10—2、西久保巴町42、芝（043）4972。
植竹夫人来訪。
参議院文化祭、1—。

予備欄
内山真龍御贈位申請に対する審査委員（閣議決裁十七日）
佐々木信綱博士、坂本太郎氏（東大史料編纂所長）、新村出博士、京都市上京区小山中溝町一九。

十一月二十二日(日)　〈朱筆〉小倉嘉明氏三周忌
松本勝太郎氏来訪、11—。
朝比奈ちか子来訪、3。貞正、貞八郎両氏附添。

十一月二十三日(月)　勤労感謝の日
新嘗祭、9—、明治神宮。8:30出頭。
新穀感謝行事、10。
新嘗祭神嘉殿の儀。賢所参集所参集、5:40。
夕ノ祭、6—8。暁ノ祭、11—1。

十一月二十四日(火)　愛知県視察　二十七日まで
宅8:10—駅8:40。東京9:00—2:00名古屋、ツバメ号。

中部日本治山治水連盟座談会（結成会）、2:30、丸栄ホテル。

中部日本晩餐丸栄［河文方晩餐（中部日本社）］。副知事水野鐘一氏晩餐藤久［（藤久）］。葵荘泊。

田沢義鋪氏記念会、12、日本青年館。

十一月二十五日(水)

名古屋8—9:30瀬戸市役所11—12挙母12:30—1:30足助事務所1:50—3:00稲武4—5:30足助。

車上。日進村小川北新田川、香流川、山口川、上流dam。

瀬戸市。萩御殿、孫田川、陳屋川、印所川(Hoffman砂防)。楽焼。

挙母市。中食(出張所)。

足助町。東加茂事務所長説明。

稲武町。深沢川、野入川、矢作川、城山川、四十八瀧川、小渡月原、広岡経由。

足助町巴水館泊。

全国治水砂防協会。


十一月二十六日(木)　房総沖大地震　am2
足助町8—10半田市11—11:20大浜港11:50—12:50一色港2—3三谷町3:30—4:30豊橋市5:10—神野新田5:30。

鳴海町、上野町、横須賀町、半田市。半田港(市長、知多事務所長説明)、末広新田、武豊附近、大浜港。碧南市長説明。平坂、一色、海岸被害視察、中食。一色港、真野新田、幡豆町、吉田町(幡豆事務所長説明)、三谷町、水産学校、宝飯地方事務所長説明。豊橋市。神野新田、豊橋市長説明。豊橋市吾妻屋泊。

緑風会政務調査会、5:30、公邸。各国上院と議院内閣制の関係、参法制局広瀬広居氏。

鴨猟御召(拝辞)。

宇垣一成氏緑風会入会。


十一月二十七日(金)　〈朱筆〉小野塚博士命日
豊橋8—9:30三輪村9:50—10:50佐久間1—3:30浜松3:54—8:00東京。

七郷村名号。

三輪村宇連ダム、奈根川(車中)。

佐久間。

十一月二十八日(土)
議院運営委員会、10—。
都立三田高等学校創立三十周年記念式典、10—。記念事業会長田中総吉、PTA会長牧野真太郎、校長百田治朗。

湯浅氏記念事業会、2—、公邸。

予備欄

岡田庄太郎氏、安城市、安城明治用水土地改良区事務所。

中部日本取締役会長　大島一郎氏
社長　与　良衛氏
参事　石田三造氏
（名古屋市中区御幸本町通二ノ二四）

副知事水野鐘一氏、土木部長大林勇治、砂防課長米原佐市。

八楽地方事務所主催報徳会合、丸山氏申出。

十一月二十九日(日)〈朱筆〉秀子生

山田惇元氏来訪。舘林の配慮に依り高橋雄豺氏訪問。

伊沢いく子解雇。

Yugo-slavia 公使、同夫人 Reception、6—8、渋谷区長谷戸町49。共和国記念日。

日本自由党結成、8名。鳩山派　名自由党復帰。

十一月三十日(月)

常任委員長懇談会、9:30。

議院運営委員会、9:40。

第十八国会召集。

開会式、2。

国務大臣演説、4—。首相、蔵相、外相。

事務長に武若　　氏推薦（神祇官、広島知事）。

日赤旭住。

吉田茂氏来訪。畝傍神宮奉賛。

中村幸八氏来訪。

中山福蔵氏来訪。

広瀬久忠氏来所。

堤議長往訪。1、demo 防止三件。2、衆議院の審議促進要望。

国沢新兵衛氏告別式、3—4、青山学院。

十二月一日(火)　27796

議院運営委員会、9:40。

本会議、10—。質疑、菊川氏、梶原氏、松浦氏。小笠郡酒造家来聴。

林業議員懇話会役員会、3—、参会館No.5。

十二月二日(水)

議院運営委員会、9:40。

本会議、10—12:25。深川氏、加瀬氏、竹中氏、加藤シヅエ氏、須藤氏。

田口出納長。

大野木国務相来訪。

小林次郎氏来訪。

館議員と会見……高橋龍太郎氏往訪。

日本林業協会第五回通常総会、10—、衆第二会館。

全国治水砂防協会、12—。徳川会長、赤木氏、次田氏。

十二月三日(木) 雨

議院運営委員会、10。

大野木国務相と会見、高橋氏往訪のこと報告。

鈴木一氏電話。

水野伊太郎氏来訪。

中村幸八氏来訪(運輸省鉄道監督局国有鉄道部長細田吉蔵氏)、岡田信次氏に依頼。

第二回全国農業協同組合大会、11、出席、日本青年館。

山本為三郎氏往訪、5—、朝日beer会社。

米国大使夫妻招待USIS documentary film show "Arts of Japan"、1—7、銀座山葉Hall。

岡部長景氏、斎藤知事と会見(岡部氏報告)。

新谷選挙対策委員来談。立候補の件。

渡辺弁三氏来訪。

重友帰村。

十二月四日(金)

予算委員会。

議院運営委員会、9:40。

本会議、10—。

日米協会主催皇太子殿下招待午餐会、12、東京会館。

岡部長景氏来院。

中村代議士来訪、今切口修理[港湾? 建設?]。

十二月五日(土) 27800

予算委員会。

高部村報徳社、神戸定氏要求(国会の為断)。

湯浅氏記念会、12―、日本クラブ。

泰国天長節 Reception、5―7、大使館。

広田弘毅氏追悼会、2―、日本工業クラブ。

予備欄
細田吉蔵氏（国鉄バス関係）、運輸省国有鉄道部長。
古河潤、通産省通産局経済協力課。

十二月六日(日)
報徳社常会（不参）。
家居、揮毫。
登院、1:30。ヨサン委員会傍聴。
外相と会見、Galioa と阿波丸相殺、水野伊太郎氏起用。
農相と会見、諸博物館へ補助。

十二月七日(月)

議院運営委員会、10―。

本会議、10―。

菊川孝夫氏外一名来談、官公組 demo 院内入り不許可。

戸塚建設大臣と会見、行政セイリ、砂防ヨサン、今切口修理、伊豆開発観光、佐久間線。

日本航空社長柳田誠二郎氏来訪。米国空路開設に付、案内申出。

十二月八日(火)〈朱筆〉米英と開戦
第十八国会（臨時会）終了。

緑風会常会。

議院運営委員会、9:40。

本会議10―12、休憩4:20―5:10、再開6:51―11:08。

仲裁裁定8件、64:111（修正否決）、補正ヨサン三件可決、128:88。

小林次郎氏来訪、Galioa と阿波丸。

MRA国際代表 Max Bradick 外二氏会談、3―、参院第四室。

米国商業会議所役員主催 Cocktail party、5:30―7:30、会議所、三信ビル。

Canada 水産大臣Mr. Sinclair来訪、9:30pm。大使Maihew氏同伴。

掛川商工会議所役員来訪。

重友、昇三郎来泊。

十二月九日(水)　夜雨　登院
議院運営委員会、11：30。
中村代議士、新居、舞阪両町長来訪。
豆酘村長来訪、駐留米軍利用港湾突堤築成の件。¥80,000,000。
後藤文夫氏と会見、入会要求（村上自党支部長と会見の上と答ふ）。
河野次長説明。
全国議員都市連盟第十三回定期総会、10—、市長会館（断）。島根県。
全国治水砂防協会。徳川、山崎、次田、赤木、河井。
昇三郎来訪。泰治へ贈金40,000円を託す。

十二月十日(木)　雨　昇三郎帰西
第十九回国会召集、10：9〔カ〕。議席指定、10：10休憩、4：42開会、4：43散会。

議院運営委員会。

緑風会政務調査会、5：30。

泰国憲法発布記念日Reception、6—8、大使館。

加納金助氏葬儀、2—3、千葉市要町116。

泰治来泊。

故林紋平氏告別式。

故小川菊造氏告別、3—4、青松寺。

鈴木直人氏来訪。飯田町二ノ九、市川裕方。

茶の間時間、東大助教授川田新一郎氏、貧村のうそつき。

十二月十一日(金)
外相茶会、4：00—5：30、米Anderson海軍長官招待。
政治経済研究会、12：30、工業club。愛知揆一氏講話。
参議院記者club記者諸氏招待、5：30、公邸。

十二月十二日(土)
山下義信氏、広島原爆孤児同伴来訪、10—。
館哲二氏来訪、11—。
緒方副総理訪問、2。
緑風会政務調査会（憲法改正）、5、議長公邸。
同成会懇親会、5—、公邸。羽田博士祝賀、出席十五名。
観光議員連盟伊豆半島視察旅行、12th—15th（断）。
泰治帰西。

予備欄
同成会出席者。羽田、赤木、安倍、大谷、金森、河合、河井、塩田、下条、田島、次田、中山、平沼、町村、丸山。

十二月十三日(日)　在宅

〔記述なし〕

十二月十四日(月)

岩村清一氏、日本能率事務機会社々長。

神田錦町三ノ一二（25）6105、7975。

北沢二ノ六七（42）2033。

大蔵大臣往訪、10。愛知政務次官、管財局長窪谷直光氏面会。

国土緑化正副委員長、常任委員合同会、3—、衆二会館。


十二月十五日(火)　〈朱筆〉桑木博士命日

緑風会集会。

映画看覧、9:30、有楽座。「現代銀幕上の奇跡」20th Century Fox Film Corporation 作。東宝と案内。

長世吉氏来訪。

建設委員会、1—。治水研究参考人発言。安芸皎一（東大）、石原藤次郎（京大）、松村孫治（建〔設〕省土木研究所長）、藤田金一郎（〃建築研究所長）、安藤新六（鹿島建設技術長）、石井靖丸（運輸省研究所長）、伊藤令二（関東地建局長）。

葵会懇親会、5—、霞会館￥800。

吉田茂氏へ電話依頼。

高階宮司来訪。

古屋菊男代議士来訪、江口副長官へ問合。


十二月十六日(水)　伊豆旅行　十八日まで

〈朱筆〉近衛公九回忌

東京8:00—11:30三島12—12:30伊豆長岡12:45—13:10内浦。
内浦13:40—14:15修善寺14:30—14:45中狩野14:55。
中狩野14:55—15:20上狩野15:40—17:10土肥。
全国治水砂防協会。

十二月十七日(木)　伊豆旅行
〈朱筆〉梁舟院殿十回忌
緑風会集会、1―。
土肥8:00―8:20西豆8:30―仁科10:30―10:40松崎。岩科、南上、南中、竹麻、朝日。朝日―12:00、下田。下田14:00―14:40石廊崎15:20―15:30有用植物園16:20―17:10下田ホテル。

十二月十八日(金)　伊豆より帰京
下田8:00―8:10了仙寺8:30―9:20下河津。
下河津10:00―10:20稲取10:40―11:00城東。
城　東11:20―12:00対　島12:15―13:10伊　東13:40―13:50宇佐美14:00―14:30網代14:40―15:00熱海15:30―18:30東京。

十二月十九日(土)
佐藤宮司来訪。
高良議員来訪。

十二月二十日(日)〈朱筆〉白沢博士命日
吉田茂氏来訪、10、豊島区目白町二ノ一六〇〇(池袋97)2037。
高階宮司(研一氏)、新谷氏へ発状。
村田茂氏来訪(歳末)。
宮沢光明村長へ発状。
議員健康診断、血圧148―90、尿中糖2%、心臓平常。

十二月二十一日(月)
議運理事会。林了君逝去の件、奄美群島返還に関する件。
大日本報徳社理事会、10。役員会、1―。二九年度ヨサン案。
斎藤静岡県知事来訪、1―。
富士宮市長、市議長来訪、2―。
伊豆賀茂郡町村長来訪、3―。観光推進運動。
林了君弔問。
Boissonade 博士胸像除幕式、10:30、最高裁判所。
全国治水砂防協会猪食会、5―、分桔梗、赤坂新町三ノ四二。

徳川公訪謝。

十二月二十二日(火)　雨
緑風会集会、10。

御陪食、12。11:50参内、坂下門。

西大路吉光君（元子爵、貴族院議員）、2—、告別式、浅草北清島町坂東報恩寺。

日本テレビ新年放送、3—。堤議長と対話。

Jugoslavia Minister dinner、7:30。Mr. & Mrs. Makso Bacé。Federal peoples republic of Yugoslavia。

日本放送協会 Cocktail party、6—8（断）。

湯沢三千男氏、吉田茂氏訪謝、代々木山谷228。


十二月二十三日(水)〈朱筆〉皇太子殿下御誕生
参内。

議運理事会、2—。

小塩孫八氏来訪、11—12:20。

熊村昌一郎氏来訪。

石川県議。

斎藤静岡知事と電話。

村上恭一氏告別式、2—3、吉祥寺 Catholic 教会。男成一、吉祥寺2546。

経済政策懇話会、5—、会館4号。岡崎外交批判、広田洋二氏。

生活運動の在方研究有志会、pm1:30—5、参会館2号。

全国治水砂防協会（休み）。

十二月二十四日(木)　緑風会祝賀会
〈朱筆〉湯浅氏命日
議運、10。

本会議、1—。奄美群島返還条約承認の件。

緑風会集会、1—。緑風会祝賀会。

湯浅倉平先生追悼会、12—、日本クラブ¥500。事務所、中央区西八丁堀四ノ一〇、後関ビル三階日本精錬方。

林業団体連絡協議会、1—、衆第二会館No.5。

伊江朝助氏来訪。

瑞典　　氏来訪。両院婦人議員接待。

藤井種太郎博士来訪、4。

運輸審議会（新線計画は中止、佐久間線提案なし）。

十二月二十五日(金)
奄美群島帰還、am0:0。
岡部長景氏電話。
千葉行、12:50—3:50。
粂田良一郎氏、三田村正信氏来訪。
緑風会政務調査会、5:30、公邸。憲法改正の問題点、
早大教授大西邦敏氏。
NHK、11:30。
後藤文夫氏緑風会入会申入。

十二月二十六日(土)
多摩陵参拝、10。
豊島岡参拝、1—1:30。秩父宮様、久宮様。
林了氏告別式、2—3、青山斎場。
愛知政務次官招待、5:30—8:30、公邸。
湯浅氏追悼会関係協議、11—。不足金13,000円。
愛知氏、佐藤尚武氏、石黒忠篤氏、村上義一氏、館哲二
氏、赤木正雄氏、楠見義男氏、広瀬久忠氏、豊田雅孝
氏、梶原茂嘉氏、河井出席。
山川氏、井野氏、小林(政)氏欠席。

予備欄
(米)
二八年産米推定54,923,800石　内訳 { 水稲53,586,900 / 陸稲1,336,900 }
二七年〃実収　65,152,080(11,228,280石減)
買入量　18,402,016石
義務割当量14,076,100に対し130・8%
確　保　量16,370,500に対し112・4%

(貿易)
輸出1,208,966,000弗(4,352億円)
輸入2,203,503,000　(8,290億円)　入超1,094,092,000(3,938
億円)
十二月下旬加算　出127,300,000　入2,373,000,000　入超
11億弗

十二月二十七日(日)
家居。松の鉢栽を作る。歳暮品謝状を発す。親類へ年賀
状を認む。
中野智厳氏、同夫人来訪、歳暮。

佐々木とき外一人来訪、歳暮。
鈴木洋子、同有一郎来訪、7:30（明日帰村すと云ふ）。

十二月二十八日(月)〈朱筆〉要退院
和歌山県より有田川上流荒廃地空中写真送付。
首相訪問（三十日に延期）。
松平式部官長と電話（二件に付）。
元韮山村長内田秀雄氏葬儀、1―。弔電を呈す。
愛媛県知事久松定武氏来訪、11―。
Quirino 大統領、巣鴨在監戦犯52名釈放。
元代議士宮腰喜助氏（改進党）。

十二月二十九日(火)
Quirino 大統領に対する謝電発送取扱の件。
塩島育英会主事（代）来訪、9。
小林次郎氏来訪、10:30。
細田弘氏（読売記者）来訪、micro-wave 全国中継線に付て。
故林有造先生三十三回忌、高知県宿毛町。

十二月三十日(水)
首相往訪、10―11、白金官邸。
徳川公訪問。
赤木正雄氏訪問。
全国治水砂防協会。

十二月三十一日(木)　29826
〔記述なし〕

予備欄
御講書始儀　一月八日、10―1、参内9:30。
議　　運　一月十九日。
開 会 式　一月二十五日。
議会制度改正　二月上旬両院打合。
新年歌御会始　一月十二日。
新年祝賀　Cocktail Party、5―7商工会議所。
緑風会議員集会、12、新橋。一月六日。

織田沢良一氏、日本鋼管清水造船所長、清水市三保塚間。

昭和二十九年

一月一日(金)　快晴無風　朝頗寒　昼暖　無比の好天気

六時前覚眠。岐阜県東野村村有林経営に関する放送、NHK放送塔上よりする。東京、釧路、塩竈、三保松原、鳥羽の初日出光景の放送、宮内庁雅楽の放送等を聴く。七時四十五分より吉田首相、堤議長、河井、田中最高裁判所長官の新年挨拶放送あり。

一同無事迎年す。

舘林はます子と共に十一時拝賀式に列する為、九時三十分頃発車す。

予は十二時二十分出発、赤木博士を誘ひ、二重橋を渡りて参内す。一時、仮正殿にて拝賀す。天皇、皇后両陛下、皇太子殿下、高松、三笠両宮同妃殿下御同列なり。予は両陛下の御前に進み「参議院を代表して謹て新年の祝詞を申上げます」と申上ぐ。之に対し天皇陛下より御言葉を賜ふ。入御の後、一同は別室にて祝酒を賜はる。数の子、黒豆、蒲鉾及菱葩餅あり。酒盃（磁製）と共に頂戴して帰る。

帰途、靖国神社参拝、高松宮、吉田首相、三笠宮、東宮御所に年賀し、明治神宮参拝、徳川家正公へ年賀（不在）して帰宅す。宅より佐藤栄作氏を年賀す。堤衆議院議長及一万田日銀総裁へは野口秘書代て年賀す（名刺）。

午後及夕食後、若干の賀状を認む。

一月二日(土)　晴　寒和ぐ　夜雨

三谷侍従長の案内に依り旧側近奉仕者として参内す。十時過、両陛下に拝賀す［奥謁見室］。予は「一同と共に謹んで新年の恐悦を申上げます」と述ぶ。天皇陛下より「おめでたう」との御言葉を賜る。斯くて別室に於て祝酒を賜り、十一時頃退出す。野村吉三郎、田島道治、大谷正男、広幡忠隆、加藤隆義、甘露寺受長、野口明、岡本愛祐、木下道雄、林敬三、大島陸太郎、川岸文三郎、八田善之進、筧繁、塚原伊勢松、宇佐美興屋の諸氏出席す。

舘林の為、色紙数葉に揮毫す。又長崎市旅館本田屋主人本田君子より銘菓カステーラを贈られしに対し「君子務本」と認め、色紙を郵送せしむ。

二時二十五分東京駅発車、帰村す。石田護衛のみ同行す。車中混雑甚し。便所に行く能はず、沼津停車中窓より出入、用便す。掛川にて重友の出迎を受け、帰宅す。一同健在なり。

〔欄外〕昨夜不眠甚し。渋沢敬三氏贈　　を読了す。予の静岡県へ贈れる新聞挨拶は、十一時四十五分静岡、浜松の両放送局より放送せらる。

一月三日(日)　晴夕雨　静穏

早朝来訪者。山崎昇二郎、小柳直吉氏、秋口常太郎氏(社会福祉法人静岡県社会福祉協議会及共同募金会役員)、青島鋼太郎氏(青島町)[風賞文集追加編頒布、田中宗一郎氏生活援護会のこと]、高平勇氏(三ヶ日町公民館開館式講演)。

掛川報徳館新年会(九時半開会、出席者五百余名)、河井、神谷副社長講演、有志感想演述あり、一時散会す。来訪者の重なるもの掛川町長鈴木理一郎氏、同議長志村小市氏、商工会議所役員七、八名、鈴木憲一氏、河合適氏、宮沢嵒氏(内山真龍翁御贈位の件)石津浪次郎氏息(浜松市連尺町市区改正、街巾の件)、中嶋定吉氏(愛知県常磐村、上京の途次)、吉池昌一氏(山崎延吉翁紹介、二宮先生研究者)等なり。役員出席者、神谷、中山、小野、渥美、鷲山、山崎等諸氏。

本月分推譲金一万円(昨年六月より毎月実行)及与孫金五百円積立を為す(孫五人、予一人分也。今回三年積立を了す)。

午後は有志の要望に応ずる為、揮毫十数枚を為す。

四時発車、倉真村岡田分平氏を礼訪し、無息軒、淡山両先生及恭堂先生の墓詣を為す。令息佐太郎君案内せらる。中山、岩竹両氏同行、両氏と報徳社前にて別れ、そのまゝ帰宅す。

夜六時半、旧南郷村篤農青年十五名、小柳直吉氏同道にて来訪す。其中に中村、伊藤喜一氏もあり。各自栽培せる野菜を贈らる。

〔欄外〕朝鶯鳴、蛙鳴を聴く。

鷲山顧問著報徳開拓者安居院義道を贈らる。

一月四日(月)　曇　雨　冷

朝、八木大平氏来訪、笠屋町井上銃砲店末子東京出学に付、転籍のことを相談せらる。夕刻電話あり、斯かる困難なる計画は熟慮の結果中止すとのことなり。

重友に金二万円を渡す。又南郷報徳社結成の場合は、五千円を土台金とすべしとて渡す。

十時過出発、真如寺及神宮寺に参詣す。

小笠郡農業関係団体連合会〔食糧事務所、統計調査事務所を含む〕の新年会あり、出席して挨拶を為す。

報徳社に出勤す。岩竹、小柳、中山吉平諸氏の需に依り、揮毫十数枚をなす。

帰途、旧天守台戦捷観世音に参詣す。次に掛川町警察署に署長を訪問し、最後に黒田吉郎氏を訪問（準二郎君養鶏業開始、掛川輸出植物園設置計画、茶取引不正矯正談あり）、雨中徒歩にて帰宅す。

夕七時、斎藤静岡県知事と電話す。⑴伊豆観光計画具体案促進の為、⑵浜名湖干拓実現の為、何れも吉田首相に要望申入に関してなり。右は旧臘三十日吉田総理往訪、予の申入を具体化する為必要と認めたるを以てなり。

〔欄外〕夜安居院義道伝を読始む。

一月五日(火)　曇　冷

終日家居す。午前中、斎藤源次郎氏来訪、最近東京に於ける事業関係のことを報告せらる。又氏の友人斉藤惣一氏の友百足屋〔砂糖問屋〕小林　　氏のこと、支那の友人曹如霖氏の近状、中西伸次氏のことなどを聴く。

曽我村篠場斎藤幸治郎氏〔農協長〕来訪、同家旧蔵七幅人の画処分に関し斡旋を求めらる。之を辞退す。

一昨三日夕来訪せし村内篤農青年及中村の青年に対して挨拶状を認め、発送す。又菊川北川欣吾少年へも発状す。

鷲山恭平先生へ挨拶状を認め、安居院翁の伝記発刊を感謝す。

掛川町安斉電気屋に依頼し、予が居室に蛍光灯を加設し、又母屋に通ずる電鈴を付す。

小塩孫八氏と電話す。同氏より予が出岡の都合を問はれしに由る。今回は出岡不能となりしを謝し、中旬には伊豆長岡湯の家にて会合せんことを約す。

全国治水砂防協会及全国河川協会両支部長たる予に対して幹事より年末礼金を贈られありしを以て、之を返却し其儘青山氏へ贈呈するに決し、明日重友の県庁出頭の序を以て之が実行を為さしむ。

一月六日(水)　晴　風あり　冷

早朝、戸塚氏来訪、年賀す。

三ヶ日町公民館の全国表彰記念講演会に出席し、現時の政局に関して五十分計り講演す。次に今朝東京を出発したる神谷慶治氏、農村問題に付講演す。

帰途、都田駅に下車し、百武源吾氏を訪問す。夫人と共に頗健康なり。養豚に付卓見を聴く。

掛川一一、三八―一、一八三ヶ日三、五三―四、二六都田五、一五―六、二七掛川。小柳直吉氏同行、世話せらる。

重友は今朝吉原に川島老人を訪ひ、粋君一本を呈す。頗元気にして大に悦ばれたりと云ふ。又県庁土木部に出頭し、河川課員に対し年末手当金を返却し、青山氏へ贈られんことを申入る。重友は六時二十五分頃掛川着、徒歩にて帰宅す。

石間たみ、神谷母上夕刻来訪、一泊す。

一月七日(木) 晴 冷

朝、戸塚重一郎、同治三郎両氏来訪、年賀す。又重一郎氏より経済緊縮の弊害を聴く。

周智郡一宮村長松田万氏、助役、村議長、副議長并山梨町加藤九郎兵衛氏来訪す。一宮川外一川の河川改良工事施工に付、建設省へ取次を求めらる。県土木部の承認を先要とするを告げ、書面を戸塚建設大臣に取次ぐことを約す。町立掛川中学校の三校長来訪、去三日贈呈せし揮毫に付、謝意を表す。

十時発車、挙張神社に参拝し、社務所にて村有志に年賀す。掛川にて戸塚重一郎氏、同治三郎氏を訪謝す。

十時四十分頃、掛川報徳館に出頭し、社長会に出席す。出席者六十名、一場の挨拶を為す。神谷副社長も亦講話を為す。

一時、徒歩帰宅す。野口寛氏、東京より来り、上京の手伝を為す。三時三分掛川発湘南電車にて帰京す(七、五六着車　八、二五帰宅)。石間たみと島田まで同車す。神谷母上は朝中泉へ帰る。相津大石蜂郎氏同車上京、横浜にて挨拶す(掛川見送、戸塚重一郎氏(意見書を渡さる)、浦上喜平氏、小柳直吉氏、重友)(東京出迎、中山甚氏、石田耕作氏)。

夜、新谷寅三郎氏に電話、畝傍行に付、打合せを為す。

赤木正雄氏に電話し、砂防ヨサンに付戸塚建設大臣と交渉せし内容を聴く。後藤文夫氏と電話し、同氏の緑風会入会(六日)を謝す。同氏より砂防ヨサンに付、戸塚建設大臣との会話に付報告あり。

一月八日(金)　晴　寒

朝、徳川家正公より電話あり、希臘 Peter 親王、同妃両殿下好〔考〕古学嗜好に付、来十二日土〔登〕呂遺跡案内方相談を受く。登院後、静岡県事務所長松下増太郎氏の来訪を求め、一切の取扱を県庁に託す。其旨を徳川公に報告す。

戸塚建設大臣に電話。十二月三十日吉田首相訪問、砂防取扱に付要請せし所を告げ、二九年度砂防ヨサン額の現状及折衝内容を聴く。

十時、宮中に於て新年講書始式を行はれ、召されて陪聴の光栄に浴す。進講は東京学芸大学長上野直昭氏（レオナルド・ダ・ヴィンチの最後晩餐図について）、大阪市立大学長恒藤恭氏（基本的人権の思想）及東京都立大学長柴田雄次氏（地球化学とその定義および研究目的）なり。皇太子殿下、三笠宮殿下、同妃殿下御陪聴あらせらる。十一時二十五分頃終講、西控室にて祝酒を給はり、十一時五十分頃登院す。

控室にて吉田首相、緒方副総理と出会ふ。依て首相に対して砂防予算の取扱に付、去月三十日の説明を引用して強説す。緒方氏にも強調す。

戸塚建設相に電話し、首相等と会談の状況を報告す。

豪洲 Walker 氏より十三日大使館に於ける午餐会に招かる。日濠両国会の文書交換協約の成立を祝する為なり。大使は又予の推薦する議員一名の報告を求めらる。然るに予は出席し難きを以て、中山氏を通じて重宗副議長、団氏に交渉せしも断はられたり。依て岡田信次、石黒忠篤に交渉せしむ。

大東商船会社々長田村顕三氏来訪〔湯沢三千男氏紹介〕、大使館商務書記官ソウサ氏（九三歳）、氏のアルゼンチン大統領に対する日本移民許可申請書に賛成を求めらる。依て之を快諾し、署名す。

赤木正雄氏の来室を求め、吉田首相と会談の内容を告ぐ。氏は去四日左蹠部に負傷せし由にて、繃帯を施し居たり。帰途同車す。

愛知県中嶋定吉氏来訪す。滞京の間、水戸に徳川宗敬氏の農場を視察せりとて感慨深く語らる。氏を百武源吾大将に紹介す。意見書を出さる。

山崎昇二郎来訪す。農林統計作物調査事務を穀物検査事務に統合し、定員の大削減案に反対する為なり。吉田首相に愬ふる方法なきやを相談あり。予は塚田氏を翻意せしむるに如かずと答ふ。

小林次郎氏来訪す。

芥川事務総長及河野次長より参議院の行政整理に関し経過報告あり。今後の対策に関しては、明日午後議長公邸に於て協議することに決す。

吉田首相は内閣改造を決意し、愛知揆一氏を通産大臣に、草葉隆円氏を厚生大臣に、加藤鐐五郎氏を無任所大臣に任命し、岡野通産、山県厚生、大野木国務を罷免することに決定したり。

友野緑風会事務長来訪、一昨六日の緑風会新年会の状況及論議せられたる重要問題を報告せらる。

橿原神宮参拝及県内報徳関係用務の為、十二日より十八日まで旅行するの案を作り、事務局にて検討せしむ。

掛川報徳社より通知あり、来十五日駿河東報徳社の社長会は十日に繰上げたる由、依て欠席するに決し、橿原神宮参拝の為にする出発を十三日に延期し、柏尾へは十五日出頭、湯の家宿泊は十六日夕のみとすることに変更し、電報及葉書を認む。

〔欄外〕不在中中込香苗氏来賀、John Walker 製 Scotch Whisky Red Label を贈らる。

一月九日(土)　晴　夕曇　暖

登院の上、⑴宮内庁に対し来十二日新年歌御会に出席の確報、⑵旅行日程変更に付細目調査のことを依頼し、濠洲大使Mr. Walkerの午餐会には岡田信次、石黒忠篤両氏出席さるることなりしを以て、其旨大使に対し謝意を表すると共に通知す。

草葉隆円、愛知揆一両氏入閣に付、祝意を表し清酒五本づゝを贈呈す。

正午、常任委員会専門員新年会に招かる。事務総長、次長と共に出席す。麦酒二打寄附。

河野謙三氏より国際氷上大会一五〇〇米優勝者に勝牌（代一〇〇〇〇円）の寄贈を頼まれ、事務総長の意見を徴し、恒例とせざるの条件を以て之を諾す。

参議院の行政整理に関し、芥川総長、河野次長と議長公邸にて会談す〔一、三〇－三、三〇〕。

臼井皎二氏より東洋醸造会社醸清酒「源氏」十罎〔一升詰〕を贈らる。

〔欄外〕岩波写真文庫仏像－イコノグラフィーを読了す。

一月十日(日)　曇　冷

昨夜不眠、今暁三時に迨ぶ。安居院義道先生伝を読了す。

終日家居す。中込香苗氏［丸ビル五階、東亜産業取締］、臼井皎二氏及前原深氏［広島県芦品郡藤尾村、近著祖国の再建を贈らる］に対し礼状を発す。

新谷寅三郎氏及高階研一氏へ発状。十四日奈良着の時刻を報じ、且つ駅の迎送、宴会、土産等を固辞し、謝礼手当等を受けざる旨を通告す。

一時頃、蔦ヶ谷龍太郎氏来訪す。本日帰郷、十二日帰京すと云ふ。

二時頃、馬越恭平氏来訪す。ビニール育苗、ホリドール使用、堆肥鉢苗仕立方等に付、説明せらる。予は橿原神宮神徳発揚の為、営業上より協力あらんことを求む。

去四日帰村したる女中平岩よしえ、本日四時頃帰来す。

一月十一日(月)　曇　北風強　寒

登院。十三日旅行日程中に京都に新村博士を訪問することを加ふ。電話にて湯沢三千男氏及吉田茂氏と橿原神宮参拝のことを打合はす。吉田氏より富士山頂下戻問題に付、大蔵大臣に催促すべき旨注意せらる。依て高瀬荘太郎氏に書状を送り、此事を依頼す。奈良県高橋道男氏へ書状を贈り、来十四日橿原神宮奉拝の帰途往訪を告ぐ。

来訪者。鴨狩庸雄氏（山梨県豊岡村長）、食糧所長、統計調査所長を同伴す。小原玄之氏（宇垣議員秘書）、宇垣氏より会見を申入れらる。十六日往訪を約す。岸倉松氏、年賀挨拶の後、有益なる注言を与へらる。草葉隆円氏、厚生大臣就任挨拶。愛知揆一氏、大臣就任挨拶。山県勝見氏、厚生大臣退官挨拶。

往訪。大野木秀次郎氏、山県勝見氏、国務大臣退官に付挨拶す。

来宅。対馬島佐護光兄氏［佐須奈村長］、梅野岩雄氏［仁位村長］、開発ヨサン削減防止の件。

夜、神戸定氏、十五日柏尾報徳社出席のこと、同夜神戸家へ宿泊のことを配慮せらる。氏は明日上馬町に故高田雄種氏の宅を訪ひ、旧稿を検すと云ふ。雄種氏の父宜和翁は沼津和田伝太郎氏の家より入聟し来り、夫人を島田町　　氏方より迎へ、同地蜜柑栽培創始者にして農業月例なる著書あり。明治八年静岡県小学校教科書を編纂して月例を引用し、又甥某を長州へ遣はし、夏蜜柑苗四千本を取寄せ村内に植栽せしめ、又苗を由比町西山寺

望月　方に頒ち、以て今日の隆盛を致せりと云ふ。神戸氏に安居院義道先生伝を呈す。

〔欄外〕血圧一六〇、腎臓、肝臓異状なし（尿検査）、胆嚢稍膨大。

一月十二日（火）　晴　夕日雲　冷

新年歌会始の御儀に参列す。十時、西御殿にて開始さる。両陛下、皇太子殿下、三笠宮妃殿下御出席。詠進歌、召歌、皇族御歌、皇太子殿下御歌、皇后宮御歌、聖上御歌と順次朗詠せられ、華かなる古式なり。十一時半頃式畢り、別室にて祝酒を賜り退出す。

吉田首相より砂防干拓の事業は会社組織にても施工したしとの意中を漏されたり。

重宗副議長より内灘干拓中止の為、無産党入村し不穏との報あり。首相の言を以て人心の安定を要望す。溝口三郎氏へ首相の意を書報す。

高橋道雄氏、朝来宅、天理教本部の新年神饌の大餅一箇を恵与せらる。予の健康を祈らる。緑風会政務調査会あり、出席す。食糧管理制度に関し意見交換せらる。

来訪者。金森国会図書館長。ヨサン図書館建築費削除緩和の件、高橋委員長、芥川事務総長と協議す。

北海道海別村長、　　議長外一名。入植者千百五十戸へ資金融通の件、国立治療所設置の件。

小野寺記録部長より今回の行政セイリに付、退官の意を申出でらる。又将来の生活に付要望せらる。

日本航空会社にては、来二月より桑港及沖縄へ航空開始記念の Cocktail Party 帝国ホテルにて行はれ、出席す。六時退出す。

一月十三日（水）　晴　暖

奈良行。橿原神宮参拝の為なり。秘書松村春次氏、同行す。

東京九、〇〇―一六、二二京都。駅には議員新谷寅三郎氏、京都府会議員笹谷真一郎氏出迎へられ、議長北村平三郎氏より虎屋の羊羹を与へらる。奈良県庁より秘書課長萩原清治郎氏、自動車を以て出迎へらる。

駅長室にて新聞記者と会見を行ひたる後、新村出博士を往訪す〔上京区小山中溝町十九〕。内山真龍翁御贈位申請に付、審査を遂げられたるを深謝す。夫人にも紹介せらる。旧談尽きざるも約三十分にして辞去す。浅草苔草一箱及恩賜の煙草（二十本入）を呈す。

新谷氏、萩原秘書課長、松村氏と同車、六時半奈良ホテルに着す。副知事下位真一郎氏、県会副議長服部安司氏、奈良市長高椋正次氏、市会議長中野正夫氏、県土木部長羽田巖氏、林務部長小野達道氏、橿原神宮権宮司高階成章氏と会す。新聞記者会見を行ひたる後、副知事より晩餐を饗せらる。又吉野川上流より奈良平野灌漑工事計画の費用削除に反対の陳情を聴く。豪華なる寝室に寝ぬ。

奈良市北代表町三竹原万兵衛氏、来訪せらる。

一月十四日(木)　雨　後晴　暖

八、三〇、ホテル発車、新谷氏の案内にて奈良公園一周、九、二五橿原神宮貴賓館着、宮司高階研一氏等出迎へらる。又崇敬者代表米田伝司氏、増田弥内氏、山本米三氏、石井政一氏態々来館、歓迎せらる。玉串料三千円を奉奠し、又奉賛会へ三万円を寄附す。

宮司の案内に依り、石井、米田、新谷三氏と神宮に参拝す。神域拝観、種々現地の説明聴取の上、貴賓館に還り、奉賛会結成準備会開会等に付打合を為し、了て玄関にて記念の撮影を行ふ［新谷氏、石井氏と別れ］。宮司に招かれて職舎に至り、午餐を饗せらる。飛鳥鍋なる珍料理［若肥育鶏の牛乳煮］を食ふ。二卓にして第一卓には宮司、河井、山本氏着席し、第二卓には高階権宮司、増田氏、米田氏及松村氏着席す。寔に豪華を極む。

二時職舎を辞し、米田、増田両氏、権宮司并松村氏と共に同乗し、畝傍山東北御陵に至り参拝す。陵墓監米田馬左也氏案内せらる。陵前の松樹三株害虫の為枯死に瀕す。又事務所前より畝傍山を望むに、頂辺の松樹害虫の犯す所となれるものあり。夫々注意を促し置けり。

次に県立農事試験場を訪ひ、場長原敏氏より説明を聴く。

更に森林公園予定地、神宮外苑体育競技場、博物館、青年宿泊施設等を案内せられたる後、高市村字上高なる巨大なる古墳石舞台を見学す。

四時、丹波市町天理教本部を訪ふ。新谷氏及下位副知事は既に在り、表統領諸井慶五郎、庶務部長平野義太郎、堀越儀郎、高橋道男諸氏待ち居らる。懇談の後、堀越氏の案内にて本殿及神殿に参拝す。玉串料二千円を納入す。終て高橋氏の案内に依り図書館、体育館及民俗参考館を見学す。特に前二者の完備せる敬服の外なし。又大学、高等学校、中学校、小学校及水泳場、貯水施設は見学せざりしも、何れも規模宏大にして積極性を帯びざるものなし。六時三十分本部に帰着す。

尋いで本部にて鄭重なる晩餐を饗せらる。主人側は諸井、平野、堀越、高橋四氏にして、賓側は河井外、新谷、下位、松村の三氏なり。食間各種の意見交換せられ、甚活気に富めり。予は堀越氏に麦粥の製方及食方を示す。料理は手料理、酌人は天理服を纏へる夫人にして、質実剛健、天理精神の横溢を見る。八時四十分頃辞去す。

九時十分、奈良ホテルに帰る。不在中、春日神宮宮司水谷川忠麿氏来訪、菓子を贈らる。又上市町北村又左衛門氏より葛粉を贈らる。両氏に対し電話を以て厚意を謝す。北村氏は神戸へ赴き不在中なり。

市内佐保川南町小堀政雄氏、同夫人来訪す。夫人は黒田吉郎氏の長女なり。就職に付斡旋を求めらる。

昇三郎より電話ありしも不在なりしを以て、伝言を聞きしのみ。

一月十五日(金) 晴 暖

七時三十五分、新谷氏と同車、Hotelを発す。同五十三分発準急列車にて名古屋へ向ふ。新谷、下位、高階成章氏、小堀氏夫妻等見送らる。車上より具さに笠置、亀山間の災害を視る。十時四十五分名古屋駅着、駅長室にて少憩す。

十一時十五分発霧島に乗り、二時六分静岡に下車、県庁配慮の自動車に乗り、神戸定氏の案内にて高部中学校に至る。神戸氏其他有志の需に応じ、講堂に於て村長其他村役員、婦人会役員、其他有志(六十名)の為に時局に関する講話を為す(三時より四時まで)。片平義一、杉山一、久保田道太郎、其他諸氏とも談話す。

四時中学校発、自動車及徒歩にて塩田川を視察す。

五時二十分神戸保民方に入り、晩餐を饗せらる。有志二十名と会食す。中には高松、麻機の遠きから来れる人もあり。食後、時局問題に付、質疑応答を為す。偶ま代議士塩原時三郎氏も参加す。

食前揮毫十葉。神戸氏方に泊す。

一月十六日(土) 晴 小雨あり 暖

八時神戸氏方を辞す。有志続々来集して見送る。出発に際し記念撮影を為す。県自動車にて（神戸定氏同乗）清水駅に到り、同駅九時六分発、十時二十二分三島駅着、古瀬恵三郎、岩竹信太郎両氏の出迎を受け、タクシーにて三島大社へ赴く。大社参拝［玉串料五百円］の後、大社客室にて開会の駿河伊豆報徳社々長会に臨み、挨拶及講演を為す。仁杉社伊倉　氏より鶏卵一函、裾野町服部清司氏より麦一包を贈らる。矢田部氏より昼食を饗せらる。食後、有志の為揮毫九枚に及ぶ。来訪者は緒明太郎氏、静岡育英会の経営に関し報告。韮山村長　氏、故坦庵先生へ御贈位の件并建造物保存の件。北川伝吉氏、同令息芳男君、芳男君就職の件。城戸啓氏、福井精太郎氏、椎茸栽培指導の為、林広人氏方へ出張の件。三島市助役石垣孝太郎氏（市長代理）表敬のみ。伊倉、服部両氏、所贈品は帽子箱と共に岩竹氏に託し、掛川へ送る。二時半出発、三時長岡湯の家に着す。福祉事業協会役員打合会は徳川公、中山氏、小塩氏、臼井氏等欠席の為開会不能となりしも、狩野精一氏、堀江清一氏、深沢鉱二氏出席に付、会食のみに止む。一泊す。宇垣一成氏を往訪す。少しく疲労の色あり。(1)来四月両陛下湊川神社へ行幸啓願の件、(2)国防組織に関する意見取扱の件に付、相談を受く。

〔欄外〕

内山真龍

正五位を贈る

二九、一、一六

内閣総理大臣　宣

特旨を以て位を贈らる

内閣

一月十七日(日)　曇　夕晴　暖

昨夜楽眠、心身暢然たり。朝、湯の家収容の老人を見舞ふ。五十一名あり。菓子料一〇二〇円を呈す。一時過、後藤遼雄氏来訪す。二時五分観光バスに乗り、同三十八分沼津着、二時四十五分発、五時五十二分掛川着。六時半より自宅にて南郷報徳社結成式あり、出席す。社員十六名、本社より予の外、中山、小野両常務出席す。
金五千円を土台金として推譲す。十時就床。

一月十八日(月)　小雨　晴

森報徳館社長会出席（百五六十名出席）。掛川八、二二―袋井―九、三七森。小野仁輔氏同行。十時半より講話、十二時終了。昼食を饗せらる。了て揮毫十余枚。飯田村長相羽芳郎氏、同議長一木兼作氏来訪（国鉄簡易駅設置の要望）。一宮村助役松井空氏陳情、村内河川改修の件。田辺三郎平先生一周忌日に当るを以て、線香一函を呈す（森館に留置き、受取を乞ふ）。

帰京。森一、五六―袋井二、五四―七、五六東京。掛川にて重友より手荷物を受く。静岡駅にて深沢鉱二氏の見送を受く。

東京駅には中山、野口、江上、石田諸氏出迎ふ。松村氏と別れ、帰宅す。

舘林は今朝帰京。ます子は南郷一泊、三島二泊、今朝帰京せし由なり。

一月十九日(火)　晴　暖

朝、高橋道男氏来訪、天理教祖へ供餅（大）一箇を贈らる。

登院。赤木正雄氏左足を挫き、歩行不自由なり。

水野舜久氏（水野彦治郎氏紹介）上京学生の為、会館建築の相談。

中村幸八氏、相佐　氏、浜松市のテレビ計画に付てなり。新谷氏、高瀬氏に紹介す。

新谷寅三郎氏、明後日開会の橿原神社奉賛会に付協議す。

山梨勝之進氏、小野寺五一氏の為、愛知郵政大臣の配慮方依頼の件。これは電話にて依頼す。東北電力会社を一候補地として依頼す。

文部省人事課長清水康平氏、内山翁御贈位記取扱の方法に付、協議せらる。内閣―文部省―静岡県庁―村長及内山家と決し、本日内閣より受領したる上、県事務所へ交付するに決す。

宮沢光明村長へ発電、御贈位、位記伝達の方法を通告す。

石黒忠篤氏の来室を請ひ、宇垣氏の意見書を渡し、政調会の処理を求む。宇垣氏近日上京、有志と会談を求めらるる時は公邸に会合することとし、人選を石黒氏に託す。

事務総長より不在中の予算案折衝、国会図書館ヨサン決定、事務局内の人員并事務整理進行の状況を聴取す。又総長より日本航空の招待に応じて欧米する議員は、重宗副議長、小笠原議員に決定せし由を聞く。

往訪。内山真龍御贈位に付、内閣に江口官房副長官、文部省に大達大臣、清水人事課長（両氏不在）、公邸に吉田首相を訪ひ、謝意を表す。文部省内大臣室の前に教組代表三、四十人の寝込を見る。醜にして残。

那須皓博士に電話を以て、浅岡源悦氏長男敬介氏が農村青年として渡米するやう依頼す。

戸塚建設相を訪ひ、砂防ヨサンの取扱に付て質問す。又下田町北川伝吉氏令息芳男氏就職のことを頼む。

緑風会政務調査会（五時公邸）に出席す。憲法改正案を国民投票に問ふの方法に付、佐藤　　氏の報告を聴く。館、高瀬、広瀬、村上諸氏出席、宮本、宮沢其他諸氏出席。

一月二十日(水)　晴　暖

朝、徳川家正公より電話にて全国治水砂防協会定例会の開否を問はる。又三橋四郎次氏、脳溢血再発、静岡日赤病院にて加養中にして重体の由を告げらる。

朝、北川伝吉氏、令息芳男君と来訪す。戸塚建設相往訪の由を告げ、蔦ヶ谷秘書官へ紹介す。

湊川神社宮司藤巻正之氏来訪す。両陛下湊川神社へ行幸啓に関し希望を陳べらる。依て昨日電話にて宮内庁次長に取次ぎたることを以て答ふ。神戸市長原口忠次郎氏来訪す。両陛下緑化行事に付、兵庫県へ行幸啓の場合には神戸市をも主催者に加へられたしとの申出なり。村上龍太郎氏に面会することを勧む。

橿原神宮奉賛会結成準備会［十時—三時、三笠会館］に出席す。吉田、湯沢、館、関、木村、新谷、高階［父子］諸氏出席す。高階宮司より経過報告あり、吉田氏を座長として議事を進む。(1)会の性質は当初に於ては普通の団体とし、時機を見て財団法人とすること、(2)会の事業は主として奉賛金を集むるにあるも、体育、文化、殖産等の事業は先づ会に於て主体となること、(3)畝傍山払下は速に当局と交渉を開始す。尚史蹟指定を文部省に申請すること、(4)役員の予選を為し、副会長を置かず、理事二十名を選定し、顧問、監査役をも選定し、夫々手分けにて同意を求むること、(5)二月四日結成会を開き、規約案を附議し役員を決定し、事業の大要と所要ヨサン并募金等の方法を決することを定めたり。

吉地昌一氏来訪、安城市に於て報徳講話会開催に付、出席を求めらる。二月十三日を約す。

大村清一氏来訪、税制整理に関し大蔵省の採用せる五分五乗制の成否に関し報告せらる。

朝日新聞社にて本日より Asahi Evening News を発刊するに付、披露の Cocktail Party に招待せらる。頗盛会なり。

〔欄外〕朝、塩島金一郎氏来訪、軍人恩給証書を示して育英会よりの手当を辞退せらる。其高志に感動し、姑く慰留す。

一月二十一日(木)　雨　冷

右臀背部及左肩甲内部に疼痛あり。間島医師の診察を受く。

内山真龍翁御贈位御礼記帳の為参内、記帳す。又寒中天機并御機嫌奉伺を為す。高尾秘書課長、宇佐美長官、次長にも面会して謝意を表す。長官より両陛下二十四日葉山より還幸啓、二十五日開会式行幸、二十六日親任状捧呈式、ユネスコ代表 Lord Adam 以下拝謁等、御予定の由を聞く。

議院運営委員会［二時］に出席す。来二十五日の開会式及本会議議事に付決定す。

舘林の配慮に依り代議士長谷川峻氏（自）来訪す。富士山国有地払下問題に付主張を述べ、衆議院委員会の決定に付、適正なる措置を執られんことを切望す。高瀬荘太郎氏も共に会見する筈なりしも、時刻に相違ありし為会見せず。

五時半、鉄道ホテルにて開会せられたる高瀬会［高瀬荘太郎氏の後援会］に出席す。出席者二百余名。経過報告、役員の指名、来賓祝辞、会長挨拶并講話あり。軽食を共にし、七時半散会す。予は来賓として祝辞を述べ、又会の万歳を三唱す。

新村出博士、山田三良博士へ内山翁御贈位に付謝状を発す。

〔欄外〕超短波使用ブロム剤静脈注射を受け、独乙製を服用す。

血圧一六〇、体量一四〆九〇〇、但し上衣胴衣を脱す（正味一四〆四〇〇?）。心臓、胆嚢異常なし。

一月二十二日(金)　曇　小雨　冷

登院。小林次郎氏来訪。憲法改正研究会の進行を問ひ、一層の推進を依頼す。

小野寺五一氏来訪、内ヶ崎東北電力社長と会見し、山梨勝之進氏の意見と共に報告あり。予は山梨氏の意見に違ふも、愛知氏に相談せんことを勧む。

一時、日本工業クラブなる政治経済研究会に出頭す。佐藤尚武氏より国際情勢と日本の地位に関する講演あり。甚有益なり。

二時、第一生命ビルに於ける日本ユネスコ第六回会議に出席の為来朝したるLord Adam, Dr. Evans 其他諸氏の歓迎会に出席す。会長前田多門氏の歓迎辞、Adam 卿の挨拶、Evans 博士の報告（并外務大臣、文部大臣の歓迎辞）、英大使 Sir Robert Dening の挨拶あり。三時四十五分散会す。

小塩孫八氏来訪す。静岡社会福祉事業に関し打合せを為す。又三橋四郎次氏の病状を詳にするを得たり。苺を贈らる。

佐賀県議瀬戸尚氏、舘林を来訪、一泊す。

〔欄外〕夜、小笠郡未亡人連合会々長飯田千代子夫人の需に依り、資金調達の為にする手拭地揮毫（母と子の幸のために　河井弥八書）を為す。

一月二十三日(土)　曇　小雨　夜降雪　頗寒

登院。浅間神社宮司佐藤東氏来訪す。二十六日衆議院の委員会に於て結論を出すならんと告げらる。

大山謙吉氏来訪、某書店を伴ふ。吉地昌一氏著二宮尊徳伝を発刊するの申入に対し、決意の為吉地氏のことを問はる。

十一時より第十九回開会式の予行演習を為す。

十一時三十分、日本倶楽部に於て湯浅氏記念会の打合会あり。岩田、後藤、松平、橋本、石田、町村諸氏出席す。記念事業を伝記の編纂并出版に限り、経費を節約して、先づ有志の間にて資料を集め、大体完成の時を俟て多数有志の賛同を求むるに決し、事務所を橋本氏の事務所に置き、松平、橋本両氏を中心とすることを申合せたり。

一時半、医務室に至り、上胸部の診察を受け、血圧を計る。170、胸部異状なし。右腰及左膝に超電波治療を施す。

二時、故池田秀雄氏の告別式に至り、焼香す。

朝、近藤荒樹氏来訪す。令息荒一郎氏昨年十月、六年の米国留学より帰朝し、池田勇人氏の為に秘書となれりとて紹介せらる。氏は高瀬氏と同窓にして日本 tennis 界の功労者なり［中野区西町三九住、近藤商事社長（江戸橋一ノ十二）明治生命五階］。

二時頃、飯田ちよ夫人来訪す。手拭用揮毫を渡す。報徳大学の設立を強調せらる。一泊を断りて出発す。降雪始まり、寒気凛烈なり。

登院の途次、佐藤尚武氏を訪ひ、苺二函を呈す（氏不在なり）。

一月二十四日(日)　大雪　寒冷

夜来の大雪、午後六時頃歇む。深三一cm五に及ぶ。

家居。日記を補誌す。院内の雪掻及自動車手入に付、総長に注意す。

二十六日衆議院内閣委員会に於て富士山問題に関し報告書を作成する由なるを以て、西村代議士に電話を以て関係代議士の配慮を依頼す。

一月二十五日(月)　曇　少雪　寒気凛烈

朝、静岡市千代田町二四神尾一恵氏来訪す。氏の令息氏が小林武治氏の秘書を解雇せられたるも、尚二、三ヶ月継続さるるやう小林氏に依頼せよとのことなり。予は神尾父子を識らず、小林氏との関係を知らざるを以て、之を謝絶す。只単に小林氏に通告することのみを諾す。見当違ひの申入なり、迷惑至極なり。

十時登院、直に国会玄関に至り除雪の状況を視察す。又御召車の着発を test するため自動車二輌を通過せしむ。支障なし。

関屋正彦氏来訪す。Miss. Muriel Lester 来京に付、歓迎会を催すことを申入れらる。之を考慮することを約す。

開会式は十時四十五分天皇陛下御臨幸あらせられ、十一時参議院にて行はる。堤衆院議長の式辞、天皇陛下の御言葉ありて式畢り、滞なく還幸あらせらる。十一時半出発、参内して行幸御礼の記帳を為す。

一時過、議運委員会あり、出席す。(1)福永官房長官より施政方針演説遅延事情、議案提出見透し等の説明を聴き、⑵議運委員長の補欠として寺尾豊氏を指名することを決す。次で議運小委員会を開き、議事に付決定を為す。

二時、本会議を開き、新議員伊能繁次郎君の紹介、西川議員の請暇を決し、議運委員長の選定を了す。三時帰宅す。

七時、新橋亭なる中華民国大使董顕光氏主催の晩餐会に出席す。立法院副院長黄国書氏、国立台湾大学校長銭思亮氏紹介の為なり。大使は病気（胆囊炎）治療の為入院中なりとて公使張伯謹、同楊雲竹両氏代て款待せらる。日本人側は東大総長矢内原氏、成城大学長山崎匡輔氏、安岡正篤氏なり。両氏は明二十六日午後一時羽田発にて台北へ還ると云ふ。

舘林の誕生日なり。

一月二十六日(火)　快晴　極寒

登院の際、自動車故障を生ず。依て代車を取寄せ出発す。路上の積雪未だ除去せられざるため四十分を費し、十一時登院す。

サルバトル国特派大使、十時三十分来訪す。約三十分間歓話す。同国は日本に対し最好意ある態度を採り、将来国交の為有益なり。大使は昨日天皇陛下に拝謁したりとて景仰面に溢る。又大使館設置の上は最初の駐日大使たらんことを熱願せられたり。予の登院遅れしこと甚申訳なし。

Miss. M. Lester の為にする茶会招待者検討の為、関屋正彦氏の来院を請ひ、相談す。招待者 list 七十余名の記載あり、夫人同伴を求めらる。約半減とす。

印度建国記念接見会10：30—12に遅れて出席す。代理大使、同夫人に挨拶を為して帰る。

丹羽警務部長勇退に関し、昨日事務総長、次長に不同意を表明せりと聞く。朝、石坂豊一氏、予に面会を求めしも、印度大使館へ赴くため会見を午後に延ばす。石坂氏竟に来らず、面会を取消したり。聞く所に依れば、氏は寺尾議運委員長、赤木委員等に事情を問ひたる結果なり。

議運委員長の更任〔草葉氏大臣就任祝賀、寺尾氏委員長就任〕に付、議運委員会員を錦水に招待す。又重宗副議長の渡米（小笠原委員同行）のことあり、併せて送別会を催す。和気靄々、頗盛会なり。重宗、寺尾、小笠原諸氏の挨拶あり。

重友夜来着、一泊す。天城地上権地関係のことなりと云ふ。酢醸造業開始の相談を受く。


一月二十七日(水)　晴　最寒　邸前除雪　Commanderに依り大に進捗す

登院す。重宗副議長、小笠原委員は三時過羽田発日航機にて桑港へ向ひ出発す。

緑風会にては十時半より重要議員総会を開き、激論の末「会員にして国務大臣又は政務次官に就任するものは脱会すべきこと」との申合を為したり。夕五時、中心社に於て懇親会を開く。頗盛会なり。常岡一郎氏の配慮に依り夫人、令娘の舞踊、信者天勝の手品、歌匠小春の歌謡等あり一同大に満足す。

正午、奄美大島復帰祝賀国民大会あり〔日比谷公会堂〕出席、祝辞を述ぶ。直に国会に帰る。

二時、議院運営委員会あり出席。次で議運小委員会にて議事に付協議す。

三時半、本会議開会。先づ仮議長選定を議題とす。両社会党欠席、議長指名に依り小林英三君を仮議長と定む〔重宗副議長帰国までの期間〕。次に施政方針に関して吉田首相、岡崎外相、愛知経済審議庁長官及小笠原蔵相の演説あり。五時過散会す。

富士山頂払下問題の取扱に関し、衆議院行政監理委員会の決定は神社に不利なりとて、遠藤、西村両代議士、佐藤宮司等来訪す。依て三時、議長応接室に県選出両院議員の集合を求め、今後の対策并手当方法を相談す〔予は本会議に出席せしため欠席す〕。

〔欄外〕佐藤尚武氏に苺二函を呈す。


一月二十八日(木)　晴　最寒　昨日より登院に際し予備車を附せらる

富士山頂払下問題に関し、早朝佐藤自由党幹事長に電話を以て依頼し、其旨を遠藤代議士及佐藤宮司に報告す。

議院運営委員会及小委員会に出席、本日の議事に付協議す。

本会議〔一〇、一〇―一二、五〇〕にては国務大臣の演説に対する質疑を行ふ。高木正夫氏(緑)、荒木正三郎氏(社左)及相馬助治氏の疑質を行ふ。荒木氏の質疑に対する首相の答弁に付、「議長は議事録を調査したる上、適当なる措置を為す」こととし、議事散会後、速記原稿を取調べたるに、首相の発言は無意義なるが如く、之が解釈は多岐に亘り誤解を招くものと認めたるを以て、緒方副総理の来訪を求め、明日の本会議に於て適当なる解明をなすやう勧告したり。六時頃、緒方副総理より「了承」の旨、事務総長へ回答あり。

本日来訪面会したるは、岸田兵庫県知事〔緑化運動主催者として神戸市を加ふる件〕、松田一宮村長〔一宮川等改修の陳情〕、佐藤浅間神社宮司、小宮富士宮市長〔富士山頂払下の件〕、山本米三氏なり。

Miss. M. Lester 招待に付、高松宮殿下にも台臨を仰ぎたしと関屋老夫人より申出あり。夫人側にて御内意を伺ひ、御同意を給らば招待申上ぐべしと答ふ。秩父宮妃殿下よりは御欠席の旨、御内意を承れり。

六時、岡崎外務大臣夫妻より公邸に Tea Party に招かれ、出席す。Salvador 特派大使の為開かれたるなり。中南米の大使来会す。特派大使は明後日帰国の途に上ると云ふ。

Dr. アキスリング氏叙勲の件を謝礼す。詳細は　欧米局長に申し述ぶ。

一月二十九日（金）　晴　最寒

議院運営委員会及小委員会に出席す。議運委員会にては、昨日緒方副〔総〕理と交渉したる概要及返答を報告す。

十時より本会議を開く。小林孝平氏、大山郁夫氏、飯島連次郎氏の質疑あり。一時前散会す。小林氏は登壇、第一に昨日首相の荒木氏に答へたる「愛国心」に関する一齣に付、明確なる説明を求む。之に対し首相は「言葉が足らざりし」と述べたるのみにて、解明又は補足を為さず、両派社党の激昂を買ひたり。大山、飯島両氏の質疑の時には予は出席せず、席を小林仮議長に譲れり。是れ日米協会の午餐会に出席の為なり。

十一時半、開会せられたる議院運営委員会に於て、両派社会党の委員より「首相の発言は前日発言の意味を示すものに非ざるを以て、議長は昨日議場に於て言明せし趣旨に基き、更に首相に交渉せよ」と要求せらる。之に対し予は「首相の発言は満足し難きものあるも、首相が既に熟慮の結果発言したるに対し再び交渉せず」と答へ、

「首相言辞の当否は議員諸君の判断に依て措置を執られたし」と述ぶ。両派の要望は強硬なるも予の決定も亦不動なり。斯くて本問題は議運理事会に於て検討することとなり、河野次長の説明にて理事会は予の態度を了承したり。

正午、日米協会の新木前駐米大使歓迎午餐会あり、出席す。予は議運に出席したる為、定刻より十五分遅参したりしも未開宴に至らず、倖なりき。来会者約三百人、頗盛会なり。小松日米協会長の開会挨拶、Alison 大使の挨拶、Mr. Eastman の謝辞の後、〔新〕荒木大使の演説あり。和気満堂の感あり。二時帰院す。

来訪者。高橋龍太郎氏〔公二君同伴〕、篠原村長相曽誠治氏、議長鈴木英一郎氏、議員吉田藤太郎氏〔国道舗装促進の件〕、小瀧顕八氏、酒井喜作氏、常盤稲荷社へ道灌神社、青渕神社を合祀の件〔会長岩倉具栄氏は来らず〕。小金井農場長竹中太郎氏〔カロチン甘蔗苗所望なり、石井信氏へ照会す〕、洋菜 Brooklin を贈らる。藤井千代子女史〔伊東市、県教委〕、文教施設充実の要望。

厚生大臣草場隆円氏晩餐会〔公邸、六時〕に出席す。議院運営委員会委員諸氏を招かる。

一月三十日(土)　晴　頗寒　医務室にて左上胸部神経痛の手当を受く

朝、徳川家正公に電話を以て、来月六日弁天島同胞寮へ出席せらるるやを問ひ、同行を請ふ。三橋四郎次氏の容体に付説明せらる。

登院。議運、同小委員会に出席、議事の打合せを為す。本会議〔一〇、一〇―一二、二〇〕、前回に引続き質疑を為す。苫米地義三氏。野本品吉氏にて質疑終了。次で参議院の予備金支出の件の報告あり。支出を承認す。

興農学園評議員会に出席す。二八年度決算を承認し、二九年度ヨサン案を可決す。新事業としては蜜柑品種改良に関し報告あり。役員改選の結果、総て前任者の就任を乞ふこととし、新に山本為三郎氏を理事に、斎藤知事を顧問に推薦するに決したり。予は新品種の蜜柑苗は松本勝太郎氏の恵島に於て多量に栽培することを定め、又 Alison 大使及岡崎外相へ lemon を贈呈するため、上品の選定送付を古里学園長に依頼したり。

事務局の人員整理に関して事務総長及次長より報告あり。清水会計課長、平林営繕課長、松村秘書室主管等の勇退を聞く。

新谷寅三郎氏と協議して、来月四日の橿原神宮奉賛会設立会を十六日に延期す。其旨を畝傍町高階宮司へ電報を発す。

映画を看る。小河内 dam 建設工事、Everest 攀登の成功、反〔叛〕乱、なり。英人の気魄の大なると日本人の気宇小なるとを比較実見したるの感あり。

一月三十一日(日)　快晴　頗寒

終日家居。日記の追記、発信等を為す。重友より電報にて　氏菊川町長に当選せし由通知あり。祝電を発せしむ。又蔦ヶ谷龍太郎氏に其旨を通ず。

池田勇人氏秘書近藤荒一郎氏来訪せしも面会せず。Oatmeal 及 Beetroot Sugar を贈らる。

水野伊太郎氏来訪せしも面会せず、ます子代て応接す。氏は近く欧洲へ公用出張を為すと云ふ。

左上胸部の疼痛未癒えず。ます子三越にてサロンパスなる貼付剤を求め来る。依て之を入浴後に表背両面に貼布す。

夜、ます子より矢田部宛電話にて、二月三日の節分会に不参の旨を通告す。

二月一日(月)　晴　頗寒　胸部超短波療法及擦入薬を受く

来訪。村上龍太郎氏、樹栽式典主催者に神戸市を加ふるの件〔近日役員会を開き決定することとす〕。原口神戸市長、右件に付てなり。予の意向を告ぐ。

三島通陽氏、韮島及伯剌西へ Scout 派遣に付、外貨割当要求の件。

伊江朝助氏、高嶺達明氏。琉球島の行政権還附要望の件、少くとも教育権回復の件、学校復旧費醵金運動の件。

熊村昌一郎氏、国鉄循環バス営業開始遅延の報告。

赤松照彦氏及令息、咸臨丸記録を国会図書館へ寄贈の件等。

会計検査院事務総長池田直氏。小城高校長西村芳雄氏、舘林の紹介に依り来訪す。

富士山頂払下問題に付高瀬荘太郎氏来訪、相談す。其結果、明日正午吉田茂氏及遠藤三郎氏と打合せをなすこととし、吉田、遠藤両氏を招く。

女中平岩美江帰宅す。縁談に関してなり。

夕、昇三郎来訪す。軽食の後公二方へ赴く。用件、松本堅三郎氏援助に関する件。

二月二日(火)　晴　頗寒　胸部超短波療法及静脈注射を受く

昇三郎、朝来訪す。同車、内幸町にて別れ、登院す。

来訪者。飯島連次郎氏［氏の発行する意見書へ序文を頼まる］。小林次郎氏就職の件。

吉田茂氏、高瀬荘太郎氏、遠藤三郎氏、富士山払下問題の処理に付会合、協議す。吉田、遠藤両氏より有益なる報告を聞く。衆院行政監察委員会の行動に関して不要の行政干渉をなすべからざること、大蔵大臣に対し払下土地調査会の答申に従ひ、急速に処分を行ふやう要望すること、委員会には遠藤氏の外一、二名の委員の追加を必要とし、西村代議士の加入を求むること等を決定す。中食を饗す。

中国留学生の日本経済大学入学者数十名男女に面会、挨拶す。

三島市僧渡辺　師来訪す。

慶松勝左衛門氏の告別式［築地本願寺］に至り、焼香す。

衆議院にては昨日行政監察委員会に於て、保全経済会関係に於て証人を喚問し、平野力三氏の破天荒なる発言あり、各政党に強き刺撃を与へたり。本日広川弘禅氏の喚問は至大の注目を惹けり。

二月三日(水)　晴　頗寒　医務室にて左肩治療、静脈注射を受く

登院。朝、石黒忠篤氏の来訪を求め、政界粛正に関し緑風会少数有志の会合を乞ふこととし、明日十時石黒、田村、館、佐藤、山川、新谷六氏に対し、夫々電話を以て議長室に集合を乞ふ。

橿原神宮権宮司高階成章氏来訪、来る十六日奉賛会結成会に附議すべき原案及会議次第を示さる。

全国治水砂防協会有志会に出席す。徳川会長、赤木、牧野三氏出席す。来二十日の総会に於ける議事に付協議す。予は今朝入手せし三橋四郎次氏夫人の返書［三橋氏病気好転］を徳川公に提示す。

戸塚建設大臣の来訪を求め、(1)富士山頂払下の件に付閣内協力を依頼し、特に草場厚相を説得することを求む。(2)scandal 問題の取扱に関し予の決意を告げ、政府内部の所見を問ふ。(3)首相輔佐の任に当るべき政治家の必要

を実例を挙げて痛告す。

静岡県下織物小売課税反対有志者五十三名来訪、面会す。請願書、意見書の提出を勧告し、其取扱方に付説明す。

米陸軍の好意に依り成増 Heights の施設視察の為、有志議員等六十名計り出掛けたり。佐藤尚武氏の勧誘ありしも予は不参したり。

朝、藤野繁雄氏に電話を以て諸米の生産を促す。昇三郎来談の趣旨を告げ、到来せる好機を逸すべか〔ら〕ざるを以てす。松本堅三郎氏の苦衷を放過すべからざるを警告す。

二月四日(木)　晴　酷寒
登院の際、佐藤尚武氏を訪ひ、同車す。十時より議長室に佐藤氏、石黒氏、田村氏、館氏、山川氏、新谷氏の集会を求め、最近国会に簇出したる不正事件の国会に及ぼす不信に対し、参議院、緑風会又は有志に於て執るべき措置如何に関し協議す。結局、是等の不祥事件は司直の府に依る決定を俟て議院の態度を決するの外なきも、緑風会は此際綱紀粛正の態度を堅持し、現在の不正事件取扱の官憲の行動に対し、秋毫も阻止するの意なきことを今夕の新聞記者招待会にて発表するに決定したり。

事務総長より事務局内課長以下の異動に付説明を受け、本日発令に同意す。

井上匡四郎氏来訪。故大河内正敏子の伝記編纂に関し、政治活動の部分に付文献提供を要望せらる。依て内田明氏を招き、其事を託し、午餐を共にす。

群馬県下軍人恩給不均衡是正運動有志代表十名計り来訪。伊能、飯島両議員紹介、同席にて会見す。

橿原神宮奉賛会設立会は十四日に延期す。飯島氏の為に執筆す。

錫蘭国第六回独立記念 Cocktail party あり。六時、帝都ホテルに出頭す。公使の款待を受く。Gin の為強酔して帰宅す。夕食少量、臥床す。

二月五日(金)　晴　午後曇　寒漸く弛む
登院。松野勝太郎氏来訪、開拓目的を以て買収せられたる旧林地が開拓せられざる場合に、旧所有者に返還せしむるの件、提案を求めらる。依て本日開会の林業議員懇話会に要望を述ぶるやう勧告す。

敷地村長伊藤功氏より、小学校建築費に付、希望を申出でらる。県教育委員会の同意を得るやう勧告し、高瀬荘太郎氏に紹介す。

高瀬荘太郎氏に衆議院行政監察委員会速記録及富士山頂土地払下反対に関する衆議院社右古屋貞雄氏の質問并政府の答弁書を送る。

館哲二氏の来訪を乞ひ、昨夕新聞記者招待会の状況を聴く。又遺族会結成の状況を質す。小林次郎氏のことを依頼し、又緒方副総理に書状を以て同氏のことを依頼す。Miss. Muriel Lester 歓迎 reception を二時より四時まで公邸に開く。三笠宮、同妃両殿下台臨を賜ふ。堤議長、同夫人、印度代理大使、同夫人、岡崎外相、同夫人、松平信子、沢田美喜子、増田甲子七氏、同夫人、松岡駒吉氏、河上丈太郎氏夫人、安倍能成氏、南原繁博士、森村市左衛門氏、其他六十名計り出席す。関屋夫人、正彦氏大にMiss. Lester を助け、斡旋せらる。茶菓、Sandwich を饗す。三時半頃、Miss. Lester の講演あり。正彦氏之を通訳す。甚有益なり。一同より深く感謝せらる。四時頃散会す。

産業経済新聞の為、矢部貞治博士の質問に応じて常任委員会制度等に関する意見を述ぶ。又歳費等に付所信を陳ぶ。

夜、鈴木洋子来訪す。明日一寸帰省すと云ふ。

朝、柴沼夫人来訪。

夜、泰治釜石より帰来り、一泊す。

二月六日(土)　晴　寒

弁天島行。八、三〇発車、徳川公邸に公を迎へ同車、東京駅発九、三〇に乗る。野口秘書同行、世話せらる。一時五十分浜松駅下車。岩崎市長、石津浪次郎氏父子の出迎を受く。小塩孫八氏、静岡より同車せしも車を異にす。駅にて出会ふ。市長の好意に依り提供せられたる自動車に乗り(徳川公、小塩氏、予、野口氏)、二時二十分頃、弁天島同胞寮着。

三時より旧同胞援護会役員会を開く。深沢常務開会挨拶をなし、予は此会合の趣旨を明にし、将来への希望を述ぶ。次で深沢、小杉、渡辺、堀田四氏より夫々所管事業の概要と計画を述ぶ。出席者は徳川、河井、中山、小塩、鈴木[弘]、広瀬、深沢、池田、渡辺[鋭]、後藤[遼]、堀江、小杉、長谷川、堀田、赤松市長、外数氏なり。堀江会長、小杉常務大に斡旋す。

一同は茗荷屋に至り、会会《（ママ）》す。予は七時五分弁天島発にて帰る〔八時四分掛川着〕。徳川公は弁天島泊、明日浜松に川上嘉市氏を見舞ひ、静岡に三橋四郎次氏を見舞ひ、静岡市泊、明後日長岡湯の家泊、九日帰京せらると云ふ。

中山均氏に対し、静岡育英会事業として市ヶ谷所有地其他の財産一切を寄附すべきに付、　会の委託事業として経営せられたしとの申入を為し、同意を得たり。

赤松市長より天龍川治水に関し、明日松島舜治氏と会見せんことを求めらる。

二月七日(日)　晴　寒

九時、報徳社に出頭す。九時四十分より約一時間に亘り常会に於て講演す。土岐章氏東京より来社、講演せらる。金一万円寄附、五百円積立を為す。

来訪者。鈴木掛川町長、掛川市発足の抱負を述べらる。予はBSの結成を依頼す。

松島舜治氏(県議)外二名、天龍川治水の件に付陳情す。

揮毫。弁天島同胞寮役員関係十数葉。深沢氏、池田氏、早瀬氏、川井駅長、淡ヶ岳無電記念碑、婦人会二葉、其他なり。

三時三分上り電車にて帰京す。浦上氏駅頭に見送る。土岐氏と共に乗車す。徳川公、深沢氏、池田氏既に乗車し在り。公より川上氏見舞の状況を話さる。土岐氏、徳川公は深沢、池田両氏と静岡に下車せらる。七時五十六分東京着、中山氏の出迎を受け、自動車にて帰宅す。

二月八日(月)　晴　寒和ぐ

朝下痢ありしも、午前中にて快癒す。午後、超短波手当及注射を受く。武田薬品会社よりアリナミン錠5㎎三罎を贈らる。

朝、龍川村長高良伊平氏の紹介にて松浦登氏来訪す。就職に関してなり。

登院。来訪者。宮沢嵓氏、内山豊太郎氏、小山正氏、真渕翁御贈位に付、謝意を表せらる。生誕二百年祭及御贈位奉告祭日に付、打合を為し、四月十日と決定す。又挨拶廻り先に付指示す。自動車を提供す。

藤野繁雄氏来訪、佐藤長崎県副知事の出京を報ず。依て明日来訪を求む。

広瀬久忠氏来訪す。scandal に対する緑風会の態度を説明せらる。又憲法改正に関し佐藤栄作氏より要求ありし要旨を告げらる。

高瀬荘太郎氏来訪、富士山頂払下の件、衆院監察委員会の結論を告げらる。善後方法に付協議す。

昨日、久連興農学園よりレモン三箱を送来る。依て米大使 Allison 氏及岡崎外務大臣へ一箱づゝを呈す（中山秘書をして届けしむ）。

佐野市に於ける参議院全国選挙の無効判決を聴く。

一時過より議院運営委員会あり、出席す。政府より提出ヨテイ議案の説明を聴き、又綱紀粛正特別委員会設置の提議あり。緑風会は反対の意見を表示したるも、白改等態度未決に付、次回の理事会に譲ることとなれり。

五時半より公邸にて課長以上の職員留送別会を開く。退職者は小野寺部長、松村秘書室長、平林営繕課長、清水会計課長なり。予の謝辞、小野寺部長の挨拶、芥川総長の送別辞あり。来会者三十余名。簡単なる洋食なるも和気満堂、七時過散会す。予は松村氏と同車帰宅、氏を其宅へ送らしむ。

二月九日(火)　晴　寒和ぐ
下痢昨午後快癒、爾来異状なし。本日医務室にて右腿部に超短波電治療を受け、　鎮痛剤の注射をなす。

血圧一六二―九二。

西浦村産 lemon 十五箇を石黒忠篤氏へ呈す。

長崎県副知事佐藤勝也氏、県議小柳二雄氏等、藤野議員と共に来訪す。芋米を大阪へ販売開始に付、強く勧告し、小柳氏の活動と県の後援を要望す。小柳氏に昇三郎宛紹介名刺を渡し、昇三郎へ小柳氏十二、三日頃訪問の由を通信す。副知事に対しては、松本堅三郎氏の活動を援助する方法を申入る。尚対馬島へ甘藷指導者派遣の申入を為す。

宇和島市長中平常太郎氏外数名来訪、急傾斜地農業振興ヨサン増額に付陳情す。書面は農林委員長に提示することとす。一同院内を参看す。

小林絹治氏来訪、衆議院の腐敗底止する所なきを慨く。

記念碑の揮毫を頼まる。

大久保憲美、植松一両氏［エコノミスト懇話会］来訪す。

植松氏を高瀬議員に紹介するを約す。

鳩居堂にて線香（一函¥300）を求め、梶井剛氏を訪ひ、夫人の長逝を弔ふ。

発状。大槻正男博士、石橋正二郎氏［意見書恵与の礼］。尾崎忠次氏［掛川へＢＳ組織の件］。

二月十日(水)　晴　寒和ぐ

議院運営委員会は綱紀粛正特別委員会設置に関し、自緑改側と両社側との折衝に時を費したる為、十二時二十分に至り開会。右件は決議案として矢嶋議員より提出し、議場にて直に賛否を闘はし、記名投票に依りて採決するに決定したり。

本会議は十二時半より開会し、右決議案には反対自緑の記名投票の結果を以て否決となる。次で菊川、湯山両(広瀬氏)、賛成木村の演説あり。賛成六一、反対一一一氏の緊急質問を行ひ、最後に高橋図書館運営委員報告あり。二時四十分散会す。

砂防協会例会、梶井夫人告別式には参会するを得ず。代理を以て会葬せしむ。

小林武治氏来室、浜松放送局の申請を断念するやう中村代議士に伝言を頼まる。予は本会議に於ける決議案には有力代表者の反対演説を為すやう伝言す。

松島舜治氏来訪、天龍川治水関係要望書を提出す。建設大臣へ取次ぐ。

遠山信一郎氏来訪、政党の不信極まれるの時、予の蹶起匡救を熱論す。

五時半、星ヶ岡茶寮にて開かれたる寺尾議運委員長の晩餐会に出席す。各員歓を尽し、八時前散会す。草場前委員長も来席す。

歳費手当其他一六三、　　　を受取る。

二月十一日(木)　晴　寒和ぐ

ます子、昨朝大橋博士より診断を受け、帰宅後就褥す。今朝起床、卵巣に障碍ありと云ふ。

予は三時過、医務室にて馬島先生の手当を受く。右臂部神経痛に対して注射を受く。爾来疼痛消散せるものの如し。

朝、緒方副総理に電話す。⑴小林次郎氏処遇の件、⑵院外示威運動行進に対し、国会より或距離は之を禁止するやう警視庁へ要望の件に付てなり。⑴に関しては小林氏に書状を発し、近く緒方氏を訪問せられたきを告ぐ。⑵に関しては堤議長に内報す［全国消防団表彰式に於てす］。

神戸定氏来訪、興津町山梨敏氏を紹介す。山梨氏令息の慶応大学第二学年に入学の件なり。高瀬荘太郎氏の配慮を得たりと云ふ。

小林絹治氏来訪、scandal に付、情報を齎さる。又揮毫を依頼せらる。

近藤荒一郎氏来訪す。

二月十二日(金)　春雨　午後晴　南風　暖

十時より静岡県在外同胞帰還促進会代表三十余名と会見し、要望を聴取す。次に北海道及茨城の陳情団来院せしも面会せず。一同は院内を参看して帰る。

十一時、議院運営委員会あり、出席す。福永官房長官より今期国会に提出すべき議案に付、説明を聴取し、両院に軽重なきこと、時期に平準を得ること等に付、強き希望を通告す。

十二時、帝国ホテルに於て日米協会、在日米国商業会議所共同主催の井口駐米大使招待午餐会あり。招かれて出席す。小松会長の開会趣旨及来賓紹介の演説、Mayhue 加奈陀大使、Anderson 米代理大使の演説に次ぎ、井口大使の演説あり。二時散会す。来会者三百名、頗盛会なり。

一時、日比谷公会堂に於て比島戦犯釈放感謝の集ひあり。二時出席す。参議院議長として一場の祝辞を述ぶ。

野口俊作氏来室す。scandal 問題進展の見透しを問ふ。

堀江舞阪町長、守田新居町長来訪す。国道舗装に関し要望書を提出す。

原谷村助役　　　氏及各部落代表八、九名来訪す。院内を案看せしむ。

中村幸八氏の来室を求め、浜松テレビ出願に対する小林武治氏の意見を伝ふ。

四時より林業議員懇話会に出席す。半途にして退席す。

成也は今朝千代田区立麹町中学校に至り、入学試験を受く。

帝都高速度交通営団より池袋、御茶水間開通記念として toaster を贈らる。

秀子より葉書にて近状を通知し来る。中に泰治は、鉄鋼協会より俵賞として含硼素強靭鋼に関する研究が学術優秀論文として表彰せらるることとなりし由記載あり。

二月十三日(土)　晴　曇　冷　夜雪

登院。面会者左の如し。

佐賀県三瀬村長庄島喜六氏、北山議長吉富卯一氏、小関村長内田熊六氏、北山ダム水没道路急設の要請、農林大臣に面会を勧む。

吉地昌一氏、二宮尊徳全集編纂の件、小野常務に相談するやう勧告す。

入江貫一氏、西大保［三ノ三七］中央病院にて静養中と聞く。依て朝八田善之進氏に電話にて病状を問ひ、午後見舞ふ。萎縮腎に罹り、顔面腔張あれども重態に非ず。Oatmeal 二缶、甜菜糖一缶を呈す。

Dr. Baty の葬儀に会葬す。二時―三時、芝公園 St. Andrews 教会、盛会なり。花環を贈る。

七時半より比島より来れる Free Mason Grandmaster Mauro Baradi+Madame Welcome Banquet あり、出席す。来会者二百余名、頗盛会なり。数名の演説あり。十時半散会す。降雪を衝いて帰宅す。

片岡七蔵氏、夜十一時頃来訪、一泊す。

二月十四日(日)　雪　寒

終日家居、前週の仕事を整理す。

片岡七蔵氏、午過ぎ帰途に就く。野口氏、渋谷駅まで見送る。

二時頃、小林次郎氏来訪す。緒方副総理の意向を伝へ、近く往訪を勧む。小林氏より政局打開会に付、何等かの行動に出でずやと問はる。否と答ふ。

六時、日本橋茅場町稲菊方にて比島 Grand Master Mr. and Mrs. Mauro Baradi を招き、てんぷら会開催せられ出席す。降雪を冒して来会せる日本人十二、三名あり。歓を尽して八時散会す。帰途、野田俊作氏を其邸に送る。

二月十五日(月)　曇　寒

議院運営委員会は十一時過開会せらる。

本会議は十一時三十分開会す。本多光太郎博士へ院議を以て弔詞を贈ることを可決し、議長起草の弔詞を発表す。次に外務委員四名を浜松飛行場へ派遣することを可決して散会す。

正午前、警視庁勤務静岡県人課長三名来訪す。

二時、議長公邸に於て富士山頂払下問題対策相談会を開会す。吉田茂、船田中、高瀬荘太郎、遠藤三郎（後れて出席)、佐藤宮司、小宮市長等、神社庁　　氏出席す。各員より衆議院行政監察委員会に於ける審議の経過に付報告あり。対策としては、(1)船田氏をして、予算委員会に於て政府に対し質問を煩はすこと、(2)行監小委員会の報告は、委員会に附議するまで可及的延期せしめ、其間に委員に反省を求むること、(3)大蔵大臣に対し要望を貫徹するやう合法的に強望すること、(4)以上の手段は、凡て大臣の不当の措置に対して行政訴訟の提起を前提とすること等の申合を為して散会せり。

八時、Venezuela公使Mr. & Mrs. Rodriguez Jimenezの晩餐に招かれて光輪閣に出頭す。秩父宮妃殿下、御臨席あらせらる。歓を尽して十時半頃退出す。(1)堤議長より、デモ防止態度に付ては衆議院秩序委員会に申入を為し、取扱を議長に一任するやう要望しあり。従て前回国会に於けると同様、一人をも構内に入れざることとなるべしと告げらる。(2)白耳義大使より吉田内閣存続の見透しに関して質問せらる。

二月十六日(火)　曇　冷

十時、公邸に於て橿原神宮奉賛会設立会を開く。出席者吉田茂、湯沢三千男、新谷寅三郎、徳川宗敬、木村篤太郎諸氏其他を加へ三十　名なり。

吉田氏を座長に推し、設立趣意書、会則を議決し、役員は本日会合せし諸氏(附写)とし、予は会長に推され役員を決定し、挨拶を述ぶ。又高階宮司よりも謝意を述べらる。吉田、湯浅両氏が常務理事に、武若時一郎氏が事務局長に就任せられたるは至幸なり。正午、一同に弁当を呈して雑談を為し、一時前散会す。

本多光太郎博士の告別式に参列す(築地本願寺、一時より三時まで。予は約三十分列席す)。

千葉宗徳氏、日本福祉会設立に付来訪す。渡辺　　師同伴なり［賛成せしも関係なし］。

第一回保安懇話会［三時より丸ビル九階］。国土緑化推進委員会［十時］には欠席す。

二月十七日(水)　晴　寒

議院運営委員会小委員会に出席す。

本会議有り。十時過開会、犬養法相より今回提案せる警察法案に付説明あり。之に対し松岡平市、小林武治、

諸氏の質疑あり。

来訪者。武若時一郎、高階成章両氏、創立諸費勧請に付相談あり。植村甲午郎氏に紹介依頼せしむ。昨日
　氏より十万円の寄附あり、謝状を呈す。

夕、山田惇元氏来訪す。学資金四千円を与ふ。

二月十八日(木)　雨　寒冷
岡部長景氏と会見す。伊豆観光開発に付相談あり。斎藤知事の往訪を求むることとなり、其旨を知事へ申入る(書状)。序に富士山頂払下問題の近況を報じ、決意を促す。

川井健太郎氏来訪、ＢＳ総会の件、雑誌陸運へ挨拶登載の件、浜松テレビを静岡テレビの支局とするの要望等あり。予の健康法に付助言せらる。

十一時三十分、松本楼にて静岡県人会あり、出席す。高瀬会長、徳川公を初めとし、五六十人来会す。東京新聞論説委員長直海善二氏の米蘇事情に関する有益なる講演あり。

告別式。副島千八氏［一時、青松寺］、　　　　氏［二時―三時青山斎場］。

弔問。逸見嘉一郎氏。

広島県芦品郡藤尾村前原深氏より猪肉を贈らる。

二月十九日(金)　晴　寒
議院運営委員会［十一時］に出席す。

来訪。上大見村長荻原文清氏［筏場川砂防推進の件］。

相坂幸治氏、掛川町長鈴木理一郎氏に紹介名刺を与ふ。

雨宮弥兵衛氏［鰍沢町の人、雨畑研工］。

往訪。小笠原蔵相(大臣室)、ＢＳ菲島及南米派遣所要外貨許容の件。

二月二十日(土)　快晴　寒冷
全国治水砂防協会総会［十時、会館］に出席す。徳川会長の挨拶、赤木理事の事業報告、決算説明、ヨサン説明あり。就中会館建設に付、詳細の経過報告あり。各種の意見陳述せらる。予は需に依りて砂防ヨサン計上に関し、吉田首相と会見の内容を説明す。出席者三百五十名、頗盛会なり。十二時散会す。弁当を喫して登院す。

映画。時報、伊国画オリーヴの下自由なし、米国画第十七捕虜収容所を見る。又劈頭に参議院有志の合唱団演奏あり。一時より五時半に至る。

二月二十一日(日)

昨十九日、院内にて社右代議士甲斐政治氏と会見す。氏は現下衆議院に於ける各種瀆職事件の大展開を憂ひ、国会粛正懇談会を組織するの計画を告げ、予に賛同を求めらる。予は其趣旨に賛成なるも、議長として之に参加し難きを告げ、且運動の方法に関し国会に恰当する言動に出でられんことを要望したり。

家居。赤木博士来訪、兵庫県有志所贈の餅を頒たる。又汚職事件収拾の方法に付、意見を交換す。

近藤勇氏来訪す。山口県土木建築部長に栄任す。舘林を訪問せるなり。

田中宗一郎氏の代理小倉茂作氏より田中氏の窮状を愬へ、養老院へ入院の希望を告げ来る。依て静浜村長　氏及深沢鉱二氏へ書状を贈り、配慮を依頼し、又田中氏に対しては周囲の暗雲を一掃するに努め、村長及深沢氏に依頼せられんことを勧告す。

元見付中学校長尾崎楠馬先生の葬儀、母校に行はる。弔電を呈す。

揮毫。兵庫県多可郡黒田庄村長宮崎増之助氏の依頼に依り、大城戸宗徳翁招徳碑の文字を大書す〔小林絹治代議士取次〕。

門司市大里西御山町三ノ二四西岡啓吾氏の為ハガキに揮毫す。

〔欄外〕佐藤（自）、松村（改）両幹事長会見。

二月二十二日(月)　晴　寒冷

重宗副議長、昨日羽田に帰着す。小笠原議員同伴なり。来室挨拶あり。

石黒忠篤氏来室を請ひ、一昨日甲斐代議士来訪のことを告げ、(1)国会改新の方法、(2)政局の推移如何の検討、(3)参議院及緑風会の言動に付、意見を交換す。

棚橋小虎氏、信濃教育会代表二名を紹介し来り、教員政治活動禁止法反対意見を陳情す。

赤松常子氏、参院合唱団に付説明し、有利なる所遇を求めらる。

小林絹治代議士、衆議院に於ける汚職関係者の範囲を説明せらる。大城戸翁頌徳碑の揮毫を謝せらる。

議院運営委員会〔二時〕、出席す。

緑風会の政務調査会〔尾高東大教授の教員政治活動禁止法〕、林業懇話会、何れも欠席す。

故市来乙彦氏を千葉市稲毛町一ノ六五四に弔問す。令孫に面会す〔香料千円を呈す〕。

二月二十三日(火)　晴　寒

少閑あり。図書館にて「政府弾劾に関する英国の制度」を取調ぶ。

斎藤静岡県知事より電話あり。予が去十八日発状に対する回答なり。

西岡長崎県知事来訪す。⑴甘藷米を大阪大会社へ販出推進を勧告す。⑵対馬へ甘藷栽培指導者派遣を催促す。両件実行を盟はる。

服部岩吉氏来訪、参議院内閣組織論を為す。

尼ヶ崎市婦人会代表七、八名来訪、同市警存置の陳情を強述す。

五時半、公邸にて重宗副議長帰朝歓迎、小林仮議長慰労、常任委員長及両院法規委員長へ晩餐を呈す（数名欠席）。歓を尽す。

衆議院にては有田二郎代議士に対する逮捕要求に対し、六票の差を以て三月三日まで期限附を以て応諾するの議決を為したり。

二月二十四日(水)　晴　寒

議院運営委員会及小委員会に出席す。本日は議員派遣の件を議決し、政府より教育二法案及奢侈織物消費税法案の説明を聴取し、質疑は明日に譲ることを決定す。

本会議は二時開会、議運決定の通り進行、散会す。

来訪者。沼津商工会議所会頭石橋治郎八氏等四四名、傍聴す。

丸尾文二氏の母堂、令弟、妹三名、中食を呈し傍聴す。

高良とみ議員、引揚要請の微力なるを慨せらる。

平野光雄氏、久濶を叙せらる。

小林次郎氏、岩渕辰雄氏の意見を伝へらる。予の意見を述ぶ。

事務総長及警務部長に対し、去廿一日衆議長室にて為されたる佐藤、松村両党幹事長のみの対話が窃に設置せられたる tape recorder にて盗聴せられ、二十二日朝刊産業経済紙に登載せられし事実を告げ、参議院に於ては之が予防と警戒に付、手配を求む。

法務局長を喚び、昨日衆議院にて議決せし有田代議士逮捕の許諾は期限附なりしも、其法律上の適否を問ふ。局長は適法論なり。

医務室にて腰部神経痛に対し超短波電療法を受く。又両眼の炎症に対し眼薬の指示を受け、ペニシリン大学目薬を買ひ点用す。

故陸軍大将蓮沼蕃氏の葬儀あり。中山秘書をして会葬せしむ。

故榛葉良男氏の報徳葬あり。重友を会葬せしむ［香料千円を供ふ。重友不参、小野常務代理す］。

重宗副議長より米国土産としてPrisma眼鏡を贈らる。

明日、大日本報徳社にて理事会、役員会あり、明後日総会あり。出席の為帰郷の予定なりしも、明日本会議を開くこととなりしを以て、予定を変更して明日午後四時三十六分発にて帰郷するに決し、其旨を掛川宅及報徳社へ打電せり。

富士山頂払下問題に関する衆議院行監小委員会の委員会への報告書は、西村代議士より写本を送付せらる。依て直に高瀬氏の来室を請ひ、之が取扱方を協議す。其結果、佐藤宮司へは明後日高瀬氏、富士宮市より直渡を為すこととし、斎藤知事及吉田茂氏へは予より郵便を以て本日発送したり（知事へは速達とせり）。

二月二十五日（木）　晴　暖

議院運営委員会に於ては、本日上程せられある教育二法案并奢侈織物消費税案に関する質疑演説に吉田首相の出席を求める件につき、福永官房長官の説明を聴取し、社左は首相の議院軽視を責め、首相出席するまで本会議を開くべからずと主張し、社右も之に同調し、自、緑、改と対立せり。結局緑風会の発議に依り、日程の通り進行するに決したり。

次で議運小委員会を開き、右方針に基き自由党議員の発言時間を短縮するに決し、二時三十分頃散会したり。

本会議は二時四十分開会。緒方、大達、犬養、塚田各大臣出席の下に（自）吉田万次氏、（緑）高橋道男氏、荒木正三郎氏、相馬助治氏、笹森順造氏、須藤五郎氏は教育法安に付質疑を為し、次で青柳秀夫氏、小林政夫氏、成瀬幡治氏、松永義雄氏、最上英子氏は奢侈織物消費税に関して質疑をなし、八時二十二分散会したり。

予は午後四時前に退席し、副議長重宗雄三氏と更代す。四時三十六分東京駅発湘南電車にて帰村す。江上　　氏随行す。東京鉄道管理局次長竹内外茂氏及静大教養科講師　　氏と静岡まで同車す。

掛川駅に鈴木町長、志村議長の出迎あり。駅長室にて会見す。地方自治庁当局は掛川市制執行に難色ありとのことなり。帰京の上当局に交渉することとして別る。浦上喜平氏より焼芋を贈らる。重友と同車帰宅す。

二月二十六日(日)　曇　夜小雨　暖

早朝、小柳直吉氏来訪す。同氏の推薦せる池新田町中山　　老夫人を本日東京へ同行するに付、打合せを為す。

石原民次郎氏来訪、引佐婦人会の為に講演を頼まる。四月十一日午前中と定む。

報徳社へ出頭の序を以て戸塚重一郎氏を訪問す。又粂田良一郎氏を訪ひ、松尾町内火災の見舞を述ぶ（氏不在）。

報徳社にては総会を開き、二十八年度業務報告を為し、決算并現量鏡を承認す。又監事の改選、理事補欠選挙を行ひ、参事を増員し、名誉講師を指名す。出席者三十名。此中には埼玉県比企郡大岡村森田熊吉氏（80）、小田原市　　　の出席もあり。総会後、時局に関し説明を為す。森田氏、　　氏と昼食を共にす。

熊村昌一郎氏来訪、公営バス運行に関し要望あり［私鉄側の不当競争的妨害の事例を聴く］。

西郷村青年有志の報徳結社を聞く。依て四月四日会合に出席を約す。

大谷報徳社長内山豊太郎氏より真龍翁廟碑揮毫を頼まる。依て本日揮毫の上、郵送することを約す。

榛葉良男翁の偉業は景仰に堪へざるものあり。依て小野常務をして初倉村長　　　に電話し、栄典の申請をなさしむ。

三時五分発湘南電車に乗り、帰京す。駅頭には川井駅長、小柳直吉氏、浦上喜平氏［焼芋二百円分を持参せらる］、中山県議等見送る。女中池新田の人中山　子を伴ふ。女中は野口寛氏、品川駅に出迎へ同伴す。

着京の時、出迎の中山秘書より伝言あり。掛川市制は解決せりと蔦ヶ谷氏の言なり。

本会議あり、大蔵省関係案三件を可決す。予は欠席す。

議院運営委員会は、政府より提出せし国庫補助金規正特別措置法案の審査を二十五人の特別委員会に附託するに決したるも（自由党のみ大蔵委員附託主張）、委員長は慣例に反して自由党より選出したしとの主張にて議纏らず、明日まで持越したり。

衆議院ヨサン委員会には吉田首相出席し、各派代表の弾

効的質問に応酬して強硬に政局維持の主張を為せり[こ

れは各派を硬直せしめたりと云ふ]。

二月二十七日(土) 晴 南風 暖

舘林は昨夜深更帰宅の際、自動車に乗る時左足を挫折したるを以て、今朝興三より電話を以て、国立第二病院外科主任医左奈田幸夫博士の診察を受く。くろぶしの辺に骨折あり、ギブスを施して帰る。長期に亘り静養を要すと云ふ。

来訪。石黒忠篤氏より政局対策に付、相談を受く。緑風会準会員制度の取扱[毎月一回別館にて準会員と会合の件]、国会運営に関して法規を改正する件等に関し意見を交換す。

梶井剛氏来訪、夫人弔問に対し謝意を表せらる。電話の拡張普及に関し公社総裁としての氏の意見を問ふ。

掛川より持来れる燔薯を議長室(副議長室へも)及食堂の有志に別つ。

掛川市制執行に付、当局の同意を得たる由、蔦ヶ谷龍太郎氏より昨日伝言ありしを以て、電話を以て其真偽を確め、真相を明にしたり。

ドミニカ共和国独立百十年記念日に付、公使 Guzman Sanchez 氏夫妻より Reception に招かれ、出席す。七時前帰宅す。

昨日、西岡長崎県知事より返電あり。「対馬藷作につき今明年ともに引続き指導願いたきにつき、講師御派遣乞ふ」とあり。

二月二十八日(日) 朝南強風 大雨 九時より晴 暖

黒田重兵衛翁頌徳碑除幕式に参列する為、五時二十分発車、九時五十分下河津村黒田家着。焼香の上、十時四十分式場村役場に出頭、十一時開式参列、祝辞演説を為す。十二時式畢る。直に小学校に於ける故翁追悼会に出席、黒田家に対する胸像贈呈式あり。食後二時発、七時半帰宅す。来会者三百五十名、委員長沢村久右衛門氏、村長千葉蓉山氏なり。頌徳会より黒田重兵衛と題する伝記[頌徳記を兼ぬ]を贈らる。車行往四時間三十分、復五時間、桑原運転士の労苦謝すべし。野口秘書、石田護衛同車す。

三月一日(月) 晴 暖 健康診断を受く 昨日の強行に

も拘らず異状なし〔心臓正常、血圧一五〇〕

本会議は国庫補助金整理特別委員会委員長選任を〔右社か、自党か〕の問題に付、議院運営委員会の決定遅れたる為、午後一時五十二分開会。請暇決定に次ぎ、右委員会設置を議決して二十五名の委員を指名し、特定海域に於ける漁船の被害に伴ふ資金融通特別法案を全会一致可決し、二時六分散会せり。

石黒忠篤氏来訪。苫米地義三氏来訪、時局拾収の為石黒氏の蹶起を促の声あるを伝へ、氏の意向を質したるに対し、所信を答へたる由詳報あり。此問題に関する適正なる措置に関して意見を交換す。結局、所要立法の推進を急ぐこととし、緑風会有志議員を中心として他派の中正なる有志に行動すべしと一致し、来八日緑風会幹部招待会に於て発議することとせり。其結果、河野事務次長を招き、事務局にて調査せる立法事項を速に列挙提出することを求め、之が為には奥野法制局長と協議するやう指示したり。

山川良一氏来訪、天川勇氏を招き、緑風会有志の為、自衛計画と対米交渉の内容に付説明を求むるに決定し、石黒氏をも加へて其日時を三月八日六時とし、招待すべき緑風会の幹部を常任委員長、総会正副議長、会務委員及び政務調査会正副会長とし、之に村上義一、高瀬荘太郎両氏を加ふることと決定し、中山秘書に命じて本日中に天川氏及前記諸氏へ案内状を発せしむ。

対馬島甘藷増産指導に関しては、⑴西岡長崎県知事に対し電報を以て謝意を表し、大日本報徳社講師服部源太郎氏を派遣すべきに付宜しく頼む旨を通告し、⑵山田対馬支庁長に対しては電報を以て、服部講師を派遣すべきを以て講習会の手筈を定められたく、講師福岡発日時に関しては直接に服部氏へ電命せられんことを求め、又別に書状を以て昨年服部講師を迎へたるを謝し、昨年の実績にては若干の地方有志には効果の称すべきものありと雖も、島全体の level を上げるには至らず。即ち少くとも継続三年の指導を必要とす。依て二月二十三日西岡知事の来訪せられしとき、其事を述べて配慮を要求せしに、二十六日知事より電報あり、今明年ともに引続き指導願ひたきに付、講師の派遣を乞ふと申入れられしを以て、本日服部講師の派遣に付電照せし所以なりと説明し、速達の取扱を為せり。⑶服部講師に対しては、電報を以て対馬へ出張を求め、諸否の都合如何を問合せ、更に書状を以て西岡知事への要望次第と知事より承諾の電報を告げ、山田支庁長への照電と速達郵便の内容写を送り、昨年十二月山田支庁長より送付せられたる増産成績報告書を封入したり。右に付午後九時、服部氏より承諾の旨返電を受領したり。

竹山祐太郎氏、石黒忠篤氏より千代田寮長死去の儘欠員となり居るに付、補任の場合には静岡大学事務官鈴木亀太郎氏を採用せられたしとの申入あり。依て其旨を小塩孫八氏へ書状にて申送る。

二十八年分所得額届出は、浅井会計課長の配慮を以て青色申告書を調製し、世田谷税務署へ届出を了す。

瀬戸谷村長大塚平一氏、浦上技師と共に来訪す。瀬戸谷川上流砂防施工の件に付てなり。

山崎昇二郎来訪す。満洲に出征戦病死者の遺族扶助に関し所管官庁へ照会を頼まる。依て杉田内閣専門員に紹介して、配慮を求む。

女中兼岩はつえ、解雇帰宅す。近日結婚する由なり。

昨日原田ふゆ子より毛糸編ネクタイを贈らる。本日使用、登院す。

遠藤三郎氏〔埼玉県入間川町〕より軍人生活の体験に基く日本の再軍備反対論を贈らる。謝状を呈す。

三月二日(火)　雨　曇　冷

Chile国公使Mr. Suarez Barros来任に付、訪問す。温厚の紳士なり。款談の後、議場に案内す。便殿に入り、観賞止まず。Simplicity は Beauty の極なり、今日初めて日本文化の真髄を知り、歓喜に堪へずと述べたりと云ふ。

十二時半、岡崎外相夫妻より Mr. & Mrs. Rockfeler の為午餐会を催され、招待せらる。堤議長夫妻、Reader's、Digest社 Mr. & Mrs. Fuller、小泉信三氏夫妻、三谷侍従長夫妻、麻生代議士、其他外務省局長夫妻等出席す。R氏等は昨日国際会館起工式に列し、明日出発、帰国すと云ふ。感懐深し。

西郷吉之助氏来訪す、加藤武徳氏同伴なり。挨拶の述ぶべきなし。自重を望む旨を告ぐ。

飯島連次郎氏来訪、過日氏の演説の出版に際し呈したる序文に付、謝意を表せらる。群馬県小林山の達摩を贈らる。

角倉志朗氏より桃花数枝を贈らる。

二十七年分所得税を完納す。本日納金二〇〇二〇円なり。

佐野市に於ける参議院議員選挙無効の判決文を読む。

昇三郎より雑誌経済人第三号を贈らる。松本熊市博士の食糧問題の解決策を読む。

三月三日(水)　曇　冷

議院運営委員会ありしも、Chile公使訪問の時刻なりしため欠席す。来五日緊急質問を行ふ件を決定せり。

十一時、帝国ホテルにChile公使Mr. Suarez Barrosを訪問す。公使の態度、甚慇懃なり。夫人にも面会す。帰る時、公使はホテルの戸口まで見送る。

来訪者。赤松常子議員、神奈川県婦人会代表四名を紹介す。売春禁止法制定の件。

石橋湛山氏、富士山頂払下問題の件。経過及結論を説明し、石橋氏よりも大蔵当局へ強く説示することを依頼せり。

中井光次氏、黒田翁頌徳碑除幕式参列を深謝せらる。豊岡市出身林業家中江龍三氏の篤行を聴く。依て四月六日、兵庫県下の植樹行事当日、表彰の取扱を兵庫県知事に申入れんことを勧む。竹越万里氏のことを中井市長に紹介す。

木下辰雄氏、来五日開会せらるべき全国漁業協同組合連合会へ出席を求めらる。

全国治水砂防協会有志会に出席す。来会者は徳川会長、赤木、次田、牧野、小林、後藤文夫諸氏なり。

故Dr. Batyの遺著校正に関し外務省の取扱を不可とし、之が変更を同省へ申入るるやう希望すとの書状を同博士秘書たりし某より受く。徳川公の意向を聴きたる上、関知せざるに決し、其旨を中山秘書より発信人に通告す。

伊国大使館よりLand Reclamation in Italyを贈らる。

国土保全上有用と認む。謝状を呈す。

銀座伊東屋にて印肉、帳簿等を求め、三越に至り、麻んかち半打￥2,200を買ふ。

三月四日(木)　雨　寒冷　夜降雪

早朝、下田町賀茂支庁長鈴木辰夫氏より、長女青山学院短期大学入学試験番号を報告（電話）し来る。依て之を高瀬荘太郎氏に伝へ、配慮を乞ふ。

富士山頂返還要望の為、静岡県議十数名、宮司、市長、

議長、其他関係有志三十名計り上京、十時過南甫園に集合し、両院議員と打合せを為し、運動を行ふ。予は十一時半出頭、挨拶を述べ、基本方針堅持して目的を達するやう合法手段を執るべきを主張す。座に石橋湛山氏あり。昨日大蔵大臣と会見せる由にて、其結果を発表す。出席十数分にして帰院す。

戸塚建設大臣の病状を問ふ（電話）。感冒より黄疸を起したるも、殆全快せりと云ふ。

小酒井内閣委員長来訪す。行政機構改革に関し、意見を交換す。

佐藤外務委員長と食堂にて会見し、Rockfeller 氏の伝言、Chile 公使の成田公使、同夫人に対する頌辞を伝言す。

石黒忠篤氏より、鈴木亀太郎氏の履歴書を送らる。之を小塩孫八氏へ送る。

高松高等裁判所長官小原仲氏来訪、新任の挨拶を述べらる。

郡場寛先生、弘前大学々長に就任せられし由、挨拶状を受く。祝状を呈す。

光明村長宮沢喦氏より来書、予の霊社銘揮毫を謝し、嚢に予の捧げたる玉串料（千円）を以て建設の資に充てたりと報告せらる。

神奈川尊徳会へ会館建立の資として金三千円を推譲す。小金義照氏の斡旋に繋るものなり。

故侯爵中御門経恭氏の告別式［青山善光寺］に至り、焼香す。

衆議院にては二十九年度ヨサン案を三派修正を以て可決す［三〇二対一四三］。

舘林は足痛を押して登院す。参議院医務室にてX光線の照診を受けしむ。

三月五日(金)　夜来降雪三寸　何故か倒木多し　寒冷
終日曇

本会議あり。

全国漁業協同組合連合会あり。本会議々事を副議長に託して出席し、一場の挨拶を為す。後刻、木下会長来訪して謝意を表す。

日本青年団事務局長福本春夫氏、同全国協議会副議長若宮きぬ子氏来訪。売春禁止法制定、国会の汚職粛正及教育二法案反対の意見書を提出す。予は青年の自重自強を望み、軽薄浮動の態度なからんことを警告す。代議士久保田豊氏来訪。東洋醸造会社工場より流出せる毒物に依り狩野川下流の魚類全滅せしに付、漁業関係者に対する賠償、防毒施設外一件の請願書を提出す。組合長等六、七名同伴す。

大島支庁総務課村田幸夫氏より土屋委員部第二課長を通じて甘藷写真六種（開花状況）を贈らる。依て村田氏へ謝状を呈し、写真各種各葉を丸山方作氏へ郵送す。種類は尼ヶ崎、尼ヶ崎×坂下、たからご、ぼうこ、八重山あかご、沖縄百号なり。

帰途、外務省に外務大臣を往訪し、BS団員を比島及アルゼンチンへ派遣に付、外貨の枠を割当てるやう依頼す。それよりBS日本連盟本部に至り、外務大臣訪問の結果を告げ、大蔵省へ交渉することを勧む。三島連盟長不在なり。

警視庁静岡県人会〔新宿松良方、七時〕あり。招かれて出席す。会員三十余名出席す。盛会なり。八時過辞去、帰宅す。野口氏は秘書課員の懇親会に出席する為、途中にて別る。

三月六日(土)　曇　冷

朝、斎藤静岡県知事に電話を以て、狩野川下流魚族全滅問題に付、国会へ請願提出ありし旨を告げ、事態の悪化せざるに先ち、速に知事に於て地方問題として解決せらるべき旨を警告す。知事より経過報告あり、謝意を表せらる。

朝、高瀬荘太郎氏に電話し、氏より東洋醸造臼井氏に対し、親切なる警告を与へらるるやう勧告す。

皇后陛下御誕辰に付、奉賀の為参内す。十時半拝謁を賜ひ、祝酒を頂戴す。

十一時二十分、旧奉仕者として御内儀に於て拝賀、祝詞を言上す。陛下には参集の各員に御挨拶あり。御菓子「春慶」〔紅白〕を賜はり、別室にて祝酒を頂戴す。旧女官植村蒙子〔旧姓油小路〕夫人より国会議事傍聴の希望あり、案内を約す。

宮中西控間にて大蔵、外務両大臣にBS海外派遣員の外貨枠許容の件を依頼す。厚生、大蔵両大臣へ、狩野川下流魚類死滅問題は地方事件として県知事が解決に当るべき旨を告げ、政府に慎重なる態度を要望す。

石井運輸大臣より小林次郎氏身上に付、　　国鉄総裁に配慮を求めある旨を内話せらる。依て昨年来の事情を略述し、配慮を依頼し、且謝意を表す。又緒方副総理に右のことを告げ、一層の促進を依頼す。

帰村。二、二五－七、五一に乗る。堀之内まで田中霊鑑師と同車す。車中温熱過度、蒸殺の思あり。野口秘書同行す。

三月七日(日)　曇　夕晴　暖　今暁宿蛙を聴く

朝、斎藤知事と電話す。狩野川漁業問題に関し昨日の取扱を問ひしに、久保田代議士の来訪を求め、慎重行動を要めたりと答ふ。予は昨日厚生、農林両大臣に報告、依頼せし要旨を告ぐ。

十時、報徳社常会に出席、講演を為す。来会者六百名。丸山、服部、鈴木、村田〔茂吉〕、早間、小柳等諸講師出席す。丸山講師は二時過まで講演す。

一時より二時まで青壮年報徳講習会に於て講演す。今回は全国より聴講者あり、佐賀県鬼塚村長谷口　　氏も其一人なり。一同は二時過出発、倉真村に至り、三先生の墓参を為し、牛岡報徳社を訪問す。

本社来訪者は山崎昇二郎、烏柏の種子約一升五合を頒たる。鈴木掛川町長、志村町議長、市制施行記念式日に付、打合せあり。鈴木亀太郎氏、県庁青山於菟氏紹介、千代田寮に就職の件。御室佐太郎氏、松本東作氏同伴紹介、佐久間ダム水没物補償等。増田梅太郎氏、小沢英輝氏同伴紹介、大長中学への揮毫を謝せらる。

揮毫数葉。

帰京。三、〇三－七、五六。掛川より藤枝まで丸山講師〔息秀夫氏同伴、相良へ行く〕と同車す。又森口淳三氏、浜松より乗車しあり。品川まで同車す。掛川にては浦上喜平氏、駅頭に見送らる。焼芋を持来る。

三月八日(月)　晴　寒

故榛葉良男翁叙位申請書は、県知事官房勤務青山於菟氏携帯上京す。午前中文部大臣を院内政府委員室に訪ひ、昨日入手せし申請書写を提出し、叙位の取扱方を懇請す。又江口官房副長官を訪ふ。

午後青山氏来着す。依て文部省、自治庁、厚生省、建設省等にも青山氏を紹介す。時期既に遅く、書類甚不備なり。青山氏の断念、帰岡するを阻み、今夜中に書類を増強すべき旨強要す。

一時、市政会館に田沢義鋪記念事業会あり、出席す〔十二時より開会、後れて出席す〕。散会後丸山鶴吉、後藤文夫両氏に対して、日本青年団に対し適当なる指導者を送られたき旨を力説す。去五日提出せられたる陳情書三件を渡す。

安積得也氏より近著　　　を贈らる。

六時、公邸に於て天川勇氏を招き、緑風会総会正副議長、会務委員、政務調査会正副会長を招き、夕食を呈し、天川氏の講演を聴く。議員側出席者二十一名。夜十時三十分散会す。

〔欄外〕日米MSA協定調印、五月一日発効。

三月九日(火)　晴　頗寒
十一時、紐育 Times 支局長夫人 Mrs. Parrott 来訪。狂犬病予防法改正案中、野犬薬殺の方法として毒薬を用ふるを不可とし、強硬なる抗議を申入る。夫人は動物愛護連盟代表なり。予は厚生委員会に報告し、慎重審議せしむべき旨を答ふ。Asahi Evening News 主筆芝氏、Mrs. 東郷氏、Mr. 松平氏来談す。
午後、大阪市議経済委員長三浦康市氏外二名来訪す。瓦斯料金値上反対の陳情を為す。

三月十日(水)　曇　寒
本会議あり。

上条厚生委員長を招き、Mrs. Parrott の申出を告げ、委員会に於て賢明なる取扱を求む。

加奈陀首相 Mr. St. Laurent 来朝に付、羽田飛行場に出迎ふ。十一時四十分発車。加首相は一時来着。二時前帰院す。徳川日加協会長同車す。

江口官房副長官を訪ひ、榛葉翁叙位申請に付、要望を述ぶ。

三月十一日(木)　雨　寒冷
富士山八合目以上払下に関し協議するため、十時両院議員、議長室に集合す。出席者は佐藤、塩原、西村、船田中各代議士、高瀬、藤原、河井なり。結局、行政訴訟提起を覚悟するも、先づ各党首脳部を説得して行政監察委員会の決議を緩和せしむること、尚行監委にて結論を出さざるやう会期末まで据置かしむることの方針を定め、道大蔵大臣の処分としては八合目以上を下附すること、道路敷は国有として留置くを認むることを認めたり。

十日夕刊 Asahi News 紙上の狂犬病予防法改正案に関し、Mrs. Parrott との会談内容は事実相違の嫌あり。依て芝編輯長の来院を乞ひ、其事を告げ、訂正を申入る。又本日右夕刊紙の切抜を上条委員長に送付し、中山、藤原両厚生委員に事態を説明し、委員会に於ける適正なる審議を求む。

十一時、速記者養成所六期卒業式に臨み、議長賞を授与し（三名）、告辞を述ぶ。卒業生二十八名なり。告別会にて「蛍の光」を謳ふ。

七時半、Canada 大使 Mr. Mayhew 及同夫人の加首相歓迎紹介晩餐会あり、出席す。吉田首相、麻生夫人、堤議長、同夫人、岡崎外相、同夫人、田中長官、同夫人、犬養法相、松平加奈陀大使、同夫人、一万田総裁、徳川日加協会長等出席す。首相は神経痛を悩むと〔ママ〕とて早退す。予は徳川公を送り、十一時頃帰宅す。

昨日三浦安蔵氏来談あり。緑風会事務員は本日限り解雇せらる［手当として二月分給与］と云ふ。依て赤木氏と謀り、同成会々員を勧誘し、一名に付千円［又は以上］を醵金して三浦氏を謝慰することとし、其発起人を赤木、河西、河井、佐藤［助］、下条、小坂、次田、平沼、丸山、中山とし、集金は振替郵便に依り口座を申込み、出納責任者を河井とし、事務は三浦氏に取扱はしめ、四月末日までに締切ることとし、其案文を作成したり。又同和会にても同様の取計あらんことを希望し、高橋龍太郎氏に電話を以て同意を求めたり。而して同一口座に払込ましむることとし、其用紙及び文案を同氏に送付することを約したり。

橿原神宮に樟苗五百本を、三嶋大社に同上五百本を献納することとし、之が調達を楠林業懇話会常務を煩はしたる結果、大阪専売局より畝傍へ、沼津専売局より三島へ本月中旬に送致することとなりしを以て、其旨を両神社へ通知したり。苗代は予が直接に支払ふこと、送賃、荷作料は立替払を乞ひ、他日予之を補償すること、現品は仮植とし四月六日に植栽すること、若干本は神苑内に植付け、其余は神社、学校、其他有志へ頒布されたきこと等を指示したり。

又去七日昇二郎より受領せる烏柏種子は、其大部を橿原神宮へ発送したり。其取扱は四月六日播種と定め、頒布のことも指示し、説明書を別送することとせり。

熊村昌一郎氏より同村にて猟獲せる猪肉約一貫匁を贈らる。

三月十二日（金）　曇　寒冷　夜雨

本会議に於て保安庁法改正及自衛隊設置案に関し政府の説明を聴き、各派代表質疑を為す予定なりしも、吉田首相神経痛の故を以て登院せず。議院運営委員会に於て紛糾を重ねたる結果、此予定を変更して首相の登院するまでは質疑を差控ふるに決定したり。依て本会議にては港域法一部改正、鰹鮪漁船船舶職員法一部改正案を可決して散会したり。政府に対する野党の憤激甚しきを見る。

正午、帝国ホテルにて日加協会主催の Canada 首相 St. Laurent 氏歓迎午餐会あり。招かれて出席す。来会者四百六十名。会長徳川家正公、Mayhew 大使の挨拶に次で St.L 首相の長演説あり。二時頃散会、直に参議院に還る［堤議長、同夫人は遽に出席を断る。本会議の為なり］。

Roma 法王 PiusⅫ 戴冠式記念 Reception あり。大使 Maximillian de Furstemberg 氏より招かれて出席す。出席せる大公使数名より Mrs. Parrott と会見せし Evening News の記事に関し談話を持ち掛けらる。又尾高氏、坂本龍起氏、同夫人とも出会ふ。坂本氏よりは、故花房崎太郎氏より予に関する談を聴き居たりと告げらる。花房氏のことを懐ふこと深し。

昇三郎、今朝着京せりとて夕来訪す。藷米普及に関する苦心談あり。又幣原氏兄弟の銅像建立計画のことを聞く。徳川家正公に問糺すことを約す。

国土緑化委員会主事楠孝平氏を招き、四月六日神戸市内に行はるる植樹行事次第を問ふ。此際現地に於て赤木博士をして砂防に関する進講を為さしむることの能否を問ひしに、困難なる理由を説明せらる。依て強ひて主張せず。

三月十三日（土）　晴　風強　朝頗寒　昼暖

St. Laurent 首相の帰国を羽田空港に見送る。七時二十分乗車、徳川公と同車す。七時四十五分着。首相は八時半頃発程す。松平式部官長、緒方首相代理、堤議長、同夫人、田中長官、岡崎外相、同夫人、徳川日加協会長、一万田、石川諸氏見送る。天気晴朗なるも西北風強く、寒気身骨に徹す。帰途、徳川公を麻布飯倉の令嬢宅の辺に降ろして登院す。寒未去らず。中山秘書同車す。十時二十分頃、上野寛永寺に至り、貞恭院殿の霊位を拝し、焼香す。時恰も読経中なり。辞去するとき玄関に徳川公と令夫人来着せらる。公と別れて御墓所に参拝す。墓畔に播ける烏柏の生長旺盛なるを看る。依て案内せられし寺僧に対し、植替のことを指示す。

帰途、美術研究所に伊東卓治氏を訪ふ。令兄博士の近状を聞かんが為なり。卓治氏未出勤せず、名刺を残して去る。又石崎書店に立寄り、名刺五百枚を依頼す。

本会議を開き、ＭＳＡに付説明を聴き、各派代表質問を為す予定の処、首相の出席不能なるを以て、議事日程を発行せず。予算委員会を傍聴す。大蔵大臣よりＢＳ代表は未同省を訪問せずと注意せらる。依てＢＳへ電話、注告す。

昨日の朝日Evening News紙には、予の芝編輯局長に語りたる記事訂正あり。

緑風会に石黒、赤木両氏を訪ふ。偶ま原子炉建設問題に関し茅博士外二名の講話あり。之を聴取す。散会後、来四月八日匈牙利亡命前首相ナジー博士外一名を招き、談話会を開く旨を発表す。

蔦ヶ谷龍太郎、内田義一両氏来訪。掛川市制施行に付、謝意を表す。両氏に中食を呈す。

二時、林業議員懇談会を開く。黒河内透氏より、氏の立案に係る造林促進法案に付、説明を聴く。竹下、三浦、川口、赤木、森、大村、福田諸氏出席す。本日は概要を聴取するに止め、詳細の研究は他日に譲ることとし、五時過散会す。楠常務より木材運賃引上に付、説明あり。之が阻止方法に付協議す。林野庁より造林課長氏出席あり。畝傍山松樹の虫害退治及山崩防止のことを依頼す。

石坂豊一氏来訪。丹羽記録部長の身上に関し率直なる質問を為す。予も亦明確なる説明を与へ、石坂氏の配慮を求む。

平沼亮三氏より、三浦安蔵氏慰謝金五千円を小切手にて送らる。受領書を発す（ハガキ）。

三月十四日(日)　晴　寒　午後暖

終日家居、自適す。三橋四郎次氏、胃潰瘍を発したるが如く、経過憂ふべきものありと徳川公より聞きしを以て、見舞はんと欲せしも中止し、静養す。

熊本県湯ノ前町林業家林広人氏より自然茶苗米良産四本、球磨産六本及柳苗青高瀬二本（渋）、矢黒二本（甘）を贈られ、昨日入手す［十一日発送］。依て庭内に植付く。又林氏に対し謝状を呈す。

三時より井の頭公園へ散歩し、五時帰宅す。成也、野口氏同行す。動植園、水族館を看る。近来快適のことなり。

増田甲子七氏二女、道正安治郎氏二男と結婚式を挙ぐ。披露会に招かれしも不参す。鰹節（一五〇〇円）を呈す。

教育法案反対の手段として、全国中小学校の八割は日教組の指令に依り日曜日に振替授業を行ふ。明日全国一斉に反対集会を開催する為なり。法案の可否は別として、赤化威力の教育界に侵入せる弊害除去の切要を認む。池ノ上小学校には此事なし。

三月十五日(月)　晴　寒

本会議一〇、四〇―一一、三〇。定員法改正案に付、塚田国務大臣の説明あり。之に対し自由、左社、右社、改進各代表の質疑あり。次に交通取締即決例改正案を上程、羽仁五郎氏の反対あり、可決す。

緒方副総理来訪、吉田首相の病状を報告せらる。十八日登院のヨテイなりしも不能を告げらる。同日首相主催会合は緒方氏代理すと云ふ。

上条厚生委員長来室、狂犬病ヨボウ法改正案に付、委員会の運営に関して打合せを為す。

傍聴。保科女官長、高木御用掛、塘、小倉、植村。簡単なる午餐を呈し、議場及便殿を案内す。帰途自動車を供す。

来訪。六大都市所在府県知事、議長等二十名許り、警察法改正に付陳情。

婦人代表山高しげり氏、選挙法連座制採用陳情［請願書を提出す］。

林野技官松山資郎、佐野郁郎両氏、畝傍山松林害虫駆除并砂防防〔ママ〕に付て指示を求めらる。殺鼠剤に付、説明を聴く。予は又樟苗、烏桕種子を橿原神宮に奉献（三島大社に樟苗）せし事由を説明す。

日教組代表八、九名、本日大会にて決議せし文書四件を提出す。内三件は常任委員長へ取次ぐことを告げ、政府打倒に関するものは取扱を拒否す。又紹介議員なくては未知の陳情者には面会し難きを告げ、更に国会に対するデモは構内に入るを許さずと告げたり。

三浦安蔵氏慰謝金募集の為にせし振替口座確定す。依て予の起草せる勧誘書と共に払込用紙を旧同成会員へ発送す。又平沼亮三氏所送の小切手は、現金五千円と引換へ振替に預入れたり。尚三浦氏に対しては、葉書に印刷したる予の名義の受領書二十葉を交付したり。振替帳をも交付す。同和会に対しては振替用紙を送れり。

佐賀県議会議長安永明氏昨夜来京、舘林を訪ひ、参議院食堂に於て中食す。野口氏の求に応じ、食堂に到り挨拶す。菓子鶴の子を贈らる。

〔欄外〕発起人。赤木正雄、河西豊太郎、河井弥八、小坂順造、佐藤助九郎、下条康麿、次田大三郎、中山寿彦、平沼亮三、丸山鶴吉。

三月十六日(火)　晴　寒和ぐ
朝、Dominica 共和国公使 Dr. Guzuman Sanchez 氏、来訪す。Colombus 記念館［全米の寄附金を以て建設中］の写真、記念切手帳及説明書を贈与せらる。

佐藤外務委員長来談す。狂犬病予防法改正案に付、動物愛護連盟日本人側と会談の旨を伝へらる。依て草間専門員に此事を通じて委員長に関係文書を提出し、代表質問者の選定を求む。又草葉厚生大臣の来訪を求め、政府側に於て答弁の要領を打合せ、委員長報告及本会議の運営を決定したり。午後、厚生委員会散会後、有馬英二氏来室［草間専門員と同伴］、委員会に於て政府に質疑及希望するの順序を定めたり。

日本婦人平和協会代表吉井千賀子、婦人有権者同盟代表斉藤きえ子、ＹＷＣＡ代表植村環、婦人矯風会代表等三人来訪、教育二法案反対の陳情を為す。

少閑を得て松坂屋に至り、速水御舟画伯の遺作展覧会を看る。

五時、小坂労働大臣より労働委員を新橋亭に招かれ、晩餐を饗せらる。

三月十七日(水)　晴　寒和ぐ
早朝、橿原神宮庁秘書川口　　氏来訪、高階宮司より奈良銘菓「とぶ火の鏡」を齎さる。謝状を呈す。
本会議一一、〇〇―一六、〇〇あり。木村国務大臣より防衛庁設置法案、自衛隊法案、岡崎外務大臣よりＭＳＡ四案に付説明あり。之に対する質疑は他日に譲る。次に国務大臣より地方税制改正法案に付説明あり。之に対し堀、島村、秋山、村尾、加瀬五氏の質疑あり。文部大臣は欠席せしを以て、答弁を他日に譲れり。次で協約承認三件、外務省設置法改正案に付、佐藤外務委員長の報告あり。全会一致承認又は可決す。次に郵便貯金法改正案に付、池田郵政委員長の報告あり。全会一致を以て可決して散会す。

武若時一郎氏来訪す。橿原神宮奉賛会東京事務所は池田謙蔵氏の好意を以て日本橋大伝馬町〔以下記載なし〕

武若氏に対し、橿原神宮にて植樹及種子播を為すことを一般に宣伝せられんことを依頼し、又畝傍山松樹の虫害の防除、崩壊地の土砂止を林野庁へ申入れたることを報告す。池田氏へ謝意を表する為、名刺を武若氏に託す。

十二時半より一時までの休憩を利用し、砂防協会有志会に出席す。牧野、山崎、小林、早尾、赤木諸氏出席す。

今朝のRadio放送にて、国土緑化推進委員長河井は来四月六日神戸市内に於て両陛下の行幸啓を仰ぎ、松を植栽すとありし由、衆議院議長秘書より中山秘書に照会ありし由、中山氏より報告あり。依て直に此正誤を村上常務理事に取扱はしめ、其旨を衆議院秘書室へ通告せしめたり。

十時三十分、浜松市公会堂に静岡県神社関係者大会あり。北白川神宮祭主の御臨席ありたるも、出席を断る。

五時より副議長公邸に於て重宗副議長より晩餐を饗せらる。議院運営委員、事務局、法制局幹部出席す。副議長撮影の米国旅行映画及写真を看覧す。

安永明氏来訪、夜一泊す。

〔欄外〕焼津漁船第二福徳丸〔第五福龍丸〕、太平洋エニワトック環礁を距る八〇浬の地点に於て漁業中、米国の試験せる水爆の細粉を蒙り、多数の負傷者を生じたる事件、昨日発表せらる。

負傷者の手当、漁獲せる魚類の処理、米国に対する補償要求等、重要問題を惹起す。

三月十八日(木)　晴　暖

本会議あり。防衛庁設置法案及自衛隊法案に付、各派代表植竹、広瀬、矢嶋、山下、苫米地、堀諸氏の質問演説あり。次に〔以下記載なし〕

会議は十時半より四時まで継続せらる。其間十三時三十分より十四時三十分まで休憩せり。

舘林の斡旋に依り共産運動資料展覧会を看覧す。石黒、後藤（文）、広瀬三氏も見学す。舘林は同車、案内す。三田村四郎氏［民主労働者協会］に紹介せらる。来訪。吉岡静岡県副知事、原爆被害者取扱の件。中村元督氏［工業クラブ理事］外七名と来訪、警察法案反対。

松本勝太郎氏、明後日帰西すと云ふ。興農学園へ同伴を約す。三浦安蔵氏の退職を告げ、慰謝のことを依頼す。氏は明朝三浦氏の来訪を求めて去る。

竹田智道氏［日本外政学会事務局長］来訪、ナジー博士等の為開催すべき集会に付、打合せを為す。

高瀬荘太郎氏に対し、鈴木有一郎の成蹊高校入学許可の配慮を依頼す。

三月十九日（金）　晴　暖

昨日不在中、黒田敬氏夫人来訪。二月二十八日予の往訪及黒田重兵衛胸像除幕式参列を感謝し、自作のカーネーション及ネーブル蜜柑を贈らる。此麗花を参議院議長室に飾る。

議運及本会議あり。本会議は十時二十分開会［一時四十分より二時四十五分まで休憩］、五時半散会す。MSA説明に対して各派代表、鹿島守之助、梶原茂嘉、羽生三七、曽禰益、鶴見祐輔、木村禧八郎六氏の質問ありて休憩。再開劈頭、山下義信氏の一身上の弁明ありて緒方国務大臣之に答ふ。次に人事委員会設置案提出の理由を加藤国務大臣説明し、之に対して宮田重文、岡三郎、松沢兼人、紅露みつ四氏質疑演説を為す。

十時三十分、米軍成増 Heights Camp の将校及夫人四十名計来院、議事を傍聴す。了て院内を参看し、議長を訪問す。予は高級者十名計りを議長室に迎へ、挨拶を交換し、全員を応接間に導き菓子、珈琲を饗す。簡単に歓迎の挨拶を述べ、之に対して代表者より謝辞あり。佐藤尚武、団伊能両氏も大に斡旋せらる。十一時五十分頃、一同歓喜して退出す。

焼津市議会、漁業組合有志代表来訪す。原爆被害に付、政府へ陳情せりと云ふ。問題解決の為、可及的応援することを約す。

東大寺より無病息災の護符を贈らる。

前田米蔵氏一昨日逝去す。依て帰途同家を弔問し、霊前に焼香す。

三月二十日(土)　曇　風強　寒冷
登院す。読書室に於て Fichte の独乙国民に告ぐるの演説を索む。又札幌農学へ招聘せられたる Dr. Clark の事蹟を取調ぶ。
午後一時、中央学院の卒業式に臨席す。長井真琴博士の需に応じ、博士及教授、父兄、卒業生に対して祝辞を述ぶ。其内容は Clark 博士の教育精神を鼓吹し、又大に Fichte の愛国熱を推称す。式場寒冷にして少しく違和を感ず。校長室にて博士と記念撮影を為す。
医務室にて感冒の手当を受く（注射）。又頓服薬を受けて帰宅す。
入浴の後臥床す。

三月二十一日(日)　晴　冷
昨夜来感冒昂進す。今朝体温三七・〇。依て終日臥床、静養に力む。堀医師の来診を求めしに、他出の為竟に来らず。
春季皇霊祭には不参。静岡県人会中央支部発会式にも不参す。
前田米蔵氏の葬儀には中山秘書代参す。

臥中読書す。小笠郡農協長等来京、野口秘書世話す。

三月二十二日(月)
終日臥床。本会議ありしも欠席す。夜堀医師来診、鼻カタル性感冒と診断す［注射二本］。読書のみ大に進む。

三月二十三日(火)
臥床。体温三五・五に降る。堀医師、夜来診す［注射一本］。
芥川事務総長より小林次郎氏就職に関し報告あり。依て床中より小林氏に電話す。氏旅行中なり。依て急速帰京を求む。
夕、重友来京す。

三月二十四日(水)　晴　暖
感冒稍斂まる。本会議あるを以て、意を決して登院す。
十時三十分、大谷正男氏来訪す。議長公邸借賃値上要求の件に付てなり。芥川事務総長に問題を移し、研究を命ず。
本会議は十時三十九分に始まり、十二時十分に終る。身

体障害者福祉法一部改正、児童福祉法一部改正、医療法一部改正、関税法案、国鉄運賃一部改正、郵便為替法一部改正、二七年度国有財産計算等、何れも可決す。

全国治水砂防協会有志会に出席す。徳川、次田、牧野、赤木諸氏出席す。

日本文化放送会の武田信敬、斉内祥三、二氏来訪す。来三十日行はるべき同会設立二周年記念会に出席して、「少年時代を語る」の打合を為す。予自身のことは述べ難きを以て、鈴木梅三郎、篠田治策、松本喜作三氏の立志談を為すことに決定す。

三月二十五日(木)　曇　冷
倦怠あるも登院す。
二時、静岡育英会評議員会に出席す。二九年度ヨサン案に付議決す。而して本会の将来に付ては、三月三十一日を以て親和会に引継ぐこととし、之が案文の起草を緒明副会長に託し、四月中旬役員会を開くことに決定す。出席評議員は　　氏一名なり。理事は緒明、小塩両氏、監事平山洋三郎氏出席す。徳川総裁は病気欠席せらる。

五時半、錦水方にて神戸浅岡〔田〕平蔵氏の晩餐会あり。数日前安岡正篤氏より案内せられ、出席を約したるも、病気未癒、夜中の会合は避くべきを以て欠席す。

三月二十六日(金)

本会議（一〇、三七―一四、四三）は、日米相互防衛援助協定に伴ふ機密保護法案に付、木村国務大臣より提案理由及案の内容に付説明あり。之に対し長谷山行毅、中山福蔵、亀田得治、棚橋小虎、一松定吉、羽仁五郎六氏の質疑演説あり。了て統計法一部改正案、未帰還者留守家族等援護法一部改正、商品取引所法の一部改正案等を可決す。

遠州鉄道社長青葉延太郎氏、常務八木橋周助氏外一名来訪す。熊村長等国鉄バス運転要望に対し会社線を主張す。

永尾フジエ子（福岡県京都郡母久保村上久の人）来訪。泰治の知人なりと述べ、参議院を参看して帰る。

〔欄外〕神谷慶治先生病気に付、訪問して見舞ふ。Vita－Health 一瓶、Ebios 一缶を呈す。応接室にて面会す。

三月二十七日(土)　晴　暖

朝登院。十時より日本赤十字社第二回通常代議員会に出席す。皇后陛下御臨場あらせられ、総裁として令旨を賜ひ、且有功章を親授せらる。式畢て一同と共に御撮影あらせられ、還啓せらる。十時五十分なり。

登院の上、十二時五十分上野発準急に乗り、栃木県下砂防視察に赴く。赤木博士、木村砂防課長、読売新聞細田正氏、記者等同行、野口秘書随行す。宇都宮より自動車にて日光市稲荷川［大谷川と合流点］及建造中の男体山黒薙（般若瀧上方）砂防大堰堤を視察し、六時鬼怒川温泉山水閣に投宿す。此所にて副知事堤武雄氏［知事小平重吉氏病中］等より晩餐を饗せらる。

三月二十八日(日)　晴　暖

七時半、山水閣を辞し、藤原町字川治に建造中の五十里dam工事を視察す。先づ工事事務所にて所長荒井力技官より説明を聴き、技官の案内にて工事現場に至り、説明を聴取す。往路を引返して鬼怒川温泉地を過ぎ、十時宇都宮栃木県庁に到着す。

県支部長小平久雄代議士の東京よりの来着を待たずして支部総会を開会す。予及赤木博士は砂防の政府及国会に於て取扱に付て所見を述べ、支部長の来着を得て業務報告、二七、二八両年決算承認、二十九年度ヨサンを議決す。散会後、下野会館にて午餐を饗せらる。副知事、小平支部長の外、県議福田新作、伏島善三郎両氏も来食す［此所にて群馬電通興業社長嶋方秀太郎氏に出会ふ。氏は久留馬村の人。往時予は氏の家に一泊せり］。食後市外城山村に至り、有限会社㊣屏風岩石材部専務渡辺宏之氏の案内にて石仏大谷寺に参詣し、又大谷石採掘現場を視察す。

三時、宇都宮発準急にて帰京、五時着す。車中混雑甚しく車掌室の利用を許さる。山水閣女主人に烏桕種子四種、若干苗を頒つ。

三月二十九日(月)　晴　暖

母上の命日なり。相変らず参議院の事務に忙殺せらる。本会議は遅れて三時三十分開会、八時三十分散会す。補正ヨサン案、税法案十五件及請願、陳情等を上程、可決す［午前中本会議の休憩したるに関し、社会党左右派より物議を生ず］。

来訪者。繁田武平氏、議事を傍聴す。御料茶の製造に付、注意を与ふ。

県水産部長　　　　氏、焼津漁業業者の被害額調書を提出す。

熊村昌一郎氏、国鉄バス営業開始に付要望せらる。

Indonesia 国 Pimpinan Merdeka 紙社長 B. M. Diah 氏、佐藤外務委員長、団伊能氏、池田宇右衛門氏等の来室を求め、意見を交換す。

兵庫県多可郡黒田庄村長宮崎増之助氏より祝餅二箱を贈らる〔記功碑に揮毫の礼〕。

〔欄外〕午前中開会せしも政府側の出席なし。故に一旦休憩す。

三月三十日(火)　晴　暑

本会議あり。一〇、三七―一一、五九。質問二、日米郵便約定承認、中小企業金融公庫法改正、農産物検査法改正、食管会計法改正、放送聴取料値上等を可決して休憩。午後　　開会。骨牌税修正、物品税、農共済再保険不足繰入、国民金融公庫法改正等を可決す。

徳川宗敬氏が理事長たる日本文化放送 50 cycle 記念祝賀放送会に出席〔一、一五―一、四五〕。子供大会に於て鈴木、篠田、松本三少年立志談を為す。唱歌を謳ひて帰る。

来訪者。松本堅三郎氏、芋米運動に付報告あり。二千〆会の復活を求めらる。金一万円を呈す。

浅岡源悦氏、大久保寛一氏。浅岡氏令息、米国へ農業習得の為昨日横浜発船したるに付、謝意を表せらる。両氏に中食を呈す。

福山市暁の星女学校榛葉康子来訪す。修学旅行の為上京せし由なり。野口秘書、各種の便宜を計る。

警視三宅修一氏麹町署長に、警視井出勇氏第二方面本部長に栄転せる由にて来訪、挨拶を述ぶ。

第二回全国豚共進会、平塚市にて開会せらる。岸良一氏祝辞を代読す。

〔欄外〕服部源太郎氏は対馬に於ける甘藷増産の講習を終り、二十六日出発、二十七日帰宅せりとの通知来る。依て同氏に謝状を発し、又西岡長崎県知事、山田対馬支庁長に対して謝状を呈す。

三月三十一日(水)　晴、暖

本会議に於てヨサン関係法律法案の通過を計る。予算委員会は、昨日以来停頓して開会せず。理由は予算に関係ある入場税法案が衆議院に於て決定を見ず。緑風会代表委員はヨサン委員会に於て、同案の通過に関し政府及与党の態度の正確なる発表を見ざるに於てはヨサン案を審議し難しと主張して、之の発表を待つため審査を停頓せしめたるに対し、政府及与党は確実なる見透しをなすを得ざるの状態なり。

予は議長として本日中にヨサン案の審議を了するの必要を認め、先づ館政策委員長の来訪を求め、緑風会の態度を聴取したり。会は会代表者たるヨサン委員の意向を尊重するの外なしとのことなるに由り、森八三一氏を招き進捗を勧告す。赤木正雄、高瀬荘太郎両氏は交々予の室に来りて、緑風会の空気転換の方法なきやを愬ふ。依て予は更に石黒、田村、館三氏を招き、緑風会総会の態度緩和を求めしに、田村氏の意見最強硬にして変更の余地なしと断言せり。

然るに緒方副総理は与党三派の態度亦一致せずと告げ、佐藤幹事長、小沢対策委員長も亦同一意見なり。青木ヨサン委員長も亦委員会開会の方法なきに苦しむ旨を陳べらる。

予の意見は、明年度ヨサン案が本日成立せざれば、明日以後の収支に支障を生ずるのみならず、参議院が議決権を行使せざりしことの悪例を作るを以て、法律案とヨサン案との不可分論を固執するの不可なるを告げて、緑風会の反省を求めたり。石黒、田村両氏は、之に対して其不能なる旨を答ふ。

斯くて本会議休憩の間、事態進捗せず。自由党石坂豊一氏、池田宇右衛門氏交々来訪、希望を述ぶ。

衆議院は参議院のヨサン議事に頓着なく、夙く議事を終了して散会したり。依之已むを得ずヨサン案の上程を断念し、　　開会、法律案を議了し、　　散会したり。将来に悪例を貽したるは甚だ遺憾なり。

本日を以て掛川に市制を施行す。東山口村、曽我村を合併す。富士市、藤枝市も発生す。

舘林は、午後羽田発飛行機にて佐賀へ帰る。四日帰還のヨテイなり。

〔欄外〕事務総長より Webster 英辞典を贈らる。¥13,000。

四月一日(木)　曇　冷

ヨサン委員会は、本日も亦昨日と同一理由を以て開会に至らず。予は関係法案とヨサン案不可分論の不可なること、将来のヨサン案審議に悪例を貽すこと等を強調して、速に委員会の開会を促すやう石黒、田村、館三氏に勧告せりし時に、予はヨサン案の議決に際し議長がCasting Voteを行ふ場合を想像して、予の決意を明にしたり。赤木氏、高瀬氏は大に斡旋し、緑風会の態度漸く緩和せるが如く見えたるを以て、一縷の望みを抱きたり。

本会議は定刻に開く能はず。已むを得ず午後九時六分開会、ガス事業法案、航空法一部改正案、租税特別措置法一部改正案を可決し、九時三十四分散会す。

散会後石黒、田村、館三氏の来室を乞ひ、予算案審議の必行を力説す。緑風会の空気は未解舒に至らざる模様なり。帰宅後、石黒氏に電話し、法案ヨサン案不可分論に捉はるるなきやう希望し、今後同様の理論を以て緑風会が窮地に追詰めらるるの惧ある旨を警告す。此点に関しては、緑風会の意見は、速に立法措置を執りて、両院を拘束せんとするに在るものの如し。然れどもこれは理想論に止り、法律として成立するの見込なし。又少くとも当面の問題の解決には役立たず、却て他日の累を為すものなり。

故三土忠造氏の七回忌、築地本願寺にて行はる。依て十一時半参会、焼香す。生花一対を供す。

来訪。佐藤尚武氏、ヨサン案の処理に関し予を激励せらるる為なり。予不在。赤木正雄氏、ヨサン案審査に関し緑風会の状勢を報告せらる。

寺尾豊氏、松岡平市氏、ヨサン案審査推進に付、希望を申出でらる。予は一貫せる予の意見と努力とを以て答ふ。

掛川市制施行祝賀式典は、十時県立掛川西高校にて行はる。祝詞を呈す。中山報徳社常務、代読す。

明二日朝、特急はとにて奈良県へ赴くことを中止し、午後其旨を奈良県庁、橿原神宮庁及大平駒槌氏へ電報す。ヨサン案審議に関し、予の旅行を許さずと認めたるに由る。依之予は三日午後発掛川に帰り、四日、五日、六日の予定を変更せず。念の為各方面へ通知せしむ。

四月二日(金)

早朝、緒方副総理に電話して参議院の形勢を告げ、政府側の努力を促す。

石黒緑風会議員会長にも電話し、ヨサン審議権を尊重し、政府に対し積極的態度に出でられんことを要望す。

予算委員会は本日も停頓し、進捗の模様なし。

本会議は二時五十分開会し、厚生年金制に関し各派代表質問を為す。

予算案は本日中に議決すべし、然らざれば憲法第六十条第二項後段の規定に依り、衆議院の議決が国会の議決となるを以て、議長としては斯る事態の発生を不可と認め、二時四十五分各派代表及予算委員長を議長室に招集し、速に委員会の議を決し、本日中に本会議にて議決せらるるやう懇望す。即ち〔以下記載なし〕

各派代表の意向を問ひたるに、緑風会は同会員たるヨサン委員の意向を尊重するも、委員長のヨサン委員会を開会する場合には、委員をして出席せしむ（積極的にヨサン委員会開会を主張せず）と答へ、自由党は発言せざりしも予の意向に賛同し、其他の会派は悉く積極的に予の意見に同意し、本日中に終了せんことを誓ひたり。青木ヨサン委員長に対しては、速に理事会に諮り委員会を開会せらるべきを要請し、開会に関しては、社会党両派其他は開会に賛成す。但し緑風会は之に反対せずとの態度なるを告ぐ。之に対して委員長は、自由党の意向としては、ヨサン案の審議に付ては飽くまで緑風会と提携して進行したし、故に緑風会の対ヨサン態度が有利に展開することを希望すと答へ、委員会停頓の事由は爾来好転を見ずとの苦衷を告ぐ。之に対して予は、各党各派の態度既に明確なれば時期切迫せる此際委員会開会を遷延するを許さずとして、委員長としての職務の遂行を懇請す。

委員長は尚委員会に於ける緑風会委員の態度を懸念し、更に本会議に於ける緑風会議員の賛否に付、深憂を抱くものの如き苦衷を述ぶ。予は之に対して、委員会に於ける緑風会委員の態度は、前提条件たる法案関係に付釈然たらざる以上、委員長の希望に副ふやう変化するものとは認められず、又本会議に於て緑風会員が如何なるVoteを為すや、或は退席するやは不明なり。而して反対の場合にはヨサン案の否決も亦予想せられ、退席の場合には可決さるるものと考へらる。緑風会は議場に於てはヨサン委員の立場を尊重し、之と同一態度を執るものと認めらるるも、若干名は除外例を求めて賛成の側に加はるべし。併し本議場に於けるVoteの懸念は、ヨサン委員会の開会を遷延するの理由とならずと告ぐ。爰に於て委員長は速に理事会を開いて審査を進むる旨を答へ、各党各派代表、其意を諒として退散したり。出席者左の如し。

自由党　寺尾豊、小林英三、平井太郎　三氏
緑風会　石黒忠篤、田村文吉、館哲二　三氏
社会党（左）小笠二三男、三橋八次郎　二氏
社会党（右）山下義信、三木治朗　二氏
改進党　苫米地義三氏、松浦定義　二氏
無所属　千田正、木村禧八郎、鈴木一　三氏

予算委員長は四時四十五分理事会を召集し、委員会開会のことを諮り、委員会停頓の原因に付ては何等変更なきも、此際時期切迫せるに因り開会しては如何と述べたるに対し、各理事は、然らば当初の決定に基き開会に同意せずと述べ、竟に開会に至らずして歇めり。

議院運営委員会は、社会党両派、無所属より各一名の緊急質問を認め、参議院のヨサン案審議停頓の事由に付、政府に対し問責するに決定したり。

本会議は十一時二十分開会。内村清二、相馬助治、木村禧八郎三君の痛烈なる質問演説あり。之に対して緒方副

総理、小笠原大蔵大臣等の答弁あり。十一時五十九分散会せり。

静岡新聞社社屋落成式典［十一時］あり、祝電を呈す。

芦田貞明尼外一名来訪、掛川天主台観音堂鐘楼建設に付、寄附金を求めらる。金三千円を寄進す。

事務総長に対し、前年度に於ける議長交際費支出の実績報告を求む。

〔別紙（挿込みのメモ）〕

（河井）委員長は理事会に諮り速に委員会を開会せらるべし。其場合、社党両派は開会に賛成す。緑風会は反対せず。

（青木）委員長は、自由党の意向としては、ヨサン案の審議に付ては飽くまで緑風会と提携したし。緑風会の対ヨサン案態度が有利に展開することを希望すと述ぶ。

（河井）時期切迫したる今日、此希望実現の為に開会を遷延するを許さず。本会議に於てヨサン案が否決される場合には、当然両院協議会が開会せらる。開会の時間等をも考慮して議事を進むる必要あり。

（河井）議長は、ヨサン案は本日中に審議を了することが必要と考ふ。故にヨサン委員長は速に開会せられんことを

とを強く希望す。

〔欄外〕議長は各派代表より支持を受けたりと思ひしに、結果より見て甚権威なき者なることを感じたり。言辞を励まして行へる質問演説《インターペレーション》の真意如何。これを聴居る議長の心闇然たり。

四月三日(土)　晴　暖

登院、事務を執る。橿原神宮宮司高階研一氏、大平駒槌氏等に不参理由書状を送る。又東大寺、春日神社へも申訳書を発せしむ。

帰村。東京二、二五―七、五一掛川。車中超満員なり。気分悪し。一家健全。重友は名古屋へ赴き、帰途浜松にて予を迎ふる為下車せしも、予が予定を変更せしを知らず、空しく掛川へ帰還せりと云ふ。駅頭には新任駅長八木虎之助氏（身延駅長より栄転）出迎へらる。

四月四日(日)　晴　暖

昨夜蛙声を聴いて眠る。心身自ら暢然たり。又昨夜は掛川市制施行記念祭にて、煙火打揚げらる。予の居室より之を眺め、久々にて故郷の味を満喫す。

徒歩報徳社に出勤す。十時より二宮、佐藤両先生祭典を行ひ、事業及土台金を奏上す。又優良各社、社員表彰を為す、例年の如し。了て講話を為す。丸山講師、土岐章講師も亦講演せらる。出席者五百名。揮毫数葉。

鈴木市長、志村議長、鈴木賢一氏、宮沢嵒氏、鈴木亀太郎氏等来社。

七時、光明報徳社に至り、講演す。元西郷、倉真両村の報徳学園出身者十七名の結社に係るものなり。岩竹、小柳両参事同行す。会場には村内有志参集す。九時帰宅す。

江川坦庵先生百年祭韮山村にて行はれしも、出席する能はず。村長内野豊氏に対して欠席を告げ、祝意を表す（書状）。

〔欄外〕三孫（ふき、よね、修）の為、三年間据置貯金満期となり、一二〇〇〇円を返還せらる。依て之を敏子に与へ、銘々の貯金となさしむ。

四月五日(月)　晴　夕曇　冷　本会議欠席

静岡行。掛川七、三九―八、　静岡。小塩孫八氏の出迎を受け、氏の自動車に同乗し、日赤病院に三橋四郎次氏を見舞ふ。去一月脳溢血発病、経過佳なるも言語を発し難く、右半身不随なり。食欲平常、意識明瞭なり。院長に面会して所見を質したるに、既に入院の要なしと認むるに由り、来十九日退院せしめ郷里に還らしむと云ふ。然れども今後は体力漸減し、遂に起つ能はざるに至らんと答ふ。夫人も予の来れるを感謝し、近く養嗣子努氏の為に新夫人（仁田婍子）を迎ふるに由り、予の出席を求めらる。之を諾す。

十時より静岡倶楽部にて開会せる静岡福祉事業協会の役員会に出席す。二十八年度業務報告、同決算を承認し、二九年度ヨサン及特別会計ヨサンを議決す。中食を共にす。

天皇、皇后両陛下には、神戸市に於ける植樹行事へ御臨場の為、東京九、一〇―五、四五神戸にて御西下あらせらる。静岡駅頭には小塩、広瀬両氏奉迎送す。予は不参す。

予は静岡一二、四一―一九、三一大阪にて植樹記念式へ赴く。赤木正雄、横川信夫両氏と同車す。両氏と別れ、大阪に下車す。赤間知事代理、兵庫県　　課長松本樫三郎氏、昇三郎、泰治、三島、角替の出迎を受け、駅長室に少憩。大阪府庁の自動車に乗り、　　課長、昇三郎と同車、芦屋に着。野口氏随行す。芦屋警察署長来訪す。

四月六日（火）　雨　夕晴　暖

昨夜来降雨あり、今暁三時頃強風を加ふ。六時起床。風歛りたるも雨尚歇まず。布施信良博士、朝七時半来訪せらる。

八時、兵庫県庁差廻しの自動車に乗り出発、垂水区多聞町なる植樹記念式場へ向ふ。　　課長同乗案内し、昇三郎及野口氏同行す。九時三十分着、十時開式。緑化運動の宣言、表彰、式辞、祝詞等あり。予は緑化推進委員会最高顧問として（堤委員長欠席）式辞を朗読す。兵庫県知事岸田幸雄氏、神戸市長原口忠次郎氏も主催者として式辞を朗読す。祝辞は保利農林大臣、大達文部大臣（代読）朗読あり。

両陛下、十時五十分行在所舞子 Villa 御発車、十一時二十五分植樹現場に御到着あらせらる。依て山頂まで奉迎し、現場まで扈従す。直に御植栽あり。予は先づ天皇陛下の松苗御植栽に奉仕す［次は岸田知事、原口市長なり］。次に皇后陛下に奉仕す［次岸田知事、原口市長］。了て予自ら御植栽地の下続きに五本を植えたり。来会者三千余人、悉く二本づゝを植栽す。両陛下には知事及び柴田林野局長官の御進講を聴召され、了て御徒歩にて種子播場へ行幸啓、松（聖上）、杉（皇后宮）の種子を播かせらる。徳川宗敬氏聖上に、瀧川　氏皇后宮に奉仕す。十二時三十分御乗車、行在所へ還幸啓あらせらる。

予は式場にて岸田知事、徳川氏、瀧川氏、村上龍太郎氏に鳥柏種子四種を頒てり。昇三郎及布施博士へは芦屋宅にて若干を贈れり。

両陛下御着車までは細雨断続せしも、御下乗後は止みて静穏なり。十二時五十分頃発車、先づ舞子 Villa に伺候し、侍従次長を経て行幸啓を拝謝し奉る。次長より今回の行事は式場のセイリ最良く行届けりとの御批評を給はりし由を伝へらる。

次に岸田知事邸（感謝の為）、湊川神社（参拝）、原口市長邸（感謝の為）に至り、二時三十分頃芦屋宅に着す。

三時発車、大阪ビルに到り、中橋会長等に面会し、四時より約一時間、関経連有志と会談す。会長関桂三氏の紹介に依り、予の政局観を直言す。来会者は十五名なり。中に加藤正人氏も加れり。五時辞去、六時前芦屋に帰る。

六時半より昇三郎の好意に依り親戚縁者と会談し、晩餐を饗せらる。出席者は昇三郎、高子、志郎、泰治、秀子、誠、三島甫、ナホ子、角替利策、山田博、同佑子、布施博士なり。山田博士の撮影あり。清興尽くる所なし。八時辞去、昇三郎に送られて大阪駅に着。駅長室にて松本堅三郎氏と会見し、甘藷食推進計画に付て報告を受け、九時発銀河に乗り、一同に見送られて東上す。銀河にては赤木博士と対室す。京都駅を過ぎて睡眠す。

岸田知事より洋菓 Marron glacé を贈らる。一同の饗宴に提供す。又草餅、葛しるこを一同へ、茶を三島母堂へ呈す。

〔欄外〕

岡橋	林	西宮市南郷町一〇二
井上	富三	呉羽紡績社長
田中	守三	武田薬品常任監査
原	吉平	大日本紡績社長
加藤	正人	大和紡績社長
阿部	孝次郎	東洋紡社長
関	桂三	東洋紡会長

寺尾威夫　大和銀行頭取
伊藤道次　堺化学工業社長
中村文夫　日本板硝子社長
富久力松　東洋ゴム工業社長
岩井雄二郎　岩井産業社長
中橋武一　大阪建物会長
河井昇三郎　〃　社長
上藤友恵　関経連事務局長

〔欄外〕誠の為に行へる三年据置貯金の満期返還金四〇〇〇円を秀子に与へ、誠の為に貯金を為さしむ。

四月七日(水)　晴　冷

七時五十三分東京駅着。先是BS日本連盟長三嶋通陽氏より車中宛電報あり。同氏等駅頭にて予を迎へ、駅長室にて比島派遣Scout Boysの為に激励辞を求めらる。依て其通り実行す。赤木博士も今回兵庫県BS連盟支部顧問に嘱せられしを以て、簡単なる壮行辞を述べらる。

本会議あり、駅より登院、議事を行ふ。

一昨日匈牙利元首相Nagy博士、波蘭亡命政権首相書記官長Lerski博士及Nagy博士の秘書官、表敬の為来院せる由を聞く。

石黒忠篤氏と会見し、去三日同氏及苫米地来訪、参議院の態度匡正の為、各党各派代表者を招集する件に付、協議す。即ち議員、会長各一名の来集を求むることは結果宜しからず。依て其主義に捉はるることなく、複数の有志を招くべしと決したるも、既に三葉会なるものあり、昨年参議院半数改選後は之を開かざりしも、今回招待すべきMembersは三葉会を基礎として、之に(緑風)石黒、(自由)愛知、(社左)羽生、三橋、(社右)三木、八木を加ふることを相談す。石黒氏の同意を待たるを以て、重宗副議長、赤木議員と会見し、三葉会側には異議なしと決し、社左羽生氏を招き、欣然たる承諾を得たり。社左よりは同氏の推薦に依り、三橋八次郎氏を招くことに決定す。

苫米地氏に対しては、石黒氏より説明して同意を得たり。又改進党よりは、同氏の外に招待せざることに決定したり。

来訪。佐野弥一氏(三島市会副議長)、小林武治氏同伴、紹介せらる。

伊達巽氏(明治神宮権宮司)、副島広之氏(同禰宜、明治

神宮造営事務局長）来訪、明治神宮造営に付、奉賛会顧問を依嘱せらる。之を承諾す。

四月八日（木）　曇　冷

登院。来十二日招待すべき議員三木治朗氏と会見して、賛成を求む。次で八木秀次博士の来室を求め、同席の同意を得たり。博士の参議院の現状に対する批評は、強く予が意を惹けり。依て緑風会なる説明書を呈す。愛知氏は重宗副議長より勧説済の由報告あり。又高瀬荘太郎氏には電話を以てし、佐藤尚武氏及中山寿彦氏には面会の上、同意を得たり。斯くて会員確定し、中山秘書に命じて予の招待状を発送せしめたり。

緑風会政務調査会にては〔二時半、副議長公邸〕天川勇博士を招き、ビキニ水爆実験に関する特別研究会を開けり。依て四時まで出席す。

五時、公邸にて Dr. Nagy、Dr. Lerski 及　　　　氏を招き、参議院緑風会有志と会談す。出席者は世話係日本外政学会　　　、田村幸策博士、松本　　　博士の三氏、緑風会側は石黒、梶原、竹下、田村、赤木、奥、加賀山、片柳、岸、北、楠見、島村、高橋〔道〕、豊田、広瀬、前田〔久〕、佐藤〔尚〕。先づ庭園を案内したる上、撮影す。応接室にて予の歓迎及紹介辞あり、之に対し三氏交々謝辞を述ぶ。松本、田村両博士通訳す。食堂にては各種の腹蔵なき談話あり。松本博士の紹介及通訳最有効なり。九時半散会す。

〔欄外〕

　河井、重宗

緑　佐藤、赤木、高瀬、石黒

自　中山、愛知

社左　羽生、三橋

社右　三木、八木

改　苫米地

四月九日（金）　晴　暖

本会議あり。

印度ネシア国会議長 Dr. Sartono 氏来訪。am.11の予定なりしも、氏は昨日飛行機にて着京、爾来感冒に罹れる由にて不参の通知あり。依て見舞として花を贈る。

伊東忠太博士逝去せらる。依て鳩居堂にて線香を求め、弔問焼香す。

日米通好条約締結百年記念晩餐会〔七時、東京会館〕に招かれ、出席す。高松宮、同妃両殿下にも御臨席あらせらる。出席者三百五十人、頗盛会なり。殿下、アリソン大使、岡崎外務大臣の演説あり。外相の演説は注目すべき内容あり。九時半散会す。

予は外相に対し、⑴水野伊太郎氏派欧のことを謝し、⑵来十二日外務委員会には外相の外、必ず吉田首相の出席あるやう強く希望したり。

〔欄外〕毎日新聞朝刊に、来十二日開催すべき予の会合に付、憶測に出でたる記事あり。其中には予の招待せざりし人名を掲ぐ。甚不当のことなり。

右に付、本日同新聞三並氏来訪、予の諒解を求む。予は新聞紙が私事を記するの不当なるを告げ、厳重に注告す。

四月十日(土)　晴　暖

二俣行。東京九、〇〇―一二、三四浜松。光明村議会議長時久源一氏の出迎を受け、氏の案内にて乗車、光明村内山真龍翁生誕二百年祭、御贈位奉告祭に出席す（祭主村長真龍会長宮沢喦氏、家主内山忠三郎氏）。吉田首相は特に祝辞を寄せられ、総理府人事課長事務官稲村　氏を特派せらる。斎藤知事代理田口出納長、坂本太郎博士、岡野教育長、大竹町村会長、小山正氏等を初めとし、有志二百余名出席す。先づ祭典を行ひ、滞なく終了す。次で祝宴を行ひ、宮沢村長の経過報告あり、首相代、河井、知事代、教育長、町村会長、坂本博士、小山正氏等の祝辞あり。内山忠三郎氏の謝辞ありて、弁当、祝酒を饗せらる。予は敷地村報徳会合に出席の為早退す。

五時、敷地村高等学校着。少憩の後、伊藤村長の案内にて村民大会に於ける林業モデル村、郷土をよくする会、全村報徳会に出席す。需に応じて約一時間に亘りて講演す。偶ま加藤仁平博士の講演あり、博士と会談の機会を得て好都合なりき。敷地村長の配慮に依りて鉄道乗車の予定を変更し、自動車にて七時帰宅す。

特記―内山翁に対する御贈位奉告祭は熱烈なる祭式を以て行はれ、滞りなく終了したるは予の最欣快とする所なり。而して吉田総理は、予の申出を俟たず進で祝詞を呈せられ、特に人事課長を発遣せられたるは、予の最も感銘する所なり。

敷地村治の挙れるは頗歎賞に値す。畢竟永年積善の大慶なり。

夜、東大学生磐田郡　　村水野勝氏、来訪す。父兄と共に来る。

四月十一日(日)　晴、暖

引佐郡婦人連合会［会長朝比奈すえの子］に赴き、講演す［掛川七、四二―九、〇三気賀。引佐郡町村会と連合主催なり。会長杉浦卓朗氏、副会長奥村菊重氏［奥山村長］］。演題は生活の改善に付てなり。会衆三百余名。衣食住に付合理的生活を為すべしとの趣旨を述べ、転じて経済上日本の危機、国際生活に於ける日本の立場を明にし、自制なき思想の危険と国民の覚悟を鞏くすべき必要を切論したり。吉野屋にて中食を饗せられ、一時三十分出発、浜松二時三十五分発湘南電車に乗り、帰京す。駅まで石原民次郎氏、井村豪氏、［気賀町米穀飼料］金子仲伍氏見送らる。蜜柑二箱を与へらる。

往路都田駅にて百武源吾大将に面会す。特に予の為に来られしなり。又吉野屋にては森口淳三氏の養父君、満洲婆鈴木しげえ及引佐郡学校教員組合代表三名の来訪を受く。

四月十二日(月)　風雨　冷

本会議、一一―一二。安部きみ子氏の米国水爆実験に対する外務大臣の所見に対する緊急質問、国際砂糖協定の批准承認の件を承認す。

議院運営委員会二回。特に加藤武徳議員逮捕に関する承認問題の審査は、四時半より六時まで行はれ、福永官房長官及犬養法務大臣に対して各員より質疑を行へり。予は事議員の身上に関する問題なるを以て、終始傍聴したり。

朝比奈貞正氏、玉置てる子嬢と結婚式を神宮会館に挙ぐ。式にのみ出席す。

各派有志懇談会は五時半公邸に招集せしに、議運に出席したる為六時過出席す。先づ晩餐を共にし、応接室に於て懇談す。予は此会合を催したる趣旨を述べ、Memberの選定に関する経緯を明にし、羽生、赤木、重宗、佐藤、石黒、苫米地諸氏等より参議院共通問題に付、隔意なき意見の陳述あり。今後は必要に応じて開会することを申合せ、九時半散会したり。出席者は河井、重宗、自党中山（寿）、愛知（欠）、緑風石黒、佐藤、赤木、高瀬（欠）、社左羽生、三橋、社右三木、八木、改進苫米地なり。

右の会合に関して毎日新聞に不当なる記事ありしを以て、之に抗議す。記者　　氏来訪、弁解を為す。

某映画社より玄関及廊下をlocationとして撮影したしとの申入あり、之を拒絶す。松影会開会せられしも、本会議等の為欠席す。

四月十三日(火)　晴　暖

議院運営委員会に出席す。加藤氏の件、夜十一時半まで審議す〔予は六時退席す〕。

来訪者。印度ネシア国会議長Sartono氏来訪。日本国会の組織、運営等に付、種々質問を受く。詳細説明を為す。便殿、議場等を案内す。

二俣町長匂坂佐一氏、佐久間線急設請願書を持来る。

静岡県議会議長吉野倫将氏、議員小野近義氏、長友喜作氏、其他数名。伊豆観光指定に付、運動す。

二九年度砂防費静岡県割当額に付、木村技官より報告を聴取す。即ち補助費六〇、〇〇〇、〇〇〇円（二八年度四三、八〇〇、〇〇〇円）、事業費九〇、〇〇〇、〇〇〇円（前年度六六、七〇〇、〇〇〇円）外、地すべり工事費二、五〇〇、〇〇〇円なり。此増額は赤木氏の配慮に由る。

由比町長池田英夫氏より同町内砂防視察を求めらる。依て返書を発し、之を断る。但し　　土木部長を訪ひ、要求を提出すべき旨を告ぐ。

〔欄外〕興三より若杉藤平氏長女敬子と結婚を希望する由話しあり。ます子も最良縁なる旨を述ぶ。杉山東一氏、榛葉康子の熱心なる斡旋ありしに由ると云ふ。

四月十四日(水)　晴　冷

議院運営委員会は、加藤議員逮捕要求許諾承認の件に付、詳細なる審査を行ふ。自由党は決定を遷延せんと試み、緑、社左右其他は本日議場に上程するの意向なりしも、本件は明日特に本会議に上程することとし、夕刻全会一致を以て承認を与ふることに決定したり〔討論には発言者なし〕。

全国治水砂防協会有志会に出席す。出席者は次田、牧野両氏なり〔赤木氏は神奈川県へ出張せり〕。

本会議は議運の進行に鑑み開会を遅延せしも、加藤議員の件は明日上程する〔に〕内決せしに由り、四時五分開会。肥料取締法一部改正、国会議員選挙等執行経費基準法一部改正両案を可決し、二八年度予備費使用等四件を承認し、四時三十五分散会したり。

印度上院議員某氏来訪の報、高良議員より受く。待居たるも竟に来らず。

夜、榛葉孝平氏来訪す。⑴楠原正秀氏の推薦に依り、食糧庁にて築造すべき輸入麦貯蔵用サイロ関係事務嘱託に付、長官へ依頼方申出あり。予は長官を知らざるを以て、片柳農林委員長に依頼することとす。⑵令息朗君の身上に関する件［恩給年限通算の件、国の官吏と地方公務員との通算如何］。⑶朗君、左合君及鈴木君の為に揮毫を依頼せらる。九時半まで歓談す。

四月十五日(木)　快晴　暖

本会議を開く。議員加藤武徳君の逮捕許諾を与ふる件を全会一致［但し意義なきやを諮ふ］を以て可決す。

吉田首相主催観桜会あり。十時四十分発、新宿御苑へ赴く。赤木氏、舘林同車す。晩桜の新緑を映し、雨後の清苑、絶賞に値す。茶菓を饗せらる。十二時帰院す。

焼津水爆被害者を東大病院に見舞ふ。院長［美甘　博士］より病状を聴取せしのみにて、伝言を依頼して去る［病室に入りて見舞ふことは許されず］。次に国立第一病院に赴きて見舞ふ。院長坂口康蔵博士、主任栗山重信博士より病状を聴き、両博士の案内にて病室に入り、見舞を為す。

四月十六日(金)　晴　暖

本会議あり、十一時より十二時三十分に亘る。

来訪。杉山東一氏、榛葉康子両人は、若杉敬子同伴来院す。興三は予と同車、参議院に到る。杉山氏より敬子嬢を紹介す。一同は院内参看及議事傍聴を為す。三人に対して議長室にて中食を呈す。

北海道平取村々長平佐武美氏来訪す。氏の希望に依り佐々井信太郎先生、掛川報徳社、谷田川報徳社、片平九郎左衛門氏等へ紹介名刺を与ふ。而して報徳村視察には、先づ本社にて案内を受くべき旨を勧む。又東隆氏在院に付、同氏の来室を求め、面会せしむ。

故鈴木貫太郎先生の七周忌、首相官邸にて開催せらるるに付、出頭す。孝子未亡人、令嗣一氏夫妻、孝雄元大将来会せらる。迫水代議士、専ら斡旋の労を執らる。会衆百七、八十名、一同を代表して吉田首相代理緒方副総理の挨拶あり。下村海南氏、記念事業を発議し、一万田日銀総裁之を賛し、全会一致可決す（来会者一同を発起人とし、実行委員は此中より挙ぐることとす）。次で鈴木一氏より謝辞を述べられ、会食す。食間石黒忠篤、百武三郎、松村謙三、河井、鵜沢総明、左近司政三、其他三、四人の追悼辞あり。頗盛会なり。百武氏を東京駅に送り、又予の帰途、橋本実斐氏を東京駅に送る。

午前中、宮内庁秘書課長高尾亮一氏に電話を以て、呉竹寮設立決定の年月日、倫敦軍縮会議の結果を不満として伏見元帥宮殿下の上奏計画を阻止したる年月日等を問ふ。是れ予が鈴木先生追懐談の材料として用ゐたるものなり。

小林次郎氏の令夫人来宅す。ます子面会す。用件は小林氏の就職決定を催促する為なり。

四月十七日(土)　曇　夕雨　暖

朝、電話にて徳川公の病気見舞を為す。軽微なる肋膜炎にして殆ど平癒されたるも、平臥静養に努めらると云ふ。徳川頼貞侯の訃を聴く。

芥川事務総長に電話して、小林次郎氏の就職催促如何を相談す。又徳川頼貞公の訃を伝ふ。

帰村。東京九、四五―二、五九掛川。重友の出迎あり。駅長室より報徳社に電話を為したる上、自動車にて帰宅す。野口秘書随行す。

夕食後、重友に対し興三の縁談に付報告し、東京に住宅を作るため土地入手の方法を問ひ、又住宅金融公庫より融資方法を問ふ。宅地は戸塚重一郎氏所有の保谷を借用せば如何との話出づ。

朝比奈瑛子、掛川宅に来り投宿す。貞一と共に久能山に参拝せりと云ふ［貞一は家康公愛用の時計修理の為登山せり］。

四月十八日(日)　夜半来強風　豪雨

意外の大雨なり。各川の氾濫を憂ふ。本日静岡市渡辺史郎氏の率いる合唱団約六十名来訪。南郷報徳社員と合歓、夕食の上帰岡するの予定にて朝来用意せしに、来訪者の数を減じたり。

九時、報徳社に出頭す。十時より農事講師及東遠明朗会主催にて丸山方作先生喜寿祝賀会あり、之に出席す。予は一同を代表して祝辞を述べ、一同よりの祝品目録を呈す。次で出席者各員より祝賀の意を表す。荒天大雨の為来会者四十余名に過ぎず。遺憾なり。食後、丸山講師より米作研究事項を発表せらる。今夕有志と共に報徳社に一泊し、明日は南郷報徳社へ来講せらるる予定なり。

予は三時三分掛川発にて帰京す。報徳社にて笠原村早間円治氏に農事講師を嘱託す。又同氏より笠原村内低地排水に付、協力を依託せらる。

東上の車中より大小河川の出水状況を視察す。小笠、榛原、志太最激しく、熱海以東は無事なり。

四月十九日(月)　雨　夜晴　薄暑
登院す。来訪者左の如し。

岡本愛祐氏、宮野省三氏、日本消防会顧問を嘱託せらる。之を諾す。

浜名町議員一行、院内参看。原谷村長鈴木清吉氏、存問。

赤木議員、高瀬議員。

第二回 Asia 競技大会日本代表団結団式并壮行会［三時十五分、中央大学］に参議院を代表して出席し、秩父宮妃殿下台臨の下に壮行の辞を述ぶ。堤議長、内閣代表安藤国務大臣、安井東京都知事の激励辞あり。

五時半、神戸市浅田平蔵氏より招待せられ、錦水晩餐会に出席す。安岡正篤、佐藤尚武、岸信介、千葉三郎、砂田重政諸氏、其他出席す。岸、千葉両氏より政界混迷の現状及拾収策に付説明を聴き、各員意見を述ぶ。党人の言は矢張り党臭を脱せず、国家救治の抱負を欠く。憾むべし。予は各党新進代議士の急速結党して内閣組織にまで進展すべしとの論を強調す。而して、(1)旧党人は政府并党の要職に就くを排すべきこと、(2)社党に対する政策の別を明瞭にし、特色ある大政策を掲げ、総選挙に突入すべきことを前提とするものなり。

〔欄外〕吉田首相午後上京。緒方、福永、佐藤、益谷等と佐藤、池田に対する検察庁の逮捕要求阻止の方法を議す。其結果、強力に阻止することを決定す。

然るに犬養法相は軟弱にして其任に堪へずとの政府及与党の批評強きを聞知し、法相を喚び任務転任を命ぜんとせしに、法相は所務過重を述べて国警担当を解除されれば法務に専任するを得べしと答ふ。

爰に首相は犬養の国警担任を解き、之を小坂労相に兼任せしめたり。

四月二十日(火)　晴　冷

登院す。三角五郎氏（鎌倉市大船町植木町六五四住）来訪す。長崎県佐世保市玄洋氏の紹介に係る。

午後、徳川頼貞氏、佐藤恒丸氏を弔問す［徳川氏の侘居には同情禁じ難し］。

議員会館の自室に入り揮毫す。

犬養法務大臣は佐藤自由党幹事長逮捕許諾要求に対し、検察庁に向て拒否の文書を発したり。是れ自由党政府に取りて致命的暴挙なり。

堤衆院議長はIndonesia Parliament 議長Sartono氏の為、歓迎茶会を開く予定なりしも、S議長病気の為中止となる。

四月二十一日(水)　晴　冷

昨日犬養法相は、検察庁の要求に係る自由党幹事長佐藤栄作氏逮捕承認に対し、之を阻止したる事実に関し、議運は加藤武徳参議の取扱と異れることを非難し、国会議員の身分保障に差異を認めずと主張し、本会議を開くに至らず。議運理事会に附して此問題を審査す［然るに此時、犬養法相は緒方副総理に対して辞表を提出したること明となり、倍紛糾を加ふ］。理事会は議長の出席を求めて、

⑴本件の処理と、⑵本日の日程進行に関し意見を問ふ。予は、⑴福永官房長官を招きて其事情を問ひたる上、理事会に出席して之が説明を為さしむることとし、⑵⑴に関する緊急質問を除き、其他の事項は日程に従て進行せしめたし。殊に徳川頼貞氏に対する弔詞等は、必ず之を了することを必要すと述ぶ。⑴に関しては福永官房長官の説明あり、⑵に関しては本日は徳川頼貞氏に対する哀弔の件を議するに止め、其余は悉く明日に譲ることとしたり。

本会議は午後　開会。徳川氏に対する佐藤外務委員長の追悼演説及議長起草の弔詞の議決あり。　散会す。

十二時過、全国治水砂防協会有志会に出席す。次田、赤木、山崎（巖）三氏出席す。

林業議員懇話会（二時）には欠席す。

岡崎外相の茶会予定は、主賓Sartono印度ネシア国会議長病気の為中止せらる。

三橋四郎次氏令嗣努氏と仁田矯子嬢と静岡にて結婚挙式あり。披露宴に招かれたるも出席を断る。祝酒二升を重友をして大岩別邸に贈らしむ。

来訪者。宇垣一成氏、健康を回復したるを以て登院す。挨拶を述べらる。

石黒忠篤氏、広瀬久忠氏、時局拾収策として首相をして重光総裁に組閣を托すべしとの結論に達したる由を告げらる。然るに首相を説得する者は誰なるかに付相談あり。宮島清次郎氏等数名を挙げたるも、何れも至難なるを想像せらる。

富士山本宮浅間神社宮司佐藤東氏外四名、神社要求に係る八合目以上の地図、沿革誌を提出す。

前田栄次郎氏、軽井沢親善協会理事、同会の為賛助員となる。

山崎昇二郎、土方村議長高塚栄一氏、小笠川下流の破堤は辛うじて防止し得たるも、此際急速工事完成を要する旨を切言し、建設当局へ具申す。

広島県総務部長佐藤秀雄氏、久濶を謝し、塩焼鯛を贈らる。

日坂村中山より来れる女中　　　　は本日帰宅す。

〔欄外〕検察側の佐藤、池田両人の逮捕は動かすべからず。既に十九日中にも逮捕要求が提出されるならんとの情報あり。其政府の致命的効果に鑑み、二十一日犬養法相をして検察庁法第十四条但書の規定に依り指揮権の発動を強行せしめたり。但し逮捕の阻止は重要法案の今期国会通過までの期間に止まるとの意思表示あり。野党は緑風会参院は自由党議員も大に困惑の色を示し、法相が嚮に加藤議員逮捕要求をも加へて其非を鳴らし、単なる取次機関たりしとの説明には之を遅延せしめず、単なる取次機関たりしとの説明に反したる取扱なることを痛撃したり。

検察庁側は声明を発して措置の不当を高唱したるも、法的根拠ある措置なる以上、如何ともする能はず。斯くて犬養法相は二十一日、一身上の都合を理由として辞表を緒方副総理を経由して首相に提出したり。

首相は副総理に極力慰留を命じ、福永官房長〔官〕も慰留に説得せしも翻意に至らず。二十二日朝首相に対して確答すとの答を得たるのみ。二十二日午後に至り、辞意を翻し難き旨確答あり。

首相は緒方副総理に後任の撰定を命じ、副総理は現任大臣の兼任とするの方針の下に大達文部大臣に交渉せしも其同意を得ず、夕刻、加藤国務大臣を法務大臣に任命するに至れり。

四月二十二日(木) 晴 冷

議院運営委員会は、法相の辞職は佐藤幹事長逮捕要求を阻止したるに関し、法相が首相の圧力と検察当局の要求との間に挟まれて進退に窮したるに由るものと認め、本日の緊急質問には吉田首相の出席を要求して已まず。然るに首相の登院遅れ〔犬養法相の慰留を命じ、法相は熟考の上、今朝回答すと約せしを以て、首相は法相の来訪を待ちしも、竟に来訪なかりしに由る〕しを以て、議長は議運に於て、(1)首相の出席を更めて強力に要求すること、(2)本日の議事は日程通り進行することを明にし、首相の出席は緊急質問に対する答弁の為と限定したり。

福永官房長官の来室を求め、本会議の初頭一時間を限り緊急質問に答弁すべく首相の出席を求めしに、長官は事務室に退き、電話を以て首相に通じ、予の要求に応ずることを確答し来り。予の計画通り議事進行の見透しを得るに至れり。

本会議は一時三十分より開会す。吉田首相に対し永岡〔社左〕、戸叶〔社右〕、平林〔無〕三氏の演説あり。之に対する首相の答弁は頗る対立的にして、毫も満足を与へず。それより昨日の本会議に於て延期となりたる諸案に入り、六時前散会す。

来訪。石黒、広瀬両氏、首相説得の為宮島清次郎氏を煩したるも、同氏に難色ありし由報告あり。又武見氏、板倉氏等を煩すべきこと及和子夫人に警告する為、後藤文夫氏を煩したることの報告あり。又参議院各派に於て提出されんとする決議案の内容及取扱に付ても意見を交換す。

藤田進、大和与一氏来訪、首相の本会議出席如何を質す。確実なりと答ふ。

高瀬荘太郎氏来訪、決議案に対する氏の立場を表明す。

萩原甚太郎氏、面会せず。議事を傍聴す。

山田貞一氏〔東益津村長〕等三名、中学校建設に付、国庫補助要望の件。本会議に在りて面会せず。野口氏に依りて高瀬荘太郎氏に依頼す。

中井一夫氏、去十五日新宿御苑にて夫人の撮影せられたる写真二種を贈らる。佳作なり。

雑件。山崎延吉氏の為議員会館にて談話会開かれしも、出席する能はず。

二時半、靖国神社春季大祭に付、参拝す。榊料三千円を奉る［午前は参拝不能］。

神楽坂某店にて黒ネクタイを求め、又多久次氏方にて茶呑茶碗十箇代二〇〇〇円を求めて時間の調節を計り、上智大学構内 Ignatio 教会にて行はれたる徳川頼貞氏の葬儀に列し、拝礼して帰る。

堤衆議院議長は、五時より六時半の間、Prince Hotel に於て第二回世界平和者日本会議に列席せるカルダース・ナーク博士等全員を招いて茶会を催さる。本会議の為遅れて出席す。余興に先ち、一同に対して挨拶を述ぶ。高良議員通訳す。多大の感銘を与へたるが如く、握手を求めし者、名刺を与へられし者多し。

夜、犬養氏法相を免ぜられ、加藤鐐五郎氏法相に任ぜらる。

四月二十三日（金）　曇　夕晴　冷

社会党両派より政府問責決議案、改進党より警告決議案提出せらる。又緑風会にても警告決議案提出の意向あり。各派相談の結果、緑風会起案に依ることに一決す。予は自由党も亦参議院議員たるの本質に鑑み、緑風会案に若干の修正を加へて賛成するの可なるを認め、重宗副議長に諮りしに、副議長は自由党に対して大に周旋せられ、其結果、重宗、寺尾、平井、松岡の諸氏来訪、予の取計ひを謝絶したり。

本会議四、〇〇―六、三〇。内閣警告決議案を上程し、宮城タマヨ君提案理由を述べ、菊川［社左］、永井［社右］、八木［改進］、鈴木一［無］四氏賛成演説をなし、起立に諮ひ、多数を以て之を可決す（反対は自由党［但し若干の欠席者あり］、緑風会［高瀬、後藤、村上、赤木、前田久、梶原］以上欠席）。之に対し内閣を代表して緒方国務大臣は、決議の趣旨は謹んで了承すと述ぶ。次に懲戒励行決議案には小林亦治氏趣旨説明を為し、長谷山、奥、大倉、菊田諸氏賛成演説を為し、全会一致之を可決す。緒方副総理、内閣の決定を述ぶ。次て石油関係二法案を可決す。

来訪。筧繁博士、同令夫人、医薬分業反対陳情。

浅沼ＮＨＫ計画局長外二名、来二十九日ＮＨＫテレビ出席の打合を為す。

発状。大蔵大臣へ富士山八合目以上要求史実及図面を送

る〔高瀬荘太郎氏と相談の上送る〕。佐藤浅間神社宮司へ右写を添へ報告す。

煙山八重子夫人へ。夫君専太郎氏弔問の為なり〔広島県大手町八ノ五七（嗣光臣氏）〕。

田中清一氏へ、大阪府富田林市在住、意見書を贈られし挨拶。

雑件。煙山専太郎氏は広島にて逝去し、其遺骨は岩手県にて埋葬せらるる予定にて、途中本日二時伝通院にて告別式あり〔国会用務の為、出席不出来〕。

〔欄外〕衆議院にては社党両派は政府不信任決議案を提出し、之が上程は二十四日と決定せられたり。

自由党は党内に新党結成論乃至吉田首班反対論あるに拘らず、改進党と提携して不信案を否決するの意図の下に、佐藤幹事長は松村幹事長と三、四回の会談を遂げたり。改進党は責任政治を確立すること、政界の粛正を遂ぐることの二件を挙げ、吉田内閣の辞任を要望書（重光内閣樹立の点不明）を佐藤幹事長に手交し、大体に於て同意を得たるも、吉田首相辞任の時に関しては的確なる回答を得ず。依て二十三日大麻長老は吉田首相と会見して辞任の意あるを確かめ、其時期に付ては外遊より帰国の上との予定を斥け、十九国会終了の時なりとの確言を得たりと伝へらる。

改進党は此協定の報告を代議士会に報告して、共同Communiqueの発表を計りたるに、三木、北村両氏等は其時期を信用し難しとして、共同宣言に之を明記せよと主張し、却て党独自の不信任決議案の提出を唱へ、党分裂の勢を促したり。

四月二十四日(土)　晴　冷

健康診断を受く。血圧一四三、耳及鼻の検診を受く。異状なしと云ふ。予の一ヶ月以来の頭痛は漸次軽快に赴くも、感冒の為なりと云ふ。グレランを注射す。

蔦ヶ谷建設大臣秘書官の来訪を求め、大臣の病状を問ひ、蔦ヶ谷氏の今後の方針を問ふ。

芥川事務総長に対し、興三結婚後は当分の間、議長公邸に仮寓することを許さるるやを厳正に検討せんことを求む。差支なしと答へらる。

鳩居堂にて薫香五百円のもの一函を求め、煙山八重子夫人へ郵送す。

緑風会に石黒、広瀬諸氏を訪問す。新谷氏に関する噂を聴く。

事務総長より、検察庁は加藤武徳氏の行動に関し、昨年八月三日の議運并理事会の状況を取調べたる由内話あり。

高平勇氏来訪、国有地払下の件なり。横川信夫氏及柴田林野庁長官に紹介す。　　　　氏来訪。千葉県石井信氏より種藷の分配を得たりとて謝意を表す。依て石井氏方を訪問せしやを問ひしに其事なし。甚非なり。直に招聘して宿泊を請ひ、指導を受くべしと勧告す。

帰途赤木氏と同車、徳川公爵の病気を見舞ふ。徐々に軽快なり。

議長室の害虫駆除を為す。ＢＨＣを用ふ。依て五時早退す。

衆議院本会議は、両社党提出の内閣不信任決議案を上程す。鈴木茂三郎氏提案理由を述べ、本田市郎氏反対、三木武吉氏賛成、加藤勘十氏賛成演説を為し、記名投票の結果、総数四三六、反対二二八、賛成二〇八にて之を否決す［改進党案、日自案は一事不再理により上程せず］。

反対の内容。自由党二二六（欠　岡田五郎、関谷勝利、戸塚九一郎）、無所属一（只野直三郎）、改進党一（長谷川四郎）。

賛成。改進党五四、左社七一（全員）、右社六二（欠　富吉栄二、甲斐政治）、小会派一〇（全員）、無所属三（有田八郎、平野力三、原彪）。

（備考）改進党にて棄権した者一四（神戸真、笹本一雄、五十嵐吉蔵、小泉純也、中野四郎、町村金吾〔五〕、中島茂喜、岡部得三、鈴木幹雄、舘林三喜男、池田清志、福田繁芳、志賀健次郎、小島徹三）。

先是荒木万寿夫君逮捕要求に許諾を与ふる件は、委員会は許諾を与へずとの報告を提出し、本会議は記名投票を以て二一六対一八七の多数にて許諾を与へずと議決したり。此表決は自由党と改進（二十余名欠席）、左右両社党、小会派、日自との対立なり。

不信任案否決の結果、改進党の打撃は著大なるものあり。自由党は今後同党を無視すべく、両党清新の士に依て結成せらるべき保守新党の組織運動も一頓挫を免れず。又仮令其進行を見るとするも、醜悪なる旧巨魁を排して清新なる義理的結合は実現困難とならん。従て解散もなく、政界の粛正は竟に期すべからざるに了らん。

〔欄外〕二十四日の代議士会は、多数を以て決議案提出を可決し、共同宣言案を棄却したり。此形勢は、改進党の多数は自由党反対となりたるも、不信任決議案は本会議に於て否決せらるること確実となり、自由党の強引作戦を有利ならしめたり。

吉田首相の執筆に係る両党首会談妥結の場合に発表すべき案文。

現下内外の情勢に鑑みる時、保守勢力は更始一新、その力を総結集して新日本建設のため全能力を傾けてゆかなければ民主政治の確立を期し難い。依って両党首は責任政治の確立、政界粛正の原則が民主政治上、当然のことであることを認め、当面今期国会において協力して重要法案を成立せしめ、更に進んで保守新党の結成を目標として国民の信頼を確保し、人心を一新し、強力な保守政権の確立を図ることに意見の一致を見た。

四月二十五日(日) 晴 曇 暖

九時半出発、湯島聖堂なる孔子祭典に臨席す。文部大臣(代)、中華民国駐日大使、文化財保護委員会委員長(代)、東京都知事(代)等拝礼、祝辞を述ぶ。

竹田博士の講演は温故知新と題して為さる。了て神農廟を拝す。此廟は今回聖堂構内に移され、斯文学会の管理に帰したるものなり。次で曹如霖氏の講演を聴く。題名は孔子聖之時者也とあり。簡にして要を得たり。曹氏齢八十、心身甚旺盛なり。宇野哲人、塩谷温、加藤虎之亮三博士と出会ふ。十二時二十分退出、帰宅す。

舘林は家族全員を伴ひ、多摩川畔へ散歩す。

日坂村中山へ帰りたる女中、帰宅す。

私鉄スト六十六社一斉に敢行せらる。交通の不便甚し。

四月二十六日(月) 晴 午後曇 冷 グレランを注射す

議院運営委員会にては、一昨日の決議に対し、緒方副総理は謹で決議を承はると述べたるも、如何なる措置を執るか、加藤法相は指揮権発動に依る逮捕阻止を中止するの意なきや等に付、緊急質問をなし、小笠原、東、平林三氏の発言を許すことに決定す［理事会にて決定して、委員会之を認む］。

本会議は一時半開会し、右緊急質問を為し、三氏の発言に対して緒方国務大臣、加藤法務大臣の答弁あり。次で保安林整法案、国有林野法中改正案を上程し、前者を修正議決し、後者を可決して、三時半散会したり。

緑風会は石黒、館、広瀬三氏、緒方副総理及佐藤検事総長を訪ひて緑風会の意見を伝へ、回答を求めたり。

来訪。静岡県観光協会代表川井健太郎氏等八名、伊豆半島国立公園指定の件。

小林絹治氏、伊豆観光利権争奪状況報告。新党結成問題。

小林次郎氏、黒沢　　の為扁額揮毫依頼。

NHKテレビ計画課長浅沼氏、四月二十九日テレビ出場に付打合せ。

小野仁輔氏、岩竹信太郎氏、本会議を傍聴して去る。面会せず。

来信。ナホ子、秀子。泰治は研究課長に任ぜられたりとの報告あり。両人へ返書す。

送翰。石橋湛山氏。去二十三日大蔵大臣へ依頼状を出したることを報告す［佐藤宮司へは、石橋氏へ発状依頼のことを通知す］。

高知県長岡郡吉野村　　　　氏より依頼書受領。特許権催促に関するものなるを以て、中村代議士に取扱を依頼し、其旨を　　氏に報告す。

〔欄外〕ジュネーブ十国会議開会せらる。議長選任法則の決定あり。

〔欄外〕日比賠償交渉決裂、全権団引揚に決す。


四月二十七日(火)　雨　冷　医務室にて頭痛鎮靖剤の注射を受く

重友、昨夜来京す。興三の為、住宅建築に関してなり。土地、資金等に関し、本日心当りを歴訪し、夕、三島矢田部方に投宿する筈。明日持越へ赴く予定なり。

広瀬久忠氏来室、去二十三日行へる参議院の決議が政府に於て無視せらるるを遺憾とし、特別委員会を設置して佐藤逮捕阻止命令責任者を明にし、加藤法相の所信を質し、検察権を擁護すると共に、将来生起することあるべき検察権の濫用を抑制せんとする由を告ぐ。

赤木正雄氏来室。昨夜大阪より東上したるに、大野、溝渕両氏と邂逅し、野村吉三郎氏の立候補に関し緑風会は積極的に援助すべしとの意見を告げらる。予は之に賛成し、速に石黒氏及選挙対策委員によりて玉置吉之丞氏への交渉を打切るやう勧告す。

議院運営委員会は、昨日の本会議に於ける緊急質問に対する政府の答弁を不満とし、緒方副総理及加藤法務大臣の出席を求めて、政府の態度を難詰す。午後二時より五時半に至るも尚意に充たず。明朝十時の再会を期して散会す。

内閣委員長の質問に対し、常任委員会は所掌法案の審議は遅怠なく行はるることを職務とす。政府不信の故を以て審査を遅延し、又は中止すべきに非ずと答ふ。

ヨサン委員会は、ＭＳＡ関係ヨサンを可決したり。明日上程の筈。

外務委員会は、夜十時ＭＳＡ協定承認を決定して散会したり。明日上程の予定なり。

十二時半、日比谷公会堂に於ける身体障害者大会に出席し、挨拶を為す。

来訪。富士郡下各教育委員会代表五名、教育二法案可決要望。県選出参議院議員に面会を取次ぐ。

静岡市薬剤師関係代表者四名、医薬分業実施の件。

小笠、榛原両郡教員組合代表、教育二法案反対陳情。

堤議長のインドネシア国会議長サルトノ博士、同夫人歓迎会（四時半より六時まで、プリンス・ホテル）へ出席す。秩父宮妃殿下にも御来会あらせらる。サ議長より明日の本会議見学の希望あり。依て帰宅の上、芥川事務総長に電話して取扱の用意をなさしむ。

〔欄外〕ジュネーブ会議第二日。モロトフ代表、議長。朝鮮元外相演説。北鮮南日将軍演説。コロンビア、アンヒル代表演説。

四月二十八日(水)　晴　冷　医務室にて頭痛鎮靖注射を受く

議院運営委員会は、広瀬久忠氏及曽禰益氏の緊急質疑上程等に付協議す。広瀬氏は昨朝来談の趣旨に付質問、曽禰氏はＭＳＡ受諾に付質問す。

インドネシア国会議長サルトノ博士、同夫人は、総領事、同夫人及領事、同夫人同伴、十一時廿分来院す。先づ院内を案内せしめたる上、外交官席にて議事を傍聴せしむ。

本会議は十二時開会。此時外交官傍聴席に入来りたるサルトノ博士一行を議員に紹介し〔議長席に起立して〕、議員亦起立して拍手を以て之を迎ふ。次で広瀬、曽禰両氏の緊急質問あり。広瀬氏に対しては緒方、加藤両大臣の答弁ありしも、吉田首相は欠席せしを以て、次回に答弁することとなる。又曽禰氏に対しては緒方、岡崎、小笠原三大臣の答弁あり。次で日程に入り、佐藤外務委員長よりMSA協定四件承認に関して、詳細にして要を悉せる報告あり。一時四十五分休憩す。S博士等は右委員長報告中、一時二十分頃退席し、直に帰去す。三時半再会、討論に入り、佐多忠隆（反）、鹿島守之助（賛）、加藤シヅエ（反）、梶原茂嘉（賛）、羽仁五郎（反）、鶴見祐輔（賛）の演説ありたる上、記名投票を以て表決し〔白　　、青　　〕、承認を与ふるに決す。次に昭和二十九年度特別会計補正ヨサン案（MSAに依る三六〇億円の追加）を上程、青木ヨサン委員長の報告あり。之に対し江田三郎、相馬助治、木村禧八郎三氏の反対演説あり。記名投票に依り之を可決す。それより法律案数件を可決し、更に法務省設置法中改正案を緊急上程して可決し、最後に宇垣一成氏の請暇を許可して八時散会したり。

新党結成促進議員大会は、一時衆院ヨサン委員室に開会せられ、保守系三党有志議員　　名出席し、未決然たる態度の表示に至らざるが如しと云ふ。

Sインドネシア国会議長、明夕出発、帰途に就くを以て、夫人に花束を贈らしむ。又共同通信社にて撮影せる写真〔傍聴席に在るもの〕を贈呈す。

全国治水砂防協会有志会には欠席す。赤木、次田両氏出席すと云ふ。

二時半、侍従職に出頭し、三井、入江両侍従に面会、明夕NHK Televi放送は、天皇陛下の御近状を主題とするに由り、御研究事項等に付説明を聴く。

四月二十九日（木）　曇　夜雨　冷

天長節奉賀の為、十一時三十分参内す。参議院議長の資格に於てなり。吉田首相、堤議長、田中最高裁判所長〔官〕、両院議員約百五十名参内す。正午、陛下控室〔南の間〕へ出御、拝賀を受けらる。次で御饗宴室へ案内せらる。開宴に先ち、陛下より「誕生日に当り諸君と歓を共にするを欣ぶ。爰に国民の幸福と国家の繁栄を祈る」の御趣旨を以て御言葉あり。吉田首相、一同を代表して奉賀の辞を述ぶ。宴に入るや堤議長の発声を以て万歳を三唱して乾杯す。陛下出御及入御の際は雅楽にて君が代の奏楽あり。皇太子、高松、三笠三殿下随従あらせらる。御料理は鯛焼物〔椎茸附〕、口取〔日出蒲鉾、うづら〕、刺身、吸物、甘味噌汁、赤飯二なり。宴一時過終了。

一時三十分、旧奉伺者の拝賀あり、奥控室へ集る。二時、内謁見室にて賜謁。予は御前に進み、「一同を代表して謹て本日の恐悦を申上げます」と述べ、奉賀す。陛下より「有り難う」との御答詞あり。別室に導かれて茶菓を賜ふ。予は敬し、main table にて陛下の御右に席を賜ふ。先づ奈良元大将の発声にて万歳を三唱し、御料理を頂戴す（Sandwiches、果菓、紅茶、日本酒）。陛下には一同に対し種々御談話あり、次で両室の各 table に御着席あらせらる。散会三時三十分なり。予は百武大将を同車、東京駅に送りて帰宅す。

当日奉賀の為、皇居に参入せし民衆八万数千に達し、陛下には旧豊明殿跡に仮造せる謁見所に出御六回、親しく感激に答へられたり。

五時発車、五時半よりの首相公邸に於ける岡崎外務大臣主催祝賀 reception に出席す。内外外交関係者最多し。大臣発声の万歳三唱あり。六時半辞去す。

六時四十分NHKに出頭す。今夕の放送に付、内容を検討して打合を為す。七時十五分、浅沼計画局長と対話 Televi 放送を為す。先づ予の年令、日常生活等に付て問答あり。次に予の宮中奉仕当時のことを問はれて、本日の拝賀に入る其状を簡説して御言葉を伝ふ。それより陛下の国民と共に常在するの御心境、科学の御研究、科学の御奨励、国土の保全〔植林、砂防〕等に付て放送す。最後に現下政治状勢如何と問はれ、率直なる発言を為す。時間十五分、短きに過ぎて要を尽さざるの惧あり。知らず、何人が此 Televi を見たるか。

奥参集所にて植村蒙子夫人より、過日の謝礼として butter 二斤を贈らる。夜電話を以て謝意を表す。

〔欄外〕

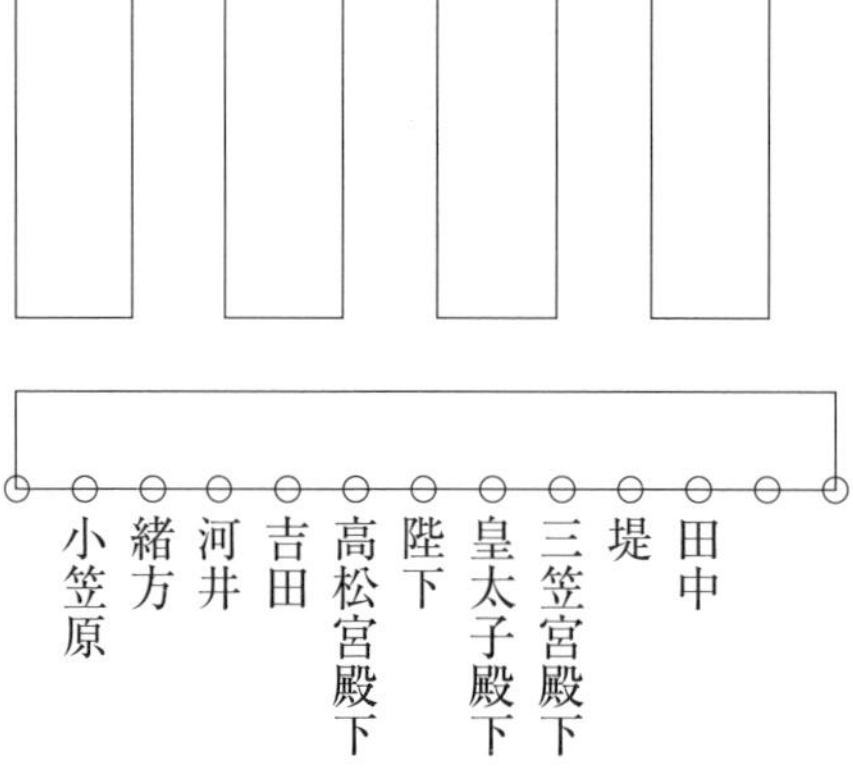

〔欄外〕

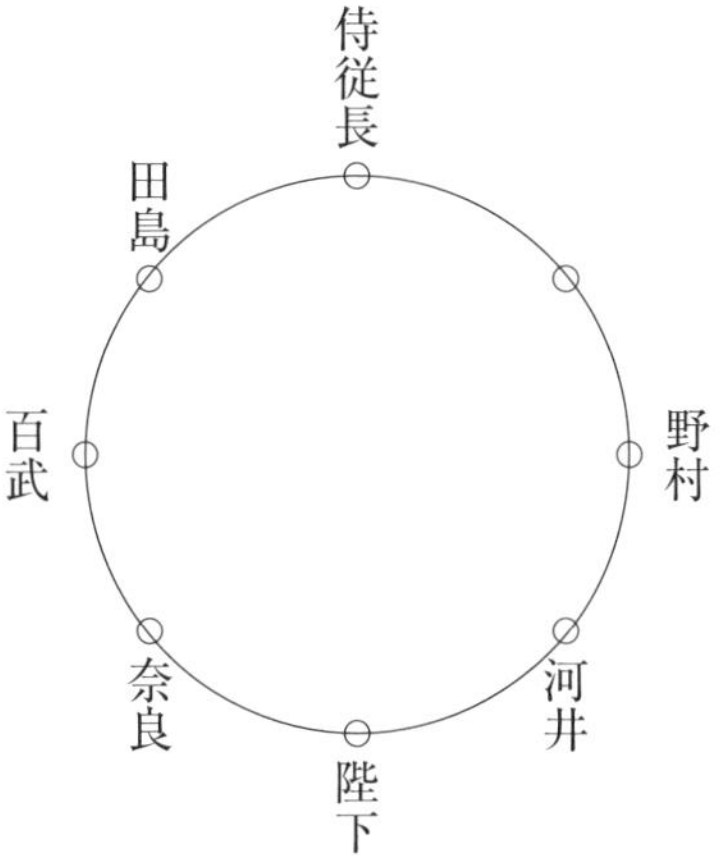

陛下他席へ臨御の間、野村吉三郎大将より和歌山県参議補欠立候補のことを問ふ。緑風会よりも応援せんことを申入れ、承諾を得たり。依て会の性格及過去の事績を明にするため「参議院緑風会」なる小冊子を呈す。

夜電話を以て、石黒忠篤氏に野村氏と会見の内容を詳報す。石黒氏より時局収拾に関し相談したき旨の申入を受く。

四月三十日（金）　夜来風雨歇み　夕晴る　冷

登院。事務総長より、決算委員会は専門員以下の不信任を議決したりとの報告を受く。事情を十分に調査することとし、之が解決は国会法改正に伴ふ職制の改正に依り、全面的に検討することを考慮に入るべしと決す。

警務部長より明日のMay day行進に付、報告を受く。之に対する院内外警備配置等説明あり。細大に亘り検討す。警視庁の見込にては、本年は参加者の数は昨年よりも多きも、大体静穏の見込なりと云ふ。

文部委員会に於ける教育二法案の審議は、自緑委員の同調に依り質問を打切りたる由なるも、反対論強力にして来四日開会、それまで休会すと云ふ。

予は明日二時二十五分発にて帰村に決し、旅程を定む。

発状。一杉藤平氏。興三の配偶内定を告げ、氏の配慮に係る小沢家令娘のことを拝辞す。

熊村昌一郎氏。一昨日中村自動車局長の来室を求め、バス運転開始に付要望を提出したるを告げ、遠電代表来訪に対し予の警告を局長に話し、斎藤知事の意見を参酌して、急速処断を促したることを報告す。

山崎昇二郎。千浜村忠魂碑の揮毫を諾す。但し大字の困難を告ぐ。

伊豆山神社宮司鹿島則幸氏へ、来月三日非公式参拝の旨を告ぐ。

和蘭女王陛下御誕辰奉祝 Reception あり。和蘭大使 Mr. & Mrs. Reuchlin に招かれ、大使館に出席す。来賓多数、秩父宮妃殿下、高松宮両殿下にも御臨席あらせらる。秩父宮妃殿下よりは大に老躯繁劇を犒はる。又高松宮妃殿下には昨夕NHK Tele-vi を御覧あらせられし由を承れり。白耳義大使よりは、現下政局の批判と将来の見解を問はる。吉田首相に代る程の有力なる政治家は誰なりや等に及べり。六時半辞去す。

岡崎外相より、本日の閣議に於て Dr. Axling 勲二等瑞宝章を贈らるるに決したる由内話あり。欣喜に堪へず。

夜、斉藤惣一氏へ其事を電話す。

夕、議員石岡ハル夫人来訪す。過日贈りたる予の拙書に対し、謝意を表せらる。五島産のウニを贈らる。秩父宮妃殿下九州御旅行の御予定なるを告げしに、明日参殿拝謝申上ぐる由を答へらる。

〔欄外〕朝、昨日野村氏と会談の内容を村上義一氏に電話して、意見を交換す。

村上氏の勧に依り、田村文吉氏に右件報告の為電話せしに、帰郷中なりと云ふ。

赤木正雄氏に報告す。

五月一日(土) 晴 和 May day 行進に遇す
登院。芥川事務総長より、決算委員会に於ける専門員以下排斥の原因、経過、範囲等に付、詳細の説明を聴く。

又森専門員来訪、大体の経緯を説明す。

緑風会にては総会を開き、教育二法案の処理に付検討す。竟に結論を得ず。赤木氏の来室を求め、国会法改正案に対する衆議院側の意向を伝へ、緑風会案を参議院案として発案せられんことを求む。

正午、五三会有志会開催せられ、出席す。出席者は約二十名、盛会なり。岐阜市松尾国松氏より団扇を贈らる。

本日の May day には、神宮外苑に集会する者二十二万六千を算すと云ふ。五隊に分れて市中を行進する予定にして、平穏裡に終了する見込なり。参議院には議員海野三朗、荒木正三郎両氏の紹介にて日教組代表数名来訪し、決議書を提出せりと云ふ（中山秘書報告）。

帰村。二時二十五分発にて掛川へ還る。野口秘書同行、世話せらる。

重友は二十九日平山へ赴き、本日県庁に出頭して帰村せりと云ふ。天城山入植地に於ける共産系開拓者と防風林に関する折衝の経過を聞く。

五月二日(日)　曇　冷

報徳社に出頭、常会にて講演す。神谷副社長も病気平癒して出席、小笠郡における農業発展の実情に付、調査の結果を講話せらる。甚有益なり。藤田講師も農事指導を為す。又中山副社長の四国に於る各社巡回報告も頗有益なり。出席者二百二十六名［各社代表が多数なり］。道義昂揚運動推進会理事中野邦一氏来社、簡単なる挨拶を為す。静岡労働基準局長野口俊一氏及令孫中学生中野氏を同伴す。令孫に二宮金次郎伝及二宮翁夜話を呈す。中野氏に静岡への帰途、牧の原茶園の視察を勧む［自動車にて帰るを以てなり］。

揮毫七、八葉を為す。

帰途、戸塚重一郎氏を訪ふ。

五月三日(月)　雨　冷　相模屋にて測　体重五二kg

掛川七、三九発にて熱海一〇、四一下車。参議院の自動車に乗り、戸塚九一郎氏を見舞ふ。腎臓及肺に故障あり、絶対安静を保ち、週二回ストレプトマイシンの注射を受けつゝあり。漸次軽快に向へり。偶ま医師来り［藤田将五郎博士］、注射を行ふ。対面二十分にして辞去す。

雨を冒して伊豆山神社に参詣す。宮司鹿島則幸氏、氏子惣代浜田三郎氏［相模屋主人］待居る。社殿は海抜一七〇米、巨松林立の間に在り、森厳清浄なり。社務所は眺望雄大にして、浴境を超絶す。宮司及惣代より由緒、祭祀等に付、説明を聴く。

往路は自動車に依るの予定なりしも、坂の登口にて故障を生じたるを以て徒歩登臨す。帰路は相模屋にて中食を喫することとし、石磴［七百七十段］を下り、自動車にて相模屋に入る。

相模屋にて中食及入浴し、二時五十分発車、六時十分帰宅す。

熱海駅下車の際、議長秘書室勤務耕田、花房両人に出遇ふ。野口氏より事情を尋ね、同車帰京することとし、相模屋にて入浴、昼食を共にし、二本榎西町にて別る。

日坂村中山より来れる女中、昨朝無断にて帰宅せりと云ふ［早朝医療の為外出して帰らず。医家には行かず。電報にて照会せりと云ふ］。

五月四日(火)　晴　暖　午後雷雨降雹あり

朝、三笠宮崇仁親王殿下より電話を受く。依て九時四十五分頃、同邸に伺候す。殿下より教育二法案の審議に付、御質問あり。予は賛否両論の要点を説明し、結論として本案は衆議院議決の通り可決せらるるか、原案に修正を加へて通過するか、何れにしても否決、又は握潰しとなることなかるべしと陳ぶ。殿下は警察官が教員の取締を為すことは不可なり、少数なる不当教員を取締るための立法は、多数の正当なる教員の意気を阻却す。加之少数者の取締は、却て多数の反則者を造成するの虞あり等、反対意見を伝へらる。予は議長としては議員に対して意見を述ぶることを差控へ居るも、緑風会は目下此問題に関して全力を挙げて検討中なるを以て、御意見は無名の儘にて代表議員に伝ふべしと答へ、拝謁約四十分にして退邸せり。

登院。石黒緑風会長の来室を求め、右御意見を告ぐ。緑風会にては、本日も賛否及修正意見を闘はし、竟に結論を出さず。熟考の為、四時頃散会したり。石黒氏に対しては其外、(1)吉田首相に警告せしや否や、其後の取扱如何を問ふ。(2)選挙法、国会法の改正案は、本国会に於て審議を了するやう、急速緑風会案を発議せられんことを求む。(3)和歌山参議院補欠選挙に於て、緑風会の野村吉三郎氏応援に積極的ならんことを要望す。

赤木正雄氏来室。緑風会総会に於ける教育二法案論議の要旨と其勢力状況を報告せらる。又和歌山県野村候補応援に関し、高木正夫氏の報告を告げらる。予は赤木氏に対して昨日戸塚建設大臣よりの伝言を告ぐ。

芥川事務総長より、決算委員会専門員森荘三郎、波江野繁両氏より辞表の提出ありたることの報告あり。之が取扱に関しては、将来の職制改正をも考慮せらるべきことを告ぐ。又村尾決算委員長と会見せしに、辞表の取扱并後任者の選任は、凡て事務局に一任せられたる由を告げらる。

森専門員来訪（事務総長と会見前）、辞表提出のことを告げ、挨拶を述ぶ。其語る所によれば、自己に責任なしと信ずるものの如し。事務総長の説明に依りて、其必しも然らざる所以を知れり。

河野事務次長より寺尾議運委員長の伝言を聴く。曰く、菅家衆議運委員長は寺尾氏に対して会期延長の必要を告げ、衆議院の正式の申入は堤議長より参議院議長に向て発せらるるならんとのことなり。之を了承すると共に、常任委員長懇談会開催用意其他の手配をなすべきを告ぐ。

藤野議員の紹介により対馬島鶏知町長　　　氏、仁田村長財部真正氏、船越村長浦瀬晴一氏来訪。同島に保安隊の一部設置確定せし由、挨拶を述べらる。離島振興費割当に付要望ありしに対し、率直なる答を為す。又甘藷増産の必要を力説し、明年も服部講師の派遣を告ぐ。甘藷増産成るも貯蔵方法明ならず、却て困難を生ずとの愬あり。貯蔵の容易なること、家畜飼料となすべきことを説く。

剣士斎藤忠平氏来訪、道場創設に付賛成を求む。同意の署名を与ふ。又需に応じて重宗副議長へ紹介す。

橿原神宮奉賛会事務局長武若時一郎氏来訪。来十一日開会せらるべき奉賛会役員会の要件に関して打合せを為す。

苫米地義三氏来訪、来六日の本会議には吉田首相の出席して、去月二十八日の広瀬久忠氏の緊急質問に答弁あらんことを求めらる。事務総長をして之を政府に伝へしむ。

静岡市尾崎忠次氏より電話を以て、BS parade は来十六日に決行するの要望あり。会期延長の関係より見て之を適当と認め、同意の旨電報す。

〔欄外〕昨夕吉田首相の大磯邸に侵入を企て、警官に逮捕せられたる怪漢あり。大阪府葛原法生と云ふ二二歳の壮年なり。

五月五日（水）　朝晴　夕曇　冷

十時過、野村吉三郎氏来訪、和歌山県より参院補欠選挙立候補に付、挨拶を述べらる。緑風会高木正夫氏は既に応援準備を為したることを告げ、今後総会に諮りて強力なる応援を為すことを答ふ。次で停頓せる時局打開に関して意見を交換す。野村氏に緑風会政務調査会編輯に係る日教組の性格と実態〔偏向教育の根源はどこか〕を呈す。

大映社長永田雅一氏の招に依り、帝劇にて行はれたる映画「地獄門」Grandprix 受賞記念鑑賞会、附国際賞受賞米国映画「砂漠は生きている」に至り、見物す。舘林同車す。十一時五十分発、三時四十分帰宅す。

興三は夜九時五十三分上野発にて酒田へ赴く。

夜、石黒忠篤氏に野村氏来訪の詳細を電話す。高木正夫氏とは竟に電話の機会なし。

五月六日(木)　曇　冷

昨夜十一時過、高木正夫氏より電話にて用件を問はる。乃起出でて其要を告ぐ。

登院の時、舘林を同車、第二国立病院に送る。

議院運営委員会は、理事会の開会に手間取りしを以て、十一時四十分頃開会す。次で議運小委員会を開き、議事の順序内容を決定す。

本会議は十二時半開会。吉田首相より曩に説明を留保しありたる湯山勇、広瀬久忠両氏に対する答弁あり。次で松本治一郎氏の汚職事件と吉田内閣の責任に関する強剛なる質疑あり。吉田首相之に答ふ。次で日程に入り、衆院回付案を承認し、法案六件を可決す。其中地方税法の一部改正案に付ては、反対二名(社左、社右)、賛成三(自、緑、改)の討論の後、記名投票に依りて可決したり。最後に請願三十五件、陳情三件を可決し、三時半散会す。

衆議院は五時過開会し、会期を二週間延長することを議決して散会す。会期延長の取扱に関しては、衆議院議長は参議院議長と協議せず、一方的に議運の決定に基き本日上程議決すとの堤議長よりの通告あり。之に対し予は、参議院は明七日常任委員長懇談会を開き、意見を聴取したる上、会期延長問題を決すべく、衆院は八日に決定するを正当とせずやと答へたるも、竟に顧みる所なし。開会前大池事務総長来談せしも、之に応ずるに由なき旨を告げ、斯る専恣なる取扱は、将来両院の関係上適当ならずと警告したり。

重宗副議長を訪ひ、参議院自由党内の動静を聴取す。新党結成に邁進すべしとするの論旺盛なり。

議事中、副議長に席を譲りて退場、中食を喫す。了て石黒忠篤氏の来室を求め、吉田首相を晩餐に招くの案を告げ、賛否を問ひ、進んで緑風会より同席者を選出の方法を諮る。

石黒氏より教育二法案に関し賛成、修正、両説強き由を説明あり。最後の決定に関し相談を受く。予は修正案通過の場合は、両院協議会に於て廃案となる危険多きを告げ、原案賛成に強烈なる決議を附するの安全にして択ぶべきに非ずやと勧告したり。

来訪。安井大吉氏、豊浜村小学校講堂に掲ぐべき所の揮毫を求めらる。

東京都議会議員十数名、警察法修正意見を齎らさる。

林野技官松山資朗氏、畝傍山御陵松樹害虫駆除の件、鼠類毒殺立法の件、野鳥保護運動加盟の件等なり。

鈴木二平より伊勢蝦数箇、枇杷二籠を贈らる。

五時半、イスラエル独立記念の為、同公使及夫人より光輪閣へ Reception に招かれ、出席す。其間小瀧政務次官に面会し、堀真琴議員要求に係る欧洲旅行の便宜を与へられんことを取次ぐ。

読売記者細田弘氏の令娘鏡子ちゃん殺害犯人逮捕せらる。

五月七日(金)　雨　夕晴　冷　暖

朝、電話にて徳川家正公の御容体を伺ふ。漸次快方に向ひ、今午前、八田博士の許にX光線の検査を受けらると云ふ。

十時半より常任委員長懇談会を開き、各委員長より議案審査状況を聴取す。

議院運営委員会に出席す。昨日衆議院に於て会期を来九日より二週間延長するの決議をなしたると、此決議は法規に依る如く参議院議長と協議したるものに非ざることを報告す。議運委員会に於ては、(1)衆院が規則に違反して為したる会期延長の議決は無効ならずや。(2)衆院議長名を以てせる会期延長議決報告書は、受領すべからず。(3)斯る不当の手続に依て会期延長を為したるは、両院自由党の専恣に由るものにして、政府も亦之を促したるの証跡あるが如し。(4)参議議長は之を如何に解し、衆院に対して如何なる措置を執るや。(5)今回の如き違法の手続は、昨年既に実例あり。故に今後之を阻止する為に報復手段に出づるの必要あり等の議論百出す。予は之に答へて、衆議院議長の電話通告［次で来訪せる大池事務総長の説明は協議の言ありとするも］は手続進行の段階より見て協議に非ず。又会期は八日を以て終了するが故に、六日に議決を行ふ事由なし。而かも参議院の手続予定を知りたるに拘らず延長の議決を行ひたるは、議事規則に違反したる行為なり。斯かる衆院の決議は、両院の関係を不和ならしめ、議事の円滑なる進行を阻碍するの結果を招く虞あり。又若し今後斯かる不当の取扱を繰返さざるやう確約せしむる必要あり。然れども何等か報復手段に出づべしとの意見には賛成し難し。最後の決定は、衆議院をして忠実に法規に従て行動せしむるに在り、此事を保障せしむるの外、別に採るべき手段なしと答ふ。

堤衆院議長に会見を申入れ、五時十分より六時まで衆院議長室にて会見す。芥川、大池両事務総長同席す。予は先づ参院議運委の状況を概説し、次に、⑴衆議院が法規に違反して事前協議を為さざりし［参議院をして事前協議を行ふ能はざらしめたる］事由如何を問ふ。議長より、⑴七日上程の予定なりしも、六日常任委員長（改進党）の意向決定したるを機として、即日議決を必要とするの衆議院内の党内事情に由りしこと。⑵菅家議運委員長が寺尾委員長と打合せたる結果、参議院は衆院の六日上程に付異議なしと報告したること。而して小沢自党対策委員長も同一の報告を為したること。⑶昨年第十六回国会会期延長の手続実行に際し、反対議員の多数暴行ありたる事実に顧み、国会最終日には会期延長議事を上程し難しと認めたるに由るの答あり。⑵従て六日堤議長の電話通告は協議に非ずして通告［協議の語なし］なりしことを遺憾とすと述べたるに対し、議長は率直に協議なくして議決を為したるは申訳なしと答へ、遺憾の意を表したり。予は議長の態度に敬意を表して、其答を諒としたり。⑶将来の取扱に関しては、両院毎に議事規則并国会法の規定を遵守して違はざることを約したり。辞去するに臨んで予は議長を煩はしたるを謝し、両院の間に毫末疎隔の端を啓かざることを懇望し、且菅家議運委員長に対しては、本日会見の内容を伝へ置かれん〔こと〕を希望したり。

寺尾議運委員長に経過を報告する為会見を欲せしも、廊下にて左膝動かず。直ちに医務室に赴きて電気治療を受け、寺尾委員長には事務総長をして代て報告せしめたり。

正午、近衛霞山公の五十年追悼会、日本クラブにて開会せらる。十二時半出席、拝礼す。来賓、文麿公未亡人、二男、大山柏公夫妻、三谷川〔水谷川忠麿〕男夫妻にして、司会者林博太郎伯（徳川公、岩田氏病気欠席）なり。追憶談は一条公、岡部長景子、大山柏公、安倍能成氏、張燕卿氏等にして、塩谷博士の悼詩朗吟あり。二男　君の謝辞ありて散会す。一時半帰院す。

吉田首相より招待せられ、晩餐を饗せらる。堤衆議院議も招待せらる。緒方副総理、福永官房長官同席せらる。

鄭重なる日本料理、機智に富める清談は至上の御馳走なり。予は首相が大磯へ赴かるるを聴きしも、食後別室にて約四十分間対談す。其要旨。

参議院の現状より見たる政局は不安の極なるを遺憾とす［衆議院は不信任案否決されしも、与党多数の力に非ず］。其原因の主なるものは、所謂汚職事件として発表せられたる政党に対する国民の憤激なり。而して汚職事件の取扱中、犬養法相の執りし所は最不合理にして、法相の進退は首相の責任問題となれり。参院の中枢たる緑風会は、如何なる政府に対しても是々非々主義を堅持して一貫国家本位に行動すと雖も、過般の政府に対する決議案以後の政府の態度に不満を抱き、広瀬議員の緊急質問となり、之に対する首相の答弁に了解せざる現状なり。而して参院自由党も亦殆二派に分れ、政府に対する批判強烈にして、幹部派と対立するの状勢に在り。首相は之に対して犬養法相の身上及態度の不当なるを説明し、同時に検察当局が政党幹事長の逮捕要求に進みたるの行過ぎを述べ、法相の措置を取消すの意なきことを述べられたり。

予は、今次政局の紛雑は、畢竟是までの政党政治の行詰りにして、其中枢に当りたる政治家は［首相も歴代の幹事長其他各党］悉く責任あるものと解すと述べ、之を幇助したる財界有力者も乃至全国大小政治家も一般国民も亦責任ありと断じ、之が是正は一に国家救治の大決心を以て一切の旧政治家を斥け、精神潑剌たる新進政治家のみに依りて保守新党を結成し、革新政党と対立せしむべしと主張す。而して目下進捗中に在る保守新党の結成は、依然旧式政治家の闇取引と、自家勢力の拡大陰謀と、跼蹐せる党埒に囚はれたるの観ありて、何等殉報的清新に非ず。徒らに旧組織の受入体勢に過ぎず。故に首相は、此際専ら清廉の代議士を糾合して結党を促がし、旧式政客の要路に立たんと欲する者あらば、首相は進んで之を阻止し、政権を新党に委ね、我児を育つるの情を以て、之が発展育成に当らるべしと述ぶ。首相は全然之に賛意を表し、首相周囲の所謂側近者なるものは悉く自己の専断にて起用せしに非ず、党機関の推薦によりて決せりと告げ、而かも其地位を帯ぶるや意外の悪物〔者〕たるに驚く等の述懐あり。

最後に予は政界革清の手段として、速に国会法の改正、小選挙区制の採用を勧めしに、全幅の賛意を表せられたり。

鈴木二平氏夫妻、洋子嬢を伴ひ来る。洋子はこれより我家に居り、家事研究見習の為す〔ママ〕と云ふ。

〔欄外〕印度支那戦争ディエンビエンフー陥落。仏側の損失多大、政情危殆に陥る。ジュネーヴ会議への影響深刻なり。

〔欄外〕首相に対し予は国政の円滑なる進展を図るため、緑風会の首脳者と首相及其指名する諸氏とを招き、晩餐会を催すの用意あることを告げしに、首相より招きて宜しと予の企を断りたり。

〔欄外〕首相に対して、故内山真龍翁贈位祭に、特に稲村総理府人事課長を派遣せられたることを深謝す。

五月八日(土)　晴　冷

朝、電話あり。石黒忠篤氏と報告を交換す。石黒氏は、(1)和歌山県参院補欠選挙応援に関しては、野村候補が再軍備主張論者の中心なるは、氏の農民指導の立場より衷心の努力をなし難し。(2)教育二法案の取扱に関し、緑風会々員の意見は、大体原案支持と修正意見とに別れ、其勢力相伯仲す。氏は修正論者なるも、修正案参議院通過の場合、両院協議会の成案が否決さるる惧あり。自由党は党議を以て修正に反対し、両社党及改進党は修正案施行の申入を為すとの報告なり。而して緑風会が原案賛成の態度を執る場合は、氏は除外例を求めて修正案を支持せんとすと云ふ。(3)去三日Nagy博士同伴、川越方面の農家幷大宮工場を視察せし由を告げらる。

予は昨夕吉田首相と会談せし要領を報告す。而して首相及側近政治家を招き、緑風会幹部数氏と晩餐を供せんとの企を告げたるに、石黒氏は会見の要なしと答へたり。

野村吉三郎氏に電話を以て、石黒氏の応援行に関して報告す。

十時二十分頃、議運に出席、次で小委員会を開き、本日の議事に付協議す。

本会議は十時四十八分開会。鹿島守之助氏中央建設業審議会委員の任命、佐藤外務委員長報告協定二件、大矢大蔵委員長法案三件、栗山労働委員長労働基準法一部改正案及労働関係請願二十件、陳情十八件を可決し、十一時十七分休憩。

午後九時十二分再会、会期を二十日まで二週間延長の件を可決、九時廿四分散会。

議運は一時半開会、衆議院の会期延長取扱に関し、予は昨日衆議院議長と会見したる内容を報告す。之に関して衆議院は参議院を無視するものとして議論沸騰し、又法律的に見て其決議は無効なりとの意見も出でたるも、予の採りし所は各員之を了したり。法律上無効説に関しては、予は手続上は違法なるも、会期延長の決議は有効なりと主張したり。委員は参議院にて審査期限を決定する為には、衆院が十四日間と定めたる事由、即立法計画如何を明にする必要あり。従て堤議長の出席を求むべしとの意見もありしが、之は発言ありしに止まり、菅家委員長及大池事務総長の非公式の説明を聴取すべしとの意見あり。此両氏に対しては、事務当局より電話にて照会せしも、何れも不在なりし為、要を得ざりき。又今後の取扱としては、両院にて取扱規程を作成すべしとの意見もありたり。予は此間屢々発言して意見を述べたり。只委員の発言は概ね過劇にして、衆議院議長が其院の取扱の非違を認め、率直に遺憾の意を表したるに満足せざりしことを遺憾とするものなり。一旦休憩、次に会期延長決定の協議を為す。自由党側より十四日とすべしとの発言あり。緑風会は之に同調す。社会党左右、改進党より交々反対ありしも、採決の結果之を可決す。両院にて審査中の議案の多数に上り、其性質の重要なるもの少からざるに鑑み、会期延長が二週間に止るは果して適当なりや。大に疑なきを得ず。

橿原神宮奉賛会事務局長武若時一郎氏来訪、来十一日開会せらるべき役員会の議事其他に付、打合せを為す。

清水市教育委員高田璋一氏、磐田市教育委員平野忠一氏来訪。地方教育事情の見地より教育関係二法案が原案の儘通過するやう力説せらる。

吉田首相に対し書簡を贈り、昨夜の好遇を深謝す。

前橋市梅津錦一氏夫人より、予の三日の映画放送を聴きたりとて書信を寄せらる。乃ち之に返書す。

杉本荘一郎氏より八十八夜の新茶を贈らる。

神戸市長原口忠次郎氏来訪、緑化行事に関し謝意を表せらる。辞去の際、布施博士宅周辺水捌けの状況を告げ、之が改善を希望す。其事を布施博士へ申送り、博士又は代理人が速に市長を往訪されんことを勧む。

鈴木洋子、本日より我家に居住す。

五月九日(日)　雨　風あり　夕霽

昨夜十一時過就眠、今朝九時起床す。

終日家居。興三、朝六時過、山形県より帰宅す。

五月十日(月)　晴　暖

議院運営委員会へ出席す。広瀬久忠氏の緊急質問は、同一問題に関し質問三回に亘る異例のものにして、将来の先例となさずとの申合を以て、之を許可することを決したり。

二時、本会議を開く。平衡交付金法一部改正、入場譲与税法案［社会党両派反対演説］、土地区劃セイリ法案、同施行法案を可決し、図書館運営委員長の報告あり。運輸関係の請願、陳情を採択す。三時半散会す。

教育二法案の取扱に付ては、緑風会は総会に於て会代表文部委員三名より修正案の発議を為すことを認めたるも、両案の採決に関しては自由問題とすることに決定したり。夕、赤木正雄氏来訪、報告あり。本会議の状勢は修正説少しく強きが如し。

静岡県砂防協会支部長三嶋藤太氏、六日急逝の通知あり、弔電を呈す。糸島郡前原町、嗣丈夫氏。

朝、小坂労働大臣来訪す。予は登院途上に在り、面会せず。

三島通陽氏来院、比島BS大会より帰国せりと挨拶せらる［面会せず］。

静岡県医師会代表東小一氏（日赤）、高野啓作博士、吉弘昇氏（池新田）、村上真博士（沼津）来訪す。医薬分業反対陳情を為す。

教育法両案無修正可決要望の為、全国連絡協議会代表三名、盛岡、横浜、新潟、長野、岐阜代表来訪す。

鈴木愛子夫人、土肥へ帰る。

舘林は最近の政界情勢説明の為、声明書を発す。

夕、池ノ上付近まで散歩す。

五月十一日(火)　晴　涼

朝、興三より若杉敬子と結婚する為、結納調達をます子に依頼したること、式は先方の希望に依り十月天主教々会にて行ふこと、披露は最簡素なるTea partyとなすこと、Morning Coatの調達を為さざること［黒背広（ダブル釦）、縞ヅボンとす］等を相談す。只媒酌人の選定に付未定なり。ます子を通じて興三に金十万円を与ふ。ます子に五万円を呈す。

登院の際、舘林を麻布藤ホテルに送る。同志と共に堤議長に会見する為なり。

参議院にては案外静穏なり。但し明日の本会議には緊急質問六件、法律案十数件あり、或は教育二法案の臨時上程を見るやも知れずと云ふ。所謂嵐の前の平穏の感あり。図書館にて読書す。又 Fichte の独乙国民に告ぐなる書物を返却す。

小林次郎氏来訪。比国賠償使節失敗の理由の説明、岩渕辰雄氏談、共産党行田会議の内容、憲法改正取扱意見等を述べらる。

二時、議長公邸にて開会せる橿原神宮奉賛会役員会に出席す。出席者は理事湯沢三千男氏、下村寿一氏、松岡駒吉氏、池田清氏、香坂昌康氏、久保常明氏、監事池田謙蔵氏、事務局長武若時一郎氏、権宮司高階　　氏なり。先づ会長挨拶を述べ、事業計画、会計規則、職務、二九年度ヨサン案を議決し、将来の運営方法に付協議を遂ぐ。四時散会す。

参議院に還り、用務を弁じて帰宅す。

興三に金十万円、ます子に金五万円を呈す。

五月十二日(水)　晴　薄暑

早朝、松井三郎氏来訪。静岡育英会の処理に関し、昨日松井、緒明両氏は日銀に中山均氏を訪ひ協議せし由にて、其内容を報告せらる。

来訪。本日より教育二法案関係者には面会を拒絶す。

堀末治、東隆、松浦定義三氏。北海道風害救済に関する陳情。

榛葉良之助氏外二名。故榛葉翁に対する恩賞に付、謝意を表せらる。乃ち宮内庁を初めとし、訪謝すべき箇所を指示す。

鈴木亀太郎氏、県民会館へ推薦を求めらる。母校学長より推薦されたしと答ふ。

日本赤十字社看護婦にしてナイチンゲール賞受領者十名来院し、厚生委員会にて全会一致の謝意を受けしを以て、島津、嘉西両副社長及厚生大臣、厚生委員、其他有志と共に副議長公邸に招待し、簡単なる午餐を呈す。高齢玉木ミドリ(明四年生)、玉木ゑい(明七年)両氏、山本ヤヲ氏(明八年)(欠席)の如きあり。欽仰感謝、措く能はざるものあり。予及厚生大臣挨拶。一行は二時、皇居に於て皇后陛下に拝謁すと云ふ。

十二時五十分退出、参議院に立寄りたる上、上野公園日本学士院の授賞式に出席す。天皇陛下御臨場あらせられ、恩賜賞及院賞授与せらる。三時式畢る。参列者は受賞者の研究業蹟を視察せしも、予は国会へ帰る。三時四十分帰着。

学士院にては山田院長、佐々木博士に対し、真龍翁の贈位に関して深甚なる謝意を表す。又小山正氏に対して博士号を贈るの方法なきやを問ひたるに、塚本龍麿の事蹟を取調べ、論文を提出するならば可能にして、遅くとも本年十一月までに三百部以上の出版を要すと答へられたり。依て其旨を中山氏へ通報す。

議院運営委員会は十一時半より開会す。予不在の為、副議長出席せらる。緊急質問に関し、青木一男氏通告に関する京都市旭ヶ丘小学校占拠事件に付ての質問が理事会にて他の社会党発言二件と共に不許可となりしに付、異論あり。又本日は予定の如く議事を進行したる上、教育二法案を緊急上程するや否やに付議論別れたるも、副議長は之が決定のなさざりしに由り、非難せられたりと伝へらる。

本会は四時五十九分開会。広瀬久忠、田畑金光、若木勝蔵三氏の緊急質問あり。了て日程に入るに先ち、藤田進氏より休憩の動議提出せられ、全会一致之を可決し、六時二十二分休憩に入れり。

休憩後、議事再開に入るを得ず。文部委員会は竟に開会せず、委員は定規の賛成を以て委員長川村氏に対し開会を要求せしも、委員長の所在不明となり目的を達する能はず。依て自由党を除く各派委員集会して懇談会を開き、加賀山理事を座長として川村委員長及自由党委員の不当を糾弾するの声明書を発したり。自由党は明日本会議を開くを欲せず、文部委員会と共に議院運営委員会をも開かざるの態度を決し、寺尾委員長、松岡議運委員の来訪あり。社党は藤田委員の来訪するありて畢に時間遷延し、十一時五十分に至りて議運の開会となりしを以て、小笠原委員は自由党及委員長の態度を強く非難して、左社委員と共に退席し、次で天田委員も亦同様の発言を為し、右社委員と共に引揚げたり。最後に緑風会楠見委員も遺憾の意を表せしも、時既に十二時を過ぎて散会したり。

右の結果、本会議は休憩の儘開会に至らず、遺憾なり。予は屢々事務総長を派して議事の再開を各派に交渉せしも、何等の効果を見るに至らず。十二時半頃、帰宅す。

五月十三日(木)　晴　南風強　薄暑

昨夜深更帰宅したるを以て、桑原運転士及石田護衛は議長公邸に宿泊せり。

登院。来訪者は三浦安蔵氏。同成会、同和会々員より贈金の取扱を締切り、同成会員へは報告及謝状を立案す。三浦氏の謝状を同封して発送する予定なり。同和会も亦之に倣ふやう措置する方針なり。

松本勝太郎氏。明日出発、別府へ赴き六月上旬帰京すと云ふ。内浦行を約す。

小野仁輔氏外一名。教育法案無修正通過運動の為なり。

高瀬荘太郎氏に紹介す。

草葉厚生大臣。水道法の提出に付、了解を求めらる。

野田俊作氏、雑談を為す。

山本猪之助氏、書画帖に揮毫を頼まる。即時実行す。

BS連盟本部へ野口氏を遣はし、制帽を借用せしむ。

明日の本会議には日程を追加して、教育二法案の緊急上程を為すの与野党了解せりとの電話を受く。

揮毫。村田忠吉氏の為、令息墓碑に職氏名を誌す。黒沢　氏の為に、尊農堂并農国本也と書す。之は小林次郎氏の依頼に由る。次に長野県篶農黒沢　氏の為に額面二葉を書し、又豊浜村学校〔中?、小?〕の為に横額を書く。斯くて書債を免る。

河井高子、十一日来京せりとて来訪す。

三島母上より浜焼桜鯛一尾を頂戴す。発送店は岡山県玉島市勇崎鯛惣なり。

渡井常蔵氏より新茶（竹茗堂製、同店発送）、仲田万吉氏より新茶を贈らる。

昨日、中御門経民氏来訪。来二十日、蔣介石氏大総統再選就任式を行はるるに由り、参議院議長としての祝電を寄せられんことを求めらる。依て本日、中山秘書をして外務省亜細亜局と打合はさしめ、国会議長宛発電するに決定す。

〔欄外〕三浦氏へ醵金者

河井、平沼、藤田、河合、安倍、田島、松尾、瀬古、山崎、渡辺、高木、小汀、塩田、油井、入江、田中、赤木、佐藤〔助〕、小坂、丸山、次田、明石、金森、川上、金岡、羽田、大谷、中山、下条、原。

醵金総額七一〇〇〇円。

五月十四日(金)　曇　午後雨　冷

議院運営委員会は、本日の会議に緊急質問二件、羽仁五郎氏及八木幸吉氏［八木氏の質問は十二日の広瀬氏の再質問と同一内容なり（異例）］を上程するに決し、又文部委員会にて教育二法案の審査終了［午前中には終了の見込］せば、之を本会議に緊急上程すべきことを決定す。

本会議は十一時半開会、宇垣君請暇の件及羽仁、八木両氏の緊急質問を了りて十二時十五分休憩し、三時二十分再開、義務教育諸学校に於ける教育の政治的中立確保法案、教育公務員特例法の一部改正案を上程し、両案委員会修正案に付、賛否の討論を為したる上、修正案は記名投票を以て、白一二二…黒《青》一一六、白一二三…黒一一五にて可決せられ、其他の部分は記名投票を以て、白二二六　黒〇、白二二〇　黒〇にて可決せられたり。討論は熾烈にして、病気欠席者も扶けられて出席し、異常なる緊張を示したり。

緑風会員の投票は二分せられ、自由投票なりしを以て、辛うじて会の分裂を免るるを得たり。石黒総会議長等に対する反感少からず。

次で補助金等の臨時特例等に関する法律案を可決（修正議決）し、次で特に厚生年金保険法案［船員保険法一部改正案、厚生年金保険船員保険交渉案］を上程し、討論の上、修正議決す。斯くて日程第一漁港審議会委員任命承認。第二、第三［ケシの栽培阿片の取締議定書批准承認、日加間通商協定批准承認］、第四、離島振興法一部改正、日程第五乃至第十大蔵省関係を可決し、第十一、第〔十〕二、農林省関係法案に入りたるも、大臣、政府委員の出席なかりしため採決を次回に延期し、最後に、特に国務大臣等の私企業への関与制限法案及軍事郵便貯金等特別処理法案を可決し、其余は次回に譲り、九時十七分散会したり。

第二回アジア競技大会日本代表団解団式は、一時より三時まで共立講堂に行はれしを以て、出席して挨拶を述ぶ。秩父宮妃殿下御旅行中に付、高松宮両殿下台臨あらせらる。武士道の精神を発揮して輝しき成果を挙げて帰還せる我選手に接し、欣懐禁ずる能はず。開会中の故を以て、両殿下より先に退出、帰院す。

BS比島派遣団の解団式は、二時より市兵衛町村山邸にて挙行せられたるも、本会議中の故を以て欠席す。電話にて欠席の旨を通ぜしむ。

〔欄外〕討論
反対　剣木亨弘君　中山福蔵君
賛成　加賀山三雄君　高田なほ子君　相馬助治君　松原一彦君　長谷部ひろ君
採決の結果
自由党全員反対（九五）
緑風会十六名反対　二七名賛成　五人欠席
社左全員賛成　四二名
社右二五名賛成　一名欠席
改進一名反対　一五名賛成
無所属全員賛成一一名
純無三名賛成　一名反対　三名欠席
各派に属せざるもの一名賛成　一名反対
反対　竹中勝男君　堂森芳夫君
〔欄外〕第十一、第十二の日程に関しては事務総長をして政府に警告せしむることとせり。
〔欄外〕日米艦艇貸与協定調印。
五月十五日(土)　晴　暖
登院せしも格別の用事なし。大達文部大臣来訪し、教育二法案の今後の取扱は、凡て自由党政務調査会に一任するの意向なるを明にす。予は進んで今後解決を要する重要法案の取扱は、緑風会と緊密なる連繋を先要とすべきに付、謙虚なる態度を以て提携せらるべきを告ぐ。
平野農林政務次官、保利農林大臣来訪、昨日の議事に不在なりしことを陳謝す。
赤木正雄氏来訪、各種の報告を受く。又和歌山県の補欠選挙に於ける野村候補の情勢を報告せらる。
五月十六日(日)　半曇
Boy Scout 静岡県連盟大会に出席する為、静岡へ往復す。東京六、〇五―一〇、二四静岡。静岡四、四六―八、〇八東京。野口秘書同行。
静岡にては駅頭に川井健太郎氏（理事長）、尾崎忠次氏 Commissioner の出迎を受け、直に自動車にて会場に至る。十時半、斎藤知事（顧問）出席の下に県連盟総会を開く。開会辞を了り、連盟長挨拶を述ぶ。斎藤知事、教育長代理、市長代理及鈴木短期大学長等の祝辞ありて、表彰を為す。了て予は来会者一同より「弥栄」の Salute を受く。感激の至りなり。来会者は熱海市以西磐田市に亘り、七百余名（総数千五百人）と称せらる。正午休憩、弁当を喫す。

一時三十分より市中行進を為す。国旗隊、楽隊、連盟旗隊、大国旗、連盟長、幹部各地区隊ＧＳ隊の序列を以て、城内より御幸通、呉服町、本通、七間町を行進し、県庁正面に入る。玄関に於て予及知事の閲隊を受け、城内小学校々庭に帰る。時に二時三十分なり。それより十種目に亘るrallyを為す。予は三時三十分出発、全員の熱烈なる歓送を受け、静岡駅に至り少憩、駅助役の先導に依り、上り急行阿蘇にて帰京す。車中偶ま文部委員長川村松助氏の京都より帰京するに会ひ、隣席す。川村委員長は旭ヶ丘中学事件実地視察を遂げられたる由にて、詳細を説明せらる。其他各種の談話あり、車中の単調を忘る。東京駅にて川村氏同車、氏を其邸（成城町）まで送らしむ。

岡田菊太郎氏の米寿会に招待せられしも、祝電を送りて欠席す。氏は明治用水開設の功労者なり。

昨日松本順吉氏逝去せられし由、新聞紙にて承知す。

五月十七日（月）

貞明皇后三年祭日なり。国会用務に逐はれ、宮中伺候を怠る。

議院運営委員会にては、去十四日社左中田吉雄君提出の緊急質問、吉田首相の外遊に関する件を本日上程するに、異議なしと決定したり。本質問の提出は去十四日（金）にして、其後理事会の審議を経、野党側も何等拒否することなく茲に至りしなり。然るに本日吉田首相は、内閣委員会には出席して、防衛庁法案及自衛隊法案に付ては説明の任に当るべきも、本会議に於ける此の緊急質問は国交上有害と認むべきを以て、斯る質問の提出すら差控ふべきものと看做すとの意見にて、本会議に出席を拒否したり。委員会に於ては法律上、実際上共に之を認むべきものに非ずとし、甚強硬なり。予は緒方副総理を招き、其不理なるを告げ、重ねて出席を求めしに、副総理は、首相は委員会出席のことは既に了知せしも、本会議出席のことは未関知せざりしと述べ、益々其我儘を遂げんとしたり。斯の如き不理と不遜とは、委員会をして倍す激昂せしむるに過ぎず。然るに一方内閣委員会は首相の本会議出席のことが決定せざる間は開会せずとして時を費し居たるに、首相は予定の用務ありとして国会より退去したり。

斯くて議院運営委員会は、本日の日程は一切之を他日に譲り、緊急捨置き難き外務関係両件のみを上程するに決したり。

本会議は四時六分開会、(1)日本国に於ける国際連合軍隊の地位に関する協定の締結に付て承認を求めるの件、(2)日本国における合衆国軍隊及び国際連合の軍隊の共同の作為、又は不作為から生ずる請求権に関する議定書の締結に付て承認を求める件の二件を上程し、外務委員長の報告を聴き、承認を与ふることを議決し、四時二十二分散会したり。

議事散会後、緒方副総理と会見し、参議院の正当にして強硬なる要求を告げ、首相の本会議に出席して中田議員の緊急質問に答弁するやう要望したり。

帰途、鳩居堂にて線香一箱を求め、松本順吉氏邸に至り、弔問焼香す。

〔欄外〕相川勝六氏、予の南隣へ転居し来れり。関根氏と住宅を交換したりとて挨拶せらる。

五月十八日(火)　晴　暖　夏服に更む

議員前田久吉氏（緑風会、産業経済新聞社長）の計画に係る産経会館の上棟式に出席す（十時）。来賓代表として玉串を捧げ、直会式に於ては前田社長の挨拶に対し祝詞を述ぶ。帰院処務の上〔以下記載なし〕

Dr. Nagy, Dr. Lersky & Mr. Hogie 三氏送別会に出席す。出席者は主客二十名計り、中島政治経済研究会長の主催なり。石黒、佐藤、高瀬、松田（竹千代）諸氏も出席す。堤議長は出頭、直に辞去す。一同は椿山荘の庭園を賞しつゝ心往く許りの談話を交換し、食堂にても肝胆相照して平和世界の実現に努力を盟べり。予の送別乾杯に答へて Nagy 博士より沈痛惜別に堪へざるが如き謝辞あり。二時過、庭前にて記念撮影を為して別る。一行は明日羽田発、帰米の予定なり。

二時四十分頃、故松本順吉氏の告別式〔青山斎場〕に至り、焼香す。

五月十九日(水)　晴

昨年の本日は予が参議院議長に当選したる日なり。爾来一年、波瀾重畳の国会を顧み、国歩愈々険艱なるを念ひ、努力未足らざるを憾む。

興三は登学の途次、若杉孝平氏を訪問して結納品を呈す。

登院と共に事務総長をして、首相の本会議出席に関する要求に対する政府の回答を求めしむ。先づ福永官房長官来問、首相は言を竭して出席を勧説せしも、竟に之に応ぜずと答ふ。次に寺尾議運委員長来訪し、同様のことを告げ、衆議院に於ては同一質問を延期したるを以て、取敢へず上程を次回に延期する方法なきやを協議す。予は之に対して、既に本件は議運理事会を経、議運の決定を経、小委員会の意思に依りて政府に要望するの現状なるを以て、之が実現は自由党が社左及質問者に交渉して、其内意を得るに非ざれば不可能なりと答へたり。

次に緒方官房長官《副総理》来訪。首相の決意固くして翻し難きこと、政府は目下関係諸国と交渉中にして、若干の国とは打合せ済なるも、若干の国とは未済なるが故に、今日議場にて答弁し難し。而して後日適当の機会に於て進で説明するを以て、本日の答弁は猶予せられたしと答ふ。予は副総理の答には多少の理解すべき理由ありと認むるも、未だ到底議運小委員会を満足せしむるに足らずと認め、各派代表を招致して之を報告するに決し、代表者を招集したり。

各派代表（自寺尾、松岡、平井、緑石黒、赤木、館、社左小笠原、三橋、矢嶋、社右山下、戸叶、改進苫米地、寺本、無ク鈴木、諸氏来集）は右の報告を聴取したるも、毫も従来の態度を改めず、却て事態を悪化せしむる情勢なり。之に対して自由党側代表より、議長は直接首相と折衝せよとの申出あり。更に他派代表より、其場合各党一名づゝ列席せしめよとの希望も出でたり。依て議長は再び緒方副総理と交渉することを告げ、散会したり。

爰に於て再び緒方副総理を招き、右代表会の意向を告げ、(1)首相が態度を変更せざるに於ては、議長は首相に会見を申入るべし［会見の場合には、各派代表一名づゝ列席す］。(2)首相が応諾せざる場合には、参議院は憲法第六三条の規程に依りて其出席を要求することもあるべし［これは最後の手段にして、此場合首相の面目に拘るのみならず、政府の責任問題と化するを以て、成るべく之を回避せんとす］。(3)故に首相は進んで議場に出席し、(a)差支なき範囲に於て答弁するか、(b)目下は答弁するの段階に達せずと答弁するか、両者其一を択ばるべしと勧告し、(4)然らざれば今後議案審議の停滞、怖るべきものあるを告ぐ。副総理は更に首相と協議を遂げ、首相は本日の会議に出席して答弁すべし、但し其内容は未答弁するの段階に至らずと答弁すと答ふ。依て再び各派代表会議を開きて副総理最後の答を披露し、次で議院運営小委員会を開きて、首相の出席答弁あるべきを報告したるに、一同之を諒とし、本会議進行の手筈を決定したり。

四時十分本会議開会。先づ国土総合審議会委員の選定［議長指名］を為し、次に中田吉雄君の総理大臣外遊に関する緊急質問に入り、中田君の質問に対して吉田首相、緒方、小笠原、岡崎、石井各大臣より夫々答弁あり。それより日程に入り、前回採決未了なりし農林省主管法律案二件を可決し、通産省関係法令整理案、公職選挙法一部改正案、NHK二七年度財産目録貸借対照表、損害計算書及説明書、日本国に於ける国連軍隊の地位協定実施に伴ふ刑事特別法案、同上民事特別法の適用法案、道路セイビ特別措置法一部改正案、Motorboat race法一部改正案を可決し、大蔵、建設両委員会関係の請願、陳情を採択して、五時十五分散会。

緒方氏に徳山村産川根茶一斤［竹中村長贈来］を呈す。

五月二十日(木)　晴　暖

緒方氏より水虫特効薬を贈らる。

来訪。四国林業社長植村実氏、別子山地上権地収得交渉の報告あり。本件に関し別子村の不当要求あり、村上龍太郎氏の配慮に依りて之を防止したしと申出でらる。依て電話にて其事を村上氏に告げ、且植村氏を紹介す。

池田駒平氏［愛知県議会議長］、警察法改正に付て来訪。

岸田兵庫県知事、赤間大阪府知事も同事項に付陳情あり。岸田知事より去月六日両陛下御植樹御手伝の写真二葉を贈らる。

山田覚明師、曹洞宗代表南方戦地へ出発の報告あり。依て需に応じ草葉厚生大臣に紹介す。山田師より去十五日緬甸へ赴ける長井真琴博士の使命を聴く。

大阪府農地部長三宅友平氏来訪す。橿原神宮奉賛会事業に付、配慮を約せらる。

志村明昭氏［徳川宗敬氏選挙事務長、日本文化放送関係者］来訪。需に応じ、氏を斎藤静岡県知事に紹介す（名刺）。

中山均氏より電話を以て、静岡育英会の事業を親和会に依託し、其財産を処分すること及塩島主事解雇手当等に付、問合せあり。来二十六日静岡にて親和会役員会を開き、了解を得べしと告げらる。

日本芸術院第十回授賞式（二時→三時五分）に出席す。一時三十分着、天皇陛下臨御の下に恩賜賞并院賞の授与あり。首相（代）、文相の祝辞あり、三時三十分帰院す。

会期延長の件に関し、三時三十分より常任委員長懇談会を開く。各委員の意見を総合するに、(1)延長を要せずとするもの、外務、厚生、水産、運輸、電通、経安、決算、(2)若干延長を要すとするもの、人事、法務、大蔵（四、五日）、労働、建設、(3)七日程度延長を要すとするもの、文部（七日＋α）、農林、通産、(4)相当長期間延長を要すとするもの、内閣、地方行政各委員会あり。

依て五時二十分開会の議院運営委員会に出席して右報告を行ひ、適当なる決定を求む。委員会に於ては、自由党より九日延長論出て、緑風会は之に賛成し、改進党より三週間説出て、社右、無所属之に賛成し、社左よりは先づ両院の議院運営連合理事会を開いて協議すべしとの意見出て互に譲らず、質疑応答を重ねたり。而して寺尾委員長は本日中に決定するの意向なりしも、衆議院議運委員会は明日午後一時までに本院の回答を求め来れるに付、明日午前中に議運にて決定すと定むることを発議したり。最後に予は、本件は衆議院議長と協議を要する事項なるを以て、遅くとも明日正午頃までに結論を得られたしと要望して、委員会の了解を得たり。七時過散会す。

五月二十一日(金)　曇　冷

朝、代議士中井光次氏より電話あり、湊川神社玉垣築造に付、金五千円を奉納せられたしとの要望あり。依て議長名を附するの当否に付、事務総長の意見を徴し、参議院議長の正式の寄進に非ざるも職名を彫刻するも差支なしとの回答を得たるを以て、私金五千円を中井代議士に贈り、寄進人名簿に単に氏名を自署したり。

議院運営委員会は十時四十分頃開会せられ、会期延長に関し九日説と三週間説とに付、質疑応答を重ねたる上討論を為し、多数を以て九日延長説を可決したり。其論議中主要なる点は、(1)五月三十一日限り、絶対に延長せずと断言したるも、万々一必要にして已むを得ざる場合を生ぜば若干の延長もあらん。(2)此延長は首相外遊とは何等関係なし。首相は国会会期末終了なるに拘らず、外遊することなしに在りたり。（註）自由党は七日延長説なりしも、予の再延長なしと断言し得るかとの質問に対し、九日と改め、九日間に必ず所要法案の処理を期すと決心したり。(1)後段の点は少しく弱味あり。議運は一時三十分散会す。

予は衆議院議長を往訪するため会見の時刻を打合はせ二時訪問、会期延長は九日間と定めたしとの意向を述べしに、堤議長は直に議運に諮りて返答すべしと答へしを以て辞去したり。予は芥川事務総長を帯同し、堤議長は菅家議運委員長、椎熊議員及大池事務総長と共に予を迎へたり。

帰院後程なく大池事務総長来院、堤議長の回答を伝ふ。即ち衆議院は参議院の申入れに同意し、会期延長を九日間とすとのことなり。

二時三十二分本会議を開き、会期延長の件を上程し、五月三十一日まで九日間延長のことを可決す。次で米国と二重課税防止二法案、外務省関係法令整理法案（以上外務）、地方財政法の一部改正［修正］、（地方行政）、公認会計士法一部改正、在留国連軍関係所得税法等臨時特例法案、日米間二重課税回避防止条約実施に伴ふ所得税法特例等法案（以上大蔵）、僻地教育振興法案、文化財保護法一部改正案（以上文部）、其他人事関係、文部関係及農林関係の請願、陳情を可決して、三時三十七分散会したり。

芥川事務総長より、砂防協会の所有地を国に買上げ、協会は旧独乙人倶楽部所有地を買収する件に付、独側土地単価の評定低きため其申出価格と大差あり、処理困難となりたる由、詳細報告を受く。

佐藤警務部長より、本日学生のデモ行進に付、報告を受く。

〔欄外〕懐中時計 Waltham のゼンマイ切断せるが如し。依て中山秘書に託して修繕せしむ。

〔欄外〕興三に短靴を与ふ。

五月二十二日(土)　雨　寒

清水市旭町二〇望月千代子夫人（清水花の会会長）、外二婦人来訪、柴田昌年氏（庵原村順栄先生曾孫）同伴、花束を贈らる。歓抃に堪へず。昼食を呈し、院内を案内せしむ。

高平勇氏、国有地払下に関し来宅す。依て電話にて林野庁に問合せ、長官室に佐藤氏を訪問せしむ。

若杉孝平氏より、杉山東一氏を使として興三の為に結納品を齎らす。

小田秘書室長に命じ、自今議長関係の要務に関し日記の記帳を命ず。

議長室に百木画土肥風景の掛軸を掲げしむ。

レスリング世界選手権大会、東京体育館にて開催せらる。

五月二十三日(日)　微雨　夕歇　冷

九時発、多摩両御陵へ参拝す。十時着、同四十分辞去、十一時四十分帰宅す。同行は舘林、同葉子、成也及鈴木洋子なり。往路甲州街道、帰路日野より多摩川右岸を下り、溝口より世田谷に入る。

一時、椿山荘に開催せられたる第二回静岡県人会総会に出席す。来集六百余人、頗盛会なり。緑綬褒章受領者[二名]、世界卓球選手権大会優賞者[二名]、東洋オリムピック大会優賞者の祝賀を併せ行ふ。徳川公に次で予も祝辞を述ぶ。弁当を頒たる。余興半ばの頃退去す(三時半)。徳川公を公邸に送る。

五月二十四日(月)　曇　朝冷午後薄暑

本会議一〇、四五―一一、一五。参議院職員規程改正案を可決し、平和条約及行政協定に依る道路運送法等改正案、裁判所法、民訴、民訴用印紙法各改正案を夫々可決し、水産関係請願十七件、陳情十六件を採択す。

来訪者。前代議士横前智氏、愛禽同志会よりカナリア鳥一番寄贈の申出あり。好意を深謝して謝絶す。

愛知県有志五十余万人代表八名、草葉厚相の紹介に依り厚相と共に来訪す。警察法改正に付、原案支持を要望す。委員と会見を斡旋す。

京都府会副議長金田弥栄蔵氏外一名、警察法改正に付陳情す。

岸倉松氏、故幣原衆議院議長記念事業へ二万円を寄附することを約す。

高平勇氏、昨夜千葉県石井信氏方へ泊れりとて来訪、石井氏よりの書状及鶏卵一箱を齎らさる。

緑風会にては議員総会を開き、役員の改選を行ふ。其結果左の如し。

総会議長　15佐藤尚武氏　副議長　10竹下豊次氏　6館哲二氏

会務委員　14赤木氏　8飯島氏　6［会長］石黒氏　12井野氏　9加賀山氏　10片柳氏　7楠見氏　12小林武治氏　22後藤氏　12高瀬氏　7田村氏　8早川氏　14村上氏

政務調査会　会長　8広瀬久忠氏　副会長　10豊田雅孝氏　10森八三一氏

右に付赤木氏来訪、報告せらる。次で後藤文夫氏も来報せらる。予は氏に対し、緑風会の親和を計り、分裂等のことなきやう配慮せられんことを悃望す。

又和歌山県補選には続々緑風会より応援者を送り、野村吉三郎氏当選の上は、同氏の入会を得るやう努力せられんことを求む。

五時半、緑風会懇親会に出席す。新橋亭にて開会、多数会員出席す。上林氏より清酒を、岸氏より牛肉、鶏肉、チーズ、ヨーグルト等を寄附せらる。

発状。緒明太郎氏［育英会に関する件、湯ヶ島旅館開業者の件］。浅田平蔵氏［塩焼鯛贈呈の礼］。

矢田部氏今夜発途、出雲大社へ赴く由電話あり。

女中池新田町中山　　、今朝帰京す。

五月二十五日(火)　曇　暖

来訪者。鍋島佐賀県知事、災害復旧工事費不足額起債の件、炭礦事業救済の為融資の要望等あり。何れも必要なり。

臼井皎二氏、昨日本会議にて採択したる毒物に因る狩野川魚族死滅保障要望に関する請願の取扱に付、説明を為し、急速地方的解決を勧告す。

植村実氏。昨日奥村高知営林局長及村上龍太郎氏と会談せし結果を報告せらる。

愛知県議倉知桂太郎氏、鶴田勝己氏、ケイサツ法案に付陳情。

牛田勇夫氏、道徳と経済の並行振起に関し賛同を求めらる。

原田二郎氏、軍人恩給法の改正に付要望あり。

武若時一郎氏、橿原神宮奉賛会の三部組織に付、報告を受く。

会計検査院総務部長、決算専門員の選定申入に対し来答す。

金森国会図書館長、次長の選任に関し同意を求めらる［芥川事務総長来りて説明す］。

小林次郎氏、早朝来宅、同車登院す。

Argentine 大使 Quiros 氏夫妻の国祭日祝賀披露 Cocktail party あり。七時半出発、臨席す。九時帰宅、坪上大使を同車、其邸に送る。

佐藤尚武氏、緑風会議員総会議長に当選され、外務委員長を辞任するを要することとなり、大に当惑せらる。予は緑風会の為に議長を受諾せられんことを悃望す。

五月二十六日(水)　曇　夕晴　暖

朝、塩島金一郎氏来訪す。静岡育英会事務に付、打合せを為す。又予は去十　日緒明、松井両理事が中山信和会理事長と会見せること并に中山氏は本日知事及信和会幹部と協議すること、従て六月中旬頃評議会を開会する心算なること等を説明す。

本会議は十時五十分開会し、日程の各法律案を可決す。其中公職選挙法の一部改正案に関しては反対論三名の演説あり。記名投票に依り採決の結果、賛一二五、反六八にて可決せり。其他は全会一致にて左の諸案を可決す。十二時休憩。

中小企業安定法の一部改正案、壱岐対馬電報料の件廃止法律案、日米間安保条約第三条に基く行政協定の実施に伴ふ公衆電気通信法等の特例法一部改正案、臘虎膃肭獣猟獲取締法一部改正案、盲学校及聾学校への就学奨励に関する法案。

二時五十七分再開、議運小委員会にて決定したる日米相互防衛援助協定等に伴ふ秘密保護法案を緊急上程し、法務委員長の報告後、反対亀田得治君、小林亦治君、羽仁五郎三君、賛成青木一男君、中山福蔵君、一松定吉君の演説あり。記名投票に依り［白一一七、黒七二］可決す。次で運輸関係の請願六件、陳情六件を委員長報告を聴き、採択し、四時五十三分散会す。

全国治水砂防協会有志会に出席す［十二時二十分乃至一時］。出席者、徳川公、山崎、次田、赤木、河井。

古島一雄翁三周忌法会［二時より天王寺］に出席、焼香す。

緒方副総理に面会を求め、明日午後一時開催せらるべき首相の園遊会は、参議院に於ける委員会出席の要求ある場合には、首相は必ず委員会へ出席するやう希望す。副総理は之に対し参院優先を約し、首相は委員会の要求に応じて何時にても出席すべしと確言す。

来院。三島BS日本連盟長、Pakistan boy 一名を伴ひ訪問す。院内を看覧せしむ。

浅野哲禅師、山田覚明師、東南アジアへ出発に付、告別せらる。曩に預置きたる平和観音像を返却し、供養料三千円を呈す。又草葉厚生大臣へ紹介の労を執る。

社団法人全国精神薄弱児育成会創立発起人会計画者大内邦子、植木千久子、仲野美保子の三婦人、安岡正篤氏の紹介に依りて来訪す。趣旨と結成に付ては衷心より賛成するも、発起人となることは免除を請ふ。三婦人の需に依り大達文部大臣の来室を請ひ、面会せしめ、又草葉厚生大臣に面会の便を与ふ。（創立発起人会事務所［千代田区麹町一ノ四（麹町支所内全国都道府県教育委員会委員協議会内）］。

一九五四年レスリングフリー・スタイル世界選手権大会総裁三笠宮崇仁親王殿下より、出場各国選手并関係者を招かれ、記念交驩会を椿山荘にて催され御招待を受けたるも、国会用務の為に出席を断れり（電話）。

五月二十七日（木）　晴　暖

登院。各種の用務を執る。高橋図書館運営委員長に面会を求め、一昨日金森国会図書館要請に係る副館長の任命に付、承認を求むる件に付報告し、委員長の意問を聴く。委員長は理事に諮りて、異議なき旨を回答せらる。依て芥川総長に対し承認を与ふる旨を図書館長に通知せしむ［総長は、衆議院議長は図書館委員に諮り、二十九日承認を与ふるに付、同日承認を与ふべしと答ふ］。

松野勝太郎氏、夫人と共に来訪す。東南亜細亜へ仏教親善使節として高階老師と共に旅行する由にて、挨拶を述べらる。切に健康を祈る。

向山均氏来訪、　　　氏を同伴せらる。　　　氏の発明製造に係る人造米を齎し、製造機械を説明せらる。原料は小麦を用ひ、米に比して低価なり。説明書及人造米一袋を藤野議員に頒つ。

勝又春一氏と食堂にて出会ふ。農業組合法の制定に付、要請の為来京せりと云ふ。同志数人と共に森田豊寿氏に談判す。

夕、関屋令夫人来り、Miss. Tapson の建てたる Garden Home は戦争に因り経営難を来し、已むを得ず社団法人結核予防会へ土地建物を無償にて譲渡し、同会は看護婦養成所として使用し来りしが、最近養成所は他に移転し、其建物は不用に帰したるを以て、Garden Home へ土地と共に返還されたしとの要求を予防会へ提出したるに、同会は之を拒絶せしを以て、素志貫徹の為日赤社長島津氏、副社長葛西香資氏へ紹介せよとの依頼あり。依て直に両氏宛書状を認め、之を渡す。帰途、新宿駅まで同車して分る。

社団法人発明協会創立五十年記念式及優良発明者表彰式は、天皇陛下臨御の下に国会図書館羽衣の間にて行はれしを以て、招かれて参列す。式は総裁高松宮殿下御臨場に依りて開始せられ、恩賜賞、通産大臣賞、協会賞、朝日新聞社賞等授与あり。天皇陛下の御言葉を賜り、還御の後、首相、衆議長、参議長及通産相の祝辞ありて散会す。帰る時、玄関にて記念撮影に加はる。

吉田首相より一時公邸にて園遊会に招かれ、出席す。来賓は両院自由党、緑風会、無所属の議員なり。偶ま小笠原大蔵大臣に会ひ、昨年の災害地に対し速に復旧工事費の補助金を交付すべきを強請す。大臣は所定年度割の八割は急速に交付すべしと答ふ。依て右の旨を電話にて鍋島佐賀県知事に通知す。

小酒井内閣委員長来室、重要法案審議の状況を報告す。而して今後順序として、先づ定員法の改正案は二十九日までに議了し、自衛庁法案は三十一日までに本会議議了したしと考ふるも、自由党は定員法は後廻しとせんとの意見にて、全体の進行思はしからずと告ぐ。予は其意見を正しとし、委員長は宜しく自衛庁法案は三十一日までに必ず議了するやう審議を進むべしと誓言して、委員の了解を得られたしと勧告したり。

鍋島佐賀県知事来訪、災害復旧費の補助金の交付不足を愬ふ。

五月二十八日(金)

本会議は十時五十分開会、十二時九分休憩す。其間、医薬関係審議会設置、覚醒剤取締法一部改正、厚生省関係法令整理(以上厚生委員会)、酪農振興法案[修正報告](農林)、輸出水産業振興[修正報告](水産)を全会一致可決し、航空機製造法一部改正(通産)[反対討論海野三朗君]を可決し、教育職員免許法一部改正、同上改正法の施行に伴ふ関係法律整理、文部省関係法令整理(文部)、調達庁設置法等一部改正(内閣)を全会一致可決せり。

て散会す。

午後四時五八分再開せしも、請願陳情日程は次回に譲りて散会す。

内村地方行政委員長、四時三十分来談。警察法二案審査の経過を報告す。其中に、(1)本日は両案に関し参考人の意見を聴取したる処、名古屋地方警察長に対する再質問は、秘密会に非ざれば説明し難しとの申出に依り、協議の結果、秘密会を開くに決したること、(2)首相の出席を求め置きたるも、五時以後は大磯へ還るため委員会に出席せずとの二点あり。而して首相出席せざれば審査を円満に遂行する能はずと告ぐ。時既に五時に近く、剰す所十数分のみ。依て直ちに緒方副総理の来室を求めしも、支障ありて来らず。依て予自ら大臣室へ赴きて緒方副総理に面談したる上、副総理と共に首相室に入りて委員会出席を要請す。小坂大臣、首相と内談中なり。予は委員長告げし所を告げたるに、首相は、(1)本日は三時より五時まで二時間の出席を約しありしに由り、委員会よりの出席通告を待ち居たるも未だ通告なし、(2)本日五時より公邸に経済顧問を招きあり、重要なる協議を為す予定にして、五時より大磯へ還るの予定に非ずと答ふ。予は首相の迷惑を謝し、今夕経済顧問と協議を終へたる上、再び登院し「夜を徹してまでも質疑に答ふべし」との意気を示されたしと述ぶ。首相は長時間に亘ることを拒みしを以て、予はせめて一時間程度出席されたしと要望して首相の同意を得たり。依て内村委員長を招き、其事を告げ、約一時間の範囲に質疑応答時間を整理せられたしと告げしに、委員長も快く之を応諾したるに付、予は委員長に対して委員会の審議も斯くして正道に復したるを以て、爾後の円滑なる進行を要望したり。

首相、八時頃登院して委員会に出席す。予は審査の状況を視る為委員会に到りしに、首相外遊の目的如何、憲法改正の意図なきや等、警察法二案に直接関係なき事項質問開始せられしも、委員長は之を整理せず。審査の進行上、遺憾に感じたり。

来訪。熊村々々村長、大富部上阿多古、西尾下阿多古、広瀬麁玉、原田浜名、源馬積志、前島伊平、小出鎮玉八町村長来訪。国鉄バス開通の件に付、山根名古屋陸運局長、石井本省自動車局長往訪の結果を告げらる。依て、(1)本件は静岡県知事をして強烈に支持申請をなさしむべきこと、(2)石井運輸大臣に紹介の名刺を渡し、直接に熱望を述ぶべきことを告ぐ。

関東地方〔埼玉、群馬、栃木等〕織業代表は、三県代議士の紹介に依り融資の急速実行を要望す。

蔦ヶ谷秘書官に来室を求め、昨年の災害の復旧状況、国庫金補助実蹟及応急融資額に付、都道府県別調査表の作成を依頼す。

宮内庁侍従職より夜電話あり。明夕六時、両陛下御晩餐の御接伴に招かる。明日の本会議進行の状況を勘考し、明朝拝答する旨を答ふ。

〔欄外〕名古屋陸運局自動車部長小原健弘氏、最強硬と云ふ。

五月二十九日(土)　晴

本会議は順調に進行す。乃ち中国紅十字会代表招請決議案（常岡一郎君外九名発議、常岡君説明）を全会一致可決し、日本国に対する合衆国艦艇貸与協定批准承認（外務）は佐多議員反対討論を為し、記名投票〔白一一六、青六八、一八四〕にて可決、国営企業勤務職員の給与等関係特例法（人事）全会一致可決、小型自動車競走法一部改正（通産）可決、北海道に於ける国有緊急開拓施設等譲与、出資の受入、預り金及金利等取締、証券取引所法一部改正（以上大蔵）全会一致可決、自転車競技法等臨時特例を緊急上程して可決す。次の請願、陳情全部を採択す。

朝七時半、侍従職に対して今夕の御招伴に参上すべきことを拝答す。五時三十分、侍従職に出頭す。直ちに御文庫に参入す。六時過、御食堂にて御相伴を仕る。スープ、牛肉煮物〔添野菜〕、Sponge cake（Chocolate dressing）、バナナ、珈琲を賜はる。食中には種々御下問あり。予は又国会の概況、造林、砂防、復興状況視察の要項等を申上ぐ。陛下より昨年献上せし烏柏の発芽状況良好なる由承れり。陛下には国会が忙しかろうから早退せよとの御言葉あり。八時過まで御相伴申上ぐ。退下の時、皇后陛下より長良川鮎白焼（二十尾）を賜はる。真に感激の至なり。又御卓上に飾られたる薔薇の大輪〔一瓶二箇〕の美事なるは、皇后陛下御愛育に係ると拝聞せり。

侍従職に還り、直に車を乗換へて参議院に還る。事務総長より報告を受け、明日の予定を協議したる上帰宅す。

五月三十日(日)　晴

朝、緒方副総理へ電話す。先づ参議院審議の見透しを告げ、会期延長の必要を陳ぶ。又昨夕は地方行政委員会に首相の出席ありしため好都合なりし旨を告ぐ。緒方氏より、首相は健康を害し居り、昨夜は多量の鼻血出でたることを聞く。

寺尾議運委員長、赤木正雄氏と共に来訪す。議事運営に関して予の努力を多とせらる。今朝赤木氏を訪ひしに、同氏の勧に依り来訪せし由を告げらる。

登院。本会議の開会及会期延長に関し各方面と折衝す。

(1)先づ小酒井内閣委員長及内村地方行政委員長と個別に会見し、重要法案、特に保安庁、自衛隊法案、定員法案(以上内閣)と警察法案審査進行の状況と、之を議了する視透しを問ふ。

(2)次に各派代表を招集し、会期は明日を以て終了するも、所謂重要法案は勿論、多数国民并に地方自治体等の利害に重大なる関係ある案件山積するを以て、会期延長を発議するを要せずやと諮る。各代表は之を認めたるも、延長を二日とするや三日とするやに付意見岐る。予は三日を必要とすることを痛説し、大体の了解を得たり。出席者は(自)寺尾、平井、松岡、(緑)石黒、館、高瀬、(社左)三橋、小笠原、(社右)山下、(改)苫米地、(無)鈴木等なり[会期延長に関しては左右両社は正面的には反対、改進は曩に三週間を主張したる行懸りあり、立場困難なり]。此会合に於て略ぼ明瞭となりたるは、(1)所謂重要法案の中、保安庁関係及ケイサツ法関係は、延長会期中に賛否を決すること。(2)会期延長は参議院側より衆議院に交渉すること(これは決定)なり。

(3)緒方副総理は佐藤自党幹事長と共に来訪し、会期延長と首相外遊の動かすべからざること及び首相外遊の説明は会期延長最終日に於てする旨を報告したり。

(4)前記協議に付、各派は夫々総会の意見を体し、三時議長室に集まり五時まで協議して、遂に常任委員長会の開催及議院に附議するに決したり。

(5)常任委員長を招集し、会期延長に付協議す。其結果、内閣委員長は延長二日を、地方行政委員長は少くとも五日を要求したり。

(6)議院運営委員長に対し、会期延長を協議する為委員会開会を求む。委員会は自、緑の多数力にて三日延長を要すと議決したり。

斯くて堤議長を訪問し、三日延長のことを申入る。議長は成規の手続を履み、申入に応ずる由を答ふ。芥川総長同行、大池総長同席。

次で堤議長は大池事務総長を遣はし、同院議運に於て三日間会期を延長するに決したるを以て、明三十一日本会議に上程して議決すべしと通告し、芥川事務次長《〔ママ〕》之を了承したり。

本会議は夜八時十三分開会、副議長に依りて日程順に議事を進む。予は十時頃、副議長に代りて着席し、会期延長の件は討論［反対二名］を経て記名投票を行ひ、一一六対八〇にて可決したり。

興三と若杉敬子との結婚は、結納交換に依りて確定せしを以て、四時より公邸に若杉孝平氏、同夫人、同敬子、世話人杉山東一氏、同夫《〔ママ〕》を招待し、重友［昨夕着京］、舘林夫妻及興三を出席せしめ、晩餐会を催したり。然るに参議院用務の為八時半出席、挨拶を述べ、十時頃退出、再び参議院に登院して本会議に出席したり。

五月三十一日(月)　快晴

登院の途次、首相公邸に至り、去二十八日夜首相は内閣委員会に出席せしため健康を害したるやに聞及びたるを以て見舞ふ。秘書官応対し、鼻血多量なりしも健康に害なかりし由にて同夜大磯へ赴き、明朝上京すべしと告ぐ。刺を託して去る。

登院。小酒井内閣委員長と会見して、保安庁法案委員会審査終了の期限を一日午後五時とし、之に依りて審査の促進を求む。委員長は之に同意せしも、両社党内実情は極めて困難なりと答ふ。依て社右山下義信氏、社左三橋、小笠原両氏を招き、委員長を輔けて促進せられんことを希望す。次に内村地方行政委員長の来訪を求む。竟に来らず。然れども山下氏、三橋、小笠原両氏に対しては、地方行政委員会に付ても二日午後五時までの期限内に促進方協力せられんことを求む。

衆議院に堤議長を訪問し、定員法案は$2/3$以上の多数にて可決することを取止められんことを要請す。後刻議長来訪、之を承諾せし旨を答へらる。

本会議四、二五－五、一二分。本年五月暴風雨に依る北海道漁業災害復旧資金融通特別措置法案（水産）、本年四月凍霜害に依る被害農家に対する資金融通特別措置（農林）は、何れも全会一致可決し、日本中央競馬会法案（農林）を緊急上程して可決す。次で請願、陳情九二件を採択す。

来訪。錫蘭国会議員ダルマパラ氏外二名（十時三十分）少時接迎す。社左社右代表と懇談中なりしを以て、応接を副議長に依頼し、又昨年同国視察議員を招き、応対せしむ。

小串清一氏、警察法関係、中央競馬会法案関係。

山本米三氏、上京に付挨拶。

赤間大阪、桑原愛知両知事、警察法関係陳情。

粟井大阪市議会議長、ケイサツ法案関係。

保岡代議士、奄美大島復興特別法制定の件。

中川源一郎氏（代議士、京都）、恩給法通過の件。

会合。日米協会午餐会［正午、帝国ホテル］（コロラド州知事、オクラホマ州知事、ペンシルヴェニア州知事招待会）、出席を断る［但し二十九日、予め断り置けり］。

錫蘭公使夫妻主催晩餐会［七時半、光輪閣］（高松宮両殿下を招待）、是亦出席を断る［予告前記と同じ］。

衆議院議長より、同院は六月三日まで会期を延長することを議決したる旨の通知書を受領す。

赤木正雄氏と相談して、三葉会員を六月四日公邸に招き、晩餐会を催すこととす。又緑風会新役員及常任委員長を同夕公邸に招待するに決定し、中山秘書をして夫々案内状を発せしむ。

〔欄外〕衆議院にては定員法改正案が参議院に送付されてより六十日を過ぎしを以て、本日議員三分の二の多数を以て送付案を可決せんとの態勢に在り。然れども斯くては要修正箇所の修正を脱するのみならず、参議院が修正議決するの意向なるを以て、之を尊重されたしとの申入を議長訪問の上行ひたり［菅家委員長同席］。議長は議員2/3 Majorityを得るまでに至りしを以て（椎熊議員、之に反対す）、承諾を躊躇したりしも、後刻来訪せられ、予の意向を尊重し参院の議事を円満に進捗せしむる為、予の申入に同意すと答へ、若し参議院が之に違ふときは、衆院は予定の如く2/3にて議決すべしと告げらる。

六月一日(火)

朝、内村地方行政委員長と会見し、警察法の期限を二日午後五時として委員会審査の促進を求む。其後の状況報告に依れば順調に進捗し、内閣委員会は深夜十一時過、保安庁法案外一件を議了したり。館、竹下、高瀬三委員の努力の賜なり。

来訪。薄田美朝氏（前代議士）、警察法案進捗要望。

竹下氏［内閣委員］、石村氏、堀氏［地方行政委員］。委員会審議進捗に付て。

足立格平氏、昭和経済会の為講演を求めらる。七日午後五時を約す。

井上匡四郎氏、吉田首相に会見を取次ぐ。明日を諾せらる。

島田市内官公署代表四名、地域給引上要請。

下村宏氏、小選挙区制採用要望。

木村保安庁長官、保安庁法案進捗要望。

浅村廉氏［建設省河川局災害課長］、予の依頼に依り昨年の災害の復旧進捗調査［工事上、ヨサン上］書を提出せらる。

首相主催園遊会［四時―六時、目黒公邸］に出席す。偶ま来会せる小笠原大蔵大臣に対し、昨年の災害復旧費補助金の急速支出を促す。大臣は八割を至急交付することを約せらる。帰院の上、鍋島知事に電話を以て其事を通ず。

地方行政委員会は、委員木村禧八郎氏より、予に対する誤解に依り議事進捗せずとの報告を得て、急遽首相邸を辞して登院す。内閣委員会の審議も亦停頓せりと聴く。依て芥川事務総長を遣して事実を説明せしむ。之に依りて再進、審査を終了す。

地方行政委員会の停頓に関しては、小笠原、藤田（以上左社）、天田（右社）、西郷、石原（以上自）来りて、事情を愬ふ。

本会議は夕六時四十分開会、八時二十分休憩す。休憩の儘再会せず。

委員会審査の進捗の為、社左三橋、小笠原、藤田三氏を、社右三木、相馬、田畑三氏を、無所属鈴木氏を招き、懇談す。又小酒井委員長に会見、懇談す。竟に進捗を見ず、十二時を過ぐ。

尊徳記念館建設期成会懇談会［十一時三十分、クラブ関東］ありしも欠席す。

国立遺伝学研究所創立五周年記念式［十一時三十分、三島市谷田］には祝電を発す。

六月二日(水)　雨

本会議。一〇、五九―一二、〇五（休）。一、四一―四、四五（休）。防衛庁設置法案、自衛隊法案を上程、委員

長説明、討論の上〔白一五二、青七九〕にて可決。自衛隊の海外出動を為さざるの決議案、鶴見祐輔君説明、討論あり可決〔一名不起立〕。木村保安庁長官は、之に対して政府の決意を述ぶ。此採決は全会一致を以て可決するの各派申合ありたるに、瀧井治三郎氏起立せず。各派、特に両社は自由党の不信を鳴らして本会議の再会を阻み、折柄開会中の委員会も審議を進むる能はず。就中、地方行政委員会は、予定を無視して流会となれり。

右採決に関し、左社は議長の取扱を難じ来りしも、其正当なりし所以を説示せられて引退がり、自由党は瀧井氏を各派に遣して謝罪せしめんと計りしも、之は正当ならず、党代表が各派に取扱の不備を陳謝したるに止まれり。斯くて議運理事会は極力各派の調整に努めしも、社党二派は議事遷延の好機として之を捉へ、結着に至らず。依て議長は理事会に出席し、特に発言を求めて、元来本件は各派の話合にて解決すべきものにして、本会議及委員会の進行に影響を及ぼすべきものに非ずと述べ、会期切迫の今日、最遺憾とする所なるを警告す。然れども時既に十二時を経過して如何ともする能はず。依て明日は必ず進捗するやう要望したり。

夜十一時頃、菅家衆院議運委員長来訪し、定員法及警察法の議決は明日に完了する見込なしとて、予の提議長に対する約束に違へりと難詰したり。予は同委員長より難詰を受くる筋合に非ずと信ずるも、兎に角両案の審議を進むるは予の義務なりと述べ、促進に努力すべきを答へたり。菅家委員長は予に迫るに、終夜会議を開くことを要望せしも、予は参議院の規定に従て行動し、最善を尽す旨を告げたり。甚不礼の態度なり。議運理事会にては、菅家委員長の来望を告げ、委員会審議の促進せらるることを強く要望したり。之に対する理事の態度は、関心薄きものの如し。

十二時三十分頃発車、帰宅す。赤木氏同車す。

全国治水砂防協会有志会に欠席す。又伊大使 Marquis Lanza d'Ajeta の建国記念日 Reception 六―八ありたるも、出席を断れり。

〔欄外〕六月分歳費及手当を受領す。

六月三日(木)

朝、小酒井内閣委員長及内村地方行政委員長を招き、委員会審査の推進を促す。特に定員法及ケイサツ法二案に付ては、本日中に本会議を了すべく努力を求む。

石黒忠篤氏来訪。首相の外遊は、重要法案の成立を俟て後に決行すべきものにして、明日の出発を延期し、会期二日延長の余裕あり、政府に警告せし由を内報す。

赤木、高瀬両氏別々に来訪、委員会不進捗の状況を報ぜらる。

松野鶴平氏来訪、昨夕決議案採決に関し疎漏の廉ありしとて遺憾の意を表す。これは予の与り知らざる所なり。

緒方副総理来訪二回、首相の明四日出発は確定的にして変更する能はずと告げ、議事の促進を求む。予は之に対して首相の外遊説明を催促す。夕刻衆院に報告の後に於てせんと答ふ。不満なり。

堤議長を訪問し、参議院に於ける議案審議の状況を報告し、極力推進に努むる旨を告ぐ。而して結局会期の延長を必要と認むるも、行懸上参議院より申出づる能はざる故、衆議院より発動せられんことを請ひ、同意を得たり。次に昨夜菅家議運委員長の来訪を受け、之に応対せし内容を告げ、同委員長は堤議長の使として、又は意を体して来りしやを問ひしに、然らずと答へられたり。

後藤文夫氏来訪、会務委員会長となりし旨挨拶あり。又会期を延長し、首相の出発をも延期するやう政府へ警告せし由を告げらる。

小坂労相来訪。予に対し昨夕非礼の言ありし由を謝せらる。予は関知せずと答ふ。終日紛々、万事停頓し、悒悶堪へ難し。夕刻緑風会へ出遊す。鰻飯の御馳走になりて帰る。

夕、寺尾、平井両氏来訪、政府へ会期延長二日を要望するに決したる由内報す。次で緒方副総理及松野鶴平氏来訪、会期延長二日の申出を為す。依て之を事務総長に伝へ、急速常任委員長会及議運の開会を命ず。

衆議院議長より電話を以て、同院は会期延長を二日とすることを議運にて決せしに付、時を期して本院の回答を求む。本院にては回答不能ならんと答ふ。

本会議は午後十時四十三分開会、十一時四十二分休憩し、其儘開会に至らず。先づ外務、水産、経済安定、懲罰、図書館運営委員長の更迭を行ひ、日程に入り、先づ第十次計画造船実施促進決議案［松浦清一君説明］を全会一致可決し、石井運輸大臣より政府の所信開陳あり。次に日本放送協会経営委員会委員及国家公安委員の任命に付、全会一致同意を与へ、国有財産特別措置法一部改正、企業再建セイビ法一部改正（大蔵）、精神衛生法一部改正（厚生）、宅地建物取引業法一部改正（厚生）を孰れも全会一致可決し、更に憲政功労年金法案を追加上程して、全会一致之を可決したり。最後に運輸、水産、建設各関係の請願十七件、陳情四件を採択して、十一時四十二分休憩す。本会議は休憩の儘十二時を過ぎ、再会に至らず。

内閣委員会は定員法の審査に入らず。恩給法一部改正案、航空技術審議会設置法案、内閣及総理府関係法令の整理法案の質疑を行ひ、地方行政委員会は警察法案二件に付、質疑を行ひしのみにて進捗を見ず。只農林委員会は農業委員会法一部改正及農協組法一部改正の両案に付、修正議決し、附帯決議を為したり。

衆議院に於ては、会期を二日間延長する為午後　時議運を開きたるも、議事紛糾して難航を続け、社党左右議員及委員室侵入者の妨害を排して、辛うじて二日間延長すべきものと議決したり。

右議運は本会議休憩中に開催せられ、堤議長は其室に在りたるも、闖入し来れる多数者の為に妨害せられて議場に入るを得ず。漸くにして自由党控室に入りて事態の拾収に努力したり。然るに事実は益々悪化を累ね来りしかば、十一時四十分頃重囲を衝きて控室を出て、衛視に護られて議場に入り、議長室〔席〕に向て突進したり。演壇の下にて社党議員等に阻止せられ、議長席には堤つる代議員の頑張るあり。紛乱其極に達し、辛うじて二日延長を諮り、可決の旨を宣告したりと云ふ。

緒方副総理に対し、右件に関する政府の措置を聞くを必要とし、其所在を捜索したるも効なし。依て明朝電話を受けたしと伝言を副官房長官に依頼したり。

予は衆議院の如く参議院の非秩序化を惧れ、議員の興奮を抑止するに努めたるも其効なく、議員の大半は衆院に奔りて在院せず。開会中の委員会は悉く流会となり、本会議も亦休憩のまゝ開会に至らず。

翌四日午前二時頃、堤議長より衆議院は二日間の会期延長を議決したる旨正式の通知を受領したり。依て明四日本会議の議事日程を作らしめ、二時半過帰宅したり。赤木氏同車す。

〔欄外〕錫蘭公使Cocktail partyを催され、同国議員ダルマパラ氏等を紹介する企ありたるも出席する能はず、之を断りたり（前日出席不可能ならんと予告し置きたり）。

六月四日(金)　雨

緒方副総理より朝七時三十分電話を受く。予は先づ昨夜の衆議院の未曾有の大混乱に対し、政府の所策如何を問ふ。昨夜は閣僚懇談会を開きしも何等決する所なかりしを以て、本日九時臨時閣議を開いて決定せんとすと答ふ。予は其緩慢なると断乎たる態度に出づる能はざるとを察し、遺憾に堪へず。卒爾として問を発す。曰く衆議院を解散せよと。副首相は否と答へ、警察法の通過を望むと主張す。

佐藤幹事長、八時頃来訪す。之より公邸に首相を訪ひ、臨時閣議を開く予定なりと告ぐ。予は、(1)閣議に於ては衆議院の解散を決すべし、(2)首相は外遊を中止し、政局の安定の為全力を尽すべし、(3)直に健全なる保守政党を組成し、総ての旧人を排し、新進清潔の士をして政治に当らしむべしと要望す。幹事長は、(1)に対しては否と答へ、警察法の通過を強調す。之に対して予は、解散に依りて健全なる民意を昂揚せよ、而して腐敗せる旧政治家を一掃する好機を捉へよ、警察法審議未了となるも、国民の秩序心に愬ふるの有望なるに如かずと極論す。幹事長は、解散せば警察法不成立に因る予算補正百数十億を要すとて之に反対す。予は、参議院の臨時集会にて之を可決せば足ると答ふ。(2)に対しては多分外遊中止となるべしと答ふ。又(3)に関しては所見を述べず。依て予は去七日首相の晩餐後勧誘せし所なるを以て幹事長の答を聴くを要せず、只今朝の予の意見は首相に伝言せられたし、又至急首相に会見を取計はれたしと告ぐ。

登院の途次、堤議長を其邸に訪ひ、安否を見舞ふ。昨夜風聞に依れば肋骨を折られたりと云はれしも左に非ず。背広服にて対面し、平常に異らず。手腕、脚等に摩擦、打撲の痕を見るのみ。頗元気なり。予は衷心より議長無事なりしを祝し、参議院の審議遅延がその因を為したるが如く思はれ、深甚の遺憾の意を表す。又進んで会期延長議事の実情を問ひしに、議長は其席に就くを得ざりしも明かに可決せられたりと答へらる。座に佐藤幹事長、大池事務総長あり。幹事長は予と入違ひに辞去し、事務総長より議事の状況を聴きしに、総長は議長に随ひて議場に入る能はざりしと云ふ。

夜中、参議院の議場には酒気を帯びたる議員あり、場内稍平静を欠けり。休憩後は多数議員、秘書、事務員等は衆議院に至り、或は見物を為し、或は紛乱に加はりたるが如く、之が為に本会議を開く能はず。委員会も悉く流会となれり。

十時過、緒方副総理、予の室に来る。政府の態度に付説明す。衆院の解散を行はず、警察法の通過を要望するのみ。予は吉田首相への面会を申入れたるに、首相は閣議を了へ次第参内すと答へ、予の申入に対しては明答を与へざりき。

本日の議事日程は、昨夜深更より衆議院紛乱の迹を受けたるため印刷の遑なく、公報上に「明四日（金曜日）午後一時本会議」と記載せしのみにして議員に告知し、午前十時法律案二件（農業委員会法の一部改正案、農協組法の一部改正案）及請願三件（農林関係）を揚げて議員に配布したり。

午後、小委員会を開き、議事に関して委員に諮らんとす。未開会に至らざるに社党左派（小笠原委員を主とす）より懇談会を求め、昨夜衆議院に於ける会期延長の議決は無効なりと認むるも、議長は何によりて本日の会議を召集せしやとの質問あり。予は之に対し、衆議院議長より正式に書面を以て通知を受領したるが故に、会期は二日間延長せられたるものと認むと答へたり。小笠原氏は更に、堤議長は議長席に就かず、速記者も其席に在らず、議長開会の宣告をなさず、議長の宣告は徹底せず等の諸点を挙げ、其等の場合に付参議院議長たる予の意見を問ひしに対し、予は予の判断を有するも、他院議長の決定に影響を及ぼすものに非ずと告ぐ。又小笠原委員の挙ぐる諸点が果して正確に衆議院に実在せしやは明にする能はざるを以て、畢竟仮定の設問に対して答ふるの迷惑なるを答ふ。小笠原議員は、大池事務総長に事実を質したしと提言せしに由り、他院の事務総長を審問する能はずと告げたる上、今朝堤議長を訪問せし際、議長及事務総長より正当に議決ありたる旨を確聞せりと答ふ。斯の問答の間、会議室たる議長応接室には左右両社党の議員を以て充満せられ、多数の衆議院議員及秘書、事務員等も加はり、野次怒罵交雑し、頗不穏の状勢を現出したり。予は此種雑言を抑へ、又事務総長に対する辛辣なる質問をも引取りて応酬したり。最後に小笠原委員は前挙の事実に付有無如何を質したるに由り、予は堤議長を訪問して事実如何を問ふべしと答へ、社右天田委員等の発言ありしも休憩を宣したり。此懇談会は、院外より招致せる暴行専門の徒多数入場の下に開かれ、予を始め自緑委員席の後ろには夫々担当暴行員を配置し、之を指揮する議員を定め、一触即発の態勢に在りし由なり。幸にして暴動を回避し、不当なる発言に対しては、之を制止し来りたるは、天佑に依ると謂ふべきなり。

四時半頃、堤議長をPrince Hotelに往訪す。芥川事務総長を帯同す。議長は大池事務総長と共に面会せらる。予は懇談会に於て小笠原委員、其他より発せられたる疑問、事実数項を列挙して其真否を問ひしに、堤議長は当時議場混乱の状況を告げしも、事実の真否に付ては答へず、凡て議事の解釈は議長の決する所に由るとの条文を挙げ、会期延長は合法にして疑義なしと答へられたり。懇談会は再開に至らず、報告の機会を逸す。

午前中、左社和田博雄、八百板正両氏、右社浅沼稲次郎、加藤勘十両氏相携へて来訪す。予は会談に入るに先ち、四氏来訪の資格を問ふ。代議士としてのみに非ず、社党左右両派代表として来れりと答ふ。依て来意を問ひしに、会期延長の違法なりしを告げ、本日の会議を開くの不法なるを詰る。予は衆議院議長の正式の通知を正式に認め、会期延長ありと断じたるを答ふ。和田、加藤両氏より夫々説明及要望ありしも、予の答を飜すに至らず。午後五時頃再来訪、前問を繰返せり。予も亦堤議長訪問の結果を加へて答へ、所信を曲げず。別るるに臨んで、両派代表の資格を以て両派の両院議員及事務員、秘書等に対して苟くも不謹慎、不穏当なる態度に出でざるやう厳戒せられんことを要望したり。

新聞記者との会見に於て、予は日本民主政治の破壊を怖れ、(1)直に衆議院を解散すべし、(2)首相は外遊を中止して、先づ政局の安定に専念すべし、(3)清新なる保守新党の結成を要望す〔現に計画中の如き不純新党の結成を排斥す。凡て旧政治家を容れず、少くとも要部に置かず、新進の愛国議員をして政治を運営せしむ〕、(4)首相は新党に対して政権を渡すべしの要旨を発表す。

緑風会も亦声明書を発す。論旨正整なるも、予の如き具体的意見に非ず。

夕、参議院婦人議員、全員来訪す。予に対し院の秩序を守り、参院の本領を発揮せよと要望す。同感の意を表し、万難を排して実行することを誓ふ。

小笠原二三男氏来訪。偉大なる政治家の出現要望の言あり。予は大局を忘れる言辞の争の過多なるを難ず。氏は緑風会の声明に賛意を表す。予は、予の声明の適切なる所以を告ぐ［氏の来訪せし真意如何、予を援助するが如き態度見ゆ］。

社右三木治朗氏（議員会長就任）、相馬助治氏、堂森芳夫氏（同副会長就任）来訪、就任の挨拶を為し、暗に秩序の保持を要望す［但会期延長無効説に異変なし］。

緑風会石黒、田村両氏来訪。会と自党、社左社右等との状勢を説明せらる。赤木氏、杉山氏も来訪、貴重なる情報を伝へらる。

自由党幹部小林英三、平井太郎、大野木秀次郎諸氏来訪、議事の強力推進を要望す。又地方行政委員会委員諸氏は、万難を排除して議事を進めんことを要望し、要求書を提出す。爰に於て予は、松野自党議員会長の来訪を求め、同党内の要望熾烈なるも、緑風会との調整未了なるに依り、会長の力を以て之が調整を計り、党内一部の猪突猛進を抑へられんことを悃望す。会長は言辞を曖昧にし、却て予の斡旋を希望するが如し。党内の不統一、真に悲しむべし［彼は到底大事に当るの傑物に非ず］。

緑風会を往訪して自由党との調整を要望す。石黒、田村両氏大に尽力せらる。

重宗副議長は、必ず予を輔けて自由党内の横暴者に当らる。其労謝するに辞なし。

要之本日の本会議は竟に開会に至らず。又委員会は予定に違ひ、悉く開会に至らず。即議運（理事会共）、法務、大蔵、文部、農林、通産、郵政、電通各委員会は、総て流会となれり。真に国会断末魔の感あり。

緑風会新役員招待会及三葉会員招待晩餐会は、他日に延期したり。

六月五日(土)　曇

顕徳院殿御命日（第十五回）なるも、墓参不能なるを以て、徳川家正公に電話を以て御諒承を請ふ。

八時半頃、後藤文夫氏来訪せらる。予の努力に対し厚く慰労せらる。予は昨日の懇談会の経過を告げ、会期延長の有効を認め、平常の如く議事を進むるの決意を述べ、氏及び緑風会の一貫せる支持を乞ひ、来問を深謝す。

九時半登院したるも、各派の間、未平静に復せず。然るに社左は続々勇士を結集しつゝあり。議運小委員会の大波瀾を予想せしむるものあり。河野事務次長より詳細なる報告に接す。

警務部長をして院内秩序保持の為全力を尽さしめ、面会人、外来者の取扱等格段の注意を為さしむ。他日多少の批難なるも覚悟の上なり。

一時前、小委員会を招集す。社党両派の出席遅く、顔揃に至らず。其間、両派両院議員を始めとし、秘書、事務員等続々会室に集り、各自部署に就けるが如き看あり。自由党も亦議員、秘書其他来集し、記者写真班を交へて立錐の余地なし。山雨欲到風満楼の情勢より一転進んで一触即発の概あり。

予は両社、特に社左委員の来着を促し、着席と同時に懇談会を開く旨を宣し、昨日堤議長を往訪し、大池事務総長在席のまゝ会見したる内容を報告す。之に対し小笠原氏其他より質問ありしも簡単に答へ、直ちに小委員会を開会することを宣し、本日は昨日と同一の議事日程に従ひ本会議を開く旨を述べ、直ちに散会を宣したり。それより多衆の間を拓いて議長室に入り、扉を固く鎖し、衛視を配置して開議の bell を鳴らしたり。議長応接室に集りたる者は随所に小紛争を起したるが如く、議長室内に於て屢々叫声を聴けり。又議長室の入口には多衆嘯来し、議長を呼びて面会を求めて已まず。斯くて議長は議場へ出づる通路を塞がれて出づること能はず。重宗副議長は副議長室に在りて多数社党議員の監視を受け、亦議場に出づる能はず。他方議場には自、緑、改三派の議員は故障なく入場着席して開会を待てり。

議長は議場へ赴くため出動せしこと二回、何れも面会を強要する社左議員其他に依りて通行する能はず。已むを得ず四時まで監禁同様の辱を忍びたり。重宗副議長は副議長室に来集せる社党議員の了解を得て、時々議長室に来り各種の情報を伝へ、又種々対策に付協議せられ、甚好都合なりき。議長室に在りたるは事務総長、警務部長にして、事務次長は議場に入り、又議長室にも来り、議場各派との連絡に任じたり。院内外との交通は総て電話に依りて故障なく行はれたるも、議長、副議長は何れも議場に出づる能はず。又強ひて重囲を突破せんとせば険悪なる不祥事の勃発を促し、参議院の存在をも危くするの惧ありしを以て、陰忍午後四時に及び、竟に議事を開かざるに決し、事務総長をして其旨を各派に通ぜしめ、議場に在る議員の退散を求めしめたり。各派は必しも議長の此措置を是認せず、議長自ら議長席に就き延会を宣すべしとの要求ありしも、既に会議を開かざるの決定を為したる以上は、之を容るる能はずとして拒否したり。

議長室外に集りたる社左議員及一味の据込群衆も次第に退去し、斯くて一応の静謐を回復し得たり。衆議院は議院運営委員会に於て、更に十日間会期を延長するに決定したる由にて、堤議長より予に対して協議し来れり（電話）。予は之に対して本院の現状を説明し、遺憾ながら本日は常任委員長の意見を徴する能はず、又議運をも開会する能はずと答へたり。是に於て衆議院は本会議を開き、左右両社議員欠席のまま会期延長十日間を議決し、其旨を正式に通知し来れり（衆院は、次に堤議長不信任決議案を否決して散会せり）。院内にては、各派の間に本日の議事取扱に関し交渉ありしも、予は予の所信を曲ぐる能はず、午後六半頃帰宅せり。退出の時、衛視に厳重に守護せらる。汗顔の至なり。退出に先ち新聞、通信を通じて声明を発したり。其要旨は、本日参議院議長は暴力に屈して本会議を開く能はざりしを遺憾とす。然れども若し警察力を強行して此暴力を排除するも、参議院は一昨夜衆議院に於ける乱闘の場と化するならん。予の措置は斯かる大不祥事の発生を回避するため已むを得ざりしに由れり。憂国の識者の判断を望むと云ふに在り。

六月六日(日)　雨　冷

昨夜快眠、心気爰に新なり。身老いたりと雖、猶用ふべきものありと信ぜり。

朝、公二君来訪、愛児啓ちゃんを伴ふ。天真爛漫、真に愛すべし。

河野事務次長、夫人と共に来訪、予の連日の労を犒はる。感銘に堪へず。

今暁覚眠、参議院の神聖を護りつゝ議事の円満なる進行方法なきやに付苦慮す。乃ち、⑴社党両派は会期延長に関する衆議院の議決を無効とするを以て、今後の参院本会議委員会に出席せざるべし。⑵両派議員の中には衷心主流に反対意見を有するものもあるべし。之を明にする方法如何。⑶両派代表四名を招き、明日の議事推進の決意を告げて、之に協力することを要望し、若し反対するも暴力的行動は慎むべきことを党員一般に通達し、其実現に付責任を執るやう要望すること［七日の議院の実情平穏にして、其要なきときは強ひて会見せず］。而して会談には Tape recorder を置き、必要の場合には放送局を通じて天下に公表することを明にして此会談を為すこと。⑷新聞紙の記事には、吉田内閣の失政を悪むの余り

Coup d'État 的暴挙も已むを得ずとする社党の態度を是認せんとするが如きものあり。之を是正する方法如何等に関してなり。

赤木氏に電話を以て、右等取扱に付所見を告げ、了解を乞ふ。

終日閑居、却て無聊に苦しむ。只各地より予の措置に対して熱烈なる激励の辞を寄せらるるあり。一々応答謝意を表す〔電話、返書〕。

六月七日(月)　雨　冷

朝、小林次郎氏来訪し、岩渕辰雄氏の意見を伝達せらる。流石に卓越せる意見なるも、参議院の実情に照して実行し難きものあり。依て小林氏に是迄の推移と予の措置及将来の挙措を告げて、伝達を依頼す。

異常対処の決意を懐いて登院す。四党首と対談を計画し、議長室に Tape recorder の設置を命ず。然るに本日は両社議員は登院するも玄関の名札を返さず、院内には不逞の輩滅失し、甚静粛なり。故に両社党首との会談を行はず。

来訪。広瀬久忠氏、一昨日予の執りし措置に対し絶大の讃辞を与へらる。小我を捨て、参院を救へりと激称し、老議長に非ざれば出来ずと述べらる。真に知己の言なり。只過褒に恐縮す。

石黒忠篤氏、田村文吉氏、緑風会を代表して、予の措置の謬なかりしことを告げらる。感謝に堪へず。尚本日院内静穏を欠く場合には、両党首に談判せんとの企ありしを告ぐ。両氏は之に賛成せず。

松本治一郎氏、本日の議事延会を求む。理由としては本日午後二時より松野鶴平、芦田均、片山潜三氏と会談して時局の円満拾収に努め、明日は必ず適当なる解決を得べく、就中松野氏は責任を以て事に当るに付、其決着を見るまで本日の議事を延会せられたしと云ふに在り。松本氏は去四日、五日にも予に会見して、此会談のことを報告したり。予は之に対して、参院の議事は国家重要の公務なり、四頭会談は私話なり、私話を進め時局を拾収するは予の最希望する所なるも、以て公務の遂行を延期するの理由と為し難し。議事日程の編成は議運に諮て決せり。而して去四、五両日の日程と同一なり。本日は開会延期の理由なしと告ぐ。更に進んで松本氏が延期を求むる理由は、本日の会議に於て警察法外一件の審議が緊急上程せらるるを忌むが故ならん。果して然らば、四頭会談を通じ、松野氏の威信に依りて自由党議員をして緊急上程の動議を発せざるやう措置せらるべしと慫慂す。松本氏は右脛の繃帯巻を示して暗に三日夜の活躍を誇示す。予は従容「松本さん、それは名誉の負傷ではありませんね」と告ぐ。別るるに臨み、氏は次回は多数と共に面会せんと言ひ、予は氏の力に頼りて院内より暴力を一掃したしと懇嘱したり。

本会議は二時九分開会す。予は先づ日程第一（農業委員会法一部改正案）に入らんとする時、小林英三君外三名提出に係る「地方行政委員会に於て審査中の警察法案外一件の法案に付て、国会法第五六条の三の規程に依り此際同委員会委員長をして一時間以内に中間報告を為さしめ、委員長が報告せざるときは事故あるものと看做して理事をして報告せしめ、報告時間を一時間以内とするの動議」あり。之を諮りて可決せられ、三時一分休憩す。

四時十七分再開。小酒井委員長出席せざるに付、堀理事（末治氏）両案の中間報告を行ひ、次で議院は小林英三君外三名の提出に係る「中間報告ありし警察法案外一案を一括して国会法第五六条の三の規定に依り本会議に於て審議するの動議」を可決し、両案を議題とす。改進党笹森順造氏の質問あり。吉田首相、緒方副首相之に答へ、楠見義男氏（反）、伊能芳雄、小林武治両氏（賛）の討論あり。起立に依り両案を可決せり。

議長は、爾余の諸案は次回に譲ることを議院に諮りて延会を宣告し、五時五十九分散会したり。

吉田首相、小坂国務相、佐藤幹事長等、議長室に来り、謝意を表す。

昭和経済会に於て講演することを約しありたるも、議事の都合の為出席する能はず。更めて来十七日午後五時を約す（幹事、足立格平氏［北沢三ノ一〇〇九］）。

〔欄外〕本日佐賀県議会にては人員セイリに反対する日教組等の多衆議事堂に集り、議長を囲繞して入場せしめず。十二時を過ぐるまで議事を妨害したる由、毎日新聞にて報ぜらる。蓋是も衆院先蹤の第一波なり。

六月八日（火）　晴　薄暑

朝、緒方副首相と議長室にて会見す。副総理は警察法通過に付、深甚の謝意を表せらる。予は小林次郎氏身上に関し一段の配慮あらんことを悃請す。

本会議は十一時四十六分開会す。農業委員会法一部改正案、農協組法一部改正案を一括上程し、片柳委員長の報告を聴き、全会一致修正議決し、次に農林関係請願三件を全会一致採択し、十二時十二分散会したり。

野村吉三郎氏、六月七日当選せし由、内閣総理大臣より通知を受く。

Dr. W. Axling、勲二等に叙せられ瑞宝章を贈らる。欣懐の至なり。

少閑を得たるを以て、河西豊太郎氏邸に至り、病気見舞を為す。脳溢血病殆平癒し、応接室に出で、挨拶せらる。面談寸時、健康を祈りて辞す。大塚靴店に至り、米国製靴を示し、之と同一のものの製作を依頼し、且之が修理を頼む。

江田三郎氏来訪、過日の議長の取扱を謝し、お蔭にて助ったと言へり。何の謂なるを知らず。

斬髪す。代金三十五円を支払ふ（参院調髪室）。

四時より映画を看る。去三日夜衆院議運委員会及議場の乱闘の実写なり。Coup d'État そのものなり。深慨に堪へず。次で天然写真佐久間 dam 建設実況を看る。規模雄大、機械力の応用等、我国斯種工事進歩の上に劃期的効果を示さんと信ず。

小坂順造氏、同夫人来訪せらる。予不在。

野口君の配慮に依り Parker 万年筆の修理（Crip 取替）成る。¥440。

〔欄外〕議員松本　　氏逝去す。

六月九日（水）曇

内閣委員長嶋銀蔵氏、地方行政委員堀末治氏、石原幹市郎氏、石村幸作氏来訪。今後の委員会運営に付、予の意見を求めらる。平常と何等異る所なく審査を進められんことを要望す。但し修正を加ふる場合には、当然修正を要する箇所のみに止め、積極的大修正の如きは差控ふるを妥当とすと答ふ。各会派にては修正条項及修正程度に関し、取扱を協議する筈なり。

早朝、大阪市長中井光次氏より電話を以て、警察法両案の議決は有効なりやを問はる。畢竟衆議院に於ける会期二日延長の効力問題なり。予は之に対し衆議院議長の解釈を告げ、有効なりと答ふ。市長は補正予算提出の為市会を開く必要あり、大に困惑せられしならん。予は之に依りて国家的解釈を明確にし、各地方議会の混乱を未然に防遏するの必要なるを痛感したり。

来訪。高林ガンジー昌司氏、内田旭氏の紹介に依る各種殉難者慰霊大念仏会発起に付、顧問たることを求めらる。依て之を快諾し、顧問として署名す。

向山均氏、人造米製造に付報告あり。予の労苦を慰犒せらる。

加藤静雄氏、焼津市長選挙に当り立候補推薦の希望を申入る。即時之を謝絶す。又予の室にて同列写真撮影を求めらる。亦之を拒否す。

渡辺弁三翁、故岩瀬亮氏の追悼会に出席する為上京せりと云ふ。時間乏しきを以て寸時面会せしのみ。博物館事業報告書を受く。

野村吉三郎氏、当選に付挨拶せらる。最近の国会情勢に付説明し、国会に対する氏の期待は日を逐うて減亡するならんと告げ、将来の行動を共にせられんことを希望す。

二時過発車、東大病院に焼津市の水爆患者を見舞ふ。先づ三好　　より詳細なる説明を聴き、先生の案内にて病室に入り、患者を見舞ふ。案外に元気宜し。又先年、予が稲田内科病室に入りし時の看護婦中垣氏（失名）の勤務するを聴き、懐旧の念に堪へず。刺を通して面会を求めしに、看護長会議に出席中にして面会を得ず。転じて第一国立病院に水爆患者を見〔舞〕ふ。坂口、栗山両博士の説明を聴き、病室を見舞へり。一同頗元気にして、速に退院して漁船に乗りたしと歎声を漏したり。「慰めむ言の葉もなし唯あわれ」

故岩瀬亮君逝後十年会〔蛎殼町一ノ一、常盤荘〕に出席す。遺影を拝し、未亡人、令娘に面会す。坂田英一氏、岸良一氏、渡辺弁三翁、藤原正治氏等、四、五十名在り。請はれて食糧問題解決に関する私見を述ぶ。早退す。

帰途、銀座玉屋に立寄り、昨年買入れたる双眼鏡にセルロイド製 cap の製作を依頼し、及び革嚢の修理を求む。

全国治水砂防協会有志会に出席す。徳川会長、次田、牧野、赤木、河井、山崎顧問、小林監事出席す。時事談、例に依りて盛なり。

吉田首相より来翰、警察法の通過を深謝せられ、国会内の暴力行為の阻止と院外示威運動の抑制に付て、政府の措置方針を告げらる。又銘菓一折を贈らる。

昨日、大阪、京都、神奈川、愛知、兵庫五県の名を以て記念品（木箱入）を贈らる。蓋し警察法通過に関するものなり。甚しき侮辱と義憤を感ず。依て之を議院に持行き、昨日の送届者が愛知県東京事務所なることを突留め、野口氏をして之を返還せしむ。

六月十日（木）　細雨　冷

故関屋貞三郎氏の命日なるを以て、紀尾井町の友彦氏方へ弔問し、夫人に面して挨拶す。母堂、正彦氏等は石神井宅に在りと聞く。来意取次を頼む。

来訪。西尾忠芳子、日本競馬会の審議員たらんことを希望せらる。依て事情を聴取し、岸良一氏の配慮を乞ふこととし、明日再来院せられんことを求む。

〔高〕甲良とみ子女史、参院の神聖保持に関し、予の努力を深謝せらる。而して婦人議員の立場を説明し、所属政党の如何を問はず参議院議員に恰好なる行動に出でたしと力説せらる。予は之に賛成して、緑風会の本質は爰に在りと説明す。女史は緑風会に対して皮肉なる所見を有するも、予は他の会派には毫末も類似点なしと説明し、緑風会の存在こそ両院を貫通する根幹なりと断定し、其健全なる行動を熱望したり。

昭和経済会幹事足立格平氏来訪、来十七日午後五時講話を約束したり。

石黒忠篤氏来訪、緑風会内の諸意見、自改両党との折衝等に付、重要なる報告あり。

英女王 Elizabeth 陛下の御誕辰に付、英代理大使 Mr. & Mrs. Brain 主催の Reception に出席す。多数内外人の出席あり。予を識る日本人は、予を囲みて予の労苦を犒はり、且国家の為参議院の威信を護らんことを要望せらる。恩師山田博士は最懇切なり。而して予の執りし所を是認し支持せらる。

田中最高裁判所長に出会ひ、会期延長決議に関し無効とする訴訟を受理するやを問ひしに、これは国会の決定に従ふべきものにして、裁判所が受理すべきものに非ずと答ふ。真に我意を得たり。但し少壮なる法官中には、必しも長官と見を同うせざる者あらんを怖るることを告げたり。田中長官との会見は予の希望せる所なりしも、濫りに往訪すべきものに非ずと信じて差控へ居たるなり。現在各地に於て合法、非合法の論議喧しく、之を煽動する者多き時、国家的解釈の徹底が最必要なりと痛感す。

六月十一日(金)　曇　夕晴

本会議開会の予定なりし処、衆議院に於ける五党会談の円満進行の為、成るべく刺戟を与ふることを避け、且会期余剰あるを以て、昨日緑風会の主唱に依り各派申合せの上、本日の本会議は之を開かざるに決定したり。故に本日は本会議の定日なるに拘らず、議事日程なし。

委員会は、(1)内閣委員会は定員法、総理府設置法一部改正案、特定公務員の営利企業関与制限案を審議する予定なりしも開会に至らず。(2)地方行政委員会にては、公職選挙法改正案三件、奄美群島復興特別措置法案は審査に入らず、請願の審査を行ひしのみ。

来訪。西尾忠芳子、岸良一氏、共に来訪す。西尾子の希望に関し、岸氏に依頼す。岸氏快諾し、目的達成を謀り、予も亦湯河元威氏、遠藤三郎氏に電話にて依頼し、井野碩哉氏、石黒忠篤氏、片柳真吉氏には、予の招待せる晩餐を機として懇請したり。

比島大統領より、予が去月三島通陽氏に託して送付せし書翰に対する懇切なる謝状を受く。依て其写を奥村外務次官、中川亜細亜局長及三島BS日本連盟長へ送付す。

緑風会新役員諸氏を公邸に招き、晩餐会を催す。出席者は常任委員長石黒忠篤氏、小林政夫氏、柏木庫治氏、森八三一氏、高木正夫氏、議長総会副会長竹下豊次氏(議長佐藤尚武氏、副議長館哲二氏は欠席)、政務調査会長広瀬久忠氏、副会長豊田雅孝氏、三浦辰雄氏、会務委員後藤文夫氏、庶務部加賀山之雄氏、赤木正雄氏、楠見義男氏(小林武治氏欠席)、財務部早川慎一氏、田村文吉氏、村上義一氏(高瀬荘太郎氏欠席)、情報宣伝部井野碩哉氏、飯島連次郎氏、片柳真吉氏、野田俊作なり。卓上歓談湧き、時局に対する匡救の熱情流露す。八時食堂を出て、客室にて更に意見を交換す。八時四十分頃散会す。

二時、三越に至り買物を為す。鈴木洋子は議長室に来り、院内見学の上、昼食を共にす。ます子は二時、三越に来着す。購ふ所はポーラー洋袴地一碼一(代2,200円)の外、石鹸、爪刷子、爪鋏等なり。ます子、洋子と別れ、帰院す。

議員松本昇氏去八日逝去せられしを以て、資生堂事務所に弔問す。

〔欄外〕鈴木洋子、午後土肥へ帰る。来十四日帰還する予定なりと云ふ。

六月十二日(土)　曇　夕晴

来訪。後藤文夫氏、時局拾収に関し五党会談の実情を報告せらる。緑風会としては積極的に之に加はるに及ばざるも、速に和平を回復し、国会の信用を維持するの態度を執ること等相談を受く。予は、衆議院は其自ら犯せる乱秩に対し、各派深く反省して善後策を樹つるを要するも、会談の効果を挙ぐるは現状にては困難ならんと述べ、参議院は深入りするを要せず、又五党会談の結果、如何なることありとも、法規上不当を参議院に及ぼす場合は、之を拒否するの決意なるを告ぐ。

静岡県議長友喜作氏、中山吉平氏。参議院議長としての予の措置を称揚し、会期延長の法的効果を問ふ。之に対して有効と確答す。次に両氏は、石黒忠篤氏は静岡県自由党の絶大なる支持を得て議員に当選したるに拘らず、教育二法案其他に関し、自由党政府に反対の態度を執るは不都合なりと論難す。予は同氏の政治力の強大なるを称揚し、農業災害対策の如きは氏の力に依りて解決せられ、院内最高の議員なりと告ぐ。中山氏は予の説を認めたるも、長友氏は解せざる処あり。惟ふに次回の参議院議員改選に当りて、窃かに企図する所あるに由るならん。希望に依り両氏を石黒氏に紹介して、面会せしむ。予は石黒氏に此事を告げんとせしに所在不明なり。依て後藤文夫氏に之が伝言を依頼す。

小林次郎氏、箱根登山電車に顧問となる件決定せし由、芥川事務総長より報告を受く〔本日長崎国鉄総裁より総長に対し内報あり、薄謝なるも諾否如何を問はる〕。依て直に小林氏の来訪を求め、受諾を申入る。小林氏は大に手数を感謝し、報酬（半期十万円）の少なきを問はず、感憤受諾することを誓はる。依て事務総長をして、小林氏と共に長崎総裁を訪はしめ、箱根社長河合　氏を訪ひ、受諾の旨を答へしむ。予は帰途、長崎総裁を公舎に、河合社長を杉並区の私宅に訪ひ、深甚なる謝意を表す。総裁には面会せしも、社長は不在なり。

諫早市長野村儀平氏来訪す。長崎県代議士中島太郎氏同行す。依て食堂にて洋食を饗す。了て議長室にて款談す。野村氏の需に応じ、氏を猶原恭爾氏及中谷芳邦氏に紹介す（名刺を渡す）。

大阪、京都、愛知、兵庫、神奈川五大府県議会長等来院、警察法通過に付、謝意を述ぶ。予は中正なる立場より、斯る来謝の無意味なるを述ぶ。

Dr. W. Axling 氏より、氏が去八日勲二等に叙せられ、瑞宝章を贈られしに付、深甚なる謝意を表するの書状を受く。予は、氏が何故に予に謝状を寄せたるやを知らず。直に中山秘書をして祝状を作らしめ、署名の上発郵す。

橿原町名和岩内なる匿名者より橿原神宮々司高階研一氏、権宮司同成章氏の品行不良、会計紊乱を痛撃したる書状〔原稿用紙に認め、角洋封筒に入る〕を受く。而して予に対しては奉賛会会長の辞任を勧告するものなり〔筆者は新聞記者ならんと思はる〕。依て之が取扱の慎重を期する為、神社庁に出勤中の吉田茂氏に電話にて問合せ、書状を同氏に郵送す。

夕、大塚靴店より靴の修繕成りしものを届来る。良き出来栄なり。代金八〇〇円を支払ふ。

田沢義鋪氏記念出版物予約代千円（四部代）を国会郵便局へ払込む。

舘林は正午緒方副総理に招かれ、会食す。

〔欄外〕昇三郎に対し、滋賀、福井、富山三県砂防旅行計画書を送り、参加を勧む。

〔欄外〕角替利策に書状を呈し、赤堀一郎氏の恩給取扱に関し、杉田専門員の恩給局照会と其回答書を同封して、赤堀氏に通知を依頼す。

〔欄外〕中谷芳邦氏より、氏の関係する米国 Corn Production 会社製最上葡萄糖を贈られ、予の労苦を犒はる。直に深甚の謝状を呈す。

六月十三日(日)　曇　冷

終日家居。時局を静思す。政治家が自ら醸したる悪政や乱闘の責任を忘却して、互に相手の非を挙げ、苟合相殺して妥協を遂げ、各々其地位を保持せんとするは、五党会談の現状なり。又四頭目会談も其範疇を出づる能はず。嗚呼末世の極、茲に至るか。清新政党の結成と衆議院解散断行に出でざる限り時局匡救の道なし。若夫れ経済界の政界に要望する所の如きに至りては、強慾私利の極と謂ふべし。日本民主政治生誕の陣痛か、Hitler 出づるの好機か。

朝、石黒忠篤氏より電話あり。本日の五党会談には Observer として緑風会代表の出席を求められたりと告げらる。詳細は記述せず。予は直に会務委員に諮りて、諾否を決せられんことを勧む。而して応諾の場合には、(1)

衆議院のことは同院関係党派に依りて決すること、(2)政局の紛乱を解除するは固より望む所なるも、妥協の結果は憲法、国会法の精神に違背せざるやう監視せられたきことを要望す。石黒氏は、速に会務委員会を招集して諮らんと答へらる。

石黒氏より昨日長友、中山両県議と会見せし由にて、其概略を告げらる。

石黒氏の電話に関し、直に赤木正雄氏に電話し、会務委員会の健全なる運営を依頼す。夕刻赤木氏来訪、会務委員会の概要を報告せらる。結論としては Observer として石黒、田村両氏出席すること、社自衝突の緩和策としては、懲罰事件は継続審査に付することを提言（必要の場合）するに決せりと云ふ。

芦田均氏より一時過電話あり。本日二時より松野、松本、片山、芦田四巨頭会談あり、時局匡救策を講ずる予定なり。就ては予の意見如何、又明日の本会議は之を延期する能はざるやを問はる。予は各党が自ら其責任を感じ、従来の行掛りを一擲して国民に陳謝する意なき限り、四巨頭会談も五党会談も無意味なりと述べ、芦田氏の憂慮する警察法の成否如何の如きは、国会自ら其権能を軽視するものにして、最嫌忌すべき狂態なり。之を疑ふ者は議員たるの資格なし、宜しく直ちに之が解釈を発表すべしと要求し、又明日の議事延期の如きは成規の手続に依りて決定したる議院の意思なるを以て、之を変更するの余地無しと答へ、四巨頭会談は、此線に依て矩を踰えざるやう決定せられんことを希望したり。芦田氏は予に対し、五党会談にて所見を述ぶるやう注告せられしも、議長は職責上之を為さずと厳格に拒否したり。

石黒氏の報告及芦田氏との電話の内容は、二時頃芥川事務総長に電話を以て通告したり。

毎日新聞社浦町記者より、国会紛糾解決に関し enquête 三項を挙げて、予の所見を求めらる。野口氏之を取次ぐ。予は野口氏をして enquête 発送先を問はしめしに、社会党議員全員、其他各党は幹部数名、緑風会は石黒氏のみなりと云ふ。依て予の答は去四日新聞に発表したる意見に依りて了知せられたし。次に enquête の発送先の決定は、甚しき偏向のものと認む、斯の如きは公正なる輿論を重んずべき大新聞社の執るべき道に非ずと信ずるを以て、若し予の答を登載せんとするに於ては、此事をも登載せらるべし、然らざるに於ては何等登載する勿らんを望むと答へたり。

早朝、塩島主事来訪す。育英会所有株券の配当金受領書に捺印す。又近く開かるべき評議員会の日時に関しては、国会の現状より見て直に決定し難しと告げ、他日の決定を約す。

本日は沼津市故勝亦干城氏の命日に当るを以て、遺族に対し弔電を呈す。

朝、洋服屋石橋久二郎氏来り、予の半ヅボン製作を請負ふ。布地と共に昨年製作せし麻半ヅボンを渡す。

六月十四日(月)　雨　冷

本会議は十一時四十分開会し、野村吉三郎氏を紹介して委員の割当を行ふ。次に松本　　氏の逝去を報告し、通産委員長中川以良氏の追悼演説ありたる後、議長より弔詞贈呈の件を諮り、弔詞を朗読して休憩す。午後　時分再会、直ちに延会を宣す。

本日の日程は、恩給法改正案、ガソリン税譲与法案等重要法案を記載しありたるも、五党代表会談に昨日より緑風会も介入したる為、仮令解決を見ること困難なるも、法案の会議は総て明十五日午前十時開会の会議に譲ることとしたり。

石黒、田村両氏が昨日緑風会を代表して五党会談に出席し、Observerとして行動したるも、遂に結論を得るに至らず、本日午後　　より続行することとなれり。

内閣委員会は、五時過に至り定員法改正案を修正議決したり。

読書室にて琵琶湖西地方并若狭の歴史等を調査し、又永平寺の記事を読みたり。

渋谷区内Washington heightsに米軍独身者宿舎建設反対有志五万余人の署名ある陳情書を携へて来訪す。加藤しづえ女史の紹介に係るものなり。同件請願は今期国会に於て既に採択せられ、内閣へ送付せられしことを告ぐ。

小室富士宮市長来訪、富士山浅間神社境内地下戻関係に付、報告せらる。本件は神社に有利なるが如く聞及ぶと雖、尚一回蔵相に督促すべしと告ぐ。

議員会館に至り、揮毫を為す。半折紙額一、色紙二十余なり。

岡田菊次郎翁（明治用水創設者）米寿記念として伝記、手拭、湯呑及磁杯を贈らる。伝記は既に吉地昌一氏より贈られしを以て、国会図書館へ寄贈す。

六月十五日(火)　半晴　薄暑

登院。朝、山地土佐太郎氏来訪。予の安否を問ひ、参議院に於ける予の措置に対し満腔の賛意を表せらる。小林次郎氏来訪、箱根電鉄より辞令を受けずと愬ふ。事務総長をして問合はさしむ。

蔦ヶ谷建設大臣秘書官来訪す。参議院に於ける予の努力を多とせらる。予は戸塚大臣の健康を問ひ、可能ならば病気を静養しつゝ、在任を望む旨を告ぐ。又去十二日長友、中山両県議の来訪して、石黒忠篤氏を非難したるの不当なるを表明す。

議院運営委員会に出席し、本日の議事の要項を定む。又小委員会を開く。

本会議は十一時三十三分開会し、国家公安委員任命及運輸審議会委員任命に関し承認を与へ、内閣委員会関係法案六件（内、恩給法改正案、定員法改正案あり）は全会一致委員長報告通り可決し、次に法務委員会関係の裁判所職員定員法一部改正案を全会一致修正可決し、地方行政委員会関係法案七件（内に二十九年度の揮発油消費税譲与案、市町村職員共済組合法案、奄美群島復興案を含む）を全会一致可決し、最後に地方行政委員会及内閣委員会所管の請願（地方三四、内閣一三）、陳情（地一二、内一二）を採択し、一時四十五分休憩す。

三時二十五分再開。委員任命の承認、常任委員長の差替、各常任委員会の継続審査及調査申出を承認し、三時四十五分散会したり。

緒方副総理の来訪を求め、(1)政府は臨時国会を開会するや。其召集時期、会期、目的を問ふ。結局開会すべし。時期、会期に付ては準備必要なるを以て、急速には運ばざるべし。目的に関しては、六月三日議決に係る会期延長が無効なりし故、又は効力不明なりし故、之を確定する為に開会するが如きは絶対に承認せずと答ふ。此点に関しては予も亦全然同感なりと告ぐ。而して予の意見は、目的を選挙法改正、国会法の改正に限り、七日程度の短期に限定すべく、補正ヨサン提出如何が問題なりと告ぐ。副総理は、中小企業救済の為にする補正ヨサン提出問題が難関なりと答へ、頗慎重なり。(2)次に吉田首相の健康を問ひ、首相は近く外遊するの意思再発せずやを問ひ、目下の状勢に於ては絶対に不可なる旨を警告す。

⑶戸塚建設大臣の辞任は、健康が許すならば之を認めざるを可とすと告ぐ。副総理も同感なり。⑷小林次郎氏の身上に関し深謝し、尚将来の為考慮を乞ふ。⑸最後に水虫薬投与に付感謝す。

衆議院は午後の会議に於て、本院にて修正回付せる定員法外二案に付、同意せし由通知あり。而して本日の議事運営は、昨夜五党会談の妥結点、⑴十五日中に全員協議会を開く。⑵全員協議会の座長に堤議長を推す。⑶協議会の司会役を松村幹事長とする。⑷協議会では各派共同提案に依て国会自粛の決議を行ふ。又社会党の代表者から遺憾の意を表する。⑸国会自粛決議の後、堤座長から第十九国会に付て挨拶を行ふ。⑹主として国会自粛に関する問題を審議する為、臨時国会を召集する（召集の時期、会期などに付ては更めて協議する）。⑺両社議員に対する懲罰問題は、自改両党の良識に依て善処する。⑻両社議員に対する告発問題は、全員協議会の後、自由、両社間で協議するの実現に在り。

衆議院本会議は一旦開会して、本院回付案等に付議決を行ひて休憩に入り、十一時過まで各党に於て前記協議会の内容に付検討を行ひ、更に各党間にて調整交渉を遂げたる上、全員協議会を開けり。

本日参議院本会議開会前、寺尾議運委員長来室、社右相馬助治氏より参議院に於ても衆議院に於けるが如く自粛決議をなすべしとの申出ありしも、之を如何にするやと問はる。予は参議院には衆院に於けるが如き紛乱なし、故に斯種決議を為す必要なしと答へ、明確なる態度を示したり。次に午後の休憩時に杉山昌作氏来室し、社右相馬氏より此際議長は各派幹部を招きて茶話会を催し、各派間の確執解消の為、斡旋せられたしとの相談ありしに付、予の意見を問はれたり。予は之に対して、参議院の議事は平穏順調に進行せしを以て、今更故らに斯る催を為すを欲せず。議員諸君は飽くまで平静の態度を執られんことを望むと答へたり。右社相馬氏の申出は直接予に対するものに非ず、又此申出は右社のみの思付にあらず、左社の主働ありしならんと推測せらる。要之、予の執りし所は平淡水の流るるが如く、何等常日に異らずと云ふに帰す。

議員松本昇氏の葬儀ありしも、近来稀なる左膝患の為、中山秘書を遣して代拝せしめたり。松本氏は昨午後［叙正六位、賜勲四（瑞）］の恩典を拝したり。依て弔詞には位勲を加へたり。

第十九回国会は会期延長五回、百八十八日にして終了したり。参議院は幸にして甚しき紛乱に陥らず、国民の信を繋ぐことを得たり。心気暢達、歓極りなし［六時、緑風会に至り挨拶し、帰宅す］。

鈴木洋子、六時土肥より帰来る。

六月十六日（水）　晴　薄暑
朝、奥むめお女史より皇居内拝観取扱に付、依頼あり、宮内庁総務課長に電話にて依頼す。

朝、緒方副総理より電話を以て、戸塚建設大臣の辞任は、既に首相より承諾を与へありし由を告げらる。蔦ヶ谷秘書官へ其事を電話す。

登院の途次、堤衆議院議長を其邸に訪ひ、挨拶を述べ、健康を問ふ。去三日の紛乱に付、説明を聴く。

小塩孫八氏、宅へ来訪、次で参議院に訪問せらる。社会事業協会のことに付、相談を受く。又来廿一日湯の家に於ける会合を告げらる。欠席の旨を告ぐ。

三島通陽氏来訪、比国に於けるBS Jambolee及彼地人心の険悪なりし状況を告げらる。然るに日本BSとOlympic選手とに依り、人心を一変せしめたることを説明せらる。来二十五日、鎌倉市に於ける協議会には欠席の旨を告ぐ。

全国治水砂防協会有志会に出席す。小塩氏も同伴す。徳川会長、次田、赤木、小林（次）及木村建設事務官出席す。

午後二時、週刊朝日編輯の為、徳川夢声氏来訪す。主任記者、速記者、漫画家、写真師を同伴す。四時まで談話す。

四時三十分、関屋令夫人来訪す。需に応じ島津日赤社長へ依頼状を認め、夫人に渡す。帰途、夫人を湯島天神下に送る。

夕、白潟町片岡七蔵氏来訪、一泊す。

故幣原喜重郎氏記念事業資金二万円を寄附す。

衆議院は、昨夜本会議終了後、十一時五十分全員協議会開会せられ、自、改両派在席、両社、日自入場、着席す。議長席下の演壇には松村氏司会役として着席し、五十五分開会を宣して経過報告を為し、座長に堤康次郎氏を指名し、竹山祐太郎氏国会自粛に関する共同声明文案を朗読して全会一致之を可決し、次に和田博雄、浅沼稲次郎両氏、それ〴〵挨拶を述べ、共同声明に賛成すると共に、遺憾の意を表明し、最後に堤座長の挨拶あり。十六日午前零時九分閉会せり。共同声明左の如し。

国会は国権の最高機関として、国民の信頼と尊敬を集めて国政を議する所であり。常に公平にして信を国の内外につながなければならない。然るに今日ほど議院の神聖と品位を傷け、民主政治の健全なる発達を願ふ国民の期待に背いたことはない。ここに我等は深く反省すると共に自粛自戒し、各党各其立場を異にするも、良識を以て法規、典例に従うと共に、政治道義を守り、以て人心に及ぼした不安と失墜したる信用を速に回復し、議院の威信を保持して国民の負託に応へんことを期する。

右決議する。

戸塚建設大臣依願免官となり、小沢佐重喜氏建設大臣に任ぜらる。

〔欄外〕医務室にて身体検査を受く。

体重　一四〆一〇〇匁

糖尿　微量〔前回より著減す〕

血圧　一五六乃至一五八―八〇

心臓　肺門口稍異音あり

胃、肝、胆嚢、異状なし

六月十七日(木)　晴

来訪。東海北陸七県議会代表岐阜県議長松野幸泰氏来訪す。block 議長会にて決議したる事項七、八件を陳情す。

石黒忠篤氏、緑風会議員総会議長退任に付、挨拶を述べらる。警察法の実施に関し、五大都市と其府県との解釈の相違を述べ、同法の実施困難を解決する方法として、急速に臨時国会開催の要ありと告げらる。予は参議院が去三日衆院の行ひたる会期延長には、何等の疑を有せず、最高裁判所長官の意見も亦同一にして、国権最高機関が其権限に於て決定したる会期延長は、他機関の審査の対象とはならずとの見解を堅持するを以て、此際何とかして国民に急知せしむるの必要を認む。併ながら臨時国会を開き、効力の再確認を為すことは不賛成なりと述ぶ。石黒氏は進て、院内警備の強化に付て注告せられたり。最後に予は臨時国会の開会は、政府に於ては積極的に非ざるを以て、去十五日まで存在したる五（六）派会談の続きとして其Membersに依り急速討究せられ、開会の目的を選挙法及其一連の法制と国会法との改正に限り、会期は最長七日間として延長を為さずとし、可及的速に召集するやう決定するの外なしと告げ、石黒氏の行動を促したり。氏は之に対して、所謂五派代表は到底左様な会談を行ふの意なしと答へたり。

田村文吉氏来訪。会期中の予の行動に対し深甚の同情を寄せらる。氏は、昨日自由党より松野鶴平氏来訪、吉田首相の申出として緑風会の役員并議長を招き、午餐又は晩餐を饗したしと告げられしに対し、広瀬、石黒両氏等は、此際斯る会合は、却て他より批評を受くる嫌あるを以て、御申出なき様希望すと答へたる由を報告せらる。洵に尤もなる応答なり。予は之に関連して、議長は首相と緑風会代表を招き、食事を共にして感情の融和を計る用意あり、去月七日首相に直接に其意向を質したるに、首相は左様なる企あらば寧首相側より招待せば如何と答へられしを以て、予は之を間接的拒否と解して中止したりと告ぐ。

箱根登山電鉄社長河合好人氏来訪。過日予が小林次郎氏の顧問採用に付謝意を表する為、同氏の其邸を訪ひしに不在なりしの故を以て、挨拶を陳べらる。

富田健治氏来訪。従来参議院内に時計店を営み居たる時計店《イナイ》は、先頃店舗の撤廃を命ぜられたりとて再考を求めらる。院内に各種店舗の雑然開店あるは、予の好む所に非ず。加之、往々批判の的となるを以て、之が整理を当局に命じたりと告げ、該時計店に付ては、事情を取調べたる上措置すと答ふ。

十二時三十分、日本工業倶楽部に於て日伯中央協会主催に係る大使バルボーザ・カルネイロ氏送別午餐会に出席す。大使より深厚なる謝意を表せらる。席上石橋湛山氏あり。氏に対して富士山払下問題に関し、大蔵大臣へ至急申入あらんことを依頼す。

五時過、日本橋相互銀行協会にて昭和経済会の有志会に招かれ、(1)中小企業に対する参議院の処置、(2)日本の現状に対する国会の使命に付て一時間余講話す。殊に最近の紛擾と、之が根本的解決策に付、私見を述ぶ。来聴者三十数名、簡単なる晩餐を饗せらる。

六月十八日(金)　半晴　暑

朝、蔦ヶ谷龍太郎氏に電話を以て、氏の辞職後の職業如何何を問ふ。未決なりと答ふ。

院内にて多くの陳情者に面会す。

堤伝平氏［仁科村長］来訪、伊豆観光開発に関し高瀬荘太郎氏に依頼せし内容を告げて、予に対し厚生大臣に依頼せんことを申入れらる。之を諒す。氏は又仁科、持越間の林道は本年度中には完成すべく、湯ヶ島、上大見筏場間の林道は明年度には開通すべく、県当局も之が取扱に困難せる過去に鑑み、驚異的謝意を表し居る由を告ぐ。

正午、事務総長、法制局長以下当局首脳部全員を公邸に招き、感謝の慰労午餐会を催す。一時過散会す。

三時過公邸を発し、三越に至り買物を為す。鈴木洋子公邸に来り、同行援助す。Raincoat、田中次郎氏への祝儀鰹節、靴下等を求む。

五時半、光輪閣に於て伯国大使夫妻バルロア・カルネイロ氏の催せるCocktail partyに出席す。内外多数人より参議院内の難事に関し慰労と謝意を表せらる。

洋服屋石橋久二郎氏来り、去十三日依頼せる洋袴を届く。代一五〇〇円を渡す。

夕食後、東北沢駅まで散歩す。洋子同伴す。


ます子、昨日来発熱あり、本日も臥床す。供花、糞饌、微志要逝去七周年当日前夜に当るを以て、供花、糞饌、微志を陳ぶ。

六月十九日(土)　小雨

富士山払下問題急遽解決に関し、(1)朝高瀬氏に電話を以て打合せ、同氏と共に午後小笠原蔵相を往訪するに決し、電話にて会見の時及場所を問ふ。蔵相は午後は都合悪しと答へしを以て、電話にて約束の如く国会終了の即時決定を求む。蔵相は之に対して、衆院の意見を顧慮し、当分決定を延期したしと陳ぶ［衆議の意見は国有存置論なり］。予は其違約を責め、国有存置は憲法違反なり、又神社に払下ぐるも公益上の用途を妨げずとて、強硬に其反省を求む。依て直に高瀬氏に其内容を電話す。(2)石橋湛山氏に電話し（同氏不在、十時帰京）て、至急蔵相に面会を求む。(3)遠藤三郎氏に電話し、右の報告を為し、衆議院委員会の意見書の配慮を乞ふ。氏は本件に付、長谷川委員長と共に近日蔵相を訪問すと答ふ。(4)参議院にて関係書類を取揃へしむ。

朝、草葉厚生大臣に電話を以て、国立公園の選定には十九候補地中、伊豆箱根富士を第一位に決定せられたき旨を申入る。大臣は之を了承し、努力する旨を答ふ。依て其旨を仁科村長堤伝平氏へ報告す。

西国大使、昨夕築地米陸軍病院にて逝去せられし由を聞く。依て十一時四十分頃、大使館に至り弔意を述ぶ。又来二十二日の葬儀には、旅行の為会葬し難き旨を告ぐ。当日の供花等に付ては中山秘書に命じ、事務局にて取計はしむ。

松本勝太郎氏来訪す。氏は昨朝上京せし由にて、昨日塩焼鯛を贈らる。予の旅行と氏の滞京期日とを対照し、西浦村興農学園の見学を六月三十、三十一（ママ）の両日と暫定す。

淡路島町村長三名来訪す。赤木氏の砂防を徳とし、予に対しても同島への往訪を促す。

赤木氏、淡路島有志を予に紹介せらる。予は蔦ヶ谷秘書官の在任中に於ける建設省内に於ける評判如何を問ふ。何等非難すべき廉なしとの答を得たり［蔦ヶ谷氏就職急速に進捗せざる場合には、取敢へず予の秘書官に任命することを考慮せり］。

緑風会野島貞一郎氏を招き、第十九回国会緑風会報告書を編纂する場合に、議長としての予の行動を登載し得べきやを相談す。午餐を共にす。

医務室に至り、明日より旅行する旨を告げ、手当を受く。

五時半、帝都ホテルに催されたる錫蘭国議員ダルマパーラ氏の Reception に出席す。一行中のウインセント・フェルナンド氏は、来二十二日焼津市に至り、漁業の調査を為すべしと云ふ。依て氏を焼津漁業協同組合へ紹介す（名刺を渡す）。

松岡平市氏来訪、舘林と会談したしと申入る。舘林の為に選挙に付、援助せんと云ふ。

大塚靴店より米国型短靴を作り送届く。代四三〇〇円なり。

小原直氏法務大臣に任ぜらる。

要命日に付、大森しづ子夫人及杉山東一氏来弔せらる。

六月二十日(日)　曇　薄暑

滋賀、福井、富山三県の砂防視察旅行に出発す。赤木博士同行せらる。建設省矢野事務官、小田議長秘書室長随行、読売新聞記者細田弘氏も行を共にす。九時東京発つばめに乗り、四時二十一分京都にて下車す。其間徳島へ赴く大達文部大臣と同車す。京都にては京都府砂防課長浅居周二氏、滋賀県土木部長三宅謙太郎氏及昇三郎出迎ふ。昇三郎と視察上の打合をなし、三宅部長の案内にて自動車にて石山柳屋に至り、投宿す。柳屋には県議長吉川孫右衛門氏、砂防協会支部長県議堀江喜一氏出迎へらる。

支部より晩餐を饗せらる。知事服部岩吉氏、吉川、堀江両氏、三宅部長等列席せらる。

国警巡査部長福田武三氏、旅館に来訪す。信実忠誠の士なり。氏は大津市上北国町五六に居住し、先年近江神宮宮司の媒酌によりて結婚し、一女児あり。桃山御陵警衛の為、同地へ出勤すと云ふ。

〔欄外〕車中、佐藤宮司に発状、富士山頂下戻に付、蔵相に交渉せし顚末を報告し、此際油断なく運動することを勧告す。

焼津水産製造組合長に発信し、二十二日錫蘭国 Vincent Ferrand 氏同地視察に付、十分に便宜を与へられんことを求む。

六月二十一日(月)　晴　薄暑

昨夜快眠、早暁起床す。八時四十分柳屋発、九時滋賀県庁着。服部知事を訪ひ、挨拶を述ぶ。副知事　　氏にも面会す。知事室にて記者会談を行ふ時、偶ま村上義一氏来会せらる。

砂防協会支部総会は、十時半頃より新築の滋賀会館に於て開会せらる。事業報告、二八年会計決算、二九年事業予定及同ヨサン等を議決したる上、予は協会を代表して挨拶を述べ、赤木博士は特に滋賀県に於ける砂防事業に付、有益なる講演を行ひ、村上義一氏も亦凱切なる挨拶をなす。総会畢りて折詰弁当を食す［別室にて知事、村上氏、県議長、支部長等と共にす］。又知事より食堂に招かれ、茶菓を饗せらる。

一時、村上氏、知事等と別れ、湖西諸川を視察しつゝ、福井県小浜市へ向ふ。和邇川、八屋戸川、木戸川、大谷川、比良川、瀧川等の荒廃を見、安曇町より安曇川右岸を遡り、朽木村市場にて安曇川荒廃の復旧工事を視察す。村長上藤長左衛門氏は大津より同行し来り、熱心に説明せらる。途中には左岸に設営せる灌漑取水取入口の為、右岸に大衝撃を成せる痕を見る。役場に立寄り、慰撫激励を為し、茶菓を饗せられ（麦酒を拒辞す）て出発す。安曇町より安曇川復旧主任技師今津土木事務所長三崎弥太郎氏同乗せられ、被害状況より今日に至るまでの回復状況を説明せらる。而して県の方針は、被害最も甚しき本川の恢復に重点を置きて工事を進めしに対し、村民も亦感激して挙って土工に努力したるを以て、予定以上の進捗を見るに至れりと云ふ。予は役場に於て村民一致、和協努力を称揚し、将来も亦斯くあらんことを希望する旨を述べたり。本村より葛川村を経て、途中峠に至る間の道路は破壊の箇所あり、車行不能なりと云ふ。蓋し県内第一の僻陬なり。

五時、今津土木出張所に着、同所にて福井県議会議長長谷川清氏、県議六野政次郎氏［砂防協会県支部長］、県議岩野寛氏［土木委員長］、小浜市長今島寿吉氏、遠敷郡知三村長上中耕一氏、県砂防課技師塩見準一氏等の出迎を受く。記者会見を行ひたる後、福井県庁の自動車に乗換へ、五時発、小浜市へ向ふ。遠敷郡三宅村にて北川の荒廃復旧工事を見て小浜市に入り、字遠敷若狭彦神社前附近にて遠敷川復旧工事を見る。それより市内に入り、河港を視察す。最後に昨年洪水の為遭難せし福井市長中崎源次郎氏遺族を弔問せんとして其旧宅（土蔵のみ残存）を訪ひしに、家族一同流亡して相続人なしと聞き、菩提寺に墓参し、鳩居堂の香を焼き、住職に香料を呈す。此時部落総代来り、本日青年有志出動して故市長の為に記念碑敷地の地均しを始めたりとて現場に案内す。了て旅館世久美屋に投ず。時に午後七時なり。例に依りて記者会見を行ふ。

世久美屋にて前記有志、其他の催に係る晩餐会に出席す。地元側は県議杉山孝二氏、同畑中清美氏、小浜市議会議長芝田竹次郎氏、市助役仲野誠治氏、県砂防課主任上納利晴氏、若狭地方事務所長川端清助氏、遠敷郡上中町長田中弥七氏等も加はり、盛会なり。

〔欄外〕砂防協会滋賀県支部

会員数四四　四六に増加す。

会長　県議堀江喜一

副会長　木戸村長　石塚源左衛門

　　　　永源寺村長　川島善次

監　査　金勝《こんぜ》村長

　　　　貴生川村長　石川金蔵

以上二九、七、一、報告

六月二十二日(火)　晴　夕雨

早朝、若狭彦神社宮司高木好次氏来訪す。万灯山地すべり地に付説明を為し、之が視察を要望せらる。氏は矢田部盛枝氏の高弟なりと云ふ。若狭彦神社及若狭姫神社の水災歴史［一二四〇年前］及音無川の笠置土の談面白し。

市土木課長須藤守蔵氏、大飯郡高浜町長湯浅銀次郎氏、世久美屋旅館へ来訪す。

八時、一同バスにて出発す。塩見技師、上中知三村長、主として案内せらる。視察箇所は中名田村、知三村、奥名田村にして、南川流域に属するものなり。小浜よりの順路は不通なる為、舞鶴街道より別れて谷田部峠を越えて入る。左支流中名田村上和田にて引返し、知三村役場に至り、それより槇ヶ谷に至り、又染ヶ谷の荒廃を見、上流大崩壊地点の県土木事務所出張所にて弁当を喫す。引返して役場所在地久坂に出で、更に奥名田村大瀧の堰堤及和佐谷川を視察し、五時過、久坂なる知三村長上中耕一氏の宅に入る。村長の招きに依り、村議長下西孝右衛門氏来会し、晩餐を供にす。此家に赤木氏と共に投宿す［其他諸氏は、旅館に分宿す］。

夜降雨烈し。奥名田村議長菅原正一氏外四名来り、陳情す。

〔欄外〕奥名田村

議長菅原正一氏

副議長瀧川美津蔵氏

助役下野茂氏（村長上京中）

農協長廉谷菊太郎氏

森組長渋谷軍太郎氏、土地改良区理事長森口徳太夫氏

六月二十三日(水)　雨

八時三十分、久坂を辞するとき、昨夜来の降雨の為、佐分利川、田井谷川、開墾谷川等視察の予定を変更す。十時三十分、佐分利川の下流三㎞の地点に至りて引返し、本郷村役場に入る。村長より同村の災害復旧の好調なるを聴取す。十一時二十分辞去し、子生《こび》川下流を過ぎ［上流は氾濫して行く能はず］、高浜町役場に至り、弁当を喫す。町長湯浅銀次郎氏は、水防の為に奔走中なり。一時出発、関屋川支流横津海に至りて水防を看る。同地には大崩壊あり、危険極りなし。引返して国道に出て関屋川の水防を看る。青郷《せいきょう》村長上ノ山廉之助氏、専ら水防を指揮す。辞して高浜町秀峰荘に投ず。此荘は京都裏

千家家元千宗室氏の別邸にして、閑雅清浄の建物なり。郵便局長上田常吉氏此家を管理す。到着の時、薄茶を饗せらる。

夕、高浜町長、青郷村長等の有志より鯛ちり鍋を饗せらる。

朝、上中村長の需に応じて、知三小学校及有志の為に三、四枚揮毫す。又夕刻、徳川公、重宗副議長、芥川、河野其他へ絵葉書を発す。

六月二十四日(木)　曇　小雨

七時、高浜町秀峰荘を発す。小浜土木出張所に立寄り、一行 member の更代を行ひ、出発す。市内南川の大荒廃地を過ぎ、万灯山地辷地にて高木好次氏を首めとする現地被害者の要望を聴く［地下水除去等、当局に陳情を勧む］。土木部長西村敏雄氏、同乗して実地に就き詳細説明せらる。三方郡三方町地内にて県議吉村直之氏、助役安原正太郎氏の出迎を受け、鰣川上流の流砂（花崗岩の砂）の夥しきを説明せらる。三方湖畔［国立公園候補に推薦］を過ぎ、車を耳川下流（美浜町）に留め、同川の屈曲甚しきを見、十時半敦賀に入り港岸壁及市街状況を瞥見す。それより武生市に至るまでの田道は、敦賀湾に沿へる山腹に従ひて曲折し、地質脆弱にして地辷随所に生じ、不断の補修を要するを認めたり。此箇所は富山、石川、福井の三県より大阪へ通ずる唯一の重要路線にして、夜間貨車の通過多く、最主要なる通路なり。部長の説明に依れば、県は之が修補を強く要望すると同時に、別に一線の新設を計画中にして、之が急速竣工を俟つと云ふ。

正午、武生市に入り、料亭多葉喜方にて市長森広三郎氏より午餐を饗せらる。知事小幡治和氏も来会せられ、災害復旧費の不当削減に関し、知事会議に於て大蔵、建設、農林各大臣に質疑せし要領を告げらる。

一時半出発、知事の車に同乗し、二時福井県庁に着す。県庁にては副知事羽根盛一氏、出納長安立信逸氏、民生部長林定氏［故議員林了氏令兄］、教育長千田専平氏、農林部長門田一氏［上京中に付、名刺を託せらる］、秘書課長藤田善男氏、河港課長前島健雄氏［砂防課新設前の砂防主任］等に面会す。又特に参議院議員酒井利雄氏、市長熊谷太三郎氏も来訪せらる。記者会見の後、知事、副知事、各部長等会同の席に臨み、知事及土木、農林両部長より災害復旧予算の配付額不足の事情に付て説明あり。結論としては大蔵省と建設、農林両省との間のヨサン額確定に付相違あること、従て大蔵省所定の額を以てしては到底復旧の完了を期し難きこと、雨期に際し急速なる工事を必要とするを以て、既定ヨサンの範囲内に於て直ちに災害府県へ可及的限度の配賦を要求すること及び取敢へず融資八億円の程度を承認せられたきことに帰す。予は曩に大蔵大臣に要求せし災害ヨサン額八割を急速配賦すとの言明の虚偽なるを知り、帰京の上は速に建設当局より的確なる事実を了知して、蔵相に会見せんことを約したり。大蔵当局の机上査定を行ひ、実地に即せざる決定をなしたるは、予算の性質上甚遺憾とする所なり。

四時、県庁内にて砂防協会福井県支部総会開会せられ、出席す。予は協会を代表して挨拶を述べ、赤木博士は国及県の砂防事業に付、適切なる批判を述べらる。六時終了。

開花亭に於ける支部主催の晩餐会に出席す。六野支部長の挨拶あり。

七時出発、七時半頃永平寺に着、一泊す。夕食を饗せられしも少量試食せしのみなり。福井市にて晩餐を了したる後、入山する由を予告し置けり。

中山秘書より参議院に於ける要務に付、報告を受く。

〔欄外〕武生市長森広三郎氏

助役緒方一衛氏

武生土木出張所長山下甚吾氏

真名川開発建設事務所長井上清太郎氏

〔欄外〕県議会副議長山崎正一氏

県議高波武右衛門氏

砂防熱心家玉木一馬氏

六月二十五日(金)　曇

朝四時半起床、五時より寺規に従て厳行に参加す。先づ承陽殿に入り、一山僧侶の読経を聴き焼香す。次に法堂に入り特殊の席を与へられ着坐す。阿弥陀如来開帳の上、観音経普門品其他の読経ありて、参拝者の為祈願を為して焼香す。去るに臨み、参拝者の為、道中安全祈願あり。七時、式畢りて退出す。

それより役僧白石師（静岡市出身）の案内に依り七堂伽藍を見学し、居室に還る。次に朝食を饗せらる。了て本山講師傘松編雅人笛岡自照師来室、挨拶あり。師は西郷瀧の谷法泉寺出身にして、掛川中学を卒業し、大本山詰十数年に及び、自坊を京都府与謝郡市場村四辻宝泉寺に有すと云ふ。

次に一同は管長熊沢　禅師に対面す。

八時、県庁より差廻されたる自動車に乗りて永平寺を辞す。六野支部長、西村土木部長、塩見技師等案内せらる。九頭龍川に沿ひて美濃街道を遡上し、五箇村西勝原地内県道上の大崩壊を見て引還し、大野町役場に入る。六野支部長の紹介にて町長斎藤重雄氏、助役荒矢定治氏［大野市制事務局長］、議長川崎港氏、地方事務所長吉田藤与二氏等と会見す。

十二時過、福井駅着 Station Hotel 食堂にて支部主催の午餐会に出席す。副知事、土木部長、塩見技師等同席す。又出発に際しては参議院議員酒井好雄氏［雲丹を贈らる］、舘林知人豊島慶輔氏［若布を贈らる］、市長熊谷太三郎氏［織物を贈らる］、小塩孫八氏の紹介に係る国警隊長警視正肥田公太郎氏［賀茂郡三浜村出身］等の外、去二十一日より同行案内せられたる支部長六野政次郎氏、副支部長上中耕一氏等の見送を受け、一時二十六分発にて富山へ向ふ。

石動駅にて富山県砂防課庶務係長竹丸昌雄氏、小杉駅にて参議院議員石坂豊一氏の出迎を受け、五時二十八分富山駅着。駅頭には舘哲二氏、副知事成田政次氏、土木部長小林庄平氏、元貴族院議員金岡又左衛門氏、同佐藤助九郎氏、県議会議長湊栄吉氏、県議建設委員長広井文作氏、富山市長富川保太郎氏等出迎へらる。名古屋通産局公益事業富山支局支局長伊林初次郎氏も出迎ふ。

電気ビルホテルに入り、記者会見を行ひたる後、佐藤助九郎氏と旧談を交ふ。北陸タイムス社の嘱を受けてなり。それより高辻知事の招宴に臨みて、視察上の打合せを為す。出席者は高辻知事、成田副知事、小林土木部長、石坂、舘、金岡、佐藤諸氏、湊県議会議長、広井県議建設委員長、富川富山市長、野田砂防課長等にして、昇三郎も亦同席す。

夜、洋室No.15に泊す。昇三郎同室なり。

本日BS日本連盟昭和29年第一回理事会開会せられしも、欠席す。

田中次郎氏令嗣、岡田包義氏令娘と結婚し、其披露宴に招かれしも、欠席す。

〔欄外〕昇三郎は昨夜大阪を発し、朝六時過永平寺に着し、それより最終まで一行と行動を共にす。

六月二十六日(土)　雨

昨夕食、今朝食は洋風なり。自ら予の体に適したるを覚ゆ。

朝、富山市助役打尾忠治氏、市復興部長堀内陸郎氏及赤木氏の紹介に係る旧立山砂防工事関係熱心家志鷹菊蔵氏[土建請負兼材木業]、ホテルに来訪す。

九時半ホテル発、県庁に至り、高辻知事を訪ひ、挨拶を述ぶ。知事室にて成田副知事、湊県議長、広井県議等に会ふ。伊林氏も来る。仍て知事に紹介して、事務上の援助を謝す。

十時より会議室にて砂防協会支部総会あり、出席す。予は協会を代表して砂防政策振興に関する意見を述べ、赤木氏は有益なる講演を為す。石坂豊一氏支部長として司会す。都市代業及農山村代表の質疑あり、赤木氏と予は之に答ふ。十二時散会、弁当を喫す。

一時発車、常願寺川上流砂防視察旅行に出づ。先づ常願寺川中流を渡り〔川幅五五〇米、川床沈下一米余、tower Excavator の力顕著なり〕、五百石を経、岩峅寺を過ぎて峡谷に入る。芦峅寺にて Jeep に乗換へ、藤橋より徒歩、称名川を越え、十町平なる工事事務所に着、登山の用意を整ふ。それより軌道に乗換へ、Zig Zag 攀登す。常願寺川河床の削下著しき箇所を見る。鬼ヶ城を過ぎて約一時間、空中索道に達す。一行十余人は三回に分乗す。索道より水谷工事事務所までは徒歩にて進む。六時着。

入浴の後、一同山菜及岩魚の美を味ふ。強雨注ぐが如く、湿潤神経痛を感ず。事務所の開設約七ヶ月、dam 工事の為強労する人々の労苦を想ふ。事務所にて働く青年、婦人六名、永きは六年、短きも三年来勤すと云ふ。

〔欄外〕建設省中部地建工務部長藤森謙一氏、魚津市長金光邦三氏、入善町助役市岡正義氏。

〔欄外〕板面に揮毫す。又徳川家正公、青山士氏へ寄書の葉書を呈す。

六月二十七日(日)　曇　雨　晴　不定

昨夜快眠せしも神経痛止まず。依て Sweater を倒に穿つ。当意即妙、頗奇態なり。

八時、立山砂防水谷出張所を発し、徒歩にて白岩堰堤に至り、視察す。堰堤の効果著しきを見る。即ち堆砂上面を圧して川幅を拡め、両岸の崩壊を防止すると共に、堰堤下の土砂は著しく減少して川床を掘下げたり。堰堤より湯谷川の川原を遡り、泥渓《どろたに》床固工事完成の効果を見る。之を多枝原谷の床固め未成なるに比較すれば、真に雲泥の差なり。

天気は、事務所出発の時は雨雲迷合視界を塞ぎしも、泥渓工事完成の箇所に至るの間、漸次晴渡り、分水嶺まで鮮明に現はる。天佑神助と云ふべし。空中索道を渡る時は雲霧固く閉し、鬼ヶ城工事事務所にて中食の時は天全く晴る。それより軌道にて来路を下り、十町平事務所に少憩し、徒歩にて藤橋に出てJeepにて芦峅寺に下り、乗用車に乗換へ岩峅寺、五百石を経て三時富山市に入り、緑風荘方に投ず。

緑風荘方にて入浴し、衣を更め、砂防協会主催の晩餐会に臨む。知事、副知事、県議長、市長、石坂、館、金岡、佐藤諸氏出席、歓待せらる。終て佐藤助九郎氏の撮影に係る天然色立山登山風景映画を観。

伊林初次郎氏、同夫人、一嬢、二男児来訪す。婦人は一家和楽を謝し、三児は頗壮健なり。大に幸福を祝着す。菓子を贈らる。

九時頃緑風荘を辞し、九時二十八分発上野行急行列車に乗る。知事、副知事、土木部長、県議長、館、金岡、佐藤其他駅頭に見送らる。感謝に堪へず。発車後寝台に入る。石坂豊一氏も同車、上京す。

昇三郎は電気ビルホテルに投宿、明早朝出発、舞鶴の硝子工場を視察して帰宅すと云ふ。

六月二十八日(月)　雨　体量一四〆　血圧一八〇―八〇

水虫の治療を改む

朝七時二十二分上野駅着。中山、野口、石田諸氏の出迎を受け、赤木氏と同車、帰宅す。

一時登院。赤木正雄氏来訪、建設省にて取調べたる災害復旧費ヨサン金額を示さる。

橿原神宮奉賛会事務局長武若時一郎氏来訪。来三十日開会せらるべき奉賛会役員会事務に付、打合せを為す［権宮司辞職後の取扱に付、意見を交換す］。

関屋正彦氏来訪、本間先生の子、本間鈎次郎氏のことを問はる。全然未知なり。

横山彦真氏来訪、Dr. William Axling叙勲のことを謝せられ、博士は夫人の病気を治療する為帰来するに付、出発前天皇陛下に拝謁する方法なきやを問はる。依て電話にて高尾文書課長に問合せ、夫々手続を採ることを約す。

重宗副議長は胃潰瘍を手術する為、飯田町日本大学病院に入院中にして、明日手術を受くる予定なりと云ふ。依て帰途、同病院に立寄りて見舞をなす。

六月二十九日(火)　VB1 50mg 注射（糖尿病及神経痛に有効、一ヶ月連続）を始む　水虫手当如前

朝、篠田太郎氏来訪す。氏は中央学院講師に就任し、長井校長の信任篤く、此程同校の為大改革を断行せりと云ふ。校長へ宜しく取做を頼まる。

十時、徳川宗敬伯来訪す。国会図書館の非分割論を強調せらる。

正午、緑風会例会に出席す。有田川荒廃状況の空中写真を供覧す。

小原法務大臣二時来訪、挨拶せらる。予は就任の労を多とし、法務省職員の多数は昔日の司法省職員の如くならずと警告す。大臣より六月三日の衆議院の決議の効力如何を問はる。乃ち法文の根拠を示す。又田中最高裁判所長官の意見を告ぐ。

三時頃、松本勝太郎氏来訪、除虫菊輸出商大下大蔵氏を同伴す。氏は近く旧知を招待するの意見を出す。

高瀬荘太郎氏と富士山頂払下の件に付、情報を交換す。

夜、泰治来泊す。明夕発、帰阪すと云ふ。

六月三十日(水)　雨　夕霽　湿度98%　VB1 50mg 注射　水虫手当如前

登院。小林次郎氏来訪す。最近の共産党の動きに付、報告せらる。

三時半、明石照男氏来訪す。同氏、小倉正恒氏及予が主唱者となり国民精神運動興隆に関し、有志会を催さんことを申出でらる。之に賛成す。

全国治水砂防協会有志会に出席す。徳川会長、次田、牧野、赤木、小林諸氏出席す。

読書室に入り、日記の遅れたるを追記す。

日本外政学会主催 Mr. Bush 送別 Cocktail party（六－八、工業クラブ）に出席す。

朝、石橋湛山氏に電話を以て、富士山頂払下に付蔵相へ交渉せし内容を聴く。遠藤代議士に電話せしも、旅行中にして要領を得ず［以上のことを外政協会の Party にて、高瀬荘太郎氏に報告す］。

七月一日(木)　曇　晴　薄暑

院内にて武若時一郎氏の来訪を受け、来二日開会すべき橿原神宮奉賛会役員会の議題等に付、打合せを為す。

中華民国議会副議長黄国書氏、十時半頃来訪す。東亜各国国会議員の親善会開催に付、井上清一氏の意見に賛成せらる。国会関係の各種書類を贈呈し、又議場、便殿、其他を案内せしむ。

滋賀県砂防協会支部新任副会長川島善次氏（神崎郡永源寺村長）来訪、新任の挨拶を述べ、又過日の総会に出席したるを謝せらる。

新谷寅三郎氏来訪、橿原神宮宮司父子の非行に関し報告あり。奉賛会との関係を明確にするを要するものと認めたり。

重宗副議長を日本大学病院に見舞ふ。胃、十二支腸の各一部及盲腸を切除せし由なるも、頗元気なり。バナナ（代千円）を呈す。

小林次郎氏来訪、元少年航空隊員の団体結成を告げられ、予に其会長たらんことを勧めらる。之を謝絶す。

Canada National Day なるに付、大使、同夫人に招かれて Cocktail party に出席す。久々にて晴天となり、甚だ快適なり。大使は過日軽き脳溢血の発作ありしも、既に全快して来賓を接待せり。田中最高裁判所長官を見出し、奥野法制局長の最高裁判所裁判官に転任の希望を述べて、配慮を乞ふ。長官は奥野氏を知るも、裁判官の専門知識配合の要ありとて難色あり。

元専門員森荘三郎氏、波江野繁氏、専門員を辞任したりとて来りて挨拶す。

芥川事務総長より、国会法改正小委員会は昨日審議を了したりとて、其内容を説明せらる。

建設大臣小沢佐重喜氏来訪、新任の挨拶を為す。災害復旧費の支出甚不十分にして、且遅滞甚しきは、最緊急を要する復旧工事を破壊する惧あるを以て、大蔵大臣に対して取扱の変更を要請するの意を昭にす。而して復旧費の削減は工事末年度に於てすべく、本年度に於てするの有害なるを説明す。而して已むなくば融資の急速許可を要求することを告ぐ。大蔵当局が工事の規模と其進捗状況を審にせずして、濫りに既定予算額の支出を削るが如きは、法律上、実際上不当なり。

〔欄外〕一月二十五日、董駐日大使晩餐会に於て同席す。

七月二日(金)　曇　蒸暑

朝、岡崎外務大臣に電話を以て、Dr. Axling の拝謁取扱を米大使館へ依頼せられんことを請ふ。帰郷の際、東京駅長室にて中山秘書に命じ、Axling 博士と連絡の上、外務省に通知せしむ。

朝、芥川事務総長に電話し、昨夕 Canada 大使の reception に於て田中最高裁判所長官に面会して、奥野法制局長転任依頼を為したることを報告す。

朝、遠藤三郎代議士に電話せしに不在なり。今夕帰京すと云ふ。依て高瀬荘太郎氏に電話を以て其事を告げ、高瀬氏、大蔵大臣を訪問するに先ちて、遠藤代議士より同氏が大蔵大臣を訪問せし結果を承合せられんことを求む。

帰郷。東京九、四五―一四、五九掛川。野口秘書同行す。掛川駅には鈴木市長、志村議長、早瀬氏、浦上氏出迎へらる。帰宅の途次、中川医師に就き、携ふる所の VB1 50mg の注射を受く。自宅一同健全なり。

七月三日(土)　朝雨　午後晴　薄暑

昨深夜、ます子より電話あり。日坂村中山の女中帰京せりと云ふ。今朝速達便にて国鉄乗車券を送り来る。

朝、堀之内の人村松儀右衛門氏来訪す。台湾の樹木を海岸砂防に用ふる件に付てなり。

報徳社に出勤の途次、舟木医院に於て VB1 50mg の注射を受く。

報徳社に於て役員会を開く。定款の改正に関する研究、二宮先生百年祭準備の打合せをなす。前者は輶太郎氏に法律的整理を請ひ、東京に於て研究会を開くに決定す。

出席者は神谷、中山、小野、岡田、松野五氏及予なり。

昼食の後、松野氏より印度、錫蘭、緬甸、泰、台湾等へ慰霊の為旅行されたる談話あり。松野氏より曹洞宗日課経大全及珠子を贈らる。

来訪。小山正氏、博士論文起草に付、出版資金調達の件。平和記念館(遺族会)の為、額揮毫の件。

福代雅夫氏〔新野村長〕、忠魂碑の題字揮毫の件。

原田長十氏、掛川町水道計画認可催促の件。熊村昌一郎氏、熊村、浜松間国鉄バス営業開始の件［知事の配慮を乞ふことを勧告す］。高橋栄一郎氏（可美村長）、中村七之助氏（議長）、国道舗装落成に付謝礼。飯田ちよ子、女中の件、予の揮毫に係る手拭二十万本製造の件。小川三吉氏［掛川警察署長］、望月猪一氏［同次席］、黒柳喜八郎氏、挨拶。北野全量師［子隣少林寺］、同寺本尊阿弥陀如来像重要美術品指定の件。浦上喜平氏、報教少年少女団結成の件。五月十五日疎開児童蓮福寺、天龍寺、真如寺、天理教永江院に疎開し、町第一小学校へ通学せし者四十五名来訪、謝恩の談。報徳社よりの帰途、(1)塩町河合善吉氏を訪ひ、夫人逝去に付線香を呈す［昨年二月逝去せりと云ふ］。(2)原田氏を訪ひ、夏蜜柑を贈られしを謝す。

七月四日(日)　朝晴　午後より曇

報徳社の常会に出席す。国会報告を行ふ。神谷副社長、河西講師、松野勝太郎氏（印度視察談）講演せらる。会衆三百五十許。

朝、舟木医院に於て VB1 50mg の注射を受く。

報徳社にて来訪を受けしは、山崎昇二郎、静岡市牛妻白鳥　氏の為、忠魂碑面揮毫。宮沢郜氏、渥美喜一氏。光明川廃川敷買受に付、記念碑題字揮毫、紅葉山奉仕復活の件。予は小山正氏後援の為、強力なる有志会の結成を要望す。角替浜名農蚕、　磐田農業高校長。紅葉山御養蚕所奉仕復旧の件。鈴木賢一氏、大村俊平氏（北浜村）。夏季大学講演依頼。松野勝太郎氏より椎茸を贈らる。竹村照治氏、入野村報徳社忠魂碑なる文字揮毫の件。

揮毫。前記諸氏の為に揮毫し、外に赤堀猪一郎氏、大沢氏及報徳社勤務三令嬢の為に揮毫す。又舘林の為に大悲利生と書す。

往訪。青山士氏、不在なり。掛川二、五九—三、一八磐田四、二一—四、四〇掛川。徒歩にて帰宅す。

来訪。浦上喜平氏来訪せしも面会に至らず。同氏、敏子と談話して帰去す［疎開謝恩記念写真帳を示さる］。

発状。報徳同志、藤田武二氏［小浜市羽賀］、九大文学部山室三郎氏。

七月五日(月)　雨　冷

盆詣を兼ね、祖父の墓参を為す。朝、真如寺に詣で、次に神宮寺に墓詣を為す。両寺へ金百円づゝを納む。帰途舟木医院に立寄り、院長よりVBI 50mgの注射を受く。野口秘書同行す。

十二時過、中山県議来訪す。小笠郡恩給受給者大会を開くに付、予の出席を求め、日の選定を申出でらる。来二十五日を約す［戸塚九一郎氏をも招待のヨテイと云ふ］。

一時頃、染葉、村松、原田、島場、早瀬五氏打揃うて来訪す。予が国会中参議院議長の使命を果したりとて、深甚の謝意を表せらる。他に用なし。次で元曽我村長松浦治氏来訪、東山沢川砂防堰堤に付要望あり。其施工の箇所に付ては、青山氏の意見を問ふことを勧む。

浦上喜平氏の少年少女修養会の趣旨に賛成し、帳簿の筆頭に署名す。

三時三分発にて帰京す。浦上氏及氏の推奨する青年（掛高卒第一番）駅頭に見送らる。朝、小柳氏の調達せる甘藷苗［農一、二号］を携ふ。七時五十六分東京着、帰宅す。

重友は早朝出発、天城を経て上京す。予の帰宅の際には既に他出し在り、其後に来投宿す。

七月六日(火)　曇　血圧一四四―八〇　注射如昨

十時半、Dr. William Axling来訪す。勲二等に叙せられ瑞宝章を送られしを喜び、最深の謝意を表せらる。中山秘書に案内せしめ、宮中に赴き記帳せしむ。又近く帰米するに付、夫人と共に両陛下に拝謁の手続を運ばしむ［外相及米大使の斡旋、甚有力なり］。

十二時頃、三谷侍従長を訪問す。昨日両陛下より長良川鮎二十尾を賜りたるに付、拝謝す。序を以て第十九国会の状勢を上奏する為、御都合を拝伺す。又Dr. Axling夫妻拝謁のことに付依頼す［侍従長より電話にて、国会奏上は八日午前十時と通知せらる］。

四時、橿原神宮奉賛会役員会を大伝馬町事務所に開会、出席す。吉田、湯沢、植村三理事、武若局長出席。募金方法に付協議す。事務所は三菱信託銀行支店に在り、支店長池田謙蔵氏病気の為、面会するを得ず。散会後、吉田氏より宮司Scandalに関し、日興通信社の経理部長及編輯部長と称する者より恐喝を受けたる由報告あり。其要求に対しては断乎拒絶するやう意見一致す。

舘林は午後一時発にて佐賀へ帰る。重友も帰宅す。
夜、キヤノンカメラ会社に就職せし杉村秀久氏来訪す。

七月七日(水)　曇　注射如例

朝、伊豆観光国立公園のため吉岡副知事来訪す。全国に候補地十九あり、現に委員会を繞りて各地の運動極悪なりと云ふ。依て知事をして吉田首相に陳情せしめ、又岡部長景子を煩はして首相を動かすべしと相談し、電話にて岡部氏の来院を乞ひ、副知事と会見せしむ。簡単なる中食を呈す。

全国治水砂防協会有志会に出席す。出席者は、徳川会長、次田、牧野、山崎、赤木諸氏なり。協会所有地と交換せらるべき独乙クラブ土地は、参議院にて買受くることに決定し、本日議長として決裁せし旨を報告す。

水産委員会にては、ビキニ水爆試験の影響を調査して帰朝せる俊鶻丸乗組員を招き、実情を聴取す。調査部長矢部博氏［相良町矢部氏なり］出頭に付、来訪す。

二時過、日本工業クラブに至り、明治神宮奉賛会役員会に出席す。極めて簡単にして有効なる会合なり。

堤伝平氏来訪す。伊豆国立公園実現に付、熱心なる要望あり。知事をして強力運動せしむることとし、今朝副知事及岡部氏会見の内容を告げ、県事務所より知事の上京を促さしむ。

松本勝太郎氏来訪す。伊豆西浦村興農学園視察に付、打合せを為す。

帰途、重宗副議長を病院に見舞す。経過甚良好なり。公二の夫人、女児分娩に付、高子は一昨日来京、昇三郎は本日来京せし由なり。

夜、明日国会状況奏上の為、用意を為す。

七月八日(木)　曇　雨　冷　注射如例

朝、昇三郎来訪、公二君も来る。両人は同車、赤十字産院へ赴く。予は宮内庁侍従職に出頭す。

天皇陛下に拝謁し、十時五分より十一時四十分頃まで第十九回国会に付奏上す。二、三の要点に付御下問あり、奏答す。国家の現状に関し、独り至尊をして宸襟を悩し奉らしむの感あり。侍従長陪聴す。

四時、大蔵大臣を往訪、(1)富士山頂処分に付要望す。大臣は大体要望の如く処置する方針にて、現に立案中なりと答ふ。(2)災害復旧補助費に関し各種項目を挙げて質問し、急速なる一括支出を要望せしに、予の希望を容認したる答を与ふ。植木政務次官同席なり。依て福井県知事より受取りたる調査を交付して、次官より福井県知事へ返書せられんことを求む。

帰宅後、赤木氏に内容を報告す。

佐々木とし来訪す。一時―八時。

内幸町ビルに至り、伊藤医師の神経痛注射を受く。昇三郎の勧誘に従ひて試したるなり。料金六〇〇円を払ふ。

夜、昇三郎来訪す。

夜、明日静岡県へ旅行するに付、準備を整ふ。

七月九日（金）　東京雨　静岡晴　冷
今晩三時覚眠。寝ねられざるまゝに、足利雪艇氏著正法眼蔵の宗教を読み、又蚤一疋を捉ふ。日記を補記す。四時四十五分より再眠す。

本日より十三日まで静岡県へ旅行す（九―一一砂防、一二県民会館開館式、福祉事業協会役員会、一三興農学園視察の予定なり）。

東京九、三〇―一二、三八静岡。赤木博士、木村建設事務官、江上参事同行。田口出納長、　　河港課長、中部地建局工務課長、小栗良知技官（小栗隆平氏の令息）、同静岡工事事務所長坂下芳男技官、山本市助役、　　市技師、熊村村長等。

深沢鉱二氏等出迎ふ。駅長室にて記者会見を行ふ。

中島屋にて砂防協会支部主催の午餐会に出席す。知事、小林武治氏、青山士氏、市長増田氏、助役山本氏、土木課長　　氏、小栗氏、坂下氏、県静岡土木事務所長宮吉宜三氏等出席す。河野辺女医の令弟某氏によりてVBI 50mg の注射を受く。熊村村長より陳情を受く。又深沢常務と評議員会の打合せを行ふ。

二時出発、自動車にて安倍川を視察す。門屋にて白鳥知氏等より、清水市工業用水取入拡張計画地点に付、説明を受く。安倍川の荒廃は意外に甚し。而して悉く静岡市の利害に関するものなるを以て、市域を拡張して梅ヶ島村にまで及ばしむるの必要を認めたり。各種の発電計画の如きも枝葉に趨りて、根本を没却せしの看あり。

五時過、梅ヶ島梅台楼に投ず。入浴の後、一行と大河内村長、梅ヶ島村長等と会食す。食前温泉に一浴、仙境の霊泉、俗塵を洗滌す。

野口秘書より電報を以て、蔦ヶ谷氏の希望の切なるものある由を報告し来る。

〔欄外〕梅ヶ島村長杉山藤十氏、〃議長小泉辰也氏、大河内村長大村平三郎氏。

七月十日(土) 晴 次第に曇 夕雨
昨夜快眠、精神爽快を覚ゆ。出発の前、楼主其他有志の為に拙筆を揮ふ。

旅館の対岸に聳立する急峻峯は、頂上より崩壊の勢を示す。直高三百米。現に大なる崩落あり、又之と対応して深き亀裂ありて、其末端渓流に達す。地質は古世層にして一朝崩落せんか、直ちに渓流を擁塞して天然 dam を作るの惧あり。旅館の後部には流下せる土石流に擁せらる。降雨多量の場合亦大に警戒を要す。

八時出発す。門境に於て記念撮影を為す。降ること約三町、自動車待に至り乗車す〔静岡駅より此地点まで毎日バス往復三回ありと云ふ〕。字新田役場所在地に於て杉山村長等と別る。又偶然にも前村長依田健吉氏に出会ふ。

静岡市内に入り、安倍川左岸湯浅堤防を視察す。

市役所にて増田市長、岸助役等と別れて車行を継続す。

十一時より十一時三十分まで由比町今宿所在の林野庁東京局所属治山事務所を訪問し、所長より同所の砂防計画及実施の状況を聴取す。由比町長池田英夫氏より、砂防 dam 建設の場合に於ける補償要求の提言あり。

十二時半頃、富士宮市役所に達す。市長小室鶴松氏、宮司佐藤東氏、議長　　　氏等の出迎を受く。小林参議院、塩原衆議院両氏も来着す。会議室にて昼食を喫し、本日視察の箇所に付て打合を為す。

一時半より三時まで市立高等学校講堂に於て砂防協会支部総会開会せられ、出席す。役員選挙は議決に依り、議長の指名に依りて行はれ、前任者の指名及沼津地区、水窪地区の委員を新に指名す。次に予の挨拶、県議長の挨拶、小林参議の祝辞ありたる後、赤木博士の講演あり。二八年度決算及二九年度ヨサン案は何れも原案を可決す。

三時半より一同車を列ねて上井出村に至り、大沢の下流の大荒廃を見る。真に捨置き難き状態にして、最悪のものなり。同行せる河港課長及総務部長に対して其怠慢を痛撃す。又青山士氏の希望に基き、一同は猪の頭なる県営鱒養殖場を看、次に田貫湖の遊園地施設を尋ね、六時半頃、浅間神社に来り参拝す（榊料金千円を奉納す）。

湧玉池の清冽を賞しつゝ、旅館城山荘に投ず。夜支部会主催の晩餐会あり、出席す。九時、脇田総務部長、増田市長は帰途に就く。予は赤木氏と泉水の淙々たるを聴きつゝ、別館に眠る。夜屢々覚眠、降雨かと疑へり。

七月十一日(日)　晴　暑

六時三十分城山荘を発す。小室市長、佐藤宮司等見送らる。七時富士駅着、帰西の青山士氏と別れ、七時十七分発車東上す。

熱海にて赤木、矢野両氏と別れ、八時三十分東京より配車せる予の乗用車にて下田へ向ふ。十時四十分頃、下河津黒田敬氏を存問す。［富士浅間宮司佐藤氏所贈芝川のりを呈す］。十一時二十分、下田公園なる黒船祭場に達し、直に式に列す。式畢て簡単なる昼食を饗せらる。

一時出発、下河津、上河津を経て天城山を越え、興津へ向ふ。上狩野村湯ヶ島に入らんとするとき、自動車に故障を生ず。Seat低きため道路と摩擦し、油槽に亀裂を生じて燃料を悉く滴出したるに由る。而して其位置は、恰かも県議佐田友三郎氏の邸前なり。夫人に請ひてropeを借り、熱海よりpatroleせしjeepをしてCade-lac車を牽引せしめ、上狩野村役場に達す。此所には東海自動車会社の大駐車場あり。場員の好意に依りて応急修理を加へ、五時半頃出発するを得たり。其間予は役場に在りて助役　　氏より茶菓を饗せられたり。

修理を加へたる車の運転は、極めて順調なり。三島、沼津を経て七時頃、無事興津町水口屋に投ず。

水口屋にてはPatroleの警官（二名）に謝意を表する為、晩餐を呈す。警官は食後沼津へ還る。

水口屋にて医師河村博氏を招き、VB1 50mgの注射を受く。河村氏は静岡中学出身者にして、大に予の来れるを喜び歓談せり。

七月十二日(月)　曇　夕晴　薄暑

昨夜も亦快眠す。水口屋は静岡附近に於ける最良の旅館なり。市中には之に匹敵すべき旅館なし。

九時発車、九時二十五分県庁に達し、知事を訪ふ。勝又春一氏と出会ふ。知事の案内にて新成の静岡県民会館に入る［開館式前、美術品展覧室等を案内せらる］。

十時、開館式挙行せらる。予は県議会長及静岡市長と共に祝辞を述ぶ。了て簡単なる昼餐を饗せらる。工費一七

○、○○○、○○○円。近代建築の精華なり。食後、山崎昇二郎、昇三郎と会ひ、記念の撮影を為す。小野仁輔氏［十六日報徳社定款改正会議を一木氏方に開くの報告、二十七日六団体代表会を開くに付、佐々井、神谷、安井三氏を招の件、予の報告］、川井健太郎氏［尾崎忠次氏、南米へBS指導の為出張に付、醵金贈呈の件］、小塩孫八氏［本日の社会事業協会役員会の打合せ］等に面会す。昇三郎は三時発にて掛川に赴き、明日帰西すと云ふ。

一時、県庁配慮の車に乗り［予の乗用車は修理の為入院中。三時頃退院の見込］、千代田寮に達す。小塩氏の来着を待ちて理事会を開き、評議員会に附議すべき案件に付協議す。乃ち、(1)寄附行為中改正の件、(2)補正ヨサン案［事務室及乳児室新設の件］、(3)職員補欠并新任（各一名）の件等なり。(3)に関しては寮内人事の複雑なるに鑑み、一応深沢常務の兼任とし、時機を見て藤田、佐藤両氏を任用することと決したり。又雑誌あそびの発行部数は七万五百に達し、今後尚増発の見込なるも、不景気の影響を受けて代金の回収遅るるの憾あり。之が整理及取立の為、職員一名増置の要ありと云ふ。

二時半、評議員会を開く。三時半辞して退出。小塩氏を余の車に乗らしめ県庁に送りたる上、一路東上、夕五時二十分、長岡町湯の家に達す。

松本勝太郎氏、既に湯の家に来着して予を俟つ。既に宇垣一成氏を訪問せりと云ふ。余は宇垣氏を訪ひ、歓談少時にして去り、小笠原元海軍中将を訪ふ。中将は病臥中なりしも、起きて予を迎へらる。少時対談、辞去す。両老は国の至宝なり。其健康を祈るや切なり。

長岡町長狩野精一氏来訪、松本氏と共に晩餐を喫す。歓談尽きず。松本氏は主事渡辺氏を敬慕し、他日の再来を唱ふ。

七月十三日(火)　快　薄暑　東京曇　冷

朝、松本氏と共に湯の家に在る老人五十一名を見舞ふ［余は氏の名義にて金三千円を贈り、老人を慰問す。是れ松本氏が昨夜宿料、飲食料金五千余円を支払ひたるに由る］。八時十分発車、約三十分間にして興農学園に到る。田中次郎常務、福羽　　氏来迎。古里和夫氏より講堂及温室に於て蜜柑改良種及種無西瓜の説明を聴き、実物を示さる。それより圃場に至り、メタセコイア、センペルセコイア、アカシヤ、コルク樫、仏国松等を見、又渡瀬庄三郎御夫妻記念碑の除幕を行ひ、記念撮影を為して帰る［松本氏は登高困難に付、中途にて待居らる］。

村長大谷信雄氏来会し、西浦戸田線県道竣功して道路局より実地検査を了したるも、未認可なき故、之が催促を道路局に向て為すやう依頼せらる。

十時五十分出発、長岡大場を経て、十一時四十分三島駅に着す。松本氏は十二時四分発湘南電車に乗りて帰京せらる。

予等は三島大社に至り、弁当を食ひ、参詣を了へ、十二時四十分社前を発し、登高無事。元箱根の一茶亭に憩ひ、人と車を休ましめ、温泉街道を下り、湯本、小田原を経て四時二十五分帰宅す。

国警県警察部の好意に依り、三島大社前より二子山峡に至るまで Patrole［警部補一、巡査二］Jeep を附せらる。余の乗用車の修理程度不明なりしを以て、途中故障なく運転せしも、これが為に甚心を強くしたり。

高子来訪。小林次郎氏、令夫人と共に在り。面会して挨拶を為す。

洋子、葉子、一也、成也は昨日発熱三九度に達せし由にて、未全快に至らず。但し病名不詳なりと云ふ。

七月十四日(水)　晴　薄暑　夕曇

両陛下、那須御用邸へ行幸啓遊ばさるるに付、九時原宿駅着、奉送す。両陛下には九時二十五分御発車、御機嫌麗しく拝し奉る。待合の間、木村国務大臣に橿原神宮奉賛会募金のことを依頼す。又草葉厚生大臣と大臣の静岡県視察に付、打合せを為し、尚石井運輸大臣には熊村、浜松間の国鉄バス営業開始に付、依頼す。

登院す。正午全国治水砂防協会有志会に出席す。徳川公、赤木博士、小林監事出席す。和歌山県砂防課技師来り、紀ノ川右岸の被害に付説明す。又有田川上流の荒廃、再発の報告あり、写真を贈らる。

植村甲午郎氏を社長とする日本放送の開始披露会に臨席す。

柏木図書館運営委員長及金森図書館長来訪。図書館新築の困難を愬ふ。国会の力に依りて推進するの外なしと答ふ。議長応接に於て懸賞 design 第一等乃至第三等を展示せらる。

古里和夫氏来訪。情島へ蜜柑苗頒与に関し実地見学の要ありとし、松本勝太郎氏と電話にて打合せを行ふ。又四倍体西瓜一箇及メタセコイア苗一本を贈らる。後者は参議院の前庭に植付けしむ。

四時半頃、岡部長景氏来訪。伊豆国立公園の構想と資金調達に付、報告せらる。高木陸郎氏、高見三郎氏等と会見の結果を告げらる。

日本海外協会連合会の主催に係る南米視察衆院議員団の送行会［五時、衆院］に出席す。簡単なる演説を為す。

七月分歳費を受く。六二八三二円なり。

仏国大使夫妻の催に係る国祭日祝賀会 reception に出席す。山田三良博士は仏国との文化交流に関する功労に依りて、大使を経て仏国政府よりレジオン・ド・ノール二等章を贈らる。

岡崎外務大臣に出会ひ、(1)贈品を謝し、(2)Dr. & Mrs. Axling の両陛下へ拝謁急速進行せしことを深謝し、(3)水野伊太郎氏の為に適当なる地位を与へられんことを要望す。

米国大使に対し Dr. Axling 夫妻拝謁に付、尽力せられしを深謝す。

帰途、渋谷駅まで渡部信氏同乗す。

七月十五日（木）　雨　冷

来訪。杉田正三郎氏、大野木克彦氏。大野木氏今般辞官に付、其理由を聴取す。三浦安蔵氏の為に河西豊太郎氏へ依頼状を認め、二、三年間住居の心配を願ふ。

松本勝太郎氏来訪、去十三日の配慮を謝せらる。

静岡県人会　　　、　　両氏来訪。県出身子弟の為に寄宿舎建設に加らんことを求めらる。育英会の計画を説明す。

野島貞一郎氏来訪。第十九回国会に於ける議長の行動に付、検閲を求めらる。

十二時より東京商工会議所に於て、松方 Collection 国立美術館建造の件に付、協議会開催せらる。依て之に出席す。

八丈島樫立郵便局長磯崎八助氏来訪。氏は報徳人なり。依て揮毫を約す［映画を看覧せしむ］。

杵島郡山内村長草葉実雄氏来訪す。報徳に依る村の建直しに着手せんとすと云ふ。依て初金、倉真、土方及敷地各村を紹介す。先づ報徳社に至り、実地に案内せらるべき旨を告ぐ。

四時より院内にて映画を看る。立山国立公園天然色写真、外国人の観たる日本風景、地獄門なり。洋子も来看す。

夜、角倉志朗氏来訪す。氏の将来に関して相談を受く。本日提出せられたる限りに於ては、余は其可なる所以を知らずと答ふ。

蔦ヶ谷龍太郎氏を予の秘書官に任命することに決定し、事務総長をして明日発令せしむ。俸給は建設大臣秘書官の時と同額なり。

七月十六日(金)　曇　晴　薄暑
登院の途次徳川公を訪ひ、過日の賜物を拝謝し、メロン二箇を呈す。

芥川事務総長以下各部長は、小野寺五一氏の招きに依り、明日より月曜日まで只見川発電事業を視察すと云ふ。依て予の不在中に於ける事務取扱の打合せを為す。

蔦ヶ谷龍太郎氏を参議院参事に任用し、議長秘書を命ずることを決定し、明十六日附の辞令書成る。

旧独乙人倶楽部土地買入に関する代金支出書を決済す。

石崎劉氏来訪。同氏の事業として出版せる　博士著植林を売弘るため、氏を日本林業協会に紹介し、協会をして他の団体へ紹介せしむ。

三橋八次郎氏の同行に依り、和歌山県部落解放代表者と会見す。要望書を常任委員長〔大蔵、厚生、文部〕へ回附す。

午後会館に至り、拙筆を揮ふ。草葉山内村長、磯崎樫立局長、舘林、看護婦両名等の為なり。

二時、議長公邸に入り、此日記の滞りを追記す。

五時半、佐藤太神宮奉賛会々長より議長公邸に招待せられ、日本歴史館建設に関し、神宮崇敬者惣代商工会議所会頭北岡善之助氏、神宮奉賛会理事長宮川宗徳氏、外務参事官石黒四郎氏等と会食す。北岡氏より、紀元二千六百年記念事業として、当代一流大家の筆に成れる八十八枚の歴史画を入手するまでの奇蹟的努力を聴き、感に堪へず。又石黒参事官の Brazil 移住日本人の実状に付、啓発する所多大なり。食後佐藤氏談、本年 Paris にて金牌を授与せられたる平賀亀祐氏の画及之が日本へ招致に関する意見は、最深く一同の感興を惹けり。九時、散会す。

中谷芳邦氏より糖尿病療器ラジューマーを贈与せらる。氏の厚意、謝するに辞なし。

〔欄外〕赤木博士より岐阜県砂防協会支部総会并実地視

察に付、相談を受く。⑴知事選挙に利用せられざるやう注意すること、⑵視察箇所は観覧遊楽に堕せず、荒廃防止の第一線に進入すること、⑶贅沢なる待遇、土産物一切を拒否することを明にし、県当局の反省を求めたり。

七月十七日(土)　曇　薄暑

登院の途次、佐藤尚武氏を訪ひ、昨夕の懇遇を謝し、Melon 二箇を呈す。

Dr. W. Axling 来訪。去十三日両陛下に夫人と共に拝謁し、無上の光栄に感激したりとて、余に対して深意の謝辞を述べらる。予も亦歓喜に堪へず。而して来二十五日、余の公邸に於て氏の為に祝賀会の催さるるに付、絶大の謝意を表せらる。然るに余は当日旅行中なるを以て出席する能はざるを遺憾とする旨を告げて、諒解を求む。斉藤惣一氏も同時来謝、二十五日の祝賀会にはA夫人も招待せらるるに拘らず、主人側に婦人の出席なくては不都合なりとて、ます子の出席を求めらる。依てます子の出席を求むることを約す。

八丈島樫立郵便局長磯崎八助氏来訪。予の拙筆に対し深甚の謝意を表せらる。而して氏より Phoenix の鉢植を贈らる。氏は明日発途せらると云ふ。

榛葉孝平氏来訪す。女婿鈴木正司氏の為に揮毫依頼。小麦 Siso 管理者となるの運動は取消とすること、長男朗氏、建設省転任の件等に付て談話す。

盲人大会の決議に基き、代表三名来訪、陳情す。陳情書は厚生委員長へ回覧せしむ。

八百板代議士（社左）より、近江絹糸事件の調査を参議院労働委員会にて取上げるやう配慮ありたしとの申出あり。栗山委員長に其事を通ぜしむ。

昨日、中谷芳邦氏より贈られたるラジューマーなる糖尿病、神経痛等の治療器を医務室に持行き、細野博士の意見を問ふ。的確なる推奨を得ず。

一時過、三越に至り、去某日大阪府知事より贈られたる洋服地は、之を他の服地と取換へ、合衣服を注文す。又 Parker Pen 51を求む。代六九〇〇円なり。ます子同行、世話す。

早朝、韮山村出身和田鉄次郎氏来訪す。寺泊埋立地の処分に関して田中角栄代議士の配慮を得たきに付、佐藤幹事長へ紹介を求めらる。種々談話中、遠藤代議士の紹介を乞ふを利なりと認め、其旨を勧告し、遠藤氏へ紹介葉書を発す。

夜、足羽雪艇氏著正法眼蔵の宗教を読む。難解なれども面白し。

〔欄外〕鈴木氏住所　若松市浅川浦ノ谷、日本化薬作業所社宅。

七月十八日(日)　曇　冷

朝、堀医師に就きて健康診断を受く。血圧一四六－七八。尿中糖一％強。B1 50mg 注射を受く。

午後三時、熊村、上阿多古、下阿多古三村長来訪す。省営バス開設要望に付てなり。石井運輸大臣に紹介の名刺を渡す。

夕、元女中中山　女来訪す。親戚にて入院患者の世話をなすといふ。

朝より原敬日記、正法眼蔵の宗教を読む。又矢部貞治博士の第十九国会の批判を読み、其要領を筆記す。其他地方財政窮迫の状況を研究す。

西班牙国記念日に付、代理大使主催の reception に出席す。五時廿■〔汚損〕、六時辞去す。

夕食後、明日出発の用意を為す。

鈴木洋子、明日帰省するとて準備を為■〔汚損〕。

七月十九日(月)　曇　冷　赤倉晴

新潟、長野両県の砂防協会支部大会に出席し、視察を兼ねて出発す。会長徳川家正公、常務赤木博士と同行、中山秘書、石田護衛随行す。上野駅長室にて長野へ帰郷せらるる小坂労働大臣と出会ふ。上野一〇、二〇－一六、二〇田口。駅にて新潟県砂防協会長丸山善助氏〔中頚城郡矢代村長〕、副会長児玉喜平次氏〔佐渡郡金沢村長〕、県砂防課長市川嘉瑞氏、荒井砂防事務所長、本間健次氏等の出迎を受け、自動車にて関山村赤倉観光ホテルに入る〔五時到着〕。

赤倉ホテルは標高千米、雄大なる Slope に臨む。遠山波濤の如し。天晴れたるも冷気強からず。温泉浴室壮大なるは最も旅情を慰むるに足れり。夕食は中越より来れる監事上村良策氏を加へ、最上の洋食を喫す。炎暑未だ到らず、Hotel の閑散驚くべし。来客最盛期、八月、一、二、三月（Ski 期）と云ふ。

七月二十日(火)　晴　暑

ホテルの一夜は清涼であった。四時半覚眠、直ちに温泉に入った［赤木博士は此時出ていった］。監事小林次郎氏、早朝東京より来着せらる。

九時ホテルを発す。中頚城郡矢代村八代川第二堰堤、重倉川第二堰堤（何れも既成）を見学す。両川の第　堰堤は何れも建造中なり。道路狭隘にして車を通ぜず。往く能はずして已む。重倉堰堤の所在は明治三十五年大崩壊を起したる万内川崩土の末端に在り、丸山村長及赤木博士の説明に依りて其暴威を振ひしかを想見す。丸山氏は県支部長たり。氏の支部長たるは、自然力の破壊を防止せんが為に、熱烈なる砂防家となしたるに由る。矢代村は砂防の普及に依り米の供出村に一転したりと云ふ。帰途役場にて小憩して、助役、議長其他有志に接す。茶菓を饗せらる。

十一時役場を辞し、新井町を過ぎ、中郷村二本木なる日曹工場に入り、鄭重なる昼食を饗せらる。工場長及総務課長より業務に関する説明を聴く。「塩」を原料とし、電力を用ひ、製品は苛性曹達、農薬、肥料、化繊等に亘り、悉く現代の先端を往くものなり。工場と共に厚生施設整ひ、優良なる成績を挙ぐ（社長大和田悌二氏）。

日曹工場にて新潟県公職退隠者恩給連盟副会長元陸軍中将篠原　一郎氏外一名より、恩給に関する陳情を聴く。又新聞記者と会見す。

一時半、工場を辞し、名香山妙高中学校なる砂防協会県総会に臨席す。議事（報告、決算、ヨサン）の後、徳川会長の演説あり。予も亦演説す。最後に赤木博士の剴切なる講演あり。五時散会す。支部役員及会員は妙高温泉にて懇談会を開く。予等は之に出席せずして赤倉ホテルに帰る。

ホテルには副知事野坂相如氏、土木部長五十嵐直作氏、長岡市長　　　　氏等を加へ、支部主催の晩餐会あり、招かれて出席す。善美を尽せる洋食なり。

朝、矢代村へ向ふ途上、新井町役場に車を駐め、直江津より来れる片田温一氏に面会す。又中郷村日曹工場にて小林十一氏の訪問を受く。両氏は報徳社の同人なり。意気軒昂、敬祝に任へず。

七月二十一日(水)　晴　暑

早起入浴、朝食をヴェランダにて喫す［遠山波濤の如く、衆鳥嘴々たり］。二つながら是れ赤倉の特異、豪快なり、終生忘却せざるべし。燕多し、山燕と云ふ。

出発前、赤木博士と共にホテル直下の渓流に施工中なる砂防堰堤を見る。砂防事務所長案内し、木村砂防課長同行す。

九時、長野県より支部長片桐知従氏（元県議長）、土木部長紙谷《カミタニ》　氏、砂防課長矢野　氏等、自動車を以て出迎へらる。乃ち新潟県砂防諸氏と別れて出発す。赤倉、妙高等五岳を右に眺めつゝ、往昔火山大爆発の威力を偲び、流土に依る段丘を上下蛇行し、九時半頃長野県に入る。

先づ野尻湖畔に達し、特に迂回して湖観光ホテルに入り、少憩して眺望を遙にす。経営者は木内四郎氏の令甥なり。小坂労働大臣の来臨を聞きしも、到着を俟たずして発す。柏原町を過ぎ、俳聖一茶翁終焉の家を看、長躯蛇蜒の信濃川を渡り、新市吉田〔ママ〕市を過ぎて上林に向ひ、夜間漸橋に達す。橋畔にて多数有志の出迎を受く。説明を聴きたる後、特に右岸堤を上り角間、横場両川合流点の橋上にて説明を聴く。右岸湯田中は荒廃より一躍して四百五十戸の温泉街となり、左岸穂波は同じく二百五十戸の温泉郷と化せりと云ふ。悉く是れ赤木博士砂防の恩賚なり。独り怪しむ、博士彰功碑だに建設なきを〔長野県に入りて特に目立つは郷人の頌徳碑なり。路傍、街角、随所に之を見たり〕。

十二時、上林温泉旅館塵表閣に着〔下高井郡平穏村〕、中食を喫す。二時出発、志賀高原の勝地を視察し、熊の湯温泉に達し、角間川最上流の実状を究む。熊湯温泉旅館の後庭に少憩して、砂防上の注意を与ふ。帰途、観光ホテルに少憩、茶菓を喫し、四時過塵表閣に還り、一泊す。夕食の時、新任紙谷部長を交へ、十数名の懇談会をなす。部長は十九日、予等長野駅に入りし時、名古屋発の準急にて岡山県より着任せし人なり。岡山在任の時、偶然塵表閣女中の妹が土木部 typist として勤務せりと聞き、奇遇に一驚す。

此地標高千米、涼気快適なり。偶ま全国基教青年〔男女〕修養会の開催せらるるあり。夕の行事、早朝の礼拝など心霊の甦へるを覚ゆ。其中に大久保寛一氏の令息あり、会長徳川公を来問せり。

〔欄外〕地質学より判断する能はざるも、所謂志賀高原の勝地は、草津峠を中心とする赤石山、吾妻山等の噴火に依り生じたる軟弱地帯が数万年に亘りて崩壊を累ねて成立せるものならん。而して角間、横湯両川は此遺跡として残れる渓《けい》流にして、琵琶池其他大小七、八湖は押出毎に生じ、今日に残存せるも〔の〕と想像す。

七月二十二日(木)　晴　暑

八時塵表閣を発し、車を湯田中に駐め、新掘の噴湯［直上二〇米、温度九五度］を見る。中野市を過ぎ、小布施町を過ぎ松川の dam を視、須坂町を過ぎて筑摩川を渡り、十一時長野県庁に知事を訪問す。知事林虎雄氏は病中に付、副知事中村勝治氏に面会す。辞して善光寺に参詣し、次で万霊塔も参拝し、又故石橋徳作氏の遺業「百万地蔵尊」に参詣す。

料亭富貴楼方にて支部主催の昼食会に臨み、又県医師会惣代会長篠原七郎氏及医博武居市重氏より陳情を聴取す。

支部総会は、一時より四時まで第一市民会館にて開かる。出席者百七、八十名［今朝自動車転覆事故あり、出席を予定せし町村長其他数名不参］。事業報告、決算、ヨサン、役員改選等の議事あり。徳川会長の挨拶、副知事祝辞等ありて散会し、直に講演会を開し、予は赤木博士と共に講演を為せり。

四時出発、篠ノ井町地籍所在茶臼山大崩壊の現場に至り、防止工事、流砂溜工事を見る。多量の崩土は字岡田へ進出し、完全なる防禦手段なきが如し。視察中現地対策委員長等来りて陳情す。視察一時半、七時戸倉町笹屋ホテルに投宿す。

ホテルにては中村副知事より一同を晩餐に招かれ、厚く労を慰せらる。篠ノ井町長事務取扱　　　氏来訪、茶臼山視察に対し謝意を表せらる。又一行に対して林檎を贈らる。上山田、戸倉両町長も来訪す。

ホテルにて村上村小林信次氏に電話を以て久濶を叙し、又越坂町市川信吉氏の動静を問ふ。然るに九時過市川氏来訪、尋いで信次氏令息宗一氏［医博］亦来問す。款談尽きず、両氏より夫々お土産を贈らる。又宗一氏は予の為に V.C. を注射せられ、血圧を計らる［一四九－八〇］。又老人健康保持法を述べたる小冊子及 VB1 500mg 液一瓶を贈らる。感謝するに辞なし。両氏は自動車にて上山田駅発終列車に駈付け、帰宅せらる。

七月二十三日(金)　晴　暑　甲府以東曇　雨　冷

八時、笹屋温泉ホテルを発し、千曲川左岸を沿ひて上田松本県道に出て、山間を紆曲して松本市を過ぎ、市外　村にて牛伏川砂防工事を視察す。牛伏川の荒廃甚しきは、水源地山岳の崩壊甚しかりしに由る。此崩壊は山林砂防と植樹とに依て漸次治癒せられ、流砂量亦従て漸減し、こゝに川の砂防工事が其効果を発揮する時に達したるなり。然るに建設省砂防課に一貫遂工の決意なく、今尚工事完成せず、大に赤木博士の批判を買へり。現地視察一時間、別路を経て松本市を過ぎて、十二時半浅間温泉旅館西石川に入る。

西石川にては昨日別れたる木村砂防課長も来会し、地元市長及多数町村長、県議等より陳情を聴けり。木村課長よりも、昨午後以来地すべり地数ヶ村実地踏査の状況を聴き、飽くなき陳情の攻撃に困却せしを同情したり。

三時二十三分松本発、八時三十四分新宿着。徳川会長、赤木理事と同乗して帰宅す。此行、長野支部長片桐知従氏は始終予等を案内せられ、絶大なる好意を寄せられたり。又監事小林次郎氏も能く各所の説明に当られ、甚好都合を得たり。爰に特記す。

松本駅には多数の見送人あり、其中明盛村白沢済氏は其一人なり。此列車は松本発の準急なり。乗客超満、蒸暑し。

七月二十四日(土)　晴　暑

昨夜内田旭氏の書状に依り、本日の予定を変更して浜松なる遠州大念仏行事に出席するに決定し、今朝其旨を電話にて徳川会長に申通し、又富士山頂下戻の件は高瀬、遠藤両氏に依頼［高瀬氏在京、遠藤氏不在］して、九時三十分東京発急行阿蘇号に乗る。野口秘書同行す。一時五十分浜松着。内田旭、鈴木賢一両氏出迎へらる。直に自動車にて野口町内田邸に入り、念仏講行事に付説明を聴き、徳川公不参加の事由を説明す。其間川上嘉市氏夫人及鈴木寛氏へ電話して、無沙汰を謝す。

四時、浜松市役所に至り休憩。殉難者回向の読経式に列して焼香し、念仏講第一団の到着を見て、五時半北浜へ向ふ。鈴木賢一氏案内せらる。

北浜村貴布祢朝陽館にて夕食す。此際陳情二件を受く。其一は県立浜松第二高校火災復旧を混凝土建とする件なり。

七時、北浜中学校に出頭、夏季大学講演に臨み、「政治について」の題下に一時間余に亘り日本現下の危機に付説明し、之が救治策を述ぶ。聴衆千七十五名。一同より深き謝意を表せらる。

旧友長谷川駿栄氏の近状を聴取す。令息重栄氏に面会す。

村有自動車にて浜松駅に送られ、九、二〇－九、五三掛川着、帰宅す。

川上嘉市氏夫人より鮎二十尾を宅贈せらる。

本日公邸に於て三時より五時に亘りDr. & Mrs. William Axlingを招き、博士叙勲祝賀会を行ふ。来会者五十名計り、頗盛会にして主客大に歓べりと云ふ。予は旅行の為出席する能はず。ます子代て出席す〔前田多門、斉藤惣一、堀内謙介、森村市左衛門、笹森順造、植原悦二郎、北村徳太郎諸氏も出席す〕。

七月二十五日(日)

朝、川上夫人に電話し、鮎を贈られしを深謝す。又川井健太郎氏に電話す。不在なり。依て夫人を通じ、ＢＳ静岡連盟尾崎忠次氏が南米へ派遣さるるに付、贈金のことを相談す。

十時過、熊村村長熊村昌一郎氏来訪し、熊村、浜松市間国鉄バス開業要望に関し、名古屋陸運事務局と交渉の内容を報告し、今後運輸省に於ける推進方法に付、依頼せらる。

一時、報徳社に出頭。二時より中山吉平氏主催に係る小笠郡退職公務員連盟の予及戸塚氏慰労感謝会に出席す。中山氏の挨拶に対して謝辞を述ぶ。戸塚氏の謝辞は蔦ヶ谷前秘書官が代弁したり。

四時十分掛川発にて浜松に至り、四時五十三分発「きりしま」号に乗る。一等客は赤木博士外一人のみ。六時三十三分名古屋着。三重県砂防支部長山崎家一氏〔県議会議長〕の出迎を受け、自動車にて菰野村湯ノ山温泉旅館寿亭に投ず。時に八時なり。野口秘書同行す。知事青木理氏の来着を迎へ、知事主催の晩餐会あり。

七月二十六日(月)　朝曇　午後晴　暑

寿亭の予の寝ねたる室は、此地第一等の勝景なり。翠緑に囲まれ、急湍に架し、幽遠を極む。而して此勝にして安全を得たるは、一に赤木博士砂防の賚なり。百鳥鳴き、博士に感謝す。

出発に先ち、山崎支部長の為に数葉を揮毫し、又寿亭の為にも悪筆を弄す。

八時出発、九時半県庁に入る。青木知事同車せらる。県庁にて知事に挨拶し、十時、水産会館に開会せる砂防協会県支部大会に出席す。議事の後知事の挨拶あり、予は赤木博士と共に砂防に関する所見を述ぶ。十二時退出、赤木氏と共に知事室にて昼食を饗せらる。赤木氏と別れ、中川まで自動車にて送られ、同所より近畿日本鉄道特急列車に乗り名古屋に着。上り特急はと号にて帰京す［八時半着］。山崎支部長は予を送りて名古屋駅まで来らる。


七月二十七日（火）　陰晴不定　蒸暑　水虫手当　斬髪
登院、執務す。事務総長より各種の報告を聴く。重宗副議長全快退院のことは慶賀に堪へず。

両陛下、二十九日東京へ還幸啓、三十一日那須へ行幸啓の由通知ありしも、奉迎奉送出来ざるを以て、宮内庁へ届出でしむ。

橿原神宮奉賛会事務局長武若時一郎氏来訪。事務分担、募金方法等に付協議す。八月七日役員会を開くことに決定す。

日本農友会短期大学設立に付、賛同を求むる為、熊本県三好信房氏、加藤年雄氏来訪す。松本喜一氏の消息を聴く。

三越に至り、喪服の仮縫を為す。野口氏をして薫香を求めしむ。代三〇〇円。

一時、公邸に入り、六団体有志会開会の為、小倉正恒、明石照男両氏と相談す。其結果、開会の趣旨は明石氏、座長は河井之を勤め、各団体代表より約十分間報告、続いて有志意見開陳、最後に此会合を継続するやを諮ること等を決す。二時、有志会開会、龍門社、修養団、石門心学会、報徳社、道義再建運動本部、日本弘道会の各代表より夫々事業報告、将来への希望開陳ありたる上、個人の意見を交換す。来会者二十三名（欠席者は酒井忠正、安井英二両氏）。斯くて次回を来九月下旬又は十月上旬開会のこととし、世話役を小倉、明石、河井の三人と定む。簡単なる茶菓、サンドウィッチを饗す。

散会後、中山均氏より静岡育英会の事業を信和会に引継ぐの件に付、(1)今後何人と相談すべきや、(2)両会に締結せらるべき契約案を渡さる。

佐々井、神谷両氏と会見、二宮翁逝後百年記念事業に付、打合せを為す。御贈位申請の件其他。

七月二十八日(水) 不定

山崎延吉翁去十九日逝去、明二十九日一時安城県立高等学校に於て農民葬を行ふに付、日本文化放送協会の求めに依り、午前九時議長応接室に於て翁を偲ぶ対談を行ひ、録音す。出席者は司会徳川宗敬氏、友人河井、門弟惣代森八三一氏なり。石黒忠篤氏は北海道へ旅行中にして今夕帰京する予定なるも今夜放送の間に合はず、遺憾ながら氏の参会を俟たずして録音したり。

野口明氏来訪。故一木先生追悼并伝記編纂に付相談す。準備会を八月十六日公邸にて催すこととし、其人選に付協議す。

大石武雄、原田長十、石山金蔵三氏来訪す。掛川市水道拡張工事費起債申請に関してなり。地方自治庁鈴木次長に電話にて紹介し、陳情を許さる。

田島俊雄氏(福井県財務課長)来訪。若狭地方災害復旧費政府支出に付、大蔵大臣と交渉せし内容を告ぐ。氏は、大臣の意見は植木政務次官より詳細に報告せられたりと答へ、又若狭地方へ実地視察として主計局事務官の特派ありたることを深謝せらる。

四時三十六分発電車にて掛川へ帰る。野口秘書同行す。偶ま内田旭氏及同夫人と同車す。内田氏は元田夫人の病気見舞の為来京せりと云ふ。掛川着九時三十分。蔦ヶ谷秘書の出迎を受く。又重友は持越より帰来り、偶然同列車に乗りしも相識らず、駅にて出会ひ、同車帰宅す。車中にて栗田農務課長より、本年稲作の危機に付深憂を聴く。

七月二十九日(木) 曇 晴 蒸暑

安城へ往復。掛川八、二二―一〇、五九安城二、五一―五、四二掛川。山崎延吉翁の葬儀に列す。駅頭には今朝東京より帰還せられたる議員森八三一氏、碧海地方事務所長三沢伝重氏出迎へらる。用意せられたる安城市長の自動車に乗り、直に山崎先生宅を訪ひ、令嗣延久氏并令夫人に弔意を述べ、霊前に焼香す[携行せる香を燔く]。徳川宗敬氏代理大久保寛一と同行す。

次に誘はれて農業試験場に至り休憩し、弁当を喫す。場長小島一政氏、農業技術研究所長盛永俊太郎氏、技師知崎良雄氏（昨年野田村三遠農学社会合にて面会せり）、静岡県柑橘試験場長田中諭一郎博士等と会見す。一時前、葬儀場に赴き、控室にて知事桑原幹根、副知事水野鍾一、安城市長大見為次、県公安委員長伊藤金次郎、県教育農協連合会々長市川為次、愛知用水既成同盟会幹事久野庄太郎諸氏及勝沼博士に出会ふ。又NHK名古屋支局永田徳男氏の需に応じて、翁の追憶談を為す。葬儀は一時開会。会葬者約二千五百名。供花、供菜夥多にして、農民葬なるを信ぜしむ。儀は曹洞宗に依りて行はれ、予は友人総代として弔辞を朗読したり。焼香の上直に退出、森議員、大久保氏と共に停車場へ急ぎ、直に東上の列車に入れり。森議員は豊橋にて特急鳩に乗換へ、帰京す。

浅岡源悦氏、十一時安城駅に出迎へ、来八月六日幡豆地方に於ける講演会に付、打合せを為す。尚氏の需に依り、五日夜同氏方に一泊することを約す。同夜十一時四十分名古屋より帰京することは予の健康上好ましからざるを以て、特急鳩に繰上げ乗車するに決せしも、氏と交渉するを得ず。明日書簡を以て交渉することとせり。

七月三十日(金)　驟雨頻来　蒸暑し

終日家居、日記を追記す。

明治天皇を追憶し奉る。

七月三十一日(土)　夜来降雨朝止　晴曇不定　蒸暑

三ヶ日公民会館にて講演す。聴衆一二〇。石原民次郎、高平勇両氏及町長堀口真隆氏、助役河合美二氏最も斡旋す。掛川七時四十二分発、三時四七発着、帰宅す。

蔦ヶ谷龍太郎氏、駅頭に出迎へ、次で来訪す。格別の用事なし。

〔欄外〕河西凛衛氏夫人来聴、駅見送。

八月一日(日)　晴曇不定　蒸暑　朝冷

報徳常会に出勤す。米作凶歉の危機に臨み、河西講師、三室技師、藤田講師の豊富なる対策講話あり。会衆七百、熱心に聴講す。神谷副社長の講話亦甚有益なり。

富士郡北山村助役　　　　氏来請。同村の為に来十七日講話を約す。今井村長清水識太郎氏、過日の揮毫を来謝す。又北浜村助役瀧口連平氏、予の講演に対し謝意を表し、謝金は同村より報徳講習会に出席する者に補助すべしとて了解を求めらる。江間種苗園高崎栄作氏より優良樹種の取集に付、相談を受く。

揮毫。光明村河道開鑿記念碑題字「傳功千載」宮沢村長需。

榛葉孝平氏令婿鈴木正司［若松市浅川浦ノ谷、日本化薬作業所］、額「思無邪」。

柄川卓史氏［鳥取県淀江町］、未知人。色紙「以徳報徳」。

山崎昇二郎友人佐束村鈴木氏、「天行健君子以自強不息」掛物。

小関七蔵翁、掛物「報徳護一家興一国」

鈴木賢一氏、色紙十枚。額一枚「吾日三省吾身」。

掛川西高校 Pool 開式（十時）ありしも欠席す。代作祝詞、代読あり。

静浜村藤守二一〇九夏目たつと云ふ婦人より、田中宗一郎氏は小倉茂作に誤られて焼津老人ホームに入りしを後悔して居ること、同婦人は掛川市老人ホームの保姆に就職して子供の教育を完うしたきに付、其手続を運ぶやう依頼する意味の七月二十六日附手紙を東京より回送あり。依て婦人にハガキを以て、⑴田中氏の入院は同氏の依頼に依りて予が其手続を取りしこと、⑵田中氏は入院の後満足なる生活を送り居る由、丁寧なる謝状を寄せられたること、⑶掛川老人ホームへ保姆就職の斡旋は、未知の貴女故致し兼ぬ、寧ろ既に配慮を約せられたる藤枝保健所長に依頼されては如何と返事を認め、又小倉茂作氏へは其手紙を送り、予の返事の要領を報告し、夏目婦人は如何なる人なるかを問合せたり。

八月二日(月)　晴　暑

八時三十分、戸塚重一郎氏の好意に依り自動車にて出発、鷲山恭平翁を訪問す。病気は軽快に赴きたる由なるも、起居甚不自由なり。座敷にて対話し、予の訪問を歓ぶ。菓子及国会報告書を呈す。神谷副社長、溝口土方村長も来訪す。会談二十五分辞去す。

小笠町役場に黒田町長を訪ひ、町長就任を祝し、同町有志の実施せる稲の早植試験の成績を問ふ。町長及指導員より説明あり。次で字嶺田地内に於ける農林十七号及藤坂五号両種の生育状況を視、実地に就きて害虫、病気退治の方法を聴取す。成績概して良好なり。十一時半帰宅す。

二時四分掛川発、浜松に至り、同発二、五四の急行列車雲仙にて岐阜県砂防旅行の徳川会長、赤木常務の一行に合す。五、二一岐阜着。土木部長鈴木清一氏、砂防課長説田修二氏、県支部副会長［城山町長］林貞三氏等の出迎を受く。駅長室に於て少時記者会見を行ひたる上、自動車にて大垣市を過ぎ、高田町より養老村に入り、柏尾谷を視察し、村長其他より要望を聴きたる上、千歳楼別館養神居に入り、一行のみ宿泊するやう指定せらる。入浴後千歳楼に車送せられ、不破、養老両郡砂防支部より招かれて晩餐会に出席す。武藤知事は出張先多治見より遙々来臨せらる。知事に対し一貫砂防の為熱意を注がるるを深謝し、且県下林業育成政策に関し質問を為す。知事は明日支部総会までに報告することを約せらる。去月三十日、知事より鮎を贈られし由の通知あり。厚意を深謝す。宴後、別館養神居に帰り、就眠す。

八月三日(火)　晴　酷暑

早起、養神居の風景を賞す。標高二五〇に過ぎざるも森林欝茂し、水清くして量多く、濃州の平野を一眸の下に収む。朝食を了へ、揮毫を為し、八時出発す。

先づ瀧谷を見る。赤木博士の説明に依り瀧谷下流の工事が目黒河川局長の偏見に依りて阻止せられ、住民の水害に悩まさ［れ］しことを知り、行政機構改革の切要を再認したり。又私鉄養老線の下流に特設せられたる堆砂防の意義薄きこと、柏尾谷川下流の瀧谷川へ合流する地点の Section の狭小なること等を視察したり。又養老山脈一帯に亘り森林愛護の切要なることを痛感したり。

それより高田町を過ぎ、一ノ瀬村に入り、牧田川の荒廃を見、昨年竣工せる dam を視察す。此 dam は砂防上未完全ならず、更に副堰堤を下方に築造すと云ふ［下流に開口する用水取入口は、河床低下の害を受く］。

斯くて一ノ瀬村を出て高田町、大垣市を経て、十時三十分岐阜市明徳小学校なる公民館に到り、県砂防支部総会に出席す。議事及功労者三名表彰の後、徳川会長の挨拶あり。予は祝辞に代へて砂防の認識浅きを警告し、進んで森林造成の急要を強調したり。次で武藤知事は既に用意せる祝文の朗読を止め、予の言論に答へて砂防及植林の振はざる所以を説明し、今後植林の為全力を注がんことを誓はる。予が金原明善翁の事蹟を引き、谷汲観音に祈念せる事実を述べしときは、大に武藤知事及来会会員の注意を喚起せるが如し。而して是に依て知事の決意の牢乎たるを知れり。県議長（代読）、県土木委員長、岐阜市長、町村会長等の祝詞あり、最後に赤木博士の講演あり。十二時半散会す。会場にて弁当を喫す。酒及芸者の踊は必しも適切ならず。

二時発車。徳川会長と同車、砂防課長説明、長良川支流たる武儀川の荒廃を見る。上流徳永の堰堤予定地を過ぎ、北武芸村々長県議中原来治氏方に立寄る〔麦酒等を接待せられしも、之れを謝絶す〕。それより同氏の案内にて左岸を下り〔徳永ヨテイ地に待居れる有志を失望せしむ〕、伊自良川流域に入り遡行、上伊自良村釜ヶ谷の渓流に達し、車を返して巨刹甘南寺に参詣して還り、五時半頃岐阜市万松館に投ず。

七時半、支部主催に依り、招かれて長良川鵜飼を見物す。武藤知事も特に出席せらる。此夕宮内庁招待に係る第二回外交団の見物あり、特に殷盛なり。屋形船中の食事甚珍なり。猟了て鵜匠　　氏より実地説明を聴く。感興殊に深し。十時帰館す。

〔欄外〕支部長今井覚次郎氏病気未癒えず、直筆にて総会に出席する能はざる旨を名刺に記して送来る。依て会長、赤木、河井の連名にて、挨拶を兼ね、速なる回癒を祈る旨を電報す。

八月四日(水)　晴　酷暑　途中驟雨雷鳴　健康なるも便秘甚し

八時発車（徳川会長と同車、砂防課長説明）、根尾谷の荒廃を視察す。村長小野島謙三氏、字樽見（役場所在地）より同乗して説明せらる。先づ濃尾大震災に因る大断層〔天然記念物に指定を受く〕を見、樽見にて金原翁頌徳記念碑を案内〔道路改修中に付、望見に止む〕せられ、それより東渓を遡上し、字上大須なる小学校分教場に至りて引返す。途上、字堂にて金森吉次郎氏の所有たりし山林所在を示さる。又金原氏、金森氏の事業を継承せる水野定一氏に出遇ひ、更に金原翁の宿泊せる民家の前を過ぐ。往年の震災の痕迹は、表面の緑化に依りて自然の回復と共に其甚しきを示さずと雖、字上葛谷等に於ては今尚当時を想察せしむるに足るものあり。課長の説明に依れば、昨年の調査に依れば崩土量四、五〇〇、〇〇〇㎥に達すと云ふ。

十二時、樽見なる村役場に達し少憩、更に西渓を遡行視察す。此渓谷は東渓に比して広濶にして、戸口多く民家裕なり。一時前、能郷谷なる越新谷に建造成れる堰堤に達し、弁当を喫す。有志の接待に係る鮎の清鮮最美なり。麦酒、蜜柑 汁《ジュース》は固辞す。食後遡上を続け、大河原部落に達し、維新の時水戸浪士武田耕雲斎一行の宿泊せる民家浅野宜正家〔当時の主人〕を訪ひ、住宅を一見して帰途に就けり。役場に少憩して帰る。役場にては三十年前赤木氏来村当時の旅館住吉屋の娘来る。一同と撮影す。長瀬村にて根尾川を渡り、右岸に出で谷汲山華厳寺に参詣す。長瀬村に入る頃より大雷驟雨に遇ひ、寺門に達するに及で最烈し。門前の旅亭にて雨傘を借り、豪雨溢水を冒して参拝す。執事に就き筆紙を得て、奉祈念治山川、右明治三十年金原明善等七名が祈願せし所なり。干茲全国治水砂防協会々長徳川家正、常務理事赤木正雄、理事河井弥八同じく祈念し奉る、昭和二十九年八月四日と書し、金壱千円を添へて奉拝す。寺僧遽かに服を整へて上堂を勧めたるも、之を謝して退出す。雨次第に歇み、路上の洪水亦減退したり。所要時間凡三十分。予定の帰路を変更し、大野町字海老にて根尾川下流の巨大なる埋砂を見たり。目下ブルドーザにて河道セイリと共に集砂を行ひ、工事材料として搬出中なり。

北方町を経て岐阜市に入り、金華山下の隧道を過ぎ、高山線に沿ひて駛り、鵜沼なる城山荘井善方に投宿す。旅館は木曽川に臨める孤山の上に立つ。最高八十米数段あり、各段に客室を設く。一行は Elevator によりて上昇し、歩して最上の大広間に入り、支部主催の晩餐会に出席す。木曽川には鵜飼あり、規模小なるも亦一景観なり。

宴了り、三十米許り下段に設けられたる客室に眠る。此旅館の特徴は展望広濶、木曽の清流を下瞰し、気宇宏大なるに在り。然れども其短所は周囲の騒音悉く踵り来るが如く、人をして繋に堪へざらしむ。行客屢々夜半まで眠る能はざるべし。加之、無用の service の為手間を要すること多く、経営面に於て困難を免れざるべし。

中山秘書より電報を以て、衆議院にては定規の賛成者を以て、八月中に臨時国会を開会することを議長を通じて政府に申入れたりと報じ来る。

〔欄外〕根尾村の山林面積は三万町歩あり。悉く民有に属すと云ふ。其中奥地林は、多くは他郷人の所有に係り、他山伐採後の植栽は進行困難なりと云ふ。依て予は、是等他山の植栽が忽諸に付せらるるを不当とし、森林法に基き部分林制を創め、村民有志をして植栽を励行することを要望したり。

八月五日(木)　晴　最暑

徳川会長は八時発自動車にて岐阜へ赴かれ、急行雲仙にて帰京せらる。

余は赤木氏と同車、砂防課長の案内にて旅館井善を発し、九時多治見市役所に達し、市長金子義一氏に面会し、市長及周囲諸町村長十数名より要望を聴く。多治見土木出張所長内田健正氏及金子市長の案内を以て、市内虎渓山に設営せる同高線濠治山工事の成績を視察す。次で笠原町内山腹工を見、妻木川、肥田川を経て中山道に出て、十一時半中津〔川〕市梅信亭に着。多数有志に迎へられて中食す。芸者は出でたるが如きも、麦酒、果汁《ジュース》は遂に出でず。一時出発、落合川の荒廃を見る。湯舟沢にて床固工を見、jeep に乗換へて冷川（長野県神坂村）の荒廃に入る。村長原一平氏、議長原表一氏出迎へらる。議長は往年余を此地へ案内せし人と云ふ。依て欅の純林の在否を問ひたるに、其若干は終戦の直前に伐採せられしも、大部分は健在すと答へらる。余等此行の目的は、恵那山の大荒廃を遠望するに在りたるも、雨霧深く山を鎖せると、時間少きため奥地に進む能はざりしとに由り目的を達せず、二時帰路に就けり。床固工の効果なきは赤木博士の指摘に依り、内田技官説明に苦めり。四時（一時間早し）、岐阜市万松楼に着し、入浴、夕食を喫し、赤木博士と別れ、名鉄岐阜駅六、四二発特急豊橋行電車に乗り、七、四四知立に下車す。岐阜出発の時は砂防課長等見送られ、知立には浅岡源悦氏車を以て迎へらる。車行一時間余、西尾市の盆売出の混雑を過ぎ、浅岡氏に投ず。一色町杉浦廉平、杉浦其彜両氏待居り、浅岡氏と共に深更まで歓待せらる。

八月六日(金)　晴　最暑

夜半後腹痛あり、下痢を催す。少量なり。長廊を渡り、母屋を出て便所に入る。下痢は起床時及び出発時各一回、三回にして歇む。

朝、浅岡氏の新営に係る花卉温室及薔薇園を見る。又丸山方作先生の筆蹟ある薄茶々碗二個を贈らる。氏の需に応じて茶碗数個に拙筆を揮ひ、杉浦廉平氏の為に以徳報徳の四字を書す。

十時前、平坂中学校に至り、十時より町有志の為に最近政局の概要に関し講演す。約一時間半。病中の故を以て稍低調を感じたるも、論旨は徹底したりと信ず。音声枯れたるも、却て病気を退散せしが如く感じたり。中食を廃す。

十二時四十四分発電車に乗り、知立にて乗換へ、二時三十分頃名鉄新名古屋駅着。直に国鉄名古屋駅長室に入る。発車に先ち食堂に浅岡氏、加藤巡査部長を誘ひ、麦酒を饗す。

三時二十三分名古屋発特急鳩に乗り、浅岡氏、加藤部長と別れ帰京す。八時三十分東京駅着。中山秘書の出迎を受け、無事帰宅す。一同無事なり。舘林は二日帰京。成也は富士登山の後、三十一日より葉子と共に土肥へ赴き不在。一也は両三日前、米人と富士登山を為せりと云ふ。中山よりの女中は又々無断帰郷せり。

〔欄外〕両陛下、那須御用邸より北海道へ行幸啓遊ばさる。御平安を切禱し奉る。

八月七日(土)　晴　酷暑　下痢止む　少しく倦怠を感ず

八時、南江治郎氏来訪す。東亜国際放送事業開始に関してなり。氏の需に依り、氏を徳川宗敬氏及正力松太郎氏に紹介（名刺）す。

登院。事務総長より不在中の事務報告を受く。又重宗副議長の健康回復のことを聴く。

赤木、倉田両博士来訪、和歌山県視察旅行に付、打合をなす。

故陸軍大将阿南惟幾氏記念会主唱者元陸軍次官若松只一中将来訪。十四日青松寺にて催さるる記念会に於て追憶談をなすやう申出でらる。旧奉仕の間、互に深き関係なきを以て之を謝絶し、他に適当なる関係者を得られんことを求む。

五十川捨造氏来訪、退職に付挨拶を述べ、将来の配慮を求めらる。

高瀬荘太郎氏へ電話を以て、(1)浜松第二高校焼失校舎復旧の為、コンクリート建資金調達起債の件を依頼す。又富士山頂払下促進方依頼す。

医務室にて左第四指の水虫手当を受く。又VB1 50mgの注射を受く。

二時、公邸にて橿原神宮奉賛会役員会を開く。出席者吉田、湯沢両副会長、武若事務局長を初めとして十五、六名。予の挨拶に次ぎて副知事下位真一郎氏より県側の神宮及奉賛会に対する要望を聴取し、之に対して香坂理事の質問及意見あり。次に組織、運営、財務三委員長の互選を行ひ、議長指名を以て下村、香坂、植村三氏に決定、今後の運営方針に付、植村委員長其他活潑なる意見を交換す。最後に顧問の推薦をなし、四時散会す。

舘林は午後土肥へ赴き、明日葉子を帰郷せしめ、九日、ます子土肥へ赴くと云ふ。

八月八日(日) 晴 極暑

朝、徳川家正公より電話を以て、九日砂防協会山梨県支部総会の通知あり、如何にするやと御尋ねあり。赤木常務に問合せて返答す。

三重県砂防支部長山崎家一氏(県議長)来訪し、過日支部総会に出席したる労を謝し、鮑を贈らる。氏は直に赤木氏を訪問す。

浅岡平蔵氏来訪す。時局に対して強烈なる批判を為す。予は砂防事業に付説明し、食糧自給問題に亘り所見を交換す。最後に国会乱闘問題に及ぶ。余の第十九国会報告を呈す。

昇三郎及松本堅三郎氏へ明日の行程を電報す。昇三郎へは日程を送る。

伊藤敏氏より電話を以て、自衛隊辻村准将往訪の内容を報告せらる。

朝比奈美弥子来泊、家事を手伝ふ。

八月九日(月) 晴 極暑

和歌山県下災害視察旅行の為出発す。同行者は議員赤木博士、倉田専門員、中川秘書なり。九時特急燕に乗る。五時大阪着。府秘書課長井上敏雄氏、建設省河川局砂防課長補佐鈴木恒光技官も同行せらる。和歌山県議長平越孝一氏、砂防課長牧田繁氏、昇三郎、角替利策、三島甫、松本堅三郎氏等駅頭に出迎ふ。駅長室にて新聞記者と会談す。了て和歌山県の自動車に乗り、橋本に於て高野山電車に乗る。松本氏は予の自動車に同車し、富田林にて下車し、堺へ帰る。橋本駅にては多数の出迎あり、駅長室にて多数地方有志と会談す。其中に紀見村報徳有力者吉田六右衛門氏あり、衷心より予を歓迎せらる。七時五十分発電車に乗り、途中乗換二回、高野山 cable 終点に着。自動車にて九時金剛峯寺に着す。此時花園村々長斉藤福松氏（代）、議長郷地茂氏等来訪す。楠公雄師（総本山金剛峯寺執行、自坊高野山龍泉院）の歓待を受け、新聞記者と会見し、了て入浴の後、精進料理の滋味を満喫す。ます子は扁桃腺腫脹の為、掘医師よりペニシリン注射を受く。本日は軽快に復したるを以て土肥へ赴けりと云ふ。

八月十日(火)　快晴　極暑

鐘音に覚め、五時起床す。戸を明くれば庭中の萩花正に闌にして、清冷身に沁む。海抜九〇〇米の浄境に爽秋の気を味ひ得たるを欣ぶ。

六時、尊前を拝し国土保全を祈念す。六時半、管長金山穆昭大僧正に面会す。治山水に関して旅行の所以を告ぐ。管長の言に依り、海瀬定一氏尚健在にして、昨年宏壮なる邸宅悉く流亡せしを知る。又楠師より寺有林の面積と植伐計画を聴く。総計一二〇〇町、立木林四〇〇町、内年伐四町、主として学校経費に充つ。植栽は本年にて完了。

朝食後、高野営林署土木課長谷奥利夫氏より国有林荒廃防止計画を聴く。

八時出発、小型乗合自動車にて辻の茶屋に到る。其間荒廃せる林地、補修中の県道を見る。暑気強きも天空一点の雲なく、大に展望を擅にすることを得たり。辻の茶屋より余は予て用意せられたる駕籠に乗る。最高の優遇にして謝するに辞なし。十時半、花園村金剛寺なる二大崩壊地なる天然ダムを視察し、十一時半、字新子なる竹屋旅館に入り、弁当を食ふ。村民有志多数来集して深甚なる謝意を表せらる。食後出発、北寺部落東端にて、災禍を免れたる帝釈堂に罹災者九十七名の霊を弔ひ、当時の状況を聴く。それより北寺部落役場及十八戸全滅せる跡を弔ふ。花園川右岸の大崩壊は、一瞬にして村中心部落を埋却したり。廃墟には滅失せし家の名を掲げたる小板を立つ。死者多数なりしも遺骸の発掘せられしもの少く、昨秋までは異臭顕然たる箇所ありしと云ふ。それより右岸に高野谷、北谷の荒廃を過ぎ、三時、村界梁瀬なる農協事務所に達す。此所にて花園村長斉藤氏［病を冒して特に高野町より来れり］、安諦村長久保田伊右衛門氏、有田地方事務所長阪上義和氏より感謝及陳情を聴く。八幡村長は二沢洋一氏、村役場にて説明すとて、時間を save せらる。

四時出発、一同は下流地方より入来れる県庁土木部の jeep に分乗す［駕籠に謝す］。阪上事務所長の案内にて安諦村横谷の荒廃を見る。所長は山林砂防の実施を強調せり。八幡村に至るの間、道路（県道）辛うじて開通す［未成の箇所は川原を進めり］。所在車を駐めて荒廃状況を見、又対策を論議す。六時、八幡村清水部落なる八幡村役場に達す。村長二沢洋一氏より復興に関する熱心なる説明を聴き、了て之に応対し、自立精神の発揮を要望す。七時前、旅館清心館に投ず。

本日の行程約十里、其間五里は徒歩す。炎暑燬くが如く、命懸けの強行軍なり。赤木氏と平越議長とは健脚を競ひ、他の追従を許さず。然るに予は駕籠に乗るを得たり。

花園、安諦、八幡の三村は、地質大体に於て同じく、風化せる中世紀層に石灰岩、安山岩を交へ、加ふるに粘土を以てし、地盤甚脆弱にして水を含むの量多く、岩石面の傾斜に従て崩壊するの危険甚大なり。表土は概ね深し故を以て杉の植栽に適し、到処美林欝蒼たり。

三村は植栽林多く、三十五、六年生の杉林其主位を占む。蓋し大正十年前後に杉（檜）の植栽行亘れるが如し。花園村には五、六十年林ありと雖も、昨年の如き降雨に対しては、表面の保護、竟に不可能なりしが如し。大阪営林署の皆伐せる高野山の国有林は、皆伐のまゝ之を寺有に移し、若くは部分林を設定しあり、谿間に砂防堰堤を築造せるを見るも、昨年の如き大降雨を見ずと雖も、下流（貴志川を主とす）地方に及ぼす災害は、避くべからざるものあらんと信ぜらる。

花園村に至るの県道は、目下鋭意築造中なり。而して概ね有田川の右岸に沿ひて造られ、右岸は悉く崩壊の連続なり。崩土に依る河床の埋堆甚しく、深きは二十米を越え、浅きも十米に達するを以て、崩壊と埋堆とは旧路線の利用を阻止し、全線悉く新設工事なり。八幡村に至るまで一橋の存するものなし。難工の程想像に絶するものあり。聞く所に依れば、余等今回の視察は道路の急速開通を促したりと云ふ。

和歌山県庁は花園村に県庁土木出張所を設け、同村及安諦村の砂防、道路、災害復旧工事を綜合的に管轄し、土木全般の進捗を計ると云ふ。其位置は花園村新子とし、取敢へず旅館を以て之に充て、近く舎屋を建築すと云ふ。物資の所要は是れまで高野山を経由せしも、川沿県道の開通を俟って大に事功を挙ぐべしと云ふ。

昨秋の視察に於て花園村天然ダムを視察するに止まり、死者の多き、流失、破壊の家屋、田畑の夥しきより推察して、多数村民の流亡は村の興復を不可能に帰せしむるならんと想像し、同情禁ずる能はざりしも、今回の視察に依り、村民概ね帰来して興復に碎励することを知り、聊か安堵するを得たり。然れども同村の災害の至大なると、各種対策の至難なるとは、今後の施策の重要性を将来に加重するものと認めたり。村民の隠忍と当局及政治家の一貫不変の態度を要望するや切なり。村民は当分数年間工事に従事し、山稼きに精励する外なからん。又精神的に不健全分子の潜入を防止するの要あり。

八幡村役場に於て、二沢村長より同村を中心とする興復の状況を聴く。村長は新進気鋭なる実行家なり。同村は今道路工事の最盛期にして、他郷よりの土工二千人も人込み、村民も悉く労役に従事し、日当千円を挙げ、名工の如きは二千円を得ると云ふ。従て同村は賃金Boomに陥り、之が弊害を防止する為全村民に郵便貯金を励行し、本年分の目標額は一ヶ月にして達成し、昨年と同じく本年も亦成績の優良を以て表彰せらるるならんと云ふ。夕、旅館にて見るに、貨物自動車の帰来するもの陸続たると、河岸堤防工事の遅くまで強行せらるるなど、村長の意の儘に村民一致の勤勉を見る。

対岸には昨年廃墟となれる森林王海瀬定一氏の邸跡を望む。陰暦十二日の月、冷かに森林の欝蒼を照せり。

夕食は河に臨める一室に於てす。余等一行、涼風を帯びて心置なし（県諸氏は別室にて食事す）。

八月十一日(水)　快晴　極暑

朝、海瀬定一氏に電話を以て安否を問ひしに、即刻令息と共に来訪す。氏は昨年災害に遭ひ、其事業を根柢より覆滅したりと述べ、痛恨眉宇に鮮なり。令息は実地踏査の結果を告げられ、林道の流失は大なる損害なるも、森林の被害は比較的に僅少なりと告げ、復興の意気熾なり。依て想ふに、海瀬氏は数年の後には令息に依りて再び家道を回復せん。予は今回視察旅行の目的を語り、興復の速ならんを祈り、同行せる赤木、倉田両博士を紹介す。又山形県岸三郎兵衛氏所贈ののし梅一箱を呈す。氏は岸氏と相知にして、令息は先年岸家を訪問せりと云ふ。亦一奇なり。

二沢村長は、嘗て丸山方作氏より甘藷作の講習を此地に於て二回受けたりと告げられ、村民は甘藷多収穫の恩沢に浴し居ると云ふ。依て丸山講師に葉書を以て、之が報告を為す。

朝六時、工事用の motor 音高し。有名なる朝霧対向せる海瀬氏所有の採種林を覗む。海瀬氏は此美林を仕立てたる苦心を語らる。又氏の林業は林地を肥養するに依りて栄え、伐採は皆伐の場合と雖、嶺通り約五十間は必ず残存すべし。又災害と森林管理の関係に付ては、隣村五村に在る京大実習林［九〇〇町、針濶混林］、国有林［五〇〇町、皆伐］、海瀬氏森林［一二〇〇町、針濶混林］の実例を挙げて、国有林の荒廃最甚しく、京大は経費不足の為何等手入れを為さざりしに由り、殆無害なりし由を説明せらる。林野官庁の経営龐漫にして無責任なる嘆ずべし。畢竟是れ利潤を挙ぐるに急にして、学理を無視したる良心麻痺の齎す所と云ふべし。

八時出発す。二沢村長、海瀬氏父子と別る。宮川谷に入り、尖峰山より発する大崩壊を見る。渓谷一変、高低異常、荒廃甚し。速に適当なる岩盤を選みて大堰堤を築造するの要あり。谿より出で、有田川右岸に沿ひて下る。対岸の森林は針濶混淆にして管理亦合理的なり。海瀬氏の有と云ふ。発電ダムは埋りて砂防ダムとなれるを見る。それより下方大崩壊ありて、現に崩岩止まず。一方道路工事は全力を挙げて進捗するを見る。工成り路面の完きを見るまでには尚二ヶ月を要すべし。之が完成は花園、安諦、八幡三村民を救ふ所以なり。憶へば昨年七月の災害以来の交通至難、真に大凶災と謂ふべし。

城山村の一点に到りしに、土砂崩れありて進む能はず。関係者は余等一行の為に開鑿す。待つこと二十分にして通過することを得たり。岩倉村を経て十一時、鳥屋城村役場公民館に入る。

多数町村長其他有志の歓迎を受け、強き希望を聴取す。弁当を喫し、十二時出発す。此時土木部長熊本政晴氏来着し在り、赤木氏及氏と高級車に同乗す。徒歩、駕籠、jeep の旅行苦難具さに嘗めたり。有田川の橋［上流より初めて渡れる橋なり］を渡り、徳田部落の復興せるを見、左岸諸村の復興著しきに驚き、橋を渡りて右岸箕島町に入る。下津村、海南市を過ぎて和歌山市に入り、県庁に知事小野真次氏を訪ひて挨拶を述べ、旅館新和歌浦東邦荘に投ず。時に午後二時なり。入浴少憩の後、海場遊覧に誘はれしも謝して出でず。新聞紙を読む。吉田首相の自由党支部長会議に於ける不当発言に対する批難喧し。旧友前田貞一博士来訪。快談一時半、同氏に京阪静岡県人会のことを話す。和歌山市長高垣善一氏来訪す。羊羹を贈らる。

夕、小野知事より招かれて晩餐を喫す。市長も同席なり。食後平越議長、熊本部長、牧田課長は夫々家に帰る。

八月十二日(木)　快晴　極暑

新和歌浦の一夜は最も寝苦しき一夜なり。旅館は和歌浦を望み眺望絶佳なるも、味爽三時頃より魚市場に来集する魚類運搬船のポン〳〵騒音に覚眠せり。又此建築は石山を削切し、之に倚りて造られたるが故に、昼間石山に吸収せられたる強烈なる太陽熱は、夜間徐々に客室に抛出せられ、物理的大保温装置に擁せらるるの感あり。相俟て睡眠困難を感じたり。只連日炎熱を冒して崎嶇たる山川を強行せし疲労のみが睡眠を余儀なくしたり。

九時出発。県庁に知事を訪ひ、昨夜の恩遇を拝謝す。治山治水に関して意見を交換す。次で記者会見を行ひ、砂防の切要を強調す。

十時、県議事堂に於て和歌山支部総会開会せられ、出席す。出席者二百余名、甚盛会なり。開会辞に次で余は登壇し、今回有田川を視察したる理由を述べ、下流地方復興の迅速なるに驚きたるを述べ、之に対して上流の荒廃は前年に異らず、適当なる施策の急施なきに於ては下流の災害免れ難しと論じ、砂防と植林の須要を強調し、余等の砂防計画と政府のヨサンに見る砂防計画とを比較し、全国民に愬へて砂防の充実を計らんとすと結論したり。次で小野知事の発言あり、赤木博士の有益なる講話、　河川協会副会長の演説あり。

十二時、東邦荘に帰りて中食を為し、一時三十分発車。赤木氏と予は熊本土木部長の案内にて紀ノ川方面を視察す。即ち岩出町に於ける紀川架橋現場［直営四五〇米、一七〇、〇〇〇、〇〇〇円、十一月成］、丸栖村貴志川末左岸地復興状況［有志道に要し深謝す］を見、橋を渡りて大和街道に出て、粉河町より北進、名手川の上流地すべりを視察し、更に四郷村に入り、穴伏川の大荒廃を見、笠田町、高野口町を経て橋本町に入り、旅館堺屋に投ず。

堺屋にては地方有志四十名計り晩餐会を開き、慰労せらる。宴了りて一行は別館に泊る。

八月十三日(金)　快晴　極暑

堺屋別館の一夜も亦快眠を得ず。電車及汽車の二線に接し、深更昧爽に亘り騒音に堪へず。又蚊軍来集、急に蚊帳を釣れり。

八時三十分発車、大阪へ向ふ。紀見峠にて平越議長、熊本部長及護衛警官と別る。大阪側Patroleの先導に依り堺市石津町久保田鉄工場へ向ふ。予定より早きこと四十五分、即九時四十五分着、十一時三十分まで是川銀蔵氏の是川式水稲二作の原理を聴き、農場を実見す。初め九日大阪駅にて昇三郎の勧誘あり、此見学を遂げたるなり。久保田鉄工会社々長小田原大造氏、支持者谷口直之氏［太陽電線社長］と共に歓迎せらる。昇三郎、角替利策、　　氏も来観す。重要なる案内書を贈らる。

見学を終りて出発、十二時大阪駅に着す。駅長室にて府農務部長木戸要吉氏と会見す。氏は知事代理として挨拶を述べられ、又是川式稲作に付、所見を求めらる。依て十分なる保護を与へられんことを乞ふ。松本堅三郎氏も亦来会す。記者会見を終り、十二時半発特急鳩号にて東京へ向ふ。駅頭にて牧田砂防課長に対し深甚の謝意を表す。倉田、中山、鈴木技官と共に八時三十分無事帰京す。赤木氏は神戸へ赴き、二十四日帰京すと云ふ。大阪駅にて別る。

東京一家健在。ます子は十五日成也を伴ひ、土肥より帰京すと云ふ。

興三は九時頃、新潟県長岡より帰京す。

重友は修善寺にて電報を発し、夜十一時来着の旨を告ぐ。夜来投す。

八月十四日(土)　快晴　極暑

終戦の日なり。感懐特に深し。

登院す。芥川事務総長より不在中の用務に付、報告を受く。

来訪者。匂坂二俣町長、二俣簡易駅設置の件。事務総長に紹介す。

黒田新平氏、事業失敗に付、新生面開拓申入あり。本来の業務に復れと勧告し、四国林業を勧む。

菊地捨六氏、放送事業に就任したしとの申出あり。植村甲午郎氏に紹介す。

二時、阿南会主催に係る故阿南大将追悼会（青松寺）に出席す。未亡人に哀悼の意を表す。読経了りて退出す。

五時半、Paxtan 記念日に招かれ、光輪閣なる Reception に出席す。井上匡四郎氏と談話し、対米借款のことを聴く。

八月十五日(日)　快晴　最暑

終日家居。不在中の用務を整理し、又此日記を追補す。ます子、夕刻成也を伴ひ帰来る。

重友は午後出発、帰宅す。

久松知事所贈の西瓜を食ふ。甚美味なり。

大韓国独立記念日の祝賀会に招かれたるも謝辞す。

八月十六日(月)　快晴　二時半頃驟雨　暑

台風第五号、第六号相踵て到るとの報あり。季節漸く変転の兆あり。

終日家居、不在中の事務を整理す。

矢富義児氏来訪す。酪農経営の用件相談あり。明日緑風会議員に紹介せんことを約す。昼食を共にす。応需写真を呈す。

舘林は一時発急行雲仙にて佐賀へ赴く。新党結成講演会に出演する予定なり。

故一木先生追悼会開催に付、発起準備会を開く（一時―四時）。出席有志十　名。(1)来十二月十七日一木先生追悼会を上野精養軒に開き、御遺族を招待し肖像、遺品等を展覧すること。(2)伝記の編纂は希望する所なるも、資料蒐集等に於て困難なる事情あり、今回は先生の口授に依り野口氏の手記せるものを印刷して、追悼会に参加せる者に配付すること。(3)発起人及案内先の氏名簿を急製すること。(4)会費は千円説と六百円説とあり、更に検討すること等に付意見を交換したる上、準備委員として庶務三矢、高木、会計大谷、大金、交渉小栗、野口六氏を決したり。而して明日小栗、野口両氏は一木輶太郎氏を訪ひ、会の成立を告げ、来賓の決定、資料借用等に付協議することとし、又来十九日二時より公邸に準備委員会を開き、名簿の作成其他に付、協議することとしたり。

茶菓及サンドウィッチを供す。又驟雨ありし為、自動車三台を供与したり。

八月十七日（火）　晴　暑

皇后陛下、北海道御巡啓中御疲労の為、天皇陛下と御同行中、御静養に努めらるる由。依て高尾人事課長に問合せ、個人名義にて御機嫌を奉伺す（侍従次長稲田氏宛、十勝川ホテル気付）。

緑風会例会に出席す。海外旅行議員楠見、常岡、片柳、飯島四氏の為、送別会開催の予定なりしも、既に去十日行はれしと云ふ。食後、臨時国会の開会を政府に要求するの件に付協議し、三浦、後藤両氏より他会派と交渉の経過報告あり。其交渉を認め、本日他派との連名を以て要求書を提出するに決定したり。

四時半、自由党を除く各派の代表、議長を訪問し、右要求書を提出す。依て議長は正規の手続を践みて本日中に之を政府に提出することを約し、芥川事務総長をして手続を執らしめたり。此要求書に署名せる議員は百四十名［内緑風会四十四名］にして、其代表として佐藤尚武、三橋八次郎、三木治朗、苫米地義三、鈴木一、千田正六氏の署名あり。

土岐章氏来訪。消費生活規制と国産奨励を強調す。需に応じ愛知通産相、小笠原蔵相へ宛紹介名刺を呈す。

会館自室に於て揮毫す。

八月十八日（水）　曇　驟雨

台風第五号の為、昨朝来鹿児島方面被害あり。宮崎、大分等の状況を伝へらる。又台風第六号は小笠原より北上し、総房半島に至りて勢力を失ひたりと云ふ。何れも激甚なる損害なきが如し。

北山村有志の為講演会へ出席す。東京七、三六－一〇、三〇鈴川、富士四、五一－七、五六東京。鈴川下車、助役桑原憲次氏の出迎を受け、吉原に川島悦郎翁を訪ふ（清酒一升、国会報告書及最近の写真を贈呈す）。次に富士宮市山峯方にて中食を喫し、浅間神社に参詣し、北山村に入り、本門寺墓地に故平岡市三氏の墓参を為し、会場村立中学校に到る。

北山村は戸数千百、最近報徳熱大に勃興し、堀窪、御園両部落には結社成れりと云ふ。時局と報徳に関し約一時間三十分に亘り講演す。聴衆三百、静粛、熱心に聴取せり。中学校及公民館の為に揮毫を為す。三時五十分辞去、富士駅まで送られて帰京す。

八月十九日(木)　驟雨　荒天　Radiumer の効果顕著なり

列国議員同盟会議に出席する参議院代表四議員（寺尾、楠見、　、　四氏）及河野事務次長は、今日零時五十分台風を冒して羽田より出発せり。昨夜来、芥川事務総長に電話を以て万一を慮り警戒せしめしも、出発せりと云ふ。

登院。吉岡静岡県副知事より電話にて、浜名湖干拓事業ヨサンは大蔵省にて約に違ひ、明年度計上なからんとて大蔵省へ交渉を依頼せらる。依て石黒忠篤氏を煩すことを勧む。夕緬甸親善使節団紹介の為、総領事主催に係る reception に出席せしに、保利農林大臣に出会ひしを以て此事を告げ、配慮を頼む。大臣は電源開発会社に於て義務を負ふ故、会社へも交渉せよと答へらる。

横浜市婦人会有志来訪。黄変米の輸入禁止陳情書を提出す。米食を断念するの急要を切勧す。

BS日本連盟新理事長久留島秀三郎氏より、連盟の経理に関し緊急報告会あり。一時、同和鉱業に同氏を訪問す。久留島氏より前理事長岡本　氏に係る不正経理に付報告あり。之が善後措置として、久留島氏の責任に於て之を処理せられんこと、職制の改革を断行するの必要なることを告げらる。予は昨秋以来理事たりしも、毫も之を了知せざりし不明を謝し、久留島氏の義挙を讃し、一切を氏に託す。報告会には出席せず、同氏の了解を得て退出したり。

二時より一木先生追悼会準備委員会［公邸］に出席す。三矢、高木、大金、小栗、野口五氏出席す。野口氏より一木輔太郎氏往訪の結果報告あり。次で発起人及案内者の氏名を検討す。而して事務を執る為、蔦ヶ谷秘書官を専任とする旨を発表す。次回は九月二日公邸に集会する申合せなり。

五時半、緬甸総領事夫妻の主催に係る、同国特派親善使節団一行紹介の reception（光輪閣）に出席す。

岡崎外相及夫人より製茶を贈呈したるに付、謝意を表せらる。

伊林初次郎氏一家全員来泊す。長男の歯科手術を受くる為なりと云ふ。

八月二十日(金)　晴　暑　台風一過　大なる損害なし

昨夜岩手県砂防協会支部長より電報を以て、本月二十一日来県を求めらる。赤木常務の都合不明なるを以て、紹介す。

宮城タマヨ女史来訪す。二葉保育園建築費調達に関し、Free Mason 理事村田五郎氏に対し依頼状を認め、之を女史に交付す。

静岡県農地部長小安　氏来訪。浜名湖干拓事業ヨサン計上の件に付、大蔵省へ折衝するやう依頼あり。伊左見村長も同行す。之は機を得て蔵相に伝へんことを約し、昨夕農林大臣より聴取せし要旨を告げ、積極的に運動するやう勧めたり。

蔦ヶ谷秘書を喚び、一木先生追悼会事務の担任を頼む。

十二時三十分発車、千葉県へ赴く。

伊東弥恵治を訪ひ、病気見舞を為す。

県庁前にて市東村長成島雄氏の出迎を受け、同氏の同乗を求め、二時半同村中学校に到る。鴨志田清一郎氏と出会ふ。同村報徳講習会に於て、時局と報徳と題し約一時半間の講演を為す。

五時十分発車、七時十分帰宅す。中山秘書、石田護衛同行す。村より鶏卵五十箇、西瓜五個を贈らる。

興三は近日の中、千葉県夷隅郡なる某川に於て地質調査を為すと云ふ。ホリドールの危険を免るる為、予め万全の調査をなすやう勧告す。

家政婦を雇ふ。

伊林氏一家滞在す。

八月二十一日(土)　曇　冷
身体倦怠を覚ゆ。少しく下痢あり。是れ昨日中食(弁当)の際、牛乳及ヨーグルトを用ゐ、西瓜を食ひしに由るならん。

朝、佐藤助九郎氏令弟佐藤欣治氏来訪す。需に応じ、氏を斎藤静岡県知事に紹介す(名刺)。

高瀬荘太郎氏より電話にて、数日前大蔵大臣に面会の機会あり。富士山頂問題に付、催促されたる内容を報ぜらる。

女中淳子を解雇す。近日盛岡へ帰ると云ふ。

夜、山崎昇二郎より電話あり。浜名湖干拓ヨサンに関し大蔵省へ交渉せよと要望す。議長としては甚困難なることなり。何とか処理すべしと答ふ。

八月二十二日(日)　晴　蒸暑

下痢あり、心身倦怠止まず。終日臥床、回復に力む。夕刻に及び次第に食慾を発し、下痢歇む。終日雑書を読む。

午前中、南江治郎氏来訪す。氏の計画に対し徳川宗敬氏より全幅の賛成を得たるに付、謝意を表する為なりと云ふ。臥床中に付面会せず。

報徳社に書状を発す。(1)各地（和歌山、北山、市東等）報徳勃興の機運熾なるを以て、本社にても積極的行動に出づべきこと、(2)川上嘉市氏の全集の寄贈ありしや否やの問合せ、并に之が取扱は慎重を期すべきこと、(3)九月常会は米作改善に重きを置き、且聴講者誘致の方法を講ずべきこと、(4)一木先生の追悼会あるに付、発起人及通知すべき者の名簿作成のこと、(5)五日、六日に於ける余の予定報告等なり。

和田真先生（福井県丹生郡糸生村）に謝状を呈し、且要の死去を通知す。

西原亀三氏、今朝六時十五分老衰にて逝去せりとの新聞記事あり。一度往訪を期したるも竟に空し。巨星隕つの感あり、寂寞に任へず。

伊林氏全家、午後辞去す。上野発夜行にて富山へ帰ると云ふ。

八月二十三日(月)　晴　最暑（三六度）

西原亀三氏に対する叙位叙勲手続に関し、朝次田大三郎氏と打合せを為す（赤木氏、明朝帰京ヨテイ）。次田氏は田中好氏を煩はし、京都府庁に連絡して至急手続を進むと答ふ。

参議院来訪者。小塩孫八氏、静岡福祉事業協会職員として藤田、　両氏採用、従て職制変更に付協議あり、九月一日より実施せんと云ふ。之を諾す。大久保寛一氏、徳川家養子に関し家正公の態度不明なることを愬へらる。又松平　子夫人に対する仕送りに関し、遺憾の意を表す。依て近く家政相談人会を開くべきかを答ふ。

大野良雄氏代理と称する婦人（米沢と云ふ）来訪。大野氏の事業に関し、代議士田中彰治氏へ紹介を頼まる。田中氏とは未知なるを以て之を断る。

中嶋完吉氏、溝口三郎氏を訪ひたりとて来訪す。熱誠溢るる農道者なり。食糧自給方法、家畜導入方法、土地改良方法、青年指導方法等、実際に適切なり。古瀬恵三郎氏宛紹介名刺を渡す。

斎藤静岡県知事より電話を以て、浜名湖干拓ヨサン計上に付、政府へ交渉を求めらる。計数的事務的折衝は為し難きも、今夕大蔵大臣に面会するを以て申入るべき旨を告ぐ。知事は自ら大蔵省と交渉するは勿論、県出身代議士を促して各方面より交渉する由決意を告ぐ。

天皇皇后両陛下北海道より御帰還遊ばさる。二時二十分羽田御着、飛行場に奉迎す。

羽田にて吉田首相に面会し、(1)西原亀三氏逝去に付、栄典の申請あらば相当の恩典を賜らんことを求む。首相之を諾す。国土保全の根本義は砂防の優先完備に在ることを強調し、若狭の荒廃、有田川上流の大崩壊等急要のものが工事或進捗せず、或は未着手なるを挙示して反省を求む。首相は箱根早雲山の崩壊を見たりとて其荒廃を語れり。予は之に対して、花園村荒廃は其数百倍に達することを説明したり。然れども予算化に至りては道遠しの感に堪へず。

神山復生病院患者　　　　氏の需に応じ、揮毫を為す「至誠通神」「誠敬為本」。

帰途、四谷朝倉眼鏡店に立寄り、眼鏡の修繕を依頼す。

五時半、光輪閣に於ける緬甸親善使節 Kyaw Nyein 及同夫人一行主催の reception に出席す。

小笠原蔵相と会見し、《1》富士山頂下付の件に付催促す。勝間田代議士よりも、山梨側社会党も異議を唱へずと証言す。蔵相は之を諾したるが如きも、河野次官を喚びて之を告げしに、次官は衆議院特別委員会の結論を考慮するを要し、処分決定を為すに当ては、予め委員会に通告するの約束ありとて容易に之を肯ぜず。然れども、(1)委員会は既に会期終了と共に自然消滅し、(2)委員会の決定は権限外決定と云ふべく、(3)遠藤代議士をして蔵相を訪はしむるの必要を認めたり。《2》有田川上流の荒廃に対し何等の手当を施しあらざるは怠慢の責を免れず、下流の整備殆ど成れるに拘らず、毫も安堵する能はず、宜しく係官を派して本末を明にし、適切なる措置を講ずべしと強調す。

社左佐多忠隆氏より英国国会議員一行の為、歓迎会を開くことを求めらる。之を拒否す。彼国にては上院は斯かることをなさず、又余は何等関係なきを以てなり。

興三は地質調査の為午後千葉県へ出張したり。一也、成也は白潟より帰京せり。

〔欄外〕西原氏に対する恩典に付、首相に懇請せし件は詳細に次田氏に報告したり。氏は申請書の提出あらば、直に自治庁次長を訪ひて事を運ぶべしと答へたり。夜、田中好氏に電話せしに、府庁より明日書類を携へて出頭し、総理府に提出する由を告げらる。依て手続上、次田氏と連絡するやう申入れたり。

八月二十四日(火)　晴　曇小雨　暑　夕冷

朝、中山均氏より電話を以て、静岡育英会の事業を信和会に依託するの件に付、来二十七日までに回答するやう催促せらる［二十八日、中山氏は静岡にて信和会役員会に具体案を発表する為なり］。然るに本件に付ては、去月緒明太郎氏に研究を依頼したるまゝにて、未何等の回答なきを以て、其旨を中山氏に告げ、電話にて緒明氏に照会したり。

午後、緒明氏、松井三郎氏と共に来院、協議す。其結果、両氏、中山氏と会見して具体的交渉をなすに決し、予備交渉を三氏に一任したり。其結果は、明朝松井氏より報告を受くることとす。

十二時半頃、緬甸親善使節団長 W. Kyaw Nyien 氏并同夫人、両院社会党両派有志より午餐へ招かれて来院に付、社左佐多議員の紹介に依り会見、挨拶す。

熊村、上、下阿多古、鹿玉等七村長来訪。省営バス開通の件に付、運輸省新両次官、新自動車局長等に運動のため来訪す。芥川総長に依頼し、運輸審議会全委員に面会するの機会を得たり。

三時、松平康昌氏の需に応じ、同氏を往訪す。(1)徳川本家養子取扱の件、(2)松平　子夫人所遇の件に付てなり。余は至急に家政相談人会を招集されんことを申入るべしと答ふ。尚徳川家の生計費、経済の強弱如何に付て問ひしに、十分なる答を得ざりき。

舘林夕刻帰京す。

赤木氏、朝兵庫県より帰京す。西原氏恩賞に付相談す。

八月二十五日(水)　曇　冷

朝、松井三郎氏来訪。昨日緒明氏と共に中山氏を訪問したる内容に付、報告せらる。其結果、九月七日理事会及評議員会を開くに決し、之が準備を同氏に依頼す。氏は本日塩島氏を訪ひ、用意を進めらる。

武若時一郎氏来訪。九月八日橿原神宮企画、組織両部会、十日財務部会を開くに付、打合をなす。其結果、顧問へ発すべき案内状を定め、其浄書を事務局の書家に依頼す。又宮司に対する誹謗を処理するやう相談す。

熊村、上、下阿多古村長三名来訪。昨日運輸省次官、自動車局長に面会せしこと、運輸審議会委員長、委員と会見せしこと報告あり。匂坂二俣町長へ二俣西駅開設困難の件に付、伝言を依頼す。

三重県議長山崎家一氏、副議長　　　氏来訪。北陸、東海県議長会の決議を齎し陳情す。

植村甲午郎氏を経団連に訪ひ、徳川家に関する件に付報告し、植村氏より渋沢氏と打合せ、九月初旬頃家政相談人会開会の申入をなすことを決定す。

柴田善三郎氏の命日なるを以て、保安庁官房長室に柴田達夫氏を訪問し、和歌二首

　君とわれかたみに胸を語り合ひ　誓いしことも今は夢なり

　はなしおへて独り我家へ帰る道　黒やみ遠く足はすゝます

短冊二と菓子一折を呈す。

Brazil国大統領バルガス氏自殺の報あり。依て三時大使館に至り、弔問す。

芥川事務総長に依頼し、衆議院議員の一部が堤議長及大池事務総長を公文書に不実事項を記載せし罪を以て告発せんとの件に付、事実の取調と法律的見解を求む。総長より万国議院同盟参加の為、渡欧せし一行の無事なる由報告あり。

夕、下条康麿氏来訪す。二十八日出発、伊太利の列国人口問題会議に出席し、兼ねて欧米を視察すと云ふ。

小原法務大臣来訪。衆議院決算委員会に喚問せられし件に付、意見を求めらる。本件は内閣の運命に関する重大事件なるに依り、周到なる研究と鞏固なる決意を以て之に臨むを要し、且閣員全体の協力を要すと答へたり。小原氏に製茶を呈す。

福井県砂防課長中村喜作氏、夫人と共に来訪す。

八月二十六日(木)　晴　曇　冷

朝、土岐章氏より電話あり。国産自動車使用推進運動に付、報告あり。

登院の途次、草葉厚生相を公邸に訪ひ、伊豆を富士箱根国立公園に併合したるの件に付、謝意を表す。又衆議院決算委員会の取扱に付、内閣に対し厳正なる警告を呈

す。

小原法相に対し、電話を以て右のことを通ず。

西原亀三氏叙位叙勲に関し、京都府人事課主事速水純氏、東京出張所長辻巖氏来訪し、申請書を賞勲部に提出したりと告ぐ。依て建設省へは赤木氏を、自治庁へは次田氏を煩はして交渉せしむることとし、書類を提出せしむ。赤木、次田両氏は夫々交渉せられたり。

十二時過、緒方副総理を官邸に訪ひ、依頼す。良き了解を得たり。緒方氏より北海道開発方式に付、改革意見を発表せらる。予は決算委員会の取扱、衆議院議長等に対する告発等、今や政局最大の危機に在ることを痛論し、鞏固なる決意を促したり。

夕、赤木氏より電話あり。賞勲部、建設省、自治庁に於ける西原氏恩賞案を報告せらる。凡ては明日の閣議に一任すべきを答ふ。

堤仁科村長来訪、伊豆を国立公園に編入せられし経過に付、報告あり。森本国立公園部長の不当を痛撃す。氏を岡部長景氏に紹介す(名刺及葉書)。

江川英文氏を訪問して静岡育英会の取扱に付報告し、大体の賛同を得たり。

原敬日記を読む。甚有益なり。

八月二十七日(金)　晴　暑気回復す

朝、野口氏を塩島氏方に派し、育英会寄附行為書、其他を取寄せたり。

登院す。芥川事務総長より、衆議院議長、事務総長に対する議員三名よりの公文書に虚偽の事実を記載したる罪告発状写を示さる。一覧す。

赤木氏来訪、西原亀三氏に対する建設省、自治庁よりの申請内容を報告せらる。本日閣議。

小林次郎氏来訪、岩渕辰雄氏の意見を伝へらる。

武若時一郎氏来訪、橿原神宮奉賛会顧問嘱託状発送方に付、相談あり。又高階宮司上京に付、面会を求めらる。之を諾す。

佐賀県の教員有志十数名来訪す。音楽研究の為上京せりと云ふ。

予の水虫疾患、今朝の読売紙上に登載せられしを以て、上原議員其他より治薬寄贈の申出あり。有難くして且迷惑す。

杉山東一氏来訪。近くＭＲＡを辞し競馬協会へ復帰すと云ふ。興三のことを依頼す。

四時頃高階宮司来訪す。令息の不始末に付陳謝す。吉田茂氏喉頭癌手術の為、昨日慶応に入院せりと云ふ。

静岡育英会寄附行為改正案を起草す。之を松井、緒明両副会長へ郵送し、又今朝借用せし文書と共に塩島氏へ送付す。塩島氏に対しては、役員会招集の議題に加ふることを申入る。

西原亀三郎《〔ママ〕》氏は勲三等（瑞宝章）に叙せられたる旨、緒方副総理より電話にて報告を受く。寔に冥加の至なり。翁の破顔一笑、髣髴たるを覚ゆ。辻京都出張所長よりも電話にて報告あり。速水主事、勲記及勲章を持して今夜西行、明日の葬儀に間に合ふとて、深甚の謝意を表せらる。

夜、明日出発の用意を為す。

〔欄外〕発送部数三十四。此中東京方面は中山秘書、武若氏と手別けして、予の使者として各別に届け、挨拶を述べ、他方面は郵送することとす。

八月二十八日(土)　晴　蒸暑

静岡育英会の事業転換に関し、一木輶太郎氏へ電話を以て意見を問ふ。又塩島主事へは野口秘書を煩はし、書類一切を送付す。

岩手県下砂防事業視察の旅行に上る。八時半、赤木氏と同車、上野駅へ向ふ。建設省より大石技官同行す。仙台にて米村砂防課長の出迎あり。五時四十五分、一ノ関着。支部長沼里末吉氏、砂防課長花田次郎七氏、市長松川昌蔵氏、助役佐藤慶《ケイ》四郎氏、議長千葉清作氏等の出迎を受け、自動車にて磐井川を渡り、左岸に沿ひて遡行二里、厳美村渓泉閣に投ず。渓泉閣は厳美渓に臨み、川の右岸に新築せられ、開業以来十五日を経たりと云ふ。眺望絶佳なり。鉱泉に一浴して列車の煙塵を一洗し、一関市長、厳美村長佐藤要雄氏、萩荘村長熊谷岩門氏等関係者より陳情を聴取し、了て市長主催の晩餐会に臨む。

上野よりの車中、原敬日記六十頁を読む。

本日二時、故西原亀三氏の村葬あり。車中赤木氏と懐旧談を為し、遙かに冥福を祈れり。緒方副総理取計ひの叙勲は甚我意を得たり。

Free Mason にて園遊会及晩餐会ありしも欠席す。

八月二十九日(日)　晴　暑　午後より冷　夕曇

八時渓泉閣出発、自動車にて磐井川上流矢櫃堰堤を視察す。位置の選定良く、甚有効なり。但し此堰堤は発電用貯水池の目的を兼有し、堆沙の脅威あるを以て、上流真湯の地に一堰堤を築造するの計画なりと云ふ。磐井川には右岸に流入する多数の川流あり。之に対する堰堤の構築に関しては、計画として僅に二箇を挙ぐるに過ぎず。斯くては災害防除の効果挙らずと詰りたるに、林野庁にて構築のもの数箇を挙げて其箇所を説明したり。依て綜合的計画の実施を要望し、是等の既設、未設の堰堤を地図に表示せられんことを求めたり。

萩荘村長熊谷岩門氏は熱心なる報徳家にして、嘗て掛川にて講習を受けたりと云ひ、又現に九月講習にも講習生十名を掛川へ派遣せりと云へり。九時半、矢櫃堰堤を去り、五串より左折して平泉文化の中心地たる達谷窟、毛越を経て高館にて国道に出で、中尊寺の前を北上、水沢、黒沢尻を経て北上川左岸に出て、釜石街道を東行、土沢町を経、宮守村に出て、村内猿ヶ石川田瀬ダムを視察す。先づ直轄工事事務所長技官川瀬正俊氏より説明を聴き、倶楽部にて中食を喫す。議員小笠原二三男氏、事務所に来り会し、終日行動を共にしたり。

食後ダムを視る。工事竣成したるも、未だ湛水を開始せず。発電及び灌漑の両目的を兼ね、北上川洪水の調節を司るを主とするものなり。技官の説明に依れば、将来土砂堆積の形態に於て甚しき認識不足あり。北上川総合開発の目的に違算ありと断ずべきが如し。又灌漑用水の水温は、稲の発育に至大の関係あるを以て、施設上に最大の注意を要するものと感じたり。三時過、遠野町に入りしも直に支流小烏瀬川の最上地点瀧見ダム(土渕村)を見、引返して更に青笹村、早瀬川最上地点に同名のdamを視、了て遠野町に帰り、旅館福山荘に投ず。時に七時なり。入浴後有志の陳情を聴き、有志に招かれて晩餐を喫す。遠野産鮎を賞味す。

それより青笹村長(砂防支部長)沼里末吉氏の配慮に依り、用意せられたる時局大講演会に出席し、赤木氏と共に講演を為せり[八時—九時二十分]。聴衆四百名。赤木氏は砂防に付説明し、予は現下の急務として国土安全と食糧自給を挙げ、之が実現には政局の安定を必要とすと述べ、第十九国会の失態に顧みて国会の粛正を強調し、それが為には政党は国家本位に復り、国民は政治に関し認識を昂め、判断を謬ることなきを希望したり。

遠野町は左社の巣窟なり。小笠原議員を中心とする勢力強大なりと云ふ（町長平野三夫氏）。然るに県議（前議長）村上順平氏の徳望高く、両派拮抗中なりと云ふ。

〔欄外〕揮毫。渓泉閣の為二。

(1)寸馬豆人画中看

(2)陸中多魁偉

李花一枝春帯雨

外一。

絵葉書五枚。

徳川公、次田氏、田中好氏、事務総長、秘書室。

八月三十日(月)　曇　夕雨　冷

昨夜来冷気甚し。睡眠少しく欠くる所あり。朝、砂防功労者元村長豊間根隆氏来訪、熱心に同村の砂防の成績を視察せられんことを求められ、又同氏栽培の山葵を与へらる。小笠原議員は赤木氏へ電話を寄せられ、本日上京するを以て、行を共にする能はざる由を告げらる。

八時発車、大槌町へ向ふ。先づ青笹村なる河内川上流に建設中のダムを笛吹峠に至るの路上より俯瞰す。此工事は昨年着手せられ、本年竣成の予定にして、高15m、長109m、費27mil. yen。目的明確ならず、位置選定を誤れるの感あり。花田課長は強く赤木博士より示責せらる。余の看る所にては、畢竟是れ技術官が地方政治家の強力なる要望に屈従せしものにして、各所に其例あり。改善を要するものとす。笛吹峠に至る間は混淆原始林にして、自然の儘の美観を保てり。峠（八六二米）にFendel氏頌徳碑あり。牧野改良の徳を頌す。東降五里、栗橋、鵜住居を経て大槌町に達し、役場を訪ふ。助役佐藤叶明氏（町長北海道出張中）より町勢一般及最近災害の状況を聴き、了て大槌川上流に赴き、砂防dam建設希望地を見る。此damは大槌川の現流及左岸に於て開田八十町を目途とする用水兼用のものにして、厳格に言へば農地開拓事業に入るべきものなり。而してdam位置の選定亦適当ならず。地方民の耕地拡大の要望強きは固より当然の事理に属すと雖も、単純に砂防damの建造を以て、其目的に達せしとするが如きは固より邪道に属す。現地より引返して大槌町に入り、岩戸屋方にて中食し、其間関係町村長より陳情を聴く。

一時辞去。船越湾の美景に沿ひて北上す。船越村界にて織笠村長昆国夫氏、豊間根村長豊間根与左衛門氏、宮古土木事務所長三浦松雄氏、其他有志の出迎を受け織笠村に入り、直ちに織笠川上流に赴き dam site を見る。川両岸に開田予定四十町歩あり、dam に依りて開拓せんとの計画なり。これは正確に云へば砂防の範囲外なり。本県には此種変態的 dam 多し。

織笠村より山田町大沢村（山田湾に沿ふ）を経、低き峠を踰えて豊間根村に入り、荒川川を遡りて既成の dam を過ぎ、左支川に入りて小 dam を看たり。此両者は総て前村長豊間根隆氏の時建造せるものにして、之が為開田七十五町歩に及び村民其恵沢を受け、豊間根の得意懐ふべく、氏の赤木博士に対する謝意の深き、測り難きものあり。帰途、本川に架したる堰堤の下にて記念撮影を為す。それより津軽石村を経て宮古市に入り、閉伊川を渡り市役所に達す。市長中屋重治氏に面会す。市長の斡旋にて隣接諸町村長と市会議事堂に会談す。市長及閉伊郡町村長会長田老町長久保利七氏より、一昨年閉伊川大氾濫の惨状を詳述し、其復旧未成の旨を発表せらる。次で予は視察の目的と感想を述べたるに、来会者中に発言を欲するものあり。川井門馬両村組合長菅原長之助氏より、閉伊川上流の荒廃と復旧未成の状態を聴き、赤木氏之に答へて会見を終る。時正に六時にして薄暮迫り、加ふるに降雨始まれり。

中屋市長の好意にて国立公園に指定せられたる景勝浄土ヶ浜《はま》に案内せらる。然るに時既に晩くして観賞する能はず、空しく帰る。

市長より料亭志むら方に招かれ、晩餐を饗せらる。会は町村長懇親の為に開かれしが如き感あり。早朝八時より夕九時に至るまで旅装を解く能はざる余等に取りては頗有難迷惑なり。宴未だ終らざるも九時旅宿熊安方に投ず。浴了りて軽きパン食を取る。初めて我身に復れるが如し。

八月三十一日(火)　東海岸地方雨　冷　内陸晴　暑

朝、出発に先ち、熊安旅館に於て豊間根隆氏の為に揮毫す（二枚）。又氏の請に依り、荒川沿岸開拓功労者豊間根村畠山義雄氏の為に揮毫す。

六時三十分発程、雨を冒して出づ。先づ閉伊川左岸に沿ひて遡り、茂市村にて宮古街道と分れ、刈屋川に沿ひ小本街道を沼宮内に向て駛る。初め宮古街道を取り、川井、門馬両村の荒廃地を視察して盛岡に入るの予定なりしも、道路の復旧未だ成らず、車行不能なりとの報に接したるを以て、予定を変更したるなり。刈屋村界押角峠[a.8：00]に至るまでは、刈屋川の谿谷にして純然たる山村なり。峠を過ぎて漸次下降すれば次第に広濶を加へ、農業に移るの観あり。鉄道は大川村字津野まで敷設せられ、近く開通式を挙げる予定なりと云ふ。それより同村落合までは建設工事中にして、頗る難工事なり。落合にて小本街道に出て、小本川の上流に遡て進む。国境峠を踰えて馬渕川に沿ひて下り、十時十五分葛巻町に達し、更に長き渓間を曲折して、十一時二十五分沼宮内町に入る。此所にて県土木技師等の出迎を受け、東北本線を横断し、一方井、寺田、平館の諸村を過ぎて松尾村に入り、十二時三十分松尾鉱山下屋敷台森田屋に着。県議千葉一氏、小林勇氏、松尾村議長、助役、平館村議長、大更《おゝぶけ》村長、其他有志と会見して其陳情を聴き、中食を共にす。陳情の主なるものは砂防、発電、鉱山毒水の処理及稲作凶作対策等なり。稲の髄虫（螟虫に似たり）を示さる。其稲株に喰入りたるの状、怖るべきあり。参議院議員大矢半次郎氏来着せられ、爾来行動を共にす。

食後 jeep にて出動し、岩手山東北方に位する松川本流の dam 工事を看る。次で支流北又川の dam を看たり。両工事共に本年度完成の二年継続工事なり。両者は砂防を目的とするも、兼ねて発電のため貯水を目的とするものにして、所謂二兎を逐ふものなり。松尾鉱山にては、事業の遂行上発電に対する強き要望あり（若し之を容れんとせば、工法に変更を加ふる必要あり。急速に決定を要す）。

視察を了り、四時松尾鉱山事務所に到着す。松尾鉱業株式会社常務松尾鉱業所長得能善太郎氏より鉱山の性質、規模、稼行、製品、其用途及販路、従業員、鉱夫等の所遇等に付、詳細なる説明を聴取し、又社外の高地に登りて、実地に付説明を受く。展望開豁にして其要を得たり。只山崩防止施設、発電用水力計画、濁水防止方法に付ては未決の難点あるが如し。四時五十分辞去、一路盛岡市に向ふ。田頭村を過ぎ、大更村にて津軽街道に出て、岩手山の麓を南走す。厨川の附近にて六時半を過ぎ、黄昏に迫れるも、北上川黄濁甚しく、松尾鉱山の汚濁怖るべきを見たり。盛岡市に入り、知事公舎を訪ひて、刺を通して来県の挨拶を為し、暗中西走、雫石川を渡り、七時三十分繋温泉愛真館に投ず。此日走行二七〇

km。頗る疲る。
夜、支部晩餐会あり、招待せらる。知事国分謙吉氏、副知事斎藤茂氏、建設大臣秘書官、県副議長佐藤郁二郎氏（議長中野吉郎氏の名刺を持来す）、二戸郡金田一村長菅原武弥氏等二十余名出席す。支部長沼里末吉氏の挨拶あり、予は謝辞を述ぶ。
〔別紙挿込み〕ニクソン副大統領
MSA実質的交渉は、自衛問題の検討を俟つ。
日韓関係の(1)会談の開始〔第三国の斡旋を求む〕、(2)漁業問題の根本的解決の為、第三国の斡旋を求む。
東南亜諸国との関係。
印度調査団　緬、菲島
中共（貿易、引揚帰還）
ソ連、抑留邦人引揚
奄美群島帰属〔二四日米国案提示された。遅くとも本年中に解決〕
日英貿易会談
GAT　国際免換関係　通商航海条約
九月一日（水）　曇　驟雨　冷　東京晴　暑
八時五十分、繋温泉愛真館を発す。直ちに雫石川を渡り盛岡駅に向ふ。雫石川の此地点は北上川総合開発の実施に依り洪水調整ダム建造せらるる予定にて、百余の民家と三百町歩の美田とは水没するに至るべしと云ふ。依て想ふに此ダムの建設を止め、之に代ふるに本川各支川の要所毎に大小適当なる砂防ダムの建造を以てせば如何。巨大なる整調ダムを造るも、上流の荒廃をそのまゝに放置するは不可なり、必ず数多の砂防ダムの建造を必要とせん。巨額の建造費を節して少額の費用に代へ、以て民家と美田を救はんと欲す。旅中の思付なるも予の平常主張する所、計数の整備を俟て公然主張すべきものなり。
大矢議員同車、九時二十分盛岡駅着。
九時五十三分盛岡発、仙台にて井上東治郎氏の迎送を受く。車中原敬日記を読む。八時十四分上野着、直ちに帰宅す。
本日は関東大震災記念日なり。中山秘書は震災記念式に代臨す。
九月二日（木）　曇　冷
十時、斎藤知事、農地部長と共に来訪す。足立代議士も来る。中村、竹山、石黒三議員来集す。⑴浜名湖干拓費の三十年度ヨサン計上要望方に付協議す。其結果、大蔵次官及電力開発会社々長を訪問するに決し、夫々往訪す。⑵ビキニ水爆被害患者久保山栄吉氏重態に付、此際補償金を支給するやう政府へ要望するに決し、知事は緒方、安藤、岡崎各大臣を訪問するに決したり。予は本日緒方副総理に申入るることを約したり。

臨時国会急速開会要求書提出に関し、政府より回答の有無を問ふため、提出者側代表杉山、小笠原、相馬、寺本、千田諸氏来訪す。予は政府より未だ何等の回答を得ざることを告げ、午後一時、緒方副総理より来訪の申入を得あるに由り、其回答を得て報告せんことを約したり。

一時、副総理来訪、臨時国会の召集は、政府及自由党政務調査会に於て未だ議案の用意なく、又政府としては急速に召集すべき要件なきを以て、十一月中旬に召集する見込なり。又吉田首相の外遊に関しては、出発前進んで議員に対して説明の任に当るべしと告ぐ。次で予はビキニ水爆の被害に付ては、速に補償せらるるやう緊急の措置を執られたしと要望し、事件発生後日時を経過せし今日、未何等の補償を得ず、之が為に県市の支出千万円に達すとて知事の報告を取次ぎたり。副総理は至急閣議を開いて善処すべしと答へたり。

臨時国会召集要望に対する政府側の回答は、直ちに要望各派代表に伝達したり。

衆議院決算委員会は、佐藤検事総長、馬場検事正を汚職事件の不起訴に関し、取調の為証人として喚問し、更に吉田首相、緒方副総理、佐藤、池田新旧両幹事長を証人として喚問するに決したるも、会議は異常の紛擾を来したり。何れにしても議員の発言及挙止は慎重なるを要す。

参議院決算委員会は、首相及副総理の出席を要求したるにより、之を政府に取次ぎたり。

一木先生追悼会準備委員会を二時より公邸に開き、出席す。大谷、高木、大金、小栗、野口五氏出席す（三矢氏欠席）。発起人を選定し、案内状を発すべき人々を調査し、着々準備を進む。又準備事務の為、所要の金員は一時立換をなすことを約す。蔦ヶ谷秘書を事務主任とす。

山口県厚狭より来れる婦人を当分の間女中に雇入る。

〔欄外〕英労働党議員一行 Rt.Hon Bevan 氏一行来れり。

五日まで滞在の予定なり。

九月三日(金)　雨　蒸暑

静岡育英会理事会開催に付、朝児王九十氏へ電話にて打合せをなす。

登院。青木正栄氏来訪、二宮四郎氏のことを問ふ。講談社出版部々員某氏来訪、加藤仁平博士の著書出版に付、意見を問はる。

静大浜中建築費の国庫補助に関し、浜松市中村達一郎、鈴木甚一、児玉璋三氏外三名来談、静岡大学浜松附属中学校々舎建設費国庫補助の件に付、依頼あり。

有度村長栗田錦三氏、会館に来訪、地域給引上に付陳情す。揮毫をなす。

四時、本郷春木町北川医院にて水虫の治療を受く。X線照射をなし、塗薬を与へらる。

水爆患者久保山栄吉氏重態なり。依て東京第一病院に赴き、見舞ふ。坂口院長、栗山副院長案内せらる。病勢最悪なるも、昨夜或は絶頂を超えたらんかと云ふ。他の病者をも見舞ふ。記者の包囲、例の如く累はし。

五時半、英国労働党訪日団歓迎茶話会（椿山荘）に臨む。来会者甚多く、加ふるに驟雨沛然たりしため室内立錐の地なし。一行の会場到着遅れしを以て、面会を得ず。一行は代表バーク氏、ベヴァン氏、サマースキル夫人、アーンショウ氏78才、ワットソン氏、フィリップ氏及びフランクリン氏なり。

八時、Prince Hotelにて堤衆議院議長主催の英労働党代表歓迎晩餐会あり、出席す。日本側は両院各派代表議員を招かる。盛会なり。余の隣客ベヴァン氏は、開宴の席に報導陣入込み、撮影を為したるを憤り、余に対し何人の許可を得たりやと問へり。赧顔の至なり。

九月四日(土)　晴雨不定　暑

八時三十分発にて帰郷す。十二時三十四分静岡着、小塩孫八氏、刑務所長仲里達雄氏の出迎を受け、静岡刑務所に至る。中食を饗せらる。所長の需に応じ、在所者八百余名に対し、堂々たる猛志を以て社会に復活せよと諭す。記念撮影を為す。秘書蔦ヶ谷龍太郎氏同行す。

二時半、静岡県民会館に入り、静岡福祉事業協会役員会に出席す。職制改革を行ひし理由を説明し、新制に依る職務換を決定し、辞令を交附す。新規採用者は藤田訓二氏及鈴木亀太郎氏なり。四時四十分発、帰宅す。

九月五日(日)　晴　雨不定　暑

早朝、鈴木亀太郎氏来訪、今般静岡福祉事業協会職員として採用せられたるに付、謝意を表せらる。

八時、報徳社にて第九回青年報徳講習会に出席し、一時余に亘りて講演す。次で常会に出席し、会衆及講習生の為に一時間半に亘りて講演す。今回の講習は、全国より七十名の来聴者あり、岩手、千葉等より多数着し、講習生と共に記念の撮影を為す。

一時、三笠町婦人会主催の講演会に至り、約一時間半に亘り時局談を為す。聴衆二千。黒田町長、紹介の辞を述ぶ。婦人、小児の集会にて喧囂甚し。記念撮影を為す。

四時、報徳社に帰り、各種の揮毫を為す。六時半に至る。頗疲る。

九月六日(月)　晴曇不定　暑

上京。掛川七、三九－一三、〇〇東京。参議院に立寄る。決算委員長より首相、緒方副首相に出席を求むる件あり。直に政府に取次ぐ。

四時、光輪閣にて秩父宮御遺作図録刊行会あり、出席す。記念撮影に加はる。会費二千円。美事なる図録を頒たる。妃殿下及梨本妃殿下と同卓、茶菓を喫す。五時半辞去、帰宅す。

九月七日(火)　雨

西原亀三氏叙勲に付、遺族に代り参内、御礼の記帳を為す。

橿原神宮奉賛会副会長吉田茂氏、食道癌手当の為、慶応病院に入院中なるに由り見舞ふ。偶ま胃に食道管開設手術中なりしを以て面会を得ず、退出す。

静岡育英会理事会及評議員会［二時公邸］に出席す。(1)二八年度収支決算承認、(2)育英会の事業を県信和会に依託し、土地財産を同会に寄託するの件、(3)退職主事外一名に謝礼の件、(4)寄附行為改正の件を協議す。徳川総裁御出席、江川、緒明両副会長、児玉、加藤、高瀬、湯河、中山、松井、平野各理事、平山、一木両監事、村上評議員出席（欠席評議員は夫々表決権委任を表明す）。(1)(2)を承認し、(3)塩島主事、飯田氏に謝状及東電株券二万円、五千円を贈呈、(4)寄附行為改正案を決定し、新なる役員は理事五、監事二、評議員十名とし、之が選任を総裁及会長に一任し、財産の委譲は本月十二日静岡にて信和会の決議ありし当日の現状に於てすることを決定したり。永き歴史に輝き、幾多の人材を育成せし本会の末路に対し感慨に堪へざるものあり。さるにても信和会に委任することを得たるは至幸と謂ふべし。

Brazil国記念日Reception［五、三〇―七、三〇、同大使館］あり、出席す。強雨の為庭園の使用意に任せず、混雑したり。知らずBargas大統領の自殺後の同国は如何なる運命を辿るべきか。

阿部信行元大将の一周忌追悼会［三時より工業クラブ］ありしも出席せず。

九月八日（水）　晴　曇

衆議院にては決算委員会に吉田首相、緒方副首相、池田、佐藤、犬養諸氏を証人として喚問する件に関し連日紛糾を極め、堤議長の取扱に不満を抱く者多し。予を以て之を見れば、畢竟是れ政界の断末魔のあがきにして、衆議院も政党も高朗の気を喪ひ、国務遂行の責を逸脱したるに由るものなり。余不肖と雖、参議院に関しては斯かる醜陋を演ぜざるべし。

岡部長景氏来訪、伊豆国立公園実現の方法に付、意見を述べらる。卓見なり。依て堤仁科村長と会見せられんことを求め、同村長に往訪を促せり（葉書）。

徳川家正公来訪、砂防協会に出席せしに、未開会に至らざりし旨を告げらる。金原明善に関する書籍「国土を培ふもの」を御覧に供す。中食を共にす。

小林武治氏来訪、宮崎通之助氏を知事に推すの件は、同氏の承諾を得ること困難なりと事情を説明せらる。

久松定武氏来訪、明年四月知事選挙に再出馬の意を告げらる。依て石黒忠篤氏の来室を乞ひ、氏と会見せしむ。氏は又余にも来援を求められたるに付、砂防視察ならば出県すべしと答ふ。赤木氏に相談す。

橿原神宮企画、組織両部会［二時公邸］に出席す。香坂企画部長を中心として協議を進む。予は三時十五分退出す。

九月九日（木）　晴

天皇皇后両陛下、那須より還幸啓、三時五十分原宿駅に奉迎す。天機御機嫌甚麗し。義宮殿下御同伴なり。

衆議院にては決算委員会に吉田、緒方両国務大臣を証人として喚問するの件は、与野党の対立問題となり、益々醜状を極む。

小野寺吾一〔五〕氏より内ヶ崎東北電力社長より只見川視察の招請を伝へらる。赤木議員と相談の上、見学したき旨を答へ、謝意を表したり。

六時より七時半まで、外務大臣公邸にて緬甸親善使節団及購買特派員の為、大臣主催の茶会あり出席す。

〔欄外〕Dalles 国務長官来日、一泊す。

〔欄外〕首相の外遊を両院議員に説明するため、速に会合を開くやう外相及緒方副総理に注告す。

九月十日(金)　晴　暑

台風十二号、未曾有の深度を以て南海に在り。漸次九州に接近せんとす。

比国下院議員J. G. Gon-Zales 氏、公使 Imperial 氏の紹介にて来院、面会す。氏は昨夜羽田に着、十三日米国へ出発すと云ふ。先に派遣せし参議院議員団に対して絶讃の辞を述べ、両国親善の方法は議員団の交歓に在りと極言す。予は衷心より賛意を表し、議員団の帰還者を捜したるに青山、宮本両氏を得たり。依て両氏をG氏に紹介し欵談の後、議長応接室にて記念の撮影を為したり〔芥川総長、中山秘書も加はる〕。余はG氏に憲法、国会法等の翻訳書と議員徽章を呈したるに、氏は金製の Manila 会議徽章を予に与へたり。

上狩野村長城所啓氏、来訪す（木下源吾氏同伴）。同村地域給引上に関して陳情す。

橿原神宮奉賛会財務部会〔一時より工業クラブ〕に出席す。植村部長を中心として募金割当案に付協議し、二時半散会す。

東大病院に至り、焼津水爆患者を見舞ふ。医員三輪史朗氏の案内を得て病室に入る。一名の重患者あり、其他は悉く元気なり。看護婦長中垣　子と会見す。中垣婦長は、先年余が稲田内科に入院せし時、予を看護せし恩人なり。好機会を得たるを欣ぶ。

北川医院に立寄り、水虫の治療を受く。去三日受療の時に比して軽快を覚ゆ。更に来週金曜を約して去る。

瑞西国記念日 Cocktail party に出席す（五－七、公使館、松濤町）。

夜、神戸定氏来訪す。今回同地に建設せらるべき忠魂碑に揮毫を依頼せらる。又父君保氏の執筆に係る高田宜和翁伝記の原稿を示さる。

九月十一日(土)　晴　驟雨　蒸暑

予の水虫は漸次軽快に向へり。然るに医博若井栄次郎氏〔信濃町一八〕より治療方法を教示せらる。厚意深謝に堪へず。治療方法は北川医師の指示を厳守す。

朝、院内にて読売、東京両記者の来訪を受く。即ち参議院常任委員会に於て、衆議院と同様に首相等を証人として喚問することを議決したる場合に執るべき議長の措置如何とあり。予は衆院の現状に対して批評に亘るを以て、明答を拒否す。而して議員の言動は急迫の現状に対処し、最も丁寧懇切を期するを希望し、又新聞紙の態度に付ても、国民を指導すべき大任を遺忘せざるやう警告したり。両記者は此会見を記事として登載せざるを約したり。

赤木氏来訪。来十六日埼玉県砂防支部総会出席に付、打合せをなす。余は只見川視察の招請ありしを伝へ、日時道筋等に付協議したり。

午後、緒方副総理と電話す。余は首相は成るべく速に両院代表者を集め、外遊に付報告を為すべし。参議院委員会は未だ証人として喚問することを議決せざるに付、国務大臣として進んで委員会に出席せらるべしと警告せり。

台風十二号は南九州に接近し来りし由にて、鹿児島県は暴風圏に入れりと伝へらる。而して中心示度は甚低く、且広範にして、直径百 km に達するならんと云ふ。

〔欄外〕北河豊次郎氏（86才）九日死去、本日社葬を行はる。九日弔電を呈す。

九月十二日(日)　晴曇不定　驟雨　蒸暑

朝、舘林英夫氏来訪、二児同伴、一時発雲仙にて帰宅すと云ふ。

朝、松本勝太郎氏来訪す。恵島新経営に付、進言す。

午後、野口氏の手伝を得て、居室の片付を為す。堆塵寸余、払去りて清爽を覚ゆ。夜、小田原大造氏〔久保田鉄工社長〕、谷口直之氏〔太陽電線社長〕へ書状を認む。是川農法後援を謝し、之を継続する為なり。又医博若井栄次郎氏へ謝状を認む〔第十九国会報告書を呈す〕。

九月十三日(月)　陰晴不定　驟雨　蒸暑

台風十二号は鹿児島、宮崎、大分諸県を通過しつゝあり。被害甚大の由、警察本部よりの報告を見て、見舞の電報を知事宛に発することとせり。東京方面は明日が危しと云ふ。気象台の発表は、未だ全幅の信用を置き難きを憾む。

登院せしも用務なし。両院にて首相外遊の妨害を試むるが如き看あり。外遊の当否に付ては議論あらんも、兄弟墻に鬩けども外侮を防ぐの心得をも打忘れ、競って国利を失墜するが如き態度に趨らんとす。悲むべきことなり。

九月十四日(火)　台風十二号来　驟雨時々　蒸暑

登院す。

小倉正恒氏主催に係る石学心門会、十一時より光輪閣に開会せられ、理事堀田正三氏の講演を聴く。氏は住友銀行頭取にして、近く欧米視察旅行より帰られ、最近近江絹糸 Strike を解決せられし人なり。旅行談を為せり。有益なり。高松宮両殿下にも御出席、昼餐を共にせらる。食後、小笠原蔵相より国際金融関係に付、十八日渡米する由説明あり。一同記念撮影をなす。

参議院に帰り、二九年度予備金支出額に付、取調をなす。

五時半、錦水に於て浅田平蔵氏より晩餐を饗せらる。佐藤尚武、後藤文夫、千葉三郎、砂田重政、下岡　、安岡正篤諸氏（十名）出席す。政治論、経済産業論を闘はし、八時半散会す。

〔欄外〕早朝、中山均氏より育英会の事業依託申入に対し、信和会は之を快諾するに決せし由の報告あり、依って速に契約の締結、財産の処理等を実行する為、緒明氏等と会見したしとの申込を受く。依て明日緒明氏の都合を聴き、返事することを約す。

緒明氏に電報を以て、明日三島にて会見せんことを申込む。然るに氏は、明日上京不在なりと答ふ。依て再び電報にて、明日東京にて中山氏と連絡されんことを求めたり。

九月十五日(水)　晴　蒸暑

三島行。東京七、三六―九、五九三島一五、二〇――一七、四一東京（野口秘書、石田護衛同行）。駅にて矢田部

宮司、古瀬主事其他有志及緒明太郎氏の出迎を受く。緒明氏は本日上京の予定変更ありし由を告げらる。依て自動車中にて中山氏よりの申入を通告し、中山氏と会見の日を打合せられんことを頼む。社務所にて昼食を共にす。

大社に到着し、直に報徳講習生一同と共に参拝す。それより報徳同志及講習修了者四十余名に対して、時局と報徳に関し一時間半に亘りて講演を為す。中食を饗せらる。

一時、三島宮町報徳社の結社式あり、祝辞を述ぶ。社員　名、新興の気、眉宇の間に現はる。了て講習終了式に臨み、修了証書を授与し、祝辞を述ぶ。

二時発車、水稲を畑作としたる試験地の成績を看たり。甚佳良なり。此方法は五年来愛鷹村にて実施し、年々の収穫上昇しつゝありと云はれ、反収八俵は確実なりと説明せられたり。苗移植六月八日、十三日施肥料十分なり。私雨の効果著しきものあらん。

上狩野村長城所啓氏来訪、社務所にて面会す。

三島市長松田吉次氏来訪、駅にて面会す。両陛下、来月上旬行幸啓の際、公団　にて御中食を召させられんことを切願すとのことなり。先づ知事に具申して知事より宮内庁長官へ申入るべしと告げ置けり。

三島明朗会員諸氏の好意にて甘藷静岡白四貫を得（代五百円を払ふ）て持帰る。両陛下へ奉献の為なり。

帰東の時、矢田部夫妻、健一郎、松田市長、緒明太郎氏、古瀬主事、其他十名計り駅頭に見送らる。

東京駅にて中山秘書より、(1)首相外遊披露茶会に出席者選定依頼ありし件、(2)議院運営委員会に首相、副首相出席要求の件等問題となりし点等の報告を受く。

帰宅同時にＮＨＫ写真班員来り、首相外遊披露会出席者選定を断りたること并其事情に付、放送録音を申入る。之を断る。

九月十六日(木)　晴　蒸暑

台風十四号南九州に接近し、鹿児島、宮崎等危しと云ふ。

埼玉県治水砂防協会総会出席及身馴川荒廃視察（赤木博士同行、中山秘書随行）。宅七、三〇－八、一〇浦和（県庁）九、〇〇－一〇、〇〇熊谷市（通過）－深谷町－寄居－一一、〇〇野上町長瀞（総会、有隣クラブ、中食、長生館、自然科学博物館）二、三〇―三、〇〇児玉町（身馴川）三、四〇―本庄、熊谷―大宮、浦和市（鷺棲息地、晩餐鰻料理小島屋）七、四〇―八、三〇宅。

埼玉県庁にて知事大沢雄一氏訪問、挨拶を為す。副知事栗原浩氏、土木部長松田勘次郎氏、河川課長神保敏夫氏にも面会、打合せをなす。建設政務次官荒船清十郎氏も特に来庁、同道せらる。

九時県庁発車、大沢知事同乗、赤木氏と余の為に所在説明をなす。熊谷より秩父街道に入らず［道路工事中］、深谷町より左折し、藤沢村、花園村を経、寄居町にて荒川に沿ひ遡上、十一時、野上町長瀞に達し、砂防協会総会に出席す。会長坂本宗太郎氏司会し、議事を終り、知事の祝辞に次で余は砂防全般に亘り一場の演説を為す。荒船政務次官、赤木博士の有益なる講演ありて散会。直ちに長瀞の清流に臨める旅館長生館に入りて、協会主催の昼食会に出席す。総会々場有隣クラブにて、県議会議長小林貫司氏に紹介せらる。大石技官も出席あり。昼食の際、二瀬工事事務所長技官中沢安蔵氏に紹介せらる。食後知事と別れ、自然科学博物館を訪ひ、帰路に就く。協会長坂本氏同車、説明せらる。金沢村を過ぎ、分水嶺を超え、児玉郡本泉村、金屋村を経、児玉町地内身馴川［巾百米、流水を見ず］を見、荒船次官と別れ、中山道に出て、本庄町、深谷町、熊谷市等を経て大宮市に入り、迂回して大宮市内天然記念物鷺棲息地を見、六時大田窪小島屋なる鰻料理店に到る。協会より鰻料理の饗応を受け、七時四十分発（栗原副知事、坂本協会長と別る）、（中山道に出で松田部長、神保課長と別る）、八時三十分帰宅す。

帰宅と同時にNHK写真班来着、首相外遊挨拶茶会招待議員の選定申入に対する余の態度に付、録音を求めらる。斯の如き些事に付、天下を騒がす報導業者の不謹慎を詰り、申出を拒絶す。

本日は議院運営委員会及庶務小委員会開会せられ、首相の出席を求むるの件に付、協議するヨテイなるも、予の砂防旅行には支障なかるべしと信じ、芥川事務総長と打合せの上、出発したるなり。而して予の出席を必要とするならば、速に其旨を県庁を経て出先へ通知するやう依頼したり。事務総長より電話を以て出席の要なしとの通報を得て、此行を完うし得たるなり。

九月十七日(金)　台風十四号土佐沖に接近　驟雨　冷

十時過参内、甘諸静岡白を献上す。当番侍従に就き、両陛下伊豆御巡幸啓のことを問ふ。予が三島にて聞知せし所と大に相違す。今回は皇后陛下の大津市に於ける赤十字社大会へ行啓あらせらるるに際し、天皇陛下には伊豆御漫遊并科学事業御視察の為、行幸せらると云ふ。随て万事非公式なる御気軽旅行なりと承れり。余は興農学園の事業と有用植物栽培のことを告げ、行幸の栄に浴したき旨悃請したり。

三谷侍従長に面会し、政界の最近の状況を告ぐ。

議院運営委員会は、午前中理事会を開き、首相の出席を要求せしも目的を達せず、官房長官と押問答せしに止まれりと云ふ。随て委員会は午後六時に迫て開会し、小笠原委員より出席要求の決議を提出せられしも、動議として採決することは之を留保し、委員長及各委員に於て極力要望することとして散会せりと云ふ。

西岡はる女史来訪。今回九十九島及五島列島が国立公園として指定せられたるは、長崎県観光課長大野氏の畢生の努力の賚なるに由り、余の揮毫を贈りたしとの知事の意を通ぜられたり。之を諾す。

四時、北川医院に至り、水虫の治療を受く。Röntgen線治療は一と先づ終了すと云ふ。

吉田首相外遊に付挨拶の為、五時公邸に於て茶会を催さる。雨を冒して出席す。両院の常任委員長、各派の役員約百名を招待せられしも、出席者は四十名計りにして、自由党員の会合となれり（緑風会は石黒、柏木両氏のみ）。吉田総理の挨拶（旅行目的）あり、堤議長答辞を述べ、余は健康を祈りて乾杯を為せり。窓外風雨強く夕闇迫り、無情寂寞の感深し。

〔欄外〕伊東卓治氏来院に付面会す。氏は副島種臣卿の遺作展覧会を開くため舘林を来訪せりと云ふ。令兄の病状を問ふに、幾分快方に向ふと云ふ。

九月十八日(土)　台風　強雨　冷気急来

議院にて土岐章氏の来訪を受く。氏が最近強力に活躍する国産奨励推進運動に付、報告を聴く。

村松道司氏（森町出身）来訪す。自衛隊シナリオを編著したる由にて、木村長官に紹介を求めらる。名刺を渡す。同窓、故旧、郷里の懐出談を為す。

村瀬富士宮市議長来訪す。富士山頂払下の件に付、蔵相と交渉の経過を告げ、将来の運動方法を相談す。又富士山大沢崩壊対策に付、意見を交換す。最後に腐敗せる政局打開策に付、所見を告ぐ。氏は富士山頂払下に付、本日高瀬氏を訪ふと云ふ。又近く遠藤代議士に会見し、同代議士の配慮を乞ふと云ふ。

午後一時より独乙映画「世界を敵として」を看る。未だ了らざるに議運の開会の報あり、退席す。

三時頃、議院運営委員会に出席す。緒方副総理に対し、首相の議運に出席することを強く要望す。結局二十日までは公務の為出席不能なりとて、目的を達せず。四時過休憩に入る。余は会館へ赴き、揮毫を為す（新潟県村公民館天井板、長崎県観光課長大野氏、神戸氏嘱護国之碑等）。

一旦参議院に帰る。議院運営委員会は再会中なるも出席せず、五時半、Chili国建国記念Receptionに出席す（光輪閣）。七時帰宅す。

台風十四号は潮岬より太平洋沿岸に沿ひて北進し、浜松と御前崎との間に上陸し、駿河湾を横断して伊豆半島北部を相模湾に出て、房総半島を通過して太平洋に去らんとすとの放送あり。

静岡県にては鉄道破壊せられ、河川氾濫し、稲作の被害甚大なりと云ふ。昨夜九時興三、重友へ電話の序、被害状況を問ひたるに、其時恰かも台風通過中にして格別の被害なしと云ふ。

議長公邸監守係　　氏の不正と、一家肺結核患者なりとの報告を聴取す。興三結婚後に於ける居住に付、大なる故障なり。取敢へず北沢宅に同居し、保谷に於ける建築を進め、之に移居すべしと考ふ。

九月十九日(日)　晴

終日家居、用務の整理を為し、又内田重成氏［見舞］、若井時次郎氏、朝倉毎人氏等へ書状を認め、颱風被害見舞の葉書を発す。

午後、朝比奈アキ子来訪、貞子を伴ふ。夕食後帰宅す。

九月二十日(月)　晴　小暑

登院。議院運営委員会の開会を待ちしに、永く其見込なし。又首相の出席要求取扱に関しても大体の意向を察知したるを以て、災害見舞の為、一時発帰郷するに決す。蔦ヶ谷秘書官同行。

赤木氏来室。青山士氏、富士山大沢実地踏査中負傷したる件に付、砂防協会県支部より見舞金贈呈の打合せを為す。

小林武治氏来室。氏は昨日静岡より上京せしに、台風の被害軽微なりと告げらる。議運委員会に於て首相の出席要求の件に付ては、慎重なる態度を採らんことを求め置きたり。

四時　分静岡着、田口出納長、駅に出迎へらる。直に県庁に出頭し、吉岡副知事に面会し災害見舞の辞を述べ、各部長より被害状況を聴く。四時四十分出発、田口出納長の案内にて自動車に同乗、大崩を経て焼津市役所に立寄り、鰯ヶ島海岸防波堤築造中のもの一四〇米破壊の状況を見る。　市長等、現場を案内す。此工事は設計の不備、工事の不正ありし如く、必ず責任問題を生起するものと認めたり。吉永村役場に立寄り、村長、議長等十数人と会見。日暮れて吉田町役場に到着。武田町長、久保田議長等の説明を聴取す。七時辞去、川崎町、勝間田村［学校脇より牧ノ原に登り、旧飛行場に出づ］を経て、八時金谷町役場に至る。町長等不在［知事を現地へ案内中］にて、消防団長等より被害状況を聴く。八時頃、酒井町長、伊藤議長、仲田氏等還来り、被害程度、今後の対策を審かにす。又伊藤議長より大井川鉄道の破壊箇所十八に及び、之が復旧には十月五日までかゝる由を聞く。八時二十分退出し、九時掛川市小泉屋方にて田口出納長と別れ、送られて帰宅す。

重友は早朝天城へ赴きし由にて、十時頃帰宅したり。

県庁に於ける説明に依り知りたる概要は

(1)国道第一号線は、宇津谷峠隧道東口は土砂の大崩壊に依りて埋没し、之が開坑には二十日を要す。又大代川の破堤に依りて大井川鉄橋接着箇所切断せられ、目下鋭意修理中なり。

(2)国道第一号上の運送は、金谷より静岡までの間は国道第二号に移したるも、大井川の架橋は吉田町と相川村を連する富士見橋のみとなり、此橋も木橋部分堅固ならず。加之県道に国道の名を与へしに過ぎず、幅員、路面、木橋等第一号線の代用を為す能はず、大修理を要す。尚田舎道にて所要箇所に道標なく、Gasolin standを欠く等急速手当をなすを要す。

(3)災害は伊豆半島にはなく、静岡以東には《にはなく》軽し。但し潤川河口は海砂擁塞して上流に氾濫を生じ、又潤川の左岸に破堤あり。土木に在りては、安倍川は上流梅ヶ島まで破壊甚しく、瀬戸川上流（朝比奈村山崩）、大井川本支流は甚大なるが如し。大代川は其一なり。逆川、倉真川、原谷川の各上流、太田川本支流［除宇刈川］に及べり。農産に在りては晩稲に白穂を生じたるを最とし、昭和二十二年のJron台風の被害に酷似し、其程度は三分の一強ならんか。泥被り、潮被りの稲の被害もあり。

⑷道路の欠壊、橋梁の流失は、随所に之を見たり。

⑸焼津防波堤の損害は、前記の如し。

⑹特殊の損害として吉田町の養鰻の逃出［三万二千〆］を挙ぐべし。

県議中山吉平氏は、余を静岡駅に出迎へ、県庁に同伴、爾後行を共にし掛川市富田方に投宿、明日も同車案内せらる。

九月二十一日(月)　晴　暑
八時、出動車［出納長専用］の出迎を受け、掛川市県事務所に出頭す。志村議長、染葉小笠郡町村会事務局長、太田川改修事務所長鶴田三男氏、袋井土木事務所長瀧口定一氏等と協議して、視察の箇所行程を決定す。掛川市二瀬川重衣右岸破堤―桜木村中坂―おずね―駅前―原谷村役場［原田村代表も在り］―旧和田岡大庭正氏見舞［原谷川欠壊］―宇刈村［役場前停車］―山梨町役場―袋井町役場―袋井町新国道―磐田市中泉青山士氏見舞―福田町役場［町長不在、助役と公民館にて面会］―豊浜村―東浅羽村―横須賀町役場（中食、但弁当）―大渕村役場―大坂村役場［大坂村（昇二郎不在）、千浜村、中村各代表と面会］―小笠町［町長不在、助役及赤堀県議説明］―菊川町―掛川市県事務所。

県事務所には小笠郡掛川市農協長の対策協議会開会せられ、未だ結論には達し居らざりしも、需に応じて出席し、一場の挨拶を為し、所信を述ぶ。

建設省掛川工事事務所長技官吉田茂氏来訪す。氏に対し国道第一号線急速修理完成を促す。

本日の視察には県議中山吉平氏及大石俊雄氏は全行程を、赤堀猪太郎氏は小笠町役場より何れも同行し、斡旋せらる［赤堀氏は堀ノ内駅まで同車す］。又鶴田太田川改修事務所長及瀧口県袋井工事事務所長は、掛川より豊浜村太田川左岸地点まで同行案内せらる。

三時三分発湘南電車に乗り、帰東す。車中より河城村鉄道破損箇所、大代川荒廃、大井川鉄道の破壊、大井川国道第一号橋の開通［トラックの往返に依り之を認む］、沿道の白穂、由比海岸、由比地辷地、富士山変形、潤川口切開［開通せるが如し、沼川湛水減少］、浮島原氾濫減少等を望見す。

車中、原敬日記を読む。又中田騄郎氏の上京するに同車す。同氏に緑風会の説明書并第十九回国会報告書を呈す。

東京駅にて中山秘書、石田護衛、野口秘書の出迎を受け、蔦ヶ谷秘書と別れ、帰宅す。

伊佐勇松氏、九時頃来訪、一泊す［娘の舅死去、会葬の為上京］。

九月二十二日(水)　晴　冷

朝、舘林及伊佐氏を同車、登院す。伊佐氏は院内参看を為す。

岡部長景氏来訪す。伊豆国立公園速進の為、有力者の協会結成の必要を力説せらる。土肥、西浦間道路の急設、沿道開拓の計画、大瀬崎の利用、興農学園有用植物苗の育成頒布、Golf 場の新設等より、西彦太郎氏の役割、沼津市議長、関係町村長との会見、修善寺野田八郎氏、仁科堤村長等の態度等を伝へらる。然れども一切を挙げて所要資金調達方法如何に帰着し、外資導入問題に入りしも、的確なる結論を得ず、再会を約して辞去す。

橋本実斐氏来訪、国会図書館に専門員として就任したしと云ふ。

中村幸八代議士来訪す。伊佐見村の被害に付、説明あり。

倉田吉雄氏来訪、木曽視察旅行を勧誘せらる。

砂防協会有志会に出席して昼食す。徳川会長出席せらる。育英会の新役員指名案を確定す。

午後、東畑農林次官に電話して、静岡県災害中、米作被害の状況を報告し［小笠町の早場作無被害のことを告ぐ］、急速権威ある技官の派遣を依頼し、快諾を得たり。

小沢建設大臣を訪問し、(1)宇津谷隧道急速開通を計り、二号国道の補強を要望す。(2)安倍川、大井川、逆川、原谷川等の本支流上流崩壊視察の為、本省技官急速急派の要望を為す。

静岡県事務所に立寄り、偶ま在所せる衛生部長に面会し、農林、建設両当局に提出せし要望事項を告げ、知事に伝言せられんことを求む。部長は明朝九時伝言すべしと答ふ。

朝、財団法人アジア国際放送協会設立に付、南江治郎氏来訪、予に発起人たらんことを求めらる。一応之を辞退す。

舘林は、二十七日衆議院代表として中共視察旅行に上ると云ふ。

九月二十三日(木)　晴　薄暑

十時、秋季皇霊祭行はれ、皇霊殿、神殿に天皇陛下、皇后陛下、皇太子殿下御拝あらせらる。皇族秩父宮妃殿下、元皇族竹田宮大妃、東久邇盛厚、竹田　外一元妃各殿下拝礼せらる。余は田中最高裁判所長官、緒方、草葉、愛知、小沢諸大臣と共に拝礼、十一時十分頃帰宅す。

終日倦怠甚し。午後、角替文子、孫けい子を連れて来訪す。

御木本幸吉翁、去二十一日享年九十八才を以て逝去す。依て弔電を呈す。

夜、昇三郎より電話あり。去二十日余が問合せたる麻布マンションを議長公邸として借用したしとの件は、現在借家人あり、且住友家にても使用するに付、同意困難なりと通じ来る。

九月二十四日(金)　晴　暑

早暁三時覚眠、静岡育英会改組に関する書類を作る「野口氏に所要の手配を依頼す」。

朝、斎藤静岡県知事より電話を以て、ビキニ水爆被害患者に対し未だ何等の見舞金なし。本日政府へ厳重申入を為すと雖、予め申入を求めらる。依て緒方副総理に電話を以て其旨を通ぜしに、政府は既に数日前閣議決定をなしたるに付、最早実行せられしならん。然るに斯かる請求を受くるに於ては、本日の閣議に諮り急速進捗を期すべしと答ふ。依て其旨直に斎藤知事に伝ふ。

登院。修養団編纂松川富保氏、来訪す。報徳の概要に付説明す。

熊本大学教授四宮知郎理博、四宮朝子夫人と来訪す。癩患者の児童は健康者と雖、小学校に入学を拒絶せらるるの事例あり。之を参議院文部委員会に愬へしに、十月七日証人として喚問せられたりと告げ、手続に遺漏なきやう援助を求めらる。依て必要なる注意を与ふ。

小野寺吾一氏来訪、只見川発電事業視察を勧誘せらる。依て赤木博士と共に同氏に会見し、日取の大要を定む。

三島市長松田吉治氏来訪、天皇陛下伊豆へ行幸の際、市公園楽寿園へ御立寄を願ふ件に付、相談あり。斎藤知事、明日宮内庁にて打合をなすに依り、知事より推薦を乞ふべしと勧め、午後一時頃知事に面会せよと告ぐ。

一時、斎藤知事、大石、吉野新旧県議長等来訪。災害善後処理推進の為、政府へ交渉方を相談し、両院議員の協力を求む。各員より熱心なる発言あり。結局、一同大蔵主計局長及理財局長を訪問す。県両院議員は河井、森田、長島、山田、石橋、塩原、佐藤、足立、中村、勝間田、下川、長谷川、久保田諸氏なり。

四時、水爆犠牲者久保山愛吉氏の遺族を国立第一病院に弔問す。又坂口院長、栗山副院長等に対して深甚なる謝意を表す。霊前に焼香して帰る。

重也は足先負傷に付、国立第二病院に至り Röntogen 照射を受く。予の車に同乗して学校へ往復す。

夜散歩、下北沢まで往復す。


九月二十五日(土)　晴　夜驟雨あり　台風の前兆なり
賢室要道大姉第七回忌を行ふため帰郷するに付、朝東京駅へ赴くの途中、吉田首相を公邸に訪ひ、秘書官に面会し、本日羽田にて見送る能はざることを告げ、平安の旅行を祈るの挨拶を取次がれんことを依頼す。

帰郷。東京八、三〇―一四、〇四掛川、蔦ヶ谷秘書同行す。車中太田貞市氏［平塚より小田原まで］、鈴木信一氏［中狩野村、東京より小田原まで］と談話す。両氏に第十九回国会報告を呈す。又時を得て原敬日記を読む。

六時、賢室要道大姉の前夜供養を行ふ。神宮寺僧読経し、組中の人々の念仏あり。石間たみ、舘林ます子、朝比奈アキ子［二児を伴ふ］、興三、芦屋高子、山崎昇二郎列席す。修儀しめやかにして仏果を得たること疑なし。

BS日本連盟第二回理事会［九時―十二時、日本青年会館］には欠席す。

九月二十六日(日)　夜来風雨強し　三時頃より漸次晴る　冷
台風十三号は、岡山を経て日本海に出て、北海道へ急進すと云ふ。

十一時、真如寺及神宮寺僧来り、要道大姉の法要を行ふ。来会せる親戚は、山崎はま、角替利策、鈴木二平、鈴木みさ、古川くみ〔一児を伴ふ〕、稲玉むめ、矢田部昌子、神谷文吉諸氏にして、昨日来着せる近親と共に列席す。此外に隣家大村、大谷、櫛田主人も来会す。読経、焼香の後、昼食を喫し、一同神宮寺に墓参す。降雨あり、婦人多きを以て自動車三台を雇ふ。神宮寺にて東西に帰宅するものと別れ、たみ、はま、ます、アキ、興三と真如寺に参詣し、四時過帰宅す。重友及敏子の配慮周到にして、一同深く満足したり。

舘林は衆議院中共視察議員団の一員として、昨夜午後九時香港へ向ひ発程、今朝無事到着せり。

〔欄外〕吉田首相、欧米へ発途す。

九月二十七日(月)　晴　台風一過　秋空清し　冷

朝、ラジオにて青函連絡船洞爺丸、昨夜函館港外　里浜にて顚覆し、乗客千　名遭難、生存者僅に　名と伝へらる。

上京。掛川七、三九－一三、〇〇東京。直ちに登院す。事務総長より洞爺丸沈没に付、明日議院運営小委員会を開き、見舞及調査をなすの計画を聴く。重宗副議長登院、健康回復に付、挨拶を述べらる。又高級果物一籠を贈らる。

読売新聞社宗教講話会に臨み〔三時より四時まで〕、時局と報徳に関し講話をなす。聴衆約二百五十、円地与四松氏の斡旋に依る。

五時半よりNew Zealand代理公使夫妻の催に係るCocktail Partyありしも、丸山鶴吉氏の満七十歳賀莚に招かれたるを以て往訪、直に退出して丸山氏の会合に出席す〔西片町葦湯クラブ〕。出席者は後藤文夫氏、後藤　、橋本清之助氏、半井清氏、高橋雄豺氏等十一名なり。快談尽くる所なし。八時半散会す。

去二十五日、皇后陛下、御思召を以て本年製緑茶鳳苑一缶、宮中御菓子三種九箇、干瓢、蟹缶詰を下賜せられあり。恐懼感激に堪へず。

九月二十八日(火)　雨　冷

登院に先ち侍従職へ参上、当番侍従に面会して、皇后陛下へ賜品御礼の執成を願ふ。本年の緑茶は昨年に比して著しく品質の昂上を見たるも、尚改善の必要ありとの意見を述ぶ。次に三谷侍従長を訪ひ、洞爺丸事件は畢竟戦後人心の弛緩甚しきに由るものなりとの所見を告ぐ〔往時と異り天機奉伺者なし。政界の混乱亦然り。主権在民は士気昂揚せる国民にのみ認むべきなり〕。

正午、日伯中央協会の岡崎外相一行渡南米歓送午餐会に出席す。深田会長の送辞、岡崎外相の謝辞あり、代理大使も亦送別辞を述べ、日伯親善の要を熱論す。来会者二百五、六十名、其中に内田亨氏あり。

〔欄外〕日本と緬甸との賠償協定、成立せり。双方誠意を傾けて交渉せし結果にして、慶祝に堪へず。

九月二十九日(水)　曇　夕晴　冷

洞爺丸遭難者の遺体捜索は頗困難なるが如し。昨日参議院各派代表は現地へ出張したり。又国鉄所属の船舶五叟が函館にて遭難せるは甚不可解なり。

埼玉県砂防協会支部長坂本宗太郎氏来院、過日余等の支部総会に出席せしに対し、謝意を表せらる。

正午、全国治水砂防協会の有志会に出席す。出席者は徳川会長、牧野顧問、赤木常務なり。赤木氏より参議院との敷地交換は互に平等無条件にて行ふては如何との提議あり、異議なく可決す。牧野氏は早退したり。

午後二時発、深川に瑞穂産業株式会社の事業を視察す。社長楠原正秀氏より内外麦の精白配給に付説明を聴き、実地に工場及倉庫を見学す。又楠原氏の案内に依り、農林省食糧研究所を訪問す。所長農博尾崎準一氏〔東大教授〕より黄変米の毒性研究及人造米の製造に付、詳細なる説明を聴けり。

七時三十分より椿山荘にて毎日新聞社主催の友禅展示会に招かれしも、欠席したり。

九月三十日(木)　雨　冷

登院す。相変らず多数来訪者あり、中には半狂的のものあり、一々面会せず。

二時より公邸にて一木先生の追悼会の打合会あり。野口明氏より先生の口授に係れる自伝記提出せられ、二千部を印刷するに決す。而して補遺として宮内大臣中の事蹟、報徳関係、教育関係等を登載することとし、其執筆者を指名したり。又伝記出版費十三万円を得る方法に付協議し、高木三郎氏の配慮に待つことを決定したり。

日伊文化協会長田中耕太郎氏より日伊文化協定調印祝賀

会に招かれ、出席す。此席にて岡部長景氏と出会ふ。氏より伊豆観光開発に付、各方面有志と連絡せし内容に付談話あり。近く少数の有志の会合を催すことを約す。帰途、氏を同車せしめ、赤坂見附地下鉄入口にて別る。

十月一日(金) 晴 冷

登院、地方よりの上京見物人多し。

一時半より道義六団体代表者会を公邸に開く。出席者二十二名。明石氏の発議にて会名を道徳団体懇談会と定め、今後二ヶ月に一回開会すること、案内すべき代表者を定め、入会要望者の許諾は全会一致の承認を要すること、所要経費支弁の為、取敢へず各会より金五千円を醵出し、河井に於て之が取扱に任ずること等を定めたり。それより有志の意見発表あり。最後に下村寿一氏より天下に呼号するため宣言を発すべしとの提議ありて、之を可決し、起草委員七名を挙げ、来二十日会合するの申合を為したり。四時半散会す。

五時、岡崎外相の San Paulo 市四百年記念式出席の為、渡南米挨拶 Party に招かれ、出席す。盛会なり。外相に対し対緬賠償協定成立に付、努力を深謝したり。

〔欄外〕午前中緑十字会津村卓郎氏来訪、仏人ジュアン・ドゥ・　氏を同伴、紹介す。氏は去六月来日、高野山に在りて勤労に服し、近く花園村に移りて居を構へ、同村復興の為に尽力せんとすと云ふ。依て建設、農林両大臣に紹介せんとせしも、旅行不在なりしに依り、緒方副総理に紹介す。

〔欄外〕中山均氏より育英会主事塩島氏へ贈呈すべき記念品として、東京電灯株式五千円券四枚、同嘱託飯田氏へ贈呈分同上五千円券一枚、計五枚二万五千円を渡さる。

十月二日(土) 晴 冷

帰郷す。東京七、三六―一二、二五掛川(蔦ヶ谷秘書同行)、鈴木市長、志村議長、中山常務等出迎、横須賀町長鈴木純氏配慮の自動車にて同町中学校に赴き、小笠郡未亡人会の為に、未亡人に対する福祉制度及報徳に関して講話す。聴衆三百余名〔会長飯田ちよ夫人〕。三時辞去、大坂村助役富田梅太郎氏の案内に依り同村小学校に至り、同村、睦浜村有志の為に政局の現状と之が匡正策に付、一時間半に亘り講演す。聴衆四百五十名。山崎昇二郎、睦浜村長鈴木良平氏に面会す。

帰途、土方村に鷲山恭平先生を訪ひしに、病気軽快なるが如く、大に予の訪問を欣ばる。六時帰宅。横須賀よりは大貫正先生の車に乗れり。

十月三日(日)　晴　晴
九時、報徳社に出社す。九時半より常会に出席、最近の政局観の題下に厳正なる批判を下す。次で戸塚九一郎氏の講演あり。神谷副社長、河西講師及土岐章氏〔特に東京より来講せらる〕講演せらる。聴衆六百余名なり。

十一時、掛川第一小学校同窓会に出席す。戸塚氏と同行、飯田夫人案内せらる。需に応じて簡単なる祝辞を述ぶ。戸塚氏も祝詞を演ぶ。来会者五十名計り、何れも未知人なり。別室にて寿司を饗せらる。一時過辞去す。

一旦報徳社に立寄り、伊平村へ赴く。掛川二、〇八―三、二五金指―三、四五。伊平村小学校村民の為、報徳講話を為す。約一時半談畢り、天どんを饗せらる。此村は七月五日全村報徳組織を結成し、村政、農協、教育等悉く報徳人に依りて運営せられ、之を裏付けするに全村婦人の報徳活動を以てし、毎月の貯金は婦人に依りて集められ、其額十万円以上十三万円余に達す。是を以て一円融合の実挙がり、将来経済の発達見るべきものあらんとす。誠に感歎に堪へず。予の講演には隣村都田村瀧沢部落の婦人十数人、青年有志来聴あり。孰れも熱心なる実践者なり。六時二十分退出、浜松七、三六―八、〇八掛川にて帰宅す。往路金指駅には石原民次郎氏、村長前島菊雄氏出迎へられ、帰路浜松駅まで両氏同車、見送らる。親切なる取扱にして、深く感謝す。

〔欄外〕昨午後、石間たみ来宅し在り。興三結婚に付、案内を受けたるも、老令の故を以て上京する能はずと断り、祝品真綿及金一封を贈らる。

たみ子は、新夫婦は居を我家に構へ、ます子と共に余を世話することを望むと述べたり。其情貴むべきものありと雖、両人は近く新居を建築して移転するならんと告ぐ。多少了解せざりしが如く見えたり。

真綿は敏子が興三の為に丹前を作ると云ふに付、之を郷里に残し、金員のみを持帰ることに決す。

十月四日(月)　晴　冷
九時より報徳社に於て小笠郡町村長会議長会の主催に係

る議員、職員大会あり。自治功労者の表彰、災害対策及町村合併の協議等を行はるるに依り、招かれて出席す。需に応じて祝辞及地方自治体の将来に付、所懐を述ぶ。戸塚代議士、大竹県町村会長も亦演説す。来会者五百名計り、盛会なり。会了て、別室にて弁当を給せらる。一時過より二時四十分まで揮毫を為す。仲々の重労働なり。

上京三、〇三―七、五六東京。中山、野口両氏出迎ふ。一木先生書仰徳館地の一幅を携帰る。

十月五日(火)　晴　寒冷　夜雨

登院、雑務多く、来訪者相踵ぐ。緑風会例会に出席す[楠見義男氏、帰省挨拶す]。

元宮内省奥奉仕者茶話会、一時三十分より西武ビル九階食堂に開かれ、出席す。男子は木下、甘露寺、牧野、八田、松永、小山、塚原、村山諸氏、婦人は津軽、高木、万里小路、油小路、山口、岸、佐藤[看護婦]、其他十五、六名あり。茶、菓、すし、サンドウィッチ等あり。又記念の撮影をなす。凡て元女官青山元子夫人配慮の賚なり。清歓を尽し、三時半散会す。塚原侍医を皇居に送る。

泰国大使夫妻のReception 5―6pm に出席す。去八月、Wienに開かれたる万国議員会議に出席せる同国々会議長に副議長及議員四名を紹介せらる。

十月六日(水)　曇　寒

泰国議長一行、三時来訪に付、懇談会に列席すべき議員に対し出席を促し、又歓迎辞を推敲し、接待の方法を研究す[茶菓、シャンパンの用意、議場、委員室、便殿等案内]。衆議院側の待遇は、鄭重に過ぐるやの嫌あり、好適の度を得るに努む。

十二時過、全国治水砂防協会有志会に出席す。出席者は徳川会長、次田顧問なり。

三時過、泰国大使来訪、次で議長等一行六名、来訪す。先づ議長室にて接見し、次で応接室にて議員有志約二十名(議員会議列席者、昨今両年泰国視察者等)を紹介す。次に歓迎辞を述べ、議長の答辞あり。高橋(道)、山田(節)、其他より発言あり、副議長専ら対応す。茶菓を饗し、憲法、国会法、絵葉書等を贈り、最後にChampagneの盃を挙げて健康を祝し、彼よりも祝盃ありて散会す。

議場、便殿、委員室等を案内し、多大の好感を買得たり。玄関にて見送の際、最深の敬謝を表せられたり。

夜ＮＨＫ放送にて尾崎行雄翁九時二十二分逝去せし由を聴く（九五才老病）。

十月七日(木)　曇　少雨　寒

登院、橿原神宮奉賛会事務局長武若時一郎氏来訪、事務に付打合せを為す。

尾崎翁逝去に付、衆議院より交渉を受く。参議院は大体先例に依りて取扱ふも、議院運営委員会の決定を俟てする旨を答へたり。明日議運理事会を開くに決し、其用意を為す。

十時半出発、逗子に尾崎家を弔問す。門前に於て霊車と出会ふ。行輝氏と目礼を交はしたるのみ。

鎌倉に出て、駅附近にてネクタイを求め、又、野口、石田、桑原三氏の為、中食のパンを買ひたる上、極楽寺清福寺　　別邸にて静養中なる川上嘉市氏夫人を見舞ふ。

会談約一時間、携ふる所のサンドウィッチを喫して辞去す。片瀬、藤沢、戸塚新道、保土ヶ谷、京浜第二国道を経て参議院に帰る。四時。

七時半、築地西本願寺に尾崎翁の通夜をなし、行輝氏に弔意を述べ、八時半帰宅す。

十月八日(金)　雨　冷

院内にて坂部村小学校五年生（教員、杉本荘一郎氏等）に面会す。

下阿多古村長西尾俊二氏来訪、同村に報徳社結社成りたるに付、懇演を依頼せらる。依て十一月六日を約す。

小林次郎氏来訪、憲法改正会議を報告す。又各種革進運動に付内話あり。次に貴族院勅選有志の憲法改正研究会に関する報告あり、松本烝治博士の意見を聴く。

重宗副議長来訪す。大に健康を回復せりと雖、尚当分静養を要すと云ふ。休会中にて別段の用事なき故、温泉にて休養せられんことを勧む。

十時、議院運営理事会あり。尾崎行雄氏に贈呈すべき弔辞に付決定し、葬儀の日、議長霊前に於て朗読することに決す。尚休会中なるに由り、取扱の慎重を期する為、来十一日議運を開きて確定することとなせり。

決算委員会附専門員の選出に付、審査会を開き一人を認むることとせり。

映画を看る。吉田首相外遊、久保山愛吉氏の逝去、洞爺丸遭難等に関するものなり。

木内四郎氏来訪、奥野法制局長の最高裁判所判事に転任するやう田中長官に交渉するやう申入あり。之を諾し、従来の経過を説明す。

〔欄外〕倉田専門員編成に係る木曽視察旅行は、十三日出発、十五日帰京の計画なりしも、故尾崎翁の葬儀十三日に行はるる予定となりしため、十四日出発、十五日帰京に改められたき旨、倉田氏及赤木博士に交渉することに決す。

午後麻布中学園二年生相模湖にて乗船沈没し、二十名の行衛不明者を生じたる由、夜放送あり。原因は定員超過乗船に在るが如し。是れ国民一般の精神堕落に帰すべきのみ。

十月九日(土)　冷雨　曇　寒気遽来

赤木博士来室、静岡県災害視察に付、報告せらる。

和歌山県会議長［砂防協会支部長］平越孝一氏、県議、土木委員長浦上賢一氏、県議、副支部長宮下武彦氏来訪。赤木氏と共に面会す。災害復旧工事は予定の如く竣工せしも、大蔵省より予定補助額の支出なし。而して同省査定官は前来の査定官の承認に拘らず、重ねて査定中なり。一方県は工事人に対しては支払義務遅延し、之が為に財政赤字十五億円に上り、困難を極むと云ふ。依て其事実を記載して報告せよと告げたるに、此種不当行為に付、和歌山県のみが大蔵省に抗議するときは、将来和歌山県の後難恐るべしと答ふ。依て各府県連合して報告せよと告げたり。又各所大規模の災害に対処するため、砂防課に林務部の治山課の一部を取纏め施工し、緊急万全の道を採ることとなし、治山課に対しては課を廃止したるに非ざるを告げたるに、課員は直に之を林野庁に報告し、県と林野庁及本省との関係円滑を欠くに至り、後難の虞増大せりと謂ふ。官僚の害悪、斯の如くんば其原因を絶つを要し、行政セイリの必要を痛感したり。

元侍従牧野貞亮氏、一時来訪、令息就職に付依頼せらる。

二時出発、松本烝治博士を弔問す。博士は十月二十三日生にして、予の一日の兄なり。昨日法廷に於て脳溢血にて倒れ、夜逝去せり。対面訣別す。

議長公邸にて衣を更め、柳田国男氏と会見す。旧誼欣ぶべし。日本国民性の将来、皇室の性格など愛国の意見を述べらる。

午後五時半より公邸に於て旧書記官長、旧新事務総長等を招き、晩餐を饗す。柳田、長、小林、近藤、芥川、河野次官〔長〕及小田秘書室長出席す。旧暦九月十三夜に当るも、深曇無月なり。先づ記念撮影を為し、月に因める料理を味ひ、議院絵葉書及月餅を頒つ。柳田氏喜悦満面、一同大に寛ろぐ。八時半頃散会、自動車を提供す［初めに菓子ふる里、淡茶を呈す］。

〔欄外〕相模湖遭難生徒は二十二名と確定す。昨夜は全員の屍体発見せられず、本日午前全員引揚げられたり。

〔欄外〕余の麦食意見は、七月六日の週刊朝日に徳川夢声氏との対談のま丶Posterとなりて電車内に掲げられたりと云ふ。一也の実見報告なり。

〔欄外〕入野村稲垣佳泉氏来訪、令息（明治大学法学部）の為に就職（実業界）を求めらる。学校の推薦に基き、受験すべき旨を諭す。

〔欄外〕興三、米国留学第一次試験に合格せりと云ふ。依て本日上床教授を煩はして、南原博士に推薦を乞ふため博士を往訪せりと云ふ。


十月十日(日)　曇　寒冷　手指の水虫殆全治す
九時過、石間俊次氏、子息同伴来訪す。氏はソ連より帰国後、東京（国立町青柳六九三）に在りて計理士業を営み、子息は歯科医の手伝を為すと云ふ。来訪の目的は就職を求むるに在り。官界へは有資格者たるを要し、実業界へは予の推薦力の足らざるを告ぐ。

十時半頃、塩島金一郎氏、夫人と共に来訪す。静岡育英会主事解任に付、永年尽瘁に対する感謝状と共に、記念品として東京電　五千円株券四枚を呈す。氏は夫人と共に感激して謝意を表す。

十一時過、鈴木みさ子、山口みよ子来訪す。興三の結婚に付、祝意を表せらる。

三時、故松本烝治博士の告別式あり、青山斎場に到りて訣別す。会葬者甚多し。以て博士の声誉高かりしを知る［正三位に叙し、勲一等（旭）を賜はる］。

参議院にて衣を更め、中華民国大使館双十節賀会に出席す。一等秘書万催秋氏より中国青年党代表国民大会代表たる陳啓天氏の訪問を受くることを求めらる。乃ち十二日午後二時来院を需む。岸倉松氏と同車、氏を其邸に送らしむ。

〔欄外〕佐野市に於ける参議院の選挙に関し、候補者柏木庫治氏より参議院議長として余の推薦広告を得たしと申入れらる。緑風会最高幹部の意向に任すべしと答ふ。

十月十一日(月) 冷雨 医務室にて水虫の治療を受く
全快と信じたるも尚当分治療手当を要すと云ふ

朝、中山均氏より電話あり。育英会より信和会へ引き継ぐべき財産を明確ならしむる為、緒明、松井、塩島三氏と会見したしと申入れらる。依て松井、緒明両氏と電話にて打合せ、十三日午前十時半静岡県事務所にて会合することに決し、其旨を関係四氏に通知したり(野口氏担任)。

朝、徳川公より電話を以て、家政相談人会を十八日三時半より開会したしと申入れらる。渋沢、植村両氏と打合せたる結果なるが如し。出席を約す。

議院運営委員会に出席す。故尾崎行雄氏へ贈呈すべき弔辞を決定す。北海道其他の風災対策決定のため、臨時国会の召集を要求するの件発議あり。

土岐章氏来訪す。同氏の主唱に係る国産奨励及貯蓄奨励の運動は、政府及広汎なる当業者の賛同を博し、所要資金の供給を得べきに依り、官界、政界及実業界の代表者を工業倶楽部に招き、打合を為したきに付、余及堤衆院議長の推薦を得たしと申入れらる。予に関する限り異議なきを答へ、堤議長へは予よりも依頼すべしと答ふ。

緑風会事務室に立寄り、佐野市に於ける選挙の状勢を問ふ。

東洋軒より興三結婚披露茶話会及晩餐会の献立及料金見積書を提出せしむ。

あく洗業者来り、食堂の間を洗滌す。

丸山方作氏に対し米寿祝記念芋の図、拝謝の書状を呈す。又県教育委員会勤務飯田林平氏に対し、育英会の改組を告げ、氏の嘱託を解くに依り、来二十日謝状及記念品を贈呈すべしと通告す。

〔欄外〕東北大学教授近藤正二医博は、米の偏食は短命にして、特に脳溢血の原因たること多しと発表し、麦、甘藷、蔬菜(人参、かぼちゃ、大豆等)及魚貝の混食を推称せり(毎日紙)。

十月十二日(火)　冷雨　昨夜鼻血出づ　血圧を計りしに一五〇－八二なり

朝、興三の為に南原先生へ電話を以て米国留学推薦を謝し、将来の配慮を乞ふ。

議院にて内田明氏と会見す。牧野貞亮氏長男の国会図書館大久保利謙氏の下に働く余地なきやを相談す。満員の為当分其見込なしと答へらる。依て牧野氏へ其旨を申送る。履歴書は留置き、小田室長に託したり。

赤木博士来訪、木曽、愛媛、大分、福岡、只見川視察并秋田砂防旅行に付打合せ、又砂防会館建築敷地交換に付、評議員会を開くの件に付協議、決定す。

苫米地義三氏来訪、楠見義男氏、佐野選挙に出馬せざるに付、質問を受く。又六月三日の衆議院に於ける会期延長の議決は、参議院に於て将来の先例となさずと議決すべしとの意見を述べらる。予は、参議院の議事は彼の如き状態に陥ることなしと信ずと述べ、衆議院の議事の効力を参議院に於て批判するは不当なりと答へ、氏の意見に反対す。

緑風会の定例集会に出席す。⑴尾崎氏の葬儀次第に付報告し、⑵洞爺丸事件に付、調査委員を置くの件に関し、北海道の台風被害は農産、林産、建物等に付、激甚なりし由を報告し、臨時国会召集運動に化するならんと告ぐ。⑶久保山愛吉氏の葬儀に関し、政争利用の具に供せられんとせしことあるを報告す。

中国青年党代表国民大会代表陳啓天氏、一等書記官崔万秋に伴はれて来訪す。参議院の性格、新政党の成否、共産勢力浸透実情如何等に付、質問を受く。率直なる意見を開陳す。対談四十分。

小塩孫八氏来訪す。老人ホームに在る老人の治療を無料とするの要望を厚生大臣に申出づること及年中行事の中に老人の日を設くるの要望を提出せらる。後者に関しては請願書を提出せらるるやう勧告す。小塩氏と来十九日厚生大臣の社会福祉事業大会出席に関して打合せを為す。

本日も室のあく洗ひを為す。又壁の塗換を行ふ。

七時過、二宮四郎氏、突然来訪す。氏は築地魚市場内にて寺田甚吉氏を会長とする塩鹹魚保管倉庫業を掌り、一昨年は順境に恵まれしも、昨年は春来不況に陥り、都に対する倉庫賃貸料の支払にも窮するに至り、本年は若干回復せしも経営不振なりと云ふ。之が打開策を問はる。

氏は曾て小金義照氏に相談せしことありしと云ふに付、同氏に指導を受けるやう勧告せり。報徳主義実行を期する廉ありと雖、全体に対し未甚だ徹底せざるが如し。談話長きに亘り、迷惑せり。

〔欄外〕昨夜不眠、午前一時まで読書、原敬日記第五巻を読了す。今朝七時半、起床す。

十月十三日(水)　快晴　寒

堤衆議院議長に土岐章氏を紹介する手紙を書き、之を送届く〔其旨を土岐氏御宅へ通ず〕。

徳川家正公より家政相談人会開会の日取に付、渋沢氏の都合悪しき由にて、一旦決定せし日の変更を申出でらる。結局二十二日に変更す。

有田町長松本康氏等来訪〔水道布設の件〕、北海道議会議員田中巖氏外二名来訪〔災害対策急設要望〕、焼津水産業代表数名来訪〔水爆犠牲者補償要望〕、東京都母の会代表五名来訪、ヒロポン防止急施要望、夫々面会、処理す。

十一時、静岡育英会緒明、松井両理事、塩島元主事と信和会々長中山均氏と県出張所に会合し、育英会の財産譲渡に付、正確なる計算を為す。

十一時議運理事会、十二時議運開会、決算委員会附専門員承認の件、尾崎行雄氏へ弔辞贈呈の件を議す。議運にては福永官房長官の出席を求め、臨時国会召集は何日頃に於てするかを質問す。

一時、尾崎行雄君の衆議院葬、築地本願寺にて行はれしに由り、十二時半参会、式次に従て参議院の弔辞を朗読す。三時、告別式の終るまで列立す。

田中最高裁判所長官に面会し、再び奥村法制局長を最高裁判事に採用されんことを要望す。長官は前回の如く面倒なる理窟を言はず。故に政府より推薦せしむるの余地あるを認め、緒方副総理に依頼せんことを決意したり。

夜、木内四郎氏に電話し、同氏よりも緒方氏へ申入るることを頼む。

三時半、Dr. Bell and Mme 来訪、日本の政情、経済事情、共産党侵入の可能性等に付質問す。

細田読売記者より、同紙八十年記念号に執筆を求めらる。時間なきを以て趣旨を口述す。

若杉家より家具を送来る。母子来訪、据付を為す。十時過帰る。

鈴木洋子、七時頃帰来る。

十月十四日(木)　快晴　寒冷

参院農林専門員倉田吉雄博士の案内にて、木曽美林視察旅行を為す。赤木博士同行せらる。中山秘書随行す。又林野庁よりは監査課長島本貞哉氏、特に案内役として出張せらる。

新宿八、一〇－一三、二九塩尻（乗換）、塩尻一三、三四－一四、五八上松に乗る。新宿、塩尻間は松本行準急行列車にして、超満員なり。

塩尻にて乗換へたる時、福島町助役　　　　氏等来迎、林野払下の件、福島、上松間軌道敷設の件に付陳情す。営林局移転に因る土地衰微を防止する為なるが如きも、主張は我利的にして必しも正当ならず。

福島より営林局長川田正夫氏同車し、案内せらる。上松にて運転事務所長柳文治郎氏、営林署長牛山六郎氏、町長、県議其他の出迎を受く。先づ運転事務署長の案内にて機械車輛の工場を視察し、又椪積現場を視察す。三時半頃森林鉄道に乗り、五時頃小川入伐木事務所に達す。継る所の森林は良く管理せられ、旧時の如く最上の美林なり。天気清澄、寒冷身に沁み、心身自ら粛然たり。事務所にて一同会食し、塵界の煩累を忘る。夜、新築せる別室に眠る。

今夏清宮内親王殿下御宿泊あらせられしと云ふ。予の筆に成れる扁額を掲ぐ。

〔欄外〕出発に先ち、緒方副総理に電話を以て、奥野法制局長の最高裁判官転任に付、依頼す。車中八王子より事務総長に電報を送り、右件の報告をなし、配慮を頼む。

十月十五日(金)　晴　寒（霜あり）

八時出発、林鉄にて小川入、元備林に入り三㎞にて下車、扁松林を視る。鬱閉を解ける箇所にはあすなろ群生し、檜の次代を継がんとするの概あり。又疎開不足の箇所には、檜の幼樹生長良し。依之、次代林相を左右するの方法、自ら現はる。又木登り方法五種を示さる。材積はha300㎥程度にし、枝下20m内外、天下第一の美林なり。脚下は細根、絨の如く落葉之を蔽ひ、足触り甚快し。渓流は花崗岩の上を流れ、清澄透徹す。徒歩三㎞にして林鉄に乗り、事務所の前にて所員諸氏と別れ、上松に帰る。

自動車にて寝覚に至り、町長、県議、其他の案内にて臨川寺に下りて展望し、了て街角越前屋方にて名物蕎麦を饗せらる。

自動車にて野尻営林署に至り、署長［技官漆戸啓］の案内にて選材機の使用を見る。再び林鉄に乗り、阿寺の林相を見て還る。野尻より自動車に依り、夕、三留野営林署（署長技師篠原幹夫氏）附属宿舎に入り、一泊す。一同と会食す。野尻より三留野に至るの間、渓流の荒廃甚しく、鉄道を脅すもの二箇所あり。

昨夕、今朝赤沢伐木事務所にて揮毫を為す。宿舎の名を去来荘と名く。司馬温公真率銘中、不迎客来不送客去の語に取れるなり。而して荘名を檜板に墨書す。

十月十六日(土)　晴　寒和ぐ
朝、宿舎にて眺望を擅にす。対岸国有林には崩壊二ヶ所あり、又此宿舎の所在は昭和九年大崩壊の跡地にして、防備未完からず。

出発前、需められて揮毫す。

帰京。三留野一〇、　―一三、一二名古屋（乗換）一三、五〇―二〇、〇八東京。

落合川の木曽川に合流点は、車中より詳かに展望するを得たり。水清澄にして沈砂の状態を知るを得たり。

比国新聞記者団歓迎午餐会ありしも欠席す。

重友、泰治来泊す。夕、高子、昌子、大森しづ子等来賀す。明日興三の結婚式を挙ぐるを以てなり。

十月十七日(日)　晴　冷
興三は若杉孝平氏長女敬子と千束カトリック教会に於て、神父塚本昇二氏の司式に依り結婚式を挙ぐ。杉山東一氏、同令夫人の媒酌せらる。両家の親族臨席す。了て記念撮影を為す。河井側十六名、若杉側十九名なり。
三時、参議院議長公邸に於て披露の茶会を開く。招待せし範囲は、親戚及両人に最関係深かりし少数の人々なり。河井側三十二名（弥八、興三、重友、泰治、ます、アキ、昇三郎、高、利策、二平、洋子、みさ、しづ、昌子、公二、一也、葉子、成也。日高孝次、同夫人、上床国夫、関屋衣子、内田明、同夫人、石和田靖章、古谷進、藤井忠彦、淵田隆門、藤井清光、平川誠一、野口寛）。若杉側二十一名（若杉孝平、ふみ、紀久子、直行、従子、敬子、尚子、和子、塚本昇二、森本クミ子、榛葉孝平、同夫人、榛葉勇次郎、鍵富貞、杉山東一、同夫人、荒成子、平賀美津子、遠山由利子、飯島和子、大内敬子）にして、杉山媒酌人の紹介あり。上床教授、塚本神父より祝辞を述べらる。五時頃散会す。

七時より親戚のみにて晩餐会を開く。出席者は河井側二十名（弥八、興三、重友、泰治、ます、アキ、昇三郎、高、利策、ふみ、二平、洋子、みさ、しづ、昌子、公二、一也、葉子、成也、野口寛）、若杉側十五名（孝平、ふみ、紀久子、直行、従子、敬子、尚子、和子、森本フミ子、榛葉孝平、夫人露子、榛葉勇次郎、鍵富貞、杉山東一、同夫人春子）。弥八及孝平より出席の親戚を紹介す。興三、敬子は八時　発列車にて熱海へ旅行す。

興三の結婚に依り我家繁栄の基完し、歓抃の至なり。故妻の喜悦如何計りかと想察せられ、影前に香を焼いて祝意を表したり。式も茶会も晩餐会も簡素を旨とし、多費に陥らざるやう努めたり。挙式謝礼三千円。茶会費一人当四百五十円、晩餐費七百円の予算なり。

興三等は今夕熱海泊、十八日湯ヶ島泊、十九日、二十日掛川泊、墓参、榛葉家往訪の上、二十一日帰京する予定なり。

佐野市に於ける参議院全国区選挙やり直し行はる。

十月十八日(月)　雨　寒

佐野市に於ける投票開票の結果は、六年議員に大倉精一氏（左社）、関根久蔵氏（自）、大谷贇雄氏（自）当選し、三年議員に八木秀次氏（右社）、平林剛氏（左社）、柏木庫治氏（緑）当選す。結局立候補せざりし楠見義男氏に代り、平林剛氏が就任せしのみなり。

靖国神社秋季大祭に付、参拝す。八時三十分参着、祭儀に列す。勅使御拝あり、盛儀なり。九時四十分頃式畢るの予定が延引したるを以て、十時退出せり。予定の務めある者には遺憾なり。此日同席せしは草葉厚生大臣、野村吉三郎、及川古志郎、鈴木虎雄〔孝〕、三大将、外一氏のみ。何となく心寂しく感じたり。

洞爺丸遭難代議士富吉英二氏、菊川忠雄氏の社会党葬、青山斎場に於て行はる。会葬参拝す。生花を奠せり。

十月十九日(火)　曇　冷

登院の途次、柏木庫治氏を訪ひ、当選を祝す。

十一時半頃緑風会に出頭し、柏木氏当選祝賀会に出席する能はざることを告ぐ。

印度国会議員国際連盟総会元議長　Pandit 夫人来訪

す。佐藤尚武氏と共に面会す。博学明朗、優雅なる美夫人なり。

十二時自動車にて出発、徳川家正公と同車、草葉厚生大臣の静岡県社会福祉事業視察旅行の案内を為す。大臣は本日の閣議終了したるを以て、出発時を一時間繰上げたるなり。三時半、三島に入り、県庁側より案内せられて市立三島病院を視察す。院長河合五郎氏、詳細に院内を案内せらる。それより四時半頃湯の家に到着し、臼井会長、渡辺寮長の説明及案内あり。五時出発、江ノ浦、沼津、富士を経て、六時半興津水口屋旅館に投宿す。

水口屋にて県社会事業協会長小塩孫八氏主催の大臣歓迎晩餐会に陪席す。吉岡副知事、田口出納長、　　厚生部長等同席す。

〔欄外〕Sir Thomas Elskin May, Parliamentary law, Usage and Practice を購ふ。代5040円を丸善へ支払ふ。

十月二十日（水）　晴　暖

厚生大臣に随従し、八時半水口屋出発、三保老人ホーム［清水市立］を視察して、在寮老人を慰問す。三保岬の絶端、最勝の景を占む。清水、草薙を経て九時半頃、市内県民会館に入る。十時より第一回県社会福祉事業大会に臨席す。先づ各種功労者に対する表彰を行ひ、厚生大臣の次に祝辞を述ぶ。皇室の慈善事業史、県内民間人の救済事業（復生院、富士育児院、聖隷学園、静岡盲人寮を挙ぐ）、社会福祉事業法の制定、現下の急務ヒロポンの撃退、社会保障制度への展望を骨子とせり。徳川家正公、県議会議長、静岡市長、県町村会長等の祝辞あり。続いて草葉大臣の講演ありて散会す。それより中島屋方にて午餐を饗せらる。一時より静岡乳児院、千代田寮、療護院、老人寮を視察す。二時半、大臣は自動車にて帰途に就く。予は徳川公を大東館に送り、公と共に少憩、四時発上り湘南電車に公を送りたる上、小塩氏と別れ、自動車にて（用宗、焼津、藤枝、島田、金谷経由）六時頃帰宅す。自動車は警察署に託し、石田、桑原両氏は富田方に泊る。

静岡市中島屋方に静岡育英会嘱託として永年尽瘁せられたる飯田林平氏の来訪を求め、徳川総裁臨席の下に感謝状及記念品（東京電力五千円株券一枚）を贈呈す。

興三等在宅す。墓参、初馬、榛葉家訪問を了れりと云ふ。明日帰京の筈。

十月二十一日(木)　晴　暖

一昨日来、自動車旅行の為にや咽喉腔張の気味あり、感冒に罹れるものの如し。長途旅行に備ふる為、九時半、舟木博士の検診を受く。博士は左肺後下部にラッセルあるを以て旅行の危険なるを告ぐ。然れども中止し難きを以て、明朝松山日赤病院にて診察を受くることとして出発す。

掛川市役所に鈴木市長を訪ふ。市長及志村議長より市水道拡張三年計画に付説明あり。明年度ヨサンに於て若干たりとも補助の決定を得たしと依頼せらる。

商工会議所を訪ふ。内田会頭、松村副会頭等（馬場、早瀬、其他諸氏）に対し掛川振興策として、⑴物価二割の引下、⑵製茶取引の中心地とすること、⑶駅附近にHotelを新築することに関し意見を開陳す。十時五十分西下。

磐田市に青山士氏を見舞ひしに、病気全快せしに依り明日県庁に出頭すべしと告げられ、又大に砂防協会支部より贈呈せし見舞金を感謝せらる。次に神谷方を訪ひしに、文吉氏不在、母堂に面会して浜松へ向ふ。十二時浜松駅着、自動車は掛川宅を経て東京へ帰ることとす。興三夫婦は自動車に依り三島まで帰り、それより鉄道に依ることとならんか。

十二時三十七分浜松発特急つばめに乗る。野口秘書同行す。車中には和蘭大使夫妻及令息、井上匡四郎氏、中橋武一氏、豊田雅孝氏、同令夫人等在り。満員なり。車中より稲作を見るに、風害意外に多し。

五時大阪着、三島、泰治、角替及松本堅三郎氏の出迎を受く。堅三郎氏は此程令息を喪ひたりと云ふ。同情に堪へず。四国行の準急列車に乗換へ、府知事秘書課長井上俊雄氏来迎、知事よりの敬意を伝へらる。十七時二十分発、十八時二分神戸着、赤木博士（昨夕東京発、本日午前姫路市に於ける県農協大会に臨席せらる）、昇三郎及兵庫県秘書課員出迎、十九時乗船までOriental Hotelに休憩するため案内せらる［泰治は神戸まで同車す。今夕上京すと云ふ］。岸本知事Hotelに来り、Grillにて晩餐を饗せらる。十九時三十分明石丸に乗る。知事、昇三郎等見送らる。又知事より果物一籠を贈らる。厚意謝するに辞なし。夜の航海平穏なり。

田中最高裁判所長官より、今夕receptionに招かれしも、旅行の為欠席す。

十月二十二日（金）　晴　暖

昨夜来航海静穏にして能く睡眠したり。只感冒の為、気分軽快に至らず。六時覚眠、八時二十分高浜港に到着、八時三十分上陸す。県砂防課長池田七郎氏、同主事藤井清三郎氏、河口課長川口正弥氏、四国林業社長植村実氏等出迎へられ、自動車にて道後温泉鮒屋方に案内せらる。

久松知事は東京より帰任の時、明石丸に同船する由なりし処、飛行機大阪に遅着の為、準急に依り九時三十分頃松山着となれりと聞く。

鮒屋にて土木部長大野唯糊氏、秘書課長塩見博氏、重信川工事事務所長本多博明氏等と出会ひ、砂防協会愛媛県支部総会、今明両日の視察箇所に付、打合をなす。

十時出発、松山日赤病院に至り、診察を受く。院長は安井英二氏の令弟にして、玉置恪三博士なり。内科部長診察の結果、後肺下部に摩擦音あるも、強ひて旅行を中止するに及ばず。病名は軽き感冒なりとて、散薬を授けらる。

知事公邸に知事を訪問す。偶ま来訪せる新聞記者と会見し、余等来県の要件を問はる。乃ち砂防の切要なることを明快に説明し、之が為に行政の一貫性の緊要なるを強調したり。

十一時、県庁なる砂防協会支部大会に出席す。知事の挨拶に次ぎ、余、赤木博士演説し、十二時三十分頃散会す。会衆二百、盛会なり。

県貴賓館にて中食し、二時出発、本多重信川工事事務所長、中国四国地方建設局技官矢吹捷兵氏（横河原出張所）の案内にて横河原出張所に至り、架橋工事の状況、床固めの現場及北吉井村地内除《よけ》damを視察す。村長渡部勇次郎氏、出張所に来り、盛に工事の不全を批評す。此村一帯に亘り人気悪しく、矢吹技官など大に当惑すと聞く。重信川治水に関しても、最上流山地の砂防は今尚閑却せられ居るが如し。当局の考方顚倒せるの感を抱かしむ。

帰途、石手川畔相向寺に加藤拓川先生の墓に詣ず。本堂建設工事中にして住職在らず、参礼の後空しく帰る。

鮒屋にて支部主催晩餐会あり、出席す。来会者百名計り。頗盛会なり。知事も出席す。

久松知事に誘はれて清快楼と云ふ旅館兼料亭へ赴く。赤木氏と同道なり。待つこと一時間許り、参院豊田雅孝氏来着し、再び晩餐を重ぬ。商工労働部長大西忠氏同席す。風邪の為、心身軽快ならず、九時頃帰る。

〔欄外〕支部長篠崎恭《けう》之進氏、池田砂防課長報告。県内砂防要地一九四所、緊急五ヶ年計画［九一河川、二七億円内394,000,000、完成14％］。地すべり海岸沈下一五〇所。

中食後別室にて南予地区代表数氏と会見す。要求する所は、近永町に於ける政府の酒精製造工場にては、原料として輸入の糖蜜を用ゐ、甘藷の使用を廃止したり。斯の如きは該工場建設の時、農民に与へたる期待を無視するものなるに由り、糖蜜使用を廃止して甘藷を使用せられたしと云ふに在り。取敢へず森参院農林委員長に陳情すべしと答ふ。甘藷は高系四号にして生三〇－三五円、干一二〇－一三〇なり。

十月二十三日(土)　快晴　暖

昨夜長寝、心気未だ快からず。八時出発、本日も自動車旅行なり。重信川架橋の箇所を過ぎ、川上、桜樹両村を経て中川村に入り、中山川を上流より視察す（車中）。支流関屋川に施工せる工事の結果を視察し三小支南谷川、うるめ川、田瀧川を視たり。砂防工は進捗中なるも、水源地に新なる崩壊を生じあり、之が手当の急要なるを警告す。中川村は関屋川の氾濫の為、全村荒廃の極に達せしに、村長越智茂登太氏、熱心に砂防を提唱し、県会議長となり、其偉績今に現はれ、昔日の荒蕪地は変じて果樹園となり、柿、蜜柑、ハゼ茶など栽培せられ、富裕なる優良村と化せりと云ふ。昨年一月みぞれの中に予等を迎へたる村民は、感謝と明朗を以て再び余等を迎へたり。

去て大明神川を視、丹原町に出て、大寿館方にて有志と会食し、陳情を聴く。此所に住友共同電力会社専務吉田徳三郎氏及工務部長新井止郎氏来訪し、奈波利川発電許可要請に付陳情す。

食後、壬生川町北条なる崩口川なる悪水路を視察す。地盤沈下の為、急速に措置を要するものなり。それより海岸地方の被害を見る。桜井町、今治市を過ぎ、越智郡波方村（防波堤及漁船の破壊）、亀岡村（防波堤破壊）、菊間町（同上）、温泉郡浅海村（同上及稲作被害）、北条町（同上）、河野村（同上）、粟井村（同上）等を視察して、五時半頃宿舎鮒屋に帰る。入浴の後、鮒屋方にて久松知事より晩餐を饗せらる。

西独独立、占領終結の決議、昨日調印せらる。国際間の平和に寄与する大なるものあらん。

比国新聞記者十一名、参議院に来訪す。

〔欄外〕食後知事と単独会見、明年知事立候補の場合に付、意見を交換す。

十月二十四日(日)　快晴　暖　生後二八一二三日にして
満七十七才なり

七時四十分、旅館鮒屋を発す。大分県砂防課技師吉松明俊氏昨夜来着、本日より案内せらる。途中、久松知事邸に刺を通し、謝意を表す。又日赤病院長玉置恪三氏に対しては、池田砂防課長に挨拶の名刺を託す。八時十分高浜港着、九時、関西汽船あけぼの丸に乗りて発す。二時別府着、上陸。直ちに鶴田ホテル方に催されたる大分県砂防協会支部総会に出席す。支部長は県議長岩崎貢氏にして、開会の挨拶を述ぶ。余は赤木博士と共に各一場の演説を為す。終て晩餐会あり、六時辞去、観海寺なる杉の井旅館に投ず。簡単なる茶漬飯を食ふ。余の宿泊せる所は山陽の間にして、独立の家屋なり。客室、寝室、次の間、浴室、台所等一切を完備し、眺望雄大にして別府湾を瞰下す。真に贅沢の極なり。榛葉朗氏来訪す。

〔欄外〕旅館杉の井方にて、熊本県砂防協会長田村岩男氏より同県に於ける砂防の促進を要請せられ、又球磨郡水上村長東一氏より同村の被害復旧及災害防止に付、同郡久米村長宮原林助氏より同一趣旨の陳情を受く。憶ふに球磨郡奥地の災害は激甚を極め、昨年の有田川上流に於けるが如きものならんか。当局者に説明を求むるの要ありと信ず。

十月二十五日(月)　小雨　曇　寒

八時、杉の井旅館発車、由布院町を経て、筑後川最上流玖珠川荒廃状況の視察を為す。九時三十分、野上町役場に至り、九州地建局長伊藤　　氏と合す〔氏は今朝日田より来れり〕。伊藤局長、野上町長佐藤元紀氏、飯田《はんだ》村長時松亀久氏、玖珠町長小野清人氏の案内にてJeepに分乗して九時四十分出発す。玖珠川荒廃は両側山崩甚しく、目下道路の修理中にして砂防までは行届かず。険路を冒して進み、十時四十分、高台地なる飯田村役場に達す。それより直ちに白水川最上の硫黄採収現場〔高一六〇〇米〕へ向へり。九重硫黄株式会社九重山硫黄鉱業所長諏訪秀雄氏、案内せらる。採収所に達する途上の谿間に砂防堰堤二基完成しあり、当局の労を多とす。採収の状況を見て、諏訪所長より説明を聴きて下山し、鉱業所向側なる所長宅〔高一二〇〇米〕に入り少憩、弁当を喫す。出発の時、村婦人会代表数名と会見す。それより役場附近まで降り、転じて筋湯川及地熱発電掘鑿工事を見る。三時退出、来路を経て野上町役場に至り、乗用車に乗換へ、五時由布院町山水館に投ず〔海抜五〇〇米、薄寒し〕。山水楼にて町村有志の歓迎会に臨む。例に依りて多数の陳情と夥多の酒肴あり。此館の建物は元運輸省の修錬道場たりし由、大宴会場、浴場など旧時の観を存す。

芥川事務総長より、二十四日議運委員会にて英国両院議員を日本の両議長より招待する件を可決せし由、電報を受く。

〔欄外〕九州電力会社森恒忠氏、特に出張現場にて説明せらる。

十月二十六日(火)　曇　午後晴　寒

朝、旅館にて松原一彦氏へ葉書を認め、八時出発す。Jeepにて由布岳、飛岳の間を登り、塚原部落を過ぎ、十文字原にて由布岳の大崩壊を水源とする戦川の渓水を横ぎり、其下に建設中なる国営堰堤工事を見る。工事は戦時着手せしが未半に至らずして中止したるものにして、今後満二ヶ年を要するものなり。位置宜しく砂防の効果を十分に発揮すべしと認めたり。それより工事事務所に立寄り、所員に感謝し、激励の為に拙歌を認む。再び十文字原に出て、別府四日市県道に於て乗用車に乗換へ、南端村及津房村界にて四日市町長本多望能氏、津房村長遠嶋恒雄氏、深見村長衲《のと》習《なら》志《し》氏、安《あ》心《じ》院《む》町長矢野武夫氏及宇佐地方事務所総務課長松木秀男氏の出迎を受く。津房川に従て降るの間、津房村内にて堰堤三基を車中より望見す。何れもArek damにして位置適正、貯砂大量、其効果の著大なるを認めたり。此川は両川村にて恵良川と合流して駅《やっ》館《かん》川と称せられ、勾配緩、水量豊富にして大河の観あり。十二時三十分、四日市町奈良屋に達し、関係諸町村長及県議等集会の午餐会に臨む。本多四日市町長歓迎辞を述べ、之に対して予は一同を代表して謝辞を述べたり。

一時三十分、会場を発す〔伊藤地建局長と別る〕。宇佐神宮社務所に立寄り、正式の参拝を為す。境内森厳にして樫の大木直立し、樟の大樹と並存するを見たり。三時発車、大分市へ直行し、細田知事公邸を訪ひ、刺を通して来県の挨拶を述べ、五時旅館杉の井に入る。

杉の井にて岩男仁蔵氏（元参議院議員、県農業会議会長）の来訪を受く。榛葉朗氏も亦来る。

細田知事より一行の為に晩餐を饗せられ、出席す。

〔欄外〕舘林は中共視察旅行より無事帰京す。

十月二十七日(水)　朝小雨　冷　午後晴　薄暑

朝、松本建設福岡支店長寺田辰次郎氏来訪、九州に於ける同社事業の概況に付、談話あり。

八時十八分別府発準急列車にて門司港駅へ向ふ。下鳥土木部長、相本砂防課長、吉松砂防課技師、寺田辰次郎氏等見送らる。福岡県土木部砂防課長泉谷吉春技師、県門司砂防事務所長逸木義雄氏、行橋駅に出迎、同車し終日案内せらる。

十一時十八分門司港駅着。県土木部長飯田一実氏、県議会副議長宮本巌氏（門司市因幡町）、門司市助役柳田桃太郎氏、市工務部長吉永熊雄氏、市会副議長本谷源治氏、市会土木港湾委員長小川重一氏、小倉市長浜田良祐氏、県議［土木委員長］西村清氏、八幡市長守田道隆氏、同市建設局長山崎桂一氏等、駅頭に出迎へらる。駅長室に少憩の後、直に背後の山渓に築造せるdamを見、更に登頂各所崩壊の状況を遠望し、之に対して赤木博士より適切なる指示あり。

山を降りて関門海峡の突端に鎮座せる和布刈神社々前に在る料亭枕潮閣に誘はれ、中食す。清鮮の珍魚、羅列せらる。食間、県議豊田由松氏来り、気焔を吐く。次で嘉穂郡上穂波村長高橋宅次氏外二氏より同地方の砂防急施に付、陳情を受く。柳田助役より市立水族館に案内せられ、急速一巡して出発す。

浜田小倉市長同車し、具さに復旧工事の進捗せざる事由を愬ふ。即ち国の指定に従ひて同市が立替払せる工事費前年度分千二百万円は、未だ国庫より交付せられず、市財政は困難を極むと云ふ。車中にて被害箇所に付、説明を聴取す。二時半頃、八幡氏を通過す。市長守田道隆氏、市建設局長山崎桂一氏、県議西村清氏等の案内にて撥《ばち》川上流の荒廃状況を見る。八幡工業用水の供給減としても、砂防の必要なるを説明せられたり。

遠賀川県土木事務所に立寄り、少憩の後発車す。議副議長宮本巖氏同車、県会の実情、知事の立場等に付、説明せらる。氏の意見は極めて適切にして、能く知事を輔け、政党の不当なる行動を抑へて県政を護れりと評すべきが如し。四時頃福岡市に入り、知事公邸を訪ひ、敬意を表し、直ちに西日本ビル九階ロビーに入る。

学芸大学長藤井種太郎博士、九大文学部助教授山室三良氏待居らる。藤井博士と久濶を叙し、山室助教と初対面の挨拶を為す。総務部長三島利美氏（砂防協会支部長、故三嶋藤太氏の甥）、知事室企画局次長安永武己氏等も来会し、飯田土木部長、泉谷砂防課長、課長補佐堀悟氏、宮本県副議長等を加へて、知事杉本勝次氏より夕食（洋）を饗せらる。藤井博士は少しく健康を害せられしも力めて臨席せられ、山室助教授は余の報徳運動に付、大なる関心を寄せられ、南佐久郡鹿曲水系御牧ヶ原国営土地改良事業として開田開畑千二百町歩、畑地灌漑千二百町歩の事業進捗に付、説明せられたり。余は国民の心田開発の為にも、斯る有力人を得て衷心感謝に堪へざるものあり。

晩餐終りたる時、昨年腹痛を治療せられたる医博中尾英夫氏に、電話を以て挨拶を述ぶ。氏は余の出発を見送ると云ふに付、固辞せしも及ばず。

博多駅にて十九時十分発霧島号に乗る。飯田部長、泉谷課長、山室助教授見送らる。又中尾博士は夫人と共に来り見送られ、又菓子を贈与せらる。真に恐縮に任へず。又和蘭大使及夫人は、令息を伴ひ同車す。大使等は京都、奈良に遊び、当地へ来れりと云ふ。往復共に列車を同うす。奇遇と云ふべきなり。

小倉駅にて市長浜田良祐氏、迎送せられ、菓子を贈らる。厚意謝するに辞なし。

〔欄外〕卓上偶ま余の報徳運動談には、諸氏の深き注意を惹けり。杉本知事も大に賛意を表せられ、三井郡善導寺町元町長原氏の報徳に付て談話ありたり。

十月二十八日(木)　晴　冷　感冒悪化せざるも快癒に至らず

列車の運転粗雑なり。深夜停車、発車の時、貨物として取扱はるるが如く、毎回殆覚眠せり。然れども長時在褥せし故疲労なし。六時頃姫路にて覚眠す。和蘭大使等は大阪に下車し、特急つばめにて帰京すと云ふ。

京都より代議士中川源一郎氏と同車す。南山城寺田村所産寺田藷の甘美なることを聞けり。十七時三十七分東京着、赤木氏と同車帰宅す。

十月二十九日(金)　快晴　冷　医務室にて受診　左右後肺下部のラッセルに付注意を促さる

舘林は二十六日帰京、元気良し。興三、敬子も幸福なり。十時登院す。

宮中園遊会に召され、一時十分出発、皇居へ参入す。打毬、舞楽あり。両陛下、皇太子殿下、皇族を率ゐて御臨場あらせらる。外交団に対しては一々御握手を賜ふ。余は Imperial tent に招かる。両陛下に拝語申上ぐ。来衆二千余人、天気晴朗、北風歇みて暖和なり。三時五十分頃退出す。

土耳其大使、同夫人の reception あり、臨席す。武者小路元大使の邸を買ひたる由にて、庭園広く好適の場所なり。

〔欄外〕昇三郎来訪す。松本堅三郎氏令息死去に付、見舞金立替金五千円を返却す。

中村代議士来訪。遠州電鉄の熊村へのバス運転計画の取次をなす。余は専務及バス部長よりの説明を聴取したる上、熊村村長等と懇談することを勧告す。

十月三十日(土)　晴　冷

九時半、住友共同電力会社常務北脇　氏、工務部長新井止郎氏、来訪す。奈半利川水力開発計画に付、予に対し当局へ交渉を求む。正当なる援助は吝まざるも、交渉は拒絶す。

十時三十分、衆議院議長室に至り、実業の日本社の為に堤議長と対談を為す。

十一時三十分参内し、昨日の思召を拝謝する為記帳を為す。

十一時四十五分、東京会館に於ける土岐章氏の国産愛用推進協議会結成会に出席す。政界、業界、官界、操觚会の代表百余名出席す。土岐氏発会の趣旨を述べ、余を本日の座長に推す。余は座長として会則の制定［世話人代表を指名し、決定せしむ］、顧問の委嘱、各界代表の意見陳述等を行ひ、二時三十分散会せり。出席者の顔触れを見るに、此会の現代要請の中心たること明なり。夕、土岐氏来訪、謝意を表す。予も衷心より成功を祈る。

堤衆議院議長のMrs.Pandit招待晩餐会に出席す［七時半、Prince Hotel Annex］。一行の外、外務大臣、両院議員代表等五、六十名出席す。盛会なり。

日本赤十字社外二団体主催に係る、中華人民共和国紅十字会々長李徳全女史一行歓迎茶話会は、一行の来着遅れたるを以て、開会に至らず。

十月三十一日(月)　晴　冷
終日家居、静養に努む。九時半堀先生に就き、肺部異状音に関し診察を求む。此音は既に永年の異状にして、昭和十二年筧博士の報告書にも記載あり。爾来感冒の時は現はれ、治癒すれば消滅すと説明あり。今回感冒の為に出現せしも、特に恐るべきものに非ずと云ふ。脈搏多きは旅行に因る疲労の為なり。又尿中蛋白を認めず。微量(1%未満)の糖ありと云ふ。血圧148―90。
旅行不在中の用務を処理す。又日記を追録す。進行悪し。

十一月一日(月)　晴　寒
静岡市助役山本清太郎氏来宅、安倍川綜合開発要望書を提出す。戸塚代議士に相談することを勧む。

元参議院議員岩本月洲氏来訪、知人仏典全書刊行に付、顧問たらんことを求めらる。之を諾す。

松本勝太郎氏来訪、只見川発電工事の請負に加はりたしと告げらる。依て不日東北電力社長内ヶ嵜贇五郎氏に招かれて視察を為すに付、紹介すべしと告ぐ。

全国治水砂防協会臨時評議員会［十時、会館］あり、出席す。会館建築敷地交換の件を可決したるも、建築資金の調達に関し意見続出せしも、結局理事会に於て具体案を作り、評議員会に附議するに決定す。砂防ヨサンの増額交渉に付、石川県代表より余に対して質問あり。之に答ふ。中井一夫氏、赤木正雄氏も夫々発言す。昼食を喫して散会す。

世界連邦第二回Asia会［十時―十二時、日本青年館］に出席し、参議院議長として祝辞を述ぶ。外国人三、四十名、日本人五、六百名出席す。祝辞を了り退出。砂防協会評議員会に出席す。

学生の求職者二名（一名は一杉藤平氏推薦、一名は角替九一郎氏推薦）に面会す。

野口明氏来訪。一木先生伝記印刷費前渡金三万円の調達

を求めらる。之は一昨日野口寛秘書の取計ありたるも、余の預金より支弁することを秘書に命じて野口明氏に渡さしめたり。高木三郎氏配慮にて、入金次第返済を受くる約束なり。

Cambodia 公使の reception、光輪閣にて行はれ、出席す。三、四十分にして退出す。

印度代理大使夫妻主催の Mrs. Pandit 紹介 reception に出席す［五、三〇―三〇、大使館］。盛会なり。永〔長〕井真琴博士夫妻と出会ふ。帰途、其邸に送りて帰宅す。

夜、泰治泊す。

十一月二日(火)　晴　冷　九時まで就褥　静養す　経過良好なり

石田耕作氏、一昨日甘藷を収穫せりとて四、五百匁許を贈らる。反当二千貫の計算なり。

一時登院す。熊村昌一郎氏来訪。昨日運輸省自動車課長に面会せし結果を報告せらる。依て芥川総長を煩はすこととし、自動車局長に交渉せしむ。

医務室にて肺部の診察を受く。漸次軽快なり。体重正味十四〆。

三時、Mrs. Pandit 来訪、代理大使 Mr. Dar 夫妻、同伴す。対面の後、錦卓子覆金銀二枚（代三五〇〇、三〇〇〇、川島製）を呈す。夫人大に欣ぶ。次で応接室に誘引して、各派代表及婦人議員二十七、八名に紹介し、茶菓を呈す。予の歓迎辞、夫人の謝辞ありて後、緩々歓話せり。鶴見祐輔氏、山田節男氏、団伊能氏、甲良とみ刀自等と談笑、四時二十分、日本酒の乾杯をなして散会す。帰去に先ち、議長室にて婦人議員有志と記念撮影を為せり。

五時、Prince Hotel Annex にて、海外抑留同胞救出国民運動総本部委員長堤康次郎氏の中華人民共和国紅十字会々長李徳全女史及一行歓迎晩餐会あり、出席す。堤委員長乾杯に次で歓迎及感謝の辞を述べ、李会長之に答へ、晩餐を喫す。其間少年の Violin 吹奏、少女の独唱あり。Desert cource に入りて衆院引揚委員長山口しづえ女史の挨拶あり、次で予も需に応じて挨拶を述べ、北条秀一氏も挨拶を述ぶ。之に対して副会長廖承志氏の明確なる答辞ありて宴を了る。食後別室に於て款談あり。余は八時頃退出す。

十一月三日(水)　晴　暖

朝、泰治帰西す。漆製花瓶を与ふ。

終日家居。旅行中の用務を整理し、又日記を追録す。明治神宮大祭、橿原神宮菊花献上祭、法隆寺金堂落成式等ありしも欠席す。

十一時半、堀医師に就き、肺後下部の診察を受く。去月三十一日の症状に比して著しく治癒せりとて、旅中の心得及持薬としてオーレオマイシン・カプセル、又はテラマイシン・カプセルの用意を勧めらる。

伝書鳩一羽迷来し、能く慣れたり。一也、誠也等、一同大に欣ぶ。飽食居眠りの後、飛去す。

十一月四日(木)　晴　冷

天皇、皇后両陛下、九時十分東京駅御発車、御西下あらせられしに由り、東京駅に奉送す。天皇陛下は三島御下車、沼津御用邸に御滞泊、伊豆御巡覧あらせられ、皇后陛下は明日大津市に於ける赤十字大会に御臨席、京都御所及奈良ホテル御宿泊、桂離宮及正倉院へ行啓あらせられ、来八日、両陛下御帰京あらせらるる御予定なり。

医務室にて診察を受く。後肺下部の異状音は漸次減退

し、旅行には支障なしと云ふ。水虫の治療を受く。又旅中の備薬として、「オーレオマイシン」のカプセル入六箇を受く。

矢部和作氏来訪す。明日静岡県林業家有志数名来訪、政界の現状に関し県選出両院議員に厳重なる警告をなすべしと云ふ。第十九国会報告書、緑風会説明書及雑誌新民九月号を贈呈す。

一時半出発、公邸に至り、一木先生追悼会準備会に出席す。野口、高木、大金、三矢、小栗、明石諸氏出席す。(1)案内状を発すべき人々の範囲、(2)案内文、(3)寄附金依頼先、(4)所要経費の概算、(5)会費、(6)一木先生伝記配布先、(7)追憶談を依頼すべき人々等を協議決定し、案内書は十一月末までに発送すること、十二月十日頃準備会開催のこと等を申合せ、四時半頃散会したり。

二日行はれたる米国々会の中間選挙は、下院は民主党が優勝し、上院は共和、民主両党各四七、無所属一にして、未開票のオレゴン州議員の所属如何に繋り、民主党優勢なるが如しと放送ありたり。

土岐章氏来訪、本日郵政次官を訪問して貯蓄と国産奨励の消印を採用せられんことを求めしに、通産、大蔵両省

より要求せらるべしと答へられ、実現可能となりたりと報告せられたり。氏の熱心なる活動には敬意を捧げたり。

藤井種太郎博士、山室三良助教授に対して謝状を発す。又三宝氏へは北佐久郡御牧ヶ原灌漑事業計画書を返送したり。事業中心者は同郡五郎兵衛新田村柳沢本也氏なり。

静岡育英会と信和会との契約書に調印を為し、一通を塩島元主事へ郵送す。

十一月五日(金)　晴　暖

江川坦庵全集発行に付、序文を求められたるも、寄稿の暇なきを以て矢田部宮司を通じて辞退したるに、宮司より原稿を寄来れり。依て其中に余の意見を添加して宮司へ返送したり。著者戸羽山瀚氏なり。

加藤仁平博士、還暦祝を行はるるも、来七日には出席不能なるに由り、祝辞を起草す。浄書の上、中山秘書代読の手筈をなせり。

下条康麿氏来訪す。日大ゼミナール卒業生　　　氏を同伴す。同氏の就職の為に静岡新聞大石光之助氏へ依頼状を認め、手交す。

武若時一郎氏来訪。奉賛会役員名簿印刷に付、賛同者確定の相談を受く。

中狩野村鈴木正一氏来訪す。高瀬荘太郎氏を訪問せしも不在なりしと云ふ。

河西豊太郎氏より、来二十九日根津青山会の為に講演を依頼せらる。之を諾す。

矢部和作、加藤弘造氏、大村直氏、其他数氏来訪す。政局の現状に憤激して保守合同を要望するものなり。小林武治氏と共に面接す。

東北電力社長内ヶ崎贇五郎氏を同社東京支店に訪問す。只見川発電事業視察に付、配慮を謝す。又序を以て松本勝太郎氏の為に、松本建設が工事の競争入札に加はるやう取計を依頼す。

四時、共済会館に於ける精神衛生全国第二回大会に出席して祝辞を述ぶ。予の外に祝辞を述べたるは堤議長、緒方副総理、小原法相、大達文相及草葉厚相（代）なり。

高松宮殿下御臨時の筈なりしに、北白川宮家の御方御不幸ありし由にて、御欠席となる。

参議院秋季文化展覧会あり。一巡看覧す。

〔欄外〕緬甸との平和条約及賠償経済協定、調印せらる。之は日本外交の大成功なり。

十一月六日(土)　快晴　寒（静岡　暖）

五時五十分起床。七時三十六分東京発にて浜松に至る。十二時五十四分着。下阿多古村長西尾俊二氏、松野弘氏等の出迎を受け、自動車にて下阿多古中学校に達す（一時五十分着）。二時より全村報徳者連合会にて講演す。最後に政局打開のため国民の覚悟を促す。

国鉄中部地方自動車事務所長小早川唯一氏、二俣に出張中なる由にて、熊村村長と共に阿多古中学校に来訪す。熊村、浜松間国鉄バス運転の件に付、面談す。三時五十分出発。宮口、浜松間のバス出願線走路を視察す。熊村村長、大富部上阿多古村長、西尾下阿多古村長、松野勝太郎氏、国鉄二俣営業所長等同行、説明す。五時五分浜松発、五時四十二分掛川着。

舘林は明日掛川報徳館にて中共所看に付講演するに付、一時東京発、五時五十二分掛川着にて来る。駅長室にて出会ひ、同車帰宅す。

由比より静岡まで原栄作氏と同車す。参院立候補のことを相談あり。

野口寛君同行す。夕、掛川市有志に招かる。

石間たみ来訪し在り、興三の結婚に付祝賀せらる。

十一月七日(日)　快　暖　東京曇　冷

九時、舘林と共に同車出発、報徳社へ赴く。途中戸塚重一郎氏を訪問し、興三の結婚に付深謝し、又住宅の供与に付衷心より感謝す。夫人にも面会す。

九時半より常会に出席す。中山常務の開会辞に次ぎ、予は最近報徳運動の趨勢と時局に対する切要なる所以を説示す。次で舘林は中共の本質に付、詳細なる視察談を為し、多大の感銘を与へたり。午後は丸山講師の稲作講話あり。聴衆は農繁の故を以て少く、三百余名なり。

中山常務と相談し、一木先生追悼会に一万円を報徳社より寄附す。

山崎昇二郎、戸倉惣兵衛、志村小市、高村義雄、片川縄作氏の息、山本栄枝、西尾俊二諸氏及杉本良氏令息等来訪。報徳社にて面会す。

三時三分発にて舘林と同車、帰京す。

若杉孝平氏夫妻、杉山東一氏夫妻は、興三等の招きに依り晩餐に来る。

日坂村中山より鈴木みちよと云ふ少女を雇入る。

十一月八日（月）　晴　冷　咳痰共に減少
四時十分、自動車にて赤木氏同乗、上野駅へ赴く。只見川視察、秋田県砂防旅行の為なり。矢野建設事務官、江上参事同行す。中山、野口両君見送らる。

東北電力会社より案内として電源開発株式会社理事桜井督三氏、東北電嘱託小野寺五一氏、奥只見建設所技師長鈴木勇氏、同行せらる。十二時十九分小出駅着。駅長長浜嘉栄氏、小出町長桜井又衛門氏、町議伊倉義雄氏、湯之谷村長米山重良氏、参議西川弥平治氏秘書佐藤稔氏、電源開発奥只見建設所長代理中山俊夫氏、同事務長代理肥後静彦氏、同庶務課長代理釘本薫氏、新潟県只見川開発事務所総務課長柄沢秀策氏、同所員小島寛治氏等多数出迎へらる。それより魚野川を渡り、町内なる開発事務所に至り、鈴木所長より説明を聴取す。

右了て奥只見の dam site を視察す。此行自動車にて佐梨川に沿ひて溯り、湯之谷村大湯を経て半里余、羊腸たる坂路を登ること六 km、枝折峠1236m に達し、只見川水系に入り、支川北の又川に降る。石抱橋《イシダキ》、中荒沢、腰附、神蜂、細越等の小部落を経て、銀山平なる只見川合流点を過ぎ、三時二十分奥只見 dam site に達す。地形、水量等絶好にして、三六万 kw を得る計画なり。引返して合流点なる新設工事事務所に立寄り少憩〔此所にて林野庁日比野技官に出会ふ〕。四時出発、北の又沢を遡り、石抱橋を渡りて山路、枝折峠を踰え、黒闇迫る駒ヶ岳の偉容を望見しつゝ降下、佐梨川畔に沿ひ、六時大湯旅館湯元館に投ず。

夕、会社側桜井、鈴木諸氏に招かれて、村長等と共に会食す。此旅館は佐梨川の激流に臨み、両岸に連りて建設せられ、宏大を極む。而して河水暴漲に遇へば、災害の危険頗大なり。

〔欄外〕奥只見電源開発は、只見川下流よりする順序を逐はずして実行着手に至り、枝折峠道路開設費三十四億を要したりと云ふ。

〔欄外〕岸信介、石橋礎山両氏自由党を除名せらる。

十一月九日（火）　晴　曇　大雨　冷
六時五十分、大湯湯元館を出発す。桜井理事、小野寺嘱

託、鈴木技師長同行す。車行二時間長岡駅に達す。田村文吉氏及市助役佐治訒氏来会す。佐治助役より、市長より贈られたる菓子を受く。両氏の見送を受け、九時十四分発急行に乗り、十時八分新津駅着。副知事野坂相如氏、土木部長五十嵐真作氏、新潟市長窪田繁雄氏、助役伊藤定平氏、同長谷川多喜男氏、収入役沢田譲平氏、福島県土木部長高野太郎氏、仙台通産局公益事業部長井上猛氏、東北電力常務平井弥之助氏等の出迎を受く。駅長室にて少憩の後、十時三十八分発、阿賀野川に沿ひて野沢駅へ向ふ。土木部長より果物一籠を贈られ、車中に於て一同と共に賞味す。車中弁当を食ふ。

野沢駅十二時四十分着。有志及新聞記者と会見、直に乗車、只見川本流に在る田子倉堰堤築造現場へ向ふ。平井常務同乗、赤木氏と余に対して明瞭適切なる説明を為す。氏は常時仙台なる本社に在り、田子倉工事所長を兼務し、技術は田子倉工事技師長後藤壮介氏、之を担任す。降雨は野沢駅到着の頃より歇み、山谷を超えて只見川谿谷宮下に出づるに及び快晴となり、満山の紅葉照発し、道路平坦にして沙塵揚らず、快適の旅行となる。

十五時、田子倉工事事務所を過ぎて dam site に至り、水没部落を視察し、引返して dam site を視、平井所長及後藤技師長より説明を聴く。又補償問題に関しては、土地収用法適用せらるべく、本日県庁に於て委員会の決定を見るべしと云ふ。田子倉発電所は出力二二五千 kw にして、奥只見の三〇〇千 kw と共に完成総計二〇四四八〇〇 kw の最たるものなり。両者施工の時期に関しては田子倉を先とし、奥只見を後とするを以て至当とすべきものと考へらるるも、同時施工、同時完成となりたるは福島、新潟両県の政治的競争の結果と見るべく、枝折峠道路開通費として三十四億円を投ずるに至りしなり。此の巨大なる費用は全部濫費とは認め難く、又水利用の点より見て同時起工の利なしとせざるも、政争の結果、措置宜しからざりしものと認めたり。又、田子倉関係の補償額の多額なるは、会社側としては一日も速く開発を利とする為め、これが支出を吝まざるべきも、此額は全国の電源開発補償額を昂上せしめ、紛争を増大するものにして、低料金の原則に影響するものなり。帰途、工事事務所に少憩、五時出発、東山へ向ふ。薄暮本石発電所（六月竣工、秩父宮妃殿下開式御臨場。出力五二〇〇〇 kw、将来六八〇〇〇 kw の計画）に立寄り、一覧す。従業員十九名にして、一日三更代なり。

それより上田、沼沢沼、宮下、柳沢、片門の各地を経て若松市に入り、東山温泉原瀧新館に投ず。清宮様御宿泊の室に入る。若松に入るに先ち、途中貨物自動車と行違の為、乗車の片輪を踏外づし意外の時間を空費し、七時三十分到着したり。其間無色、快晴、田圃の秋月を観賞したり。

旅館にて県議室井源次氏来迎せられ、議長蓮沼龍輔氏の言を伝へらる。東北電力会津事務所長鈴木憲郎氏、福島県総合開発調査局電力課長半田茂穂氏も来訪あり。記者会見を行ひたる後、東北電力会社より晩餐に招かれ、是等諸氏と同席す。

大竹知事は母堂の喪に遇ひ、明日福島市内公会堂にて葬儀を行はるる由なるを以て、東北電力に配慮を依頼し、生花料五千円を渡し、且余の名刺を託して代理会葬せしむることとしたり。

福島県に入りて道路は甚堅固なり。是れ大竹知事が最重きを置ける行政面なりと云ふ。而して其端は遠く三島県令の時代に発して今日に至れりと謂ふ。三島県令の道路建設に熱心なる、住民の反対を押切り、甚しきは投獄を敢行して憚らざりしと云ふ。又現知事の電源開発に熱心なる、幾多の困難を排除して顧みず、只見川開発の今日あるは、全く知事の庇護の賜なりと聞けり。

〔欄外〕奥只見田子倉開発の先後に関しては、平井所長の説明は自ら明快ならず。事政治問題に属し、技術に関せず。蓋し已むを得ざりしなり。

補償問題に関し収用法を適用するは不当ならずやとの新聞記者の質問に対しては、関係者が終りまで談合に依る解決を期待して努力したるも、不幸にして目的を達せず、竟に収用法の適用にまで進みたるは遺憾なれども、解決手段の最終段階に達したる以上は、委員会の決定に俟つの外なかるべしと答へたり（野沢及東山にて）。

十一月十日(水)　雨　午後は晴　冷
福島県当局は、余等の為新津まで自動車を提供する予定なりしも（列車に二等車連結なし）、昨夕道路事故ありし等に鑑み、列車に依るの希望を申出て同意を得たり。七時三十分、雨を冒して原瀧別館を発し、若松駅に至る。爰にて桜井理事、平井常務、室井県議、鈴木会津電力所長、半田県総合開発電力課長等の見送を受け、七時五十四分出発、新津へ向ふ。此列車には特に二等車貸切の連結あり、図らずも好遇に浴したり。車中阿賀野川の溶々たるを眺め、国力発展の大原動力たるを感謝しつゝ、十時新津駅に着す。

新津駅には野坂副知事、五十嵐土木部長、県議会副議長村山吉五郎氏、窪田新津市長、伊藤、長谷川両助役等の出迎を受け、料亭新森方に招かれ、午餐を饗せらる。食間、新津踊の粋を看、又副知事の小話五、六題を聴く。其軽妙深巧なる天下一品なり。

副知事、土木部長、県副議長、市長、助役等に見送られ、又小野寺東北電力嘱託と別れ、午後一時新津発急行列車にて秋田へ向ふ。天気次第に晴れて展望を吝まず。北越、庄内の大穀倉地、村上の茶畑北限、粟島の絶島、北陸海道の荒涼、赤川、日光川、月光川の下流、蕩々たる最上川の末流、鳥海山の雄姿、吹浦の防風松林等、感興深きものあり。秋田県境を越えて日暮る。本庄駅にて砂防協会支部長県議大野忠右衛門氏、土木部長庄司儀夫氏、砂防課長小林勇蔵氏出迎へ、視察の打合せをなす。

六時十四分秋田県着。出納長萩原麟次郎氏、財務課長間瀬徳太郎氏、土木監理課長山田燕《ひろし》氏、県議（土木委員長）佐藤英夫氏、其他有志の出迎を受く。駅長室にて新聞記者と会見を行ひ、直ちに秋田クラブなる知事池田徳治氏主催の晩餐会に出席す。舞妓の踊を看、又切りたんぽの珍味を賞す。

八時、旅館岡崎別館方に入る。此家は四年前の開業に係り、富豪の家を借りて営業するものなり。庭園数寄を極むと云ふも夜なれば見えず。室広く、天井高く、窓外北風競ふ。冷え〳〵として寝に就く。

文部省主催産業教育七十周年記念式典〔十一時—十二時、日比谷公会堂〕あり。

天皇、皇后両陛下、行幸啓あらせられたるも、出席する能はず。余の祝辞は重宗副議長代読す。明治三十七年十一月より四十年二月まで文部属として実業学務局に奉勤せし当時を回想す。

〔欄外〕新津駅長に名刺を託し、二等車連結の殊遇に対し当局の感謝の意を表す。

〔欄外〕Washington 日米共同声明。

十一月十一日(木)　晴曇不定　寒冷
夜来北風霙を齎して来り、寒冷甚し。昨夜長眠、健康害はれず。

朝、加賀谷朝蔵氏来訪す。氏は嘗て宮内省に皇宮警察部長を務めたる旧知にして、現に県公安委員長の職に在り。

鹿の湯より噴出する玉川毒水の影響及処理対策に付、県農地部長川上二郎氏、農地課長竹村順二氏、耕地課技師平塚史郎氏旅館へ来訪し、書面及地図を示して説明す。赤木博士の来室を請ふて之を聴取す。

酸度強烈PH1.1。噴出多量5×尺³。高熱97℃にして、各種の施設殆其効を奏せず。穀作を阻害し、魚族を滅却し、発電を蝕害すること夥しと云ふ。

防除方法として天保十二年以来各種の工事を説明あり。赤木博士は之に対して除害工事を一擲して利用方法なきやを問ひしも、適切なる説明を得ず。川上氏は前年静岡県庁に奉職せし人にして、能く余を識れり。又竹村氏は昭和十九年食糧増産推進の為、余が島田農相の依嘱を受けて大分、宮崎、鹿児島三県へ赴ける際、随行されし人なりと聞き、一驚を喫したり。

十時三十分、秋田クラブに赴き、砂防協会県支部総会に出席す。来会者六、七十名。大曲支部長の挨拶に次ぎ議事及決議を終了し、余、赤木博士、県議会議長渋谷倉彦氏（代）、県議佐藤土木委員長の祝辞ありて散会す（十二時半）。昼食を饗せられ一時出発、自動車にて角館へ向ふ。大曲支部長同乗、赤木博士と余の為に車中の説明に当らる。穀倉地帯大に開け、山は緩斜にして河川の水量饒多なり。沿道の村落、柿実りて枝もたわわなり。好日快晴、大平山の雪鮮なり。二時三十分頃、角館駅に達す。駅には有志の迎送を受く。二時五十六分発（三等車）、車中にて生保内町長医博鬼川誠氏、仙北地方事務所長北大林学士佐藤貞之助氏と会す。両氏は明日まで余等を案内せらる。

三時四十分生保内駅着。東北地建玉川工事事務所長技官老田務氏、其他有志の出迎を受く。直ちに自動車にて六枚沢堰堤（工事中）を視察す。日漸く暮れ、風強く霙を降らず。工事に従事する人々の労苦を感謝す。それより既設生保内沢のdamを視る。水を湛へ、堆砂漸く多し。此上流には数ヶの大崩壊あり。上流の一堰堤のみにては効果危しと云ふ。帰路を駛せて町内に入り、駅附近の生保内館に投宿す。

鉄道は大曲より角館を経て生保内に通ず。それより生保内沢を遡りて中央山脈を超え、雫石にて既設線に連絡し、盛岡市に通ずるものなり。生保内沢堰堤に到るの間は、既設路線を道路に代用するものにして、県境隧道の未成なる外、生保内側は道床、橋台等完備す。戦争の為生保内止りとなりしものにして、関係住民の開通を要望する声高し。

町長主催の晩餐会（生保内館）に招かる。席上、農家の女子の民踊を見る。純真清素にして感に堪へたり。深く民芸保存の要を認む。夜、町長の需に応じ、町長及上記六女の為に色紙に揮毫す。

夜十時過まで町長より町政の概要を聴く。町は本年農林省指定町村となれりと云ふ。町の将来に対する町長の熱意貴むべし。西目村と報徳指導のことを談話す。

夜中降雪あり。手足凍寒して眠難し、窃に感冒の加重を患ふ。

〔欄外〕日比賠償予備会談再開。

〔欄外〕知事祝辞は萩原出納長代読す。

北秋田郡東館村長野呂孫一氏は、高村禅雄氏の好志を伝言す。又二六年米代川筋災害視察を案内せられし鷹巣町長成田喜八氏も来会せり。

秋田日赤病院長天野尹博士、同夫人クラブに来訪、菓子を贈らる。夫人は三橋四郎次氏の令娘にして、嘗て余が結婚の媒酌をなせり。既に四児あり。長は中学生なりと云ふ。奇遇を欣ぶ。

〔欄外〕民踊の子女　石神部落

田口幸子《さち》　田口愛子

田口みよ子　菅原千鶴子

稲田みゑ子

三味線　田口キヨノ夫人

十一月十二日（金）　寒　晴

昨夜降雪寸余、一面銀世界にして、重氷一尺、最低気温零下三度五分と云ふ。昨夜睡眠不足なりしも発熱なく、気分平常の如し。

八時、自動車にて発す。秋田県鎧畑発電建設事務所長星野三郎氏、鬼川生保内町長及老田玉川工事事務所長案内す。先づ田沢湖畔に至り、先達注水口〔淡水六・五屯〕を経て玉川注水口〔毒水三〇屯－一〇〇屯〕を見る。現在は渇水時にて秒量三、四十屯なりと云ふ。コンクリート導水溝は強酸の侵蝕を被りて、下部は湖内に顚落す。

湖は直径六km内外、最深四二五米、面積二二五km^2、貯水総量九三億三千九百万tonにして、潟尻より流出する水を灌漑に供し、兼ねて生保内発電所に電力を生ぜしむるものなり。此有効水量は三四九百万屯なりと云ふ。湖面は現在減水中にして四米を示すと云ふ。玉川注水口より田沢村に出て、九時四十分鎧畑なるdam工事現場に至り、星野所長より強酸の怖るべき各種実験の結果を現物に就きて説明せらる。それより降りて建設事務所に立寄りて休憩し、更に林業家千葉正二郎氏所有杉林の下を過ぎて生保内町に入り、字中生保内千葉忠一郎翁（七四歳）、畢生の努力に成れる高山植物園を一見して、翁の説明を聴く。辞して老田所長に招かれ、東北地建玉川工事事務所に入りて休憩す。此時労務者より僻地勤務手当増額の陳情書を受く。洵に至当のことなり。斯の如き要求が正当に取扱はれざれば、国土保全の第一線に立ちて敢然勤務するの士を得ざるに至るべし。

十一時四十分、生保内駅着。鬼川町長、老田技官、星野鎧畑所長等の見送を受け、角館町長田口鉄蔵氏の来迎にて十一時五十分発車す［三等車のみ］。鬼川町長は一行の為に牛乳、豆等を接待せらる。

十二時三十六分、角館駅着、下車。自動車にて角館クラブに招せられ、有志と会食す。重もなる出席者は田口角館町長の外に、助役三木源治氏、議長梅津仙額氏、中川村長黒沢重兵衛氏、県議田口芳郎氏、県議［土木委員］荻原熊蔵氏、角館営林署長農林技官相馬一郎氏等なり。

一時四十分出発、大野支部長同乗。中川村大日三市鉱山より発生せる大堆砂防止堰堤を見る。鉱山代表山川久元氏及び中川村議田口龍治氏来場、要望あり。此鉱山は慶長以来採掘せられたる銅山にして、金銀を含有し、住友、三菱の所有を経て現時に及び、其土砂は旧時の流出に係り、現在の鉱業者は採鉱休止の為、土砂には関係なく、流末農民の為国にて堰堤の築成を要望すと謂ふ。現場には国設のもの一ヶ所、鉱山にて旧設のもの二あり。国設のものは明年竣成の予定にして、旧設のものは堆砂充満す。鉱業法の厳格なる適用は不可能なるが如く、頗困難なる事態を呈露せり。余等は此地点の視察を予知せず、突然の視察なり。又山川、田口両氏は執横に余等に迫り、事務所に入りて少憩せよと求めしも、之を謝絶して発途したり。然れども中川村、雪沢村に及ぼす災害は将来多大なるべく、適当なる解決を要すと認めたり。

それより引返して檜木内川を渡り、角館町を過ぎ、玉川を渡り豊川村、横沢村（荒廃川口川望見）を経て、千屋村役場前にて村長戸沢貞之助氏に面会し（多数有志会合す、町村合併協議中と云ふ）、善知鳥川上流に工事中の堰堤を視察し、薄暮六郷町を経て、六時大曲市佐々木旅館に入る。

佐々木旅館にて市長不在の為、助役小原鉄之助氏より晩餐を饗せらる。議長辻原謙蔵氏も同席す。食前有志の為に揮毫す。大野支部長、庄司土木部長、小林砂防課長、支部事務局長小松次郎氏（全程案内）、仙北地方事務所土木課長太田音次郎氏等の需に応じたるなり。

七時大曲駅に着。七時十二分発急行列車にて帰京の途に上る。大野支部長同行。土木部長、砂防課長、市助役、市議長等見送らる。

発車の後、直ちにbedに入る。冒険長途の難行、幸にして健康に異状なきが如し。特に赤木博士の好意に対し感謝深し。

〔欄外〕田口町長は中央林業協力会にて余を識ると云ふ。

〔欄外〕角館町長の好意に依りて旧藩（佐竹支藩一万石）の士族屋敷跡を見る。整然として其面影を残す。保存の要ありと認めたり。

十一月十三日(土)　晴　冷

五時覚眠起床す。赤木頼治氏、秋田より乗車せりとて面会す。六時十五分上野駅着。大野秋田県支部長、矢野事務官及江上秘書と別れ、赤木氏と同乗、帰宅す。

十時登院。芥川総長及中山秘書より不在中の諸件に付、報告を受く。又医務室にて肺後下部の診察を受く。ラッセル類似音は不変なり。水虫の手当を受く。

神社庁庶務部長市川豊平氏来訪、富士山頂払下の件に付、其後の経過を問はる。土岐章氏来訪、国産奨励推進運動其後の進行に付、報告あり。右に関し、(1)stamp消印は閣議を以て決定するやう要請すること、(2)土岐専務の下に確実熱誠なる実業家を得て会務に従事せしめ、理事会は毎週一回は必ず開会することを勧告す。土岐氏の事業が敬遠せらるることを怖れたるが故なり。

熊本県湯前町林広人氏より、同地方山地の崩壊激甚の状況を報告あり。赤木博士に請ひ、至急砂防技術官の派遣を求む。博士は態々建設省に赴き相談せられしに、会々木村技官、熊本県にて災害工事査定中にて、十八日より視察可能なりと告げらる。依て林氏へは速に土木部に出頭し、木村技官に災害地視察を依頼せよ、又木村技官には林氏より球磨地方災害視察の要望あり、打合せの上巡視ありたしと打電し、又林氏宛速達書状にて右交渉の経過を詳報す。

二時過、日本橋高島屋に至り、冬外套及帽子を求む。まず子同行、本社事務分室不破祐俊氏に面会して一割の割引を得たり。取締役川勝堅一氏にも面会す。

連日の旅行にて少しく疲労す。依て八時過就褥す。

〔欄外〕余剰農産物買付交渉妥結。

十一月十四日(日)　曇　冷

昨夜長眠、九時半頃起床す。心気快然たり。終日家居。日記を認む。

十時過、田口英太郎氏来訪、明春の知事選挙に立候補すべしとて了解を求む。慎重考慮の上、十分の用意を整へよと注告す。十二時過、辞去す。

夕食の時、敬子の料理を饗せらる。

佐藤栄作氏今朝帰京。自由党幹部と対新党対策を協議す。吉田首相の米国との了解事項、新聞紙に発表せらる。首相は本日桑港へ到着す。

十一月十五日(月)　曇　冷

昨夜も長眠す。医務室にて診察を受く。右肺後下部に摩擦音あり。呼吸の深浅に依りて顕滅す。左肺には滅失すと云ふ。水虫の手当を受く。

印度ネシア議員Dr. D. S. Diapart氏、万国議院会議よりの帰途なりとて来訪す。院内を案内せしめ、又印刷物、絵葉書を呈す。サルトノ議長に献呈を頼む。

正午、日本軽金属社長草野義一氏より錦水方に招かれ、午餐を饗せらる。明石照男氏同席、紹介せらる。政界批評、軽金属利用の将来等有益なる談話を為す。

三時、八木力三氏来訪、子息某（法学士）昭和製紙へ就職依頼中に付、斎藤知事より推薦を得たしと云ふ。依て知事へ氏を紹介す。

富士山浅間神社宮司佐藤東氏外五氏、来訪す。山頂下附の件に付てなり。木村保安庁長官へ紹介せしも、長官多忙の故を以て面会出来ず。

桜内辰郎氏十四日零時死去す。事務局に於て位勲追賞の申請を為す。帰途同家を弔問す。帰途、四谷駅まで楠見義男氏、同秘書鬼頭嬢を同乗せしむ。

十一月十六日(火) 曇 冷 急劇の下痢あり 冷え腹ならん

朝、草野義一氏を訪謝す。又明石照男氏に謝状を呈す。矢田部盛枝氏より送付せられたる江川坦庵先生全集序文校正を返却し、又天野尹氏へ謝状を、三橋四郎次氏へ病気見舞状を発す。

西班牙大使オライ氏、着任挨拶(十一時来訪)、議場を案内す。

土岐章氏来訪。国産奨励運動に付報告あり。

武藤岐阜県知事来訪、同県造林公社設立計画書を示さる。県山林事務局長百瀬凱二氏より計画内容に付説明あり。赤木氏同席す。又根尾村森組発行の「岐阜と金原明善翁」を贈らる。

熊村昌一郎氏来訪、バス開通の件に付報告あり。

小林武治氏来訪、田口英太郎氏知事立候補に付、予を来訪せしやを問はる。一昨日会見の要点を告げ、慎重用意を整ふるの先要なる旨を警告したることを告ぐ。

弁護士中村豊一氏より電話を以て、メソニック事業を財団法人となすに付、厚生省へ申請したるも許可遅れたるを以て、督促方要望あり。

英国議員団来訪に付、之が接待の方法に付、事務総長及中山秘書と相談す。

桜内辰郎氏に対し従四位勲三等に叙せらるる旨通知あり。二男酒井保男氏に対し恩命を伝ふ。氏の告別式に至り拝礼す。

夕、泰治来京す。明夕帰西の予定なりと云ふ。

〔欄外〕岐阜県緑化推進公社設立計画書。

〔欄外〕亜細亜社会党会議開会。

十一月十七日(水) 晴 寒

吉田首相、午前九時日航機 City of Nagoya 号にて羽田に着す。飛行場に赴き、出迎を為す。愛知通産大臣同伴なり。首相は大任を果し得て頗る満足なるが如く、健康も良好なりと見受けたり。出迎者は堤議長、同夫人、各大臣、日銀総裁等、経済界、政界〔自由党員のみ〕等五、六百名なり。砂防に付緒方、小笠原〔富士山〕、小沢各大臣に要望し、小坂電力総裁には松本勝太郎氏のことを依頼す。

諸威国陸軍少将 Hy. Ruser Lassen 氏、Scandi navia Air System 代表として東京駐在員 Mrs. Menick 同伴、十一時来訪す。議員山田節男氏も来室。簡単にして真卒なる歓迎をなす。日本へ再来を熱望し、深き謝意を表して去る。

正午、砂防協会有志会に出席す。徳川会長、次田、赤木、小林、諸氏出席す。此朝、参議院所有地と協会所有地と交換契約書に署名す。赤木氏は、兵庫県知事候補岸本幸雄氏の為に事務長となる由を告ぐ。

夜六時、錦水方に開会せる浅田平蔵氏の晩餐会に出席す。最近の欧米経済事情に付、五十嵐　氏の視察談あり。有益なり。又新政党結成に関し、千葉三郎代議士の談話あり。

純無所属議員野本品吉氏、緑風会入会希望なるを以て、宜しく取計はれたしと古谷敬二氏より申出あり。成るべく速に同氏と会見したしと答へ、謝意を表す。

錦水会に出席せる後藤文夫氏に右のことを伝へ、又赤木氏に電話を以て紹介人とならんことを要談す［赤木氏は一昨年選挙確定の時、野本氏を訪問し、予と共に入会を勧誘せしに由る］。

〔欄外〕初めて Sign book を具へ、署名を得たり。

〔欄外〕参議院会舘にて十数葉の揮毫を為す。

笠井町志霊殿

細田記者所望二

矢野事務官

愛媛県砂防有志

〃　知事

小林時子

十一月十八日(木)　晴　寒　夜曇

法隆寺金堂落慶に付、同寺より贈られたる記念品を余の祝詞を代読したる議員堀末治氏に贈呈す［堀氏は所望已み難き様子なり］。

赤木正雄氏、今夕出発、兵庫県へ赴き、知事候補岸本前知事の為に選挙事務長となる由にて、十時三十分来訪す。依て事務長として心得べき点を挙げ、強き意思と周到の注意を払はれんことを勧告せり［是れ余が戸塚候補事務長として体験せし所にして、詳細を告げたり］。又野本氏に対し、入会交渉の手続に付相談す。

野本品吉氏、十二時十五分来訪す。率直に入会を希望すと告げらる。依て時期、紹介議員等に付、打合せをなす。氏は入会に先ち群馬県出身参議院議員に通告を要するを以て、両三日を費すべきも、新党結成前に手続を了したしと語られたり。

午後三時、高島屋へ赴き、外套の仮縫を為す。又別に背広服一着を注文す。麻ハンカチ半打を買ふ。ます子来り、世話せらる。

仏大使 Mr. Levi、博物館、朝日新聞主催の Louvre 美術展看覧及 Cero 名人 Mr. Pierre Fournet 演奏賞翫会に案内せられ、葉子同伴、七時三十分会場上野公園内博物館に出頭す。来衆凡二、三百人。三笠宮殿下、旧皇族、外交団其他なり。先づ聴楽に始まり一時間を要し、次に各室に展示せる Gobliw 絵画彫刻等を観賞し、玄関口にて小食を饗せらる［シャンパン、生牡蠣其他］。毫末も儀式張りたることなく、気の利きたる催なり。八時辞去、九時帰宅す。

爰に仏大使、博物館長浅野長武氏、副館長田内静三氏及朝日新聞企画部長遠山孝氏の配慮を謝し、特筆する所以なり。

重友、夜着京、修同伴なり。

〔欄外〕毎日紙執行《シキョウ》真普《サネヒロ》氏来訪。毎日新聞中学生新聞記事として、余の中学生時代の回顧談を与ふ。

〔欄外〕Concert de Mr Pierre Fournier
Assiste de Mr Ernest Lush
Dons la balle des Gobeline del Exposition d'Art
Francais

十一月十九日(金)　雨　冷

朝、電話を以て野本氏入会の件を後藤文夫氏、佐藤尚武氏、高橋道雄氏及竹下豊次氏へ通知し、迅速綿密なる取扱を希望す［竹下氏は帰国中なり。明午後帰京すと云ふ］。

十時半、後藤氏来室、右件に付打合をなす。

荒浪市平氏十七日逝去、告別式あり。一時半弔問、焼香す（香料千円）。

野村吉三郎氏、二時来訪、時局匡救の方法に付、隔意なき談話を交換す。両者の一致点は健全なる保守党の結成なり。而して之が為には各党首領が悉く己れを捨て、公に奉ずる謙譲態度を要することなり。相違点は、予は衆院の解散を主張するに対し、氏は解散回避論なり。達成手段としては吉田首相に注告するの外なしとするも、予は立場上及去五月会見の行掛上困難なれば、野村氏の往訪を乞ふこととせり。

吉田首相、三時半頃来訪、帰朝に付挨拶を述ぶ。余は国家の為其労を謝し、健康なるを祝賀す。野村氏の辞去を引留め、首相と会見せしめしに、首相は米国にてはCastle Grey Stimson 等野村氏旧知より氏に対し宜しくとの伝言を為し、是等諸氏の近状を報告し、打融けたる談話を交換したり。茲に於て野村氏は、近く短時間の会見を申入れしに、首相は月曜日午後を約し、其時刻は秘書官をして通知せしむべしと語れり。

余は野村氏と共に時局匡救に関して焦慮措かざるもの、こゝに氏と首相との会談の機会を得て欣喜に堪へず。氏と共に此好機を得たるを歓喜したり。

来二十三日来訪すべき英国議員団接待に関し、午餐会料理を決定す。又 tabel speech 案を研究す。

両派社会党主催に係る東亜社会党会議幹事会出席者招待 reception〔四時三十分－七時〕、八芳園に出席す。議長 Burma 国防相等と交驩す。六時帰宅す。

興三は今暁零時過、右肩脱臼あり。第二病院に至りて手当を受け、二時頃帰宅す。九時半、予と同車、千駄ヶ谷より大学へ出勤す。

夕、朝比奈美弥子、来泊す。アキ子の依頼なりとて隣人学生就職周旋を求む。不能なる旨を答ふ。

十一月二十日(土)　雨　冷

登院。英国議員団歓迎 speech を起案す。

在米 Dr. Lerski に対し、波蘭音楽家 Chopin 伝を贈られしを謝す。

宮城県知事宮城音五郎博士来訪。同県出納長岡信俠助氏を参議院専門員に採用如何を問はる。健康の理由を以て不採用に決定せし旨を答ふ。東北大検診の結果、取扱に付質問ありしを以て、芥川事務総長を議長室に招き、説明せしむ。

元皇太后宮女官長清水谷英子刀自の告別式に臨み、焼香す（香料千円を奠す）。

午後より在宅。武藤岐阜県知事より贈られたる「岐阜県と金原明善翁」なる小冊子を読了す。

修、朝来気分悪く、臥床せしむ。嘔吐三回、多量なり。重友終日不在に拘らず、静臥を続く。夜、堀先生来診す。多食と疲労に因ると云ふ。

十一月二十一日(日)　雨　冷　感冒は殆平癒せしが如し

終日家居。読書す。

九時頃、渡辺弁三翁来訪（夫人、川井正夫氏、小田郡矢掛町横谷二九二〇）同伴。いも博物館を通じて学校生徒啓蒙運動［炭俵栽培］等に付、報告あり。余は農相より補助金を受領せしやを問ひしに、其事なしと答ふ。需に依り農相及榊原亭氏へ紹介名刺を与ふ。又金二千円及三島藷二種を呈す。

修は経過佳良なり。但絶食の為、疲労収らず。終日静臥す。

夜、全国更生保護大会祝辞。日米時事、ユタ邦字新聞、日墨新聞への新年賀詞を起草す。

十一月二十二日(月)　晴曇半ばす　冷

重友は修を伴ひ、十一時東京発に乗り、帰村す。

登院。英国議員団歓迎午餐会に於ける歓迎辞を決定し、中山秘書をして外務省欧米局第三課長と打合せを為さしむ。又宮内庁式部官より多大の援助を得たり。料理に付ては Mutton には自信乏しき由に付、Beef に代ふ。又甲州産紅白両種葡萄酒を試む。何れも未十分ならざるも白稍々勝れり。今回は料理の都合にて紅を用ふるに決定す。

足立報徳社々長中野智厳師来訪、報告を聴く。⑴国民金融公庫の利用は最有益なること、⑵公益貸屋は開設一年に及びて漸く健全なる営業に入れりと雖、資金五十万円にては需要を充すに足らず。依て二、三百万円を得るため不動産を売却する考なり。就いては右売却までに金融を得るため埼玉銀行頭取平沼弥太郎氏へ紹介を求める。依て紹介の名刺を渡す。

仙台高裁長官に任命せられたる村田正雄氏来訪、挨拶せられしも、在席せざりしを以て面会せず。依て書状を発して祝賀の意を表す。

久松定孝氏来訪す。氏は大丸東京店に勤務し、外商第一課に在りと云ふ。

小野寺五一氏来訪、只見川視察に付、謝意を表せらる。

一木先生追悼会実行委員会の会合［一時半公邸］ありしも出席せず。大金、高木、野口三氏出席。会費［五百円を六百円に増加］、経理、案内状発送等を決定す。野口秘書出席す。

塚田郵政大臣に書状を呈し、国産愛用促進会の為、郵便

stamp に「国産愛用貯蓄奨励」の文字を入るるやう懇請す。

野本品吉氏、緑風会に入会す。竹下豊次、高橋道雄両氏の紹介に依れり。慶賀に堪へず。緑風会に至り、野本氏及会員諸氏に祝意を表す。先是古谷敬二氏来訪、入会手続の進行を告げ、挨拶せらる。

国務大臣安藤正純氏は、吉田首相より面会を拒絶せられ辞表を提出し、又自由党を脱党したり。尚自由党を脱党したるは鳩山一郎氏等三十七名（内二名参議院）にして、引続き若干の脱党者ある見込なりと伝へらる。

吉田首相は、池田幹事長を通じて大野党総務会長并党幹部に書簡を出したり。其要旨は

最近の政治は政権の争奪に堕し、国民の信望を失っていることは遺憾に堪へない。小生の進退が政権に恋々としていると見られることは、自由党及び民主政治の為に良くなく、自分の一身を度外視し、政党政治確立の為、如何に善処すべきか虚心坦懐、慎重熟慮を煩はしたく、此度貴意を得たく考へる。

本日の閣議は決定に至らず、明日午前続行するに決定したりと云ふ。

十一月二十三日(火)　晴　冷　感

静養の為、終日籠居す。明治神宮に於ては新穀感謝祭、宮中に於ける新嘗祭御儀、共に不参す。

九時過、渡辺弁三翁来訪す（夫人及川井某氏同伴）。農林大臣へ紹介する名刺を渡す。いも博物館事業助成不履行なるが故なり。十一時辞去す（金二千円を呈す）。

政党関係複雑を極むと雖、分合の気運漸く熟し、日本自由党（八名）は午前十一時、改進党は午後五時五十分、何れも解党したり。

衆参両院議長の招待せる英国議員団八名は、列国議会同盟員の資格を以て、八時過羽田着、入京す。出迎者は佐藤尚武氏外数名にして、何れも参議院議員なり。又河野事務次長も出迎ふ。其氏名は

Mr. Godfrey Nicholson (C)（団長）
Lord Boden Powell (C) Lord Noel Buxton (L) Rt Hon John Edwards (L) Mr. Robert Christinas Dewar Jenkins (C)
Mr. Ford Blaekburn (L) Mr. Ian M Horobin (C) Mr. Frank Jomney (L)

十一月二十四日（水）　晴　冷

十時半、英国議員団一行来訪す。挨拶の後、議場まで案内す。佐藤尚武氏来援せらる。

石黒忠篤氏（在米同胞の現地住、祖国教育の必要）、久保田敬一（久潤を叙す）、佐藤尚武氏（佐賀市勧興小学校長外二名紹介）、田中啓一氏（有富農業促進）等来訪あり。

朝日新聞記者下田町出身笹本　氏来訪。伊豆学生の為に寄宿寮建設の計画を示し、独力之に任ずるも、財団法人設立の為援助を求めらる。誠意感に堪へず。依て中山均氏に相談すべき旨を告げ、明日中山氏に説明し置くことを約す。

赤木正雄氏より来書。兵庫県知事選挙の現状を報告し、予の健康を祝せらる。

英国議員団歓迎会［五時より七時まで］をPrince Hotelに開く。両議長主催にて出席す。一行八名、元皇族、外務、労働等大臣、両院議員、宮内庁式部官長、日英協会、Boy Scout代表の外、英大使以下館員、各国大公使等四、五百名来会す。堤議長は歓迎演説をなし、予は一行の為に乾杯を為す。了て加藤しづ江夫人の紹介に依りて令嬢（九才）の越後獅子の踊（藤間指南）を見物し、歓を尽したり（自由党議員の席甚少し）。

此日、日本民主党結成せらる。旧改進党、旧日本自由党及自由党脱党者及被除名者の集合にして、百二十二名と伝へらる。町村金五氏は加盟せず（舘林は今早朝帰京、自然新党に加はる）。

午後、高島屋洋服部員来院、背広服の仮縫を為す。

〔欄外〕泰国高僧来訪す。山田節男氏同伴、紹介せらる。明日帰国すと云ふ。

十一月二十五日（木）　曇　寒　夜雨

来訪者。法隆寺管長佐伯良謙師、金堂落慶に付、挨拶せらる。記念品を贈らる。

日本民主党幹事長岸信介氏外幹部四名、結党に付挨拶。

日本医師会理事志村国作氏外五名、医薬分業反対陳情。

富山県会議長湊栄吉氏、北陸東海県議会連合決議事項陳情。

上松町長遠山一郎氏外二名、木曽視察を感謝し、下駄を贈らる。

臼井皎二氏。大仁、修善寺、長岡、韮山、江ノ浦、西浦、下狩野、下大見合併市設立の件相談。

議院運営理事会［十時半開会］は、臨時国会運営準備に付協議せしも、結論を得るに至らず。

全国更生保護大会［十時、日比谷公会堂］には出席する能はず。予の祝詞は宮城タマヨ議員代読す。

十二時、英国議員団歓迎午餐会を開く。開会に先ち、議長室に於て一行に参議院側議員を紹介す。英大使、英公使及外務省欧米局員も出席す。酒は cherry（輸入）、赤（甲州産）、日本酒を用ひ、料理は生牡蠣、Potage Filet de Boeuf Pouting、生菓子、果物（甲州葡萄、温州みかん、柿）を供し、材料は総て国産なり。又卓花、室内装飾花は菊を主とし、各種の盃栽を配したり。予は日本語にて歓迎辞を述べ、中山秘書之を通訳す。続いて英語にて英女王エリザベス二世陛下の為に乾杯す。之に対して団長 Mr. Nicholson 答辞を述べ、天皇陛下の為に乾杯したり。次いで Rt Hon Edwards 氏の挨拶あり。又加藤しづえ議員も Birth control に付、印刷物を呈する旨を述ぶ。席次は彼我を交互となし、歓談の機を完からしめたり。余の演説は彼に対して衷心歓迎の意を述べたるも、彼我の国交の甚冷淡なるを歎じ、英国側に於ても親厚を進むるやう輿論を喚起せられんことを希望したり。英訳は外務省に依頼して最良の英語となし、通訳は中山秘書之に当れり。

英議員の挨拶は両国関係の親交を計るべきを強調し、単なる口頭交歓の意義なきを捨て、実際の利害の交渉に進まんと述べたり。団長は保守党なれば、労働党 Edward 氏も亦演説せり。両氏の演説は通訳を附せざる予定なりしも即時通訳をなし、又其概要を印刷して頒つこととせり。別るるに臨み、余は再び起ちて一行の為に乾杯し、団長亦余及参議院議員の為に乾杯したり。

此会食に関しては、余は飲物、料理（献立、献立書とも）、飾花、座席配置に至るまで総ゆる注意を以て計画を為し、特に卓上演説に関しては自ら起草して、決して英国に対して無用の捜辞を呈せず。戦敗れたりと雖、自ら卑下することなく、真率に両国々交の親善回復を提言し、平和条約締結後現状に至るの間、英国側の熱意足らざりしを暗示し、此来日を機として輿論を喚起することを要望したり。一行は牡蠣を賞美し、葡萄酒、日本酒を賞讃し、又甲州葡萄を喜び、大に菊花を観賞したり。

五時半、椿山荘に於て小塩孫八氏主催の晩餐会に出席す。余は英大使主催の Reception に出席する為、食事に加は〔ら〕ざるの了解を得て、六時辞去す。但し中山均氏に対しては、⑴信和会に移譲したる東京電力株増資に付、申込書に余の実印押捺の件を相談し、⑵笹本　氏の伊豆学生寮建設計画を告げ、引見を求め、⑶一木先生追悼会資金は、予定額より六万円の不足を生ずべきに依り、静銀より二万円を出されたく、又其他県有力者より五万円を調達されんことを依頼したり。又平野繁太郎氏に対しては、一木先生追悼会へ二万円の寄附を要請し、其余の募集を依頼し、小塩孫八氏へも同様募集を依頼したり。平野氏より、田口出納長知事選挙に出馬するに付、県政紛乱を憂慮すと告げらる。予は田口氏の決定と準備如何を問ひしに、既に決定を明にせりと答へらる。小塩氏より續一画伯画「河童の賀茂祭典詣」の色紙及安倍川餅一箱を恵まる。徳川公、未来らざるも、時迫れるを以て早退す。

六時半、英大使館に於ける大使主催 reception に出席す。英議員団一行に会す。一同は口を極めて午餐の歓待を謝し、且余の演説を称揚せり。会衆は、日本側は両院議員を主とせるが如く、自由党員の出席甚少し。社会党、日本民主党優勢なり。七時過、英一行退出の後辞去、帰宅す。

十一月二十六日(金)　晴　暖　左耳不調、診察を受く

異状なきも感冒の為○氏管詰れりと云ふ　感冒手当を勧めらる

議運理事会、十時より開会せらる。開会式は三十日午後二時とし、議長の式辞を決定せしのみ。

錫蘭国首相、十二月中旬来訪。政府は之を国賓として待遇するに付、両院議長主催の reception を外務省亜細亜局より要望せらる。之に対し将来の取扱方を確実にする為、事務総長に命じて外務大臣より公文を以て、正式申入を行はしむることを要求するやう決定したり。⑴外務当局のぬけ駈けの要求を否とす。⑵衆議院は独自にて催会すと答へたりとの内報(外務省より)あり。不可なり。

小林武治氏来訪す。田口出納長の知事選立候補に関して事実如何を問ひしに、事実ならんと答ふ。又決意を促したる者は誰なるかを問ひしに、曖昧にして田口夫人ならんと答ふ。余は小林氏ならんとの噂あり、これは小林氏の為にも県民一般の為にも宜しからずと告げ、又余も亦其一人なりとの噂あり、甚迷惑なりとて小林氏に自重を

強要せり。次に田口氏支持者如何。小林、石橋、竹山、海野、村本諸氏噂に上れりとて、一々其適否を批判して小林氏の判断を求めたり。余は又去十四日、田口氏に対して軽挙を戒めたることを告げしに、小林氏は斎藤知事の陰険なるを告げ、無競争を阻止し得ざりしを遺憾とすと答へたり。最後に田口氏を引留め、無難なる方法なきやう諮りしも名案なし。要之、余は田口氏の為に氏の失敗を憂ひ、金玉の身を毀つ勿れと念ずるの意を明にせり。但し斎藤氏の再選は、県政の為必しも歓迎せず、適当なる人物（例、宮崎氏、大竹氏）を挙げたきも、出馬なきに於ては已むを得ずと諦める外なし。故に田口氏、支持者として立つ能はず、又小林氏も参議院議員となりたる経緯に鑑みて、軽々しき噂に上るは不可なりと信じ、其意味に於て談話を一貫したり。臼井皎二氏来訪に係る町村合併の件に付、小林氏の意見を問ふ。氏は、県は此規模の合併には反対なりし由を告げらる。

午後二時、西班牙大使往訪。過日の来問に答ふ。大使は泉岳寺に参詣して、武士が身命を捧げて義に当りたるの意気を讃嘆したり。珍酒を饗せらる。少時にして辞去す。

瀬古保次氏を訪ひ、母堂逝去に付焼香す。氏尚病床に在り、夫人不在、令嗣夫人に面会して弔意を述ぶ（線香を捧ぐ、代三百円）。

武若時一郎氏来訪、賛助員諾否の報告あり。依て明日率先賛助者たる豊年製油社長杉山　氏訪謝のことを決す。又高階宮司より申入れありたる明年紀元節祭に参加勧誘をなすの件に付、宮司と相談せられたしと依頼して、宮司の来書を渡せり。

木村建設技官、一昨日熊本県下奥地災害視察より帰京せりとて来訪、報告せらる。今夏の災害激甚地は球磨郡水上村、湯前町、久米村、八代郡仁田尾村、葉木村、椎木村、阿蘇郡馬見原町等にして、被害程度は和歌山県花園村の小規模なるもの、部落全滅、道路不通等にて救済亦困難なりと云ふ。依て取扱へず応急砂防工事の箇所を指定し、四千万円を以て直に着工するやう手配せりと報告せらる。此視察は二日に亘り、林広人氏案内せりと云ふ。依て林広人氏へ発状す。

宇垣一成氏へ発状、健康を見舞ひ、自在を切禱す。

赤木正雄氏へ返書を呈す。

日英協会の英議員団歓迎会に出席す（六時―七時半、工業クラブ)。来会者二百。会長、英大使、副会長徳川家正公の歓迎辞あり。団長Nicholson氏及Rt.Hon Edwards氏の謝辞あり。盛会なり。秩父宮妃殿下、三笠宮殿下も御臨席あらせらる。多数の団員より予の午餐会に対し謝意を表明し、演説の優秀なりしを称揚せらる。七時二十分頃退出す。

米空軍少佐Earnest A.Baldwin氏より第六〇〇三空軍大隊完成に付、披露午餐会に招かれたるも、厚意を謝して欠席す(笠井重治氏、大に斡旋す)。

十一月二十七日(土) 晴 暖

朝、土岐章氏より電話あり。国産愛用推進協議会の資金募集に付、大蔵大臣に面会し、銀行局長の配慮ありて進行順調なること、豊田自動車会社にTyoopetの注文割増したること、都内taxiの料金低減運動開始されたる等報告あり。

昇三郎、昨日来京せし由にて朝来訪す。登院の際同車、丸ノ内に送りて別る。

登院。事務総長及中山秘書より当面の事務を聴く。

橿原神宮奉賛会武若事務局長の案内にて、寄附者豊年製油会社々長杉山　氏を訪問し、深甚の謝意を表し、尚今後の援助を請ふ。次に三井銀行に取締役会長佐藤氏を訪問せしも、総会の為に面会を得ず。序を以て三井鉱山社長山川良一氏に面会を求めしに、総会の為面会を得ず。電話にて依頼す。山川氏は社長を退任するに付、後任に引継ぐべしと告げらる。

十二時、光輪閣に出頭、日本山林会及大日本農会にて高松宮殿下を総裁に推戴したるに付、其祝賀披露午餐会に出席す。佐藤寛司、三浦伊八郎両会長より挨拶あり。余は一同を代表して殿下の為に乾杯、万歳を三唱す。

卓上、南礼蔵氏の水耕野菜、井下清氏の苹果Richard Delicious Golden Delicious Indeana apple、陸奥、松野勝太郎氏の天龍林業、武市昇太郎氏のソ連材の輸入、岸三郎兵衛氏の一町歩一万石杉林の由来に関する説明あり。来会者約百名、盛会なり。食後、岸三郎兵衛氏、柴田林野庁長官、漆山雅喜氏等と要談せり。帰途、三浦会長、倉田博士を其邸に送る。

自由党池田氏は、昨日吉田総裁を大磯に訪問して、幹部会の意見として吉田氏の総裁退任を望み、後任に緒方氏を推す旨を告げて同意を得、本日役員会を開きて之を報告し、緒方氏は本日午後大磯に吉田総裁を訪問して、直接に禅譲の言を受けたる上、吉田氏の幹部宛書翰を受けて帰京したりと伝へらる。

〔欄外〕沿海州材、エゾ、トド、ベニ松、落葉松八千石を清水港へ入る。代金は石二三〇〇円を主張せしが、一八五〇円に引下げたり。当方はパルプ関係者、木材業者折衝せり。其主張はパルプ一二〇〇円、木材一五〇〇円にして相当の開きありしも、見本入荷にまで進捗したり。ソ連側は引続き二六〇〇〇〇〇石契約を申入れ来れり。

十一月二十八日(日)　雨　冷　強風吹荒さむ　睡時催眠薬を服用す

左耳硬塞未だ癒えず、不快なり。終日蟄居、保温に努む。

朝、高階橿原神宮宮司、神社庁理事　　　と共に来訪す。神宮奉賛事業に付談話し、明年二月十一日、祭典参列勧誘方法に付協議す。　　　理事より富士山頂所属決定の件に付、催促あり。

十一時、昇三郎来訪す。最近政局変転に対する見透し如何を問はる。率直なる所見を告ぐ。昼食に温飩を喫して去る。伊沢母堂の怪我を聞く。

午後、書類の整理を為し、又政局拾収の方法に付、考想を練る。自由党が保守合同を民主党に申入れたるは時既に遅し。不成立に終らんと信ず。其場合は国会にて不信任決議を受けて解散を為し、更に保守合同を推進すべし。或は此際下野して議員の自然脱退に遇ひ、一粒選りの精鋭を中心として保守党の中核となるも一方法ならん。政権に恋々たるは禁物なり。ダラ幹に引廻されるの醜を繰回すことなからんを望む。

〔欄外〕自由党は緊急代議士会を開き、池田幹事長より吉田総裁書簡を披露し、吉田氏は総裁を退き、緒方氏を次の総裁に推すことを全会一致承認す。之に対して緒方氏の挨拶あり。

次に総会の議決を以て、民主党に対し自党の解党と党首公選の原則の下に保守合同の申入を為せり（幹事長自ら岸幹事長を訪問したり）。

十一月二十九日(月)　晴　寒

朝、昇三郎来訪。登院の時、自動車に同乗、赤坂見付にて別る。

議運理事会にて、明日より開会の参議院運営各種問題に付協議す。二時より議院運営委員会を開会す。

故田沢義鋪氏の記念会〔十二時、日本青年館〕に出席す。丸山鶴吉氏の斡旋に係り、田沢氏の伝記〔下村湖人氏編〕及回想録を贈らる。折詰を饗せられ、河野義克氏の謝辞あり。石黒忠篤、後藤文夫氏の追悼談あり。三時過散会す。予は二時前退出す。中川望氏及舘林を首相邸に送り、帰院す。

三時半、開会式予行演習を行ふ。

五時、上野静養軒に開会せる根津青山会に至り、約四十五分時局観に付講演し、政局に対する各人の確固たる判断を促す。晩餐を饗せられしも、半にして退出す。会衆二十五、六名、河西豊太郎氏座長となり、根津嘉一郎氏、小野光一氏も出席す。

六時四十分頃、Jugoslavija代理公使、同夫人主催のCooktail partyに出席す。水野伊太郎氏と出会ふ。同氏を渋谷駅まで同乗せしめて後帰宅す。

〔欄外〕参議院各派現勢は

自　九一　　緑　四九

左社　四四　　右社　二六

民主　二〇　　無倶　一一

純無倶　三　　其他　四

欠　二なり

十一月三十日(火)　晴　寒

起床の時、左耳梗塞せるが如く、聴覚甚しく不足せり。其原因を知らず。医務室にて耳鼻科医師の診療を受く。寒冒の為なりとて其手当をなし、服薬す。

九時三十分、常任委員長懇談会を開き、第二十国会の会期決定に付意見を問ふ。十二月八日までとするに一致したり。依て衆議院議長と交渉することとせり。

十時、議院を議場に召集し、新議員の紹介、議席の指定等を行ふ。

二時、天皇陛下臨御の下に開会式を行ふ。堤議長の式辞朗読、天皇陛下の勅語等例の如く行はる。陛下二時十五分頃御発車、還幸あらせらる。二時半参内、御礼の為記帳す。

四時三十分本会議を開く。首相及蔵相の演説ありて散会す。

戸塚九一郎氏来訪。病気快癒せりとて元気宜し。政局転回の方法、蔦ヶ谷秘書の健康状態及将来就職の道等に付協議す。

十二月一日(水)　晴　寒　耳の治療を受く

昇三郎と朝同車、内幸町にて別る。同人は一時発特急鳩にて帰阪する筈なり。

本会議。十時二十一分開会。請願の件に次ぎ質問に入り、吉田首相に対し江田三郎氏質疑を為す。此時傍聴の為貴賓席へ案内したる英国議員八名を議長より議場へ紹介し、議場は各員に対し夫々拍手を以て歓迎の意を表したり［先是、議運にて英議員団の処遇方を協議したる結果、貴賓席より傍聴、議長、佐藤、加藤夫人、団員有志接待することとす］。

次に東隆、杉原荒太、須藤五郎三氏質疑を為し、十二時半休憩。四時五十一分再会、小林決算委員より二七年度決算報告を受け、全会一致委員長報告を承認し、五時二十二分散会したり。

高瀬荘太郎氏来訪。富士山帰属問題に付、取扱方を相談す。

夕、外務大臣公邸にて外相主催英議員団歓迎茶会あり、出席す。一行は明後日帰途に就くを以て、夫々告別の辞を交換す。予に対する印象は甚だ強きものの如し。吉田首相、英大使も出席す。

十二月二日(木)　晴　耳の治療を受く

来訪者。枝村勝間田村長外二名。勝間田川上流砂防完成に付、謝意を表せらる。

佐賀県内田光二、小笠原喜次郎二氏。村政に付、謝意を表す。

田口英太郎氏、石川一郎氏、藤森前県議来訪す。知事選挙に立候補の決意を告ぐ。予は之に対して、⑴支持者如何、即民主党［石橋、竹山］側の公認及援助如何。小林、山口氏等の応援如何を問ひ、遠藤代議士は同意せざりしとの風聞を伝へ、自重を望み、⑵石川、藤森両氏に対しては必勝の胸算ありやを問ふ。田口氏も他二氏も希望を述ぶるのみて確実性を認むる能はず。而かも立候補の意思を翻さず。依て余は、若し立候補するならば民主党などを後援とせず、県民全体に喚掛けよと告げたり。田口氏の盲目的熱望と、之を利用せんとする野望者の悪策は困ったものなり。
本会議は十時四十九分開会。緊急質問五件〔吉田首相の答弁は佳なり〕を了り、一時四分休憩。三時四十六分再会の上、医薬分業実施期限法案を修正可決し、凍霜害等被害農家融資特別措置法一部改正案を可決して散会。四時二十一分〔以下記載なし〕
五時三十分、比島大使主催 Hon. B. Jose Laurel 首相の為にする Reception に出席す。

十二月三日(金) 晴　耳治療
本会議〔一一、〇二より一二、二五まで〕。教育施設返還促進決議案、青函連絡船遭難緊急処理緊急質問に次ぎ、労働組合法一部改正案を可決して散会せり。

小塩孫八氏より一木先生追悼会へ斎藤知事五万円、川井健太郎氏一万円の寄附申入ありし由来書あり。感謝の返書を発す。

川上貞子〔嘉市氏夫人〕来訪。病後受診の結果、安神を得たりと告げらる。昼食を呈す。

小林次郎氏来訪、自由党の内紛に付、詳細なる報告を齎さる。

熊村昌一郎氏来訪。氏等の申請に係る国鉄バス運転開始の件は、公聴会を開くの手続に入りたることを報告せらる。

土岐章氏来訪。国産愛用運動の進展及資金源の見込付きたる由、報告あり。

Mrs. Alis Franklin Bryant (米 Seatle)、関屋正彦氏同伴、来訪す。夫人は日本人の原水爆被害に対し米人側の謝罪状を齎し、一万一千六百八十余名の連署あり。之を両院議長に呈出する為に来邦せるなり。而かも夫人は夫君と共に戦時比島に在りて、日本軍の為に拘禁せられしも、寛大なる所遇を得て深く感謝し居り。戦後帰米せしに政府より与へられたる見舞金二千弗は、之を広島原爆患者治療費へ寄付し、今回は来七日焼津に被害者の家を見舞ひ、後広島へ赴く由なり。依て余は夫人を案内して堤衆議院議長を訪ひ、十分に其意を述べしめたり。

英国議員団は、夜十時三十分羽田発緬甸へ赴きたり。滞在十日にして倫敦へ還ると云ふ。事務総長、之を見送る。

十二月四日(土) 晴　耳の治療を受く

朝、院内大臣室に於てMrs. Bryantを岡崎外相に紹介す。又夫人は六日静岡に泊り、七日焼津市の水爆被害者の家を見舞ふと聞き、県出張所に電話して便宜を与ふるやう、又県にても相当の礼遇を為すやう要望す。其時、小笠原大蔵大臣に富士山頂下戻訴願の裁決を至急なすことを要求す。

小林武治氏来訪す。田口氏立候補の件に付、情報を交換し、意見を開陳す。

伊集院兼知氏［元子爵議員］、来訪す。頗健全なり。一木先生追悼会に出席すと云ふ。

松尾嘉右衛門氏来訪す。三浦安蔵氏の近状を問はる。時局に関し所見を陳べらる。

後藤文夫氏来訪。保守合同問題、衆院解散回避等に付、意見を交換す。

佐賀県呼子町長落合氏、嬉野町長森永氏、新北村長吉永氏、福富村長久原氏、大浦村長貞包氏来訪す。

衆議院は本日補正ヨサン案を可決し、午後九時四五分散会す。

伊太利大使帰国に付、日伊文化協会の送別会ありしも欠席す。

国際連盟にては原子力平和利用会議の設置を議決したり。

十二月五日(日)　雨　冷　耳の治療を受く

掛川報徳館に於て常会ありしも欠席す。

午後より登院、予算委員会にて審議の状況を視る。小笠原大蔵大臣に富士山頂下戻の件を督促す。

十二月六日(月)

朝、小原法相の来室を求め、(1)汚職事件関係者及関係金額等に付説明を聴く。又、(2)衆議院議長の公文書偽造事件告訴の取扱、首相の証人喚問不応諾に付、告訴事件の取扱を問ふ。

川井健太郎氏来訪。知事の選挙に関し、本日斎藤知事と小林武治氏と会を斡旋すと云ふ。後刻、斎藤知事来訪、小林氏との会見を告ぐ。予は川井氏に対しては田口氏引退の場合、知事をして田口氏の為に適当なる地位を周旋することを諾せしむることを求め、知事に対しては強く之を要望したり。但し田口氏の意向を慮り、表面より之を標榜するの不可なるを告げ、知事は之を了したり。

本会議は、本日中に補正予算案を成立せしむることを目標とし、予算に関係ある各種法律案は、成るべく之に先って本会議に付することとなし、開会したり。十二時三十七分開会、前回未了なりし委員任命と承認の件六件を承認し、竹島問題、砂糖の暴騰、覚醒剤取締、北海道、本州間の輸送事情の四緊急質問を為し、水稲健苗育成施設普及法案、北海道国有林野の風害木等払下代金の納付特別措置法案を可決して、三時二分休憩。五時四十分再会、法案七件を日程追加可決したる後、補正ヨサン三案を上程し、討論の上可決し、次で二法案を可決し、七時二十六分休憩。八時三分再会、公職選挙法の一部改正案、議員選挙経費の基準法の一部改正案外七案を追加上程して之を可決し、九時二分散会したり。此追加上程法案中、二十九年の台風及び冷害の被害農林業者に対する資金の融通に関する特別措置法案は、記名投票賛七五、反六七にて可決したり。緑風会議員の懇親会に出席者多かりし為、可決となれり。

補正ヨサン通過に付、挨拶の為来室せる小笠原蔵相に対して、重ねて富士山頂下戻のことを要請したり。

参議院全職員に対し年末賞与を行ふ。蔦ヶ谷秘書官に対しては病気欠勤の為、若干の減率を以て賞与す。

緑風会の懇親会、渋谷美竹会館に行はる。時恰も重要議事に当るを以て、会員を二分して六時及九時に出席せしむ。然るに六時出席者の為議場出席数不足となり、台風及冷害被害農林業者に対する融資特別措置法案の通過を見たるは猛省を要す。予は九時過、本会議散会後、出席したり。

〔欄外〕吉田内閣不信任案は、明日衆議院にて上程せらるるを以て、自由党は之に対処する為に総務会を開きて協議したり。総務会は首相の解散論と、緒方及大野の総辞職論と対立して、結論に至らず。

夕、自由党首脳部は、首相官邸に集まり最後的協議を為し、其間緒方、大野両人は首相と談合したるも妥結に至らず、意見対立のまゝ立別れとなり、斯くて此日は結論を得ず。

十二月七日(火)

朝、中山均氏電話にて、一木先生追悼会寄附金は静銀より二万円を出す旨を告げらる。余は氏の配慮を深謝し、田口氏知事選立候補に付、余の態度を説明す。

小塩孫八氏来院、静岡社会事業協会役員会開会日及其用件に付相談あり。余は到底出席し難きを告げ、一切を小塩氏に託す。

小林武治氏来訪、田口氏立候補の件に付、打合せをなす。小林氏に対して、氏の田口氏に対する態度を厳明ならしむることを申入れたり。

久松定武氏来訪、愛媛県知事選に立候補する旨を明にし、選挙事情に付説明せらる。

土岐章氏来訪、国産愛用運動に付報告せらる。

本会議は十二時十五分開会し、会計検査院拡充の決議及租税特別措置法一部改正案を可決し、請願、陳情六十九件を採択して一時十八分休憩。三時九分再開、「内閣は本日総辞職することに決定いたしましたから、国会法第六十四条に依り此旨通知いたします」との吉田内閣総理大臣の通知を議長より報告し、三時十一分散会したり。

議運は一時四十分再会、一時三十分福永官房長官議長室に来り、内閣総辞職の通知ありしことを報告し、今後の国会運営に付ては理事会に於て検討することを決定したり。

〔欄外〕今朝、白金の公邸に吉田氏を交へて長老会議と閣議を開き、互に意見を交換し、吉田氏は此両会議の間を往復したるも、五時間を経るも已まず。結局緒方氏は、解散を決行するならば吉田氏と袂を別つと述べたる為、吉田氏は敗退したり。

〔欄外〕吉田内閣不信任案上程に先ち、吉田内閣総辞職。

十二月八日（水）　雨　冷

吉田内閣総辞職に伴ひ内閣首班選挙の必要あり。第二十回臨時国会は本日を以て会期終了するを以て、会期延長の必要を認め、九時三十分常任委員長懇談会を召集したるに、全員は会期一日延長に賛成したり。

九時四十五分、議院運営委員会を開き、会期一日延長の件を可決し、衆議院との交渉に入り、両院の意見一致したり。

本会議〔一時四十一分開会、一時四十二分散会〕、議長より会期を十二月九日まで一日間延長することを諮り、全会一致之を可決したり。

十時、重宗副議長の来室を請ひ、自由党は内閣首班指名に付、如何なる態度を執るやを問ふ。副議長は、自由党は緒方氏を推し、鳩山氏を推さずと答ふ。余は、其態度は憲政の常道に反すと信ずる旨を述べ、進んで鳩山氏を推進すべしと勧告したり。其理由は、(1)鳩山氏等をして将来の政敵たる社会党両派の援助を受くるの非なるを知らしめ、(2)将来政局安定の為、保守合同を推進するの機会を包蔵するものとして必要なり、(3)保守両派は革新派と対立するものなりとの旗幟を鮮明ならしめ、以て政界に正道を打立つべし、(4)自由党は惨敗を喫したるを以て、此際完全に下野して毫末も台閣を望むが如き態度を示すべからずと云ふに在り。副議長は喜んで余の説を容れ、直に参議院自由党に還りて自説として之を強調し、二十九人の同意を得たるも、多数は松野氏等幹部派の指示に従ひ、緒方氏を推挙することとなれり。但し副議長は、参議院に於ける緒方氏の得票を可及的に減少せしめんと企て、首班指名の会議に多数欠席するやう勧めたり。

十時四十五分、佐藤尚武氏、広瀬久忠氏来訪、首班指名に付、緑風会の態度を報告せらる。

十一時二十分、緒方竹虎氏来室、自由党総裁就任の挨拶あり。大野、池田、本田三氏、同行す。余は緒方氏の自重を望み、吉田前首相に深甚なる謝意を表し、大野氏等に対しては下野、fair play を力説す。

五時、寺尾議院運営委員長主催の議運委員懇親会、南甫園に招かれて出席す。政変に際し、各員各様の感懐あり。甚盛会なり。八時辞去す。

三時、高瀬議員と共に小笠原大蔵大臣を訪ひ、最後の談判を為す。竟に遂げず、行政訴訟の提起を勧めらる。

〔欄外〕今朝、緒方氏は自由党新総裁に就任し、池田勇人氏は幹事長を辞任せり。新幹事長は、緒方氏の腹心石井光次郎氏之を襲ぎ、自由党内の騒動と吉田内閣の内紛とは一応其終局を告げたり。

十二月九日(木)

朝、広瀬久忠氏より電話を以て、首班指名に関する緑風会の態度を報告せらる。二十三年三月、片山内閣崩壊に伴ひ首班指名の時、緑風会が在野第一党たる吉田氏を推したる先例を尊重し、今回は鳩山氏を推すことに多数は同意したるも、此 rule は絶対に尊重すべきやに付ては異論あり、又鳩山氏の健康状態に顧みて躊躇する会員あるが如しと云ふ。但し今回は Rule 尊重に出づと云ふ。

朝、竹山祐太郎氏より電話あり〔昨日予より電話せしに不在なりし為、此電話あり」。余は、氏が台閣に立つの日到れるを祝賀し、此内閣は短命ならんも、確乎たる政策を樹て、腐敗せる官場を洗滌し、民間の利権屋と苟合することなきを要望したり。

登院。佐藤尚武氏の来訪を受く。首班指名に関し緑風会の態度を説明せらる。今朝広瀬氏の電話報告と同様なり。余は昨日重宗副議長に伝へたる所を告ぐ。

浦上喜平氏来訪。朝比奈、瀬戸谷両村長を連来る。災害復旧に付依頼あり。

奥むめお議員来訪、門松廃止問題に付、都内鳶職、消防組頭等と会見を求めらる。竹本金太郎、竹川幾太郎、高柳喜太郎、西出福太郎諸氏と会見す。余は森林荒廃の防止と、材木生長量の遙に消費量に及ばざるを説明して廃止に協力を求む。一同は之に反対の意見を有するが如くなりしも、一応諒解したり。一同はそれより緑風会に出頭、会員諸氏と会見すと云ふ。

岩手県砂防支部副会長藤根順作氏（松尾村長）、来訪す。

伊万里市会議員前田松一氏等二十数名来院、訪問す。

本会議は定刻開会、内閣総理大臣の指名を日程に掲げたるも、各政党間には各種の経緯ありて開会遅延したり。午後八時十五分、議運小委員会を開きて指名の会議を開くことを決定し、八時三十七分開会、記名投票の結果、鳩山一郎君を指名さるるものに決し、次で議決を以て同君を指名したり。投票は総数二〇九（過半数一〇五）、鳩山君一一六、緒方竹虎君八五、石黒忠篤君二、重光葵君一、松本治一郎君一、白票四なり。次で内閣、大蔵、文部、郵政、労働各委員会所管の請願［四八件］及陳情［一件］を採択し、九時二十二分散会したり。斯くて第二十臨時国会は会期終了したり。

参議院は鳩山一郎君が指名せられたることを衆議院及内閣に通知し、衆議院よりも同一の内容の通知ありたり（衆院にては鳩山二五七、緒方一九一の得票あり）。

本日の公報を以て、去六日議運委にて決定せる虚礼廃止の申合事項を掲載したり。

一、印刷物に依る個々の年賀状、新聞紙上の年賀広告等は之を廃止すること。

二、議員なるが為の寄附及冠婚葬祭に対する虚礼は一切行はないこと。

十二月十日（金）　晴　暖

朝、小見清二氏来訪す。長男の就職に付、申入あり。参議院小田秘書室長に託す。

十時、第二十一回通常国会の参議院議員の議席指定を行ふ。参議院は之にて成立す。参議院成立の旨を衆議院及内閣へ通知す。

比国赴濠公使Roberto Regala氏は、夫人と共に十時来院あり。召集日の議事を参看せしむ。又氏の希望に依り、氏を東大国際法学教授横田喜三郎博士に紹介す。

橿原神宮奉賛会副会長［神社庁事務総長］吉田茂氏、昨九日食堂癌にて慶応病院にて逝去せらる。詢に痛恨失望の至なり。午後同氏邸弔問、訣別す。華料金五千円を奠す。

右に付、朝電話を以て、湯沢副会長に対し弔慰方法を託す。又武若時一郎局長の来訪を求め、適当なる弔慰方法を託す。其結果金一万円を奠するに決す。又事務総長に命じて生花を議長として供せしむ。

小林武治氏来訪。田口氏立候補は全然勝算なき旨を報告せらる。氏も亦田口氏を推薦せずと決意し、田口氏を説得して飜意せしむる態度を明にしたり。

田口英太郎氏来訪、何とかして民主党の公認を得たしと云ふ。予は其望なきを告げ、断念するやう懇説す。氏は断念したる場合の跡始末として、静岡又は浜松の市長に就任したしと主張す。之は驚入りたる自己欺瞞なり、切に翻意を勧むれども容易に納得せず。次に余は即刻出納長を辞職せよと勧む。氏は意外の顔にて任期中在任すと答ふ。是亦驚入りたる無感覚なり。余は氏の将来に関し及ばずながら配慮すべしと答へ、此際断然初念を飜すべしと切勧す。氏は答へずして去る。

長尾新輔氏来訪。井手成三氏を鳩山内閣の法制局長官に推薦せられたし、氏は永く法制局に在り、現在の次長、参事官とも折合宜しと告げらる。依て首相認証式の為宮中にて鳩山氏に長官の決定ありしやを問ひしに、未だなりと答へられたるを以て、井手氏を推薦す。鳩山氏大に喜び、明朝九時半井手氏の来訪を求めらる。依て電話にて夫人を通じて井手氏に告げ、紹介の名刺を参議院に残し、井手氏に交付することを命じたり。

三時五十分参内。衆議院は堤議長辞意表明中に付、原副議長参内、緒方国務大臣、鳩山氏も参内す。四時、原副議長拝謁、衆議院にて鳩山氏を指名したることを奏上す。次に余は参議院の指名議事の結果を奏上す［此時陛下は特に席を賜はり、首班指名の経緯に付御下問あり」。了て認証式に侍立す。原副議長は余の次席に立てり。緒方副総理は認証の辞令を奉じて侍立す。陛下入〔出〕御、鳩山氏御前に進むや、「内閣総理大臣に任命する」との御言葉を賜ひ、緒方国務大臣より辞令を受けて式畢る。陛下入御、緒方、河井、原退出す。

国務大臣の認証式は鳩山首相侍立して行はれ、五時頃式畢る。次て祝酒を賜はり、余は首相、各大臣と共に頂戴す。宇佐美長官、三谷侍従長等、接待せらる（席上、石橋通産大臣には、富士山の件は年内に処理せられんことを要望し、一万田蔵相にも要望の概要を申入れたり。竹山建設大臣に対しては心からなる祝意を表し、母堂の歓喜を祝福したり）。

七時帰院、前記井手氏と打合を為して八時頃帰宅したり。

〔欄外〕鳩山首相、重光外相、河野農林相、一万田蔵相等は、就任の挨拶として夫々自己の抱負を公表し、内外の注目を惹けり。就中、外政方針、財政金融方針は最重要々素を含めり。

十二月十一日（土）　晴　暖

登院。大富部上阿多古村長来訪、田口出納長立候補に付、断念勧告を求めらる。

十一時、Dr. Nagy、石黒忠篤氏と共に来訪す。石黒氏は余が吉田前首相往訪のことを聞き、明朝博士と共に吉田氏を往訪したきに付、紹介を依頼す。本日正午、日本外政協会の博士招待午餐会ありたるも、既に博士と会見せしを以て、午餐会欠席を通告す。石黒氏も之を了解したり。

吉田前首相往訪に付、葡萄酒半打〔赤三、白三〕を入手す。これは中山秘書の配慮にて、仏大使館附海軍武官某大佐より割愛せられたる物なり。

予告の後、一時五分出発、三時頃大磯邸着。来客あり、約四、五十分待ちたる後面会す。先づ永年国政の重きに任じて虚脱せる日本を今日の実力にまで回復せしめたる労苦を謝し、又対外的にも独立国として各国と対等の地位にまで進めたる功績を称へ、且私交に於ける厚情を深謝して健康を祈りたり。吉田氏は疲労の色なく対談し、其中には日本外交の容共に趨くが如き鳩山、重光両大臣の語句を憂慮し、保守合同に関しては時機到来を待つの外なしと答へ、南米移民の資金を得たるは幸福なりと語り、肯て功に矜るの色なし。四時過辞去、六時帰宅す。

衆議院にては本日堤議長の辞任を許可し、民主党松永東氏を議長に当選せしめたり。堤氏の辞任は其事由を知るに苦しむも、六月乱闘事件に関して決意せしものと思はる。

竹山建設大臣来訪挨拶ありしも、余は大磯へ赴き不在にて、面会せず。

一木先生追悼会実行委員打合会ありしも欠席す。野口秘書出席、万事好都合に進行せり。

〔欄外〕閣議の結果、財政緊縮方針、綱紀粛正、国産重用方針、選挙事前運動取締励行等を発表し、大臣の公邸を廃止し、大臣の護衛を廃する旨をも発表したり。吉田首相の秘密態度に対し、鳩山首相の開放的態度は新内閣に対する人気を昂揚したり。

十二月十二日(日)　晴　寒

富士山下戻問題に付、昨日詳細の報告を佐藤宮司宛発状す。要するに新内閣に依りて急速目的を達したし、若し困難あらば行政訴訟に依るべしとの意見なり。

根本内閣官房長官来訪す。余は施政の根本に対し率直に所信を告げ、政局安定の為、民主、自由の合同に努められんことを要望す。

井手成三氏、同夫人と来訪す。法制局長官発令を断りたる事由を説明し、余の尽力を謝し、且将来に付依頼あり。

一時、吉田茂氏の葬儀に参列す。青山斎場、頗盛儀なり。余は参列者総代として玉串を捧げ拝礼す。

二時三十分、堤康次郎氏を訪問し、議長在任中の支援を深謝し、又政界の為尽されたる功労に付讃称す。夫人も面会し、大に激励せらる。

〔欄外〕鳩山内閣の施政方針発表に対し、社会党は暫定的、選挙管理的内閣が政策に関する発表は越権なりと難詰し、早くも首班指名の時に於けるが如き協調を破らんとするの態度を採れり。

十二月十三日(月)　晴

朝、徳川家正公邸に至り、歳末御礼を述べ、且賜品料(三千円)を深謝す。

議院にて鈴木二平、山本忠助、佐々木英夫、勝呂義郎四

氏の来訪を受く。用件は山本氏二男某君県議立候補に関してなり。堅実なる恩恵と態度の明確を勧説す。

日本文化放送坂口三郎氏来訪。佐々井信太郎、石黒忠篤両氏と余に新年二宮翁事蹟対談計画に参加せんことを求む。之を諾す。

松永衆議院議長、大村国務大臣、新木日銀総裁来訪す。新任挨拶なり。四時、衆議院に松永議長を答訪し、四時半其邸を訪ふ。

武若時一郎氏来訪。吉田茂氏家族の状況を報告したり。余は年末賞与に付、武若氏及湯沢氏に金額を指示決定す。

岡崎前外相より帝国ホテルに茶会に招かれ、出席す。離職会なるを以て出席者多し。益谷、池田、佐藤氏等に会ふ。興奮未醒めず、保守合同など実現困難なるを覚えたり。坪上、松永両氏と同車、帰る。

石田巡査部長は、大臣の護衛廃止と共に参議院議長護衛を罷免せらる。

十二月十四日(火)　晴　寒

正午、帝国ホテルにて日加協会主催午餐会あり。新任加奈陀大使 Mr. Davis、同夫人并公使兼参事官 Mr. Newton 并同夫人を招かる。余も招かれて参会す。徳川会長の歓迎辞、Davis 大使の答辞ありて盛会なり。余は大使夫人と公使夫人との間に席を与へられ、交話に差支へしも意外に安易なるを得たり。

日銀に荒〔新〕木総裁を訪ひ、新任を祝す。又中山政策委員にも面会す。

竹山建設大臣を訪ひしに不在なり。依て稲浦次官を訪ひ、利権に超脱すること、砂防に徹底することを要請して、大臣に伝言を依頼したり。

五時、公邸に晩餐会を催し、万国議院同盟会議及欧洲視察団に参加せし議員諸氏を招きて慰労をなせり。一同歓を尽し、秘話まで続出したり。

十二月十五日(水)　晴　寒

赤木氏、昨日兵庫県知事選挙事務長の任を了へて帰京す。選挙失敗の実状に付報告ありしも、氏の選挙は却て有利に展開すと告げらる。

高橋道雄氏来訪。過日麁玉村、浜名町へ出張せりとて謝意を表せらる。緑風会々員増加勧誘に付、配慮を申入る。

本会議は十時過開会。常任委員辞任許可、同補欠、参議院予備金支出の件報告ありて之を承認し、何等の波瀾なく散会す。

正午、砂防協会例会に出席す。徳川公、次田氏、山崎巖氏、赤木氏出席す。

神谷文吉氏へ発状、竹山氏大臣就任に付、母堂へ祝賀の意を表す。又母堂の推薦せる富岡村の某、東大を卒業の上は大蔵省に採用せられしの祝意を寄す。

高階宮司、武若事務局長来訪す。宮司の計画せる奉拝会員の募集には予の名を署せざることとなしたり。

五時、公邸に東南亜細亜視察議員団諸氏を招き、慰労会をなす。

東洋醸造会社臼井皎二氏より源氏十本を贈らる。

十二月十六日(木)　晴　寒

朝、斎藤静岡県知事に電話を以て、明十七日一木先生追悼会に出席を求む。知事は所用の為出席し難しと答ふ。依て代理者の出席を得ることとなれり。

朝、丸本彰造氏より電話あり。Mrs. Bryant 明後日広島を出発するに付、議長として謝電を発することを求めらる。依て登院の上、電話にて同夫人と丸本氏との関係を関屋正彦氏に質したるに、無関係にて焼津にて飛入的行為ありしと云ふ。依て電報を発せざるに決し、中山秘書をして断らしむ。

議院運営委員会は十二時開会。緬甸との平和条約并賠償協定承認の件を急速上程するに決定したり。是れ石黒外務委員長の主張が外務当局を動かせるに由るものにして、国交上極めて妥当なり。

衆議院は副議長原彪氏の辞任を許し、高津正道氏（左社）を副議長に選挙したり。副議長来室、挨拶せらる。

依て往訪、答礼を為す。

小林絹治氏来訪、兵庫県知事選挙に付、詳細談話せらる。

後藤文夫氏来訪、政局の現状と保守合同の困難に付、報告せらる。

間宮脩治氏来訪、明日一木先生の追悼会に出席すと云ふ。旧友は懐かし。

香港日本貿易館董事亜洲経済振興会理事湯浅鉉二氏来訪、同地日本商品仲継に付、説明せらる。依て通産大臣及外務大臣に紹介する為、名刺を与ふ。

一木先生追悼会は明日に迫り、追憶録の発行を始めとして各種の準備大に進み、出席者二百二、三十人を得るの見込なり。而して各方面よりの醵金は総額三十二万円に達し、印刷費、通信費を初めとして余剰あり。誠に先生の高徳の賚にして、余等の幸とする所なり。陳列品の中、誄詞は戦災を免れたるも、大勲位菊花章は焼失したるを以て、之を賞勲局より借入れて陳列することとしたり。又特に感激に堪へざることは両陛下より野菜一籠御下賜の御内旨を拝したることなり。特記して光栄を遺す。

八時、和蘭大使夫妻主催の晩餐会に招かる。主客三十人許り、清雅なる佳会なり。大使の母堂七十七歳の高齢者あり、余に長たること六ヶ月なり。又夫人に Gosbert Hemmi の墓のことを話す（他日記録写真を贈らんと思ふ）。

五時、東京 Masonic temple の会合ありしも欠席す。

葵会会合あり［五時三十分、日本工業クラブ］、是亦欠席す。

十二月十七日（金）　晴　寒

一木先生追悼会用意の為、十時半、上野精養軒に出頭す。旧知多く集り、親任官以上の者甚多し。蓋し是れ未曾有の盛会なり。一木家諸氏十二名来会せらる。満悦想ふべし。出席者二百十三名。正午開会、野口明氏の司会にて、余は発起人代表として挨拶を述べ、一木輶太郎氏謝辞を述べらる。開宴中、野口氏の指名にて大谷正男、中川望、山田三良、武部欽一、根津嘉一郎、佐々井信太郎、三矢宮松諸氏の懐旧談あり、尚有志二名の追憶談あり。二時半散会す。会費六百円、出席者には野口氏の編纂に係る一木先生追憶録を頒てり。昇三郎、中井大阪市長等遠来の客あり、報徳社よりは中山、小野両常務出席す。余は二時退出、谷中に墓参し、宮中に賜物御礼の記帳を為し、三谷侍従長及宇佐美長官を訪ひ、拝謝す。

錫蘭首相コテラワラ閣下、国賓として六時半羽田着、出迎を為す。着時刻遅れたるを以て参議院来訪は取消となり、八時首相の晩餐会に臨む。余も招かれて出席す。コ首相の演説には、日本は曾て東洋に於て自国民族に依て立てる唯一の独立国として景仰せられたり、世界戦役には、日本は大なる犠牲を払ひ亜細亜諸民族に独立の機会を与へたり、今後亜細亜諸民族は日本を先覚者として相携へて其自由を守り、其繁栄を営むべしとの趣旨あり。従来何人も道破し得ざりし所にして、頗る我意を得たり。依て特に之を誌す。

宴了て石橋通産大臣に富士山事件の解決は年内に於てせられたしと要望し、一万田大蔵大臣にも審議会答申の通り決定せられたしと希望せり。又、外相、通産相には湯浅鉉二氏のことを告げ、面会されんことを求めたり。

午後、野口秘書をして大勲位菊花章を賞勲部へ返還せしめたり。

十二月十八日(土)　晴　寒
朝、野口明氏来院、昨日の一木先生追悼会の成功を祝せらる。余も亦氏の力に負ふ所多きを以て、深甚の謝意を表す。中食を共にす。

竹山建設大臣来訪、謝意を表せられ、且来二十三日参議院建設委員を招き茶話会を催すに付、参議院議長公舎を借用したしと申入あり。之を諾す。又余も同日出席することを約す。

赤木氏来訪、建設省新案として、明年度失業対策の一として砂防費五十億円を大蔵省に要求せりと報告し、大に欣ぶ。

緬甸との平和条約及賠償及投資協定は昨日衆議院にて承諾を与へられ、参議院は昨今明三日に亘り特に詳細なる委員会審査を行ひ、廿日に承諾を与ふる予定なり。参議院外務委員会の取扱は甚正当なり。

杉山せい子老婦人逝去の由、掛川宅より回報あり、弔問す。杉山家にては曩に主人晃氏急逝し、又老婦人の訃あり。哀惜同情に堪へず。

今村忠助氏の告別式に至り、焼香す。

東ヶ崎潔氏の Tokyo Lodge Worshipful Master 就任式及祝賀会［七、三〇、M. Bldg］には欠席す。

十二月十九日(日)　晴　寒
外務委員会あり、一時登院、傍聴す。進行順当なり。承認報告書を提出す。
昇三郎、十二時半発特急にて帰西す。

十二月二十日(月)　晴
議院運営委員会あり、本日の議事及今後の議事運営に付協議す。

本会議［十時五十分より十一時三十分まで］開会。Burmaとの平和条約并賠償及投資協定は全会一致を以て承認せらる。次で恩給法一部改正法の一部改正案可決せらる。

大日本報徳社理事会あり。三十年度ヨサン案、百年祭行事、土台金寄附、定款変更等に付協議ありしも欠席す。

参議院記者クラブの諸君を招き、慰労会を催す。盛会なり。

筧繁博士、夕六時四十分逝去せし由電話あり（病名胃癌）。

十二月二十一日(火)　晴　寒　耳の故障解消す

大日本報徳社役員会には欠席す。

緑風会総会あり、少時出席す。

三時半より映画を見る。ヒロポン中毒のもの、陰凄見るに堪へず。柳橋箱屋殺しを取題せるもの面黒し。

〔欄外〕衆議院にては予算委員会を開き、今明両日に亘り社会党、自由党より新内閣の財政方針、外交方針及自衛力問題に付、痛烈なる質問をなせり。其結果概要としては吉田内閣と大差なきが如く、殊に財政経済策には根本的相違なきが如し。又外交方針に付ては一時米国を驚したるも、結局は米国中心を根幹とするに変化なく、中蘇との関係（従て民国との調節）も希望的に過ぎざること明かとなり。防衛問題は政府側の思想統一を欠き、答弁のMinusを暴露したり（大村国務相の発言取消）。最後に閣僚及有力党員の汚職関係の質問は泥試合に堕し、国会の品位を瀆すに過ぎざりし観あり。要之是等の質疑応答は、第十九国会の醜劣論議の延長にして、質問者は之を選挙運動の具となさんと企図せしが如きも、却て識者の瀕蹙を買ひしに過ぎず。

十二月二十二日(水)　晴　寒

早朝、田口英太郎氏より電話を以て立候補を断念し、本日新聞紙上に宣言を発する由を通知し来る。これは昨日小林武治氏の説得の結果なり。又氏は今後の身上に付、斡旋を依頼す。

野村吉三郎君来室、政局安定に付、熱心に意見を開陳せらる。又萱沼　　氏著「中国革命四十年」を贈らる。石黒氏へも此書を託せらる。

小室富士宮市長、村瀬市会議長外一名来訪、富士山の件

に付、石橋通産及遠藤大蔵政務次官往訪の結果を報告せらる。又斎藤知事出馬に付、援助を求めらる。石川定子婦人（大阪、民主報徳会）来訪せしも、不在にて面会せず。「サムハラ」符を贈らる。NHKの為に新年テレビ放送を行ふ。総選挙に関し痛烈なる所見を発表す。道徳団体懇談会小委員会あり、少時出席す。宣言文の作成中なり。出席者は佐々井、中山、吉岡、下村（委員長）、正田、勝部、中野、中田諸氏なり。静岡福祉事業協会役員会ありしも欠席す（小塩氏に一切を委任せり）。錫蘭公使主催、同国首相 Rt. Hon Sir John Kotelausara の為の Cocktail party（五時半、七時半、帝都ホテル）に出席す。秩父宮妃、高松宮両殿下、三笠宮殿下御出席。鳩山首相も薫子夫人と共に出席、重光外相も出席す。頗る盛会なり。覚博士邸に至り弔問す。明日の葬儀には出席し難きを以てなり（香料千円を呈す）。帰途、坪上、松永両氏を同車す。坪上邸に送りて帰宅す。

十二月二十三日（木）　晴　寒

皇太子殿下御誕辰に付、東宮御所に至り奉賀す。東宮大夫の計ひによりて、特に殿下より拝謁を賜ふ。御機嫌麗し。

熊村、上、下阿多古、伊平［助役］、麁玉、浜名町村長等来訪、国鉄バス運転要請の件、運輸省側最近の取扱に関し報告あり。遠電と北遠諸村との利害感情の対立甚しきを知れり。

新年挨拶原稿を練る。又 Hansard に関し、英百科辞典を調査す。

正午公邸に一木先生追悼会処務委員諸氏を招き、粗餐を呈す。覚、後藤、加藤、根津、野口、三矢、大谷、高木、大金、小栗、佐々井諸氏来会せらる。先づ会計報告をなし、先生回顧録配分先に付協議し、残余金の処分、追悼会当日の追討談速記の刊行、回顧録の出版業者に依る出版等は、野口氏及余を中心とする残務委員の取計に任ずることに決す。一同は先生の高徳を称へ、会の成功を感謝す。

二時、佐々井氏と同車（大谷氏、野口氏帰宅に付、同車）、四谷二丁目入、日本文化放送会へ出頭し、三時より石黒忠篤氏を加へ、一月三日の二宮翁記念文化放送対談をなす。此放送は一月三日午前九時全国に向て行はる筈なり。

松本勝太郎氏、一時公邸に来訪す。令息俊一氏英国大使を辞し、一月の選挙には広島県より立候補すと云はれ、今朝鳩山首相、重光外相を往訪して懇談せし結果、同氏自ら民主党広島県支部長を引請くることとなれりと告げらる。余は令息の立候補は慶賀するも、松本氏が老体を以て県支部長となるは可及的に避くべきものなりと力説したり。即ち健康上よりするも、財産上よりするも甚有害なりと信ずればなり。而して何人か適当なる人を挙げて支部長に任じ、自らは大御所的存在となるの方法なきやを考慮せよと勧告したるに、本人の真意は闘志満々、自ら任じて行はんとするの貌あり。甚だ危きを感じたり。随伴者松本建設東京店次長井上鉄三氏同席す。

四時放送を了り、公邸に帰り、竹山建設大臣主催の参議院建設委員招待茶話会に出席す。建設委員の外、重宗副議長も出席せらる。大臣の挨拶、堀木委員長の謝辞に次ぎ、余も一場の挨拶をなす。即ち大臣との関係、国策の基本に邁進せよ、利権の輩を駆逐せよ、これが為には大臣は適材適所なりと述べたり。供ふる所麦酒、Sandwiches、大阪すしのみ。簡素にして甚佳なり。

六時、日本放送協会の Cocktail party に出席す。和蘭大使夫人より盛に生牡蠣を薦めらる。半打を啜る。余が三つ目を啜る間に、夫人は既に半打を了へたり。余興には輪投げあり、人気沸くが如し。帰途小林武治氏、同夫人を同車、其邸に送る。

正午、錫蘭公使の午餐会に招かれしも欠席す（一木先生追悼会委員招待）。

筧繁博士の告別式には不参す（昨日弔問）。

十二月二十四日(金)

午前中、新年挨拶案に付検討し、事務総長、次長の校訂を請ふ。

十一時五十分参内、衆議院正副議長、鳩山首相及閣僚大臣と共に御陪食を賜はる。高松宮殿下御来会あらせらる。食後別室にて各員に対して御対応あらせらる。予は食卓にては「山行きは如何」と御下問を受け、別室にては一木男爵追悼会へ恩賜の御礼を申上ぐ。二時退出。両陛下より鴨二羽を賜はる。

三時、Free Masonに出頭す。Masonic Buildingより生ずる収入を社会事業援助の為、財団法人設立に関し厚生省に難色あり。小松会長、佐藤尚武氏外三名及米人代表二名と協議し、其結論を携へて予は小松、佐藤、中村弁護士と共に木村厚生次官及安田社会局長に面会したり。其結果は今回直ちに法人設立をなさず、六月一日より財産の自由処理を為すを得るを以て、其時に設立を申請するに決定し、安田局長の了解を得たり。

本件に関しては昨夕ＮＨＫのpartyにて鶴見厚生大臣に依頼し、又本日宮中にても大臣に依頼し置き、大臣も好意を以て迎へられたり。

田口氏の知事立候補断念に付、氏は本日小林武治氏の仲介に依り、東京に於て斎藤知事と会見し、従来の行掛りを払拭したり（其筈なり。手数のかゝる事共なり）。

十二月二十五日(土)　快晴　厳寒
多摩両御陵参拝。七時発車、八時事務所着。赤木博士と共に正式参拝す。八時半退出、浅川駅前茶店に入り、旅装に更む。小河内貯水池建設事務所長佐藤志郎氏出迎へ、同氏の案内に依りて小河内damの視察を為す。九時五分浅川発、十時三十分事務所に入り説明聴取。十一時より十二時まで現場視察、事務所に帰りて中食［弁当持参、焼鱒、吸物を供せらる］。十二時半出発、奥地森林状態視察（Jeepによる）。丹波水源林事務所にて説明を聴き、更に上流に向ひ、神金村内車道の尽くる所まで視察して帰途に就く。事務所にて撮影の後、車を乗換へ三時半出発、青梅、田無を経て五時三十分帰宅す。
一、dam建設工程は$1/3$に達す。最進の機械技術と考案を用ひ、建造費比較的に廉なり（セメント工場、砕石場、製氷場、東京との交通機関等）。
二、明後年完成のヨテイなるも融資額過少に難あり。
三、東京都人口増加の急劇なるに対応すれど、このdamのCapacityは限度あり。利根川給水の急速着工を必要と認む。更に将来の為には三島附近清水村の大湧水を導くの用意を整ふべし。
四、多摩川谿谷、林相は大に整備し、従て山岳崩壊せず。damの埋沙は年百分の一程度なりと説明せらる。然るにdam奥地の荒廃は甚しきものあり。都有水源涵養林に達する間の山林は、多くは薪炭用として伐採せられ、自然萌芽の生長を俟つのみにして、積極的造林の実を見ず。既に各所に於て崩壊無数なり。今にして造林積極的推進策を樹て、保安林指定の活用を実施せざれば、患を防ぐ能はざるべし。

五、多摩川上流丹波、神金両村は山梨県に属するも、之を東京都に編入するを要す。両村は地勢上、青梅地方と一体をなすものにして、民生、経済、交通等東京都と不離の関係に在り。然るに只政治関係に於て山梨県に属するは不利なり。東京都の現勢は、現在の区域に跼蹐せらるべきに非ず、宜しく遠大の計画を以て関東諸県を併せ、首都と共に隣接地区の共存を謀るを要す。従て多摩奥地に関する意見は利根川上流にも及ぼすの要あるべしと雖も、両村の編入は焦眉の要務なり。

十二月二十六日(日)　晴　厳寒

朝、橿原神宮奉賛会事務局長武若時一郎氏来訪、高階宮司に対する返書の件、奉賛会個人会員募集に関する件等に付、協議す。

午後、久松愛媛県知事より面会の申入を受く。明日は不在なるを告げ、電話にて用務を果す。知事は近く辞職して再選の為立候補するを以て、援助を求めらる。余は個人として推薦人たることを承諾す。緑風会公認の文字は避くるを可とせしも、有志議員の応援は自由なりと答へたり。又益谷自由党総務の尽力、砂田重政氏の配慮、両氏の関係に機微の点あること等を報告したり。知事は明日帰任すと云ふ。

佐藤尚武氏を訪問し、年内の高援を謝し、奥多摩鱒数尾(一籠)及県産蜜柑一箱を呈す。

三時、光輪閣に於ける徳川家御養子披露会に出席す。家正公御夫婦并松平家より入りたる御養子　君に対して深甚なる祝意を表す。両家の歓喜察すべし。殊に松平信子刀自の欣びは格別なり。余に対して鄭重なる感謝を表せらる。秩父宮妃殿下、高松両殿下にも披露会に御臨席あらせらる。此会合は徳川家一門のみの集会にて、余等家政相談人等、之に加はりしのみ。

十二月二十七日(月)　晴　厳寒

酒匂川上流中川川及玄倉渓を視察す。赤木博士同行、江上参事随行す。

東京七時発、八時四十分国府津下車す。東京駅より小田島利八氏、県砂防課長案内せらる。国府津には副支部長（県議）中井一郎氏、小田原市長鈴木十郎氏等出迎へ、市長の自動車を借用して三保村に向ふ。山北駅を過ぎて砂防堰堤を視察し、谷峨を経て中川川筋に入り落合より上流箒沢に至り、自動車道路の終点にて下車し、徒歩にて上流［三川合流箇所］の荒廃を見る。三保村長山本五三郎氏、関東地建相模工事事務所長白浜芳雄氏、酒匂川砂防出張所長荒井利一氏等、現場を案内して説明す。それより引還して、十一時半三保村役場に入り、中食（弁当）を喫す。十二時半出発、玄倉へ赴く。先づ丹沢治山事務所に於て所長林宮雄氏及特に出張せる東京営林局治山課長高津戸益美氏より、玄倉地区治山五年計画と現状に付、説明を聴取す。次で自動車を代へ、上流地の荒廃を視察し、二時帰途に就く。

一、本日視察せし箇所は、余が二十年前に視察せし箇所に概ね該当し、川筋の荒廃は今尚甚しきも、山肌の自然復旧は著しきものあり。旧時の如き山骨露白、皚々とも称すべき惨状を認めず。自然力の偉大なるに驚きたり。

二、両者を比較するに、玄倉渓は中川川に比して荒廃甚しく、川幅広きは二百間に達し、田畑の復旧容易ならざるものあるを見たり。

三、中川川本流の砂防工事は其要を得、効果の著大なるを認めたり。支流の砂防は本流のそれの直営なるに対し県営なると、支流奥地の荒廃を詳にせざるを以て批評し難きも、年処を経たる今日、逐次効果を挙げたりと見るべきが如し。

四、玄倉の荒廃地三千町歩は、林野庁にて神奈川県と交渉して国有に買換へ、五ヶ年計画五億円の治山工事を実行せんとの計画あり。現に買収交渉中なりと云ふ。今朝車中にて聞く所に依れば、丹沢荒廃地の復旧は、中川筋は建設省にて、玄倉渓は林野庁にて受持ち、敢て他の容喙を許さず。従て県砂防課にては玄倉渓に於ける砂防工事の実況を知らずと云ふも、林野庁側の説明に依りて判明せる所あり。玄倉にては道路完全ならず、ユイシン宿泊所まで行く能はず。途中より引返したるは遺憾なりき。

二時、丹沢治山事務所前にて高津戸課長、林所長、山本村長、其他諸氏と別れ、帰京の途に就く。山北町にて中井県議の厚意に依り農協の経営する蜜柑 juice 製造工場を視察し、国府津駅にて白浜所長、荒井出張所長、中井副支部長等と別れ、又鈴木小田原市長の乗用車を返上し、県の自動車に乗り［三時三十分］、小田島課長の案内にて帰京。五時半、無事帰宅す。

本年余等の砂防旅行は一都十七県に及び、之を以て終了したり。各地有志に対して多大の配慮を煩はし、巨額の失費を与へたり。而して視察の結論は、砂防工事完成せる河川は完全に災害を免れたること、国土の保全は砂防と造林と相俟て初めて有効なること、河川工事との関係に於ては砂防優先主義を徹底すべきこと。是なり。

十二月二十八日(火)　晴　厳寒

登院。事務総長、次長、各部長、法制局長、杉田、倉田両専門員、秘書課員一同等より御用納の挨拶を受く。医務室にて水虫の治療を受け、年内の配慮を深謝し、又斬髪を行ふ［清酒二升づゝ、事務総長、次長へ、蜜柑一箱づゝ、秘書室、電話交換室、緑風会事務室へ進呈す］。

NHKの為に元旦放送二（全国と静岡県）を行ふ。又速記雑誌の為に Hansard 記事を口授す。

静岡福祉事業協会深沢常務より廿二日の役員会の経過、結果報告に併せて歳末業務報告を受く。又舞阪町助役渡辺八平氏が特に余の為に篆刻せられたる落款印三顆を贈らる。

十二月二十九日(水)　曇　寒冷

終日家居、居室の整理を為す。公邸より松、梅の盆栽を取寄せ、迎年の用意成る。

小林次郎氏来訪。歳末の挨拶なり。

愛知用水期成会代表五名来訪。謝意を表し、鏡餅一箇を贈らる。

竹山後援会代表鈴木信一氏外五名来訪。大臣就任を祝し、余に対して謝意を表せらる。鈴木氏の自作の文鎮を贈らる。

諸方へ挨拶状を出す。滞信一掃に出づ。未及ばざるものあるも中止す。

午後より九時まで揮毫を為す。横物、軸物、色紙等書債一掃に努む。寒冷身に徹し、気分銷沈す。

夜褥中に在りて Hansard Weekly edition 十一月初号を読む。

十二月三十日(木)　曇　寒冷

終日家居、日記の追記を為す。記憶倒錯、進行悪し。

十二月三十一日(金)　曇　午後晴　寒冷身に沁む

五時まで日誌の追誌を為す。斯くて一年の雑務を了す。

〈解　説〉

転換期の参議院議長河井弥八――占領後の課題と冷戦下での議会政治の再建

村井良太

本巻は一九五二～五四（昭和二七～二九）年の「河井日記」全文を収録している。このうち一九五二年は八月九日までしか記述がなく、前巻と同じく手帳の記述を掲載した。一九五三年も一部手帳で補っている。河井の略歴や史料状況は第一巻総説（内藤一成「河井弥八の生涯と日記の来歴」）を、その後の、河井の中央地方を跨いだ足跡は第一巻解説（奈良岡聰智「河井弥八と戦後日本の出発」）と第二巻解説（中園裕「地域の政治家像を探る――静岡県の育成と発展を願った河井弥八」）をそれぞれ参照願いたい。引き続くこの時期の河井を取り巻く状況は、戦災からの社会の回復が日一日と進む中にあって、二つの意味で日本政治の転換期であった。

一つは講和による占領の終結である。連合国と枢軸国の対立を克服した戦後の世界構造は、米ソ対立による冷戦の開始によって早々に変容していた。その中で、一九五一年九月、米国サンフランシスコで対日平和条約と日米安全保障条約が調印された。以後、占領は占領後を意識したものとなり、一九五二年四月の発効で長い占領が終わった。これによって連合国最高司令官総司令部（ＧＨＱ）の指導はなくなり、占領下で再建された民主政治は再び自らの足で立つことになった。本巻は占領下と占領後を跨ぐ一九五二年を始点としており、戦時下と戦後を跨ぐ一九四五年を所収した第一巻に通じる。

もう一つは一九五五年体制の成立に向けた動きである。長らく占領政治を担った吉田茂の施政も黄昏時を迎え、実りと飽きとをもたらしていた。その中で戦後の物語が冷戦の物語と重なって保革対立が昂進していたのみならず、保守政党間の対立、公職追放解除による与党自由党内部の対立が混乱を助長していた。その中で講和をめぐって分裂していた左右社会党が統一され、これに対抗して保守合同が実現した。一九五五年に形成されたこのような政治枠組みを政治学者の升味準之輔は「一九五五年体制」と呼んだが、本巻はその胎動期にあたる。それは冷戦下日本での自律的な立憲政治の再建過程であり、どのような民主政治を樹立するかが問われた模索期でもあった。

このことは河井弥八、そして彼の属する参議院、会派緑風会にも大きな影響を与えた。河井はこのような政治混乱期において参議院議長を務め、貴族院の良き部分を継受する独自の院としての参議院が次第に衆議院会派に圧倒されていく憲政の十字路に直面する。河井は一九五三年五月一九日から一九五六年四月三日まで参議院議長を務め、松平恒雄、佐藤尚武に続く参議院独自会派緑風会からの三人目の議長となった。しかし、選出時すでに緑風会は参議院第一会派ではなく、衆参両院を通じて第一党を占める自由党候補に対抗する選出で、河井の後任は合同後の自由民主党から選ばれ、以後、緑風会から議長が誕生することはなかった。戦後日本の政党政治が一つの均衡に向かう一九五五年体制の裏返しとして、日本の両院制、そして参議院も変質していくのである。

こうした変化の中で河井が躍動する三年間について、本解説は日記（手帳）本文の紹介を中心に、第一巻総説で紹介された「河井家文書」で補う。なお、（　）内に記した年月日は、「河井日記」掲載の年月日を示している[1]。また、内藤一成「参議院議長河井弥八日記一九五三〜五四年」（『中央公論』二〇一三年七月号・八月号）も参照した。

一　占領後政治の始動と冷戦

〈冷戦下での占領終結〉

まず本巻と深く関わる三つの局面を第二巻から振り返っておきたい。第一に、朝鮮戦争である。一九五〇年六月二五日、北朝鮮軍は三八度線を越えて韓国に侵攻し、二七日、トルーマン米大統領は宣戦を布告した。河井は二八日に

「京城陥落」と記している。このように隣国で冷戦が熱戦化する中、マッカーサー連合国最高司令官は七月八日、「国家警察予備隊の設置許可」を出し、国民不在のままで日本の再軍備が進められることになった。このような緊迫した情勢下で、河井は、参議院本来の役割として健全なる保守的行動と共産党の破壊活動阻止に尽力すべきと考えていた（二二四頁）。そして吉田茂内閣と連携しながら、超党派的保守連合会、三葉会が組織された（二二七、二三五頁）。河井は吉田に緑風会員の当選にも便宜を求めている（二九一頁）。また、朝鮮戦争をめぐってトルーマン大統領に解任されたマッカーサーを河井は羽田飛行場で見送っている（四七二頁）。

第二に、講和と安保である。一九五一年九月四日に始まったサンフランシスコ講和会議の最終日、八日に対日平和条約と日米安全保障条約が調印された。緑風会からは徳川宗敬が全権委員の一人として参加したが、米軍施設に場所を移して調印された日米安全保障条約への署名は吉田が一人で行い、立ち会いも自由党からのみとなった。河井はこのことへの不満を日記に記している（五六〇頁）。そして、国会外で「夕刻より条約反対大示威運動来襲し、警察官と揉合」をする中で、緑風会は両条約の国会承認に「何れも賛成」した（五九五頁）。

そして第三に、占領後を見越した占領政策の見直しである。リッジウェイ新司令官は五月、占領政策緩和の方針を声明した（四八〇頁）。これを受けて吉田内閣は石坂泰三を委員長に政令諮問委員会を設け、占領法規の再検討を始めた。河井は長く参議院内閣委員長を務めており、政令諮問委員会の第一回会合が開かれた一四日、内閣委員会で、「占領政策緩和として改廃せらるべき法令、特に追放解除取扱」や「審議会等の改廃」について政府に説明を求めている（四八七頁）。

他に参議院に関わることとして、後に河井が参議院議長となることを考えると、一九四九年一一月一五日、松平恒雄参議院議長の後に同じく緑風会の佐藤尚武を推す際に、「参議院議長は国家のために参議院を代表する大人物たるを要すと信ずる」と述べていることは注目される（二九七頁）。また、一九五一年六月五日には参議院が否決したモーターボート競争法案を衆議院が三分の二の多数で再可決したことを「言語道断なり」と憤っている（五〇三―五〇四頁）。

こうして河井は多数講和を明確に支持し、吉田自由党政府を信頼していた。また、冷戦の中で共産党を警戒し、参議院、中でも緑風会には特別な役割があると考えていた。

〈行政整理 —— 講和・安保の発効と公職追放の解除〉

一九五二年四月二八日に対日平和条約と日米安全保障条約が発効し、極東委員会、対日理事会、ＧＨＱが廃止された。日本の長い占領は終わり、他方、奄美、小笠原、沖縄が潜在主権を認められながらも米国の施政下に残され、北方領土がソ連との間で講和も結ばれず切り離されたままとなった。河井は当日、「平和条約及日米安全保障条約効力を発生す」と簡潔に記した（一九五二年四月二八日）。五月二日には新宿御苑で戦没者追悼式が行われた。

皇室に近い河井にとって重要であるのは、翌三日、昭和天皇が、皇居前広場で行われた平和条約発効並びに日本国憲法施行五周年記念式典の席上で、「この時に当り、身寡薄なれども、過去を顧み、世論に察し、沈思熟慮、あえて自らを励まして、負荷の重きにたえんことを期し」と述べて、幾度と議論されてきた退位論に終止符を打ったことであろう。

また、河井が幾たびと奔走してきた公職・教職追放にも終止符が打たれた。すなわち、公職追放者は一九五〇年一〇月の一万九〇名を皮切りに漸次追放が解除され、また教職追放者も担当部局の違いから混乱はあったものの、ともに平和条約発効で完全に解除された[2]。鳩山一郎など追放組の政界復帰は「反吉田」の立場から保守政党の混乱と再編につながっていく。

河井は一九五二年に入ってからも参議院内閣委員会の委員長として行政整理や国会法の改正などと向き合う多忙な日々を送っていた。「河井家文書」には「行政整理大綱」（「河井家文書」一八−四−四七）というメモや、内閣委員会でのやりとりをびっしりと書き取ったメモが残されている。六月一八日の委員会には吉田首相も出席し、保安庁設置法案について質疑に応じた（六月一八日）。

『参議院内閣委員会会議録』には河井の内閣委員長としての議事ぶりが残されている。(3) 練達と言うべきで、例えば一九五二年七月二四日の内閣委員会では、保安庁法案や、全国選挙管理委員会などを廃止する総理府設置法一部改正案など、重要法案が次々と審議される中で、多数、少数を明分し、時に委員の意向を徴しつつ速記を止めて懇談を行い、討論、採決を進めていく。

この日の最後に河井は「お陰を以ちましてこの行政整理という大きな仕事がここに結末を見ましたことは諸君の御勉励の結果でありまして、深く御礼を申上げます」と委員をねぎらい、本会議に報告する委員長意見の概要を披瀝した。それは複雑煩多な法律政令等の整理の必要性や、地方財政財源の強固を図って地方自治制の確立を期し、中央地方事務の再配分を検討すること、中央政府の組織の簡素化などを求める六点からなったが、他の委員が注目したのは、国家の経費濫出について議員にも警告しようというものであった。河井は「私は国会議員の演説を聞いて見ても、すべて国家の経費の増大を図らないものはないと考えておりますするから、そういう点について節減をするという意味の警告をしたい」と述べている。また、政府内の訓令のようなものまでが法律案として提出されるとして、「私は本当に感心しないと考えます。国会はもっともっとその大綱をつかんだ強いものに、簡単な明朗なものにしたい」と考えを述べている。

なおこの日の読売新聞には時の人として河井が紹介され、「河井弥八氏が七十四歳老いの一徹で是々非々主義だと頑張っているから、幕切れを控えて政府、与党がハラハラしている」と状況を伝え、「足が不自由なのにかゝわらず、毎日早朝から登院、自然休会中も人気のない控室に姿を見せていた。まず手拭いで汗をぬぐい、おもむろに関係書類に眼を通す、疲れてくるとほんのり頬を紅潮させながら軽い体操をやっている」。「無理をしない」のが人生哲学で、「与党委員は〝くらげ戦法〟だと気をもんでいるが、そうかといって野党の党利党略に従っているわけでもないから、みなあきらめている。そのうちに委員会全体が河井仙人の仙術にかゝって、ほどよい時に審議が終ることになる」という（『読売新聞』一九五二年七月二四日）。八月一日に保安庁が設置され、一〇月には警察予備隊が保安隊に改組された。

〈破壊活動防止法〉

日本社会全般の世情は、第二巻解説に示されたように、次第に敗戦からの落ち着きを見せ始めていた。しかし他方で、一九四七年に本格化した冷戦は治安問題をも惹起していた。占領下では米軍が担っていた役割も日本政府に責任が移り、五月一日にはデモ隊が皇居前広場に突入して警官隊との間で重軽傷者を出すメーデー事件が起こって早くも脆弱性を露呈した。その中で政界の再編も進み、二月には芦田均や三木武夫ら衆議院議員六七名、参議院議員一六名で改進党が結成され、六月には、重光葵が総裁に就任した。

その中で注目されるのが破壊活動防止法や公安調査庁設置法など一連の占領後の治安立法である。破防法はポツダム政令として占領下に公布された団体等規制令が占領後廃止されることを受けて立法されたもので、与党自由党の強い意思の下、審議は佐藤参議院議長が引退を決意するほどの大荒れであった。「河井日記」はよく内情を伝えている。河井は七月二日に佐藤議長を訪問し、「政局安定の絶対必要なる今日、衆議院の動揺及解散を目睫に控へつゝ、参議院の中枢者の異動は最不可」であると力説し、翻意を得た（七月二日）。緑風会は濫用を防ぐための修正案を提出し、七月四日、衆議院の同意も得て成立した。(4) 衆議院憲政記念館所蔵の『緑風会関係文書』にはこの時の声明書が残されており、当局に、運用を誤らないよう、また「本法を通じて暴力主義的破壊活動を徹底的に防止し、公共の安全を保持するよう努力して貰いたい」と求め、「緑風会は破防法を必要としなければならないような現在の社会状態が速かに解消して民主主義秩序の確立と国民生活の安定とを念願して止まない」と記されている。(5) 緑風会内も立場の違いから「ゴタゴタ」し、河井は早期の懇親会開催を提案している。(6) また河井は、七月三〇日に緑風会の代表である議員総会議長に選ばれた。

八月二八日には、今後は衆議院が吉田内閣によって突然解散された。混乱する党内情勢に対して、鳩山一郎など自由党内の追放解除組の選挙準備が整わない中でのいわゆる「抜き打ち解散」であった。また、吉田内閣は日本国憲法下で初めて参議院緊急集会を求め、三一日に行われて国会の権能を代行している。一〇月一日に第二五回総選挙が実施され、自由党は引き続き過半数を占めたが、四五議席の減少となった。また、追放解除組が大量に復活した。その中で目立って議席を伸ばしたのが左右社会党であった。この時期も河井は引き続き吉田と良好な関係を結んでいたようである。河井が何かを申し入れていたようで、一五日、吉田首相から政府内の担当部署で検討して結果を内報するとともに「貴意ニ叶候様申添置候」と好意的な手紙を受け取っている（「河井家文書」四—二一—一）。一〇月二四日、河井は長く務めた内閣委員長を退任している。

〈自由党の混乱と緑風会の困難〉

一九五三年に入ると吉田自由党内の混乱がますます昂じていく。佐藤栄作幹事長選任をめぐる混乱や広川弘禅の吉田からの離反に河井は「党の自壊作用か、空中分裂か」と記す（一月三〇日）[7]。その一方で、緑風会は参議院での生き残りを自由党との選挙協力で図ろうと努力する（二月一九日、二〇日、三月二〇日）。その際の仲介者は佐藤幹事長であり、緒方竹虎官房長官であった。三月二日の吉田の失言から不信任案が可決し、いわゆる「バカヤロー解散」となる。河井は「自由党内より起りたる首相弾劾なり。政策の争に非ずして劣悪なる醜闘なり。衆議院が其本質を遺却したる馬鹿野郎的行動なり。遺憾極りなし」と憤懣を記し、「自由党の自壊作用」を嘆いた（三月二日）。これを受けて、三月二〇日、再び参議院緊急集会が開かれた。

四月一九日に第二六回総選挙が実施された。自由党、改進党、鳩山自由党がいずれも議席を減らす中で再び左右社会党が躍進し、左派社会党が右派社会党を上回った。これによって吉田内閣の支持基盤は過半数を失った。敗戦後、東久邇宮内閣が五四日、幣原内閣が二二六日、吉田第一次内閣がやっと一年以上の三六八日、そして連立与党としては多数を占めながらも片山内閣が二九二日、芦田内閣が二二〇日といずれも短命であった。第二次吉田内閣の与党民自党が一九四九年一月の総選挙で初めて衆議院の単独過半数を得たが、占領終結とともに追放解除組との間で混乱し、この度の選挙では鳩山自由党が分党したことで再び衆議院で単独過半数を占める政党はなくなった。参議院も考慮に入れると、両院での単独過半数政党は未だ一度も生まれておらず、自民党結党後となる。他方、河井は、総選挙で支持候補が当選すると、「『民の声は神の声なり』、真に民主主義の価値を見る」と喜びを隠さなかった（四月二一日）。

しかし、四月二四日の第三回参議院議員通常選挙で緑風会は三五名を擁立し、当選者はわずか一五名と「緑風会所属議員の減少著しきを憂」える結果となった（四月二五日）。緑風会では新会員の勧誘に努め、市川房枝にも入会を求めたが果たせなかった。河井は四月二八日に吉田首相と面会し、参議院選挙について謝意を述べるとともに緑風会のため無所属議員の入会争奪を止めるよう求めた。また、混乱する政治情勢の中で「保守合同の敢行を熱望」し、「自由党なる党名を捨つる覚悟を要す」とまで述べた（四月二八日）。河井は、新聞記者に「緑風会々員増加の切要を痛論」し、参議院自由党の有力者松野鶴平にも理解を求めている（四月二八日、三〇日）。

それは河井の認識では参議院の存在理由に関わっていた。すなわち、五月三日の報徳社常会では、「総選挙の意義及政党の反省に付て説明し、参議院存在の理由は緑風会の健全強力なる存在に繋る所以を強調」している（五月三日）。また、「緑風会の危機は国家の危機」とも述べて、鮎川義介や宇垣一成といった戦前以来の有力者の入会に尽力した（五月六日）。五月一一日には「連日の緑風会入会誘引運動、労多くして効挙らず、疲労甚し」と記すが、一三日には何とか「第二会派の地位」を占め、「緑風会々員数第二位に昇りしため、薄志者の入会不要となりしを感ず」と胸をなで下ろした。とはいえそれも日本社会党の分裂状況を前提としていた。

二　参議院議長への就任と両院制の再デザイン

〈参議院議長就任過程〉

そもそも河井と議会政治との関わりは長い。第一次世界大戦後の日本では「本格的政党内閣」と呼ばれた原敬内閣が成立し、一九二四年の第二次憲政擁護運動の後に政党内閣が八年間連続するなど政党政治の運用が問われた。そのなかで荒ぶる政党政治をいかにして適切な水路に誘導するか。下院優位が進む中で、貴族院、特にその中心会派研究会の役割が問われ、また、宮中でも君主制の安定という観点から「君臨すれども統治せず」を格言通り実行する全権委任型の立憲君主像を理想とする元老西園寺公望と、立憲政治を補完する能動的な役割を志向する牧野伸顕内大臣と昭和天皇の間で様々な模索があった。それらは一九三六年の二・二六事件で破綻するまで、選挙法改正など様々な取り組みに表れた。

河井は、原内閣下から貴族院書記官長として、また政党内閣下では内大臣秘書官長や侍従次長といった宮中官僚として、こうした課題と並走してきた。一九二六年から一九三二年までの宮中官僚としての日々は、高橋紘・粟屋憲太郎・小田部雄次編『昭和初期の天皇と宮中――侍従次長河井弥八の日記』全六巻（岩波書店、一九九三〜一九九四年）としてすでに公刊されている。一九三八年からは自ら貴族院議員を務め、院内の野党的存在である同成会に所属した。このような戦時・占領下を挟んだ四半世紀越しの課題に、河井が参議院議員として再び向き合うことになったことは運命的で、先に参議院内閣委員長として政党政治による経費拡大に警鐘を鳴らしたことは面目躍如と言えよう(8)。このことはまた誤解を招くことでもあったようで、同じく貴族院議員経験のある後藤文夫から、「緑風会に付ては、一般に知られて居ないこと、又性質に誤解を受けて居ること（研究会の如しと云ふ）」を告げられている（五月一五日）。

そこに沸き起こったのが参議院議長選であった。河井は五月一九日に第三代参議院議長に選ばれた。その経緯は日記に詳しく記されている。すでに五月一〇日に、記者から自由党が自党の松野頼三を候補に考えているという情報を得ている。すなわち、参議院の独自性という観点から、二代にわたって緑風会から参議院議長が選ばれてきたが、この度、自由党からは、第一党の自由党から議長、第二位の緑風会から副議長を出したいという申し入れがあったのであった（五月一七日）。

河井が議長を務める緑風会議員総会は反発に満ちた。翌一八日にも議員総会が開かれ、「緑風会の真骨頂」「緑風会諸氏の正論爆発」と「第一党第二党主義と緑風会主義」をめぐって議論が交わされた（五月一七日、一八日）。この間の経緯は、先の衆議院憲政記念館所蔵『緑風会関係文書』と補い合う（二一—一九）。さらに他会派にも交渉を求め、参議院全会一致で候補を立てることになった。その結果、河井を一方の候補として投票となり、河井一三三票、松野鶴平が九五票であった。こうして河井が参議院議長となり、副議長には自由党の重宗雄三が選ばれた。当選の様子を自ら記したこの日の日記の写真を口絵四頁上段に掲載したので参照してほしい。

河井は、「予の当選は、前日に至りて初めて曙光を見たり。素より予期せざりし所にして、又毫末他人に依頼せざりし所なり。昨日各派交渉会を主催し、計らずも自由党松野候補と対立せしが如き不可思議なる立場に臨みたるも、何等疚しき行動なく、微塵だも運動せず、自然の儘にて当選したるは、神明祖先に対して面目を保持し得たりと信ずるものなり」と振り返った（五月一九日）。他方、吉田内閣は衆議院でも野党連合に敗れ、議長には改進党の堤康次郎が、副議長には左派社会党の原彪がそれぞれ選ばれた。五月二〇日、河井は皇居で昭和天皇に拝謁し、「重任に就かれてご苦労である」との御言葉を賜った（五月二〇日）。二一日にも首相指名について衆議院議長とともに再び昭和天皇に奏上している。

緑風会の将来への危機感も選挙後の入会工作が実り、議長選挙でも存在感を示したことで少し和らいだようである。河井の後任の緑風会議員総会議長には石黒忠篤が選ばれた。河井は六月七日、報徳社の常会にて議長就任の意気込みを語り、祝賀会に参加した（六月七日）。この時の様子は口絵の二頁上段に掲載している。さらに六月二一日には伊勢神宮を「正式参拝」し、外宮では食料の急速自給を祈願し、内宮では「国運伸展の為に国会に於ける醜悪なる闘争が速に終息すること、参議院をして其独特の任務を遂行せしめ、国民の尊厳と信頼を博せしむること、又議長たる職務を遂行するためには、予に対して最上の良識と力とを与へらるることを切願」した（六月二一日）。日本政治はますます混迷を深めており、改進党の芦田均と自由党の石橋湛山は六月一六日、「五・一五事件の前宵のような世相戦に至った。

だ」と危惧し合っていた[9]。河井は七月から八月にかけて左右社会党幹部や改進党役員などをそれぞれ晩餐に招き、相互の了解に努めている（七月一日、八日、一三日）。また七月には、三月のスターリンの死を受けて遂に朝鮮戦争が休

〈緑風会と憲法改正に向けた動き〉

緑風会政務調査会は、一九五三年六月、小冊子『参議院緑風会』を作成し、綱領、結成までの経過、二院制の在り方と緑風会、緑風会六年間の業績についてまとめている（「河井家文書」二五｜九）。六年間の業績の最後には、「議長選挙に公正な慣行を樹立」と記し、自由党から第一党たる松野を議長に、副議長は緑風会からという申し入れがあったが、「緑風会は、元来議長選挙ということは一部の会派の話合いによつて左右されるものであつてはならない、参議院全体の問題であるから、当然院内各党各派に呼びかけて、公正明朗に決定すべきであり、将来も当然こういう公正な慣行が確立されなければならないということを主張して、参議院の大勢を支配した。その結果自由、緑風、左社、右社、改進、無所属クラブの六派会談が行われて、ついに緑風会の河井弥八氏が議長に当選することとなった」と締めくくられている（三四頁）。この小冊子は一九五四年四月二九日の日記の中で、野村吉三郎に進呈されている。

緑風会は議院制度改革研究会（一九五三年七月二三日）や参議院制度に関する研究会（九月一五日）など、政務調査に積極的であったが、力を入れていくのが憲法改正問題であった。すでに、一九五三年三月、四月には自由党と改進党でそれぞれ憲法調査会が発足しており、翌一九五四年九月、一一月にそれぞれ報告書を提出、一九五五年七月には超党派の自主憲法期成議員同盟が組織されて、社会党などは憲法擁護国民連合を結成して対峙した。

緑風会政務調査会でも、一九五三年一一月二六日には、「各国上院と議院内閣制の関係」が議論された。同時期、宇垣一成や後藤文夫が入会を決めるなど、緑風会の独自性があらためて強まっていく。一九五四年一月一九日、河井は宇垣から受け取った国防組織に関する意見書を緑風会政務調査会に渡して検討を求めた。また、緑風会政務調査会では憲法改正案を国民投票に問う方法について専門家の報告を聞いている（一月一九日）。緑風会政務調査会の憲法改

正案については一一月頃から成果がまとめられていく。

また、緑風会の独自性という点で、一九五四年一月二七日の議員総会で、激論の末、「会員にして国務大臣又は政務次官に就任するものは脱会すべきこと」を申し合わせた（一月二七日）。従前、片山哲内閣に緑風会の和田博雄が入閣するなど個人の判断に委ねられており、吉田内閣でも緑風会からの入閣が続いていた。しかし、一九五三年五月の第五次吉田内閣で入閣者が途絶えていた中で、石黒忠篤の提唱であったという。[10] 石黒は戦前以来の農政家で、第二次近衛文麿内閣の農相、貴族院勅選議員、鈴木貫太郎内閣の農商相を務めた。戦後追放を受けたが食糧問題への関心は続き、一九五二年五月の静岡県選出参議院議員補欠選挙で河井の支持もあって緑風会から当選した。伝記によれば、早速吉田から入閣を求められたが、参議院の「第二院たるの本領」に鑑み、「政府は衆議院に基礎を置くべきが故に、閣僚は其処に求むるの原則を尊重し、参議院に之を求むることは避くべき」と断ったという。[11]

河井はこの時期、もう一つの憲法改正に向けた検討にも深く関与している。一九五三年九月二五日、小林次郎元参議院事務総長から「憲法改正会の構想」について報告を受けて、河井は「議長公邸の提供等便宜を与ふべき」旨を告げた（九月二五日）。この構想は結実し、一〇月一三日の日記には「小林次郎氏の斡旋に依り、旧貴族院勅撰及学士会院議員の法学者会を催し、憲法改正研究会を結成す。依て議長公邸を提供し、昼食を呈す」と記されている。旧貴族院憲法案特別委員会委員が集まって組織された月曜会（後に萍憲法研究会）である。[12] これは初会合で、その後、一九五九年一〇月までに四一回が開催されている。河井は月曜会には出席していないが、一九五四年一月一八日の月曜会速記録では、小林が九条幣原発案説について河井がどこかで読んだことがあると話したことを確認しており、[13] 二二日には、河井は小林に憲法改正研究会の進行を問い、推進を依頼している（一月二二日）。

また同時期、一九五三年一〇月二三日には議長公邸での「旧貴族院議員（現任参議院議員）諸氏の晩餐会」に三〇名ほどが集まり、毎年一回開催することが決められた（一〇月二三日）。河井は旧同成会関係者との結びつきも大切にしており、懇親会などたびたびやりとりの記事がある（一九五二年四月二三日、一九五三年六月二二日、一九五四年三月一一日)。

三　第一九回国会と問われる参議院の「良識」——望ましい民主主義の定着を目指して

〈一院議決での予算成立——参議院での党派政治と河井議長〉

河井の議長室での様子は口絵一頁にあげた。では、河井は参議院議長としてどのような役割を果たしていたのか。一九五三年九月一日、関東大震災三十周年慰霊祭で堤衆議院議長と政局安定について話し合い、河井は「政策に依る保守三派連携」を説いた。堤も大いに賛成し、吉田、重光、鳩山の三党首会同で重要政策協定を図ることにした(九月一日)。二七日には吉田と重光の会談が行われ、改進党の要求に応じて自衛力を増強し、保安隊を自衛隊へと発展させることが合意された。一〇月三〇日、河井は緒方副総理から予算案の三派協定が成立したと報告を受けた。

他方で、デモ対策も悩ましい課題であった。三一日には官公労のデモ隊が両院に来襲するという報告があり、警戒を厳重にした。デモ隊は平河町から参議院に沿って霞ヶ関に下り、日比谷公園で平穏裏に解散したが、時にジグザグ行進をして警察の制止も聞かず、社会党左派の議員はトラックに乗って扇動的態度をとっていたと聞いて河井は遺憾に思った(一〇月三一日)。一一月二日にもデモ隊が院外に迫り、四日、社会党左派の千葉信参議院議員からは「官公労陳情隊五千人を参議院構内に入るるやう許可の要請」があったが、河井は「仮令少数と雖も、デモ及類似行為者は絶対に許可せず」と断った(一一月四日)。

一九五三年一二月一〇日、第一九回国会が開会し、一九五四年六月一五日に閉会した。参議院については時に「良識の参議院」と尊称されるが、「参議院」と「良識」が重ね合わされて論じられるようになるのは第一九回国会を通じてである。河井は議長としてその最前線にあった。一九五四年に入ると保革対立と保守党間、自由党内の混乱にはさらに拍車がかかっていた。二月には造船疑獄が起こり、佐藤栄作幹事長への逮捕許諾請求を犬養健法相が指揮権発動によって阻止し、直後に辞任する事態が起こっている。河井は、議長として、国会での吉田首相の答弁が不明瞭であると申し入れたり、政界粛正のための会合を緑風会少数有志に求め、議長室で不正事件に向き合うことを相談するなどした（二月四日）。また、日比谷公会堂で開催された比（フィリピン）島戦犯釈放感謝の集いに出席して参議院議長として祝辞を述べ、衆議院議長室での佐藤と松村の幹事長会談が盗聴器で新聞に出た件を受けて参議院でも注意するなど院の管理に務めた（二月一二日、一四日）。

その中で問題となったのが昭和二九年度予算案の審議であった。衆議院では三月四日に可決されたが、参議院での審議が難航して年度内に成立せず、四月二日にいたっても参議院で可否ともに議決されなかったことから、日本国憲法第六〇条第二項の規定（参議院が、衆議院の可決した予算を受け取った後、国会休会中の期間を除いて三十日以内に、議決しないとき）により、衆議院の議決が国会の議決とされたのであった。自然成立という。同条は予算審議における衆議院の優越を定めたものであるが、河井は議長として三月三一日中の予算案議了を求めていた。

ところが問題は身内にあった。すなわち、緑風会の予算委員が、予算に関係ある入場税法案が衆議院で決まっていないことを理由に予算案の審議ができないと法案予算案不可分論に固執したのであった。河井は緑風会の館哲二政務調査会長に申し入れたが、会としては会代表者の予算委員に任せるしかないという。河井は、年度内に予算が成立しないと翌日以降の収支に支障があるのみならず、参議院が議決権を行使しない悪例を作ると指摘して、積極的に緑風会の反省を求めた。しかし、石黒緑風会議員総会議長、硬論を唱えてきた田村文吉会務委員会座長らは反対姿勢を変えず、「将来に悪例を貽したるは甚だ遺憾」であった（三月三一日）。

四月一日になっても予算委員会は停滞していた。河井は開会を勧告するとともに、「議長がCasting Voteを行ふ場合」まで考えて決意を表明したが、法案予算案不可分論に阻まれた。運命の四月二日になっても予算委員会は進まず、河井は各派代表と青木一男予算委員長を議長室に呼んで説得に努めたが、結局、委員会は開会されなかった。こうして衆議院の議決が国会の議決となった。日記に挟まれていた別紙には、「議長は各派代表より支持を受けたりと思ひしに、結果より見て甚権威なき者なることを感じたり」と記している。

また、この時の事情を、先の憲法改正を検討する月曜会で、小林次郎が同年一一月一五日に語っている。[14]河井は「憲法にはちゃんと書いてはあるけれどもやはり両院の議決を得る」ことが必要だと議長室に各派の代表と予算委員長を集めて相談し、「否決でもよろしいのだ。いずれにしても審議せずに一院の議決だけで予算が成立するということは困る」と審議を求めたが、うまくいかなかったのだという。小林は、河井の心配について、「そこはやはり議会に長くいたものと、長くいないものと違うわけですよ。憲法に書いてあるからどうでもいいじゃないかという気持ちのものと」、と述べた。

河井は、その後あらためて「参議院の態度匡正」について、休止状態であるとはいえすでにある三葉会を基礎にさらに各派から有志を集めて意見交換した（四月七日、一二日）。また、四月一九日には岸信介らと同席し意見交換する機会があったが、「党人の言は矢張り党臭を脱せず、国家救治の抱負を欠く。憾むべし」と良い印象を受けず、河井は政界混迷の現状収拾策として旧党人ではなく各党新進代議士による急速結党によって内閣を組織する議論を行った。また、その前提には社会党に対する政策の別をはっきりさせて総選挙に臨むことがあった（四月一九日）。四月一三日には緒方竹虎が「政局の安定は、現下爛頭の急務」と述べて保守合同による新党結成が公然と議論されるようになっていた。

ところが、事態は佐藤幹事長の逮捕許諾請求へと展開し、保守党間の阻隔はかえって深まっていく。河井が岸と同席した一九日の日記の欄外には吉田らが「佐藤、池田に対する検察庁の逮捕要求阻止の方法」を議論し、「強力に阻止する」と決定したと記されている（四月一九日）。そして犬養法相が指揮権を発動して逮捕許諾を拒否すると河井は「自由党政府に取りて致命的暴挙」と記した（四月二〇日）。石黒など、重光総裁に組閣を託すよう首相を説得しようと議論するものもあったが、吉田を説得できる見込みは無い（四月二一日）。しばらく国会審議は混乱したが、参議院では四月二三日、緑風会を中心に警告決議案が可決された。この時、自由党の参議院議員にも「参議院議員たるの本質に鑑み」参加を求めたが果たせなかった。

左右社会党は内閣不信任決議案を提出し、佐藤自由党幹事長は松村謙三改進党幹事長と会談を重ねて不信任案の否決を図り、妥結時の両党首声明案まで作成されていたが、四月二四日の採決で結局、改進党は賛成に回り、しかも否決されることによって、河井は、「改進党の打撃は著大なるものあり。自由党は今後同党を無視すべく、友党清新の士に依て結成せらるべき保守新党の組織運動も一頓挫を免れず」と前途を悲観した（四月二四日）。他方、院外では私鉄ストが六六社一斉に行われ、交通の不便を感じた（四月二五日）。五月七日には河井は堤衆議院議長と共に吉田首相に晩餐に招かれているが、指揮権発動について、吉田は「検察当局が政党幹事長の逮捕要求に進みたるの行過ぎを述べ、法相の措置を取消すの意なき」を述べた。河井は「精神溌剌たる新進政治家のみに依りて保守新党を結成し、革新政党と対立せしむべし」とあらためて説いた（五月七日）。

五月一四日には、教育の政治的中立を求める教育二法案（教育公務員特例法改正案、義務教育諸学校における教育の政治的中立の確保に関する臨時措置法案）をめぐって、河井は「討論は熾烈にして、病気欠席者も扶けられて出席し、異常なる緊張を示したり」と様子を記している。先に述べた「良識の参議院」イメージは教育二法案の審議をめぐって論じられる。すなわち、衆議院で両法案が通過した三月二六日、朝日新聞は「参院の良識に期待する」との社説を掲げて良識ある審議を求め、日本教職員組合は声明を発して、「参院の良識によって法案阻止に尽力されん」ことを求めたのであった（『朝日新聞』一九五四年三月二六日、『読売新聞』同年三月二七日）。

この時、緑風会の中から修正案が出され、一方で世論の支持を集め、他方で社会党を巻き込むことで法案成立を助けた。しかし、会内の議論は分かれており、修正案を推し進める石黒に対して、河井は修正案が参議院を通過した場合に「両院協議会に於て廃案となる危険」が多いと原案賛成を支持しており、会内にも石黒への反感があると記している（五月六日、八日、一四日）。自由党は修正案に全員反対、社会党左派が全員賛成、社会党右派が欠席の一名を除いて全員賛成したのに対して、自由投票とした緑風会は一六名反対、二七名賛成、五名欠席で「自由投票なりしを以て、辛うじて会の分裂を免るるを得たり」という状況に陥った（五月一四日）。さらに二四日に開かれた緑風会議員総会で、佐藤尚武が三五名投票中一五票で、一四票を得た石黒をわずか一票差で破り、次期議員総会議長に選ばれた[15]。河井は「緑風会の親和を計り、分裂等のことなきやう」願った（五月二四日）。先に石黒の当選に協力した自由党地元支持者には石黒への不満があったが、河井は「院内最高の議員なり」とたしなめている（六月一一日）。

〈乱闘国会と議長監禁〉

警察法案など重要法案が目白押しの中、参議院での審議は容易に進まず、河井は参議院側から衆議院側に会期延長を申し入れ、また、五月三一日には堤衆議院議長を訪れて、参議院に送付されて六〇日が経つ定員法改正案について二／三以上の多数にて可決することがないよう要請していた。ところが参議院の内閣委員会は定員法の審査に入らない。

先にＭＳＡ（日米相互防衛援助協定）関連協定が保革対立の中で承認されていたが、六月二日、参議院は、防衛庁設置法案、自衛隊法案のいわゆる防衛二法案可決に際して、自衛隊の海外出動を行わないことを確認する決議案を可決した。河井の日記では、全会一致での可決が予定されていながら、各派申し合わせを破って自由党の瀧井治三郎が起立せず、多数可決された。これによって河井の議長としての取り扱いが問われ、仲裁にも入る事態となった。これから閉会までの半月間、国会は混乱を極める。

六月三日、衆議院では会期延長をめぐって社会党が議事を阻止するために議長席や大臣席を占拠する実力行動に出て、乱闘の末、議長が警察の出動を要請する事態となった。一九三二年に外交官から政友会所属代議士に転身して以来、議会政治に身を置いてきた芦田均前首相は、これを見て、「警察の出動は当然と思つた。むしろ軍隊を用意しないと万一の場合には役に立たないとも思つた。〔中略〕議会生活二十二年未だ嘗て見ない乱脈振であつた。かくして政党も国会も信用を堕して来た」と日記に記した[16]。河井もまた、後にこのときの様子を映画で見ると、「Coup d'État そのものなり。深慨に堪へず」と感想を記している（六月八日）。

六月四日、河井は閣議前に訪れた佐藤自由党幹事長に「直に健全なる保守政党を組成し、総ての旧人を排し、心身清潔の士をして政治に当らしむべし」と要望した（六月四日）。佐藤は即答していない。同日、衆議院の延長をめぐって混乱が続き、河井は新聞記者に清新なる保守党の結成と新党への政権移譲を訴えた。堤と面会した河井は参議院での審議遅延が一因と考えており深甚の遺憾の意を表した。

衆議院での混乱は参議院で再演された。すなわち、六月五日、河井は議長室で動けず、議事を開くことができなかった。河井は二度まで議場に向かったが、左派社会党議員らから面会を強要され、通行もできず、「監禁同様の辱を忍」ぶことになった。強行突破は「参議院の存在をも危くするの惧」があるため、結局、議事を開かないことに決めた。河井は衛視に厳重に警護されながら院を出るにあたって、「本日参議院議長は暴力に屈して本会議を開く能はざりしを遺憾とす。然れども若し警察力を強行して此暴力を排除するも、参議院は一昨夜衆議院に於ける乱闘の場と化するならん。予の措置は斯かる大不祥事の発生を回避するため已むを得ざりしに由れり。憂国の識者の判断を望む」という主旨の声明を発した（六月五日）。

河井は、新聞記事の中に「吉田内閣の失政を悪むの余り Coup d'État 的暴挙も已むを得ずとする社党の態度を是認せんとするが如きものあり」と憂慮を深め（六月六日）、あらためて「緑風会の存在こそ両院を貫通する根幹なり」と健全な行動を熱望した（六月一〇日）。

河井は衆議院の解散を訴えたが、吉田内閣は警察法の可決を最優先する強い意思を持っていた。六月七日に可決すると吉田首相や佐藤幹事長は相次いで議長室を訪れ、謝意を表した。さらに吉田は六月九日付で河井に「御陰ニて警察法案其他可決ニ到リ安心仕候、此上ハ暴力行為取締と国会運営、分けて院外より国会内ニ入込みて秩序を乱たしむるが如きハ絶滅せしめ度（委員会も同様）何卒御協力奉願候」と書き送っている（「河井家文書」四―一一―一、六月九日の日記も参照）。これによって市町村自治体警察は大阪市など五大市の市警察を残して都道府県警察となった。六月一一日にはまた、朝日新聞社、毎日新聞社、読売新聞社の三社共同声明がそれぞれの紙面に掲げられ、乱闘事件からの政局収拾と国会の威信回復への努力を求めた。

六月一三日には、河井は「清新政党の結成」と解散総選挙に期待し、「日本民主政治生誕の陣痛か、Hitler 出づるの好機か」と記した。一五日の閉会にあたって河井は「参議院は幸にして甚しき紛乱に陥らず、国民の信を繋ぐことを得たり」と感想を記した。朝日新聞は第一九回国会を総評して「汚職に始り乱闘に終る」と「保守・革新の対立激化」に注目する一方、参議院は「良識」を示したと評価した（『朝日新聞』一九五四年六月一六日）。

七月に河井の名前で緑風会政務調査会が出した国会報告で、河井は、第一九回国会について所感を記し、「日本の民主主義が正しく成長し、国会の運営が正常な軌道に乗るまでには、長い歳月と多難な前途を覚悟しなければならないと思う」と語っている（「河井家文書」一六―二一―三二、六月一九日の日記も参照）。

四　鳩山政権の誕生と新たな政治枠組みの模索

〈外国交際〉

外国交際も参議院議長の仕事である。議長となって間がない一九五三年六月一五日、来日中のエレノア・ローズベルト元大統領夫人と参議院議長室で面会している（六月一五日）。この時は市川房枝議員が同伴し、坂西志保が通訳を務めた。また、一一月にアイゼンハワー政権のニクソン副大統領夫妻が来日した際には、一五日に米国大使館での晩餐会に出席し、その時の様子が写真に残っている（口絵二頁上段）。河井は一九日の日米協会での午餐会にも参議院議長として出席したが、この時、ニクソンは「日本の非武装化は、一九四六年の時点では正しかったとしても一九五三年の段階では間違いではないだろうか。〔中略〕わたくしはこの場で、一九四六年に米国は過ちを犯したことを認めよう」と述べて話題となった[17]。河井の同日の手帳には特に感想は記されていない（一一月一九日）。

一九五四年七月一日には、中華民国立法院副議長黄国書が河井参議院議長を訪れた。「河井家文書」中には七月一六日付の礼状があり、「今後、反共陣営中にありて、まさに最も堅強なる一環たらんとす。貴国と我が国との両国は、この共同目標のもとにありて、将に更に、合作して事をなさんとするにあたり、同交の好誼を寄せられたし」と記されている（「河井家文書」四―六―一一）。

さらに、一一月二四日には英国議員団を迎え、衆参両院議長主催で歓迎会が開かれた。河井は翌日にも英国議員団をランチに招待し、スピーチを行った（「河井家文書」四―六―七）。その草稿によれば、一九三〇年の議員会議に徳川家達が参加したことにも言及し、敗戦の痛手と議会政治の母国から来た使節の助言を求めている。これに対して英国議員団は、英国に日本の実情を伝えたい、また友好を回復したいと応じた（「河井家文書」四―七、八）。この日の日記には「戦敗れたりと雖、自ら卑下することなく、真率に両国々交の親善回復を提言し、平和条約締結後現状に至るの間、英国側の熱意足らざりしを暗示し、此来日を機として輿論を喚起することを要望したり」と記している（一一月二五日）。

〈日本民主党の結成と吉田内閣の退陣〉

英国議員団の歓迎会が開かれたと同じ一一月二四日、日本自由党と改進党が解党の上、日本民主党が結成された。改進党は一九五三年の初めより吉田自由党との保守大合同を目指してきたが、吉田の自発的退陣が常に問題となってきた。そこで、自由党内の反吉田派とともに日本民主党が結成されたのであった。日本民主党は憲法について、国民各層の意見を徴し、慎重に内容を検討した上で、平和主義、民主主義の原則を堅持して更改すると政策大綱に謳った。

河井は九月八日にも衆議院の紛糾を「政界の断末魔のあがき」で「衆議院も政党も高朗の気を喪ひ、国務遂行の責を逸脱したるに由る」と捉え、「余不肖と雖、参議院に関しては斯かる醜陋を演ぜざるべし」と決意を記した（九月八日）。河井は一一月一九日に野村吉三郎と話したときも「健全なる保守党の結成」で一致した。また、河井の記すところでは、一一月二二日、吉田は池田幹事長を通して大野伴睦総務会長や党幹部に「最近の政治は政権の争奪に堕し、国民の信望を失っていることは遺憾に堪へない。小生の進退が政権に恋々としていると見られることは、自由党及び民主政治の為に良くなく、自分の一身を度外視し、政党政治確立の為、如何に善処すべきか虚心坦懐、慎重熟慮を煩はしたく、此度貴意を得たく考へる」という内容の書簡を送ったという（一一月二二日）。この書簡は三木武吉の伝記を通して吉田茂／吉田茂記念事業団編『吉田茂書簡』（中央公論社、一九九四年）一五九－一六〇頁に所収されており、一部表記は異なるものの正確に内容を伝えている。

吉田退陣までいよいよ秒読みに入る。一一月二五日には岸信介幹事長はじめ日本民主党幹部四名が結党の挨拶に訪れた。翌二六日には池田が大磯を訪れて幹部会の吉田退任の希望を述べ、緒方を後任とすることに吉田の同意を得たという（一一月二五日、二七日）。二八日、河井は書類の整理をしながら「政局拾収の方法に付考想を練」った。自由党から民主党への保守合同申し入れはすでに時を失している。不信任決議を受けて解散し、さらに保守合同を推進するか、下野して「議員の自然脱退に遇ひ、一粒選りの精鋭を中心として保守党の中核となる」か。「政権に恋々たるは禁物なり。ダラ幹に引廻されるの醜を繰回すことなからんを望む」と記した（一一月二八日）。

河井の書き記すところでは、一二月六日、内閣不信任案が翌日上程されるのを受けて、自由党では総務会が開かれたが、首相の解散論と緒方、大野の総辞職論が対立して結論が出ず、その後首相官邸でも首脳部が協議したが一致しなかった（一二月六日）。七日早朝、首相公邸で党の長老会議と閣議を開いたがなおも決せず、ついに緒方が「解散を決行するならば吉田氏と袂を別つと述べた」ため、吉田が「敗退」したという。参議院では、「内閣は本日総辞職することに決定いたしましたから、国会法第六十四条に依り此旨通知いたします」という首相の通知を議長の河井が報告し、散会した。

吉田退陣が決まると河井は参議院議長として内閣首班選挙に向けて動き出した。河井は重宗雄三副議長に自由党の様子を聞き、自由党が緒方を推して鳩山は推さないと聞くと、「其態度は憲政の常道に反すと信ずる」旨を述べて進んで鳩山に投票するよう勧告した（一二月八日）。それは自由党と民主党の距離を広げ、鳩山が両派社会党に頼ることを嫌ってであった。河井は「保守両派は革新派と対立するものなりとの旗幟を鮮明ならしめ、以て政界に正道を打立つべし」とも説いている。河井は重宗を信頼しており、重宗も参議院自由党派の説得に当たったが、松野ら幹部派の指示で緒方を推すことになった。重宗は後に長く参議院議長を務めることになる。緑風会内では、片山内閣崩壊時に「在野第一党たる吉田」に投票した先例を尊重し、鳩山を推すことに多数は同意したが、「此 rule は絶対に尊重すべきや」には異論もあり、また鳩山の健康状態を考えて躊躇するものもあった（一二月九日）。

一二月一〇日、日本民主党の鳩山一郎は、左右社会党の投票を得て自由党候補の緒方竹虎を破った。河井は鳩山首相指名を昭和天皇に言上し、「首班指名の経緯」について下問があった。一二月一一日、河井は大磯に吉田を見舞っている。吉田には疲労の色もなく、日本外交が容共に向かうのではないかと憂慮し、保守合同も時機到来を待つしかないと語った。河井は政局安定のために、民主、自由両党の合同を願ったが、池田や佐藤らは「興奮未醒めず」といった感じで、保守合同は実現困難な様子であった（一二月一二日、一三日）。

五　国会外での活動

こうして河井の血湧き肉躍る三年間を見てきた。この時期の日記は、日本政治の混乱、参議院議長としての躍動を反映して国会内での出来事やこれと深く結びついた新党運動などの記述が目立つ。しかし、その間にあっても河井の国会外や地域での活動は幅広い。いくつか紹介しておきたい。

〈ボーイ・スカウトと掛川市制施行〉

河井の参議院議員としての、そして地域の名士としての社会活動についてはすでに第二巻解説で詳しく触れられているが、本巻の時期でも一貫している。

一九五二年三月一一日、河井は日本ボーイ・スカウト静岡県連盟長に就任し（三月一一日）、五月五日には二千余人で市中を行進している。河井の様子は口絵三頁左下をご覧いただきたい。また、ボーイ・スカウトの日本代表や外国からの来賓にも応対した（一九五三年六月二四日）。青年教育という点では、静岡育英会についても引き続き積極的に関わっている。

一九五四年末に同年の砂防旅行を一都十七県と自ら記したように、河井はこの三年間も九州をはじめ積極的に全国の砂防、災害復旧状況を視察した（一九五四年一二月二七日）。一九五三年は北九州・中国地方、西日本・近畿地方と豪雨災害が相次ぎ、多数の死者を出した。災害視察に努める河井の日記は、災害情報を得る上でも貴重な資料と言えよう。また、そこには戦時の荒廃のみならず、戦後復興の中での開発が新たな問題を生んでいることが感じとれる。一九五三年一月の愛媛県での視察では甚だしい河川の荒廃に砂防と造林を平行すべきと考えたが、開発計画はその実情を無視しているように思われ、「戦時の森林濫伐を強調して荒廃の因となすも、戦後の強伐は之を挙げず事実を歪曲するの誹を免れず」と辛辣な感想を記している（一月一四日）。

静岡県での台風災害でも県知事と連絡して政府や国会への要望に便宜を図る一方、現地では「自力更生を強調し、他力依頼の限界を明にし、且国家財政の危機」を説いている（一九五三年一〇月七日）。国や県による公助には限度があり、自助に頼らざるを得ないためであった。佐久間線敷設にも尽力し、伊豆観光計画や浜名湖干拓については吉田首相を官邸に訪れて要望している（一九五三年一二月三〇日、一九五四年一月四日）。

一九五四年三月三一日には掛川市制が施行された[18]。河井もまた、同日の日記に「本日を以て掛川に市政を施行す」と記し、四月一日に行われた掛川市制施行祝賀式典には祝詞を送った。河井は三日に掛川に戻り、その夜の掛川市制施行記念祭の花火を居室から眺め、「久々にて故郷の味を満喫」した（四月四日）。

〈富士山頂払い下げ問題への積極関与〉

興味深いのは富士山本宮浅間神社（現在、富士山本宮浅間大社）の富士山頂払い下げ問題への河井の積極的な関与の跡である。現在、ユネスコ世界遺産にも登録されている富士山の山頂の多くは私有地であり、その払い下げをめぐって係争があったことはあまり知られていない。長い歴史を持つ富士山頂での信仰活動であるが、明治初年に国有地とされ、境内地の無償貸し付けを受けていた同神社は、近代社格制度の下では最終的に官幣大社に位置づけられた。敗戦後、日本国憲法の政教分離原則によって国との新たな関係性と、境内地の払い下げが問題となったが、同地は山梨県と静岡県の対立から占領終結に際して特別保護地区として厚生省の管理下に入った。それが再燃したものであった。信仰、近代、占領、開発と様々な観点から重要な本テーマについて、管見の限り政治史研究はないが、河井日記には多くの関連する記述があり、「河井家文書」にも資料が残されていることから研究の進展が望まれる。

河井日記の記述から略述すれば、河井は一九五二年二月七日、富士山本宮浅間神社宮司から富士山八合目以上の神社への還付要求を聞いて、大蔵大臣に取り次いだ。三月三日には静岡県知事に自ら電話している。対立の構図として神社のある静岡県側が払い下げを求めるのに対して山梨県側は私有反対を唱え、国民大会という形で主張していることも興味深い（一九五三年一月三〇日、二月四日）。河井は政府への働きかけを熱心に進めているが、時間が経てば静岡県側からもデモを敢行するおそれがあると迫っている（二月五日）。また、同問題は当然に議会を巻き込み、衆議院での審議は必ずしも河井や神社の希望する方向には進まなかった（一九五四年一月二四日、二七日、二月五日）。石橋湛山の援護も得たが（三月三日）、六月、衆議院行政監察委員会は八合目以上の国有化を妥当と判断して、神社からの払い下げ申請は却下された（『読売新聞』一九五四年六月三日）。

こうして政治的に問題解決が果たせなかった富士山本宮浅間神社は一九五七年に行政訴訟を起こし、司法的解決を求めていく。この問題は、かつて国家神道（神社神道）は国民全体の信仰であり富士山は国民全体のものと言えるのか、それともある神社が所有すべき対象であるのかという点でも注目されている（『読売新聞』一九六七年三月五日）。一審二審とも神社側が勝訴し、一九七四年四月、最高裁判決を得て、河井が妥当であると考えたとおり、測候所などを除く土地が信仰の不可欠の対象として神社の所有となった（『読売新聞』一九七四年四月九日）[19]。

〈第五福竜丸事件〉

このように敗戦と占領が引き起こした変化の影響は占領後も続いており、一九五三年七月には、千島及歯舞諸島返還懇請国民大会に出席を求められている（七月一六日、一九日）。また、アッツ島戦没者慰霊祭にも出席した（七月二七日）。戦傷病者戦没者遺族等援護法や戦犯者釈放の問題、靖国神社への合祀についても記述があり、一一月一八日には戦犯刑死者の慰霊祭に参加した。

一九五三年一二月二四日には奄美群島返還条約が承認され、二五日、施政権が返還された。一九五四年二月一日、河井は、沖縄について「行政権還附」、少なくとも教育権回復、学校復旧費醵金運動について要望を受けている。また、一一月五日、ビルマとの平和条約及び賠償経済協定の調印を「日本外交の大成功」と喜んでいる。

こうした戦後の跡の他に、冷戦の新たな陰も見られる。米軍は占領の軍隊から日米安保条約の軍隊として残ったが、基地反対運動が盛り上がった。一九五二年一一月一四日、河井は農地の接収反対をめぐって遠江射撃場反対有志会と会っている（一一月一四日、一二月六日）。また、一九五三年七月三日には浅間山軍用地反対の陳情を受けた。石川県での内灘問題の解決についても相談を受け、尽力した（九月二日）。河井は、お礼に訪れた村長や石川県知事たちを前に、行政的解決を越えて村民が旧怨を捨てて光明ある内灘村を作ることを切望し、精神的復興の重要性を説き、報徳運動に期待している（九月一五日）。

そして、一九五四年三月一日に第五福竜丸事件が起こった。[20] ビキニ環礁における米国の水爆実験に巻き込まれたものである。一九日に河井のもとを焼津市議会、漁業組合有志代表が訪れ、「原爆被害」について政府に陳情の報告をした（三月一九日）。四月八日には緑風会政務調査会で専門家を招いて特別研究会を行っている。参議院議長である河井は、四月一五日には東大病院に「焼津水爆被害者」を見舞い、六月九日にも東大病院、第一国立病院に見舞った。河井は「慰めむ言の葉もなし唯あわれ」と詠んでいる。七月七日、九月二日には重態者の保証金を支給するよう知事と協力して申し入れを約束している。その後も見舞いを重ね、九月二三日に久保山愛吉無線長が死去すると、翌二四日、河井は「水爆犠牲者久保山愛吉氏の遺族」を弔問した。

また、九月二七日には洞爺丸沈没事故が起こり、「戦後人心の弛緩甚しき」「政界の混乱亦然り。主権在民は士気昂揚せる国民にのみ認むべきなり」と記している（一九五四年九月二八日）。

〈宮中とのさらなる結び付き〉

この時期、旧奉仕者としての河井は、三権の長の一人である参議院議長となることで、さらなる宮中との結びつきを得た[21]。河井は、一九五二年一一月一四日には皇太子明仁親王の成年式、立太子の礼で饗宴に参内している。また、翌一九五三年三月三〇日の欄外には、皇太子明仁親王訪英を旧奉仕者の一人として宮内庁庁舎玄関から見送る記事がある。この時、明仁親王はエリザベス女王戴冠式に出席し、一〇月一二日の帰国までの間に、アメリカやカナダ、フランスなど一四カ国を歴訪した[22]。河井は皇太子の帰還を今度は参議院議長として羽田空港で迎えている。

一九五三年一月四日に秩父宮雍仁親王が薨去すると、二九日には秩父宮妃の生活費について皇室経済法施行法改正案の提出を促しており、二月四日にも皇族歳費増額に尽力していることは占領にともなう制度変化を背景とした河井の心配りとして注目に値しよう[23]。

河井は参議院議長となると、同年一〇月一五日には三権の長として陪食の栄に浴しており、開院式でも昭和天皇を迎えることになる。印象深いのが、一九五三年九月七日に那須御用邸に参上した時のことである。休息をとった供奉高等官宿舎の一室は河井自身がかねて「奉仕せし時に用ひたる室」であり、浴場もその当時のままで脱衣所の洗濯物かけには当時の奉仕者の氏名がそのまま残っていたという。河井は昭和天皇に拝謁して、国会報告、政局安定策、災害対策、植林、砂防、食糧増産等について下問に応えていった（九月七日）。九月一九日にも晩餐を相伴し、時局について報告した。昭和天皇の政局への高い関心は戦前・戦中・占領・戦後を通して一貫している。

彼の参議院議長と旧奉仕者としての二つの顔は、例えば、一九五四年四月二九日の天皇誕生日に、河井は午前中、参議院議長の資格で「天長節奉賀」のために饗宴に参加し、午後には旧奉仕者として昭和天皇の隣席で茶菓を受けた。こうした比較的頻繁な接触を前提に、その夜のＮＨＫでのテレビ放送では、宮中奉仕当時のことを問われて、

た。

「陛下の国民と共に常在するの御心境、科学の御研究、科学の御奨励、国土の保全［植林、砂防］等」について話した。

また、第一九回国会が混乱する中、五月四日には三笠宮崇仁親王より電話を受けて伺候すると、教育二法についての意見を聞き、無名の意見として代表議員に伝えると約束した。河井はこの意見を石黒緑風会議員総会議長に伝えている。また、五月二九日には、前夜宮内庁侍従職からの電話で招かれた晩餐で、国会の概況や造林、砂防、復興状況視察の要項等を言上した。昭和天皇からは「国会が忙しかろうから早退せよ」と言葉をかけられ、八時過ぎに退下して参議院に戻り、事務総長と翌日の予定を協議している。

河井は七月八日に、願い出て第一九回国会の報告を昭和天皇に行い、「国家の現状に関し、独り至尊をして宸襟を悩し奉らしむの感あり」と記した（七月八日）。それは、河井の激動の三年間を象徴する記述でもあろう。

最後に、河井の戦後政治家に止まらない歩みを思うとき、彼の手帳には朱筆でその日にかつて何があったかが記されている点にも注目しておきたい。第二巻に所収された一九五〇年の手帳を見れば、年初に一年分を書き記していくのだろうか。一九五二年、一九五三年、ともに一二月二八日には「要退院」と朱筆されている。家族の誕生日や縁深い人々の命日も同様である。また、一二月二三日には「皇太子御誕生」「皇太子殿下御誕生」、他に、近衛文麿の命日、米英との開戦、平和条約と安保条約の批准、昭和一〇年の転居、昭和一一年の依願免官、降伏条約、米軍厚木飛来、終戦詔書などが記されている。一〇年、二〇年は遠い過去ではない。これらは河井がどのような過去とともに現在を暮らしていたのかをうかがわせる。

（1）参議院および緑風会については、野島貞一郎編『緑風会十八年史』（緑風会史編纂委員会、一九七一年）、内田健三「初期参議院の形成と役割――昭和二〇年代の参議院」同他編『日本議会史録』四巻（第一法規、一九九〇年）、待鳥聡史「緑風会の消滅過程――合理的選択制度論からの考察」水口憲人・北原鉄也・久米郁男編『変化をどう説明するか：政治篇』（木鐸社、二〇〇〇年）、前田英昭「新憲法下の国会の中の政党」北村公彦他編『現代日本政党史録』二巻（第一法規、二〇〇三年）、竹中治堅『参議院とは何か一九四七〜二〇一〇』（中央公論新社、二〇一〇年）が詳しい。
（2）公職追放・教職追放については、増田弘『公職追放――三大パージの研究』（東京大学出版会、一九九六年）、山本礼子『占領下における教職追放――GHQ・SCAP文書による研究』（明星大学出版会、一九九四年）を参照。
（3）国会会議録検索システム http://kokkai.ndl.go.jp/（二〇一七年一〇月一七日閲覧）。
（4）河井重蔵・弥八研究会「資料復刻河井弥八日記一九五二年――破壊活動防止法審議期間を中心に」『国際関係・比較文化研究』（一二巻一号、二〇一三年）、ならびに第一巻総説を参照。
（5）『緑風会関係文書』一―一三、衆議院憲政記念館所蔵。
（6）前掲『緑風会関係文書』二―四。
（7）この時期の吉田の党指導について、小宮京『自由民主党の誕生――総裁公選と組織政党論』（木鐸社、二〇一〇年）を参照。
（8）貴族院については、内藤一成『貴族院』（同成会、二〇〇八年）を参照。貴族院・宮中官僚の政党中心政治への適応という点で、村井良太『政党内閣制の展開と崩壊一九二七〜三六年』（有斐閣、二〇一四年）も参照。
（9）芦田均／進藤栄一・下河辺元春編『芦田均日記』四巻（岩波書店、一九八六年）三五七頁。
（10）野島前掲書二七三―二七四頁。
（11）日本農業研究所編『石黒忠篤伝』（岩波書店、一九六九年）四三五頁。
（12）赤坂幸一「萍憲法研究会の憲法論議――もう一つの『憲法遺言』」同編『初期日本国憲法改正論議資料――萍憲法研究会速記録〈参議院所蔵〉一九五三―五九』（柏書房、二〇一四年）一一頁。
（13）赤坂前掲書、一四一頁。
（14）赤坂前掲書、四二六―四二七頁。
（15）前掲『緑風会関係文書』二―五。
（16）前掲『芦田均日記』五巻一九二頁。

〈編者〉

一般社団法人 尚友倶楽部（しょうゆうくらぶ）
1928年（昭和３年）設立の公益事業団体。
旧貴族院の会派「研究会」所属議員により、相互の親睦、公益への奉仕のため設立。戦後、純然たる公益法人として再出発し、学術研究助成、日本近代史関係資料の調査・研究・公刊、国際公益事業、社会福祉事業の支援などに取り組んでいる。

河井《かわい》 弥八日記《やはちにっき》 戦後篇３ ［昭和二十七年～昭和二十九年］

2018年 1月25日　第1刷発行

編　者

一般社団法人尚友倶楽部《しょうゆうくらぶ》

中園《なかぞの》　裕《ひろし》・内藤一成《ないとうかずなり》・村井良太《むらいりょうた》・奈良岡聰智《ならおかそうち》・小宮《こみや》　京《ひとし》

発行所

信山社出版㈱

（代表 今井　貴）

〒113-0033　東京都文京区本郷 6-2-9-102
TEL 03-3818-1019　FAX 03-3818-0344

印刷・製本／亜細亜印刷・牧製本

ISBN978-4-7972-6069-4

〈編著者〉
中園　裕（なかぞの ひろし）
1965年生まれ。青森県環境生活部県民生活文化課県史編さんグループ主幹，博士(文学)
編著書：『新聞検閲制度運用論』（清文堂，2006年），『戦時新聞検閲資料』（共編，現代史料出版，1997年），『上北・下北の昭和』（いき出版，2017年），『月刊東奥（戦後版)』（共編，三人社，2017年）

内藤一成（ないとう かずなり）
1967年生まれ。宮内庁書陵部主任研究官，博士(歴史学)
編著書：『貴族院と立憲政治』（思文閣出版，2005年），『貴族院』（同成社，2008年），『田健治郎日記』第三巻（共編，芙蓉書房出版，2012年）

村井良太（むらい りょうた）
1972年生まれ。駒澤大学法学部教授，博士(政治学)
編著書：『政党内閣制の展開と崩壊 一九二七〜三六年』（有斐閣，2014年），『政党内閣制の成立 一九一八〜二七年』（有斐閣，2005年）

奈良岡聰智（ならおか そうち）
1975年生まれ。京都大学大学院法学研究科教授，博士(法学)
編著書：『加藤高明と政党政治 二大政党制への道』（山川出版社，2006年），『対華二十一ヵ条要求とは何だったのか　第一次世界大戦と日中対立の原点』（名古屋大学出版会，2015年）

小宮　京（こみや ひとし）
1976年生まれ。青山学院大学文学部准教授，博士(法学)
編著書：『自由民主党の誕生 総裁公選と組織政党論』（木鐸社，2010年），『現代日本の政治家像』全2巻（共編，木鐸社，2000年），『山川健次郎日記』（共編，芙蓉書房出版，2014年）

〈尚友俱楽部〉
史料調査室　上田和子（うえだ よりこ）／藤澤恵美子（ふじさわ えみこ）
松浦　眞（まつら まこと）
嘱　託　松平晴子（まつだいら はるこ）／渡辺順子（わたなべ よりこ）

〈解読入力協力〉
安藤陽子（あんどう ようこ）／櫻井佳乃（さくらい よしの）／白木一好（しらき かずよし）／得能壽美（とくのう としみ）／飯川幸子（いいかわ さちこ）

(17)　日米協会編／五百旗頭真・久保文明・佐々木卓也・簑原俊洋監修『もう一つの日米関係史──日米協会資料で読む二〇世紀』（中央公論新社、二〇一二年）一四四、四五一─四五三頁。
(18)　掛川市史編纂委員会編『掛川市史』下巻（掛川市、一九九二年）一二六三─一二八三頁、同編『掛川市史　資料編近現代』（掛川市、一九九五年）三三〇─三三六頁。
(19)　最高裁判決の解説は、山内一夫「浅間神社の所有地となった富士山頂」『ジュリスト』五六二号（一九七四年）四三─四五頁を参照。
(20)　第五福竜丸事件について、ここでは焼津市史編さん委員会編『焼津市史通史編下巻』（焼津市、二〇〇六年）五三〇─五五〇頁、同編『焼津市史資料編四近現代』（焼津市、二〇〇三年）一〇〇七─一〇二八頁、静岡県編『静岡県史通史編六近現代二』（同、一九九七年）八二九─八三五頁、同編『静岡県史資料編二一近現代六』（同、一九九四年）六五九─六七二頁をあげておく。また、元乗組員の記した大石又七『ビキニ事件の真実──いのちの岐路で』（みすず書房、二〇〇三年）には患者の見舞いに訪れた一人として「河井弥八参議院議長」の名前が記されている（五七頁）。
(21)　この時期の昭和天皇の動静については、宮内庁『昭和天皇実録』一一巻（東京書籍、二〇一七年）を参照。
(22)　三谷隆信『回顧録──侍従長の昭和史』（中央公論新社、一九九九年）、波多野勝『明仁皇太子エリザベス女王戴冠式列席記』（草思社、二〇一二年）を参照。
(23)　中島三千男「戦後皇族葬儀考」『日本史研究』三〇〇（一九八七年）が秩父宮雍仁親王の葬儀を分析し、葬儀自体が今後の新例であったことや「民主化」過程における国民との関係を考察している。また、茂木謙之介『表象としての皇族──メディアにみる地域社会の皇室像』（吉川弘文館、二〇一七年）は青森県を対象に地域社会との関わりを考察している。